Jörg Benne

VERAX

- DAS EXPERIMENT -

MANTIKORE
VERLAG

VERAX – DAS EXPERIMENT

6. Auflage
Veröffentlicht durch den
MANTIKORE-VERLAG NICOLAI BONCZYK
Frankfurt am Main 2018
www.mantikore-verlag.de

Lektorat: Alexander Kühnert
Illustrationen: Hauke Kock
Satz & Bildbearbeitung: Karl-Heinz Zapf
Cover- und Umschlagsgestaltung: Slobodan Cedić, Matthias Lück

VP: 413-214-06-06-0125

Printed in the EU

ISBN: 978-3-96188-008-9

Jörg Benne

VERAX

- DAS EXPERIMENT -

EIN SURVIVAL-SPIELBUCH

MANTIKORE
VERLAG

INHALTSVERZEICHNIS

VORGESCHICHTE

»Hab ich dich!« Luis Velazquez, Bordingenieur der *Verocity*, grinste breit und drückte auf eine Schaltfläche vor sich. Die bisher nur auf seinem verdeckten Display angezeigten Spielkarten wurden als Holografien für alle am Tisch sichtbar projiziert.

»Scheißdreck«, fluchte Volkov, als er erkannte, dass der Ingenieur wirklich das bessere Blatt hatte. Kopfschüttelnd lehnte sich der erste Offizier in seinem Sessel zurück. »Ich habe einfach kein Glück«, seufzte er.

»Poker ist nur zum Teil ein Glücksspiel«, dozierte Velazquez, während er die auf dem Tisch liegenden Credits einsammelte. »Natürlich braucht man Glück mit den Karten, aber man kann seine Chancen genau berechnen und seine Verluste dementsprechend begrenzen.« Er tippte sich an die Stirn. »Reine Kopfsache.«

Volkov verdrehte die Augen. »Vielleicht sollten wir lieber Armdrücken machen, statt zu pokern«, brummte er missmutig und spielte damit auf die schmächtige Statur des Ingenieurs an. Alexej Volkov war ein bulliger Kerl mit Stiernacken und muskulösen Armen. Bevor Captain Stevens ihn angeheuert hatte, war Volkov bei den interplanetaren Streitkräften der Space Trooper gewesen und hatte einige Schlachten geschlagen, die sich in seinem vernarbten Gesicht widerspiegelten.

»Noch eine Runde?«, fragte Velazquez lächelnd.

Volkov hob abwehrend die Hände. »Du hast ja schon beinahe meinen ganzen Anteil am letzten Job eingesackt.« Er sammelte den kleinen Stapel an Credits-Chips ein, der ihm noch geblieben war, und stand auf.

»Ich bin auch draußen«, seufzte die Pilotin Wilson, die mit ihnen gespielt hatte. Ihr Vorrat an Credits war ebenfalls deutlich kleiner als zu Beginn der Partie. Dabei hatten sie doch Doktor Baumann, die das Feld schon vor ein paar Runden geräumt hatte, komplett ausgenommen. Aber irgendwie schien Velazquez die Credits magisch anzuziehen.

Volkov warf ihm einen misstrauischen Blick zu. Hatte der Kerl sie am Ende nach Strich und Faden beschissen? Schließlich war er als Bordingenieur auch für die Wartung des Holo-Tischs verantwortlich, an dem sie gespielt hatten. Technik war nicht Volkovs Welt, von Waffen mal abgesehen. Vielleicht sollte er Wilson bitten, sich das Programm einmal anzusehen.

Plötzlich ging ein Ruck durch die *Verocity*, so heftig, dass die hohen Creditsstapel von Velazquez umfielen. Der Ingenieur fluchte. »Was ist da los?«, fragte er. »Was machen die mit meinem Baby?«

Zur Antwort erklang die Stimme von Captain Stevens über den Bordfunk. »Alle Mann auf Station, wir werden angegriffen.« Die Alarmsirene heulte los.

Die drei ließen alles stehen und liegen und eilten aus der Schiffsmesse. Während Velazquez die Treppe nach unten zum Maschinendeck nahm, kletterten Volkov und Wilson hinauf zur Brücke. Kaum dass sich die Schiebetür vor ihnen öffnete, suchte Volkovs Blick den Hauptschirm. Er zeigte nur die Schwärze des Weltraums, erhellt von ein paar vereinzelten Sternen. Ein Angreifer war nicht auszumachen. »Was ist los?«

Captain Stevens stand an den Kontrollpulten. Er war ein Veteran, der auf die 50 zu ging. Normalerweise umspielte stets ein Lächeln seine Lippen, aber jetzt machte er einen angespannten Eindruck. »Der Annäherungsalarm ging plötzlich los. Wir konnten gerade noch die Deflektorschilde aktivieren, dann wurden wir auch schon getroffen«, erklärte er und übergab Volkov den Posten an den Kontrollpulten.

Volkov überflog die Anzeigen auf seinen Bildschirmen. »Schild an Achtern bei 75%, Captain«, meldete er. »Sonst keine Schäden.«

Stevens setzte sich in seinen Kommandeurssessel. »Und wer hat uns nun angegriffen?«

Volkov starrte auf das taktische Display. »Die Sensoren melden ein Objekt in unmittelbarer Nähe, aber nichts Genaues.«

Wilson nahm ihren Platz am Steuerpult ein. Kurz nickte sie der Co-Pilotin Rahimi zu, die ihr daraufhin die Steuerung übertrug und sich der Navigation zuwandte.

»Mach einen Scan auf Gamma-Stahlung, Alexej«, befahl der Captain. »Und fahr die Waffensysteme …« Bevor er seinen Satz vollenden konnte, erschütterte ein weiterer Treffer den Rumpf des Schiffes.

»Achtern-Schild bei 52%«, meldete Volkov. »Gamma-Scan läuft. Glaubst du etwa, es sind …«

»Ghulianer, ja«, vollendete Stevens. »Was sollte es sonst sein, als eines ihrer getarnten Schiffe?«

»Aber was können die von uns wollen?«, fragte Rahimi. »Keiner unserer letzten Jobs hat uns auch nur in die Nähe der von ihnen kontrollierten Systeme geführt.«

Das Ergebnis des Scans leuchtete vor Volkov auf einem der Displays auf. »Verdammt, es *sind* Ghulianer«, fluchte er. »Der Scan lässt auf einen großen Kreuzer oder eine Fregatte schließen.«

Wilson und Rahimi tauschten besorgte Blicke, Stevens trommelte mit den Fingern auf die Lehne seines Sessels. »Sende auf allen Kanälen, Alexej. Stell den Übersetzer auf Ghulianisch ein.«

»Kanäle offen.«

»Hier spricht der terranische Frachter *Verocity*. Wir durchfliegen diesen Sektor in friedlicher Absicht. Bitte stellen Sie den Beschuss ein.«

Gespannt warteten sie auf eine Antwort. Es kam keine.

»Rahimi, finde uns ein System in der Nähe, wo wir uns verstecken können«, befahl Stevens.

Die Co-Pilotin nickte und tippte auf ihrem Steuerpult herum.

»Wilson, alles für ein hartes Ausweichmanöver vorbereiten. Wir müssen die Ghulianer auf Abstand bringen, bevor wir in den Hyperraum springen können.«

»Aye.«

»Immer noch keine Antwort, Alexej?«

Der Chief schüttelte den Kopf. »Ich schicke den Funkspruch noch mal raus.«

»Tu das.« Stevens tippte auf sein Display. »Luis, wir haben hier Schwierigkeiten. Fahr alle Systeme auf Maximum.«

»Geht klar, Boss«, antwortete der Ingenieur über den Bordfunk.

»Sie enttarnen sich«, rief Volkov aus. »Oh Mann, das ist ja ein Riesenpott.«

»Zeig's uns auf dem Schirm.«

Das angeforderte Bild erschien und Wilson schluckte, als sie den riesigen, waffenstarrenden Kreuzer erblickte. Verglichen damit war die *Verocity* nicht mehr als eine Nussschale.

»Terranischer Frachter«, ertönte eine zischelnde Stimme mit stark rollendem R aus dem Lautsprecher. »Deaktivieren Sie alle Verteidigungssysteme. Wir werden Sie mit unserem Traktorstrahl in den Haupthangar ziehen.«

»Mit wem spreche ich?«, fragte Stevens. »Wieso greifen Sie uns an?«

Es entstand eine Pause.

»Sie feuern einen weiteren Torpedo ab«, meldete Volkov. »Aufprall in 3, 2, 1 …«

Wieder erschütterte eine Explosion das Schiff.

»Verdammt, Boss, was hast du wieder angestellt?«, maulte Velazquez über Funk. »Die nehmen mir mein ganzes Baby ausein…«

»Schnauze, Luis. Schadensmeldung?«
»Schwerer Treffer, Bug-Schild bei 22%«, meldete Volkov. »Noch so einer und wir sind Weltraumschrott.«
»Ghulianischer Kreuzer, Ihr Angriff ist ein Bruch der Friedensvereinbarung von Derius Zwei. Erklären Sie sich«, forderte der Captain in gespielter Entrüstung.
»Hier spricht Djerak Jul«, erwiderte die fremde Stimme nach einer Pause. »Kommandant des ghulianischen Kreuzers Kerak. Sie werden der Piraterie und des Schmuggels beschuldigt. Ich fordere Sie zum letzten Mal auf, alle Verteidigungssysteme herunterzufahren, damit wir Sie an Bord nehmen und einem interstellaren Gericht übergeben können. Andernfalls werden wir Sie zerstören. Kerak Ende.«
»Kanäle schließen«, murmelte Stevens zu Volkov. »Verdammt, also wissen die über uns Bescheid. Vorschläge?«
»Ich bin ja normalerweise stets für einen Kampf zu haben, aber gegen den Kreuzer haben wir keine Chance«, befand Volkov resigniert. »Bislang haben sie nur einzelne Schüsse abgefeuert. Mit einer vollen Breitseite hätten sie uns in Sternenstaub verwandeln können, bevor wir überhaupt geahnt hätten, mit wem wir es zu tun haben. Ein guter Soldat weiß, wann er sich ergeben muss.«
»Nur wenn es nicht anders geht. Ich hab keine Lust in einer Strafkolonie zu versauern«, brummte der Captain. »Hast du ein mögliches Ziel gefunden, Rahimi?«
»Das Veraxia-System ist zwei Parsec entfernt.«
»Veraxia? Sagt mir nichts. Ist das terranisch? Hatten wir da mal zu tun?«
»Ja, terranisch, Sir, aber quasi unbewohnt. Es gibt nur eine Forschungsstation über Veraxia Drei.«
»Gut, die Ghuls werden uns sicher nicht in ein terranisches System folgen. Programmiere den Kurs für den Sprung. Wilson, wir brauchen ein Extremmanöver, mit dem wir die Ghulianer in die

Irre führen, sodass wir sie auf Abstand bringen. Kriegst du das hin?«

Wilson zögerte kurz, ging im Kopf ein paar Möglichkeiten durch. Schließlich nickte sie. »Ich glaube schon.«

»Gut, bereite alles vor. Luis, alle Energie auf die Dämpfer. Das wird ungemütlich.«

»Geht klar, Boss.«

»Kanäle öffnen, Alexej.«

Der Chief nickte nur.

»Ghulianischer Kreuzer, wir kommen Ihrer Forderung nach, obwohl hier ein Irrtum vorliegen muss. Wir sind keine Piraten und unsere Fracht ist ordentlich deklariert. Aber das können wir bei Ihnen an Bord klären. Wir werden nun unsere Verteidigungssysteme wie gefordert abschalten. Bitte nicht schießen.«

Er gab Volkov mit einer Geste zu verstehen, dass der die Schilde abschalten sollte.

»Schilde unten«, bestätigte der Chief.

»Hier Djerak Jul, halten Sie Ihre Position. Wir nehmen Sie mit dem Traktorstrahl an Bord.«

»Verstanden.« Stevens fuhr sich mit dem Finger über die Kehle, zum Zeichen, dass Volkov die Verbindung trennen sollte.

»Kanäle geschlossen.«

Auf dem Hauptschirm verfolgten sie, wie der Kreuzer sich ihnen näherte.

»Wann sind sie nah genug, um den Traktorstrahl einzusetzen?«, fragte Stevens.

»In etwa fünfzehn Sekunden«, erwiderte Rahimi.

»Wir warten bis zum letzten Moment«, befahl Stevens. »Zähl runter, Rahimi.«

Wilson aktivierte die manuelle Steuerung und griff nach dem Stick. Ihre Hände waren schweißnass.

»7, 6, 5, 4, 3, 2 …«

»Jetzt, Wilson!«, befahl der Captain. »Und die Schilde wieder hoch.«

Die Pilotin gab Vollschub und riss zugleich den Steuerknüppel scharf nach rechts. Die *Verocity* schoss unter dem Rumpf des Kreuzers hindurch und trotz der Trägheitsdämpfer wurden alle an Bord in ihre Sitze gedrückt. Wilson steuerte einen wilden Zick-Zack-Kurs, damit die gegnerischen Kanonen sie nicht anvisieren konnten, und riss den Stick nach hinten, kaum dass sie den Kreuzer passiert hatten.

»Sie feuern ihre Laser ab«, stieß Volkov gepresst hervor. »Keine Treffer.«

Die *Verocity* flog eng um den Kreuzer herum und drehte sich dabei um sich selbst. Auf dem Hauptbildschirm sah es so aus, als passierten sie die Aufbauten des Kreuzers nur um Haaresbreite, aber Wilson wusste, dass es in Wirklichkeit mehr war.

»Verdammt, die Dämpfer machen das nicht mehr lange mit«, ließ sich Velazquez über Funk vernehmen.

Tatsächlich kam es Wilson so vor, als spüre sie die extremen Manöver heftiger als sonst, aber darauf konnte sie jetzt keine Rücksicht nehmen. »Ist der Sprung programmiert?«

Rahimi bestätigte.

»Dann halte dich bereit. Ich bringe uns jetzt auf Abstand, Captain.«

»Gut. Luis, hol alles aus der Maschine, was geht.«

»Ich versuch's.«

Plötzlich brach Wilson das wilde Umrunden des Kreuzers ab, drückte den Schubhebel in den roten Bereich und steuerte den freien Weltraum an.

»Achtung, Torpedobeschuss«, meldete der Chief. »Drei im Anflug. Aufschlag in wenigen Sekunden.«

»Was machen die rückwärtigen Schilde?«

»Keine 50%. Velazquez hat wohl Energie in Antrieb und Dämpfer umgeleitet.«

»Der Kreuzer nimmt die Verfolgung auf, Sir«, meldete Rahimi. »Abstand wächst nur noch minimal.«

»Reicht er noch nicht?«

»Nicht ganz, Sir.«

»Einschlag der Torpedos steht bevor«, meldete Volkov.

»Springen, Rahimi«, befahl Stevens.

»Aber Captain, wenn …«

»*Sofort!*«

Plötzlich zogen sich die Sterne auf dem Hauptschirm in die Länge und vor der *Verocity* schien sich eine Art Riss aufzutun. Sie wurden einmal kurz durchgerüttelt, dann flogen sie durch einen Tunnel aus flackerndem Licht.

»Sprung geglückt, Sir«, meldete Rahimi und atmete hörbar auf.

Stevens wischte sich den Schweiß von der Stirn. »Wie lange, bis wir im Veraxia-System ankommen?«

»Knapp eine halbe Minute, Captain.«

»Gut, also entspannen wir uns. Bei einem so kurzen Sprung können uns die Ghuls nicht unterwegs einholen.« Er grinste. »Sind wir dem Schicksal wohl mal wieder von der Schippe gesprungen, was?«

Volkov erlaubte sich ein Lächeln, aber wirklich beruhigt war er nicht. »Wenn uns sogar schon die Ghulianer jagen, sind wir wahrscheinlich in der halben Galaxis zur Fahndung ausgeschrieben«, sagte er.

»Kein Problem«, beruhigte ihn der Captain. »Wir verschaffen uns eine neue Kennung für das Schiff und halten ein paar Wochen die Füße still, bis sich die Lage beruhigt.«

»Eintritt ins Veraxia-System in 3, 2, 1 …«, zählte Rahimi herunter.

Der leuchtende Tunnel verschwand und die Sterne wurden wieder zu Punkten. In der Ferne leuchtete eine faustgroße Sonne.

»Annäherungsalarm!«, rief die Co-Pilotin mit sich überschlagender Stimme. »Aufprall, Aufprall!«

Es gab einen lauten Knall, Metall ächzte. Stevens, der gerade aufgestanden war, wurde zu Boden geschleudert.

»Achtung, Hüllenbruch«, meldete der Computer mit stoischer Stimme. »Achtung, Hauptantrieb beschädigt. Achtung, Lebenserhaltung versagt. Achtung …«

»Verdammt, stell das ab, Alexej«, schrie Stevens, während er sich aufrappelte. Er warf sich in seinen Sessel. »Luis, was ist los?«

»Schwerer Treffer an achtern. Scheiße, hier blinkt alles rot. Hat glatt die Hülle durchschlagen. Irgendwo ist ein Leck, durch das Luft entweicht. Verdammter Mist, ich versuche das zu lokalisieren.«

»Wie schlimm ist es?«

»Kann ich noch nicht sagen, Boss. Aber im Moment würde ich vorschlagen, alles abzuschalten, auf das wir verzichten können, um die Lebenserhaltung zu stabilisieren.«

»In Ordnung, mach das, Luis. Wilson, setz Kurs auf diese Station, solange die Kiste noch fliegt. Wie weit ist es, Rahimi?«

»Bei aktueller Geschwindigkeit etwa eine halbe Stunde, Captain.«

»Okay. Sind die Ghuls in Sicht?«

»Nein, keine Spur von ihnen.«

»Was zur Hölle hat uns dann getroffen?« Stevens sah von einem zum anderen. »Ein verirrter Meteorit etwa? So viel Pech kann doch keiner haben.«

»Ich glaube, ein Torpedo war so nah, dass wir ihn mit in den Hyperraum gesogen haben«, mutmaßte Volkov. »Wenn er nur noch wenige Meter von uns entfernt war, als wir sprangen, ist das durchaus denkbar.«

Stevens schüttelte den Kopf. »Komm mit nach unten Alexej. Lass uns sehen, ob wir Luis helfen können.«

Einige Minuten später kehrten Stevens und Volkov zurück. Beide trugen düsteren Mienen zur Schau.

»Wie schlimm ist es?«, fragte Wilson besorgt.
»Es hat den Frachtraum erwischt«, erwiderte der Captain mürrisch. »Die ganze Ladung ist bei den Sternen.«
»Heißt das, die Beute vom letzten Job ist …«
»Ja, alles weg.« Er schüttelte missmutig den Kopf. »Wir können froh sein, dass die Schotten gehalten haben, sonst würden wir jetzt zusammen mit der Ladung durchs All treiben. Was ist mit dieser Station, Rahimi? Schon in Sicht?«
Die Sonne des Veraxia-Systems war mittlerweile doppelt so groß wie vorher. Rahimi tippte auf ihrem Schaltpult herum. »Warten Sie, Sir. Bei maximaler Vergrößerung müssten wir eigentlich … da ist sie.«
Die Ansicht auf den Hauptschirm wechselte zu einem der Planeten des Systems, ein rostbrauner Gasriese, um den neben einigen kleinen Monden auch die Station kreiste.
Volkov ging näher an den Hauptschirm heran und betrachtete das Bild mit zusammengekniffenen Augen. »Was ist mit dem Ding? Sieht irgendwie … seltsam aus.«
Stevens trat neben ihn. »Stimmt. Größer geht's nicht?«
»Tut mir leid. Ist wie gesagt die maximale Vergrößerung. Aber in Kürze müssten wir nahe genug dran sein, um mehr erkennen zu können.«
Wilson räusperte sich. »Sir?«
Stevens drehte sich mit fragend erhobenen Brauen zu ihr um.
Die Pilotin deutete auf ihr Schaltpult und verzog den Mund. »Ich fürchte, die Landung wird ein Problem. Die Manövrierdüsen haben einiges abbekommen.«
Der Captain trat neben sie und betrachtete die rot blinkenden Warnungen auf dem Steuerpult. Er legte Wilson eine Hand auf die Schulter. »Kriegen Sie das hin, Helen?«
Sie blickte überrascht zu ihm auf. In den sechs Monaten, die sie zur Crew gehörte, hatte der Captain sie nur selten mit Vorna-

men angeredet. »Ich glaube schon, Sir«, erwiderte sie nach kurzem Zögern. »Zumindest wenn wir eine Einweisung von der Station kriegen.«
»Darauf würde ich nicht setzen«, ließ sich Volkov vernehmen. »Seht euch das an.«
Wilson wandte sich dem Hauptschirm zu und ihr sank das Herz, als sie die Station deutlicher sah. Offensichtlich war sie schwer beschädigt.
»Verdammt noch mal«, knurrte Stevens. »Uns klebt das Pech aber auch an den Hacken. Lebenszeichen?«

»Die Langstreckenscanner sind defekt«, erwiderte Volkov. »Wir müssen warten, bis wir näher dran sind. Aber soweit ich das beurteilen kann, hat die Station noch Energie, zumindest auf ein paar Decks.«
Die Station war grob zylindrisch geformt. Am unteren Ende lief sie spitz zu, darüber lag der Reaktor, die typische Form war un-

verkennbar. Weiter oben schloss sich das breiteste Segment der Station an, vermutlich der Hangar.

»Gibt es ein Notsignal?«, wollte der Captain wissen.

»Nein, nichts.«

Stevens seufzte. »Was wissen wir über die Station?«

»Sie heißt *Galenus Five* und ist ein Standardmodell der *Celesta-Klasse*«, begann Volkov zu dozieren.

»Wem gehört sie?«, hakte Stevens ein.

»Dem Frius-Konzern«. Volkov überflog die ausführlichen Informationen auf seinem Bildschirm und gab sie in knappen Worten wieder. »Sie wurde vor achtzehn Jahren hier über Veraxia Drei stationiert. Es wird Veraxium gefördert, ein Spurenelement, das in der Atmosphäre des Planeten vorkommt. Auf der Station wird damit geforscht. Es soll verschiedene Anwendungsmöglichkeiten im industriellen aber auch im Pharma-Bereich geben.« Er tippte auf seinen Bildschirm.

»Die Besatzung von Galenus Five umfasst 82 Personen, ausschließlich Terraner, überwiegend Wissenschaftler und Techniker, dazu ein paar Wachleute und natürlich Dienstleister. Auch zwei Kinder sind an Bord gemeldet.« Volkovs Stimme wurde rau. Er blickte zum Bildschirm.

Eine Weile starrten sie alle stumm auf die Projektion der Station.

»Ich kann jetzt weiter vergrößern«, meldete Rahimi und kurz darauf wurde die Station deutlicher dargestellt.

Unübersehbar wurde Galenus Five von Trümmerstücken umkreist, aber auf den Decks über dem Hangar, wo vermutlich gewohnt und gearbeitet wurde, brannte noch Licht. Der Hangar war nun deutlich zu erkennen, seine Öffnung war ihnen zugewandt.

»Ruf die Station, Alexej«, befahl der Captain.

»Ich hab schon mehrere Funksprüche abgesetzt, auf verschiedenen Frequenzen. Keine Antwort bislang.«

»Seltsam. Die Antennen scheinen jedenfalls unversehrt zu sein. Wie sieht es mit den Lebenszeichen aus?«

»Für einen genauen Scan sind wir noch zu weit weg, aber es gibt definitiv welche«, antwortete Volkov. »Sieht so aus, als bräuchten die eher unsere Hilfe, als dass wir welche bekommen könnten.«

»Maschinendeck an Brücke«, meldete sich Velazquez über Bordfunk. »Boss, es sieht wirklich übel aus. Den Hyperraum-Antrieb kann ich mit Bordmitteln nicht reparieren, der Reaktor hat auch was abbekommen. Aber vor allem verlieren wir stetig Luftdruck.«

»Wie viel Zeit bleibt uns?«, fragte Stevens.

»Höchstens eine Stunde.«

»Also haben wir keine andere Wahl. Wir landen auf der Station.«

»Verstanden, Captain«, erwiderte Wilson. »Ich leite das Bremsmanöver ein.« Sie begann mit fliegenden Fingern auf ihrem Kontrollpult zu arbeiten. Nach einer Weile schüttelte sie den Kopf und wandte sich dem Captain zu. »Sir, wir haben ein Problem.«

»Noch eins?« Stevens verzog den Mund.

»Die vorderen Bremsdüsen sind bis auf eine defekt. Ich kann nur minimal verzögern. Dazu ist die Manövrierfähigkeit eingeschränkt.«

»Also können wir nicht landen?«

Wilson wiegte den Kopf. »Auf der linken Seite sind die Düsen mehr oder weniger okay. Wenn ich uns seitlich in den Hangar steuere, könnte es klappen.«

»Dann mach das.«

»Aye.«

Hatte es vorher noch zu lange gedauert, bis die Station näher kam, ging jetzt alles viel zu schnell. Die gähnende Hangar-Öffnung wurde rasch größer und Wilson hatte alle Hände voll zu tun, die *Verocity* rechtzeitig in die gewünschte Lage zu bringen. Das Schiff reagierte nur sehr träge auf ihre Kommandos.

»Wir sind viel zu schnell«, murmelte Rahimi. Ihr stand der Schweiß auf der Stirn.

»Helen schafft das schon«, beruhigte sie Stevens, da die Pilotin selbst nichts erwiderte.

»Auch das noch«, rief Volkov aus.

Der Hangar füllte mittlerweile einen großen Teil des Bildschirms und in seinem Inneren war ein heilloses Chaos auszumachen. Schiffswracks und deren Trümmerteile waren überall im Inneren verstreut. Niemand sprach es laut aus, aber alle wussten, dass in diesem Durcheinander eine Bruchlandung unausweichlich war.

»Ist der atmosphärische Schild des Hangars noch in Ordnung?«, fragte Stevens.

»Sieht wenigstens so aus«, erwidere Volkov.

»Sind auf Kurs, eine Minute bis Eintritt in die Station«, sagte Wilson mit tonloser Stimme und sah auf. Sie wischte sich den Schweiß aus den Augen. »Sir, ich empfehle, alle nicht benötigte Energie auf die Dämpfer umzuleiten.«

»Luis, pack alles, was wir haben, in die Dämpfer«, gab Stevens den Befehl weiter. »Und fang an zu beten«, fügte er leiser hinzu.

Sie alle blickten schweigend auf den Hangar. Wilson korrigierte hin und wieder den Kurs und starrte auf die Geschwindigkeitsanzeige. Sie verringerte sich viel zu langsam.

»Festhalten!«, befahl Stevens, als sie den Schild passierten, der den Luftdruck im Inneren des Hangars aufrechterhielt.

Auf dem Bildschirm raste das zerfranste Heck eines ausgebrannten Frachters auf sie zu …

SPIELREGELN

Bis hierhin liest sich die Geschichte wie ein normaler Roman, aber von nun an wird es *dein* Abenteuer. Du bestimmst, wie es weitergeht, indem du am Ende jedes Textabschnitts eine Wahl triffst und beim entsprechenden Abschnitt weiterliest.

> ***Beispiel:***
> *Willst du nach links gehen, lies weiter bei **100**.*
> *Willst du lieber nach rechts gehen, lies weiter bei **200**.*

Je nach deiner Entscheidung, blätterst du zum Abschnitt mit der Nummer 100 oder mit der Nummer 200 und setzt deine Geschichte dort fort. Die Abschnittsnummer ist nicht zu verwechseln mit der Seitenzahl. Gemeint sind die fett gedruckten Zahlen zu Beginn jedes Abschnitts.
Wirst du in einen Kampf verwickelt, wirst du zu einem speziellen Abschnitt (z. B. **K5**) verwiesen. Diese Kampf-Abschnitte findest du am Ende des Buches. Die Regeln für die Kämpfe sind vor Abschnitt K1 erklärt, sodass du stets schnell dorthin blättern kannst.

Bevor du dein Abenteuer beginnst, solltest du dir einen Bleistift, einen Radiergummi und einen oder besser zwei sechsseitige Würfel bereitlegen. Alternativ kannst du auch die Würfel benutzen, die unten auf den Seiten 35-655 abgebildet sind. Schlage zum Würfeln einfach eine dieser Seiten auf. Die dort abgebildeten Würfel sind dann dein Würfelwurf.
Auf jeder der Seiten sind zwei Würfel abgebildet. Der weiße Würfel mit den schwarzen Augen zählt immer, der schwarze Würfel mit den weißen Augen nur dann, wenn du mit zwei Würfeln würfeln solltest.

Da du nicht nur auf dem Datenblatt, sondern auch an anderen Stellen (Rätseln) etwas ins Buch einträgst (das du vor dem nächsten Durchgang dann wieder wegradieren musst), bieten wir dir alle wichtigen Seiten als Download zum Ausdrucken. Du findest sie auf der Webseite des Mantikore-Verlages unter Downloads.

Ehe es losgeht, musst du dich für eine Spielfigur entscheiden. Es stehen zwei zur Auswahl, die du in der Vorgeschichte bereits kennengelernt hast. Sie haben unterschiedliche Stärken, Schwächen und besondere Fähigkeiten, was den Verlauf der Geschichte beeinflusst, sodass du ganz neue Möglichkeiten entdecken kannst, wenn du das Abenteuer mit der anderen Spielfigur von Neuem beginnst. Bei allen Werten gilt: Je höher, desto besser.
Nah- und Fernkampf geben an, wie stark die Figur im Kampf ist. Die Zahl hinter Gesundheit bestimmt, wie belastbar deine Spielfigur noch ist.
Der Start-Abschnitt gibt an, mit welchem Textabschnitt die jeweilige Spielfigur ihr Abenteuer beginnt.

Zur Wahl stehen diese Spielfiguren:

ALEXEJ VOLKOV

Alexej ist der taktische Offizier an Bord der *Verocity*. Er ist ein Kriegsveteran und hat lange Jahre als Space Trooper gedient und auf vielen Schlachtfeldern gekämpft. Auch wenn er mittlerweile die 40 überschritten hat, ist er immer noch ein ausdauernder Athlet und sowohl im Nahkampf als auch im Fernkampf geübt, sodass er einen Kampf nicht zu fürchten braucht. Von Technik versteht er hingegen wenig.

Start-Abschnitt: 1

Nahkampf: 7 Fernkampf: 6 Gesundheit: 50

LUIS VELAZQUEZ

Luis ist der Bordingenieur der *Verocity*. Er ist Ende 30, von eher schmächtiger Statur und geht Nahkämpfen deshalb besser aus dem Weg, zumindest bis er eine geeignete Waffe gefunden hat. Mit einem Blaster kann er zwar recht gut umgehen, ist aber beileibe kein so guter Schütze wie Volkov.

Wenn es um Maschinen und Computer geht, ist Luis jedoch in seinem Element. Er wird auch mit der Technik auf der Raumstation gut zurechtkommen und sich auch in die Systeme hacken können, falls das notwendig sein sollte.

Start-Abschnitt: 21

Nahkampf: 4 Fernkampf: 4 Gesundheit: 40

Hinweis: Velazquez kann im Verlaufe des Abenteuers Maschinen reparieren oder Computer hacken und so Wege öffnen, die Volkov verschlossen bleiben. Dies geschieht durch kleine Logikrätsel (beispielsweise ein Sudoku). Wenn du an so etwas Spaß hast, ist Velazquez der richtige Charakter für dich. Falls du keine Lust auf Rätsel hast, ist Volkov die bessere Wahl.

Triff nun deine Wahl. Jeder der beiden Charaktere hat sein eigenes Datenblatt, das du am Ende der Regelsektion findest (auf S. 30). Als Nächstes werfen wir kurz einen Blick auf die anderen Bereiche, die du auf dem Datenblatt findest.

GESUNDHEIT

Die maximale Gesundheit ist die Obergrenze für deine Spielfigur. Sie kann sich im Laufe des Spiels verändern, wenn du z. B. eine Rüstung findest. In diesem Fall trägst du die neue maximale Gesundheit neben der vorgedruckten Zahl ein.
Sinkt deine aktuelle Gesundheit durch einen Kampf oder eine Verletzung auf 0, ist das Abenteuer sofort beendet, auch wenn dies nicht explizit im Text steht.
Durch Medipacks kannst du Gesundheitspunkte zurückgewinnen, aber nie mehr, als deine maximale Gesundheit.

VORSPRUNG/ZÄHLER

Manchmal kommt es vor, dass du unter Zeitdruck gerätst, verfolgt wirst oder dir einen Zähler notieren sollst. In so einem Fall wirst du angewiesen, dir im Feld Vorsprung/Zähler eine Zahl zu notieren. In den nachfolgenden Abschnitten bekommst du die Anweisung, die Zahl zu senken oder zu erhöhen. Erreicht sie einen konkreten Wert, der dir im jeweiligen Abschnitt genannt wird, nennt der Text dir einen bestimmten anderen Abschnitt, wo du weiterlesen musst.

> ***Beispiel:***
> *Senke bei »Vorsprung« den eingetragenen Wert um 1. Ist der neue Wert 0, lies weiter bei 532.*

Dir sind vielleicht noch die »Verax«-Kästchen auf dem Datenblatt aufgefallen. Es kann sein, dass du diese im Verlauf deines Abenteuers brauchst. Dann wird dir in einem Textabschnitt erklärt, was es damit auf sich hat.

INVENTAR

Während deines Abenteuers findest du immer wieder Gegenstände, z. B. Waffen oder Werkzeuge. Am einfachsten wäre es natürlich, alles mitzunehmen, aber während kleine Gegenstände in die Taschen deines Overalls passen und ohne Begrenzung mitgenommen werden können, ist die Tragkraft deiner Spielfigur, was große Gegenstände angeht, zu Beginn begrenzt, da sie nur ihre beiden Hände hat, um diese zu tragen. Deshalb kannst du im Inventar zu Beginn nur zwei große Gegenstände tragen. Findest du im Verlauf des Abenteuers eine Tasche, kannst du drei weitere große Gegenstände transportieren.

Eine Sonderrolle spielen Blastergewehr und Blasterpistole. Diese sind auf dem Datenblatt vorgedruckt, und wenn du eine der beiden Waffen findest, musst du nur das kleine Kästchen ankreuzen, um zu wissen, welche du bei dir trägst. Die Blasterpistole ist ein kleiner Gegenstand, den du einfach in deinen Gürtel steckst. Das Blastergewehr dagegen ist ein großer Gegenstand, den du in der Hand tragen musst. Hast du also noch keine Tasche gefunden und schon ein Blastergewehr bei dir, kannst du nur noch EINEN weiteren großen Gegenstand mit dir führen.

Wenn du einen Gegenstand findest, steht jeweils dabei, ob er klein oder groß ist. Eine Ausnahme sind die Medipacks, mit denen du die Gesundheit deiner Spielfigur wieder auffrischen kannst. Hier notierst du nur die Anzahl in dem vorgegebenen Feld auf deinem Datenblatt. Findest du z. B. 3 neue Medipacks, erhöhst du die Anzahl um 3.

Wann immer du ein Medipack einsetzt, musst du die Anzahl um eins herabsetzen und kannst dir dafür 10 Gesundheitspunkte gutschreiben.

Manche Gegenstände lassen sich auch als Nahkampf-Waffen benutzen. Dann werden dir Boni für die Kampfkraft (abgekürzt KK) bzw. Schaden der Waffe angegeben. Diese musst du mit im Inventar notieren. Was es damit auf sich hat, erfährst du in den Kampfregeln.

Beispiel:
Im Text steht:
Wenn du willst, kannst du das Stemmeisen mitnehmen (großer Gegenstand). Es lässt sich auch als Waffe im Nahkampf nutzen (KK +2, Schaden +4)
Du notierst im Inventar bei große Gegenstände »Stemmeisen +2,+4«.

Wenn du einen großen Gegenstand findest, aber keinen Platz mehr dafür hast, musst du ihn entweder liegen lassen oder einen anderen großen Gegenstand aus deinem Inventar ausradieren und dafür den neuen Gegenstand eintragen. Der ausradierte Gegenstand ist damit verloren.

Wenn im Verlauf des Abenteuers von „alle Waffen" die Rede ist, sind damit nicht nur die Blaster, sondern alle Gegenstände gemeint, die als Waffe benutzt werden können, also z. B. auch das Stemmeisen aus dem obigen Beispiel.

SPEICHERPUNKTE UND TOD DER SPIELFIGUR

Wenn deine Gesundheit irgendwann im Verlauf der Geschichte auf 0 sinkt (durch Kämpfe, aber auch durch Beschreibungen im Text) oder du eine tödliche Entscheidung triffst, endet das Abenteuer. Du kannst dann natürlich ganz von vorn anfangen, aber da das gerade zum Ende hin ziemlich frustrierend sein kann, gibt es im Buch Speicherpunkte. Das sind ganz normale Abschnitte, die als Speicherpunkt gekennzeichnet sind und zu denen du zurückkehren kannst, wenn du gestorben bist. Das sieht z. B. so aus:

37 *(Speicherpunkt - Schere (KK +1, Schaden +2))*

Immer wenn du so einen Speicherpunkt beim Lesen erreichst, notierst du ihn dir auf dem Datenblatt in der Spalte Speicherpunkt. Nach dem Tod deiner Spielfigur kannst du zu einem beliebigen Speicherpunkt zurückkehren, den du auf deinem vorherigen Weg passiert hast. Du musst also nicht zwangsweise am zuletzt passierten Punkt wieder einsteigen, sondern kannst einen weiter zurückliegenden wählen. Deine Spielfigur hat nach dem Einstieg wieder ihre volle Gesundheit, auch wenn sie verletzt war, als du den Speicherpunkt das erste Mal erreicht hast.

Aber:

▶ du musst alle Gegenstände, die du bei deinem Tod bei dir getragen hast, wegradieren und startest nur mit den Gegenständen, die bei dem Speicherpunkt in Klammern angegeben sind. Alle anderen fehlen dir, das gilt auch für die Medipacks!

▶ du musst alle notierten Ereignisse (siehe nächste Seite) wegradieren, die seit dem letzten Speicherpunkt, zu dem du zurückspringst, hinzugekommen sind.

▶ wenn du zu einem Speicherpunkt zurückkehrst, darfst du NICHT die Spielfigur wechseln. Falls du also z. B. den Speicherpunkt mit Chief Volkov erreicht hast, musst du auch mit Chief Volkov weiterspielen, denn nicht jeder Speicherpunkt ist mit jedem Charakter erreichbar.

EREIGNISSE

Manchmal wirst du im Text aufgefordert, dir die Nummer eines bestimmten Ereignisses zu notieren. Damit wird z. B. sichergestellt, dass dieses Ereignis nicht noch einmal eintritt, beispielsweise wenn du zum zweiten Mal einen Raum betrittst, in dem beim ersten Mal ein Gegner auf dich gelauert hat.

Beispiel:
Im Text steht:
Notiere dir auf dem Datenblatt das Ereignis 192 und lies weiter bei 282.
Bei Abschnitt 282 steht dann:
Wenn du dir das Ereignis 192 noch nicht notiert hast, lies weiter bei 192, sonst lies weiter bei 199.

Wenn du nach dem Tod deiner Spielfigur zu einem Speicherpunkt und damit quasi „in die Vergangenheit“ zurückkehrst, musst du alle Ereignisse wegradieren, die erst nach dem Speicherpunkt geschehen sind.
Damit du weißt, welche Ereignisse nach welchem Speicherpunkt aufgetreten sind, beginnst du immer dann, wenn du einen Speicherpunkt erreichst, eine neue Zeile in der Ereignistabelle.

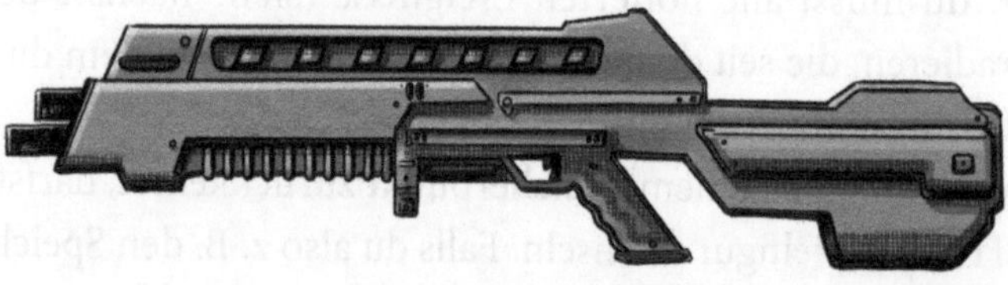

Beispiel:

Speicherpunkt	Ereignisse		
Start	8	78	Diese Ereignisse sind VOR dem ersten Speicherpunkt eingetreten.
37	66	12	NACH dem ersten Speicher-cherpunkt 37 eingetreten.
85	115		NACH dem zweiten Speicherpunkt 85 eingetreten.

Wenn du zum Speicherpunkt 85 zurückkehrst, musst du nur das Ereignis 115 wegradieren.
Kehrst du jedoch zum Speicherpunkt 37 zurück, musst du die Ereignisse 66, 12 und 115 und auch den Speicherpunkt 85 wegradieren.

KÄMPFE

Wenn du im Spiel auf Gegner triffst, kommt es manchmal zum Kampf. Diese Kämpfe werden in speziellen Kampfabschnitten (K1, K2 …) am Ende des Buches ab Seite 630 abgehandelt.. Die Regeln für die Kämpfe findest du direkt vor diesen Abschnitten erklärt, sodass du sie schnell nachschlagen kannst.

Damit hast du bis auf die Kampfregeln alles Wichtige erfahren und kannst nun deine eigene Geschichte erleben. Beginne dein Abenteuer am Startabschnitt deiner Spielfigur.

Hast du dich für Chief Volkov entschieden, beginne bei ***1****.*
Ist deine Spielfigur der Ingenieur Velazquez, beginne mit Abschnitt ***21****.*

ALEXEJ VOLKOV

Alter: 44

Nahkampf: 7

Fernkampf: 6

Max. Gesundheit: 50

Akt. Gesundheit:

Vorsprung/Zähler:

Verax:

Notizen:

INVENTAR

Große Gegenstände

☐ Blastergewehr
Genauigkeit +5

Wenn du das Blastergewehr bei dir trägst, kannst du nur einen weiteren ***großen Gegenstand*** *bei dir tragen – es sei denn, du hast eine Tasche.*

☐ Tasche

Kleine Gegenstände

☐ Blasterpistole
Genauigkeit +3

Medipacks *je +10 Gesundheit (+5 im Kampf)*

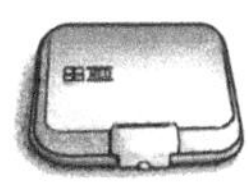

Speicherp.	*Ereignisse*					
START						

LUIS VELAZQUEZ

Alter: 38

Nahkampf: 4

Fernkampf: 4

Max. Gesundheit: 40

Akt. Gesundheit:

Vorsprung/Zähler:

Verax:

Notizen:

INVENTAR

Große Gegenstände

☐ Blastergewehr
Genauigkeit +5

☐

☐

*Wenn du das Blastergewehr bei dir trägst, kannst du nur einen weiteren **großen Gegenstand** bei dir tragen es sei denn, du hast eine Tasche.*

☐ Tasche

☐

☐

☐

Kleine Gegenstände

☐ Blasterpistole
Genauigkeit +3

☐

☐

☐

☐

☐

Medipacks *je +10 Gesundheit (+5 im Kampf)*

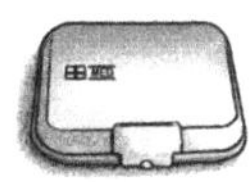

Speicherp.	*Ereignisse*					
START						

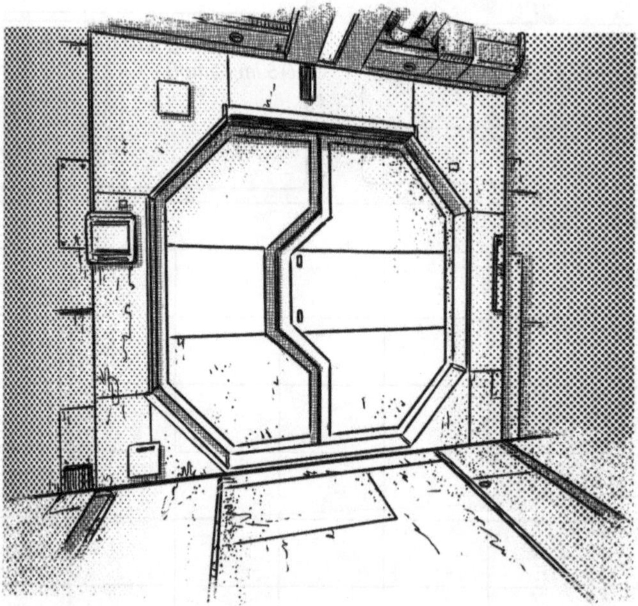

1

Ein schrilles Heulen dringt an deine Ohren und bringt dich allmählich wieder zur Besinnung. Als du begreifst, dass es von der Alarmsirene stammt, richtest du dich ruckartig auf, doch dir wird schwindelig und du musst dich abstützen. Rauch dringt in deine Lungen und du musst husten. Die gesamte Brücke der *Verocity* ist voller Qualm, der von den roten Lichtern des Alarms flackernd erhellt wird.

»Warnung, Leck im Fusionsreaktor!«, tönt die Stimme des Schiffscomputers in blecherner Emotionslosigkeit zwischen dem Heulen der Sirene. »Strahlungswerte kritisch, Evakuierung einleiten.«

Du siehst dich um, versuchst durch den Rauch etwas zu erkennen. Offenbar hat dich der Aufprall nach vorn zum Pilotensitz geschleudert. Das Steuerungspult ist direkt neben dir und Wilson liegt reglos darauf. Blut tropft vom Pult zu Boden.

Du rappelst dich auf und willst der Pilotin helfen, aber als du sie in ihrem Sitz aufrichtest, siehst du, dass sich Splitter des Steuerungspults in ihre Brust gebohrt haben. Jede Hilfe kommt zu spät.

»Warnung, Leck im Fusionsreaktor«, wiederholt der Computer. »Explosion droht.«

Trage auf dem Datenblatt bei »Vorsprung« den Wert 3 ein. In späteren Abschnitten wirst du aufgefordert, den Wert um 1 zu senken. Du musst die Explosion verhindern, bevor dein Vorsprung auf 0 sinkt.

Du löst dich vom Anblick der toten Pilotin und orientierst dich kurz. An der hinteren Wand der Brücke sind die Kontrollpulte, die du im Moment wegen des Qualms nicht erkennen kannst. Hin und wieder siehst du dort Blitze durch die Rauchschwaden zucken. Offenbar ist auch da einiges beschädigt. Rechts davon ist

der Ausgang zu den anderen Decks. Links ist der Zugang zum Büro des Captains.
Aus dem Rauch vor dir dringt ein schwaches Husten. Es scheint, du bist nicht der Einzige, der die missglückte Landung überlebt hat.
*Willst du zum Büro des Captains gehen? Lies weiter bei **17**.*
*Willst du die Brücke verlassen? Lies weiter bei **36**.*
*Willst du dir die Kontrollpulte ansehen? Lies weiter bei **31**.*
*Willst du auf das Husten zuhalten? Lies weiter bei **39**.*

2

Hoppla, da ist etwas schiefgelaufen. Eigentlich solltest du nie bei diesem Abschnitt ankommen. Hast du vielleicht nach Abschnitt 1 einfach hier weitergelesen? Falls ja, lies weiter oben noch einmal die letzten Zeilen. Du musst dich für eine der Möglichkeiten entscheiden und dann bei dem Abschnitt weiterlesen, auf den du dort verwiesen wird. Wenn dort also z. B. »lies weiter bei 17« steht, blätterst du zum Abschnitt 17 und setzt deine Geschichte an der Stelle fort.
*Kehre zurück zu Abschnitt **1**.*

3

»Warnung, Leck im …« Die Stimme des Computers bricht mitten im Satz ab. Eine dumpfe Explosion im Heck erschüttert das Schiff. Du hast zu lang gebraucht. Dir bleibt ein kurzer Moment der Hoffnung, dass die Explosion vielleicht doch nicht so schlimm ist – dann vergeht die *Verocity* in einem gewaltigen Feuerball.

Dein Abenteuer hat ein frühes Ende gefunden. Beginne es noch einmal und versuche diesmal, die Explosion zu verhindern.

4

Rasch wendest du dich von dem Kontrollpult ab, stolperst zur Tür und zwängst dich durch den Spalt. Keine Sekunde zu früh. Schon fährt im Inneren ein Schott herab und verschließt den Maschinenraum. Ein starkes Brummen setzt ein und die Härchen an deinem Arm stellen sich auf. Das muss das Versiegelungsfeld sein, das die Auswirkungen der Explosion eindämmen soll. Aber funktioniert es noch nach all den Schäden, die die *Verocity* davongetragen hat?

*Lies weiter bei **13**.*

5

Du trittst in die Luftschleuse, die sich zischend hinter dir schließt. Gespannt gehst du auf die Hauptluke zu. Was wirst du durch das Bullauge sehen? Wenn die Landung fehlgeschlagen ist und die *Verocity* noch im All schwebt, dann ist dir dieser Fluchtweg versperrt.

»Warnung, Leck im Fusionsreaktor! Explosion steht unmittelbar bevor.«

Mit klopfendem Herzen siehst du hinaus. Tatsächlich, ihr seid im Hangar der Station gelandet, der noch mehr einem Trümmerfeld gleicht, als es von außen den Anschein hatte. Aber die Trümmer liegen am Boden, also gibt es Schwerkraft. Du wirfst einen schnellen Blick auf die Anzeigen neben der Luke. Die Außenluft ist atembar. Der Hangar hat also auch kein Leck und der atmosphärische Schild ist intakt. Wenn du die Luke öffnest, kannst du gefahrlos aussteigen.

Senke bei »Vorsprung« *den eingetragenen Wert um 1. Ist der neue Wert 0, lies weiter bei* ***3.***

Die Zeit wird knapp, du musst sofort eine Entscheidung fällen.
Willst du die Luke öffnen, um dich selbst zu retten? Lies weiter bei ***11.***
Willst du in den Maschinenraum eilen, in der Hoffnung, das Schiff noch irgendwie retten zu können? Lies weiter bei ***53.***

6

Du trittst an die Konsole für die Waffensysteme und überfliegst die Anzeigen. Der Schildgenerator ist ausgefallen, bis auf ein Bordgeschütz sind auch alle Waffensysteme hinüber. Der Rumpf der *Verocity* ist an mehreren Stellen aufgerissen. Im Grunde ist es ein Wunder, dass euch das Schiff nicht um die Ohren geflogen ist.
»Warnung, Leck im Fusionsreaktor, Explosion steht unmittelbar bevor«, wiederholt der Computer und erinnert dich daran, dass es noch längst nicht ausgestanden ist.

Senke bei »Vorsprung« *den eingetragenen Wert um 1. Ist der neue Wert 0, lies weiter bei* ***3.***

Die Konsole hilft dir nicht weiter. Nur im Maschinenraum selbst oder über das Kontrollpult kannst du die Katastrophe noch verhindern.

Wenn du die Brücke verlassen willst, um in den Maschinenraum zu gehen, lies weiter bei ***36****.*
Wenn du dir das Kontrollpult für den Maschinenraum näher ansehen willst, lies weiter bei ***10****.*

7

Der Fortschrittsbalken erreicht 90% und nährt deine Hoffnung, dass es doch noch klappen könnte. War doch klar, dass die Zeit reicht, das hast du dir doch gleich gedacht. Warum also die Aufregung? Aber dein Herz rast nach wie vor.
95%!
Obwohl du dich zu beruhigen versuchst, schwitzen deine Hände. Du hustest dir einmal mehr den Rauch aus den Lungen. Allmählich wird dir ein wenig schwindelig. Sauerstoffmangel, denkst du. Du solltest hier raus.
Endlich erreicht der Fortschrittsbalken das Ende. »Fusionsreaktor erfolgreich heruntergefahren«, meldet der Computer. »Strahlungsniveau unterhalb der Grenzwerte.«

Du grinst zufrieden, nimmst den Feuerlöscher und rückst den Flammen zu Leibe. Als du sie gelöscht hast, treibt dich ein weiterer Hustenanfall aus dem Maschinenraum.
Du zwängst dich durch die nur halb offen stehende, verbogene Schiebetür und stolperst die Stufen zum Hauptflur empor. Deine Zufriedenheit weicht der bangen Frage, was wohl aus den übrigen Mitgliedern der Crew geworden ist.
Da ertönt die Stimme des Captains über den Bordfunk. »Wenn noch einer lebt, bitte auf die Brücke. Ich …« Er keucht schmerzerfüllt.
Du rennst in Richtung Brücke.
Als du dort ankommst, hältst du erschrocken inne, denn dir bietet sich ein Bild der Verwüstung.
Der Hauptbildschirm ist zersplittert, zwei von drei Kontrollpulten zerstört. Volkov liegt mit verdrehten Gliedmaßen auf dem Boden. Wilson und Rahimi sind vornübergebeugt auf ihren Steuerpulten zusammengesunken und die Blutlachen zu ihren Füßen lassen dir kaum Hoffnung.
»Sind alle tot?«, fragst du mit bebender Stimme.
»Der Computer meldet keine Lebenszeichen außer deinen und meinen«, stößt Captain Stevens hervor, der mit schmerzverzerrter Miene in seinem Sessel sitzt. »Und ich mache es auch nicht mehr lange.«
Seine Worte holen dich aus deiner Erstarrung und du eilst zu ihm.
*Notiere dir auf dem Datenblatt das Ereignis 7 und lies weiter bei **28**.*

8

Du schleppst den Captain in die Luftschleuse. Ein schneller Blick auf die Anzeigen zeigt dir, dass die Außenluft atembar ist. Hektisch ziehst du am Sicherheitshebel und betätigst dann den Knopf, der die Luke öffnet. Zischend klappt sie auf und du blickst in den riesigen Hangar.

Von der *Verocity* bis zur gegenüberliegenden Wand müssten es sechzig oder siebzig Meter sein und das Schiff steht ungefähr in der Mitte der Halle. Es sieht so aus, als habe es eine Explosion gegeben, denn eine Wand des Hangars ist von Ruß geschwärzt. An mehreren Stellen ist das Licht ausgefallen, sodass weite Teile der riesigen Halle im Zwielicht liegen. Trümmerteile verschiedener Größe sind überall verstreut. Die zwei Schiffe, die du sehen kannst, sind schwer beschädigt, bei einem ist der Rumpf komplett aufgerissen.

Da die *Verocity* stark zur Seite geneigt liegt, müsst ihr klettern, um auf den Boden zu gelangen. Du steigst voran und streckst Stevens helfend die Hand entgegen.

Mühsam hangelt er sich hinab. Er ist beinahe unten, als er abrutscht. Mit einem Aufschrei stürzt er neben dir zu Boden und umklammert sein verletztes Bein. Blut quillt zwischen seinen Fingern hervor. Erst auf den zweiten Blick erkennst du, dass der Splitter in der Wunde verrutscht ist und sie noch weiter aufgerissen hat.

»Verdammt, ich verblute«, stöhnt Stevens. Panik schwingt in seiner Stimme mit. Verzweifelt presst er seine Hände auf die Wunde, doch es hilft nichts.

Über euch schließt sich zischend die Luke, der Rückweg in die *Verocity* ist damit versperrt. »Hilfe!«, rufst du und eilst einige Schritte in den Hangar. Du siehst dich um, aber es ist niemand zu sehen.

Stevens stöhnt noch einmal und sackt dann zu Boden. Er hat das Bewusstsein verloren. Um ihn herum hat sich eine riesige Blutlache gebildet, die noch immer anwächst. Hektisch versuchst du irgendwie, den pulsierenden Blutstrom zu stoppen, aber noch ehe es dir gelingt, die Wunde abzubinden, versiegt die Blutung. Ein prüfender Griff an den Hals des Captains bringt dir Gewissheit – Stevens ist tot. Mit zitternden Fingern schließt du ihm die Augenlider.

Notiere dir das Ereignis 8 auf dem Datenblatt.
Wenn du Chief Volkov spielst, lies weiter bei ***25****.*
Spielst du den Ingenieur Velazquez, lies weiter bei ***18****.*

9

»Sehen wir mal, ob er Hilfe braucht. Vielleicht kann er uns ja sagen, woher wir Unterstützung bekommen«, murmelst du. »Gehen wir zu ihm.«
Stevens winkt ab. »Lass mich hier. Besser, ich bewege das Bein so wenig wie möglich. Hier draußen wird es mit der Strahlung schon nicht so schlimm sein.«
Du willigst ein und gehst allein auf den Mann zu. Es liegen allerlei Trümmerteile in verschiedenen Größen im Weg, sodass du einige Umwege in Kauf nehmen musst und den Mann zwischenzeitlich aus den Augen verlierst.
Nachdem du gerade ein abgerissenes Triebwerk umrundet hast, steht er plötzlich nur noch zwei Schritte vor dir. Hier ist die Beleuchtung schlecht, sodass du ihn nur noch als Schatten vor der Helligkeit hinter ihm erkennen kannst.
»Alles in Ordnung bei Ihnen?«, fragst du. Keine Antwort. »Ich hoffe, Sie sind nicht durch unsere Bruchlandung verletzt worden? Wir …«
Der Mann stößt einen seltsamen Laut aus. Es klingt nach einer Mischung aus Knurren und einem unterdrückten Brüllen und lässt dich unwillkürlich einen Schritt zurückweichen.

»Hören Sie, wir …«, versuchst du ihn zu beschwichtigen, aber da springt der Mann schon auf dich zu. Im letzten Moment kannst du ausweichen und er taumelt an dir vorbei, stolpert über ein Trümmerteil und schlägt der Länge nach hin.
»Vorsicht!«, ruft der Captain von Weitem. »Da ist noch einer!«
Du fährst herum. Tatsächlich ist noch ein zweiter Mann aufgetaucht, der sich dir von der Seite nähert. Er sieht genauso zerlumpt aus wie der andere und er ist eindeutig mit Blut beschmiert. In der Hand hält er eine Eisenstange. Knurrend kommt der gestolperte Mann hinter dir wieder auf die Beine. Mit beiden kannst du es im Nahkampf nicht aufnehmen.
*Willst du zu Captain Stevens zurückrennen, lies weiter bei **27**.*
*Wenn du die beiden Männer von ihm ablenken und in die entgegengesetzte Richtung laufen willst, lies weiter bei **14**.*

10

Du trittst an das Kontrollpult für den Maschinenraum und überfliegst hektisch die diversen Warnmeldungen. Im Wesentlichen steht dort zu lesen, was der Computer bereits verkündet hat: Durch die Bruchlandung gibt es ein Leck im Reaktor. Weiter steht da, dass das automatische Notfall-Eindämmungsfeld nicht aktiviert werden konnte.
Zwei blinkende Schaltflächen bieten dir an, entweder den Maschinenraum zu versiegeln oder die Prozedur zum schrittweisen Herunterfahren des Reaktors zu starten. Wenn du ihn versiegelst, wird die Explosion nur eingedämmt und nicht verhindert. Außerdem würde der Ingenieur Velazquez, sofern er noch am Leben ist, dann dort unten eingeschlossen.
Das Herunterfahren wird hingegen wohl länger dauern – vielleicht *zu* lange?
*Willst du den Maschinenraum versiegeln, lies weiter bei **42**.*
*Wenn du den Reaktor herunterfahren willst, lies weiter bei **51**.*

11

Du ziehst den Sicherheitshebel und drückst dann den Knopf, der die Luke öffnet. Zischend klappt sie auf. Die *Verocity* steht schief, also musst du klettern, um auf den Boden zu gelangen. Obwohl deine Finger schweißnass sind, gelingt es dir. Kaum spürst du den metallenen Boden des Hangars unter den Füßen, rennst du los. Nur weg von der *Verocity*, irgendwo Deckung finden. Wie viel Zeit bleibt dir wohl noch?

Du läufst so schnell du kannst, hältst auf eines der anderen Schiffe zu, das stark beschädigt auf der Seite liegt. Vielleicht findest du dahinter Schutz vor der bevorstehenden Explosion.

Dir geht die Luft aus, weil du so viel Rauch eingeatmet hast. Hustend stolperst du die letzten Schritte, umrundest das Schiff und springst in Deckung.

Fast im gleichen Augenblick donnert eine Explosion durch den Hangar. Der Knall zerfetzt dir beinahe die Trommelfelle, Metallsplitter prasseln um dich herum auf Boden und Wände ein, du spürst eine Hitzewelle.

Es wird immer heißer. Du schreist auf, als du dir auf dem Boden die Hände verbrennst. Die Luft um dich herum wabert vor Hitze, Metall kreischt.

Urplötzlich lässt die Hitze nach, Wind setzt ein, ein kräftiger Sog zieht an dir. Du versuchst, dich dagegen zu stemmen, irgendwo Halt zu finden, aber es ist zwecklos. Der Sog des Vakuums reißt dich von den Beinen, hilflos schlitterst du über den Boden.

In der Außenhülle des Hangars klafft ein großer Riss, durch den die Luft ins All gesogen wird. Nicht nur du wirst von diesem Riss angesaugt, auch Frachtkisten und Trümmerteile fliegen auf das Leck zu.

Der Sog wird stärker, es gibt kein Entrinnen. Das Letzte was du hörst, ist dein eigener Todesschrei, dann umfängt dich die eisige Stille des Alls.

Dein Abenteuer hat ein frühes Ende gefunden. Beginne es noch einmal und versuche diesmal, die Explosion zu verhindern.

12

Du kannst nichts tun, um den Vorgang zu beschleunigen. Der Drang, auf das Kontrollpult zu hämmern, wird schier übermächtig, aber das würde ja auch nichts nützen. Dir dämmert, dass du die falsche Entscheidung getroffen hast.

Als der Fortschrittsbalken 50% erreicht, schöpfst du noch einmal Hoffnung, aber im nächsten Moment erschüttert eine Explosion das Schiff. Nur den Bruchteil einer Sekunde später wird dein Körper vaporisiert.

Dein Abenteuer hat ein frühes Ende gefunden. Beginne es noch einmal und versuche diesmal, das Schiff zu retten.

13

Dein Herz klopft dir bis zum Hals. Jeden Moment erwartest du dein Ende. Du zuckst zusammen, als es hinter dem Schott einen Knall gibt. Das ganze Schiff erzittert so heftig, dass du zu Boden gehst. Irgendwo kreischt Metall und es scheint, als würde der Reaktor die *Verocity* doch noch zerreißen.

Aber so plötzlich wie der Spuk begann, endet er auch wieder – und du lebst noch.

»Maschinenraum-Versiegelung intakt«, meldet der Computer. »Strahlenwerte nach wie vor hoch, Evakuierung des Schiffes empfohlen.«

Mühsam rappelst du dich auf und humpelst zurück zur Brücke.

Die Eintragung beim Vorsprung kannst du wegradieren, sofern du dort eine hast.

Lies weiter bei ***49****.*

14

Mit seinem verletzten Bein ist Stevens zu langsam, um vor den Männern zu fliehen, also musst du ihm einen Vorsprung verschaffen. Du rennst in die entgegengesetzte Richtung los.

Nach wenigen Schritten wagst du einen Blick über die Schulter. Tatsächlich sind beide Männer hinter dir her. Sie bewegen sich nur langsam, sodass du dir schon einen kleinen Vorsprung erarbeitet hast. Du blickst zum Captain hinüber. Stevens humpelt auf eine kleine Tür neben einem zersplitterten Fenster zu. Ist das der einzige Ausgang? Es muss doch ein größeres Tor geben, durch das man Frachtcontainer bewegen kann?

Aber erst mal rennst du weiter, um den Vorsprung weiter auszubauen und dem Captain Zeit zu verschaffen. Du näherst dich der Stelle, wo die Hangarwand rußgeschwärzt ist. Hier liegen viele große Trümmerteile, die aus dem zerfetzen Rumpf eines mittelgroßen Frachters zu stammen scheinen.

Wieder blickst du über die Schulter. Deine Verfolger sind mittlerweile zehn Meter zurückgefallen. Den Captain kannst du nicht mehr sehen, weil dir ein anderer, weniger stark beschädigter Raumfrachter den Blick versperrt.
Du beschleunigst deine Schritte noch einmal und umrundest den Frachter halb, sodass du für den Moment den Blicken deiner Verfolger entzogen bist. Die Frachtrampe des Schiffes steht offen. Wenn du schnell bist, könntest du dich dort verstecken.
*Willst du weiterrennen, lies weiter bei **29**.*
*Willst du dich im Frachtraum verstecken, lies weiter bei **35**.*

15

Obwohl die Stimme des Computers schon wieder die rasche Evakuierung des Schiffes anmahnt, lässt du den Captain an der Schleuse zurück und eilst zur Krankenstation.
Auch dort herrscht ein heilloses Chaos. Die Krankenliege ist umgefallen, der Inhalt von Regalen und Schränken hat sich auf dem ganzen Boden verteilt, überall sind Lachen von Flüssigkeiten, dazwischen Glassplitter und medizinische Gerätschaften. Doktor Baumann liegt in einer Ecke des kleinen Raums, halb begraben unter einem Schrank, der sich bei der Bruchlandung von der Wand gelöst haben muss.
Obwohl der Captain eben sagte, dass keine weiteren Lebenszeichen angezeigt werden, eilst du zu ihr und fühlst an ihrem Handgelenk nach einem Puls, aber sie ist tatsächlich tot. Du schließt ihr die weit aufgerissenen Augen und ringst einen Augenblick mit deinen Emotionen. Das schmerzerfüllte Stöhnen des Captains bringt dir wieder in Erinnerung, dass du keine Zeit zu verlieren hast.
Hektisch siehst du dich um und findest in dem Durcheinander tatsächlich einen Druckverband und eine Schere. Sicher wäre hier noch mehr Nützliches zu finden, aber du willst nicht länger

als nötig an Bord bleiben. Also hastest du zum Captain zurück. Nachdem du seine Hose rund um die Wunde aufgeschnitten hast, benutzt du die Schere als Zange und ziehst damit den Glassplitter aus dem Bein des Captains, der dabei tapfer die Zähne zusammenbeißt. Die Blutung wird zunächst noch stärker, aber es gelingt dir, den Druckverband anzulegen. Die Bandage zieht sich automatisch auf die optimale Enge zusammen und Stevens atmet hörbar auf. »Schon besser«, murmelt er.

Wenn du die Schere behalten willst, kannst du sie im Inventar (kleiner Gegenstand) notieren. Sie kann auch als Nahkampf-Waffe benutzt werden (KK +1, Schaden +2).

Einmal mehr erklingt die Warnung des Computers und ihr rafft euch auf, um das Schiff endlich zu verlassen. Ein schneller Blick auf die Anzeigen in der Luftschleuse zeigt dir, dass die Außenluft atembar ist. Du öffnest die Luke mit dem entsprechenden Knopf. Sie klappt zischend auf und du blickst in den riesigen Hangar. Von der *Verocity* bis zur gegenüberliegenden Wand müssten es sechzig oder siebzig Meter sein und das Schiff steht ungefähr in der Mitte der Halle. Es sieht so aus, als habe es eine Explosion gegeben, denn eine Wand des Hangars ist von Ruß geschwärzt. An mehreren Stellen ist das Licht ausgefallen, sodass weite Teile der riesigen Halle im Zwielicht liegen. Trümmerteile verschiedener Größe sind überall verstreut. Die zwei Schiffe, die du sehen kannst, sind schwer beschädigt, bei einem ist der Rumpf komplett aufgerissen.
Weil die *Verocity* schief auf der Landeplattform steht, müsst ihr klettern. Zum Glück hast du vorher den Splitter entfernt, sonst hätte sich der Captain dabei die Wunde wahrscheinlich noch weiter aufgerissen.
*Lies weiter bei **37**.*

16

Der Schweiß dringt dir aus allen Poren, während du den Fortschrittsbalken weiter verfolgst. Erbarmungslos langsam nähert er sich 50%. Hast du die falsche Entscheidung getroffen? Hättest du doch den Maschinenraum versiegeln sollen?
60%. Hoffnung keimt in dir auf, vielleicht reicht es ja doch noch.
»Warnung, Leck im Fusionsreaktor! Explosion steht unmittelbar bevor«, warnt der Computer.
Das Herz schlägt dir bis zum Hals. 70%. Kann es denn nicht schneller gehen? Ist das hier das Ende? Du denkst an deine Familie, deine Freunde. Wie werden sie wohl von deinem Tod erfahren? 80%. Oder überlebst du vielleicht doch?
*Lies weiter bei **24**.*

17

Du tastest dich durch den Qualm in Richtung des Büros. Um nicht zu viel von dem Rauch einzuatmen, hältst du dich gebückt. Trotzdem musst du unablässig husten und deine Augen tränen. An einer Stelle stößt du gegen etwas – einen Körper! Er gehört Rahimi, der Co-Pilotin. Ein flüchtiger Blick auf ihr Gesicht genügt dir, um zu wissen, dass für sie jede Hilfe zu spät kommt. Ihre Au-

gen starren dir blicklos entgegen und unter ihrem Kopf hat sich eine große Blutlache gebildet. Du wendest dich ab und stolperst zu der Tür, die zum Büro des Captains führt. Sie ist verschlossen und völlig verbogen. Du wirst sie nicht öffnen können.
»Warnung, Leck im Fusionsreaktor«, wiederholt der Computer abermals. »Explosion droht.«

Senke bei »Vorsprung« den eingetragenen Wert um 1. Ist der neue Wert 0, lies weiter bei ***3****.*

Wieder hörst du das Husten, diesmal näher. „Hallo?", krächzt eine Stimme, die dich an die von Captain Stevens erinnert. Du stolperst in diese Richtung.
Lies weiter bei ***39****.*

18 *(Speicherpunkt)*
Du hast deinen ersten Speicherpunkt erreicht. Notiere dir die Nummer 18 in der Speicherpunkt-Spalte. Wenn du stirbst, kannst du entweder von vorn beginnen oder hier wieder starten, hast dann aber keinen Gegenstand mehr bei dir.
Wenn du dir das nächste Mal ein Ereignis notieren sollst, trage es in die Zeile rechts von diesem Speicherpunkt ein, damit du erkennen kannst, welche Ereignisse du wegradieren musst, wenn du zu diesem Speicherpunkt zurückkehrst.

Du brauchst eine Weile, um den Tod des Captains zu verdauen. Nun bist also nur noch du allein von der *Verocity*-Besatzung übrig – und du hast keine Ahnung, was dich hier auf der Station erwartet. Überrascht blickst du auf, als in der Nähe Metall über Metall schabt. Ein einzelner Mann kommt auf dich zu. Er ist noch gut zehn Meter entfernt und schiebt gerade ein Trümmerteil beiseite, das ihm den Weg versperrt.

Seine Uniform sieht ziemlich mitgenommen aus. Es fehlen ein Ärmel und ein halbes Hosenbein und durch einen breiten Riss sind Teile des Oberkörpers entblößt. Die Haut des Mannes ist mit Blut verschmiert. Ob er bei eurer Bruchlandung verletzt wurde? Als ob sein Anblick nicht schon bedrohlich genug wäre, hält er auch noch eine Eisenstange in der Hand.
Du stehst auf und hebst beschwichtigend die Hände. »Ich … Wir sind hier notgelandet«, stammelst du und deutest auf die *Verocity*. »Ich brauche Hilfe.«
Der Mann antwortet nicht, sondern kommt langsam näher.
»Alles in Ordnung bei Ihnen?«, fragst du. Keine Reaktion. »Ich hoffe, Sie sind nicht bei unser Landung verletzt worden?«
Der Mann stößt einen seltsamen Laut aus. Es klingt nach einer Mischung aus Knurren und einem unterdrückten Brüllen und lässt dich unwillkürlich einen Schritt zurückweichen. Will er dich etwa angreifen?

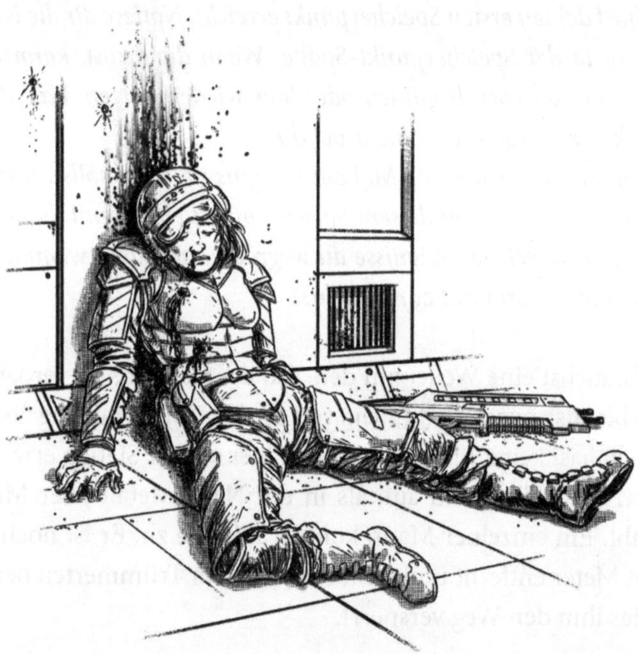

Ein Geräusch rechts von dir lässt dich herumfahren. Da kommt noch ein Mann auf dich zu, ähnlich zerlumpt wie der andere und genauso aggressiv in seinem Auftreten. Hektisch siehst du dich nach einem Fluchtweg um. Das breite Hangartor bemerkst du erst auf den zweiten Blick, weil die Reste eines Raumjägers davorgeschleudert worden sind. Als du genauer hinsiehst, kannst du erkennen, dass das Tor völlig verbogen ist. Unwahrscheinlich, dass es sich noch öffnen lässt. Du lässt den Blick weiter durch den Hangar schweifen und entdeckst ein breites, zersplittertes Fenster und eine schmale Tür.

Du überlegst nicht lang und rennst los, springst über Trümmerteile hinweg und wagst ab und zu einen Blick über die Schulter. Die Männer folgen dir, aber nur langsam. Einer der beiden schlurft, so als sei er am Bein verletzt.

Außer Atem erreichst du die Tür.

Trage beim Vorsprung auf dem Datenblatt die Zahl 3 ein und lies weiter bei ***54****.*

19

In Panik stemmst du dich mit aller Macht gegen die Tür, aber deine Kraft reicht einfach nicht aus. Du kannst sie nur um Millimeter bewegen und der entstandene Spalt ist immer noch nicht groß genug, um dich hindurchzuzwängen. Ohne ein Werkzeug wirst du es nicht schaffen.

Lies weiter bei ***67****.*

20

Als du deine Durchsuchung beendet hast, schrillt plötzlich der Alarm wieder los.

»Eindämmungsfeld versagt, Strahlungsniveau im gesamten Schiff über Grenzwert. Evakuierung des Schiffes empfohlen«, warnt der Computer.

Du zögerst. Sicher gibt es in den anderen Räumen noch das eine oder andere zu entdecken, aber andererseits ist mit einer Verstrahlung nicht zu spaßen.
Stevens nimmt dir die Entscheidung ab. »Wir verlassen das Schiff«, kommandiert er über den Bordfunk.
Du erklimmst die Stufen zur Brücke.
*Lies weiter bei **60**.*

21

Als du hustend zu dir kommst, findest du dich auf dem Boden des Maschinenraums wieder. Rauch brennt in deinen Lungen, dazu herrscht eine kaum erträgliche Hitze. Stöhnend richtest du dich auf.
Was du zwischen den Rauchschwaden erkennen kannst, versetzt dir einen Stich. Dein Reich liegt in Trümmern. Flammen schlagen aus einigen Konsolen und aus dem Schacht, der ins Herz des Schiffes, zum Hauptreaktor führt. Schränke sind umgefallen, Werkzeuge und Ersatzteile überall verstreut, gerissene Kabel hängen von der Decke. Es grenzt an ein Wunder, dass du außer ein paar Schrammen nichts abbekommen hast. Aber die *Verocity* hat es offenbar schlimm erwischt.
»Warnung, Leck im Fusionsreaktor!«, meldet die Stimme des Schiffscomputers. »Strahlungswerte kritisch, Evakuierung einleiten.«
Auch das noch. Wenn der Reaktor hochgeht, bleiben von der *Verocity* nur ein paar Splitter übrig. Du humpelst zur Kontrollstation und überfliegst die Status-Meldungen. Die Lage ist wirklich kritisch, der Reaktor kann bald explodieren. Ob die Zeit noch reicht, um ihn herunterzufahren und das Schiff zu retten? Oder solltest du vielleicht doch lieber den Maschinenraum versiegeln, damit nur er zerstört wird? Das ginge schneller, aber danach wäre die *Verocity* nicht mehr als eine leere Hülle mit Schrottwert.

*Willst du den Maschinenraum versiegeln, lies weiter bei **30**.*
*Wenn du den Reaktor herunterfahren möchtest, dann lies weiter bei **38**.*

22

Hoppla, da ist etwas schiefgelaufen. Eigentlich solltest du nie bei diesem Abschnitt ankommen. Hast du vielleicht nach Abschnitt 21 einfach hier weitergelesen? Falls ja, lies weiter oben noch einmal die letzten Zeilen. Du musst dich für eine der Möglichkeiten entscheiden und dann bei dem Abschnitt weiterlesen, auf den dort verwiesen wird. Wenn dort also z. B. »lies weiter bei 30« steht, blätterst du zum Abschnitt 30 und setzt deine Geschichte an der Stelle fort.
*Kehre zurück zu Abschnitt **21**.*

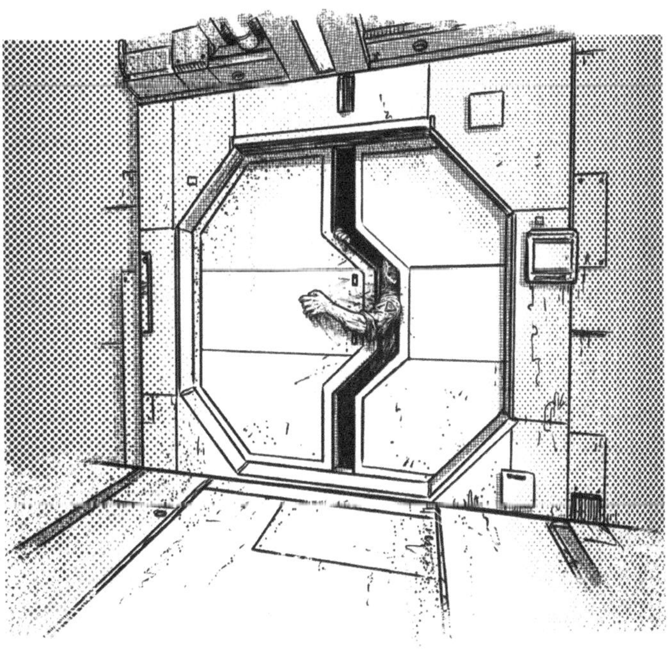

23

Gebannt wartest du ab, bis der Countdown heruntergezählt ist. Bei 0 fährt ein Schott vor die verbogene Schiebetür und sperrt dich ein. Zugleich beginnt es zu zischen. Der Rauch wird abgesaugt – aber nicht nur der, die ganze Luft! Es knackt in deinen Ohren. Verzweifelt zerrst du am Schott, aber es rührt sich nicht. Du bückst dich, holst noch einmal tief Luft und hältst den Atem an. Die Flammen werden schon kleiner. Zugleich setzt ein Brummen ein und die Härchen an deinem Arm stellen sich auf. Dein Blickfeld wird schmaler, aber als du zum Kontrollpult siehst, erkennst du noch den Hinweis, dass ein starkes Eindämmungsfeld im Inneren des ganzen Maschinenraums erzeugt wurde und die Luft zu 38% abgesaugt ist.
Dir wird klar, dass du mit dem Feld zwar das Schiff gerettet, aber auch dein eigenes Todesurteil unterzeichnet hast, weil du nicht aus dem Maschinenraum geflohen bist.
Bevor du einen weiteren Gedanken fassen kannst, wird dein Körper von der Explosion des Reaktors vaporisiert.
Dein Abenteuer hat ein frühes Ende gefunden. Beginne es noch einmal und versuche diesmal, das Schiff und dich selbst zu retten.

24

Der Fortschrittsbalken nimmt die 90%-Hürde, aber noch immer fürchtest du, dass dir der Reaktor um die Ohren fliegt. Hat sich das Schicksal gegen die *Verocity* verschworen? 95%!
Langsam bist du dir sicher, dass die Zeit reicht, aber dein Herz rast weiter und der Schweiß rinnt dir von der Stirn in die Augen. Gespannt verfolgst du den Fortschrittsbalken auf seinem Weg zum Ende.
Als die 100% erreicht sind, stößt du einen Jubelschrei aus.
»Herunterfahren des Fusionsreaktors erfolgreich«, meldet der Computer.

»Gute Arbeit«, knurrt der Captain.
Auf der Brücke entweichen die letzten Rauchschwaden durch die Lüftungsschlitze und geben ein chaotisches Bild preis. Der Hauptbildschirm ist zersplittert, zwei von drei Kontrollpulten zerstört. Doch es sind die reglosen Körper deiner Kameraden, die deinen Blick bannen.
»Sind alle tot?«, fragst du mit bebender Stimme.
»Der Computer meldet keine Lebenszeichen außer deinen und meinen«, stößt Stevens hervor. »Und ich mache es auch nicht mehr lange.«
Von seinen letzten Worten alarmiert, reißt du dich vom Anblick der Toten los und eilst zu ihm. Der Captain hat sich zurück in seinen Sessel gehievt und er braucht offensichtlich deine Hilfe.
Notiere dir auf dem Datenblatt das Ereignis 7. Die Eintragung bei Vorsprung kannst du wegradieren.
*Lies weiter bei **28**.*

25 *(Speicherpunkt)*

Du hast deinen ersten Speicherpunkt erreicht. Notiere dir die Nummer 25 in der Speicherpunkt-Spalte. Wenn du stirbst, kannst du entweder von vorn beginnen oder hier wieder starten, hast dann aber keinen Gegenstand mehr bei dir.

Wenn du dir das nächste Mal ein Ereignis notieren sollst, trage es in die Zeile rechts von diesem Speicherpunkt ein, damit du erkennen kannst, welche Ereignisse du wegradieren musst, wenn du zu diesem Speicherpunkt zurückkehrst.

Du hast als Soldat schon einige Kameraden im Kampf verloren, doch der Tod des Captains, mit dem du lange Jahre befreundet warst, trifft dich hart. Nun bist du der letzte Überlebende der *Verocity*-Besatzung – und du hast keine Ahnung, was dich hier auf der Station erwartet.

Überrascht blickst du auf, als in der Nähe Metall über Metall schabt. Ein einzelner Mann kommt auf dich zu. Er ist noch gut zehn Meter entfernt und schiebt gerade ein Trümmerteil beiseite, das ihm den Weg versperrt.

Seine Uniform sieht ziemlich mitgenommen aus. Es fehlen ein Ärmel und ein halbes Hosenbein und durch einen breiten Riss sind Teile des Oberkörpers entblößt. Die Haut des Mannes ist mit Blut verschmiert. Ob er bei eurer Bruchlandung verletzt wurde? So oder so, er strahlt eine Bedrohung aus, nicht zuletzt durch die Eisenstange, die er in der Hand hält. Trotzdem versuchst du, ihn anzusprechen, und hebst beschwichtigend die Hände. »Wir sind hier notgelandet«, sagst du und deutest auf die *Verocity*. »Ich brauche Hilfe.«

Der Mann antwortet nicht, sondern kommt langsam näher. Es sieht so aus, als wolle er dich angreifen, und als er plötzlich eine Mischung aus Knurren und einem unterdrückten Brüllen ausstößt, machst du dich kampfbereit.

Da lässt dich ein Geräusch rechts von dir herumfahren. Ein weiterer Mann nähert sich von dort, ähnlich zerlumpt wie der andere und genauso aggressiv in seinem Auftreten. Mit beiden kannst du es nicht aufnehmen.

Rasch siehst du dich nach einem Fluchtweg um. Das breite Hangartor bemerkst du erst auf den zweiten Blick, weil die Reste eines Raumjägers davorgeschleudert worden sind. Als du genauer hinsiehst, kannst du erkennen, dass das Tor völlig verbogen ist. Unwahrscheinlich, dass es sich noch öffnen lässt. Du lässt den Blick weiter durch den Hangar schweifen und entdeckst ein breites, zersplittertes Fenster und eine schmale Tür.

Du rennst los, springst über Trümmerteile hinweg und wagst ab und zu einen Blick über die Schulter. Die Männer folgen dir, aber nur langsam. Einer der beiden schlurft, so als sei er am Bein verletzt. Als du die Tür erreichst, hast du einen ordentlichen Vorsprung herausgeholt.

*Trage beim Vorsprung auf dem Datenblatt die Zahl 3 ein und lies weiter bei **54**.*

26

In der Schiffsmesse herrscht ein ähnliches Chaos wie auf der Krankenstation. Scherben von Flaschen, Gläsern und Tellern sind überall verteilt. Der große Tisch ist umgekippt, Schränke haben sich geöffnet und die Vorräte haben sich auf den Boden ergossen. Eine der zerbrochenen Flaschen könntest du als Waffe benutzen. Wer weiß, was auf der Station passiert ist und was dich dort erwartet. Ansonsten entdeckst du nichts, was dir brauchbar erscheint.

Wenn du die zerbrochene Flasche als Waffe (KK+2, Schaden +3) mitnehmen willst, kannst du sie im Inventar notieren (großer Gegenstand). Beachte, dass du nicht viel Platz für große Gegenstände hast.
*Lies weiter bei **20**.*

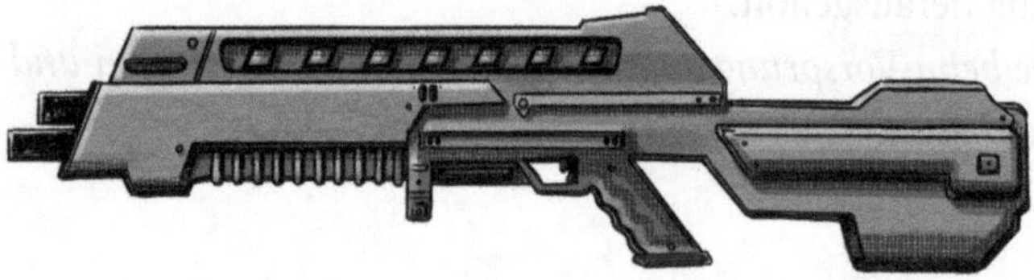

27

Du rennst los, springst über ein großes Trümmerteil hinweg und hältst auf den Captain zu. Der humpelt bereits auf eine schmale Tür neben einem zerborstenen Fenster zu. Hinter dir scheppert es laut und du wagst einen Blick über die Schulter. Die beiden Männer sind hinter dir her, laufen aber recht langsam, sodass du einen kleinen Vorsprung herausholen kannst.
Außer Atem kommst du bei Stevens an. »In was für eine Scheiße sind wir hier bloß geraten«, zischt der zwischen zusammengebissenen Zähnen. Sein Verband ist schon voller Blut. »Los, zur Tür.«

Du legst dir einen Arm des Captains um die Schulter und gemeinsam humpelt ihr auf die Tür zu.
*Trage beim Vorsprung auf dem Datenblatt die Zahl 2 ein und lies weiter bei **47**.*

28

Stevens sitzt auf seinem Sessel, Schweiß perlt ihm auf der Stirn und er sieht blass aus. In seinem Oberschenkel steckt ein großer Glassplitter und die Hose seines Overalls ist blutverschmiert.
»Der Splitter muss raus und die Wunde abgebunden werden«, befindest du mit einem schnellen Blick. »Ich hole Verbandszeug von der Krankenstation.«
Stevens nickt nur.
In der Krankenstation herrscht ein heilloses Chaos. Die Krankenliege ist umgefallen, der Inhalt von Regalen und Schränken hat sich auf dem ganzen Boden verteilt, überall sind Lachen von Flüssigkeiten, dazwischen Glassplitter und medizinische Gerätschaften. Doktor Baumann liegt in einer Ecke des kleinen Raums, halb begraben unter einem Schrank, der sich bei der Bruchlandung von der Wand gelöst haben muss.
Obwohl der Captain eben sagte, dass keine weiteren Lebenszeichen angezeigt werden, eilst du zu ihr und fühlst an ihrem Handgelenk nach einem Puls, aber sie ist tatsächlich tot. Du schließt ihr die weit aufgerissenen Augen und ringst einen Augenblick mit deinen Emotionen.
Schließlich stehst du auf und beginnst, in dem Durcheinander zu suchen. Du findest einen Druckverband und eine Schere für den Captain, dazu noch drei Medipacks.

Trage im Inventar bei Medipacks eine 3 ein.

Mit deinen Funden kehrst du auf die Brücke zurück.

Nachdem du die Hose rund um die Wunde aufgeschnitten hast, benutzt du die Schere als Zange und ziehst damit den Glassplitter aus dem Bein des Captains, der dabei tapfer die Zähne zusammenbeißt. Die Blutung wird zunächst noch stärker, aber es gelingt dir, den Druckverband anzulegen. Die Bandage zieht sich automatisch auf die optimale Enge zusammen und Stevens atmet hörbar auf. »Schon besser«, murmelt er.

»Jetzt sollten wir das Schiff verlassen.«

Wenn du die Schere behalten willst, kannst du sie im Inventar notieren (kleiner Gegenstand). Sie kann auch als Nahkampf-Waffe benutzt werden (KK +1, Schaden +2).

Willst du mit dem Captain von Bord gehen, lies weiter bei ***60****.*

Willst du dich vorher noch im Schiff umsehen, lies weiter bei ***40****.*

29

Du läufst weiter, bis du den Frachter fast komplett umrundet hast. Vor dir siehst du die *Verocity* auf der Seite liegen. Erst jetzt bemerkst du, dass sie sich bei der Landung in den Rumpf einer mittelgroßen Corvette gebohrt hat. Das Kriegsschiff ist komplett in schwarz gehalten und das Logo der Space Trooper prangt auf dem Heck. Ein Trooper-Schiff, *hier?*

Aber jetzt ist keine Zeit, darüber nachzudenken. Du blickst dich rasch nach dem Captain um. Dabei entdeckst du das breite Hangartor. Davor türmen sich die Reste eines völlig zerstörten Raumjägers auf und das Tor scheint ziemlich verbogen zu sein. Un-

wahrscheinlich, dass es sich noch öffnen lässt. Vermutlich hat Stevens das auch erkannt und hält weiter auf die Tür zu, weit ist er aber nicht gekommen. Von deinen Verfolgern ist im Moment noch nichts zu sehen.
Du sprintest weiter und kommst völlig außer Atem beim Captain an. »In was für eine Scheiße sind wir hier bloß geraten«, zischt Stevens dir zwischen zusammengebissenen Zähnen zu. Sein Verband ist schon voller Blut. »Los, zur Tür.«
Du legst dir einen Arm des Captains um die Schulter und gemeinsam humpelt ihr auf die Tür zu.
*Trage beim Vorsprung auf dem Datenblatt die Zahl 3 ein und lies weiter bei **47**.*

30

Deine Hand zittert, als du auf die Schaltfläche drückst, die die Versiegelung einleitet. Sofort beginnt der Bildschirm des Kontrollpultes noch intensiver zu blinken. Ein Countdown kündigt die Versiegelung des Maschinenraums an. Er zählt von 10 rückwärts: 9, 8, 7 ...
Jetzt gibt es kein Zurück mehr. Die Maschine, die du über so viele Jahre gehegt und gepflegt hast, ist verloren. Du wirfst noch einen letzten, traurigen Blick auf das Chaos, dann wendest du dich zur Tür und zwängst dich durch den Spalt zwischen den Türblättern.
Keine Sekunde zu früh. Schon fährt im Inneren ein Schott herab und verschließt den Maschinenraum. Ein starkes Brummen setzt ein und die Härchen an deinen Armen stellen sich auf. Das ist das Versiegelungsfeld, das die Auswirkungen der Explosion eindämmen soll. Aber funktioniert es noch, nach all den Schäden, die die *Verocity* davongetragen hat? Plötzlich bist du dir da nicht mehr so sicher.
*Lies weiter bei **13**.*

31

Du stolperst durch den Rauch bis zu den Kontrollpulten. Das Pult für die Sensoren ist zerstört, der Bildschirm geborsten. Die Konsole für Waffen und Schilde zeigt schwere Schäden an fast allen Systemen an. Auf dem Maschinen-Kontrollpult blinken verschiedene Warnungen.

*Willst du dir die Konsole für die Waffensysteme genauer ansehen? Lies weiter bei **6**.*

*Wenn du dich dem Kontrollpult für den Maschinenraum zuwenden willst, geht es weiter bei **10**.*

32

Du gehst den Flur entlang auf die Quartiere zu. Vor den Türen zögerst du. Bis auf den Captain sind alle deine Kameraden tot. Hast du das Recht, ihre persönlichen Sachen zu durchwühlen? Du beschließt, erst einmal mit deinem eigenen Quartier anzufangen.

*Spielst du Ingenieur Velazquez, lies weiter bei **43**.*

*Hast du dich zu Beginn für Chief Volkov entschieden, lies weiter bei **52**.*

33

Du nimmst den Feuerlöscher zur Hand und beginnst, damit die Flammen zu ersticken. Du kommst gut voran und näherst dich dem Schacht, der zum Reaktor führt. Auch hier kannst du das Feuer löschen, aber an einen Abstieg in die Reaktorkammer ist nicht zu denken, denn die Leiter glüht noch vor Hitze.

Dir wird klar, dass du mit dem Feuerlöscher nicht weiterkommst, stellst ihn ab und eilst zurück zum Kontrollpult. Aber da ist es bereits zu spät. Eine Explosion erschüttert das Schiff und nur einen Sekundenbruchteil später wird dein Körper vaporisiert.

Dein Abenteuer hat ein frühes Ende gefunden. Beginne es noch einmal und versuche diesmal, die Explosion zu verhindern.

34

Dein Herz schlägt dir bis zum Hals, während du den Countdown weiter im Auge behältst. Endlich erreicht er die 0. Auf dem Kontrollpult flackern neue Anzeigen auf, einige Warnhinweise verschwinden.

Da erzittert das Schiff heftig und du musst dich am Kontrollpult festklammern, um nicht zu Boden zu gehen. Irgendwo in der Ferne kreischt Metall und für einen Augenblick befürchtest du, dass die Explosion die *Verocity* doch noch zerreißen könnte. Aber so plötzlich wie der Spuk begann, endet er auch wieder – und du lebst noch.

»Maschinenraum-Versiegelung intakt«, meldet der Computer. »Strahlenwerte nach wie vor hoch, Evakuierung des Schiffes empfohlen.«

Du atmest auf und wendest dich vom Kontrollpult ab.

Den Eintrag bei Vorsprung kannst du nun wegradieren.

Lies weiter bei ***49****.*

35

So leise wie möglich schleichst du die Rampe hinauf. Im Frachtraum des Schiffes herrscht völliges Chaos. Kleine Transportcontainer liegen kreuz und quer übereinander, mindestens einer ist zerbrochen und sein Inhalt überall verstreut. Du duckst dich hinter zwei aufeinanderliegende Container und spähst nach draußen.

Es dauert eine gefühlte Ewigkeit, bis der erste deiner Verfolger an der Rampe vorbeikommt. Er blickt nur kurz in den Frachtraum und geht dann weiter. Der zweite Mann folgt ihm kurz darauf – sie haben dich nicht bemerkt.

Du wartest ab, bis du sicher bist, dass die Männer sich ein Stück vom Schiff entfernt haben.

*Willst du in deinem Versteck abwarten, was passiert, lies weiter bei **45**.*

*Willst du dein Versteck verlassen, lies weiter bei **56**.*

36

Du ignorierst das gequälte Husten des anderen Überlebenden, schließlich musst du verhindern, dass die *Verocity* in die Luft fliegt. Fast blind schlägst du dich bis zur Treppe durch, die hinunter zu den anderen Decks führt. Hier kann der Rauch nach oben zur Kanzel des Bordgeschützes abziehen, deshalb ist er nicht mehr so dicht und du kannst besser sehen, als du die metallenen Stufen zum Hauptdeck hinunterstolperst.

Du kommst auf dem Hauptflur heraus. Von hier führt eine Treppe nach unten auf das Maschinen- und Frachtdeck. Vom Flur selbst führen Türen in die Schiffsmesse, die Krankenstation und zu den Mannschaftsquartieren. Rechts von dir befindet sich die Luftschleuse. Auf diesem Weg könntest du wenigstens dich selbst retten.

»Warnung, Leck im Fusionsreaktor«, wiederholt der Computer. »Explosion droht.«

Senke bei »Vorsprung« den eingetragenen Wert um 1. Ist der neue Wert 0, lies weiter bei ***3****.*

Dir läuft die Zeit davon. Was willst du tun?
Wenn du in die Luftschleuse gehen willst, lies weiter bei ***5****.*
Wenn du in den Maschinenraum gehen willst, lies weiter bei ***53****.*

37 *(Speicherpunkt - Schere (KK +1, Schaden +2))*
Du hast deinen ersten Speicherpunkt erreicht. Notiere dir die Nummer 37 in der Speicherpunkt-Spalte. Wenn du stirbst, kannst du entweder von vorn beginnen oder hier wieder starten, hast dann aber nur die Schere bei dir, nichts weiter.
Wenn du dir das nächste Mal ein Ereignis notieren sollst, trage es in die Zeile rechts von diesem Speicherpunkt ein, damit du erkennen kannst, welche Ereignisse du wegradieren musst, wenn du zu diesem Speicherpunkt zurückkehrst.

Als ihr beide sicher auf dem Stahlboden des Hangars steht, gehst du ein paar Schritte voraus und blickst dich um. Irgendwer muss doch eure Bruchlandung mitbekommen haben, aber es ist niemand zu sehen. »Hallo?«, rufst du. Zuerst scheint es, als würdet ihr keine Antwort erhalten, aber dann rührt sich etwas in einer entfernten Ecke des Hangars. Es klingt, als würde ein Metallteil beiseitegeschoben.
»Hilfe!«, rufst du in diese Richtung. »Ich habe einen Verletzten bei mir. Er braucht ärztliche Versorgung.«
Hinter einem stark beschädigten Frachter, gut zwanzig Meter von dir entfernt, taucht ein Mann auf. Seine Uniform sieht ziemlich mitgenommen aus. Es fehlen ein Ärmel und ein halbes Hosenbein und durch einen breiten Riss sind Teile des Oberkörpers entblößt. Die Haut des Mannes sieht verschmiert aus - ob mit Dreck oder Blut, kannst du auf die Entfernung nicht erkennen.

»Ach du Scheiße«, murmelt Stevens, der mittlerweile zu dir aufgeschlossen hat. »Sieht so aus, als hätte es den noch schlimmer erwischt als mich.«
Der Mann starrt zu euch herüber, macht aber keine Anstalten, näher zu kommen. Vielleicht steht er unter Schock und braucht eure Hilfe? Aber du musst auch dringend jemanden finden, der sich um Stevens kümmert.
Willst du auf den Mann zugehen, lies weiter bei ***9****.*
Willst du dich lieber nach einem Ausgang umsehen, lies weiter bei ***55****.*

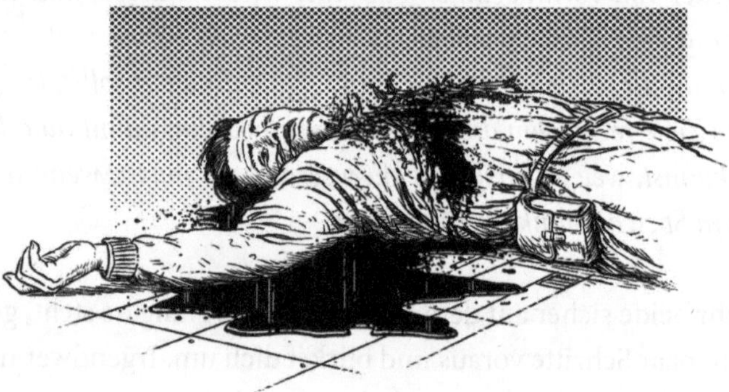

38

So schnell gibst du dein Baby nicht auf, also berührst du die Schaltfläche für das Herunterfahren. Die Anzeigen auf dem Bildschirm verändern sich. Ein Fortschrittsbalken erscheint, der in Prozent anzeigt, wie das Herunterfahren vorangeht.
Du drehst dich um und lässt deinen Blick noch einmal über das verrauchte Chaos schweifen. Sicher, es wird einiges zu tun geben, bis die *Verocity* wieder flott ist, aber es ist machbar. Ob der Reaktor selbst zu retten ist, kannst du nicht abschätzen, aber dann muss eben ein neuer her.
Ein Hustenanfall schüttelt dich und du wendest dich wieder dem Kontrollpult zu. Der Fortschrittsbalken nähert sich gerade erst

50%. Hast du vielleicht doch die falsche Entscheidung getroffen? Hättest du den Maschinenraum lieber versiegeln sollen?
»Warnung, Leck im Fusionsreaktor! Explosion steht unmittelbar bevor«, warnt der Computer, wie um deine Gedanken zu bestätigen.
Dein Herz schlägt immer schneller. Der Fortschrittsbalken erreicht 70%. Hat das Herunterfahren beim letzten Mal auch so lange gedauert? Verdammt! Vielleicht ist der Reaktor zu schwer beschädigt, vielleicht ist die Fusion schon vollends außer Kontrolle geraten. Ist das hier also dein Ende?
*Lies weiter bei **7**.*

39

Du irrst durch den Rauch auf die Quelle des Hustens zu und findest Captain Stevens, der auf dem Boden vor seinem Sessel liegt. Ein großer Splitter des Hauptbildschirms hat sich in seinen Oberschenkel gebohrt und der Teppich um ihn herum ist blutgetränkt.
»Gott sei Dank, wenigstens einer lebt noch«, stößt der Captain hervor, als er dich erkennt.
»Warnung, Leck im Fusionsreaktor«, wiederholt der Computer. »Explosion droht.«

Senke bei »Vorsprung« den eingetragenen Wert um 1. Ist der neue Wert 0, lies weiter bei 3. Du musst die Explosion verhindern, bevor dein Vorsprung auf 0 sinkt.

»Kümmere dich nicht um mich«, befiehlt dir Stevens. »Schnell zum Kontrollpult. Du musst den Maschinenraum versiegeln!«
Du lässt den Captain liegen und stolperst durch den Rauch zu den Kontrollpulten.
*Lies weiter bei **10**.*

40

Du lässt den Captain auf der Brücke zurück und kletterst die Treppe zum Hauptdeck hinab. Von hier führen Stufen weiter nach unten auf das Maschinen- und Frachtdeck.

»Warnung«, ertönt plötzlich die Stimme des Computers. »Strahlungswerte erreichen kritisches Niveau. Maschinendeck sofort räumen.«

Es scheint, als bliebe dir nicht viel Zeit, um das Schiff zu untersuchen.

Vom Flur selbst führen Türen in die Schiffsmesse, zu den Mannschaftsquartieren und in die Krankenstation, in der du ja schon gewesen bist. Vom unteren Deck solltest du dich nach der Meldung des Computers wohl lieber fernhalten.

*Willst du in die Schiffsmesse gehen? Lies weiter bei **26**.*

*Willst du zu den Quartieren gehen? Lies weiter bei **32**.*

*Willst du lieber sofort zurück auf die Brücke, um mit dem Captain das Schiff zu verlassen? Lies weiter bei **60**.*

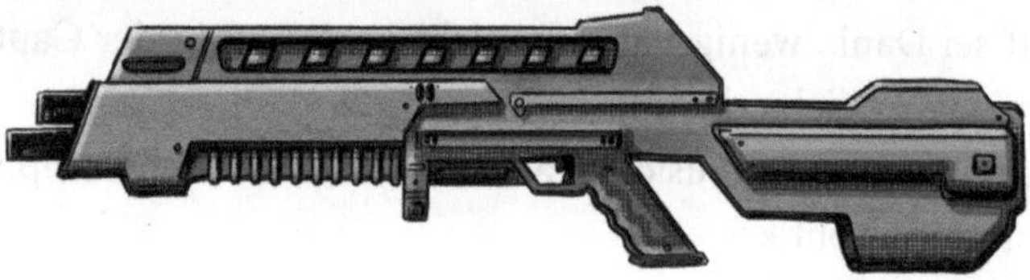

41

Du mobilisierst all deine Kräfte – und endlich bewegt die Tür sich ein größeres Stück. Der Spalt ist immer noch schmal, aber es müsste reichen. Du zwängst dich hindurch so schnell du kannst, aber es ist verdammt eng und die Klinke bohrt sich schmerzhaft in deinen Bauch.

Die Männer sind jetzt direkt hinter dir. Du spürst einen Luftzug und ziehst unwillkürlich den Kopf ein. Deshalb trifft dich einer der Männer mit seiner Eisenstange nur an der Schulter.

Ziehe 5 Punkte von deiner Gesundheit ab. Im Moment hast du keine Zeit, die Verletzung mit einem Medipack zu behandeln.

Du lässt alle Luft aus deinem Körper entweichen, spannst jeden Muskel an und endlich schaffst du es, dich vollends durch den Spalt zu zwängen. Auf der anderen Seite wirfst du dich mit dem Rücken gegen die Tür und drückst sie wieder zu.
Davor liegt eine umgestürzte Steuerkonsole. Es gelingt dir, sie zurück vor die Tür zu schieben, dann packst du einen herumliegenden Stuhl und klemmst ihn unter die Klinke. Das verschafft dir ein wenig Zeit.
*Erhöhe den Vorsprung um 2, lies dann weiter bei **79**.*

42

Nachdem du die Schaltfläche betätigt hast, beginnt ein von 10 rückwärts laufender Countdown, der die Versiegelung des Maschinenraums ankündigt. Mit bangem Blick verfolgst du, wie der Countdown heruntertickt. 9, 8, 7, 6 …

*Senke bei »Vorsprung« den eingetragenen Wert um 1. Ist der neue Wert 0, lies weiter bei **3**.*

Wird die Versiegelung rechtzeitig aktiviert sein? Und wird sie der Explosion des Reaktors überhaupt standhalten können?
*Lies weiter bei **34**.*

43

Zwar war dein Quartier auch vorher schon eher chaotisch, aber die Bruchlandung hat für ein totales Durcheinander gesorgt. Deine heiß geliebten Schiffsmodelle sind überall verteilt, die meisten zerbrochen. Entsetzt stehst du vor der Unordnung. Hier irgendetwas von Nutzen zu finden, dürfte schwierig werden.

Da fällt dein Blick auf das Universalwerkzeug. Da die Station ja auch beschädigt ist, könnte es noch nützlich sein – und zur Not taugt es auch als Waffe.

Wenn du das Universalwerkzeug (großer Gegenstand, KK +3, Schaden +3) mitnehmen willst, trage es im Inventar ein. Beachte, dass du nur wenige große Gegenstände tragen kannst!

*Lies weiter bei **20**.*

44

Du schleichst dich von hinten an die Männer heran, bereit, den hinteren der beiden niederzuschlagen. Als du dich bis auf zwei Meter genähert hast, tritt der Hintere gegen eine schmale Eisenstrebe, die klirrend auf den Metallboden fällt. Der Vordere dreht sich nach ihm um – und entdeckt dich. Er bleckt die Zähne, faucht wie ein Tier und deutet mit der Eisenstange auf dich. Daraufhin fährt der andere zu dir herum.

Sein Anblick aus nächster Nähe lässt dich erschrocken zurückweichen.
Er steht in halb kauernder Haltung vor dir, die Hände zu Klauen verkrampft, die Zähne gebleckt. Speichel tropft ihm in einem langen Faden aus dem Mundwinkel. Seine Augen quellen unnatürlich aus den Höhlen und überall in seinem hochroten Gesicht sieht man deutlich den Verlauf der Adern.
Der Schock lässt dich nur einen Augenblick zögern – aber das ist bereits zu viel. Der Mann stößt sich vom Boden ab und springt dich an, gräbt dir seine Fingernägel durch die Uniform und reißt dich mit sich zu Boden. Wie ein tollwütiger Hund schnappt er mit den Zähnen nach deinem Hals. Du versuchst mit der einen Hand, seinen Kopf wegzudrücken, damit er dich nicht beißen kann. Mit der anderen schlägst du auf ihn ein.
Als es dir endlich gelingt, ihn von dir zu stoßen, ist der zweite Mann heran. Du siehst aus dem Augenwinkel seine Eisenstange heranrasen. Sie trifft dich voll im Gesicht und du verlierst die Besinnung. Du kommst nie wieder zu dir.
Dein Abenteuer endet hier.

45

Du harrst weiter in deinem Versteck aus und lauschst auf Geräusche von draußen. Zuerst hörst du nichts, dann hallt ein animalisches Brüllen durch den Hangar, das dich eher an ein Tier als an einen Menschen denken lässt. Kurz darauf folgt ein qualvoller Schmerzensschrei, der dir den Atem stocken lässt. Der Captain, denkst du, was machen sie mit dem Captain?
Willst du dein Versteck verlassen und dem Captain zu Hilfe eilen, lies weiter bei ***57****.*
Wenn du weiter in deinem Versteck ausharren willst, lies weiter bei ***63****.*

46

Als du gerade versuchst, das Hindernis aus dem Weg zu hebeln, spürst du die beiden Männer hinter dir und fährst herum. Du reißt die Stahlstange hervor und hältst sie abwehrbereit vor dich. Damit kannst du den ersten Hieb eines Angreifers noch abfangen, aber dabei entgleitet dir deine Waffe. Der nächste Schlag trifft dich in den Bauch und dir bleibt die Luft weg. Du krümmst dich zusammen.

Ein weiterer Hieb trifft dich am Kopf und schickt dich zu Boden. Weitere Schläge prasseln auf dich ein, reißen dir Wunden und brechen dir Knochen, bis dich nur noch Schwärze umfängt.

Dein Abenteuer endet hier.

47

Die Tür ist nicht mehr weit entfernt. Es ist keine moderne elektrische Gleittür, sondern eine altmodische mit Scharnieren und einer Klinke, wie sie in kritischen Bereichen, die bei Stromausfall begehbar bleiben müssen, noch heute verbaut werden. Das ist auch besser so, denn sie hängt so schief in den Angeln, dass sie sich elektrisch wohl nicht mehr öffnen ließe.

Du drückst die Klinke und versuchst die Tür aufzudrücken, aber nach wenigen Zentimetern stößt sie auf einen Widerstand. Der entstandene Spalt ist zu schmal, um sich hindurchzuzwängen. Du wirfst dich mit der Schulter gegen das Türblatt, doch der Spalt vergrößert sich nur minimal.
Senke deinen Vorsprung um 1.
*Ist er jetzt bei 0, lies weiter bei **66**.*
*Ist er noch immer größer als 0, lies weiter bei **73**.*

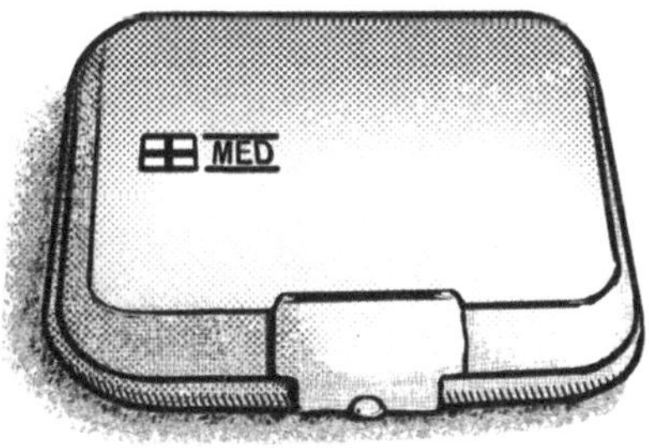

48

Deine Hand zittert, als du auf die Schaltfläche drückst. Sofort beginnt der Bildschirm des Kontrollpultes noch intensiver zu blinken. Ein Countdown kündigt die Versiegelung des Maschinenraums an, er zählt von 10 rückwärts: 9, 8, 7 …
*Willst du abwarten, was passiert? Lies weiter bei **23**.*
*Willst du den Maschinenraum schnell verlassen, lies weiter bei **4**.*

49

Auf der Brücke entweichen die letzten Rauchschwaden durch dic Lüftungsschlitze und geben ein chaotisches Bild preis. Der Hauptbildschirm ist zersplittert, zwei von drei Kontrollpulten zerstört. Doch es sind die reglosen Körper deiner Kameraden, die deinen Blick bannen.
»Sind alle tot?«, fragst du mit bebender Stimme.

»Der Computer meldet nur noch unsere Lebenszeichen«, stößt Stevens hervor. »Und ich mache es auch nicht mehr lange.«
Von seinen letzten Worten alarmiert, reißt du dich vom Anblick der Toten los und eilst zu ihm. Stevens hat sich in seinen Sessel gehievt. Schweiß perlt ihm auf der Stirn und er sieht blass aus. In seinem Oberschenkel steckt ein großer Glassplitter und die Hose seines Overalls ist von Blut durchfeuchtet.
»Der Splitter muss raus und die Wunde abgebunden werden«, befindest du mit einem schnellen Blick.
»Strahlenwerte weiter steigend. Schiff evakuieren«, quäkt der Computer.
»Wir müssen hier raus. Los, zur Schleuse«, befiehlt der Captain und streckt dir seine Arme entgegen.
Du hilfst ihm auf und er legt einen Arm auf deine Schulter. Gemeinsam schleppt ihr euch die Treppe zum Hauptdeck hinab, wo sich auch die Luftschleuse befindet.
*Willst du das Schiff sofort mit ihm verlassen, lies weiter bei **8**.*
*Wenn du noch schnell zur Krankenstation willst, um Hilfe für den Captain zu holen, lies weiter bei **15**.*

50

Du löst dich aus deiner Erstarrung und rennst auf den Ausgang zu. Mit zitternden Händen versuchst du, die Keycard in den Schlitz zu stecken, doch der erste Versuch misslingt. Du wirfst einen ängstlichen Blick über die Schulter. Der Trooper knurrt und kommt mit gebleckten Zähnen näher. Den Kopf der Ärztin schwingt er an den Haaren.
Du versuchst noch einmal, die Keycard einzuführen, und diesmal klappt es. Doch noch bevor die Tür sich öffnet, schleudert der Trooper dir den Schädel der Ärztin gegen den Kopf.
Ehe du die Benommenheit abschütteln kannst, packt der Trooper dich am Hals. Beinahe spielerisch hebt er dich hoch, bis du

in der Luft zappelst. Nach Atem ringend schlägst und trittst du auf den Soldaten ein, triffst ihn auch, aber er scheint die Schläge gar nicht wahrzunehmen. Du bekommst keine Luft, deine Glieder werden kraftlos, dein Blickfeld verengt sich mehr und mehr. Als dir schon beinahe die Sinne schwinden, schleudert der Trooper dich zu Boden, wo du auf dem Bauch liegen bleibst.
Es fällt dir schwer, durch deine gequetschte Luftröhre zu atmen, dennoch saugst du gierig die Luft ein. Gleichzeitig versuchst du von dem Irren wegzukriechen.
Du kommst nicht weit. Er setzt dir einen seiner Stiefel so fest ins Kreuz, dass deine Wirbel knacken, beugt sich vor und packt dich am Haarschopf. Mit unmenschlicher Kraft reißt er deinen Kopf nach hinten. Du versuchst dagegenzuhalten, deine Nackenmuskeln spannen sich bis zum Zerreißen an. Das Letzte, was du hörst, ist das fürchterliche Geräusch, mit dem dein Genick bricht.
Dein Abenteuer endet hier.

51

Vielleicht ist die *Verocity* ja doch noch zu retten, überlegst du und drückst auf die Schaltfläche, um den Reaktor herunterzufahren. Die Anzeigen auf dem Bildschirm verändern sich. Ein Fortschrittsbalken erscheint, der in Prozent anzeigt, wie das Herunterfahren vorangeht. Quälend langsam schreitet er vorwärts.
Ist dein Vorsprung 2 oder größer? Lies weiter bei ***16****.*
Andernfalls lies weiter bei ***12****.*

52

Das heillose Chaos, dass dich im Inneren deiner Kabine erwartet, lässt dich in der Tür innehalten. Deine Kriegsorden liegen auf dem Boden verstreut, deine sauber gefalteten Kleider sind in Unordnung geraten und die Bilder deiner ehemaligen Kameraden von der Wand gefallen und zersplittert.

Du trittst auf den Spind zu, der schief an der Wand steht. Eine Flasche Whiskey ist ausgelaufen und hat deine alte Uniform befleckt. Daneben hängt die Lederscheide mit deinem Kampfmesser. Als Trooper hast du natürlich meist mit einem Blastergewehr geschossen, aber das Messer hat dir auf manchem Schlachtfeld gute Dienste geleistet. Der Griff der fast zwanzig Zentimeter langen Waffe weist zwar tiefe Schrammen auf, aber du hast die Klinge stets gepflegt. Wer weiß, was dich auf der Station erwartet. Vermutlich kann es nicht schaden, das Messer mitzunehmen.
Natürlich wäre dir auch jetzt ein Blastergewehr lieber, aber die waren im Frachtraum im Waffenschrank und sind vermutlich mit der Ladung im Weltall verschwunden oder mittlerweile durch den unmittelbar angrenzenden Reaktor verstrahlt.
Wenn du das Kampfmesser (KK +2, Schaden +4) mitnehmen willst (großer Gegenstand), trage es im Inventar ein.
*Lies weiter bei **20**.*

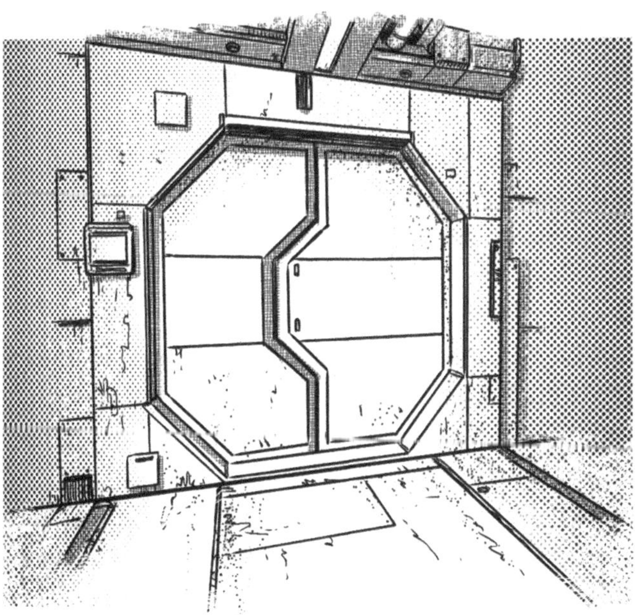

53

Dichter Rauch quillt aus dem Maschinenraum und dich überfällt ein schwerer Hustenanfall, als du dich durch die halb offen stehende, verbogene Schiebetür zwängst.
Dahinter erwartet dich ein Inferno. Flammen schlagen aus einigen Konsolen und aus dem Schacht, der ins Herz des Schiffes, zum Hauptreaktor führt. Die Hitze ist beinahe unerträglich, dazu reizt der Rauch auch noch deine Augen. Du siehst dich nach Velazquez um, kannst ihn aber nirgends entdecken.
»Warnung, Leck im Fusionsreaktor! Explosion steht unmittelbar bevor«, quäkt der Computer abermals.

*Senke bei »Vorsprung« den eingetragenen Wert um 1. Ist der neue Wert 0, lies weiter bei **3**.*

Es bleibt keine Zeit, nach dem Ingenieur zu suchen. Rechts von dir ist eine Kontrollstation, die von einem blinkenden roten Rahmen umgeben ist und diverse Warnungen anzeigt. Unter der Kontrollstation ist eine Klappe zersplittert und du siehst einen Feuerlöscher.
*Wenn du an die Kontrollstation treten willst, lies weiter bei **59**.*
*Willst du den Feuerlöscher nehmen und versuchen, damit das Feuer einzudämmen, lies weiter bei **33**.*

54

Die Tür ist keine moderne elektrische Gleittür, sondern eine altmodische mit Scharnieren und einer Klinke. Das ist auch besser so, denn sie hängt so schief in den Angeln, dass sie sich elektrisch wohl nicht mehr öffnen ließe.
Du drückst die Klinke und versuchst die Tür zu öffnen. Sie sollte nach innen aufschwingen, aber nach wenigen Zentimetern stößt sie auf einen Widerstand. Der entstandene Spalt ist zu schmal,

um sich hindurchzuzwängen, aber du kannst erkennen, dass ein Schrank oder eine Konsole aus Metall davorliegt. Du wirfst dich mit der Schulter gegen die Tür, aber der Spalt vergrößert sich nur minimal.

Senke den Vorsprung um 1.

Willst du es weiter versuchen, lies weiter bei ***61****.*

Willst du dich nach einem Hilfsmittel umsehen, lies weiter bei ***67****.*

55

»Dann müssen wir erst recht Hilfe holen«, erwiderst du und siehst dich nach einem Ausgang um.

Das breite Hangartor bemerkst du erst auf den zweiten Blick, weil die Reste eines Raumjägers davorgeschleudert worden sind. Als du genauer hinsiehst, kannst du erkennen, dass das Tor völlig verbogen ist. Unwahrscheinlich, dass es sich noch öffnen lässt. Du lässt den Blick weiter durch den Hangar schweifen und entdeckst ein breites, zersplittertes Fenster und eine schmale Tür. Du machst Captain Stevens darauf aufmerksam.

»Versuchen wir es da«, nickt er und legt dir einen Arm um die Schulter. Er kann sein verletztes Bein kaum belasten und muss sich deshalb schwer auf dich stützen, sodass ihr quälend langsam vorankommt. Wegen der herumliegenden Trümmerteile müsst ihr noch dazu immer wieder Umwege in Kauf nehmen.

Als ihr ungefähr den halben Weg hinter euch habt, lässt dich ein lautes Scheppern herumfahren. Du blickst in die Richtung, wo der seltsame Mann eben noch stand, erspähst ihn aber nicht mehr dort, sondern ein gutes Stück näher bei euch – und er ist nicht mehr allein. Ein zweiter Mann, ebenfalls in zerrissener Kleidung, hat sich zu ihm gesellt. Beide halten mittlerweile Eisenstangen in der Hand.

»He, was ist mit euch los?«, ruft Stevens ihnen laut zu. »Wir wollen keinen Ärger. Ich bin verletzt und brauche Hilfe.«

Die beiden antworten nicht. In drohender Haltung kommen sie näher.
»Scheiße«, flüstert Stevens. »Irgendwas stimmt mit denen nicht. Los, zur Tür, schnell.«
*Trage beim Vorsprung auf dem Datenblatt die Zahl 3 ein und lies weiter bei **47**.*

56

Du wagst dich aus deinem Versteck und schleichst vorsichtig die Rampe hinunter, bis du sehen kannst, wo die Männer sich befinden. Du beobachtest gerade noch, wie sie den Bug des Frachters umrunden. Sie werden also gleich merken, dass du nicht mehr vor ihnen bist. Entweder drehen sie dann um oder sie laufen auf den Captain zu.
*Willst du sie hinterrücks angreifen, lies weiter bei **44**.*
*Willst du andersherum um den Frachter laufen, lies weiter bei **71**.*

57

Du kannst nicht länger in deinem Versteck ausharren. Du musst Stevens zu Hilfe eilen. Entschlossen rennst du die Rampe hinunter und in die Richtung, aus der die Kampfgeräusche kommen.
Schon nach wenigen Schritten erkennst du die beiden Männer. Sie stehen nebeneinander und schlagen mit ihren Eisenstangen immer wieder auf etwas oder jemanden am Boden ein, den du nicht erkennen kannst. Aber als einer der Männer seine Stange hochreißt, siehst du deutlich Blut hochspritzen. Du hast keinen Zweifel, dass die beiden auf den Captain eingedroschen haben. Dir wird übel und du taumelst, musst dich kurz an einer abgerissenen Steuerdüse abstützen, bis du dich wieder gefangen hast.
Ein Fauchen lässt dich wieder zu den Männern blicken. Sie haben dich bemerkt, kommen auf dich zu und schneiden dir da-

mit den Weg zu der schmalen Ausgangstür ab, auf die Stevens vorhin zugehumpelt ist. Hektisch suchst du nach einer anderen Route in die Richtung – und bemerkst in einigen Metern Entfernung einen schmalen Spalt zwischen zwei umgestürzten Frachtcontainern. Wenn du dich durch diese Engstelle zwängst, kannst du die beiden Männer vielleicht umgehen.

Du rennst los, doch die Männer halten jetzt ebenfalls auf die Container zu. Du holst das Letzte aus dir heraus und schaffst es knapp vor den Männern, dort anzukommen. Erst als du den Spalt hinter dir hast, riskierst du einen Blick über die Schulter.

Die Männer folgen dir immer noch, aber sie sind langsam. Als du die Tür erreichst, hast du dir einen Vorsprung erarbeitet.

Trage beim Vorsprung auf dem Datenblatt die Zahl 3 ein und lies weiter bei ***54****.*

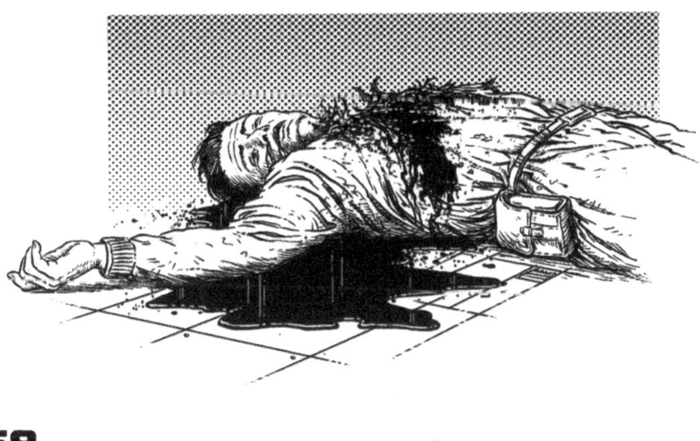

58

Dein letzter Schlag lässt den Mann taumeln. Er stolpert über einen herumliegenden Stuhl und fällt. Hastig siehst du dich nach dem Blaster um, den er dir aus der Hand geschlagen hat, und entdeckst ihn neben der Tür. Du hebst ihn auf und trittst auf deinen Gegner zu, der sich gerade wieder aufzusetzen versucht.

»Liegen bleiben!«, befiehlst du.

Er gehorcht nicht, vielleicht versteht er dich auch nicht. Grollend sieht er mit seinen unnatürlich hervorquellenden Augen zu dir auf und stützt sich mit der Hand ab, um aufzustehen.

»Bleib liegen!«, rufst du noch einmal. »Oder ich schieße.«

Der Mann tastet nach der Eisenstange und erhebt sich. Dir bleibt keine andere Wahl. Aus nächster Nähe schießt du ihn nieder und er bricht tot zusammen.

Deine Hand zittert leicht, als du auf ihn hinabstarrst. Was ist bloß in die beiden gefahren?

Beim Gedanken an den zweiten Angreifer siehst du dich hektisch im Kontrollraum um. Weder von dem Angreifer noch von Captain Stevens ist etwas zu sehen. Vorsichtig steigst du über einen umgestürzten Tisch, hin zu der Stelle, wo Stevens vor dem Angriff des Irren gestanden hat.

Du findest ihn am Boden liegend vor, halb begraben unter seinem reglosen Gegner. Eine große Blutlache hat sich um die beiden ausgebreitet.

Als du mit vorgehaltenem Blaster näher kommst, richten sich die Augen des Captains auf dich. Er versucht etwas zu sagen, aber es kommt nur ein Schwall Blut aus seinem Mund.

Hastig trittst du näher, den Blaster auf den Kopf des Angreifers gerichtet. Du versetzt ihm einen Tritt, aber er rührt sich nicht, also schiebst du ihn mit dem Fuß vom Captain herunter.

Der Anblick, der sich dir bietet, lässt dir den Atem stocken. Die Uniform des Captains ist in Bauchhöhe aufgerissen und gibt den Blick auf eine klaffende Wunde frei. Bevor der Irre an den Folgen deines Blastertreffers gestorben ist, hat er Stevens den Bauch mit einer Glasscherbe aufgeschlitzt, die noch immer unter seinem Brustbein steckt. Alles schwimmt in Blut.

»Bei allen Sternen«, entfährt es dir. Du weißt nicht, was du tun sollst. Selbst wenn du ein Arzt wärst, könntest du Stevens wohl nicht mehr helfen.

Der Captain versucht noch einmal, etwas zu sagen, doch es dringt nur ein Gurgeln aus seiner Kehle.

»Nicht reden«, versuchst du ihn zu beschwichtigen. Du kniest dich neben ihn und nimmst seine linke Hand. Sie ist eiskalt.

Notiere dir auf deinem Datenblatt das Ereignis 58.

Wenn du dir vorher das Ereignis 69 notiert hast, lies weiter bei ***76****.*

Wenn nicht, lies weiter bei ***68****.*

59

Vom Sauerstoffmangel wird dir schon beinahe schwarz vor Augen, als du an die Kontrollstation trittst. Du musst dich festhalten, um das Gleichgewicht zu bewahren.

Hektisch überfliegst du die diversen Warnmeldungen. Im Wesentlichen steht dort zu lesen, was der Computer bereits verkündet hat: Durch die Bruchlandung gibt es ein Leck im Reaktor. Weiter steht da, dass das automatische Notfall-Eindämmungsfeld nicht aktiviert werden konnte.

Zwei blinkende Schaltflächen bieten dir an, entweder den Maschinenraum zu versiegeln oder die Prozedur zum schrittweisen Herunterfahren des Reaktors zu starten. Du hast keine Ahnung, was schneller ginge.

Willst du den Maschinenraum versiegeln, lies weiter bei ***48****.*

Wenn du den Reaktor herunterfahren willst, lies weiter bei ***51****.*

60

Du hilfst Captain Stevens auf und stützt ihn auf dem Weg zur Luftschleuse. Dort schaust du misstrauisch auf die Anzeigen, aber die Außenluft soll atembar sein. Bei all den Rissen im Rumpf der *Verocity* wäret ihr sonst vermutlich auch längst erstickt. Du öffnest die Luke mit dem entsprechenden Knopf. Sie klappt zischend auf und du blickst in den riesigen Hangar.

Von der *Verocity* bis zur gegenüberliegenden Wand müssten es sechzig oder siebzig Meter sein und das Schiff steht ungefähr in der Mitte der Halle. Es sieht so aus, als habe es hier eine Explosion gegeben, denn eine Wand des Hangars ist von Ruß geschwärzt, Trümmerteile verschiedener Größe sind überall verstreut. An mehreren Stellen ist das Licht ausgefallen, sodass weite Teile der riesigen Halle im Zwielicht liegen. Die zwei Schiffe, die du sehen kannst, sind schwer beschädigt, bei einem ist der Rumpf komplett aufgerissen.

Da die *Verocity* stark zur Seite geneigt liegt, müsst ihr klettern, um auf den Boden zu gelangen. Du steigst voran und streckst Stevens helfend die Hand entgegen. Zum Glück hast du vorher den Splitter entfernt, sonst hätte sich der Captain seine Wunde bestimmt noch weiter aufgerissen.

*Lies weiter bei **37**.*

61

Du blickst nervös zurück und siehst die beiden Männer näher kommen. Obwohl deine Schulter schon schmerzt, wirfst du dich wieder und wieder gegen die Tür. Hinter dir hörst du deine Verfolger immer lauter. Es klingt fast, als würden sie knurren, und das Geräusch lässt dir die Haare zu Berge stehen.

Senke deinen Vorsprung um 1.

*Spielst du den Ingenieur Velazquez, lies weiter bei **19**.*

*Falls du dich für Chief Volkov entschieden hast, lies weiter bei **41**.*

62

Mit aller Kraft hebelst du das Hindernis ein Stück nach oben und wirfst dich dann mit dem ganzen Körper gegen die Tür. Sie gibt ein gutes Stück nach, genug, damit du durch den Spalt passt. Rasch zwängst du dich hindurch und drückst die Tür wieder zu.

Davor liegt eine umgestürzte Steuerkonsole. Mit der Stahlstange gelingt es dir schnell, die Konsole wieder vor die Tür zu schieben, dann packst du einen herumliegenden Stuhl und verkantest seine Lehne unter der Klinke. Das verschafft dir ein wenig Zeit.

Wenn du willst, kannst du die Stahlstrebe als Nahkampfwaffe mitnehmen (großer Gegenstand, KK +3, Schaden +3).

Erhöhe deinen Vorsprung um 2, lies dann weiter bei ***79****.*

63

Ein weiterer Schrei hallt durch den Hangar, leiser als der vorherige. Er endet jäh. Das Herz schlägt dir bis zum Hals und du hast Mühe, deinen immer schneller werdenden Atem unter Kontrolle zu halten. Du lauschst auf weitere Geräusche, aber es ist nichts mehr zu hören.

Minuten ziehen sich wie Stunden dahin, und nicht zu wissen, was außerhalb des Schiffes vorgeht, treibt dich allmählich in den Wahnsinn. Schließlich hältst du es nicht mehr aus und schleichst vorsichtig auf die Rampe hinaus. Nervös siehst du dich nach allen Seiten um, aber von den beiden Männern ist nichts zu sehen.

Du gehst weiter in den Hangar hinein. Obwohl du wachsam bist, überrascht dich einer der Männer, als er hinter einem Frachtcontainer hervorkommt und dir den Weg in Richtung Ausgang abschneidet. Du suchst noch nach einem Ausweg, als du hinter dir eine Bewegung spürst. Du fährst herum, siehst aber nur noch eine Eisenstange auf dich zukommen, die dich am Kopf trifft. Benommen gehst du zu Boden.

Du nimmst kaum wahr, wie du auf den Rücken gedreht wirst. Erst als sich die Zähne des Irren in deinen Hals bohren und der Schmerz aufflammt, kommst du noch einmal zu Bewusstsein. Einer der Männer reißt dir mit den Zähnen die Kehle auf, Blut spritzt dir ins Gesicht. Du versuchst ihn abzuschütteln, doch deine Kräfte verlassen dich rasch, während das Leben aus dir herausströmt.
Dein Abenteuer endet hier.

64

So schnell willst du nicht aufgeben. Du ziehst das Lesegerät so weit wie möglich aus der Wand und begutachtest die Rückseite. Auf den ersten Blick wird dir klar, wieso die Tür nicht reagiert. Zwei Kabel sind aus dem Lesegerät gerissen und hängen lose aus dem Loch in der Wand.
Du zwängst deine Finger in das Loch und ziehst an den Kabeln. Sie sind sehr kurz, sodass du das Lesegerät nah an die Wand halten

musst, um mit den Kabelenden die Anschlüsse des Lesegeräts zu erreichen. Eine fummelige Arbeit, aber du kannst es hinkriegen.
Verringere den Vorsprung um 1. Ist er damit bei 0, lies weiter bei ***82****.*
Liegt er noch darüber, lies weiter bei ***69****.*

65

Während die beiden Männer durch das Chaos auf dich zuklettern, weichst du vom Fenster zurück in Richtung Ausgangstür. Verzweifelt versuchst du sie zu öffnen, doch es gelingt dir nicht. Dann sind deine Verfolger auch schon heran.
Mit einem Knurren greift einer der beiden dich an. Es gelingt dir, seinem Hieb auszuweichen, aber dabei stolperst du über etwas und gerätst ins Straucheln. Der zweite Hieb trifft dich schwer an der Schulter und schleudert dich gegen eine Wand. Als du dich mit abwehrbereit erhobenen Händen wieder den Männern zuwendest, schlagen beide kurz nacheinander zu.
Der erste, von oben geführte Hieb kracht auf deine Arme, der zweite trifft dich am Kopf. Benommen sinkst du auf die Knie, siehst verschwommen eine Eisenstange heranrasen. Sie trifft dich mitten im Gesicht und du verlierst die Besinnung. Du kommst nie wieder zu dir.
Dein Abenteuer endet hier.

66

Du blickst über die Schulter und erkennst erschrocken, dass die beiden Männer euch fast eingeholt haben. Drohend schwingen sie die Eisenstangen in ihren Händen.
Noch einmal wirfst du dich mit aller Kraft gegen die Tür und sie bewegt sich wieder ein paar Millimeter.
»Mach weiter, ich verschaffe uns Zeit«, flüstert dir Stevens zu und wendet sich von dir ab. Du blickst ihm nach und siehst ihn mit erhobenen Händen auf eure Verfolger zuhumpeln.

»Beruhigt euch, wir können doch sicher über alles …«, setzt er an.
Der vordere der beiden Männer schlägt ihm knurrend seine Eisenstange über den Schädel und der Captain sackt stöhnend zu Boden. Wie von Sinnen schlagen die beiden weiter auf ihn ein. Blut spritzt und du glaubst, den Schädel des Captains knacken zu hören. Selbst als er schon reglos auf dem Boden liegt und sein Kopf nur noch eine breiige Masse ist, dreschen die Männer weiter auf ihn ein.
Nur mühsam gelingt es dir, dich von dem grausigen Anblick loszureißen. Panik keimt in dir auf, und obwohl deine Schulter schon schmerzt, wirfst du dich wieder und wieder gegen die Tür. Ein Grollen hinter dir lässt dir die Haare zu Berge stehen. Jeden Moment erwartest du, selbst von einem Hieb niedergestreckt zu werden.
Endlich bewegt sich die Tür ein größeres Stück. Der Spalt ist immer noch schmal, aber es müsste reichen. Du zwängst dich hindurch so schnell du kannst, aber es ist verdammt eng. Die Eisenstange eines Mannes trifft dich an der Schulter und du schreist vor Schmerzen auf.

Ziehe 5 Punkte von deiner Gesundheit ab. Im Moment hast du keine Zeit, die Verletzung mit einem Medipack zu behandeln.

Du lässt alle Luft aus deinem Körper entweichen, spannst jeden Muskel an und endlich schaffst du es, dich vollends durch den Spalt zu zwängen. Auf der anderen Seite wirfst du dich mit dem Rücken gegen die Tür und drückst sie wieder zu.
Vor dir liegt eine umgestürzte Steuerkonsole. Es gelingt dir, sie zurück vor die Tür zu schieben, dann packst du einen herumliegenden Stuhl und verkantest seine Lehne unter der Klinke. Das verschafft dir ein wenig Zeit.
*Setze den Vorsprung auf 3, lies dann weiter bei **79**.*

67

Du suchst in deiner Umgebung nach einem Hilfsmittel, um das Hindernis aus dem Weg zu hebeln. Dabei fällt dein Blick auch auf die beiden Männer, die langsam aber stetig näher kommen. Eine Eisenstange, so wie die, die sie in den Händen halten, könnte schon helfen.

Solch eine findest du unter den herumliegenden Trümmerteilen zwar nicht, dafür aber ein schmales Stück Stahl, das vielleicht einmal eine kurze Querstrebe im Rumpf eines Raumschiffs war.

Du hebst sie auf, schiebst sie hastig durch den Türspalt und verkantest das eine Ende unter dem Hindernis.

Senke den Vorsprung um 1.

Ist dein Vorsprung bei 0, lies weiter bei ***46****.*

Andernfalls geht es weiter bei ***62****.*

68

Captain Stevens hebt die zitternde rechte Hand und streckt den Zeigefinger aus. Irritiert siehst du in die Richtung, in die er deutet, und entdeckst ein breites Lüftungsgitter an der Decke, das dir in dem Chaos aus herabhängenden Kabeln und zerschlagenen Leuchtröhren bislang verborgen geblieben ist.

Die Hand des Captains sackt kraftlos herab. Alarmiert siehst du in sein Gesicht, aber seine Augen sind blicklos ins Nichts gerichtet. Mit seinem letzten Atemzug hat er dir einen Ausgang gezeigt.

Lies weiter bei 77.

69

Endlich gelingt es dir, die beiden Kabel in die passenden Anschlüsse zu friemeln. Hektisch ziehst du die Keycard erneut durch den Schlitz. Wieder springt die Diode auf grün und diesmal gleitet die Tür zur Seite.

Notiere dir auf dem Datenblatt das Ereignis 69.

Als du dich gerade triumphierend zu Stevens umdrehst, siehst du einen Schatten vor der Fensterfront des Kontrollraums. Im nächsten Moment kracht etwas laut gegen die Scheibe – und sie zerbricht.

»Captain, hierher, schnell!«, ruft du.

Stevens humpelt auf die Tür zu, aber schon nach zwei Schritten greift er sich mit schmerzverzerrtem Gesicht an sein verletztes Bein und gerät ins Taumeln. Hinter ihm brechen die zwei Männer mit ihren Eisenstangen ein ganzes Stück der Scheibe heraus und steigen in den Kontrollraum.

Ihr Anblick aus nächster Nähe lässt dich erschrocken zurückweichen. Sie stehen in halb kauernder Haltung vor dir, die Hände zu Klauen verkrampft, die Zähne gebleckt. Dem einen tropft

Speichel in einem langen Faden aus dem Mundwinkel. Beiden quellen die Augen unnatürlich aus den Höhlen und überall in ihren hochroten Gesichtern sieht man deutlich den Verlauf der Adern.

»Schieß doch!«, ruft Stevens. »Los, schieß!«

Du reißt die Blasterpistole hoch, zielst auf den vorderen der beiden Männer und drückst sofort ab. Der Blasterstrahl faucht knapp an ihm vorbei, aber der Mann duckt sich nicht einmal, sondern setzt mit einem Sprung über ein zerstörtes Kontrollpult hinweg. Damit ist er dem Captain schon gefährlich nah.

Du visierst ihn genauer an, atmest aus und drückst abermals ab, als der Angreifer gerade zum Sprung auf den Captain ansetzt. Diesmal triffst du ihn in die Brust. Der Mann taumelt trotzdem vorwärts und reißt Stevens mit sich zu Boden.

Du fährst herum, als du schräg hinter dir ein Geräusch hörst. Der zweite Mann springt über einen umgestürzten Tisch auf dich zu. Gleichzeitig zischt die Tür und beginnt sich zu schließen.

Willst du durch die offene Tür fliehen, lies weiter bei ***80****.*

Willst du den Mann bekämpfen, lies weiter bei ***K1****.*

70

»Das Lesegerät funktioniert, aber die Tür öffnet sich nicht«, rufst du entmutigt.

»Das Kontrollpult bringt uns auch nicht weiter«, antwortet Stevens. »Verdammt, wie sollen wir hier rauskommen?«

Du siehst dich im Raum um. Gibt es vielleicht eine schmale Tür, die du in dem Durcheinander übersehen hast? Oder funktioniert noch eines der anderen Kontrollpulte und ihr habt von dort Zugriff auf die Türsteuerung?

Du kletterst in den hinteren Teil des Raumes und probierst mehrere der Pulte aus, aber keines reagiert auf deine Berührungen. Stevens tippt weiter an seinem Kontrollpult herum und flucht lei-

se vor sich hin. Auch er scheint keinen Weg aus dem Raum gefunden zu haben. Ihr sitzt fest.
Die Minuten verstreichen …
Setze den Vorsprung auf 0 und lies weiter bei ***82****.*

71

Du hetzt den Weg zurück, den du ursprünglich gekommen bist. Als du den Frachter hinter dir lässt, siehst du den Captain auf eine schmale Tür neben einem zerborstenen Fenster zuhumpeln. Deine ehemaligen Verfolger halten jetzt auf ihn zu und kommen ihm näher, weil Stevens sein verletztes Bein mit beiden Händen umklammert und hinter sich herschleift.
Du rennst so schnell du kannst, springst über Trümmerteile hinweg und läufst knapp an den beiden Männern vorbei, die wütend aufbrüllen, als du sie passierst. Völlig außer Atem erreichst du den Captain. Bis zur Tür ist es nicht mehr weit, aber eure Verfolger sind dicht hinter dir.
»Wo hast du gesteckt, verdammt?«, fragt Stevens.
Statt zu antworten, legst du dir einen Arm des Captains um die Schulter und gemeinsam humpelt ihr auf die Tür zu.
Trage beim Vorsprung auf dem Datenblatt die Zahl 1 ein und lies weiter bei ***47****.*

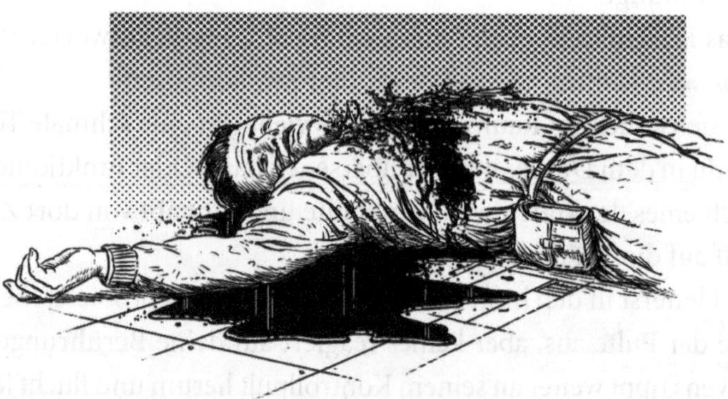

72

Du gehst neben der Leiche in die Hocke und drehst sie auf den Rücken. Die Uniform des Toten ist in Bauchhöhe mit Blut getränkt, offenbar ist sein verdrehter Hals nicht die einzige Verletzung. Es kostet dich einige Überwindung, die feuchten Taschen der Uniform abzutasten, aber es lohnt sich. Du findest in der Brusttasche eine Keycard. Die rechte Hand ist noch um einen Handblaster gekrampft.

Kreuze im Inventar die Blasterpistole an und trage die Keycard (kleiner Gegenstand) ein (es sei denn, du warst schon einmal hier).
Verringere deinen Vorsprung um 1.
Wenn dein Vorsprung größer als 0 ist, lies weiter bei ***78****.*
Wenn nicht, lies weiter bei ***95****.*

73

Du blickst über die Schulter. Noch sind eure Verfolger ein Stück weg.
»Hilf mir«, zischst du dem Captain zu und ihr werft euch gemeinsam gegen die Tür. Dahinter schabt Metall kreischend über Metall, dann gibt sie ein Stück weit nach, sodass ein Spalt entsteht, der breit genug ist.
»Du zuerst«, befiehlt der Captain. »Mach schon!«
Hastig zwängst du dich durch die Lücke und der Captain folgt dir. Hinter der Tür liegt eine umgestürzte Steuerkonsole auf dem

Boden. Gemeinsam gelingt es euch, sie wieder vor die Tür zu schieben, dann packst du einen herumliegenden Stuhl und verkantest seine Lehne unter der Klinke. Das verschafft euch ein wenig Zeit.

*Erhöhe den Vorsprung um 1, lies dann weiter bei **86**.*

74

Du wendest dich hastig zur Flucht und rennst zur Tür. Hinter dir hörst du den Trooper knurren, während du mit zitternden Händen versuchst, die Master-Keycard in den Kartenschlitz zu stecken. Ist der Irre schon wieder auf den Beinen?

Als sich die Tür endlich öffnet, glaubst du schon, den Atem deines Gegners im Nacken zu spüren. Du wirbelst herum, versetzt ihm einen Stoß, der ihn zurücktaumeln lässt, und springst in den Flur. Die Tür schließt sich. Du hörst, wie der Irre wie von Sinnen brüllt und von innen gegen sie schlägt, doch sie hält stand. Du atmest auf.

*Lies weiter bei **93**.*

75

Lautlos gleitet die Glastür beiseite. Angenehm kühle Luft schlägt dir entgegen, wahrscheinlich von einer Klimaanlage. Aus der Nähe betrachtet ist das Chaos in dem Raum sogar noch schlimmer. Auch hier liegen überall Scherben, ein Aquarium wurde eingeschlagen, die toten Fische und Amphibien von verschiedenen Planeten liegen regungslos auf dem feuchten Teppich.

Die Konsole, zu der der flackernde Bildschirm gehört, scheint schwer beschädigt, sodass du keine Inhalte auswählen kannst. Auf dem Bildschirm ist aber ein Video-Log-Eintrag zu sehen, den du wohl noch starten kannst.

Erst jetzt entdeckst du, dass unter dem umgestürzten Sofa ein Arm hervorragt. Du hebst das Sofa mit einiger Anstrengung hoch. Darunter kommt der Körper eines jungen Mannes zum Vorschein, der auf dem Bauch liegt. Der in weitem Umkreis um den Körper von Blut getränkte Teppich lässt keinen Zweifel daran, dass der Mann tot ist.

Willst du die Leiche genauer untersuchen, lies weiter bei ***96****.*
Wenn du dir den Log-Eintrag ansehen willst, lies weiter bei ***101****.*
Willst du den Raum wieder verlassen, lies weiter bei ***89****.*

76

Du redest dem Captain gut zu, versuchst ihm beizustehen und drückst seine Hand. Sein Todeskampf ist schon nach wenigen Augenblicken vorbei. Seine Hand erschlafft in der deinen und sein Kopf sackt leblos zur Seite.

Du verharrst eine Weile neben ihm, löst schließlich deinen Griff um seine Hand und schließt ihm die Augen. Seufzend stehst du auf und kletterst zu der Tür hinüber, die sich mittlerweile wieder geschlossen hat. Noch einmal steckst du die Keycard in den Schlitz. Wieder gleitet die Tür beiseite und gibt den Blick auf einen Flur frei, der von links nach rechts verläuft. Vorsichtig spähst du in beide Richtungen, aber es ist niemand zu sehen. Was dich wohl dort erwartet?

Du holst noch einmal tief Luft und trittst aus dem Kontrollraum.
Lies weiter bei ***85****.*

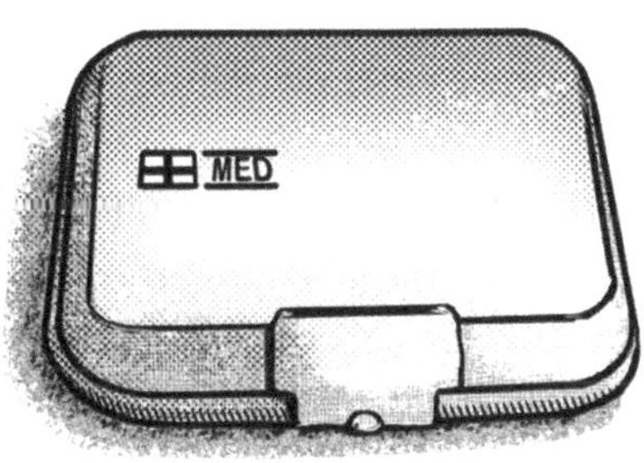

77

Du schiebst einen Tisch unter den Schacht und stellst einen Stuhl darauf. Mit diesem behelfsmäßigen Gerüst kannst du die Kanten des Luftschachts leicht erreichen und das Gitter entfernen. Du ziehst dich nach oben und zwängst dich in den schmalen, viereckigen Schacht. Es ist verdammt eng, aber es klappt.

Hier ist die Luft stickig und du kannst nur wenig erkennen. Vor dir wird es heller, vermutlich ist dort ein weiteres Gitter. Auf dem Bauch robbend schiebst du dich darauf zu. Es ist schwer zu sagen, was dir mehr Schweiß auf die Stirn treibt, die bedrückende Enge oder die Anstrengung. Nach einer gefühlten Ewigkeit erreichst du eine Kreuzung. Links und rechts zweigen genauso enge Schächte ab, du kannst aber jeweils nur den ersten Meter erkennen. Dahinter herrscht undurchdringliche Schwärze. Was, wenn die Schächte weiter hinten noch enger werden? Nein, das ist kein geeigneter Weg.

In der Mitte der Kreuzung ist ein Gitter im Boden des Luftschachtes, durch das du in den unter dir liegenden Flur blicken kannst. Es ist niemand zu sehen. Du löst das Gitter und lässt dich vorsichtig in den Flur hinab.

*Lies weiter bei **85**.*

78

Deine Verfolger hämmern nicht länger gegen die Tür, weshalb du einen argwöhnischen Blick in die Richtung wirfst. Aber der Stuhl klemmt noch immer unter der Klinke. Ob die beiden aufgegeben haben?

So oder so, du musst einen Weg aus diesem Raum finden.

*Willst du die Leiche untersuchen, lies weiter bei **72**.*

*Willst du dir das Kontrollpult ansehen, lies weiter bei **83**.*

*Willst du dich weiter im Raum umsehen, lies weiter bei **87**.*

*Wenn du zur Tür gehen willst, lies weiter bei **91**.*

79

Du atmest kurz durch und blickst dich in dem Raum um. Es scheint sich um eine Art Kontrollraum zu handeln, aber das kann man nur noch erahnen, denn auch hier herrscht heilloses Chaos. Doch hier ist es nicht durch die Explosion verursacht worden – es sieht eher so aus, als habe ein wild gewordener Mob getobt. Nicht nur die Fensterscheibe zum Hangar ist gesplittert, auch die Bildschirme fast aller Kontrollpulte wurden zerschlagen und das Mobiliar ist quer im ganzen Raum verstreut. Die Leuchtstoffröhren an der Decke sind größtenteils zerstört. Nur zwei flackern noch und tauchen den Raum in ein unheimliches Spiel von Licht und Schatten.

Erleichtert registrierst du, dass es einen zweiten Ausgang gibt, eine breite Gleittür, die gegenüber der Fensterfront liegt. Sie muss also ins Innere der Station führen. Allerdings befindet sich neben der Tür ein halb aus der Wand gerissenes Lesegerät für eine Keycard. Wahrscheinlich wird sie sich ohne eine Karte nicht öffnen lassen.

Der Bildschirm eines Kontrollpults zeigt noch etwas an, vielleicht hilft dir das weiter.

Als du schon über umgeworfene Stühle und Tische darauf zukletterst, stolperst du beinahe über eine auf dem Bauch liegende Leiche. Der Kopf des Mannes ist um weit mehr als 90° gedreht, sein Gesicht verzerrt und die weit aufgerissenen Augen starren blicklos zu dir hoch.

Was ist hier bloß passiert? Sind alle auf der Station wahnsinnig geworden?

Notiere dir das Ereignis 79 auf dem Datenblatt.

*Willst du die Leiche untersuchen, lies weiter bei **72**.*

*Willst du dir das Kontrollpult ansehen, lies weiter bei **83**.*

*Willst du dich weiter im Raum umsehen, lies weiter bei **87**.*

*Wenn du zur Tür gehen willst, lies weiter bei **91**.*

80

Statt weiterzufeuern, hechtest du durch die sich schließende Tür und rollst dich auf dem Boden ab. Als du wieder auf die Füße kommst, orientierst du dich kurz. Du stehst in einem Flur, der von der Tür aus gesehen nach links und rechts verläuft. In beiden Richtungen ist niemand zu sehen.

Die Tür hat sich mittlerweile geschlossen und du vernimmst von der anderen Seite dumpfe Geräusche. Einmal klingt es so, als ob jemand gegen die Tür hämmert, doch sie gibt nicht nach und öffnet sich auch nicht. Schließlich verebben die Geräusche. Ob der Captain noch am Leben ist? Wohl kaum. Der Gedanke versetzt dir einen Stich.

Aber selbst wenn du wolltest, du könntest nicht nachsehen, denn auf dieser Seite ist das Lesegerät für die Keycard durch einen Blasterschuss zerstört worden. Du wirst weiter in die Station vordringen müssen. Ob dich hier noch mehr von diesen Irren erwarten?

*Notiere dir auf dem Datenblatt das Ereignis 80 und lies dann weiter bei **85**.*

81

Voller Hoffnung ziehst du die Keycard durch den Schlitz des Lesegeräts. Es gibt einen Piepton und eine kleine Diode wechselt von Rot auf Grün – aber die Tür rührt sich nicht. Offenbar ist das Lesegerät defekt.

Spielst du den Ingenieur Velazquez, lies weiter bei ***98****.*

Andernfalls musst du einen anderen Weg finden, lies dazu weiter bei ***78****.*

82

Ein schwerer Schlag gegen die Glasscheibe lässt dich aufschrecken. Vage kannst du die Schatten der beiden Männer hinter der Scheibe ausmachen, die durch die vielen Risse und Sprünge schon beinahe undurchsichtig geworden ist.

Wieder kracht eine Eisenstange gegen die Scheibe – und bricht durch. Ein Regen aus feinen Glassplittern fegt durch den Raum und du hebst schützend den Arm vor das Gesicht.

Stevens wendet sich vom Kontrollpult ab und humpelt in deine Richtung, greift sich aber sofort mit schmerzverzerrtem Gesicht an sein Bein und muss sich abstützen.

Noch zweimal schlagen die Männer zu, dann bricht der linke Teil der doppelwandigen Glasscheibe komplett heraus und schon steigt der Erste der Männer durch die entstandene Lücke.

Sein Anblick aus nächster Nähe lässt dich erschrocken zurückweichen. Er steht in halb kauernder Haltung vor dir, die Hände zu Klauen verkrampft, die Zähne gebleckt, Speichel tropft ihm in einem langen Faden aus dem Mundwinkel. Seine Augen quellen unnatürlich aus den Höhlen und überall in seinem hochroten Gesicht siehst du deutlich den Verlauf der Adern.

»Schieß doch!«, ruft Stevens. »Los, schieß!«

Du reißt die Blasterpistole hoch, zielst auf den vorderen der beiden Angreifer und drückst sofort ab. Der Blasterstrahl faucht knapp an ihm vorbei, aber der Mann duckt sich nicht einmal, sondern setzt mit einem Sprung über ein zerstörtes Kontrollpult hinweg. Damit ist er dem Captain schon gefährlich nah.

Du visierst ihn genauer an, atmest aus und drückst abermals ab, als der Mann gerade zum Sprung auf den Captain ansetzt. Diesmal triffst du ihn in die Brust. Der Mann taumelt trotzdem vorwärts und reißt Stevens mit sich zu Boden.

Du fährst herum, als du schräg hinter dir ein Geräusch hörst. Der zweite Angreifer springt über einen umgestürzten Tisch auf dich zu.

*Lies weiter bei **K1**.*

83

Du setzt dich an das Kontrollpult und tippst auf den Bildschirm. Tatsächlich scheint das System noch zu funktionieren, aber die Optionen, die dir zur Verfügung stehen, helfen dir nicht weiter.

Weder das Logbuch der Schiffslandungen noch Frachtpapiere und Besucher-Log bringen dich aus diesem Raum heraus.
Verringere deinen Vorsprung um 1.
Wenn dein Vorsprung größer als 0 ist, lies weiter bei ***78***.
Wenn nicht, lies weiter bei ***95***.

84

Neben dem Toten hast du eine Umhängetasche gefunden. Sie ist zwar mit Blut verschmiert, kann dir aber gute Dienste leisten.
Hake die Tasche im Inventar an. Damit kannst du nun insgesamt fünf statt nur zwei große Gegenstände bei dir tragen.
Zurück zu ***96***.

85 *(Speicherpunkt – Blasterpistole, Keycard)*

Du stehst in einem schlichten, ungefähr drei Meter breiten Flur, dessen Wände und Boden mit Metallplatten ausgelegt sind. An der Decke hängen Leuchtröhren, von denen einige ausgefallen sind, sodass ganze Segmente des langen Flurs im Dunkeln liegen. Von der Tür zum Hangarkontrollraum aus gesehen führt er nach links und rechts. An beiden Enden knickt er um 90° vom Hangar weg ab.
Es ist niemand zu sehen, aber der Scan vor der Notlandung hat viele Lebenszeichen gezeigt. Irgendwo muss also jemand sein, der dir sagen kann, was hier vor sich geht und wie man von dieser Station wieder wegkommt. Dein Ziel ist also, jemanden zu finden, der noch bei Verstand ist. Entschlossen blickst du dich um.
Nicht weit von dir entfernt ist das breite Hangartor, das aber nach innen gewölbt und verzogen ist. Sicher lässt es sich nicht mehr öffnen. Ihm schräg gegenüber liegt eine Schiebetür aus Glas, durch die du in den Empfangsraum sehen kannst. Anders als die kahlen Stahlwände des Flurs sind die Wände dort gestrichen und mit Bildern behängt. Du siehst einen Bildschirm flackern, er

scheint beschädigt. Die Sitzgruppe aus Leder ist aufgerissen und umgestürzt und ein Getränkeautomat gegen die Wand gekippt worden. Genaueres kannst du von außen nicht erkennen.
An den Wänden verlaufen beschriftete farbige Linien, die Besuchern der Station wohl die Orientierung erleichtern sollen. Eine blaue Linie führt rechts in Richtung Aufzüge, Quarantänestation und Frachtbereich C, eine rote Linie nach links in Richtung Frachtbereich A/B.
Neben der Tür zum Empfangsraum ist eine Karte des Decks und der Station an der Wand angebracht. Du trittst darauf zu und betrachtest sie genauer (Abbildung gegenüberliegende Seite).
Du kannst deine Eintragung beim Vorsprung jetzt wegradieren.
Notiere dir die 85 bei den Notizen. So kannst du die Karte jederzeit wiederfinden.
*Willst du den Empfangsraum betreten, lies weiter bei **75**.*
*Folgst du der blauen Linie, lies weiter bei **93**.*
*Wenn du der roten Linie folgen willst, lies weiter bei **99**.*

86

Du atmest kurz durch und blickst dich in dem Raum um. Es scheint sich um eine Art Kontrollraum zu handeln, aber das kann man nur noch erahnen, denn auch hier herrscht heilloses Chaos. Doch hier ist es nicht durch die Explosion verursacht worden – es sieht eher so aus, als habe ein wild gewordener Mob getobt. Nicht nur die Fensterscheibe zum Hangar ist gesplittert, auch die Bildschirme fast aller Kontrollpulte wurden zerschlagen und das Mobiliar ist quer im ganzen Raum verstreut. Die Leuchtstoffröhren an der Decke sind größtenteils zerstört, nur zwei flackern noch und tauchen den Raum in ein unheimliches Spiel von Licht und Schatten.
Plötzlich hämmert etwas gegen die Tür, durch die ihr eben gekommen seid. Eure Verfolger versuchen durchzubrechen, aber

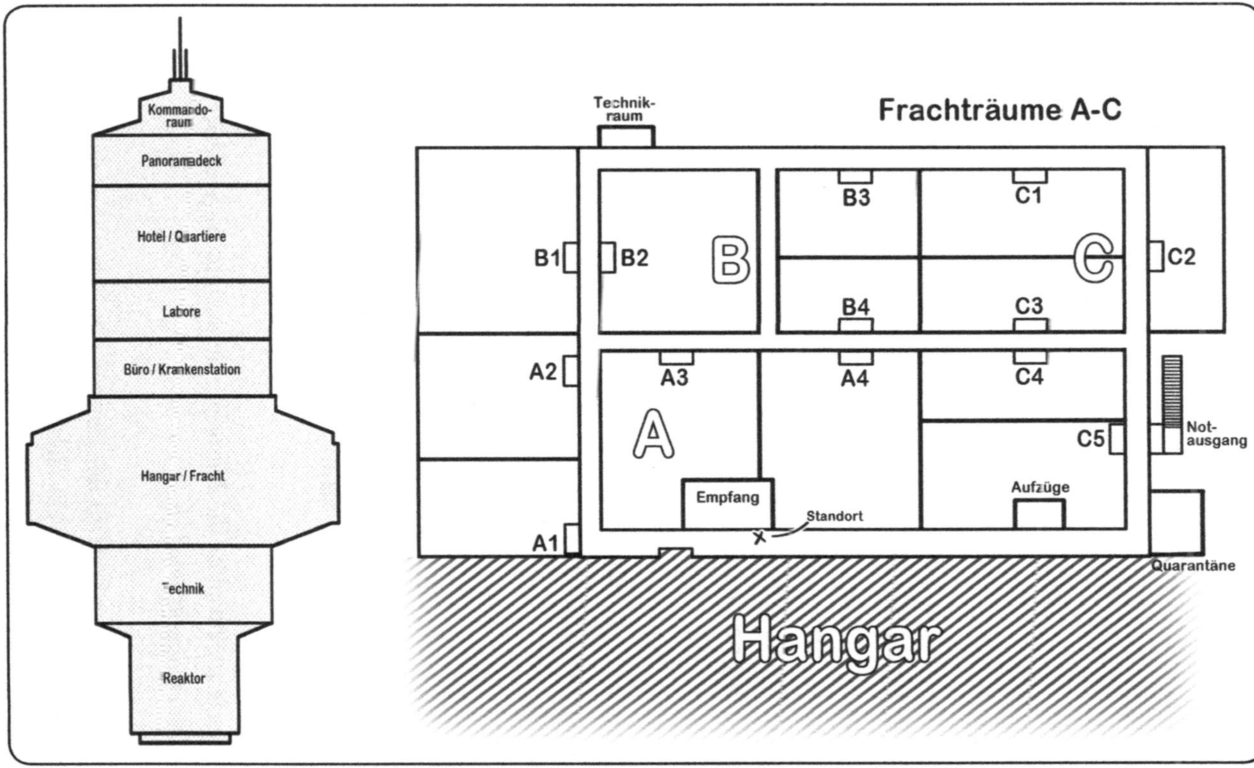

Kommando-
raum
Panoramadeck
Hotel / Quartiere
Labore
Büro / Krankenstation
Hangar / Fracht
Technik
Reaktor
Frachträume A-C
Technik-
raum
B1
B2
B
B3
C1
C
C2
B4
C3
A2
A3
A4
C4
A
C5
Not-
ausgang
Empfang
Aufzüge
Standort
A1
Quarantäne
Hangar

eure behelfsmäßige Barrikade hält ihnen stand. Trotzdem, ihr müsst hier so schnell wie möglich raus.

Es gibt einen zweiten Ausgang, eine breite Gleittür, die gegenüber der Fensterfront liegt. Neben der Tür befindet sich ein halb aus der Wand gerissenes Lesegerät für eine Keycard. Wahrscheinlich wird sie sich ohne eine Karte nicht öffnen lassen. Der Bildschirm eines Kontrollpults zeigt noch etwas an, vielleicht hilft euch das weiter.

Als du über umgeworfene Stühle und Tische darauf zukletterst, stolperst du beinahe über eine auf dem Bauch liegende Leiche. Der Kopf des Mannes ist um weit mehr als 90° gedreht, sein Gesicht verzerrt und die weit aufgerissenen Augen starren blicklos zu dir hoch. Was ist hier nur geschehen?

Du gehst neben der Leiche in die Hocke und drehst sie auf den Rücken. Die Uniform des Toten ist in Bauchhöhe mit Blut getränkt, offenbar ist sein verdrehter Hals nicht die einzige Verletzung. Es kostet dich einige Überwindung, die feuchten Taschen der Uniform abzutasten, aber es lohnt sich. Du findest in der Brusttasche eine Keycard. Die rechte Hand ist noch um einen Handblaster gekrampft.

Kreuze im Inventar die Blasterpistole an und trage die Keycard (kleiner Gegenstand) ein.

»Was gefunden?«, fragt der Captain. Du zeigst ihm den Blaster und die Keycard. Stevens lächelt grimmig, als er die Waffe sieht. »Damit können wir uns die Irren vermutlich vom Leib halten.

Was ist bloß in die gefahren? Ob alle auf der Station durchgedreht sind?«

Der Gedanke ist dir auch schon gekommen. Aber ihr habt keine Wahl, als weiter in die Station vorzudringen. Die *Verocity* ist fluguntauglich und der Captain braucht dringend medizinische Hilfe.

»Scheint, als hätten sie aufgegeben«, brummt Stevens hoffnungsvoll. Erst jetzt fällt dir auf, dass die Schläge gegen die Tür aufgehört haben. »Versuch, den Ausgang mit der Keycard zu öffnen«, befiehlt er. »Ich sehe mir das Kontrollpult an.«

Du bahnst dir deinen Weg bis zur Tür. Das Lesegerät für die Keycard hängt schief und nur noch von zwei Drähten gehalten an der Wand herab. Voller Hoffnung ziehst du die Keycard durch den Schlitz des Lesegeräts. Es gibt einen Piepton und eine kleine Diode wechselt von Rot auf Grün - aber die Tür rührt sich nicht.

Senke den Vorsprung um 1.

Spielst du den Ingenieur Velazquez, lies weiter bei ***64.***

Falls nicht, geht es weiter bei ***70.***

87

Du steigst über umgeworfenes Mobiliar und zerstörte Kontrollpulte hinweg und suchst nach was auch immer. Aber du findest weder ein weiteres funktionierendes Kontrollpult noch einen anderen Ausgang. Als du frustriert gegen einen Stuhl trittst, bricht eines der Beine ab. Vielleicht eine gute Waffe für den Nahkampf?

Wenn du das Stuhlbein (großer Gegenstand, KK +2, Schaden +2) als Waffe an dich nehmen willst, trage es in dein Inventar ein.

Verringere deinen Vorsprung um 1.

Wenn dein Vorsprung größer als 0 ist, lies weiter bei ***78.***

Wenn nicht, lies weiter bei ***95.***

88

Dein letzter Schlag lässt den Mann taumeln. Er stolpert über einen herumliegenden Stuhl und fällt. Hastig siehst du dich nach dem Blaster um, den er dir aus der Hand geschlagen hat, und entdeckst ihn neben der Tür. Du hebst ihn auf und trittst auf deinen Gegner zu, der sich gerade wieder aufzusetzen versucht.

»Liegen bleiben!«, befiehlst du.

Er gehorcht nicht, vielleicht versteht er dich auch nicht. Grollend sieht er zu dir auf und stützt sich mit der Hand ab, um aufzustehen.

»Bleib liegen!«, rufst du noch einmal. »Oder ich schieße.«

Der Mann tastet nach der Eisenstange und erhebt sich. Dir bleibt keine andere Wahl. Aus nächster Nähe schießt du ihn nieder und er bricht tot zusammen.

Deine Hand zittert leicht, als du auf ihn hinabstarrst. Was ist bloß in die beiden gefahren? Beim Gedanken an den zweiten Angreifer siehst du dich hektisch nach ihm um. Aber er liegt noch reglos an der Stelle, wo du dich von ihm befreit hast.

Allmählich beruhigt sich dein Pulsschlag und du lässt den Blaster sinken. Für den Moment hast du es geschafft. Du legst den Kopf in den Nacken und atmest einmal tief durch.

Dann blinzelst du und siehst genauer an die Decke. Tatsächlich! Da ist ein breites Lüftungsgitter, das dir in dem Chaos aus herabhängenden Kabeln und zerschlagenen Leuchtröhren bislang verborgen geblieben ist. Vielleicht kannst du auf diesem Weg aus dem Kontrollraum entkommen.

Lies weiter bei 77.

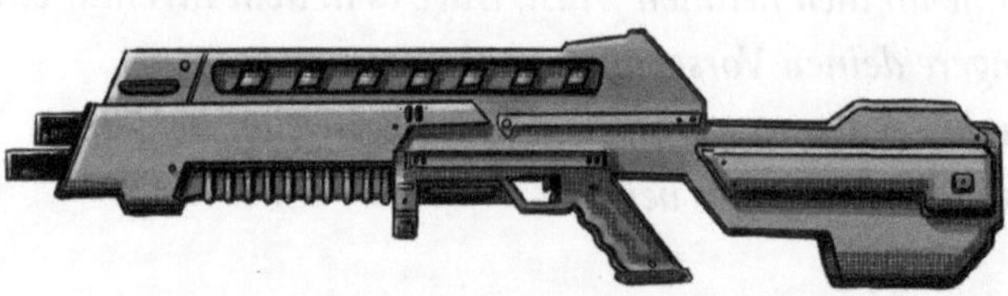

89

Du stehst wieder im Flur in der Nähe der Tür zum Hangarkontrollraum. Nicht weit von dir entfernt ist das breite Hangartor, das aber verzogen ist und sich nicht öffnen lässt. Ihm schräg gegenüber liegt eine Schiebetür aus Glas, durch die du in den Empfangsraum sehen kannst.

Farbige Linien an den Wänden zeigen an, wohin der Flur führt. Eine blaue Linie zeigt in Richtung Aufzüge, Quarantäntestation und Frachtbereich C, eine rote Linie in Richtung Frachtbereich A/B.

Willst du den Empfangsraum betreten, lies weiter bei ***75****.*

Wenn du der roten Linie folgen willst, lies weiter bei ***99****.*

Folgst du der blauen Linie, lies weiter bei ***93****.*

90

Du stehst in einem Korridor der nach wenigen Metern vor einer Barrikade aus Frachtbehältern endet, die bis fast zur Decke aufgestapelt wurden. Du kannst zwischen einigen Behältern hindurchspähen und erkennen, dass dahinter eine Kreuzung liegt, aber die Lücken sind zu schmal, um sich hindurchzuzwängen.

In der anderen Richtung führt der Korridor in Richtung Quarantänestation und Aufzüge.

Kurz vor der Barrikade liegt auf der rechten Seite eine schmale Tür mit altmodischer Klinke. Ein Schild darüber weist sie als Notausgang aus. Wahrscheinlich liegt dahinter ein Treppenhaus, das die Decks verbindet.

Auf der linken Seite ist eine breite Frachtraumtür mit der Aufschrift »C5«. Daneben ist ein Schlitz für eine Keycard.

Möchtest du den Frachtraum öffnen, lies weiter bei ***103****.*

Falls du den Notausgang öffnen willst, lies weiter bei ***109****.*

Wenn du in Richtung der Aufzüge umkehren willst, lies weiter bei ***93****.*

91

Du bahnst dir deinen Weg bis zum Ausgang und siehst dir das Lesegerät für die Keycard neben der Tür genauer an. Es hängt schief und nur noch von zwei Drähten gehalten an der Wand herab.
Verringere deinen Vorsprung um 1.
Ist dein Vorsprung nun bei 0, lies weiter bei ***95****.*
Hast du noch Vorsprung …
… und schon eine Keycard gefunden, lies weiter bei ***81****.*
… aber noch keine Keycard, lies weiter bei ***78****.*

92

Hastig kletterst du wieder nach unten. Der Qualm scheint dichter und dichter zu werden, noch dazu wird es immer heißer. Das rote Lämpchen am Atemgerät flackert schneller, der Sauerstoff geht rasch zur Neige. Hektisch beschleunigst du dein Klettern. Plötzlich rutschst dein Fuß ab, du verlierst beinahe den Halt, kannst dich nur mit Mühe noch an der Leiter festklammern. Es braucht einige wertvolle Sekunden, bis du wieder sicheren Stand hast.

Da erlischt das Lämpchen und beim nächsten Atemzug merkst du, dass kaum noch Sauerstoff durch die Atemmaske gelangt. Verzweifelt holst du ein letztes Mal Luft und ziehst das Gerät von deinem Gesicht. Dann kletterst du mit angehaltenem Atem weiter nach unten.

Die Hitze ist kaum noch auszuhalten. Kleine Sterne tauchen in deinem Blickfeld auf, eine Folge des Sauerstoffmangels. Verwirrt blickst du dich um. Ganz vage erkennst du schräg über dir einen hellen Spalt. Es scheint, als seist du in deiner Panik zu weit nach unten geklettert.

Deine Lungen schreien nach Luft. Du mobilisierst deine letzten Kräfte und kletterst wieder aufwärts. Der Griff deiner Hände wird unsicher, dir wird schwindelig. Du kannst nicht länger warten und schöpfst gierig Luft.

Sofort dringt der Rauch in deine Lungen, füllt sie aus. Du hustest, ringst nach Atem, aber da ist nur Qualm. Dir wird schwarz vor Augen. Vage spürst du noch, wie sich der Griff deiner Finger löst und du den Halt verlierst. Als du in die Flammen stürzt, hast du schon das Bewusstsein verloren.

Dein Abenteuer endet hier.

93

Du stehst in der Nähe der Aufzüge. Zwei Liftkabinen liegen auf der einen Seite des Flures, ihre Türen sind jedoch verschlossen. Ihnen gegenüber steht in großen Lettern »Hangar- und Frachtdeck« an der Metallwand.

Ein Stück weiter knickt der Gang im 90°-Winkel ab. An der Ecke liegt eine weitere Tür mit der Aufschrift »Quarantänestation«. Über der Tür blinkt ein rotes Warnlicht, neben der Tür ist ein Lesegerät für eine Keycard.

Farbige Linien an den Wänden zeigen an, wohin der Flur führt. Eine blaue Linie verläuft um die Ecke und zeigt in Richtung

Frachtbereich C, eine rote Linie zeigt in Richtung Empfangsraum, Hangar und Frachtbereich A/B.

*Wenn du bei den Ereignissen auf deinem Datenblatt noch nicht die 122 eingetragen hast, kannst du die Quarantänestation betreten. Lies dazu weiter bei **102**.*

*Falls du dir die Aufzüge näher ansehen willst, lies weiter bei **106**.*

*Willst du der blauen Linie folgen, lies weiter bei **90**.*

Oder willst du der roten Linie in Richtung Hangar folgen? Dann sieh nach, ob du dir schon das Ereignis 111 auf dem Datenblatt notiert hast.

*Falls ja, lies weiter bei **113**.*

*Falls nicht, lies weiter bei **89**.*

94

Mit deiner Keycard öffnest du den Kühlraum. Kaum fährt die Tür zur Seite, schlägt dir eisige Kälte entgegen, trotzdem trittst du schnell ein, damit dich die Trooper nicht doch noch bemerken. Im Inneren des Raums flackern einige Lichter auf. Er ist mit hohen Regalen vollgestellt. Auf den meisten sind Kisten gestapelt, die Grundstoffe für die Nahrungsautomaten enthalten, dazu einige Spezialitäten wie Obst von verschiedenen Planeten. An einer Stelle sind die Kisten aber aus den Regalen geräumt worden und stehen kreuz und quer im Weg herum. Statt ihrer liegen im Regal unförmige Säcke aus schwarzem Plastik – Leichensäcke, die sich mit einem Reißverschluss öffnen lassen. Du zählst elf davon.

Du trittst näher an einen der Säcke und öffnest ihn mit klammen Fingern. Am Griff des Reißverschlusses hängt ein Namensschild mit der Aufschrift »D. Staege«. Im Inneren findest du tatsächlich die Leiche eines Mannes in mittleren Jahren. Sein durchtrainierter Oberkörper ist nackt, die Augen geschlossen, aber das Gesicht in Agonie verzerrt. Auch er weist diese rötliche Hautfarbe auf, die dir schon bei den anderen Irren aufgefallen ist. Wie bei denen, stehen seine Adern deutlich hervor, vor allem am Hals zeichnen sie sich wie dicke Stränge ab. Du öffnest den Sack noch etwas weiter. Du kannst keine äußeren Verletzungen erkennen, aber in Herzhöhe hat die Haut sich schillernd verfärbt, so als habe der Mann einen riesigen Bluterguss erlitten.

Du ziehst den Reißverschluss wieder zu und öffnest einen weiteren Sack. In diesem liegt eine Frau, auch sie nackt und athletisch gebaut. Vielleicht eine Soldatin? Genau wie der Mann ist ihr Gesicht furchtbar verzerrt und die Adern stehen hervor. Mehrere große Brandlöcher in ihrer Brust lassen vermuten, dass sie durch Blasterbeschuss gestorben ist.

Du reibst deine klammen Finger aneinander, dein Atem bildet um dich herum kleine Wolken. Ob die Trooper im Flur mittlerweile weg sind? Du trittst an die Tür und lauschst.

Blasterfeuer ist nicht mehr zu hören. Vielleicht ist der Kampf ja inzwischen beendet.

Du öffnest die Tür über einen Taster und siehst dich um. Von den Soldaten ist nichts mehr zu sehen, aber du hörst von rechts Stimmen aus Richtung des Hangars. Dir gegenüber liegt der Korridor in Richtung Frachtbereich C, wo du die Soldaten vorher gesehen hast. Nach links geht es in Richtung Technik.

*Willst du in Richtung Hangar laufen, lies weiter bei **154**.*

*Willst du in Richtung Technik gehen, lies weiter bei **134**.*

*Wenn du den Flur in Richtung Frachtbereich C nehmen willst, lies weiter bei **148**.*

95

Ein schwerer Schlag gegen die Glasscheibe lässt dich aufschrecken. Vage kannst du die Schatten der beiden Männer hinter der Scheibe ausmachen, die durch die vielen Risse und Sprünge schon beinahe undurchsichtig geworden ist.

Wieder kracht eine Eisenstange gegen die Scheibe – und bricht durch. Ein Regen aus feinen Glassplittern fegt durch den Raum und du hebst schützend den Arm vor das Gesicht. Noch zweimal schlagen die Männer zu, dann bricht der linke Teil der doppelwandigen Glasscheibe komplett heraus und schon steigt der Erste der Angreifer durch die entstandene Lücke.

Sein Anblick aus nächster Nähe lässt dich erschrocken zurückweichen. Er steht in halb kauernder Haltung vor dir, die Hände zu Klauen verkrampft, die Zähne gebleckt. Speichel tropft ihm in einem langen Faden aus dem Mundwinkel. Seine Augen quellen unnatürlich aus den Höhlen und überall in seinem hochroten Gesicht siehst du deutlich den Verlauf der Adern.

*Wenn du einen Blaster gefunden hast und ihn einsetzen willst, lies weiter bei **K9**.*

*Falls nicht, lies weiter bei **65**.*

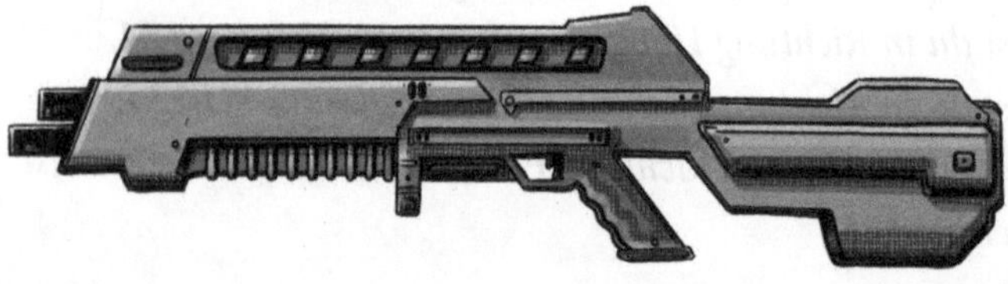

96

Du wälzt die Leiche herum und untersuchst sie (Abbildung gegenüberliegende Seite).

*Wenn du mit deiner Untersuchung fertig bist, kannst du dir den Log-Eintrag auf der Konsole ansehen (weiter bei **101**), oder den Raum verlassen (weiter bei **89**).*

CANAL 7
SPACE Drinks
84

97

Du wählst die Schaltfläche für Deck 5 und der Lift setzt sich in Bewegung. Er saust an Deck 4 vorbei, bremst ab und die Türen gleiten beiseite. Sie geben den Blick auf einen Korridor frei, der vom Aufzug aus gesehen nach links und rechts führt. Auf der Wand gegenüber steht groß »Laborbereich - Zutritt nur für autorisiertes Personal«. Trotzdem steckst du den Kopf hinaus und siehst dich im Flur um. Es ist niemand zu sehen.

*Lies weiter bei **152**.*

98

So schnell willst du nicht aufgeben. Du ziehst das Lesegerät so weit wie möglich aus der Wand und begutachtest die Rückseite. Auf den ersten Blick wird dir klar, wieso die Tür nicht reagiert. Zwei Kabel sind aus dem Lesegerät gerissen und hängen lose aus dem Loch in der Wand.

Du zwängst deine Finger in das Loch und ziehst an den Kabeln. Sie sind sehr kurz, sodass du das Lesegerät nah an die Wand halten muss, um mit den Kabelenden die Anschlüsse des Lesegeräts zu erreichen. Eine fummelige Arbeit, aber du kannst es hinkriegen – wenn nur die Zeit dafür reicht.

Tatsächlich gelingt es dir, die beiden Kabel in die passenden Anschlüsse zu friemeln. Gespannt ziehst du die Keycard noch einmal durch den Schlitz. Wieder springt die Diode auf grün und diesmal gleitet die Tür zur Seite.

Im gleichen Augenblick kracht hinter dir etwas gegen die Fensterfront, die klirrend zerbricht. Du fährst herum.

Die zwei Männer brechen mit ihren Eisenstangen durch das Glas, einer steigt bereits in den Kontrollraum. Sein Anblick aus nächster Nähe lässt dich erschrocken zurückweichen. Er steht in halb kauernder Haltung vor dir, die Hände zu Klauen verkrampft, die Zähne gebleckt. Speichel tropft ihm in einem langen Faden

aus dem Mundwinkel. Seine Augen quellen unnatürlich aus den Höhlen und überall in seinem hochroten Gesicht siehst du deutlich den Verlauf der Adern.
Hinter dir zischt die Tür und beginnt sich wieder zu schließen. Du überlegst nicht lange, hechtest durch die schmaler werdende Öffnung und rollst dich auf dem Boden ab. Als du wieder auf die Füße kommst, orientierst du dich kurz. Du stehst in einem Flur, der von der Tür aus gesehen nach links und rechts verläuft. In beiden Richtungen ist niemand zu sehen.
Die Tür hat sich mittlerweile geschlossen und du vernimmst dumpfe Geräusche. Einmal klingt es so, als ob jemand gegen die Tür hämmert, doch sie gibt nicht nach und öffnet sich auch nicht. Offensichtlich haben deine Verfolger keine Keycard – oder sind in ihrem Zustand nicht mehr in der Lage, sie zu benutzen.
Trotzdem wartest du mit erhobenem Blaster vor der Tür ab, bereit, sofort das Feuer zu eröffnen, falls sie sich doch noch öffnen sollte. Schließlich verebben die Geräusche und du entspannst dich.
Unschlüssig siehst du dich um. Du musst weiter in die Station vordringen, um Hilfe zu finden. Ob dich hier noch mehr von diesen Irren erwarten?
*Lies weiter bei **85**.*

99

Der Flur knickt hier im 90°-Winkel ab. An einer Seite liegt eine Tür mit der Aufschrift »Frachtraum A1«.

Farbige Linien an den Wänden zeigen an, wohin der Flur verläuft. Eine rote Linie deutet in Richtung Technik und Frachtbereich B, die blaue Linie in Richtung Hangar und Empfangsraum.

*Willst du den Frachtraum betreten, lies weiter bei **133**.*

*Wenn du der blauen Linie folgen willst, lies weiter bei **89**.*

Willst du der roten Linie folgen? Dann sieh nach, ob du dir schon das Ereignis 111 auf dem Datenblatt notiert hast.

*Falls ja, lies weiter bei **105**.*

*Falls nicht, lies weiter bei **111**.*

100

Trotz des Rauchs arbeitest du weiter. Bald musst du immer heftiger husten, aber es gelingt dir trotzdem, die Tür so weit aufzuhebeln, dass du dich zwischen den beiden Türflügeln in den Aufzugsschacht zwängen könntest. Doch ohne Atemgerät wirst du dort ersticken.

Durch den Qualm herrscht in dem Schacht wabernde Finsternis. Nur ganz schwach kannst du die LEDs erkennen, die entlang der Notleiter durch den Schacht verlaufen.

Wenn du ein Atemgerät hast und in den Aufzugsschacht klettern willst, lies weiter bei ***121****.*

Andernfalls musst du die Lifttüren wieder schließen und einen anderen Weg wählen, lies weiter bei ***93****.*

101

Du startest den Logbuch-Eintrag. Eine Datumsanzeige in der rechten oberen Ecke zeigt dir, dass er nur zwei Erd-Standardtage alt ist.

Der junge Mann in dem feinen Anzug, der jetzt tot neben dir liegt, blickt in die Kamera. Sein Gesicht weist mehrere blaue Flecken und Kratzer auf. Bevor er zu sprechen beginnt, sieht er sich gehetzt um. Du erkennst, dass die Einrichtung des Empfangsraums zum Zeitpunkt der Aufnahme noch in Ordnung war.

»Keine Ahnung, was hier los ist. Seit heute Morgen drehen alle durch. Nicht nur Trooper, wie zuletzt, sondern auch Besatzungsmitglieder. Sie gehen wie von Sinnen aufeinander los, irgendwer hat sogar mit Blastern geschossen. Ich bin abgehauen. Unterwegs habe ich ein paar Tote gesehen, hoffentlich bin ich hier sicher. Aber für den Fall, dass …« Er schluckt schwer und seine Augen glänzen feucht. »Das ist eine Nachricht für meine Frau Maria Stephenson. Ich … ich liebe dich, Maria. Wenn du unseren Sohn Ken nennen willst, dann mach das. Tut mir leid, dass wir uns deswegen gestritten haben, das war …«

Er wendet plötzlich das Gesicht von der Kamera. »Martin, ist bei dir alles in …?« Seine Augen weiten sich. »Martin, ich bin es.« Er hebt abwehrend die Hände. »Beruhige dich doch, wir …«

Fauchend kommt von rechts jemand ins Bild gesprungen und reißt den jungen Mann zu Boden. Du hörst ihn schreien, Blut

spritzt auf die Kameralinse. Ein paar Sekunden lang ist nichts mehr zu sehen. Die Schreie verebben, stattdessen hörst du dumpfe Knurrlaute und ein widerliches Schmatzen.
Urplötzlich taucht das Gesicht des Angreifers formatfüllend auf dem Bildschirm auf und du zuckst erschrocken zurück. Wie bei den Männern im Hangar treten auch bei ihm die Augen aus den Höhlen und die Adern zeichnen sich deutlich ab. Sein Gesicht ist über und über mit Blut beschmiert und etwas hängt ihm aus dem Mund. Ein Stück Darm?
Angeekelt wendest du dich ab, hörst den Irren aber aufschreien und siehst doch noch einmal hin. Wie von Sinnen schlägt der Mann auf die Konsole ein, dann endet die Aufnahme abrupt.
Alarmiert blickst du zur Tür. Der Angreifer war keiner von den Männern aus dem Hangar. Also läuft noch mindestens ein Irrer hier herum. Du musst wachsam sein.
Hast du die Leiche noch nicht untersucht und willst das nun nachholen, lies weiter bei ***96.***
Wenn du den Raum verlassen willst, lies weiter bei ***89.***

102

Trotz des Warnlichts steckst du deine Keycard in den Schlitz, doch die Diode über dem Kartenleser schaltet nicht auf Grün, sondern blinkt rot. Offenbar brauchst du eine besondere Keycard, um die Quarantänestation betreten zu können.
Wenn du eine Master-Keycard gefunden hast, lies weiter bei ***122.***
Falls nicht, musst du zu ***93*** *zurückkehren und einen anderen Weg wählen.*

103

Die Tür gleitet zur Seite, nachdem du die Keycard in den dafür vorgesehenen Schlitz gesteckt hast. Dahinter liegt ein großer, rechteckiger Frachtraum, den du auf zehn mal zwanzig Meter schätzt. Die Beleuchtung ist zum Teil ausgefallen und eine Ecke rechts von dir liegt im Dunkeln. In den Schatten meinst du eine Bewegung und ein kleines, blinkendes Licht zu erkennen.

*Willst du den Frachtraum lieber doch nicht betreten, dann kehre zurück zu **90**.*

*Wenn du dich mit gezücktem Blaster weiter umsehen willst, lies weiter bei **110**.*

104

Gehorsam nimmst du die Position des Sergeants ein und zielst auf das entgegengesetzte Ende des umkämpften Korridors. Der ist ungefähr zwanzig Meter lang und mündet in eine weitere Kreuzung. Du kannst nicht erkennen, wer sich am anderen Ende hinter den Ecken des Korridors verbirgt. Es ist auch zu gefährlich, die Ecken länger zu beobachten, denn immer wieder werden Garben von Blasterstrahlen in deine Richtung gefeuert und du musst in Deckung gehen.

»Schieß einfach«, fährt der andere Soldat dich an und du feuerst blind.

Ein Schrei lässt dich innehalten. Du riskierst einen Blick und siehst Blasterstrahlen am anderen Ende des Korridors.

»Feuer einstellen!«, hallt kurz darauf der Befehl des Sergeants zu euch herüber. »Ich habe die beiden erwischt.«

Du willst dich gerade entspannen, als dich ein Geräusch aus dem Flur rechts von dir herumfahren lässt. Doch es ist nur ein weiterer Trooper, der von dort zu euch geeilt kommt.

»Wo hast du so lang gesteckt, Miller?«, fragt der Soldat, der mit dir die Stellung gehalten hat.
»Im Frachtraum hat einer von den Berserkern gelauert«, erwidert der Neuankömmling atemlos. Fragend blickt er dich an. »Wer ist das?«
»Hat uns gegen die Irren geholfen«, erwidert sein Kamerad lapidar.
Am anderen Ende des Flurs tut sich etwas. Sergeant Andrews stößt einen humpelnden Mann vor sich her, der die Hände hinter dem Kopf verschränkt hält.
Der Mann ist in mittleren Jahren und trägt den Overall der Stationsbesatzung, und wie bei den Irren im Hangar ist seine Kleidung in einem schlechten Zustand. Er mustert dich mit stechendem Blick, seine Augen quellen aber nicht so hervor wie die der Durchgedrehten, mit denen du zu tun hattest. Insgesamt macht er den Eindruck, als sei er noch bei Sinnen.
Als er bei euch angekommen ist, nutzt Andrews seinen Kommunikator und meldet die Lage. »Ein Gefangener, Sir. Außerdem haben wir einen Neuankömmling, der uns beim Feuergefecht geholfen hat.« Da er von dir gesprochen hat, lauschst du gespannt, kannst die Antwort aber nicht verstehen. »Aye, Sir«, erwidert der Sergeant und steht auf. »Wir sollen beide zu Lundberg bringen«, informiert er die anderen und bedeutet dir, mitzukommen.
Der Gefangene muss mit erhobenen Händen vorangehen. Du folgst den Soldaten den Flur entlang in Richtung Aufzug.
*Lies weiter bei **159**.*

105

Vorsichtig näherst du dich wieder der Kreuzung, von der aus du vorhin den Kampf der Trooper beobachtet hast. Du kannst nach wie vor Blasterfeuer hören, der Kampf scheint noch im Gange zu sein.

Als du gerade um die Ecke spähst, stürmt ein Trooper heran. Du verbirgst dich rasch wieder hinter der Ecke und hoffst, dass er dich nicht bemerkt, aber der Soldat ist nicht so unvorsichtig, einfach auf die Kreuzung zu stürmen, sondern sondiert mit seinem Blastergewehr im Anschlag die Lage. Dabei entdeckt er dich.
*Lies weiter bei **146**.*

106

Über den Aufzugtüren wird angezeigt, in welchem Stockwerk sich die Kabinen befinden. Beide stehen auf Deck 7. Du drückst auf die Schaltfläche, um eine Liftkabine anzufordern, aber es tut sich nichts. Weder reagiert die Schaltfläche, noch tut sich etwas auf den Anzeigen. Beide Kabinen verharren auf Deck 7.
*Spielst du den Ingenieur Velazquez und möchtest dir die Schaltfläche genauer ansehen, lies weiter bei **112**.*
*Wenn du ein Stemmeisen oder ein Universalwerkzeug hast und damit versuchen willst, die Lifttüren aufzustemmen, lies weiter bei **118**.*
*Sonst musst du einen anderen Weg wählen: zurück zu **93**.*

107

Du drückst auf die Schaltfläche für Deck 4 und der Lift setzt sich in Bewegung. Eigentlich erwartest du, dass er sofort wieder abbremst, doch er setzt seinen Weg fort und scheint nicht bei Deck 4 zu halten.

*Willst du schnell auf den Nothalteknopf drücken, lies weiter bei **135**.*
*Willst du weiterfahren und abwarten, wohin der Lift dich bringt, lies weiter bei **116**.*

108

Mit dem Werkzeug gelingt es dir, eine der Kisten aufzubrechen. Da sie das Logo der Space Trooper tragen, bist du nicht wirklich überrascht, dass sie bis oben hin mit Blastergewehren gefüllt sind. Du öffnest weitere Kisten, aber sie alle enthalten die gleichen Blastergewehre. Scheint fast so, als habe man eine ganze Armee ausrüsten wollen – obwohl es sich hier doch um eine Forschungsstation am Ende des Sektors handelt.

Sonst ist in dem Raum nichts zu finden, deshalb kehrst du auf den Flur zurück.

Wenn du willst, kannst du ein Blastergewehr mitnehmen. Kreuze es dann auf dem Datenblatt an.
*Lies weiter bei **99**.*

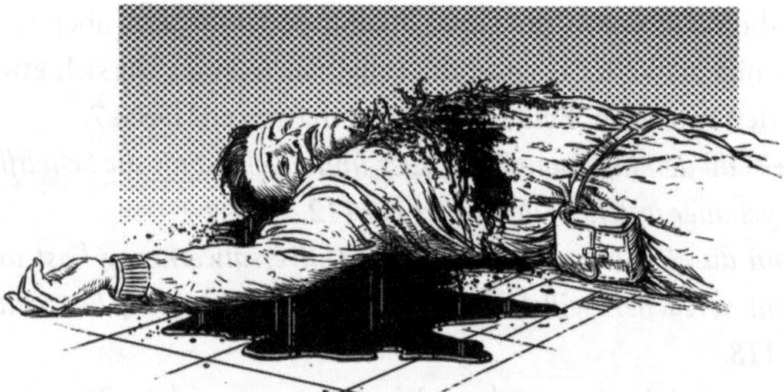

109

Kaum, dass du die Tür aufdrückst, schlagen dir Qualm und Hitze entgegen. Dennoch wagst du dich mit angehaltenem Atem einen Schritt auf den Absatz der Treppe vor.

Weit unter dir kannst du vage Flammen ausmachen. Am Fuß des Treppenhauses scheint ein Feuer zu wüten – auch wenn du dir nicht erklären kannst, was dort brennen könnte. Der Qualm ist so dicht, dass du sonst kaum etwas sehen kannst.

*Wenn du ein Atemgerät hast und die Treppe emporsteigen willst, lies weiter bei **114**.*

*Hast du keines und willst trotzdem den Aufstieg wagen, lies weiter bei **123**.*

*Willst du die Tür lieber wieder schließen, lies weiter bei **90**.*

110

Mit der Waffe im Anschlag gehst du langsam auf die dunkle Ecke zu. Als du bis auf wenige Meter heran bist, kannst du erkennen, dass die Bewegung von einem kleinen Putzdroiden stammt, der immer wieder um etwas herumfährt, das auf dem Boden liegt. Das blinkende Licht stammt von seinen Dioden.

Du trittst noch ein wenig näher und wartest, dass deine Augen sich an das Zwielicht gewöhnen. Als du weitere Details erkennst, bleibst du stehen und ziehst erschrocken die Luft ein.

Vor dem Droiden liegt eine Frau auf den metallenen Fliesen. Details kannst du nicht erkennen, nur dass sie einen Technikeroverall trägt. Der kleine Putzdroide fährt immer wieder um die Frau herum und versucht sie beiseitezuschieben, aber sie ist für ihn zu schwer.

*Willst du prüfen, ob die Frau noch lebt, lies weiter bei **120**.*

*Willst du den Raum lieber sofort verlassen, lies weiter bei **90**.*

111

Als du dich der nächsten Kreuzung näherst, hörst du aus dem dort nach rechts abzweigenden Gang Geräusche. Es klingt nach Rufen und auch nach Blasterfeuer. Du schleichst vorsichtig weiter und spähst um die Ecke.

Der Flur, in den du blickst, verläuft parallel zu dem vor dem Hangar und ist genauso lang. Nach wenigen Metern zweigt ein Gang nach links ab. An dieser Kreuzung hocken zu beiden Seiten des abzweigenden Ganges zwei Männer in den Rüstungen der Space Trooper und feuern immer wieder hinein.

Der Beschuss wird offensichtlich vom anderen Ende des Korridors erwidert, denn du siehst Blasterstrahlen in der Wand hinter ihnen einschlagen.

»Miller, wo steckst du?«, hörst du einen der Trooper in seinen Kommunikator brüllen. »Wir brauchen dich hier!«

Unsicher was du tun sollst, blickst du dich um. Du könntest auch geradeaus weitergehen, eine rote Linie zeigt dort in Richtung Technik und Frachtbereich B. Das Ende des Flurs ist allerdings nicht zu erkennen, weil dort das Licht ausgefallen ist.

Links von dir liegt die Tür zu einem weiteren Frachtraum mit der Aufschrift »A2 – Kühlraum«. Dort könntest du dich eventuell verstecken.

Notiere dir das Ereignis 111 in einem freien Feld auf dem Datenblatt.

*Willst du den Troopern zu Hilfe eilen, lies weiter bei **117**.*

*Willst du abwarten, was passiert, lies weiter bei **124**.*

*Wenn du der roten Linie weiter folgen willst, lies weiter bei **119**.*

*Falls du den Kühlraum betreten möchtest, lies weiter bei **94**.*

*Wenn du dich zum Hangar zurückziehen willst, lies weiter bei **89**.*

112

Du siehst dir die Schaltfläche genauer an und bemerkst, dass die Verblendung nicht richtig aufgesetzt wurde. Mit einem schnellen Handgriff hast du die Verblendung angehoben und kannst auf den ersten Blick erkennen, dass einige Drähte aus der Schaltung gerissen wurden. Offenbar hat jemand den Lift bewusst blockiert. Du musst die Drähte in der richtigen Reihenfolge wieder einsetzen.

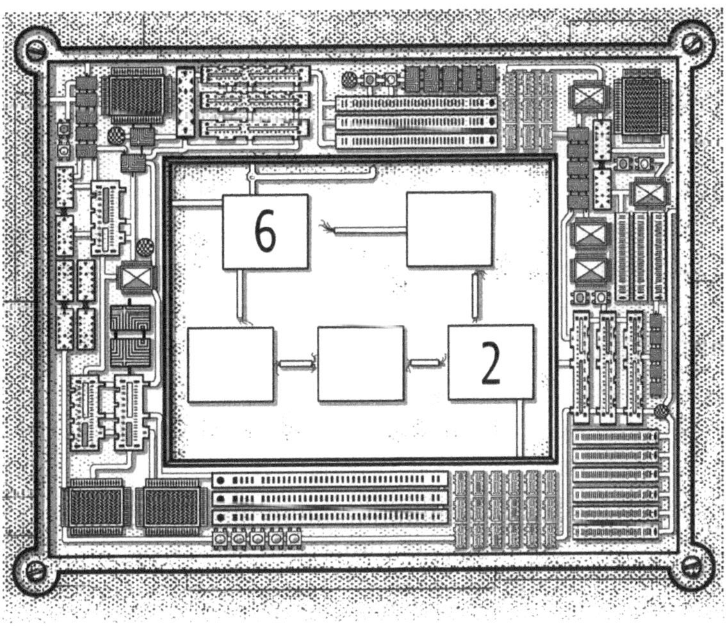

Ordne die Zahlen 3, 4 und 5 so in die drei freien Felder ein, dass keine Zahl durch die vorgegebenen Striche mit ihrem Vorgänger oder Nachfolger verbunden ist (also die 2 nicht mit der 3, die 3 nicht mit der 2 oder der 4 usw.).

Wenn du die Lösung gefunden zu haben glaubst, blättere zum Abschnitt mit der Nummer, die die drei Ziffern in der unteren Reihe

ergeben. Wenn dieser Abschnitt mit den Worten »Die Schaltung funktioniert, die Liftkabine kommt …« beginnt, hast du die richtige Lösung und kannst bei diesem Abschnitt weiterlesen.
Andernfalls ist die Lösung falsch und du musst es weiter probieren.
Stattdessen kannst du auch die Schaltung ignorieren und …
… wenn du ein Stemmeisen oder ein Universalwerkzeug hast, versuchen, damit die Lifttüren aufzustemmen (weiter bei ***118****).*
… dich vom Aufzug abwenden und einen anderen Weg wählen (zurück zu ***93****).*

113

Als du dich gerade dem Hangartor näherst, kommen plötzlich drei Trooper um die Ecke. Ihnen voran geht ein Mann in einem Stationsoverall, der die Hände wie ein Gefangener hinter dem Kopf verschränkt hält. Offenbar haben die Trooper mittlerweile den Kampf gewonnen, den du vorhin beobachtet hast.
Als dich die Trooper bemerken, legen sie sofort auf dich an. »Hände hoch, runter auf die Knie!«, bellt einer von ihnen.
Hier im Gang gibt es nirgendwo Deckung, also hebst du die Hände und lässt dich auf die Knie sinken.
Einer der Soldaten kommt mit seinem Blastergewehr im Anschlag auf dich zu. Als er vor dir steht, wendet er kurz den Kopf zu seinen Kameraden. »Sieht nicht so aus, als ob er einer von den Saboteuren ist. Von der Kleidung her gehört er weder zur Stationsbesatzung noch zu uns.«
»Ich bin …«, setzt du zu einer Erklärung an.
»Schnauze!«, fährt der Trooper dir über den Mund und hält dir drohend sein Gewehr unter die Nase. »Du redest erst, wenn du gefragt wirst.«
Die anderen rücken nach. Einer der Trooper, der das Abzeichen eines Sergeants auf der Brust trägt und seinem Namensschild

nach Andrews heißt, mustert dich misstrauisch. »Gesicht zur Wand«, befiehlt er dann. »Miller, durchsuch ihn.«
Du gehorchst und der Soldat durchsucht dich rasch nach Waffen. »Und jetzt zum Aufzug, Hände hinter den Kopf«, befiehlt Andrews. »Soll der Colonel entscheiden, was er mit dir macht.«
Gehorsam gehst du in die befohlene Richtung, die Hände hinter dem Kopf verschränkt. Der Mann im Stationsoverall ist offenbar am Bein verletzt. Er humpelt neben dir her bis zum Aufzug.
Streiche alle Waffen aus deinem Inventar und lies dann weiter bei **174.**

114

Du legst das Atemgerät an und beginnst den Aufstieg. Das Treppengeländer ist so heiß, dass du dich stattdessen an der Wand entlangtasten musst. Die Warnleuchte für den Sauerstoffstand beginnt zu leuchten, als du Deck 4 erreichst. Offenbar war das Gerät kaum befüllt. Mit dem wenigen Rest Sauerstoff weiter hochzusteigen, ist zu riskant. Also öffnest du hastig die Tür zu diesem Deck.

Kaum dass du das verqualmte Treppenhaus verlassen hast, reißt du dir das Atemgerät vom Gesicht und saugst gierig die frische Luft ein. Erst als du wieder zu Atem gekommen bist, siehst du dich um.

Markiere das Atemgerät in deinem Inventar als leer. Lies weiter bei ***210****.*

115

Vorsichtig machst du einen Schritt auf das verschmierte Sicherheitsglas zu. Lauert der Urheber dieser blutigen Gräuel vielleicht noch hinter der Scheibe? Oder läuft er frei auf der Station herum? Im Moment weißt du nicht, was dir lieber wäre. Du näherst dich dem Glas bis auf Armlänge und spähst durch die Lücke zwischen zwei großen Blutflecken. Der Anblick im Inneren war von der Tür her schon kaum zu ertragen, nun treibt er dir die Galle hoch.

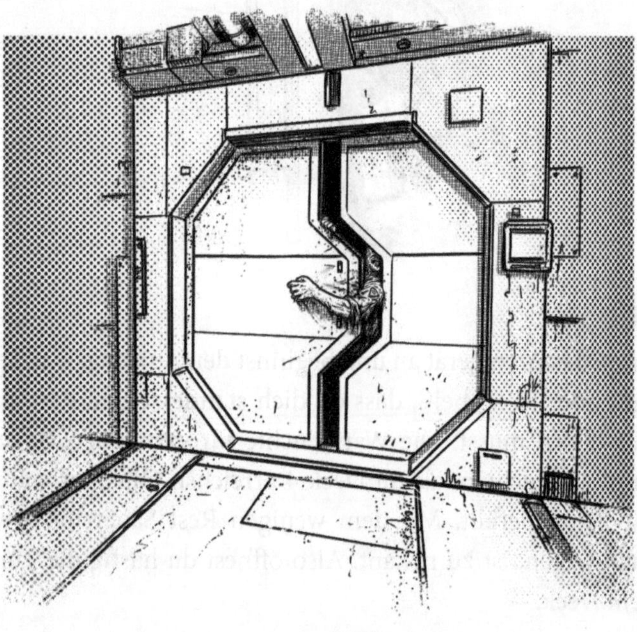

Über einem umgestürzten Sofa siehst du einen aufgeschlitzten Körper liegen. Ein Bein ist ausgerissen, das andere steht in bizarrem Winkel ab. Der Kopf fehlt. Die zerfetzen Reste eines Arztkittels bedecken den Körper nur noch notdürftig, sodass du erkennen kannst, dass es sich um eine menschliche Frau handelt. Nicht weit entfernt liegt ein weiterer Körper – der mit Schuppen bedeckte Echsenleib eines Ghulianers. Auch der ist übel zugerichtet. Der große Glassplitter, mit dem man den Körper ausgeweidet hat, steckt noch in der Brust. Was bei allen Sternen hat ein Ghulianer hier verloren?
Plötzlich donnert etwas schwer gegen das Sicherheitsglas. Erschrocken stolperst du zurück. Wieder wird etwas gegen die Scheibe geschlagen und du erkennst, dass es der abgetrennte Kopf der Ärztin ist, aus deren zerstörtem Gesicht dich weit aufgerissene, panikerfüllte Augen anstarren.
Mit lautem Gebrüll tritt ein Mann in den für dich sichtbaren Bereich. Er trägt die Uniform der Space Trooper – oder besser, was davon übrig ist. Auch er ist schwer verletzt. Er hat Kratzspuren im Gesicht und sein linker Arm scheint unbrauchbar, jedenfalls baumelt er nur schlaff an der Seite des Troopers. Aber es sind nicht die Verletzungen, die den Anblick des Soldaten so schwer erträglich machen. Seine Haut ist stark rot gefärbt. Die Adern am Hals und im Gesicht treten noch deutlicher hervor als bei den Irren im Hangar, und seine Augen quellen derart weit aus den Höhlen, dass sie jeden Moment zu platzen scheinen. Grassiert hier einer Art Krankheit? Hast du dich vielleicht schon angesteckt?
Er brüllt wieder, drischt den Kopf der Ärztin noch einmal in scheinbar unkontrollierbarer Wut gegen das Sicherheitsglas – und etwas piept. Im gleichen Augenblick wird dir klar, dass sich an der Stelle, die der Kopf getroffen hat, der Retina-Scanner befindet, über den die Schiebetür geöffnet wird. Du springst zurück. Tatsächlich! Die Tür zum Sicherheitsbereich gleitet beisei-

te und der Soldat taumelt auf dich zu. Den abgetrennten Kopf der Ärztin hält er noch immer in der Hand.

*Willst du zum Ausgang rennen, lies weiter bei **50**.*

*Willst du deinen Blaster hochreißen und auf den heranstürmenden Trooper schießen, lies weiter bei **K46**.*

*Wenn du dich ihm direkt im Nahkampf stellen willst, lies weiter bei **K11**.*

116

Der Lift passiert Deck 4, wird dann aber plötzlich langsamer und stoppt bereits bei Deck 5. Die Türen gleiten beiseite und geben den Blick auf einen Korridor frei, der vom Aufzug aus gesehen nach links und rechts führt. Auf der Wand gegenüber steht groß »Laborbereich – Zutritt nur für autorisiertes Personal«. Trotzdem steckst du den Kopf hinaus und siehst dich im Flur um. Es ist niemand zu sehen.

*Lies weiter bei **152**.*

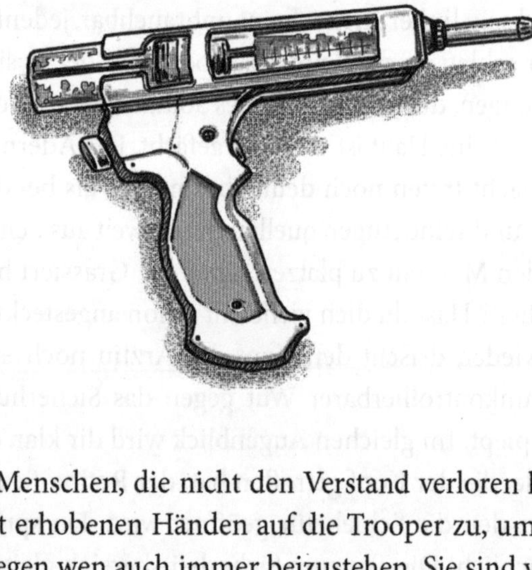

117

Endlich Menschen, die nicht den Verstand verloren haben. Du läufst mit erhobenen Händen auf die Trooper zu, um ihnen im Kampf gegen wen auch immer beizustehen. Sie sind voll auf ihr

Blastergefecht konzentriert und so bemerkt dich der Hintere der beiden erst, als du schon bis auf wenige Schritte herangekommen bist.
Sein Blaster zuckt zu dir herum und für einen Moment befürchtest du, einen schrecklichen Fehler gemacht zu haben. »Ich will euch helfen!«, stößt du hastig hervor und nickst in Richtung des Korridors, aus dem gerade wieder eine Garbe Blasterstrahlen zischt. Die gegenüberliegende Wand ist schon mit verkohlten Einschusslöchern übersät.
Der zweite Soldat dreht sich zu dir um und mustert dich mit kritischem Blick. Das Abzeichen an seiner Brust weist ihn als Sergeant aus, laut Namensschild heißt er Andrews. Er bedeutet seinem Kollegen, den Blaster wieder auf den Flur zu richten, und winkt dich zu sich. »Wo kommt du her?«, fragt er und zieht unwillkürlich den Kopf ein, als ein Blasterstrahl nur knapp an ihm vorbeizischt.
»Eben notgelandet«, erklärst du knapp. »Bin im Hangar von irgendwelchen Irren angegriffen worden. Was bei allen Sternen ist hier los?«
»Mit diesen Irren haben wir es hier auch zu tun«, erwidert der Sergeant. Er wendet sich von dir ab und feuert mit seinem Blastergewehr eine Salve in den Flur. Dann rutscht er zur Seite. »Setz dich hierhin und halte die Typen dahinten unter Beschuss. Ich flankiere sie.« Er deutet mit einer Handbewegung an, dass er den parallel verlaufenden Flur nehmen und die Gegner von der Seite angreifen will.
*Willst du dem Befehl Folge leisten und auf die Leute am anderen Ende des Flures feuern, lies weiter bei **101**.*
*Willst du vorschlagen, die Irren selbst zu flankieren, lies weiter bei **142**.*
*Wenn du erst mehr über die Gegner wissen willst, lies weiter bei **132**.*

118

Mit deinem Werkzeug gelingt es dir, die Aufzugtüren einen Spaltbreit auseinanderzustemmen. Sofort quillt dicker Rauch heraus. Im Aufzugschacht muss es brennen.

Willst du die Aufzugtüren trotzdem aufstemmen, lies weiter bei ***100****.*

Spielst du den Ingenieur Velazquez und möchtest dir die Schaltfläche genauer ansehen, lies weiter bei ***112****.*

Willst du einen anderen Weg wählen, dann kehre zurück zu ***93****.*

119

Du vergewisserst dich, dass die beiden Soldaten nicht in deine Richtung blicken, dann schleichst du rasch über die Kreuzung und gehst weiter den Flur entlang, der ungefähr zwanzig Meter geradeaus führt und dann nach rechts abknickt.

Auf halbem Weg kommst du an zwei Frachtraumtüren vorbei, doch die Kartenlesegeräte an beiden Türen blinken rot. Offenbar wurden diese Räume versiegelt.

Die letzten Meter des Flures liegen in fast völliger Dunkelheit. Nur eine flackernde Leuchtröhre brennt noch an der Decke. Als du das Ende des Flurs erreichst, spähst du um die Ecke. Hier verläuft ein weiterer Korridor parallel zu dem, in dem du die Soldaten gesehen hast. Die Beleuchtung ist hier auch über weite Strecken ausgefallen, aber die Blasterstrahlen aus dem umkämpften Korridor erhellen den Flur immer wieder schlaglichtartig. Vage kannst du zwei geduckte Gestalten erkennen, die am diesseitigen Ende des Korridors kauern und das Feuer der Trooper erwidern.

Schräg links von dir ist eine schmale Tür mit der Aufschrift »Technik«. An der Wand daneben ist ein Keycard-Lesegerät, aber darüber befindet sich noch ein Tastenfeld mit Zahlen. Offenbar braucht man einen Code, um die Tür zu öffnen.

Notiere dir das Ereignis 119 auf dem Datenblatt.
Wenn du einen Code hast und die Tür öffnen willst, dann blättere zu dem Abschnitt mit der Nummer des Codes. Lies dort weiter.
*Hast du keinen Code und willst auf gut Glück eine Kombination versuchen, dann lies weiter bei **128**.*
*Willst du dich den Kämpfenden nähern, lies weiter bei **147**.*
*Wenn du dich lieber wieder zurückziehen willst, lies weiter bei **139**.*

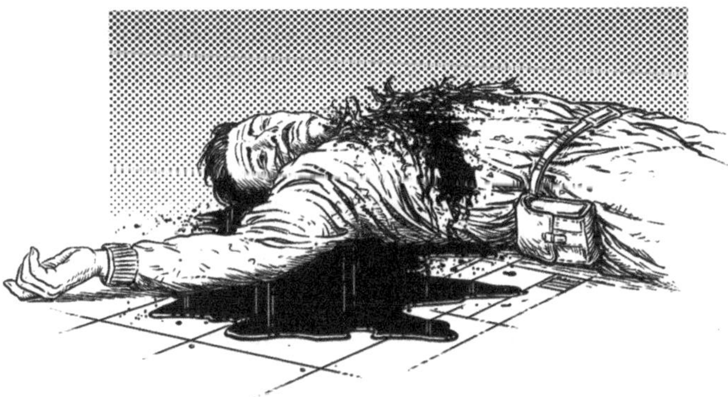

120

Wachsam trittst du näher. Der Droide bemerkt dich, stößt einen Piepton aus und fährt ein Stück beiseite. Du willst nach dem Puls der Frau tasten, aber als du dich über sie beugst, kannst du auch im wenigen Licht erkennen, dass sie tot sein muss. Sie starrt aus weit aufgerissenen Augen an die Decke. Die Rückseite ihres Schädels ist nur noch eine breiige Masse aus Haar, Haut, Hirn und Knochenfragmenten. Noch immer sickert Blut auf den Boden, wo es von dem Putzdroiden sofort aufgesaugt wird. Sie ist noch nicht lange tot.
Die Frau ist in mittleren Jahren, in ihren blutigen Haaren sind schon ein paar graue Strähnen. Ihr Gesicht zeigt einen Ausdruck grenzenloser Überraschung, offenbar hat sie ihren Angreifer nicht kommen sehen.

Wenn du sie noch nicht mitgenommen hast, liegt die Tatwaffe noch neben ihr: Ein breites Stemmeisen, an dessen Ende Fetzen von blutiger Haut und ein paar Haarsträhnen kleben. Alarmiert siehst du dich um, aber bis auf den Droiden ist der Frachtraum wirklich leer.

Du schließt der Frau die blicklosen Augen und durchsuchst ihre Taschen. Darin findest du ein Datenpad, das aber offenbar auch einen Schlag abbekommen hat. Das Display ist zersplittert und reagiert nicht mehr auf deine Berührung. In der oberen rechten Ecke kannst du aber noch eine Notiz auf dem Bildschirm lesen. Dort steht: »Code 493«.

Du lässt das defekte Datenpad zurück und wendest dich von der Leiche ab. Sofort nimmt der Droide seine vergeblichen Versuche wieder auf, die Leiche zu bewegen.

Du kannst das Stemmeisen (großer Gegenstand) in deinem Inventar eintragen. Es lässt sich auch als Waffe im Nahkampf nutzen (KK +3, Schaden +3).

Lies weiter bei ***90****.*

121

Du ziehst dir das Atemgerät über. Mühsam zwängst du dich durch den schmalen Spalt in den Schacht. Der Qualm ist unglaublich dicht, selbst wenn du eine Taschenlampe hättest, könntest du vermutlich kaum etwas sehen. Weit unter dir kannst du manchmal das Flackern von Feuerschein durch die Qualmwolken ausmachen, daher stammt wohl der Rauch. Wie dort unten ein Feuer ausbrechen konnte, ist dir allerdings ein Rätsel.

Wenn du dich zu der Notleiter hinüberhangelst, könntest du nach oben klettern, aber dazu brauchst du beide Hände.

Da du beide Hände zum Klettern brauchst, musst du alle großen Gegenstände aus deinem Inventar streichen, wenn du die Leiter benutzen willst, es sei denn, du hast schon eine Tasche gefunden, in der du sie transportieren kannst.

*Willst du trotzdem die Leiter emporklettern, lies weiter bei **144**.*

*Willst du lieber umkehren und die Aufzugtüren hinter dir verschließen, dann zurück zu **93**.*

122

Als du die Master-Keycard in den Kartenleser steckst, schaltet die Diode auf grün und die Tür fährt zischend beiseite. Der Anblick, der sich dir dahinter bietet, lässt dich zurückschrecken. Du hast dich für einen Angriff gewappnet und dir einiges ausgemalt, aber nicht das.

Zweck solcher Quarantänestationen auf Raumstationen ist es, Neuankömmlinge in Ruhe auf etwaige Erreger untersuchen zu können. Dementsprechend erinnert der Vorraum an eine medizinische Station mit zwei Behandlungsliegen sowie einem Schreibtisch mit Computerterminal. Der hintere Raum ist der eigentliche Quarantänebereich, der mit Sicherheitsglas vom Vorraum getrennt ist. Um den Gästen die Quarantäne so angenehm wie möglich zu gestalten, war sie wohl einmal luxuriös ausgestat-

tet mit Ledersofas, großem Bildschirm und Bar, aber davon ist nichts mehr übrig.

Das Sicherheitsglas ist auf der Innenseite an vielen Stellen mit Blut beschmiert, aber intakt. Dort, wo du noch hindurchsehen kannst, offenbart sich dir nacktes Grauen. Die Einrichtung ist zerstört, der Bildschirm liegt in Trümmern, die Flaschen der Bar sind allesamt in Scherben, dazwischen überall Blut, Innereien und abgerissene Gliedmaßen. Auf den ersten Blick fällt es dir schwer, zu ermessen, von wie vielen Toten die Körperteile stammen. Jedenfalls scheint dort keiner mehr am Leben zu sein.

Es fällt dir schwer, den Blick von dem blutigen Chaos hinter dem Sicherheitsglas zu lösen, aber schließlich gelingt es dir und du siehst dich rasch im Vorraum um. In einem Regal siehst du ein

Atemgerät und ein paar Medipacks und willst gerade darauf zugehen, als du plötzlich ein Geräusch aus dem Sicherheitsbereich hörst. Erschrocken fährst du herum. Lebt dort etwa doch noch jemand?

Notiere dir auf dem Datenblatt das Ereignis 122.

Wenn du die Quarantänestation fluchtartig verlassen willst, dann kehre zurück zu ***93****.*

Willst du dich weiter umsehen, lies weiter ***115****.*

123

Du hältst den Atem an und steigst so schnell wie möglich die Stufen hinauf. Du willst dich am Treppengeländer festhalten und verbrennst dir dabei die Hand. Unwillkürlich entfährt dir ein Schmerzensschrei und mit ihm die Luft in deinen Lungen. Schon atmest du Rauch ein und hustest heftig. Dennoch stolperst du weiter. Der Husten wird immer schlimmer. Du taumelst, bleibst mit der Fußspitze an einer Stufe hängen und schlägst der Länge nach hin. Als du wieder hochkommst, ist dir schwindelig. Mit einem Mal hast du jede Orientierung verloren, torkelst gegen das Treppengeländer und verbrennst dich abermals.

Wieder gehst du zu Boden, und als du dich aufzustützen versuchst, fehlt dir die Kraft. Du willst nach Hilfe rufen, aber der Qualm erstickt dich und du verlierst die Besinnung.

Dein Abenteuer endet hier.

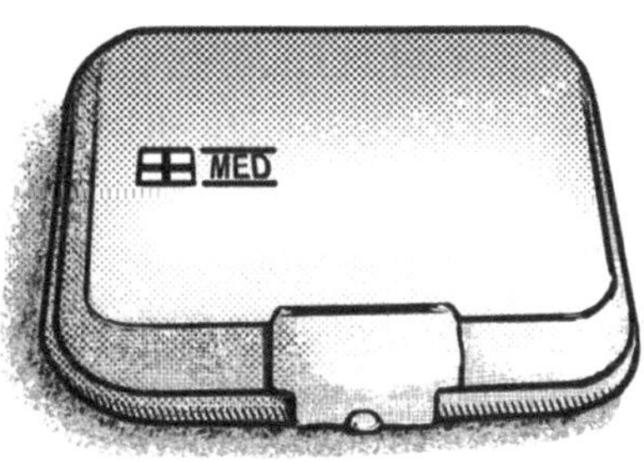

124

Du bleibst, wo du bist, und wartest ab. Der Kampf dauert noch ein paar Minuten an, dann öffnet sich weiter hinten im Flur eine Tür und ein dritter Trooper eilt auf seine beiden Kameraden zu. Die drei reden kurz miteinander, ihre Worte kannst du jedoch nicht verstehen. Der eine gestikuliert in deine Richtung, offenbar soll der Neuankömmling auf dich zulaufen. Hat man dich bemerkt?

*Willst du weiter abwarten, lies weiter bei **131**.*

*Wenn du dich zum Hangar zurückziehen willst, lies weiter bei **89**.*

125

Nachdem du die Master-Keycard in den Schlitz gesteckt hast, springt die Diode am Lesegerät auf Grün und die Tür gleitet beiseite. Der dahinterliegende Raum misst mindestens zehn Meter im Quadrat und steht voller Metallkisten. Sie sind ordentlich gestapelt und tragen ausnahmslos das Logo der Space Trooper. Es scheint, als habe das Militär hier einiges an Fracht geparkt.

Alle Metallkisten sind verschlossen und verplombt, mit bloßen Händen bekommst du sie nicht auf. Du siehst dich noch weiter im Raum um, aber abgesehen von den Kisten findest du nichts, was für dich von Interesse sein könnte.

*Hast du ein Universalwerkzeug oder ein Stemmeisen und willst eine der Kisten damit öffnen, lies weiter bei **108**.*

*Willst du den Raum wieder verlassen, lies weiter bei **99**.*

126

Dein Magen rebelliert, als du dich in dem blutigen Chaos umsiehst. Aus der Quarantänestation ist ein ekelerregender Geruch hereingezogen und du musst dir eine Hand vor den Mund halten. Auf keinen Fall willst du dich hier länger aufhalten als nötig. Du siehst dich deshalb nur flüchtig um, entdeckst aber bloß, was dir schon vor dem Kampf aufgefallen ist: Das Atemgerät, das laut Anzeige noch etwas Sauerstoff bietet, und vier Medipacks.

Wenn du das Atemgerät (kleiner Gegenstand) mitnehmen willst, notiere es in deinem Inventar. Bei den 4 Medipacks erhöhst du die Zahl im entsprechenden Inventarbereich. Falls nötig, kannst du auch sofort welche einsetzen, um deine Gesundheit wiederherzustellen.

Dann eilst du zur Tür, öffnest sie und trittst in den Flur. Schaudernd siehst du noch einmal zurück. Nichts und niemand wird dich noch einmal in diesen Raum bringen.
*Lies weiter bei **93**.*

127

Du drückst auf die Schaltfläche für Deck 6 und der Lift setzt sich in Bewegung. Er rast an Deck 4 vorbei, wird dann aber plötzlich langsamer und stoppt bereits bei Deck 5. Die Türen gleiten beiseite und geben den Blick auf einen Korridor frei, der vom Aufzug aus gesehen nach links und rechts führt. Auf der Wand gegenüber steht groß »Laborbereich – Zutritt nur für autorisiertes Personal«. Trotzdem steckst du den Kopf hinaus und siehst dich im Flur um. Es ist niemand zu sehen.
*Lies weiter bei **152**.*

128

Auf gut Glück probierst du einen Code aus. Als du die dritte Ziffer antippst, leuchtet das Display rot auf und gibt einen schrillen Ton von sich.

»Da hinten ist einer!«, hörst du jemanden rufen und fährst zu den beiden Gestalten am umkämpften Korridor herum.

Bevor du noch irgendetwas tun oder sagen kannst, zischt dir eine Salve Blasterstrahlen entgegen. Einer trifft dich in die Brust und lässt dich röchelnd zusammenbrechen.

Dein Abenteuer endet hier.

129

Du ziehst dich zur vorherigen Kreuzung zurück. Die Stimmen, die du vorhin aus Richtung des Hangars gehört hast, sind mittlerweile verstummt. Links von dir liegt der Korridor, in dem vorhin die Trooper gekämpft haben. Dort geht es zum Frachtbereich C.

Als du gerade überlegst, wohin du dich wenden sollst, zischt aus Richtung des Hangarkorridors ein Blasterstrahl haarscharf an dir vorbei. Du hechtest in den anderen Gang in Deckung. Wer auf dich geschossen hat, konntest du nicht erkennen.

*Wenn du das Feuer erwidern willst, lies weiter bei **K10**.*

*Willst du zu dem unsichtbaren Gegner hinüberrufen, lies weiter bei **157**.*

*Willst du den Korridor entlang in Richtung Frachtbereich C laufen, lies weiter bei **166**.*

130

So schnell wie nur möglich kletterst du die Leiter weiter nach oben. Du hast richtig gesehen: Bis zum nächsten Deck war es nicht mehr weit und du hast die Türen schnell erreicht. Nun musst du sie aber noch aufstemmen.

Das rote Lämpchen am Atemgerät flackert schneller, der Sauerstoff geht rasch zur Neige, du musst dich beeilen. Um vorsichtig und leise vorzugehen, bleibt keine Zeit. Du stellst einen Fuß auf den schmalen Absatz vor der Tür, den anderen belässt du auf der Leiter.

*Wenn du eine Tasche und ein Stemmeisen/Universalwerkzeug bei dir hast, lies weiter bei **165**.*

*Falls du das Stemmeisen/Universalwerkzeug unten zurücklassen musstest, lies weiter bei **172**.*

131

Tatsächlich läuft der dritte Trooper kurz darauf den Flur in deine Richtung herunter. Du verbirgst dich hinter der Ecke und hoffst, dass er dich nicht bemerkt, aber der Soldat ist nicht so unvorsichtig, einfach auf die Kreuzung zu stürmen, sondern sondiert mit seinem Blastergewehr im Anschlag die Lage. Dabei entdeckt er dich.

*Lies weiter bei **146**.*

132

»Auf wen genau schieße ich da?«, fragst du skeptisch.

»Ich sag doch, auf welche von den Irren. Die sind alle auf Verax, völlig durchgeknallt. Haben die halbe Besatzung auf dem Gewissen. Also schieß gefälligst.«

Verax? Du hast keine Ahnung, wovon der Sergeant spricht – und deine Zweifel hat er nicht ausräumen können. Die Männer, denen du im Hangar begegnet bist, waren definitiv durchgedreht – aber die hätten sicher kein Blastergefecht mehr führen können.

Andrews sieht dich erwartungsvoll an.

*Willst du dem Befehl Folge leisten und auf die Leute am anderen Ende des Flures feuern, lies weiter bei **104**.*

*Wenn du dich weigern willst, lies weiter bei **149**.*

133

Du versuchst, die Frachtraumtür mit deiner Keycard zu öffnen, doch die Diode am Lesegerät leuchtet rot. Scheinbar genügt die Standard-Keycard nicht, um diese Tür zu entriegeln.

Wenn du eine Master-Keycard bei dir hast und es damit versuchen willst, lies weiter bei ***125****.*

Falls nicht, kehre zurück zu ***99*** *und entscheide dich für eine andere Option.*

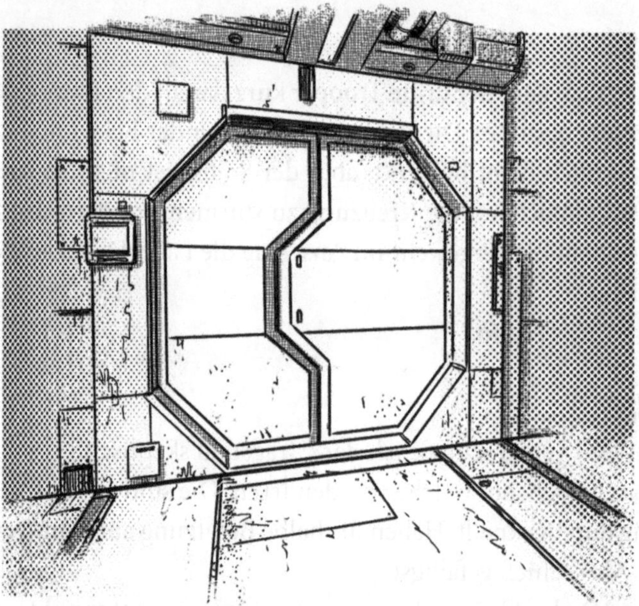

134

Du läufst in Richtung Technik den Flur entlang, der ungefähr zwanzig Meter geradeaus führt und dann nach rechts abknickt. Auf halbem Weg kommst du an zwei Frachtraumtüren vorbei, doch die Kartenlesegeräte an beiden Türen blinken rot. Offenbar wurden diese Frachträume versiegelt.

Die letzten Meter des Flures liegen in fast völliger Dunkelheit. Nur eine flackernde Leuchtröhre brennt noch an der Decke. Als du das Ende des Flurs erreichst, spähst du um die Ecke. Hier verläuft ein weiterer Korridor parallel zu dem, in dem du vorhin die Soldaten gesehen hast. Die Beleuchtung ist auch hier über weite Strecken ausgefallen, sodass du nicht viel sehen kannst. Nur vage kannst du die Kreuzung erkennen, an der jener Gang einmündet, um den die Soldaten gekämpft haben. Dort scheint jemand am Boden zu liegen.
Direkt vor dir ist eine schmale Tür mit der Aufschrift »Technik«. An der Wand daneben ist ein Keycard-Lesegerät, aber darüber befindet sich noch ein Tastenfeld mit Zahlen. Du probierst deine Keycard aus, aber nachdem du sie durch den Schlitz gezogen hast, leuchtet über dem Tastenfeld ein schmales Display mit drei Stellen auf. Offenbar wird ein dreistelliger Code verlangt.
Notiere dir das Ereignis 134.
Wenn du einen Code gefunden hast, dann blättere zu dem Abschnitt mit der Nummer des Codes und lies dort weiter.
Willst du auf gut Glück einen Code ausprobieren, lies weiter bei ***140****.*
Wenn du keine Kombination eingeben willst, lies weiter bei ***150****.*

135

Reflexartig drückst du den Nothalteknopf und der Lift hält mit einem Ruck an. Laut Anzeige befindest du dich auf Deck 4. Du betätigst die Notentriegelung der Türen und stemmst sie mit bloßen Händen auseinander. Eigentlich ist der Lift schon fast an Deck 4 vorbeigefahren, aber du kannst noch das obere Drittel der Außenturen sehen.
Willst du die Außentüren aufstemmen und durch den schmalen Spalt nach Deck 4 kriechen, dann lies weiter bei ***171****.*
Wenn du den Nothalt auflösen und weiterfahren willst, lies weiter bei ***116****.*

136

Du hebst deinen Blaster und feuerst auf die Frau. Auf die kurze Distanz kannst du sie nicht verfehlen und triffst sie mitten im Gesicht. Ihre linke Wange verwandelt sich in eine verkohlte Fratze und ihr Hinterkopf schlägt hart gegen die Flurwand, als sie leblos zusammensackt.

Der Soldat schießt auf den Mann, der ebenfalls vor Schmerz aufschreit. »Waffen weg!«, bellt der Trooper und der Mann wirft seinen Handblaster auf den Boden.

»Du auch!«, befiehlt dir der Soldat. »Und tritt ins Licht.«

Im Zwielicht kannst du erahnen, dass sein Gewehr auf dich gerichtet ist. Gehorsam legst du deine Blasterwaffe(n) auf den Boden und trittst zwei Schritte zur Seite, sodass das Licht aus der flackernden Leuchtröhre auf dich fällt.

Streiche deine Blasterwaffen aus deinem Inventar.

»Gefahr bereinigt, Feind am Boden!«, ruft der Trooper laut in Richtung der Kreuzung.

»Überlebende?«, hallt es von dort zurück.

»Zwei. Einer ist leicht verletzt«, ruft der Trooper zurück. »Der andere hat mir geholfen, der gehört nicht zur Stationsbesatzung.«

»In Ordnung, bring sie her!«

»Ihr habt den Sergeant gehört. Los auf die Beine mit euch. Hände hinter den Kopf und vorwärts.«

Du gehorchst den Befehlen und gehst mit dem verletzten Mann vor dem Trooper her, der euch mit seinem Gewehr in Schach hält.

Am anderen Ende des Korridors werdet ihr von den zwei anderen Soldaten in Empfang genommen. Einer von ihnen trägt ein Abzeichen an der Brust, das ihn als Sergeant ausweist. Laut Namensschild heißt er Andrews. Er mustert dich mit misstrauischem Blick. »Wer bist du? Wo kommst du her?«

»Ich bin hier mit meinem Schiff notgelandet.«
»Und wie kamst du nach dahinten? Du musst doch an uns vorbeigeschlichen sein?«, fragt Andrews argwöhnisch. »Warum hast du uns nicht angesprochen?«
»Im Hangar wurde ich von scheinbar irren Besatzungsmitgliedern angegriffen«, verteidigst du dich. »Ich hatte doch keine Ahnung, auf wen ihr schießt. Was ist hier überhaupt los?«
»Nicht meine Sache, dir das zu erklären«, knurrt der Sergeant und aktiviert seinen Kommunikator. »Gefecht beendet, ein Gefangener, Sir. Außerdem haben wir einen Neuankömmling, der uns beim Feuergefecht geholfen hat.« Da er von dir gesprochen hat, lauschst du gespannt, kannst die Antwort aber nicht verstehen. »Aye, Sir«, erwidert der Sergeant und steht auf. »Wir sollen die beiden zum Colonel bringen«, informiert er seine Kameraden und bedeutet dir, mitzukommen. »Da wirst du auch ein paar Antworten erhalten.«
Der Gefangene muss mit erhobenen Händen vorangehen. Du folgst den Soldaten den Flur entlang in Richtung Aufzug.
Lies weiter bei **159**.

137

Dein letzter Schlag trifft den Trooper schwer am Kopf. Es gibt ein widerliches Knacken und der Mann sinkt leblos zu Boden. Schwer atmend stehst du über ihm und behältst ihn im Auge, aber er regt sich nicht mehr. Du brauchst trotzdem noch einige Augenblicke, um dich zu sammeln.
Lies weiter bei **126**.

138

Du schüttelst nur den Kopf und hebst zum Abschied die Hand. Der Mann zuckt die Schultern und verschwindet in dem Frachtraum.

Du kehrst um und läufst wachsam und mit schussbereiter Waffe zurück zu der Kreuzung, an der vorhin die Soldaten gekämpft haben. Noch immer umgibt dich unheimliche Stille. Vielleicht haben die Trooper sich ja zurückgezogen und du bist ganz allein auf diesem Deck. Du hältst dich trotzdem lieber eng an der Wand. Es nützt dir jedoch nichts. Plötzlich springen am Ende des Flures zwei Trooper hervor, legen an und schießen sofort. Du hast keinerlei Deckung und brichst im Strahlengewitter tot zusammen.
Dein Leben endet hier.

139

Du ziehst dich wieder zu der Kreuzung zurück, von der du gekommen bist. Als du sie fast erreicht hast, tritt plötzlich ein Trooper in den Gang. Er hat sein Gewehr im Anschlag und richtet es auf dich, bevor du reagieren kannst.
*Lies weiter bei **146**.*

140

Auf gut Glück probierst du einen Code aus. Als du die dritte Ziffer antippst, leuchtet das Display rot auf und gibt einen schrillen Ton von sich, der dich zusammenzucken lässt. Erschrocken lauschst du in die Korridore, ob sich wegen des Geräusches Schritte nähern, aber du hörst keine.

Dafür jedoch etwas anderes. Ein schwaches Geräusch, wie ein Röcheln. Du blickst zu der Gestalt im Schatten hinüber. Ja, das Röcheln kommt von dort.

*Wenn du dich der Gestalt nähern willst, lies weiter bei **163**.*

*Willst du lieber zur vorherigen Kreuzung zurückkehren, lies weiter bei **129**.*

141

Der Trooper kann dich eigentlich nicht gesehen haben, denn du lehnst dich ja nur ganz leicht um die Ecke. So ist es wohl einfach Pech, dass er dich trotzdem trifft. Du erwiderst das Feuer.

Multipliziere das Würfelergebnis aus dem vorherigen Abschnitt mit 5 und ziehe das Ergebnis von deiner Gesundheit ab.

*Lies weiter bei **K47**.*

142

»Ich kann die Irren über die Flanke angreifen«, schlägst du vor. Auf diese Weise könntest du deine Gegner wenigstens sehen, bevor du auf sie schießt.

Aber Sergeant Andrews schüttelt den Kopf. »Du verlangst etwas zu viel Vertrauen. Los jetzt, nimm meine Position ein und schieß!«

*Willst du dem Befehl Folge leisten und auf die Leute am anderen Ende des Flures feuern, lies weiter bei **104**.*

*Wenn du dich weigern willst, lies weiter bei **149**.*

143

Mit einer hektischen Bewegung reißt du dich von ihr los und stehst auf.

»Bitte«, stößt sie noch flehend hervor, dann schüttelt sie ein weiterer, blutiger Hustenanfall.

Du drehst dich um und rennst weg, nur fort von ihr.

*Lies weiter bei **129**.*

144

Trotz aller Widrigkeiten kletterst du entschlossen die Leiter empor. Die Liftkabinen sind so weit über dir, dass du sie nicht erkennen kannst. Plötzlich flackert am Atemgerät ein rotes Lämpchen auf. Der Sauerstoff wird knapp. Panisch siehst du dich um. Schräg über dir kannst du einen schmalen Lichtstrich erkennen, dort scheinen die Türen des nächsten Decks zu sein. Du musst dich schnell entscheiden.

*Willst du weiter hochklettern, dann lies weiter bei **130**.*

*Willst du wieder nach unten klettern, lies weiter bei **92**.*

145

Du schüttelst den Kopf. Auch wenn der Mann keine hervorquellenden Augen hat und seine Adern im Gesicht nicht hervortreten, hast du kein Vertrauen zu ihm.

Er sieht dich kurz an, zuckt dann die Schultern und rennt den Korridor zurück in Richtung Frachtbereich C.

Du siehst ihm nach, bis dich die nächste Salve von Blasterstrahlen zwingt, das Feuer zu erwidern. Du spähst um die Ecke, um zu zielen. Für den Bruchteil einer Sekunde nimmst du noch den Lauf eines Blastergewehrs wahr, der nur wenige Zentimeter von dir entfernt ist, dann blitzt ein Blasterstrahl auf und verschmort dir das Hirn.

Dein Abenteuer endet hier.

146

Du hebst rasch die Hände über den Kopf. »Nicht schießen!«, stößt du hervor.
Der Soldat mustert dich über den Lauf seines Gewehres hinweg und für einen Augenblick fürchtest du, dass er dich einfach über den Haufen schießt. Doch dann entspannt er sich. Er behält dich weiter im Visier und hebt den linken Unterarm an den Mund.
»Sergeant, hier Miller. Ich habe jemanden aufgegriffen«, murmelt er in den Kommunikator.
»Einen von den Saboteuren oder von Figos Leuten?«, hörst du eine Stimme antworten.
»Sieht nicht so aus. Von der Kleidung her gehört er weder zur Stationsbesatzung noch zu uns.«
Die Antwort lässt einen Moment auf sich warten und dir bricht der Schweiß aus. »Entwaffnen und mit erhobenen Händen zu mir rüberschicken. Sag ihm, dass ich ihn erschieße, wenn er mir nur den geringsten Anlass bietet.«
»Aye, Sergeant«, bestätigt der Soldat. »Alles gehört?«
Du nickst.
»Dann stell dich mit dem Gesicht zur Wand, Hände hinter den Kopf, los!« Du gehorchst und der Soldat durchsucht dich rasch nach Waffen.

Streiche alle Waffen aus deinem Inventar.

»Und jetzt zum Sergeant.« Er dirigiert dich in Richtung der Kreuzung, wo die beiden anderen Soldaten hocken, von denen einer mit seinem Gewehr auf dich zielt.
Wie befohlen näherst du dich ihm mit erhobenen Händen. Hinter dir hörst du Miller den anderen Flur entlanglaufen und beginnst zu ahnen, dass er die Gegner der Soldaten flankieren soll, indem er vom parallel verlaufenden Korridor aus angreift.

Als du nahe genug heran bist, bedeutet dir der Sergeant, der laut seinem Namensschild Andrews heißt, dich hinzuknien und die Hände hinter dem Kopf zu verschränken. Nach einem warnenden Blick wendet er sich wieder dem Kampf zu.
*Lies weiter bei **153**.*

147

Dich in den Schatten haltend, schleichst du noch ein wenig näher an die beiden Gestalten heran, um mehr erkennen zu können. Sie sind so mit dem Feuergefecht beschäftigt, dass sie dich nicht bemerken, selbst als du nur noch vier oder fünf Schritte von ihnen entfernt in der Dunkelheit kauerst.
Deine Augen haben sich mittlerweile an das flackernde Zwielicht gewöhnt und so kannst du nun einige Einzelheiten erkennen. Es handelt sich um einen Mann und eine Frau. Beide tragen die Uniformen der Stationsbesatzung und wie bei den Irren, denen du im Hangar begegnet bist, sind auch ihre Kleider zerrissen. Doch die Gesichter der beiden sehen anders aus. Die Adern treten nicht so stark hervor und auch die Augen wirken normal. Aber wenn die beiden nicht durchgedreht sind, warum bekämpfen die Soldaten sie dann?
Aus dem Augenwinkel bemerkst du eine Bewegung hinter dir und fährst herum. Im flackernden Licht erkennst du einen kantigen Schatten – einen Soldaten in Rüstung, der sich mit vorgestrecktem Blastergewehr den ahnungslosen Besatzungsmitgliedern nähert.
Bevor du reagieren kannst, eröffnet der Soldat das Feuer. Die Frau schreit auf und greift sich an die Schulter, schießt aber zurück. Die hin und her zuckenden Blasterstrahlen verfehlen dich nur knapp – und enthüllen deine Position.
Wenn du nicht im Kreuzfeuer sterben willst, musst du dich für eine Seite entscheiden.

*Willst du auf den Soldaten schießen, lies weiter bei **156**.*
*Willst du auf die Frau schießen, lies weiter bei **136**.*

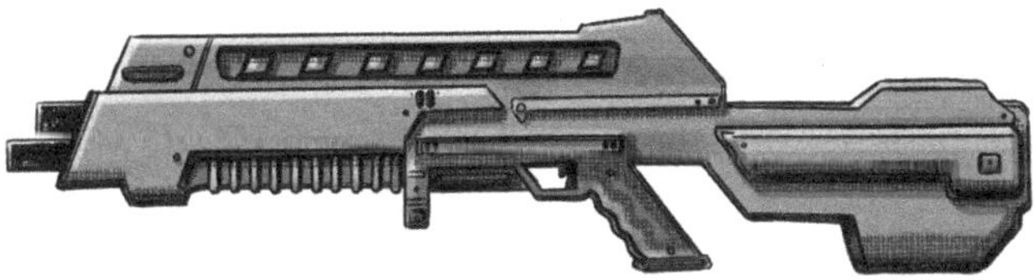

148

Du läufst den parallel zum Hangar verlaufenden Flur entlang, bis du zu der Kreuzung kommst, an der vorhin die beiden Soldaten hockten. Unzählige Brandlöcher zieren die Wand, die der Einmündung des umkämpften Korridors gegenüber liegt.
Du bist noch unschlüssig, wohin du dich wenden sollst, als du plötzlich ein Geräusch hörst. Es klang wie ein »Pst.«
Tatsächlich. Da steht ein Mann am Ende des parallel zum Hangar verlaufenen Flurs und winkt dir, näherzukommen. Vorsichtig machst du ein paar Schritte auf ihn zu, hast den Finger aber sicherheitshalber am Abzug deiner Waffe, um sie sofort hochreißen zu können, falls der Mann Anstalten macht, dich anzugreifen. Aber er winkt dich nur zu sich.
»Hier ist es nicht sicher«, sagt er, als du nahe genug bist. »Komm, ich kann dich nach Deck 4 bringen.« Er deutet in einen Flur, der von dir aus gesehen nach links abzweigt, und geht voraus. Rechts ist ein anderer Gang, der aber nach wenigen Schritten vor einer Barrikade aus aufgestapelten Frachtcontainern endet.
Der Mann hält vor einem Frachtraum an, auf dessen Tür in großen Buchstaben »C2« zu lesen steht. Er öffnet sie mit einer Keycard und winkt dir noch einmal, ihm zu folgen.
*Wenn du mit ihm gehst, lies weiter bei **169**.*
*Kehrst du lieber um, lies weiter bei **138**.*

149

»Ich kann nicht auf irgendwelche Leute schießen, ohne zu wissen, wer sie sind und was sie wollen«, erklärst du.
Die Miene des Sergeants verdüstert sich und er richtet sein Gewehr auf dich. »Wirf den Blaster auf den Boden«, kommandiert er barsch. »Und dann auf die Knie und Hände hinter den Kopf.«
Du hast keine Wahl und gehorchst.

Streiche deine Blasterwaffen aus dem Inventar.

»Wehe du rührst auch nur einen Finger, dann blase ich dich weg«, droht Andrews, während er seine ursprüngliche Position wieder einnimmt und den Beschuss der Gegner am anderen Ende des Korridors wieder aufnimmt.
Du verharrst derweil auf deinen Knien und bist zum Zuschauen verdammt.
Kurz darauf nähern sich Schritte von rechts. Ein weiterer Trooper kommt den Flur entlang.
»Verdammt, Miller, wo hast du so lang gesteckt?«, fährt ihn der Sergeant an.
»Im Frachtraum hat einer von den Berserkern gelauert«, erwidert Miller atemlos. Fragend blickt er dich an. »Was ist mit dem?«
»Nicht so wichtig.« Sergeant Andrews vollführt eine wegwerfende Handbewegung in deine Richtung. »Komm rüber zu mir, wir geben dir Feuerschutz.«
Der Sergeant und der andere Soldat feuern gleichzeitig während Miller über die Kreuzung hechtet. Knapp befiehlt der Sergeant ihm, die Gegner zu flankieren, und Miller stürmt direkt weiter.
Du verharrst weiter in kniender Position.
*Lies weiter bei **153**.*

150

Unentschlossen siehst du im Flur nach links und rechts. Dein Blick bleibt dabei an der Gestalt im Schatten haften. Hat sie sich bewegt? Du bist dir nicht sicher, aber du glaubst, sie schwach röcheln zu hören.

*Wenn du dich der Gestalt nähern willst, lies weiter bei **163**.*

*Willst du lieber zur vorherigen Kreuzung zurückkehren, lies weiter bei **129**.*

151

Du bist voll auf das Feuergefecht konzentriert und bemerkst erst im letzten Moment, dass sich dir jemand nähert. Erschrocken fährst du herum, fürchtend, dass die Soldaten dich flankiert haben, aber der Mann, der sich dir genähert hat, trägt keine Trooper-Rüstung, sondern eine Stationsuniform.

Das beruhigt dich zuerst nicht wirklich, denn er könnte ja genauso durchgedreht sein wie die Besatzungsmitglieder, auf die du im Hangar getroffen bist. Aber der Mann macht keine Anstalten, dich anzugreifen, sondern feuert mit seinem Blastergewehr blind um die Ecke auf deinen Gegner. »Komm mit«, flüstert er dir zu und deutet den Gang in Richtung Frachtbereich C hinunter. »Ich kann dich nach Deck 4 bringen.«

*Willst du mit ihm gehen, lies weiter bei **158**.*

*Willst du ablehnen und weiterkämpfen, lies weiter bei **145**.*

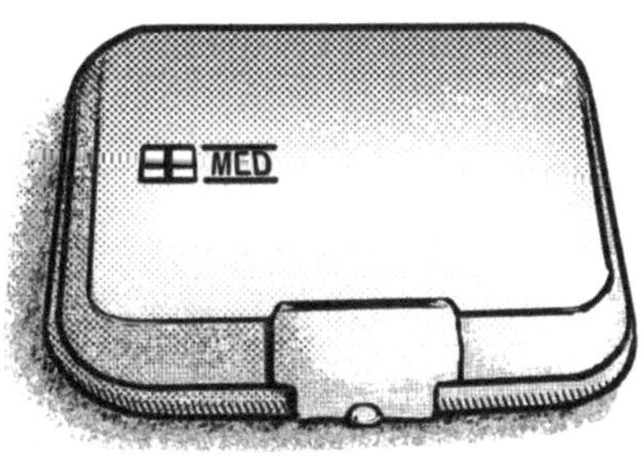

152

Der Korridor sieht genauso aus wie der unten auf Deck 3, knickt auch hier links von dir nach wenigen Metern um 90° nach links ab. Anders als unten funktioniert hier aber das Licht, der Gang ist der Länge nach gut ausgeleuchtet. In der Außenwand, die dem Aufzug gegenüber liegt, gibt es mehrere Türen, die der Aufschrift nach zu Umkleiden führen. Die Innenwand, in der auch die Aufzüge liegen, hat genau in der Mitte eine Schleuse, die ein Stück in den Flur ragt. Auf halber Höhe ist die Wand durchgehend verglast und gibt den Blick auf kleine Laborbereiche frei. Wahrscheinlich gelangt man durch die Schleuse ins Innere.

Während du noch überlegst, was du tun sollst, hörst du ein Geräusch vom entfernten rechten Ende des Korridors und siehst dort einen Mann um die Ecke kommen. Er trägt eine Trooper-Rüstung und humpelt. Als er dich sieht, beschleunigt er seine Schritte.

*Willst du auf den Trooper zugehen, lies weiter bei **197**.*

*Willst du mit dem Lift auf ein anderes Deck fahren, lies weiter bei **213**.*

*Wenn du den Flur in die entgegengesetzte Richtung nehmen möchtest, lies weiter bei **218**.*

153

Kurz darauf hörst du jemanden schreien und dann schallt ein Ruf durch den Korridor: »Gefahr bereinigt, Feind am Boden!«

Andrews und der andere Soldat entspannen sich. »Überlebende?«, fragt der Sergeant.

»Einer, nur leicht verletzt«, ruft Miller zurück. Wenig später kommt er aus dem eben noch so umkämpften Korridor und stößt einen humpelnden Mann vor sich her.

Er ist in mittleren Jahren und trägt den Overall der Stationsbesatzung, und wie bei den Irren im Hangar ist seine Kleidung in einem schlechten Zustand. Er hat die Hände hinter dem Kopf verschränkt und mustert dich mit stechendem Blick. Seine Augen quellen aber nicht so hervor, wie die der Durchgedrehten, mit denen du zu tun hattest. Insgesamt macht er den Eindruck, als sei er noch bei Sinnen.

Der Sergeant nutzt seinen Kommunikator und meldet die Lage. »Zwei Gefangene, Sir. Einer von Figos Leuten, der andere gehört wohl nicht zu denen, streunte hier herum. Hat keinen Widerstand geleistet.« Da er von dir gesprochen hat, lauschst du gespannt, kannst die Antwort aber nicht verstehen. »Aye, Sir«, erwidert der Sergeant und steht auf. »Wir sollen beide zu Lundberg bringen«, informiert er die anderen und bedeutet auch dir, aufzustehen.

Du musst wie der andere Gefangene mit erhobenen Händen vorangehen. Die Soldaten dirigieren euch bis zum Aufzug.

Lies weiter bei **174**.

154

Du gehst auf die Stimmen zu, und als du um die Ecke biegst, siehst du drei Trooper und einen Mann in einem Stationsoverall in Richtung Aufzug gehen. Als die Trooper dich bemerken, legen sie sofort auf dich an. »Hände hoch, runter auf die Knie!«

Einen Moment überlegst du, zurück in den Korridor zu hechten, aus dem du gekommen bist. Aber was dann? Du musst endlich herausfinden, was hier los ist – und die Trooper scheinen wenigstens bei Sinnen zu sein.

Also hebst du die Hände über den Kopf und lässt dich auf die Knie sinken.

Einer der Soldaten kommt mit seinem Blastergewehr im Anschlag auf dich zu. Als er vor dir steht, hebt er den linken Unterarm an den Mund. »Sieht nicht so aus, als ob er einer von den Saboteuren ist. Von der Kleidung her gehört er weder zur Stationsbesatzung noch zu uns.«

Die Antwort lässt einen Moment auf sich warten und dir bricht der Schweiß aus. »Entwaffne ihn und bring ihn rüber. Soll der Colonel entscheiden, was mit ihm passiert.«

»Aye, Sergeant«, bestätigt der Soldat. »Alles gehört?«

Du nickst.

»Dann stell dich mit dem Gesicht zur Wand, Hände hinter den Kopf, los!« Du gehorchst und der Soldat durchsucht dich rasch nach Waffen.

Streiche alle Waffen aus deinem Inventar.

»Und jetzt zum Aufzug.«

Gehorsam gehst du in die Richtung, die Hände hinter dem Kopf verschränkt. Vor dem Lift trefft ihr mit der anderen Gruppe zusammen. Der Mann im Stationsoverall scheint auch ein Gefangener zu sein, außerdem ist er offenbar am Bein verletzt.

Einer der Trooper, den ein Abzeichen auf der Brust als Sergeant ausweist und der laut seinem Namensschild Andrews heißt, mustert dich misstrauisch, zuckt dann aber nur die Schultern.
Lies weiter bei **174**.

155

Deine Hand zittert leicht und du musst die andere Hand zu Hilfe nehmen, um die Waffe zu stabilisieren. Dennoch zögerst du.
»Bitte«, stößt die Frau flehend hervor. Ein weiterer, blutiger Hustenanfall schüttelt sie und ihre Gesichtszüge verziehen sich vor Qual noch mehr.
Du schließt die Augen und drückst ab. Vage spürst du, wie sich der Griff ihrer Finger von der Waffe löst und ihre Hand leblos zu Boden sackt.
Du atmest tief durch und wendest dich ab. Du ringst einen Anfall von Übelkeit nieder und stolperst den Gang zurück, den du gekommen bist.
Lies weiter bei ***129***.

156

Du hebst deinen Blaster und feuerst auf den Soldaten. Auf die kurze Distanz kannst du ihn nicht verfehlen und triffst ihn mitten in die Brust. Seine Rüstung mildert den Treffer zwar etwa ab, dennoch stolpert er zurück und stöhnt vor Schmerz auf. Eine weitere Garbe Blasterstrahlen von der Frau mäht ihn nieder.
Erschrocken drehst du dich zu ihr herum. Ihre Waffe ist jetzt auf dich gerichtet, aber sie schießt nicht. Einen Augenblick starrt ihr euch an, dann wendet die Frau sich wieder dem umkämpften Flur zu und erwidert das Feuer von dort.
Du schleichst zu dem Trooper hinüber. Er starrt dich aus geweiteten, blicklosen Augen an. Sein Gesicht ist von einem Blasterstrahl versengt.

Du kannst das Blastergewehr des Troopers mitnehmen, wenn du willst. Setzte dann im Inventar daneben einen Haken.

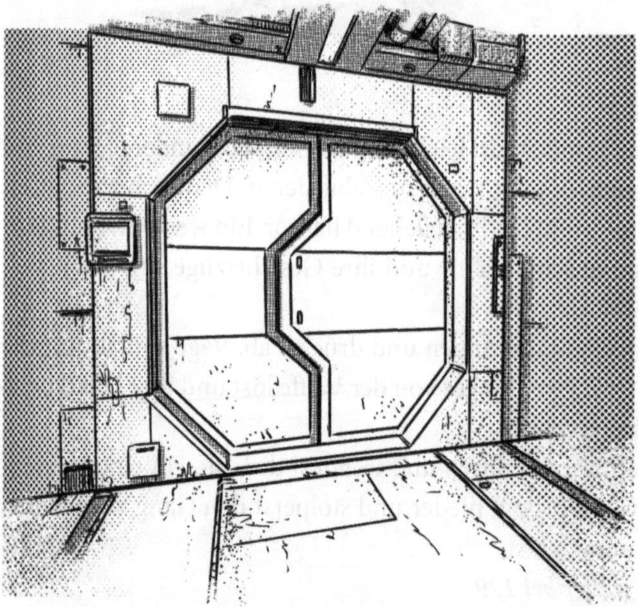

Schwach hörst du eine Stimme aus dem Kommunikator am Handgelenk des Troopers und hebst den schlaffen Arm des Soldaten, um besser zu hören. »Verdammt, was ist da los? Miller, melde dich. Miller? Scheiße, ich gehe nachsehen.«
Kurz darauf hörst du Schritte aus dem Korridor, durch den du hergekommen bist. Rasch nimmst du an der Ecke Aufstellung und legst deine Waffe an. Da die Ecke im Dunkeln liegt, kann der heraneilende Trooper dich nicht sehen.
*Willst du den Trooper auffordern, sich zu ergeben, lies weiter bei **164**.*
*Willst du das Feuer ohne Warnung eröffnen, lies weiter bei **K47**.*

157

»Nicht schießen!«, rufst du. »Ich will nicht kämpfen.«
Als Antwort zischt dir nur ein weiterer Blasterstrahl um die Ohren.
*Lässt du es auf einen Kampf ankommen, lies weiter bei **K10**.*
*Willst du dich in Richtung Frachtbereich C zurückziehen, lies weiter bei **166**.*

158

Du feuerst noch eine Salve auf die Trooper ab, dann folgst du dem Mann, der den Korridor entlangrennt. Hinter dir hörst du Schritte. Die Soldaten scheinen euch nicht kampflos ziehen lassen zu wollen. Du feuerst einige ungezielte Blastergarben über die Schulter, um sie in Deckung zu zwingen.
Am Ende des langen Ganges biegt der Mann nach links ab und hält auf eine Frachtraumtür mit der Aufschrift »C2« zu. Du wartest kurz ab und spähst in den Korridor zurück, aber die Soldaten haben die Verfolgung offenbar aufgegeben. Also folgst du dem Mann, der die Tür mittlerweile mit einer Keycard geöffnet hat.
*Lies weiter bei **169**.*

159

Statt eine Liftkabine über die Anforderungstaste zu rufen, benutzt der Sergeant seinen Kommunikator. »Johansson, schick uns mal den Lift nach Deck 3. Wir haben einen Gefangenen.«
»Geht klar, Sergeant«, kommt die Antwort.
Die Anzeige über den Liftkabinen ändert sich. Die rechte der beiden Kabinen nähert sich von Deck 7. Als die Türen sich öffnen, quillt zwischen Kabine und Flur ein wenig Rauch hervor.
»Scheißdreck, da unten brennt's ja immer noch«, knurrt Andrews. »Hoffentlich fliegt uns nicht noch die ganze Station um die Ohren.« Er stößt dem Gefangenen den Lauf seines Gewehrs in den Rücken. »Los, rein da und dann runter auf die Knie. Gesicht zur Rückwand.«
Der Gefangene knurrt etwas, humpelt aber gehorsam in die Kabine und kniet sich hin.
»Du auch«, brummt der Sergeant in deine Richtung und gibt dir einen Wink. »Aber halte Abstand von dem da.«
Das lässt du dir nicht zweimal sagen und stellst dich so weit wie möglich von dem Gefangenen weg in die vordere Ecke des Lifts.
»Ich fahre allein hoch«, sagt Sergeant Andrews zu den beiden anderen Troopern. »Ihr haltet hinten an der Ecke die Stellung. Der Weg zum Hangar muss unter allen Umständen frei bleiben. Beim geringsten Anzeichen von Feindseligkeit wird geschossen, klar?«
»Aye, Sergeant.« Die beiden salutieren.
Der Sergeant tritt zu euch in die Kabine und richtet sein Gewehr auf den Hinterkopf des Gefangenen. »Drück mal die Taste für Deck 7«, befiehlt er dir.
Du drückst die Taste und die Lifttüren schließen sich.
Der Lift fährt an, kommt aber schon auf halber Strecke ruckartig zum Stehen. Du kämpfst einen Augenblick um dein Gleich-

gewicht, genauso wie Andrews. Der Gefangene blickt auf und streckt eine Hand nach dem Blastergewehr des Sergeants aus, doch der fängt sich rechtzeitig und hält ihm den Lauf an den Kopf. »Denk nicht mal dran«, zischt er.
*Lies weiter bei **192**.*

160

Du streckst dich nach der untersten Sprosse und ziehst dich in den Schacht. Bemüht, nicht zu laute Geräusche zu verursachen, erklimmst du die Leiter, bis du die obere Luke erreichst. Dort lauschst du auf Geräusche, kannst aber nichts hören. Vielleicht ist aber auch nur die Luke zu dick.
Diese wird mit einem Rad entriegelt und du drehst mit einer Hand daran, während du dich mit der anderen an der Leiter festklammerst. Mit einem leisen Ächzen, das dich zusammenzucken lässt, lösen sich die Riegel endlich und du drückst die Luke vorsichtig hoch. Der kleine Raum, in den der senkrech-

te Schacht mündet, ist recht dunkel. Nachdem sich deine Augen an das wenige Licht gewöhnt haben, das durch eine schmale Milchglasscheibe hereinfällt, kannst du einige Apparaturen an der Wand erkennen. Offensichtlich befindet sich hier die Steuerung für Licht, Klimaanlage, Luftumwälzung und andere Systeme dieses Decks.

Du schließt die Luke wieder und blockierst den Riegel, damit dir niemand nachklettern kann. Dann trittst du an die Milchglasscheibe. Sie ist in die einzige Tür des Raumes eingelassen und du kannst draußen nichts erkennen. Wieder lauschst du auf Geräusche, aber es ist nichts zu hören. Vorsichtig drückst du die Türklinke nach unten. Zunächst öffnest du die Tür nur einen Spaltbreit und spähst nach draußen. Davor verläuft ein Flur.

Noch immer hörst oder siehst du niemanden und öffnest die Tür weiter, steckst den Kopf hinaus. Keiner zu sehen. Möglichst lautlos trittst du auf den Korridor.

Von der Tür aus links verläuft der Gang lange geradeaus und scheint die ganze Station zu durchmessen. An beiden Seiten befinden sich Türen, weiter hinten gibt es eine Kreuzung. Noch weiter hinten, nahe dem Ende des Korridors, kannst du eine Gestalt sehen, die dir den Rücken zugekehrt hat. Sie scheint eine Trooper-Rüstung zu tragen, mehr kannst du auf die Distanz nicht erkennen.

Wenn du nach rechts blickst, biegt der Flur nach wenigen Metern im 90°-Winkel nach links ab. Du kannst sehen, dass direkt hinter der Ecke ein Sicherheitsschott heruntergefahren wurde, sodass der Korridor in dieser Richtung versperrt ist.

Also bleibt dir nur, nach links zu gehen.

*Willst du auf dem Weg versuchen, eine der Türen zu öffnen, lies weiter bei **177**.*

*Wenn du leise in Richtung des Troopers gehen willst, bis du mehr erkennen kannst, lies weiter bei **232**.*

161

Du kletterst auf den Frachtcontainer und reichst Marcelo das Gitter hinauf. »Ich rede mit den Troopern«, teilst du ihm deine Entscheidung mit.
Marcelo sieht dich kopfschüttelnd an. »Wie du willst.« Er nimmt das Gitter entgegen und setzt es wieder an seinen Platz. Du hörst ihn davonkriechen, dann folgt Stille.
Du siehst dich in dem Frachtraum um und brichst sogar einen der Frachtcontainer auf. Er enthält aber nur Maschinenteile, mit denen du nichts anfangen kannst.
Schließlich wendest du dich wieder der Tür zu und öffnest sie mit deiner Keycard. Vorsichtig blickst du in den Flur. Du kannst niemanden entdecken. Rechts von dir gähnt Dunkelheit, dort ist das Licht komplett ausgefallen. Links ist die Richtung, aus der du mit dem Mann gekommen bist.
Wachsam und mit schussbereiter Waffe trittst du in den Korridor und gehst den Weg zurück zur letzten Kreuzung. Der Flur, in dem du dich befindest, führt noch ein wenig weiter und endet dann an einer Barrikade aus aufgestapelten Frachtcontainern, die einige Brandlöcher von Blasterbeschuss aufweisen. Auch hier wurde gekämpft.
Da es sonst nicht weitergeht, biegst du rechts ab und läufst wieder auf die Kreuzung zu, an der vorhin die Soldaten gekämpft haben. Noch immer umgibt dich unheimliche Stille. Vielleicht haben die Trooper sich ja zurückgezogen und du bist ganz allein auf diesem Deck. Du hältst dich trotzdem lieber eng an der Wand.
Es nützt dir jedoch nichts. Plötzlich springen am Ende des Flures zwei Trooper hervor, legen an und schießen sofort. Du hast keinerlei Deckung und brichst im Strahlengewitter tot zusammen.
Dein Leben endet hier.

162

Du hast eine Keycard entdeckt, die eine andere Färbung hat, als die, die du bei der Leiche im Kontrollraum gefunden hast. Laut der Aufschrift handelt es sich um eine »Master-Keycard«. Vielleicht öffnet sie dir weitere Türen.

Notiere die Master-Keycard (kleiner Gegenstand) in deinem Inventar und kehre zurück zu ***96.***

163

Vorsichtig schleichst du dich mit schussbereiter Waffe näher. Das Licht der einzigen noch funktionierenden Leuchtröhre reicht kaum bis zu der Kreuzung, aber als deine Augen sich an die Dunkelheit gewöhnt haben, kannst du erkennen, das dort eine Frau in einer Stationsuniform liegt. Sie liegt so verdreht und reglos da, dass du sie für tot halten würdest, wenn da nicht dieses Röcheln wäre.

Du gehst neben ihr in die Knie. Die Frau scheint von einer ganzen Salve von Blasterstrahlen im Bauchraum getroffen worden zu sein. Ihr Gesicht ist von Schmerz verzerrt und jedes Mal, wenn sie röchelnd ausatmet, läuft ihr Blut aus dem Mundwinkel.
Unvermittelt reißt sie die Augen auf und starrt dich an. Ihr Blick gleitet an dir hinab und findet deine Waffe. Mühsam streckt sie einen Arm aus und schließt die Finger um den Lauf. Sie zieht ihn auf sich zu, bis er ungefähr auf ihren Kopf zielt. »Töte mich«, stößt sie hervor und hustet einen Schwall Blut hervor. »Hab Erbarmen.«
Willst du ihr die Waffe entreißen und wegrennen, lies weiter bei ***143.***
Willst du abdrücken, lies weiter bei ***155.***

164

»Lass die Waffe fallen, oder ich schieße«, rufst du dem Trooper zu.
Der lässt sich sofort auf ein Knie fallen und feuert eine Salve in deine Richtung ab.
Wirf einen Würfel.
Bei 1-3 trifft dich der Trooper. Merke dir das Würfelergebnis und lies weiter bei ***141.***
Bei einer 4-6 verfehlt er dich. Lies weiter bei ***K47.***

165

Du ziehst dein Werkzeug aus der Tasche, streckst dich, so weit du nur kannst, und zwängst es in die schmale Spalte zwischen den metallenen Schiebetüren. Mit aller Kraft stemmst du die Türen soweit auseinander, dass du deinen Fuß zwischen sie schieben kannst. Du schwingst dich auf den Absatz und mit Hilfe des Werkzeugs gelingt es dir, die Türen so weit auseinanderzubringen, dass du dich hindurchzwängen kannst. Hinter dir schließen sie sich wieder.

Im davor liegenden Flur reißt du dir das Atemgerät vom Gesicht und saugst gierig die frische Luft ein. Es braucht einen Augenblick, bis du wieder klar im Kopf bist.

Markiere das Atemgerät in deinem Inventar als leer. Du kannst es erst wieder verwenden, nachdem du es aufgefüllt hast.

An der Wand gegenüber dem Aufzug prangt der Text »Deck 4: Büros und Krankenstation«. Zu den Büros geht es nach rechts, zur Krankenstation nach links.
Bevor du dich genauer umsehen kannst, lassen dich Schritte aufhorchen. Sie nähern sich von rechts, wo in fünf Metern Abstand ein Flur abzweigt, aus dem die Geräusche kommen.
Wenn du dich nach links wendest, knickt der Flur nach wenigen Schritten um 90° ab. Dort wärest du erst mal außer Sicht.
*Willst du um die Ecke schleichen und dich verstecken, lies weiter bei **195**.*
*Wenn du abwarten willst, um zu sehen, wer sich dir nähert, lies weiter bei **180**.*

166

Du läufst den parallel zum Hangar verlaufenden Flur entlang, bis du zu der Kreuzung kommst, an der vorhin die beiden Soldaten hockten. Unzählige Brandlöcher zieren die Wand, die der Einmündung des umkämpften Korridors gegenüber liegt.

Du bist noch unschlüssig, wohin du dich wenden sollst, als du plötzlich ein Geräusch hörst. Es klang wie ein »Pst.«

Tatsächlich. Da steht ein Mann am Ende des parallel zum Hangar verlaufenen Flurs und winkt dir, näherzukommen. Vorsichtig machst du ein paar Schritte auf ihn zu, hast den Finger aber sicherheitshalber am Abzug deiner Waffe, um sie sofort hochreißen zu können, falls der Mann Anstalten macht, dich anzugreifen. Aber er winkt dich nur näher.

Als du hinter dir Schritte hörst, läufst du schneller. Man scheint dir vom Hangar her nachzusetzen. Immer wieder blickst du dich um, aber noch ist niemand zu sehen.

Kurz bevor du das Ende des Flurs erreicht, schlägt ein Blasterstrahl dicht über dir in der Decke ein. Du duckst dich instinktiv und sprintest die letzten Meter zu dem Mann, der das Feuer erwidert, dich dann aber am Arm packt. »Ich kann dich nach Deck 4 bringen. Komm, schnell!«

Er zieht dich mit sich den Korridor entlang.

Du lauschst auf Schritte, aber die Soldaten scheinen euch nicht weiter zu folgen. Der Mann hält an einem Frachtraum an, auf dessen Tür in großen Buchstaben »C2« zu lesen steht. Er öffnet sie mit einer Keycard.

*Lies weiter bei **169**.*

167

Du springst auf die Füße, schlingst dem Sergeant von hinten einen Arm um den Hals und drückst zu. Instinktiv lässt Andrews seine Waffe los, um sich aus dem Würgegriff zu befreien, und der

Gefangene reißt das Blastergewehr an sich. Er versetzt dem Sergeant einen schweren Hieb mit dem Gewehrkolben und der erschlafft in deinem Griff. Du lässt ihn zu Boden sinken.
Einen Moment steht der Gefangene schwer atmend über Sergeant Andrews. Sein Gesicht ist gerötet und er hat die Zähne gebleckt. Es sieht fast so aus, als wolle er sich auf den Bewusstlosen stürzen, dann besinnt er sich aber und wendet sich dem Kontroll-Panel zu. Er betätigt die Notentriegelung der Türen und stemmt sie mit bloßen Händen auseinander. Ihr seid ungefähr auf der Höhe von Deck 4 und die äußeren Türen des Lifts sind knapp unter euch. Der Mann stemmt auch die Außentüren auseinander und klettert mit den Füßen voran durch den Spalt zwischen Kabinenboden und Flurdecke. Als er steht, streckt er die Arme aus. »Schieb den Sergeant raus«, fordert er.
»Was hast du mit ihm vor?«, fragst du.
»Ich bringe ihn zu Doktor Figo. Mach schon.«
Als du Andrews bei den Schultern packst, fällt dir die Blasterpistole auf, die der Sergeant am Gürtel trägt. Bevor du den Bewusstlosen durch den Spalt nach draußen schiebst, nimmst du die Waffe an dich.

Kreuze die Blasterpistole in deinem Inventar an.

Der Mann fängt Andrews auf und lädt ihn sich auf die Schulter. Ohne auf dich zu warten, wendet er sich nach links.
Du kletterst ihm hastig hinterher, aber als du endlich im Flur stehst, ist der Mann schon um die nächste Ecke verschwunden. Laut den Wegweisern an der Wand geht es in diese Richtung zur Krankenstation. Nach rechts zeigt es zu den Büros.
*Willst du dem Mann folgen, lies weiter bei **188**.*
*Willst du in die andere Richtung gehen, lies weiter bei **183**.*

168

Die Türen auf der einen Seite sind mit dem Buchstaben A und aufsteigenden Zahlen versehen. Keine von ihnen öffnet sich auf deine Annäherung hin, aber sie haben einen Taster, mit dem man sie von Hand öffnen könnte. Allerdings sind die meisten verriegelt, denn über deren Tastern leuchtet ein rotes Lämpchen.

Nur zwei Türen scheinen sich öffnen zu lassen. Du lauschst an ihnen. Bei A4 meinst du ein leises Geräusch zu vernehmen, bei A5 hörst du nichts.

*Wenn du die Tür mit der Aufschrift A4 öffnen willst, lies weiter bei **193**.*

*Wenn du die Tür mit der Aufschrift A5 öffnen willst, lies weiter bei **201**.*

*Wenn du jetzt keine der Türen öffnen möchtest, lies weiter bei **210**.*

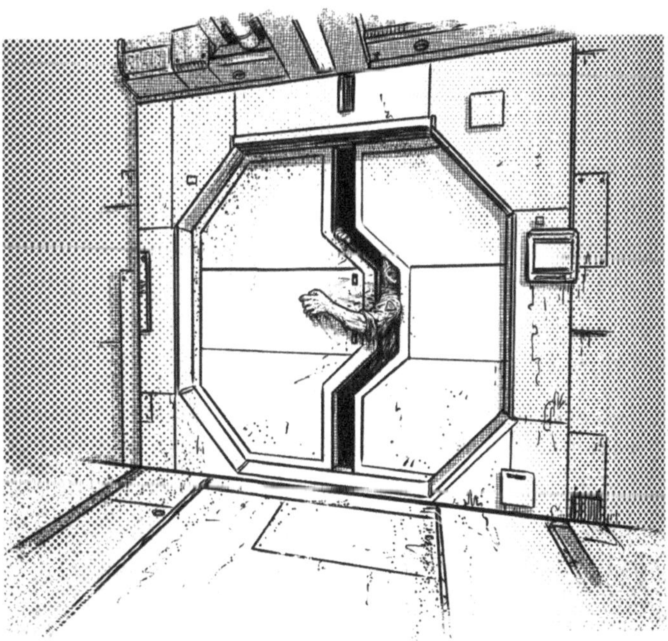

169

Du folgst dem Mann in den Frachtraum, wo er bereits auf zwei aufeinandergestapelte Frachtcontainer geklettert ist und sich an einem Lüftungsgitter zu schaffen macht. Offenbar ist das der Weg nach Deck 4.

Aber so ohne Weiteres bist du nicht bereit, ihm dahin zu folgen. Nun, da keine unmittelbare Gefahr droht, willst du Antworten.

»Wer bist du?«

Der Mann dreht sich zu dir um. »Ich heiße Marcelo. Ich war hier Forschungsassistent, bis alles aus dem Ruder gelaufen ist.«

»Aus dem Ruder gelaufen?«, wiederholst du ungläubig. »Die meisten hier scheinen den Verstand verloren zu haben. Was bei allen Sternen ist hier passiert?«

Marcelo verzieht den Mund. »Wir haben keine Zeit für lange Erklärungen. Nur so viel: Es gab ein Experiment mit einer Droge, das völlig außer Kontrolle geraten ist. Die Trooper versuchen, alles zu vertuschen und von hier zu verschwinden.«

»Und du?«, hakst du nach.

Der Mann lacht freudlos. »Ich versuche bloß zu überleben. Was ist mit dir?«

»Ich bin hier notgelandet.« Knapp fasst du deine bisherigen Erlebnisse zusammen.

Marcelo hat das Lüftungsgitter mittlerweile gelöst und legt es neben sich ab. »Ein paar von der Stationsbesatzung leisten den Troopern Widerstand. Ich kann dich zu ihnen bringen. Wir können jede Hilfe gebrauchen.« Er streckt die Arme durch die Öffnung in der Decke und zieht sich ächzend nach oben. Kurz darauf ist er in dem Schacht verschwunden, streckt aber noch mal den Kopf und einen Arm heraus. »Kommst du? Glaub mir, die Trooper sind nicht scharf auf weitere Mitwisser. Aber du musst selbst wissen, was du tust. Wenn du nicht mitkommst, reich mir das Gitter, damit ich es wieder befestigen kann.«

*Willst du zu Marcelo in den Schacht klettern, lies weiter bei **178**.*
*Wenn du dich lieber den Troopern stellen willst, lies weiter bei **161**.*

170

Du öffnest die Tür des Technikraums zuerst nur einen Spaltbreit und lauschst. Die Kampfgeräusche sind jedoch verstummt. Dafür hörst du etwas anderes, es klingt wie ein Röcheln. Vorsichtig streckst du den Kopf hinaus und siehst dich um. Als deine Augen sich an das wenige Licht gewöhnt haben, siehst du an der Kreuzung, die eben noch umkämpft war, eine Gestalt liegen.
*Wenn du dich der Gestalt nähern willst, lies weiter bei **163**.*
*Wenn du lieber den Flur nehmen willst, den du gekommen bist, lies weiter bei **129**.*

171

Du drückst auch die Außentüren auseinander und spähst durch den Spalt in den Flur, der davor liegt. Dort scheint sich niemand aufzuhalten. Also zwängst du dich mühsam durch den Spalt und siehst dich auf dem Flur um.
An der Wand gegenüber dem Aufzug prangt der Text »Deck 4: Büros und Krankenstation«. Zu den Büros geht es nach rechts, zur Krankenstation nach links.
Bevor du dich genauer umsehen kannst, lassen dich Schritte aufhorchen. Sie nähern sich von rechts, wo in fünf Metern Abstand ein Flur abzweigt, aus dem die Geräusche kommen.
Wenn du dich nach links wendest, knickt der Flur nach wenigen Schritten um 90° ab. Dort wärest du erst mal außer Sicht.
*Willst du um die Ecke schleichen und dich verstecken, lies weiter bei **195**.*
*Wenn du abwarten willst, um zu sehen, wer sich dir nähert, lies weiter bei **180**.*

172

Du streckst dich, so weit du nur kannst, und zwängst die Finger in den schmalen Spalt zwischen den metallenen Schiebetüren. Aber deine Kraft reicht nicht aus, um die Tür mit nur einer Hand und ohne Werkzeug aufzustemmen. Zugleich merkst du, wie immer weniger Sauerstoff aus der Maske kommt.

Um nicht zu ersticken, holst du noch einmal tief Luft, reißt dir die Maske herunter und wirfst sie achtlos von dir. Dann schwingst du auch den zweiten Fuß auf den Absatz und klammerst dich mit den Fingern an der Spalte zwischen den Türen fest. Mit aller Kraft, die dir die aufkeimende Panik verleiht, zwängst du die Türhälften ein Stück auseinander und stemmst ein Knie dazwischen. Gierig saugst du frische Luft durch den entstandenen Spalt, aber dabei dringt auch Rauch in deine Lunge und du musst husten.

Du sammelst deine Kräfte und drückst, verbreiterst den Spalt, zwängst ein Bein und eine Schulter dazwischen, drückst weiter – und endlich ist es geschafft. Du stolperst in den Flur und fällst hustend auf die Knie. Hinter dir schließen sich die Aufzugtüren wieder.

Du hörst sich nähernde Schritte, bist aber außer Stande, schon wieder auf die Beine zu kommen. Von einem weiteren Hustenanfall geschüttelt, drehst du den Kopf, um zu sehen, wer sich dir nähert.

*Streiche das Atemgerät aus deinem Inventar und lies dann weiter bei **180**.*

173

»Ich habe die Maschine abgeschaltet. Alles wird wieder gut«, versuchst du den Mann zu beruhigen.

Der stößt ein rasselndes Seufzen aus und schließt die Augen wieder. Als du schon glaubst, dass er das Bewusstsein verloren hat, öffnet er die Augen noch einmal. »Verschwinde … von hier«, stößt er hervor.

»Wer hat Ihnen das angetan?«

»Figo …« Er stöhnt noch einmal und verstummt.

»Figo? Wer ist Figo?«, fragst du eindringlich und musst dich beherrschen, um den Mann nicht an der Schulter zu schütteln.

Da hörst du, wie sich die Tür hinter dir zischend öffnet und fährst herum.

Ein Trooper steht mit dem Gewehr im Anschlag in der Tür. »Waffe weg, Hände über den Kopf und weg von der Maschine«, fordert er.

*Gehorchst du, dann lies weiter bei **190**.*

*Wenn du hinter den Tischen in Deckung gehen und das Feuer eröffnen willst, lies weiter bei **K33**.*

174

Statt eine Liftkabine über die Anforderungstaste zu rufen, benutzt der Sergeant seinen Kommunikator. »Johansson, schick uns mal den Lift nach Deck 3. Wir haben zwei Gefangene.«

»Geht klar, Sergeant«, kommt die Antwort.

Die Anzeige über den Liftkabinen ändert sich. Die rechte der beiden Kabinen nähert sich von Deck 7. Als die Türen sich öffnen, quillt zwischen Kabine und Flur ein wenig Rauch hervor.

»Scheißdreck, da unten brennt's immer noch«, knurrt Andrews. »Hoffentlich fliegt uns nicht noch die ganze Station um die Ohren.« Er gibt dir und dem anderen Gefangenen einen Wink. »Rein mit euch und dann runter auf die Knie. Gesicht zur Rückwand.«

Du gehorchst. Das gefangene Stationsmitglied knurrt etwas, humpelt dann jedoch ebenfalls in die Kabine und kniet sich neben dich.
»Ich fahre allein mit ihnen hoch«, sagt Sergeant Andrews zu den beiden anderen Troopern. »Ihr haltet hinten an der Ecke die Stellung. Der Weg zum Hangar muss frei bleiben. Beim geringsten Anzeichen von Feindseligkeit wird geschossen, klar?«
»Aye, Sergeant.« Die beiden salutieren.
Andrews tritt zu euch in die Kabine, das Gewehr auf den Hinterkopf des anderen Gefangenen gerichtet. Er drückt auf die Taste für Deck 7 und die Lifttüren schließen sich.
Kaum dass der Lift angeruckt ist, schlägt der Gefangene mit dem Ellenbogen aus und trifft Andrews im Unterleib. Gleichzeitig duckt er sich weg, sodass der Schuss, der sich aus der Waffe des Sergeants löst, ins Leere geht. Knurrend springt der Mann auf, packt den Gewehrlauf mit der linken Hand und rammt die rechte Faust auf den Nothalteknopf. Der Aufzug kommt zum Stehen.
Die beiden Männer ringen um die Waffe und stolpern dabei durch die Kabine. Wieder löst sich ein Schuss und verfehlt dich nur um Haaresbreite. Der nächste könnte dich treffen. Du musst den Kampf beenden.
*Willst du dem Gefangenen helfen, lies weiter bei **167**.*
*Wenn du dem Sergeant helfen willst, lies weiter bei **181**.*

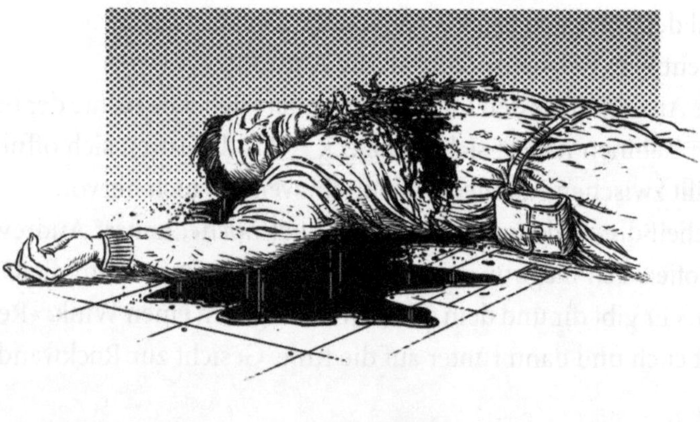

175

Mit einem Schmerzensschrei geht der Trooper zu Boden. Du atmest einmal tief durch und lässt deine Waffe sinken.

Im gleichen Moment stürmt ein weiterer Soldat in den Flur, rennt aber in Richtung Hangar davon.

»Schieß doch«, blafft dich die Frau an, die eben noch an der Kreuzung hinter dir gekämpft hat und nun neben dir auftaucht. Sie feuert dem Trooper eine Salve hinterher, aber der biegt schon am Ende des Flures um die Ecke. »Verdammt!«, flucht sie unbeherrscht. »Pedro, komm, wir müssen ihm nach, sonst holt er Verstärkung.«

Die beiden rennen den Flur hinunter und lassen dich einfach zurück. Eine Weile bist du konsterniert, dann folgst du ihnen zögernd, während sie schon die Ecke erreichen und dort Position beziehen.

Als du gerade den halben Weg geschafft hast und wieder die Kreuzung erreichst, an der du vorhin zum ersten Mal den Kampf bemerkt hast, hörst du plötzlich Blasterschüsse aus dem Hangarflur. Die Frau schreit auf und bricht zusammen. Pedro taumelt zurück und fasst sich an den Arm, ein weiterer Blasterschuss streckt auch ihn nieder. Offenbar ist die Verstärkung der Trooper schon da. Du musst hier so schnell wie möglich weg.

*Lies weiter bei **166**.*

176

Du klopfst von innen an die Abdeckung des Luftschachts. »Hallo? Hören Sie mich?« Die Frau zieht erschrocken die Luft ein.

»Absetzen«, flüstert jemand und du kannst durch die Lamellen der Abdeckung beobachten, wie die Männer die Leiche auf den Boden legen.

»Wer ist da?«, fragt der Mann, den der andere Krassimir genannt hat. »Zeig dich!«

Du drückst das Lüftungsgitter in das Zimmer und streckst beide Hände vor, um zu zeigen, dass du keine Waffe hast. »Marcelo hat mich hergebracht«, erklärst du hastig. »Er ist als Erster in den Raum geklettert, dann kam der andere und …« Du deutest auf die große Blutlache vor dir.

»Komm da raus«, schnarrt der andere Mann unfreundlich. Er hat einen Blaster auf dich gerichtet und starrt dich misstrauisch an.

»Nur die Ruhe, Shaban.« Krassimir drückt die Waffe seines Begleiters nach unten und wendet sich wieder dir zu. »Keine Sorge, wir sind auf deiner Seite. Komm aus dem Schacht.« Er lächelt aufmunternd.

Es ist unvermeidlich, in die Blutlache zu fassen, um aus dem Luftschacht zu kommen, aber du überwindest deinen Ekel und stehst vorsichtig auf. Deine blutigen Hände wischst du an deiner Hose ab.

Dein Blick fällt auf Marcelos Leichnam. Deine schlimmsten Vorstellungen erweisen sich als wahr. Andrej hat ihm mit Zähnen und Fingernägeln die Bauchdecke aufgerissen, zerfetzte Gedärme hängen halb heraus.

»Wer bist du?«, fragt Krassimir.

Du löst dich von dem grauenhaften Anblick und stellst dich vor. »Ich bin mit meinem Schiff hier notgelandet und dann im Hangar angegriffen worden. Die Männer dort schienen mir genauso wahnsinnig wie dieser Andrej. Habt ihr ihn erwischt?«

Krassimir nickt. »Ja, draußen im Flur, als er hinter Anna her war.« Er deutet auf die Frau.

Anna steht etwas abseits und ist leichenblass. Sie trägt eine Schwesternuniform. Du siehst dich in dem Raum um. Es gibt Betten und medizinisches Gerät. Du scheinst dich auf einem Zimmer der Krankenstation zu befinden.

Du blickst wieder auf die Leiche. »Was ist hier los? Warum drehen die Leute durch?«

»Das lässt du dir am besten von Doktor Figo erklären«, schlägt Krassimir vor. »Wir können dich zu ihm bringen, nur ein Stück den Flur runter.«
»Doktor Figo? Hat der hier das Kommando?«
Krassimir wiegt den Kopf. »Wenn man so will, ja. Der Doktor versucht uns zu helfen.« Er klingt noch immer freundlich, aber sein Begleiter beäugt dich voller Argwohn und hat seinen Blaster noch immer in der Hand. Dich beschleicht das ungute Gefühl, dass du Krassimirs Angebot lieber nicht ablehnen solltest. Aber du willst ja sowieso Antworten haben. Vielleicht bekommst du sie von diesem Figo endlich.
»In Ordnung«, willigst du ein.
»Gut, dann komm.« An der Tür wendet sich Krassimir noch einmal zu Anna um. »Wir holen die Leiche gleich.«
Die Schwester nickt schwach.
Krassimir geht voran und winkt dir, ihm zu folgen. Sein Kollege bleibt hinter dir und macht nach wie vor keine Anstalten, seine Waffe wegzustecken.
*Lies weiter bei **202**.*

177

Du gehst leise den Flur entlang. Auf der linken Seite gibt es einige Türen. Den Schildern neben ihnen zufolge führen sie zu Büros der einzelnen Mitarbeiter. Sie sind jedoch alle elektronisch verriegelt und haben auch keinen Schlitz für eine Keycard.

Auf der rechten Seite des Korridors gibt es vor der Kreuzung nur eine Tür mit der Aufschrift »Sitzungsraum 1«. Diese Tür könntest du mit der Keycard öffnen.

*Möchtest du die Tür öffnen, lies weiter bei **194**.*

*Wenn du weiter auf die Kreuzung zugehen willst, geht es weiter bei **232**.*

178

Nach kurzem Überlegen steigst du die Frachtkisten empor, um ebenfalls in den Lüftungsschacht zu klettern.

»Gib mir trotzdem schon mal das Gitter«, fordert Marcelo und du reichst es ihm. Er hält es mit einer Hand fest, während du dich nach oben ziehst und in den schmalen Schacht zwängst. Als du es endlich geschafft hast, bringt Marcelo das Gitter wieder an seinem Platz an. Dann wendet er sich von dir ab und kriecht voran.

Der Schacht misst etwa einen Meter im Quadrat, sodass ihr auf Knien und Unterarmen vorwärts kriechen könnt. In regelmäßigen Abständen spenden weitere Lüftungsgitter Licht. Immer wenn du über ein Gitter kriechst, erhaschst du einen kurzen Blick in den darunter liegenden Raum. Meist sind es nur verwaiste Frachträume und du kriechst einfach weiter, aber unter einem der Gitter liegen zwei Leichen. Für einen Moment hältst du inne und starrst die buchstäblich zerfetzten Körper an, die aussehen, als seien Raubtiere über sie hergefallen, dann kriechst du schnell weiter.

Nachdem ihr eine gefühlte Ewigkeit geradeaus gekrochen seid, hält Marcelo plötzlich an. Unweit eines Lüftungsgitters mündet ein weiterer Schacht von oben in euren. Aus ihm hängt ein Seil.

Marcelo richtet sich auf, packt das Seil, stemmt den Rücken gegen die eine Seite des Schachtes und die Knie gegen die andere und zieht sich ächzend nach oben. Mit einem mulmigen Gefühl blickst du ihm nach, als er in dem dunklen Schacht verschwindet.

Aber nicht mal eine Minute später hörst du ein erleichtertes Seufzen von oben. »Jetzt du«, sagt Marcelo aufmunternd. »Es ist nicht weit.«

Mühsam kletterst du an dem Seil empor. Über dir wird es plötzlich heller. Als du das Ende des senkrechten Schachts erreichst, siehst du, dass Marcelo ein paar Meter weiter eine Abdeckung von einem Lüftungsschacht abgenommen hat und in den Raum dahinter gekrochen ist, von dem du den Boden sehen kannst. Also müsst ihr euch jetzt auf Deck 4 befinden.

Du willst ihm gerade hinterherkriechen, als jemand in das Zimmer kommt.

*Lies weiter bei **184**.*

179

Lautlos schlüpfst du wieder in das Krankenzimmer und wartest einige Minuten ab. Als du vom Korridor keine Geräusche mehr hörst, wagst du dich hinaus. Der Flur ist nun leer und die Leiche verschwunden.

*Notiere dir das Ereignis 179 auf dem Datenblatt und lies weiter bei **210**.*

180

Zwei Männer in den Uniformen der Raumstation kommen von der nächsten Kreuzung her auf dich zu. Einer von beiden zückt einen Handblaster, aber der andere hält ihn zurück. »Der gehört nicht zu Lundbergs Leuten«, sagt er und kommt mit leicht erhobenen Händen auf dich zu. »Wer bist du?«, fragt er.
Mit krächzender Stimme stellst du dich vor und räusperst dich ein paarmal. »Ich bin mit meinem Schiff hier notgelandet«, setzt du hinzu. »Bin im Hangar angegriffen worden. Was ist hier los?«
»Ich bin Krassimir«, stellt sich der freundliche Mann vor. »Genau kann ich dir auch nicht sagen, was passiert ist. Aber Doktor Figo könnte dir alles erklären.«
»Doktor Figo? Hat der hier das Kommando?«
Krassimir wiegt den Kopf. »Wenn man so will, ja. Der Doktor versucht uns zu helfen. Komm, wir bringen dich zu ihm. Er ist gleich da hinten in der Krankenstation.« Er deutet auf die Ecke des Flurs. Krassimir klingt noch immer freundlich, aber sein Begleiter beäugt dich voller Misstrauen und hat seinen Blaster nach wie vor in der Hand. Dich beschleicht das ungute Gefühl, dass du Krassimirs Angebot lieber nicht ablehnen solltest. Aber du willst ja sowieso Antworten haben. Vielleicht bekommst du sie von diesem Figo endlich.
»In Ordnung, bringt mich zu ihm«, willigst du ein.
Krassimir geht voran und winkt dir, ihm zu folgen. Sein Kollege bleibt hinter dir und macht keine Anstalten, seine Waffe wegzustecken.
*Lies weiter bei **202**.*

181

Du springst auf die Füße und verpasst dem Gefangenen einen gezielten Fausthieb in die Nierengegend. Stöhnend sackt er auf ein Knie. Sergeant Andrews kann ihm die Waffe entreißen und schlägt den Gefangenen mit dem Gewehrkolben nieder. Schwer atmend starrt er dich an. »Danke«, murmelt er leise und nickt dann in Richtung der Kontrollen.

Du löst den Nothalt auf und der Lift fährt weiter, kommt aber fast unmittelbar wieder ruckartig zum Stehen. Für einen Moment kämpfst du um dein Gleichgewicht.

»Scheiße, was soll das denn?«, flucht Andrews. Argwöhnisch sieht er in deine Richtung.

Du hebst abwehrend die Hände. »Ich habe nichts angefasst.«

Der Gefangene kommt stöhnend wieder zu sich.

*Lies weiter bei **192**.*

182

Du gehst den Flur in Richtung Büros entlang, bis er nach rechts abknickt. Hinter der Ecke liegt der Aufzug und ein paar Meter davon entfernt stehen zwei Männer in der Kleidung der Stationsbesatzung an einer Kreuzung und unterhalten sich. Noch haben die beiden dich nicht bemerkt, aber jeden Moment könnten sie in deine Richtung blicken.

*Willst du auf die Männer zugehen und sie ansprechen, lies weiter bei **196**.*

*Wenn du dich lieber in die Krankenstation zurückziehen willst, kehre zurück zu **210**.*

183

Du gehst in Richtung der Büros und erreichst schon nach wenigen Metern eine Kreuzung, an der ein Gang nach rechts abzweigt. Dem Wegweiser zufolge geht es dort zum Büro-Block C und zum Übergang nach Deck 5. Geradeaus zeigt es zu den Büro-Blöcken A/B/D und den Sitzungsräumen. Beide Flure sind leer.

Während du noch überlegst, wohin du dich wenden sollst, öffnet sich weiter vorn eine Tür und jemand tritt in den Flur. Er trägt die Uniform der Stationsbesatzung und wendet dir den Rücken zu. Er scheint mit jemandem zu sprechen, der sich noch hinter der Tür befindet. Dann tritt ein zweiter, größerer Mann in den Flur, auch er in der Uniform der Stationsbesatzung. Noch haben die beiden dich nicht bemerkt, aber jeden Moment könnten sie in deine Richtung blicken.

Willst du dich im abzweigenden Flur verstecken, lies weiter bei ***223****.*
Willst du die Männer ansprechen, lies weiter bei ***196****.*

184

Marcelo steht auf und fährt zu dem Neuankömmling herum. Da du immer noch gut zwei Meter tief in dem Lüftungsschacht steckst, kannst du nur ihre Füße und Unterschenkel sehen und ihre Stimmen hören.

»Ach du bist es, Andrej«, hörst du Marcelo sagen. Er klingt, als habe er befürchtet, es sei jemand anderes. Doch als er fortfährt, klingt seine Stimme ernst. »Du siehst nicht gut aus.«

»Warst du auf Deck 3? Was hast du da unten gemacht?«

Die Stimme des anderen ist ein heiseres Grollen, das dir einen Schauder über den Rücken jagt. »Hast du nach Verax gesucht?«

»Nein … ich meine, ja, aber ich habe nichts gefunden.« Marcelo bückt sich vor den Ausgang des Lüftungsschachts. Mit einer knappen Geste bedeutet er dir, zu bleiben, wo du bist. Dann setzt er die Abdeckung wieder an ihren Platz. Durch die geneigten Lamellen kannst du fast nichts mehr erkennen.

»Ich brauche unbedingt was«, knurrt Andrej. »Ich halte es nicht mehr aus.«

»Geh zum Doktor, vielleicht gibt der dir eine Dosis.«

»Figo rückt nichts raus, dieses verdammte Arschloch!«, brüllt Andrej unvermittelt und du hörst einen dumpfen Schlag.

»Beruhige dich. Ohne Doktor Figo kriegst du die Sucht nicht in den Griff. Er …«

»Ohne Figo wären wir alle gar nicht in diese Scheiße geraten. Ich werde diesen Dreckskerl in Stücke reißen.« Undeutlich siehst du Bewegungen.

»Du musst ruhig bleiben, sonst beschleunigst du die Wirkung …«

»Lass mich los!«, faucht Andrej und du hörst Marcelo aufstöhnen. Etwas fällt direkt vor den Lüftungsschacht, sodass du gar nichts mehr sehen kannst. Du ahnst, dass es Marcelos Körper ist.

»Andrej, nein!« Marcelo klingt nun panisch. »Bleib ruhig oder ich …«

Du hörst Andrej knurren, dann schreit Marcelo vor Schmerzen und wird gegen die Abdeckung gedrückt. Immer lauter werden Marcelos Schreie, dann hören sie abrupt auf.

Stattdessen hörst du ein schmatzendes Geräusch. Ein widerwärtiger metallischer Geruch dringt durch die Abdeckung. Reglos verharrst du in deinem Versteck und wartest ab.

*Lies weiter bei **191**.*

185

Rasch wendest du dich in die entgegengesetzte Richtung und schleichst den Flur entlang bis zur nächsten Ecke, wo er um 90° nach links abknickt. Du versteckst dich hinter der Ecke und bist damit für die Männer außer Sicht. Du beobachtest, wie sie irgendetwas mit der Leiche machen.

Plötzlich spürst du einen Luftzug hinter dir, drehst noch den Kopf, siehst aber nur noch für einen Bruchteil einer Sekunde einen Trooper vor dir aufragen. Dann trifft dich der Kolben seines Gewehrs an der Schläfe und du brichst bewusstlos zusammen.

*Lies weiter bei **276**.*

186

Du rennst zurück in die Liftkabine und drückst hektisch auf die erstbeste Schaltfläche. Nichts geschieht, die Türen schließen sich nicht. Noch einmal versuchst du es – vergebens. Irgendwer muss das Liftsystem blockiert haben.

Draußen hörst du bereits die Schritte der Irren, sie sind ganz nah. Mit zitternden Händen hebst du deinen Blaster und eröffnest das Feuer, als der Erste der Wahnsinnigen auftaucht.

Auf die kurze Distanz kannst du ihn nicht verfehlen und jagst eine ganze Salve von Blasterstrahlen in seinen zuckenden Körper. Plötzlich bekommt der Irre von hinten einen Stoß, macht noch einen stolpernden Schritt in die Kabine und bricht dann zusammen. In der Enge des Lifts kannst du ihm nicht ausweichen und er reißt dich mit sich zu Boden.

Hektisch versuchst du, die Hand mit dem Blaster freizubekommen. Du hebst sie, um auf den zweiten Irren zu schießen, aber der ist schon über dir und schwingt seine Hand. Kurz siehst du etwas aufblitzen, dann spürst du einen scharfen Schmerz an deinem Handgelenk. Blut spritzt durch die Liftkabine, der Blaster entgleitet deinen erschlaffenden Fingern und deine Hand klappt nach unten. Sie hängt nur noch an einem Hautfetzen und ein paar Sehnen.

Während du noch geschockt auf die furchtbare Wunde starrst, holt der Irre ein weiteres Mal aus. Du erkennst, dass er eine lange Glasscherbe in der Hand hält, die er dir nun mit Schwung seitlich in den Hals rammt.

Dein Abenteuer endet hier.

187

Plötzlich öffnet sich die Tür und zwei Männer mit Blastern kommen herein. Brüllend fährt dein Gegner zu ihnen herum und greift sie an. Beide feuern und dein Gegner bricht unter den Blasterstrahlen stöhnend zusammen.

Die beiden Männer starren eine Weile auf den Toten. Der Größere der beiden ist bleich geworden und der Blaster zittert in seiner Hand. Der andere wirkt ruhiger. Er sieht dich misstrauisch an, steckt dann aber seinen Blaster weg und kommt lächelnd auf dich zu. »Ich bin Krassimir, wer bist du?«

Du löst dich von dem Anblick des Toten und stellst dich vor. »Ich bin mit meinem Schiff hier notgelandet und dann im Hangar angegriffen worden. Die Männer dort schienen mir genauso wahnsinnig wie dieser hier zu sein. Was ist hier los? Warum drehen die Leute durch?«

»Das lässt du dir am besten von Doktor Figo erklären«, schlägt Krassimir vor. »Wir können dich zu ihm bringen, nur ein Stück den Flur runter.« Er deutet auf die Tür.

»Doktor Figo? Hat der hier das Kommando?«

Krassimir wiegt den Kopf. »Wenn man so will, ja. Der Doktor versucht uns zu helfen.« Er klingt noch immer freundlich, aber sein Begleiter, der sich mittlerweile gefangen zu haben scheint, beäugt dich voller Misstrauen. Dich beschleicht das ungute Gefühl, dass du Krassimirs Angebot lieber nicht ablehnen solltest. Aber du willst ja sowieso Antworten haben. Vielleicht bekommst du sie von diesem Figo endlich.

»In Ordnung«, willigst du ein.

»Gut, dann komm.« Krassimir geht voran und winkt dir, ihm zu folgen. Sein Kollege bleibt hinter dir und macht keine Anstalten, seine Waffe wegzustecken.

*Lies weiter bei **202**.*

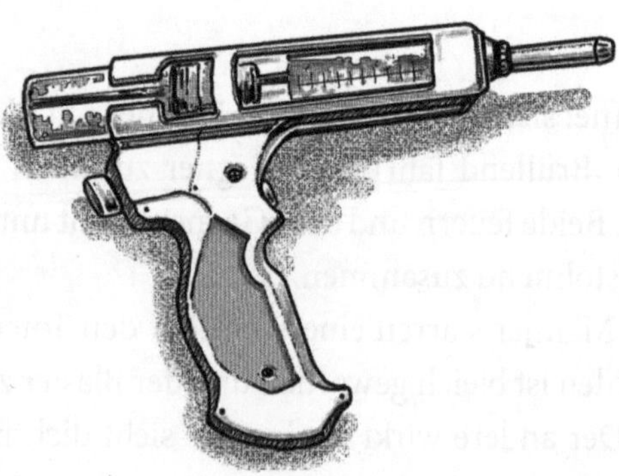

188

Du eilst dem Mann hinterher und holst ihn rasch wieder ein, da er mit seiner Last nicht allzu schnell vorankommt. Du läufst neben ihm her den langen Flur entlang, der auf beiden Seiten von Türen gesäumt ist. Der Mann beachtet dich nicht weiter.

Schließlich erreicht ihr eine breite Tür mit einem Fenster in Kopfhöhe. Du blickst durch das Fenster in einen Raum, der wie ein Operationssaal aussieht. Ein Mann in blutbeflecktem Kittel ist gerade über einen Körper gebeugt, der auf einem der Operationstische liegt.

Dein Begleiter drückt auf den Taster neben der Tür und sie fährt zur Seite. Mit dem noch immer bewusstlosen Sergeant auf der Schulter tritt er in den Raum.

*Willst du mit ihm eintreten, lies weiter bei **214**.*

*Wenn du lieber im Flur bleiben und dich umsehen willst, lies weiter bei **210**.*

189

Die Türen auf der einen Seite sind mit dem Buchstaben A und aufsteigenden Zahlen versehen. Keine von ihnen öffnet sich auf deine Annäherung hin, aber sie haben einen Taster, mit dem man sie von Hand öffnen könnte. Allerdings sind die meisten verriegelt, denn über deren Tastern leuchtet ein rotes Lämpchen.

Nur zwei Türen scheinen sich öffnen zu lassen. Die Tür mit der Aufschrift A4 führt zu dem Raum, wo du mit Marcelo angekommen bist. Diesen Raum brauchst du also nicht noch einmal zu durchsuchen. Du lauschst an der Tür mit der Aufschrift A5, kannst aber nichts hören.

*Wenn du die Tür mit der Aufschrift A5 öffnen willst, lies weiter bei **201**.*

*Wenn du dich lieber von den Türen abwenden möchtest, lies weiter bei **210**.*

190

Du lässt die Waffe fallen und sie landet klappernd auf dem Boden. Betont langsam hebst du die Hände über den Kopf und trittst einen Schritt vor.

»Was hast du hier zu suchen?«, blafft der Trooper. Er sieht noch recht jung aus. An seiner Brust ist ein Namensschild auf dem »E. Alonso« steht. »Bist du einer von den Saboteuren?«

»Ich weiß nichts von irgendwelchen Saboteuren«, beteuerst du. »Ich bin mit meinem Schiff vor Kurzem hier notgelandet. Im Hangar bin ich von Wahnsinnigen angegriffen worden und durch Zufall auf diesen Raum gestoßen. Ich will verdammt noch mal wissen, was hier los ist.«

»Rüber zu mir, hier an die Wand, los!«, kommandiert Alonso, ohne auf deine Worte einzugehen.

Du gehorchst und er durchsucht dich nach weiteren Waffen.

Streiche alle Waffen aus deinem Inventar.

Als er seine Durchsuchung beendet hat, wirbelt er dich grob wieder herum. »Da lang.«
»Aber wir müssen dem Mann helfen«, widersprichst du. »Ihm wurde fast das ganze Blut abgesaugt. Warum ...?« Du stöhnst vor Schmerz, als er dir grob den Lauf seiner Waffe zwischen die Rippen stößt.
»Dem kann keiner mehr helfen. Los, beweg dich.« Er versetzt dir einen Stoß und du stolperst zur Tür.
»Wohin bringen Sie mich?«
»Zu Doktor Figo. Soll der entscheiden, was mit dir passiert.« Alonso öffnet die Tür.
Figo. Das ist der Name, den der Mann auf dem Tisch erwähnt hat.
*Willst du versuchen, Alonso zu überraschen und ihm die Waffe zu entreißen, lies weiter bei **K12**.*
*Lässt du dich widerstandslos zu diesem Figo bringen, lies weiter bei **205**.*

191

Das Schmatzen geht weiter und der Gestank von Exkrementen zieht in den Lüftungsschacht. Die ausgeweideten Körper, die du vom Lüftungsschacht aus in einem der Frachträume gesehen hast, kommen dir in den Sinn. Zusammen mit den Geräuschen setzt sich vor deinem geistigen Auge ein Bild zusammen, wie Andrej Marcelos Leiche aufreißt und seine Innereien verspeist. Nur mit Mühe kannst du ein Würgen unterdrücken.
Plötzlich nähern sich Schritte. Du hörst die Tür des Zimmers zischen, dann den erschrockenen Ausruf einer Frau. »Bei allen Sternen, Andrej, was hast du getan?«
Die Antwort ist ein animalisches Knurren, das nichts Menschliches mehr an sich hat. Die Frau schreit auf und ihre hastigen Schritte entfernen sich. Weitere Schritte, Andrej scheint sie zu

verfolgen. Kurz darauf folgen Blasterschüsse, ein lautes Brüllen, dann schließt sich die Tür zischend und du hörst nichts mehr.
Du wartest mit klopfendem Herzen ab. Was ist geschehen? Hat Andrej auch die Frau getötet? Kommt er zurück, um weiterzufressen? Du lauschst angestrengt.
Unvermittelt öffnet die Tür sich wieder und du vernimmst zögernde Schritte.
»Oh verdammt«, flüstert ein Mann. Eine Frau schluchzt. Ob es dieselbe ist wie vorher, kannst du nicht sagen.
»Los Krassimir, bringen wir ihn zu den anderen«, sagt ein zweiter Mann.
Marcelos Körper wird angehoben, sodass du wieder etwas mehr erkennen kannst. Drei Personen scheinen im Raum zu sein.
*Willst du auf dich aufmerksam machen, lies weiter bei **176**.*
*Wenn du lieber abwarten willst, bis sie den Raum verlassen haben, lies weiter bei **199**.*

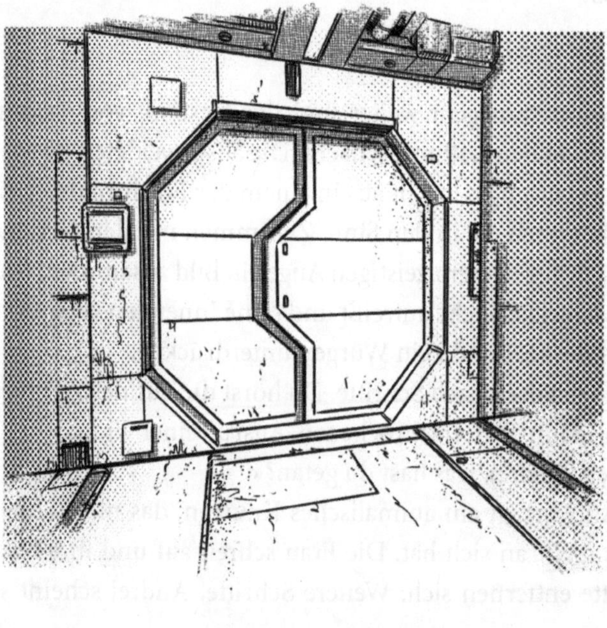

192

Der Sergeant hebt seinen Kommunikator vor das Gesicht. »Was ist los, Johansson? Wieso hält der Lift auf Deck 5?«

»Tut mir leid, Sergeant. Da scheint irgendwo eine Sicherung durchgebrannt zu sein. Ich kann nichts machen. Ich frage nach, was los ist.«

Andrews murmelt etwas vor sich hin und schüttelt missmutig den Kopf.

Es dauert mehr als eine Minute, bis sich wieder jemand über den Kommunikator meldet. »Andrews? Hier Lieutenant Gruber.«

»Ja, Sir?«

»Sieht so aus, als stecken Sie für den Moment fest. Auf Deck 2 ist einiges im Argen und wir haben den Kontakt zu McPherson und Vaskova verloren, die da alles reparieren sollten. Kommen Sie klar?«

»Nur eine Weile, Sir. Es dringt Rauch in die Kabine.«

Der Geruch ist dir auch schon aufgefallen, aber bislang dachtest du, er sei beim Einsteigen mit in die Kabine gezogen. Erst jetzt bemerkst du, wie durch den Schlitz unter den Türen Rauch ins Innere quillt.

Es dauert einige Augenblicke, bis der Lieutenant antwortet. »Deck 5 ist nicht sicher, Sergeant. Wir haben nur sehr eingeschränkte Sicht auf die Flure und von den Laboren sehen wir gar nichts. Halten Sie so lange in der Kabine aus, wie möglich. Wir tun, was wir können, um den Lift wieder in Gang zu kriegen.«

»Aye, Sir.«

Es vergehen ein paar Minuten in bedrücktem Schweigen. Der Gefangene beginnt zu husten. Eure Füße sind mittlerweile von Rauchschwaden umwölkt.

»Machen Sie die Tür auf, wir ersticken hier bald«, krächzt der Gefangene.

»Einen Scheiß werde ich. Wahrscheinlich warten da draußen ein paar Berserker nur darauf, uns zu zerfleischen.«

»Aber Sie sind doch bewaffnet«, hält der Gefangene ihm entgegen.
Auch du verspürst ein Kratzen im Hals und räusperst dich. »Er hat recht. Wir können nicht länger hierbleiben.«
Andrews zieht die Brauen zusammen, doch auch er muss schon husten. »Verdammter Mist«, knurrt er und hebt den Kommunikator. »Lieutenant, wir müssen hier raus.«
»In Ordnung, Sergeant. Suchen Sie sich eine sichere Stellung und halten Sie aus. Viel Glück.«
»Verstanden, Sir.« Andrews richtet seine Waffe auf die Tür. »Entriegeln«, befiehlt er dir.
*Lies weiter bei **323**.*

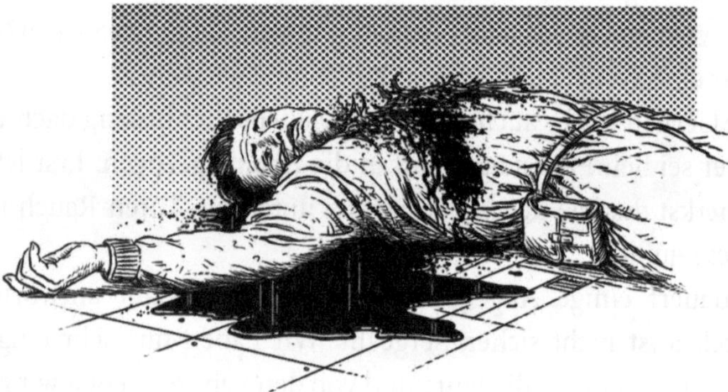

193

Du betrittst einen schmalen Raum, in dem zwei Betten stehen, offenbar ein Krankenzimmer. Ein Mann in der Uniform der Stationsbesatzung ist gerade dabei, einen Metallschrank zu durchwühlen. Den Inhalt hat er überall über den Boden verstreut. Er ist so vertieft in seine Suche, dass er dich erst bemerkt, als die Tür sich zischend hinter dir schließt.
Er fährt zu dir herum und mustert dich misstrauisch. »Hast du was bei dir?«, fragt er.

»Was meinst du?«, fragst du überrumpelt zurück.
Der Mann kommt auf dich zu. Seine Augen sind unnatürlich aufgerissen und er schwitzt. »Du weißt genau, wovon ich rede. Eine Dosis. Hast du was bei dir?«
»Ich weiß nicht, wovon du redest.« Du weichst zur Tür zurück und streckst die Hand nach dem Taster aus.
Unvermittelt springt der Mann vor, packt deinen Arm und zieht dich grob von der Tür weg. »Wo ist es?«, brüllt er dich an und bleckt die Zähne. »Gib mir was.« Sein Gesicht ist verzerrt und läuft rot an. Seine Augen quellen hervor. Er bekommt immer mehr Ähnlichkeit mit den Angreifern im Hangar.
»Ich bin eben erst auf der Station gelandet«, versuchst du ihn zu beschwichtigen. »Ich weiß wirklich nicht, was für eine Dosis ...«
»Du Scheißkerl willst es für dich behalten!« Der Mann stürzt sich mit bloßen Händen auf dich.
*Lies weiter bei **K27**.*

194

Mit der Keycard öffnest du die Tür und sie gleitet mit einem leisen Zischen beiseite. Besorgt blickst du zu dem Trooper, aber er hat das Geräusch offenbar nicht gehört und wendet dir immer noch den Rücken zu.
Hinter der Tür ist ein kleiner Vorraum. Das Mobiliar, bestehend aus einigen Stehtischen und Regalen, liegt zertrümmert auf dem Boden verstreut. Eine weitere Tür führt in den eigentlichen Sitzungsraum. Du trittst näher und lauschst, kannst aber nichts hören.
Also berührst du den Taster, der die Schiebetür zum Sitzungssaal öffnet, und betrittst ihn mit schussbereiter Waffe.
Es ist ein großer Raum voller Tische und Stühle, die aber nicht ordentlich aufgereiht, sondern am Ende des Raumes zu einem

Haufen gestapelt sind. Einzige Ausnahme sind zwei Tische, die rechts von dir in einer Ecke stehen. Auf ihnen liegen zwei Personen, ein Mann und eine Frau, beide in mittleren Jahren. Sie tragen die Overalls der Stationsbesatzung, sind provisorisch an die Tischbeine gefesselt und mit dicken Schläuchen an eine Maschine angeschlossen. Erst als du näher trittst, erkennst du, dass die Schläuche mit dicken Kanülen an den Hälsen der beiden verbunden sind. Bei der Frau ist der Schlauch bis auf ein paar Flecken leer. Sie starrt blicklos zur Decke. Ihr Gesicht ist eingefallen, die Haut aschfahl – offensichtlich ist sie tot.
Der Schlauch beim Mann ist hingegen mit Blut gefüllt. Zuerst glaubst du, dass die Maschine das Blut der Frau dem Mann verabreicht, aber dann erkennst du bei der Maschine einen Behälter, der sich langsam mit Blut füllt. Auch der Mann wird ausgeblutet!
Er stöhnt leise.
*Willst du versuchen, die Maschine abzuschalten, lies weiter bei **228**.*
*Falls du die Kanüle aus dem Hals des Mannes ziehen willst, lies weiter bei **212**.*
*Wenn du Hals über Kopf aus dem Raum fliehen willst, lies weiter bei **251**.*

195

Du schleichst rasch um die Ecke, wo sich ein weiterer langer Flur anschließt, der auf beiden Seiten von wenigen Türen gesäumt ist. Hier ist niemand zu sehen. Damit dich deine Schritte nicht verraten, wartest du hinter der Ecke und spähst zurück zum Lift, um zu sehen, ob du verfolgt wirst.
Du siehst zwei Männer in den Uniformen der Station aus einem Korridor kommen. Sie biegen aber in Richtung Büros ab, stellen also keine Gefahr für dich dar. Du beobachtest sie weiter, bis sie durch eine Tür gehen und verschwinden.

*Willst du am Lift vorbei zu dem abzweigenden Gang gehen, aus dem die beiden Männer kamen, lies weiter bei **206**.*
*Wenn du den Krankenstationskorridor erkunden willst, lies weiter bei **210**.*

196

»Hallo?«, rufst du in Richtung der Männer und sie zucken sichtlich erschrocken zusammen. Der Größere der beiden zückt einen Blaster. Du hebst rasch die Hände, damit sie dich nicht für eine Bedrohung halten.
Die beiden kommen näher. Der Kleinere lächelt unverbindlich, während der mit dem Blaster dich misstrauisch mustert.
»Wer bist du?«, fragt der freundliche Mann, als er dich erreicht hat.
Du stellst dich kurz vor. »Ich bin mit meinem Schiff hier notgelandet«, setzt du hinzu. »Im Hangar bin ich dann angegriffen worden. Was ist hier los?«
»Ich bin Krassimir«, stellt sich der Mann vor. »Genau kann ich dir auch nicht sagen, was passiert ist. Aber Doktor Figo könnte dir alles erklären.«
»Doktor Figo? Hat der hier das Kommando?«
Krassimir wiegt den Kopf. »Wenn man so will, ja. Der Doktor versucht uns zu helfen. Komm, wir bringen dich zu ihm. Er ist gleich da hinten in der Krankenstation.« Er deutet auf den Flur, aus dem du gekommen bist.
Krassimir klingt noch immer freundlich, aber sein Begleiter beäugt dich argwöhnisch und hat seinen Blaster nach wie vor in der Hand. Dich beschleicht das ungute Gefühl, dass du das Angebot lieber nicht ablehnen solltest. Aber du willst ja sowieso Antworten haben. Vielleicht bekommst du sie von diesem Figo endlich.
»In Ordnung, bringt mich zu ihm«, willigst du ein.

Krassimir geht voran und winkt dir, ihm zu folgen. Sein Kollege bleibt hinter dir und macht keine Anstalten, seine Waffe wegzustecken. Gemeinsam geht ihr am Aufzug vorbei und biegt um die dahinter liegende Ecke des Flures.
*Lies weiter bei **202**.*

197

Du bist erst ein paar Meter auf den Trooper zugelaufen, als dir klar wird, dass das ein Fehler war. Nun, da du ihn genauer sehen kannst, erkennst du, dass seine Rüstung fleckig und sein Gesicht verschmiert ist. Die Haare stehen ihm wirr vom Kopf ab. Du bist dir ziemlich sicher, dass auch dieser Trooper vom Wahnsinn befallen ist. Wie zur Bestätigung stößt er ein heiseres Brüllen aus. Zur Antwort kommt von weiter hinten ein genauso animalisch klingender Laut. Ein weiterer Mann kommt um die Ecke und nähert sich mit langen Schritten.
In Panik wendest du dich zur Flucht.
*Willst du zurück in die Liftkabine, um damit zu entkommen, lies weiter bei **186**.*
*Wenn du weiter den Flur entlang bis zur Ecke rennen willst, lies weiter bei **229**.*

198

Vorsichtig trittst du an die breite Tür mit dem Fenster heran und spähst durch das Glas. Dahinter liegt ein großer, hell erleuchteter Raum, der wie ein Operationssaal aussieht. Du siehst einen Mann in einem Arztkittel, der über einen Operationstisch gebeugt ist. Darauf liegt die nackte Leiche eines Mannes.
*Willst du den Operationssaal betreten, lies weiter bei **222**.*
*Wenn du dich wieder anderswo umsehen willst, gehe zurück zu **210**.*

199

Du verhältst dich weiter still und wartest ab, bis die beiden Männer und die Frau den Raum verlassen haben und die Tür sich zischend hinter ihnen geschlossen hat. Erst dann stemmst du dich gegen die Abdeckung und drückst sie heraus. Um aus dem Schacht zu klettern, lässt es sich nicht vermeiden, in die große Blutlache zu fassen, die Marcelos Leiche hinterlassen hat. Du überwindest deinen Ekel und stehst vorsichtig auf. Deine blutigen Hände wischst du an deiner Hose ab. Bei der Menge an Blut bist du froh, dass dir immerhin der Anblick von Marcelos Leiche erspart bleibt.
Du siehst dich in dem Raum um. Es gibt Betten und medizinisches Gerät. Vermutlich ist es ein Zimmer der Krankenstation. Der Raum hat nur den einen Ausgang, also gehst du zur Tür und lauschst auf Geräusche im Flur. Nichts zu hören. Hier auszuharren, bringt dich auch nicht weiter, also betätigst du nach kurzem Zögern den Taster, der die Tür öffnet.
Vorsichtig blickst du nach links und rechts den Gang hinunter. Es ist niemand zu sehen. Also trittst du auf den Flur.
Du stehst ungefähr in der Mitte des langen Korridors, der durch die Krankenstation führt. Auf beiden Seiten gibt es ein paar Türen. Eine davon ist besonders breit und teilweise verglast, sodass man ins Innere blicken kann. Von dort hörst du Stimmen und erkennst die von Krassimir wieder. Dorthin haben sie Marcelo also gebracht. Ein Stück weiter hinten im Flur liegt ein Mann auf dem Boden, vermutlich tot. Ob das Andrejs Leiche ist?
Plötzlich öffnet sich die breite Tür und zwei Männer kommen heraus. Sie wenden sich Andrejs Leiche zu und bemerken dich deshalb nicht.

*Willst du dich schnell wieder im Krankenzimmer verstecken, dann lies weiter bei **179**.*

*Falls du stattdessen bis zur Ecke des Korridors schleichen und dich dort verstecken willst, lies weiter bei **185**.*

200

Du willst die Frau nicht dem gleichen Schicksal überlassen, das das andere Opfer des Menschenfressers ereilt hat. Aber wohin kannst du sie lotsen?

Du überfliegst schnell das Raster der Displays. Neben dem Schleusenraum, in dem du dich befindest, scheint es noch drei weitere zu geben. Sie sind durch Flure miteinander verbunden. Du selbst befindest dich auf D7, die anderen Schleusenräume auf A4, D1 und G4. Du musst der Frau helfen, eine der Schleusen zu erreichen, bevor ihr Verfolger sie einholt. Auf dem Kontrollpult kannst du allerdings nicht erkennen, welche Labors mit welchen anderen verbunden sind. Außerdem ist zumindest der Flur, der von der Schleuse des Raums abgeht, in dem du dich befindest, blockiert.

Trage jetzt auf dem Datenblatt beim Zähler eine 1 ein.

In den kommenden Abschnitten wirst du aufgefordert, auf dem Datenblatt bei Vorsprung / Zähler die eingetragene Zahl jeweils um eins zu erhöhen. Sie symbolisiert die Anzahl an Raumwechseln, die du gebraucht hast, um die Frau zu einem bestimmten Punkt zu leiten.

Erreicht die Zahl eine bestimmte Grenze, musst du einen Ereignis-Abschnitt lesen, der dir jeweils angegeben wird.

Der Irre befindet sich nach wie vor im Labor F7, kurz vor der Tür nach F6. Die Frau steht noch immer im Labor F5, von wo Türen nach links, nach rechts und nach unten führen.

*Willst du die Frau nach links (E5) schicken, lies weiter bei **253**.*

*Willst du sie nach rechts (G5) dirigieren, lies weiter bei **220**.*

*Willst du sie nach unten (F6) schicken, weiter bei **216**.*

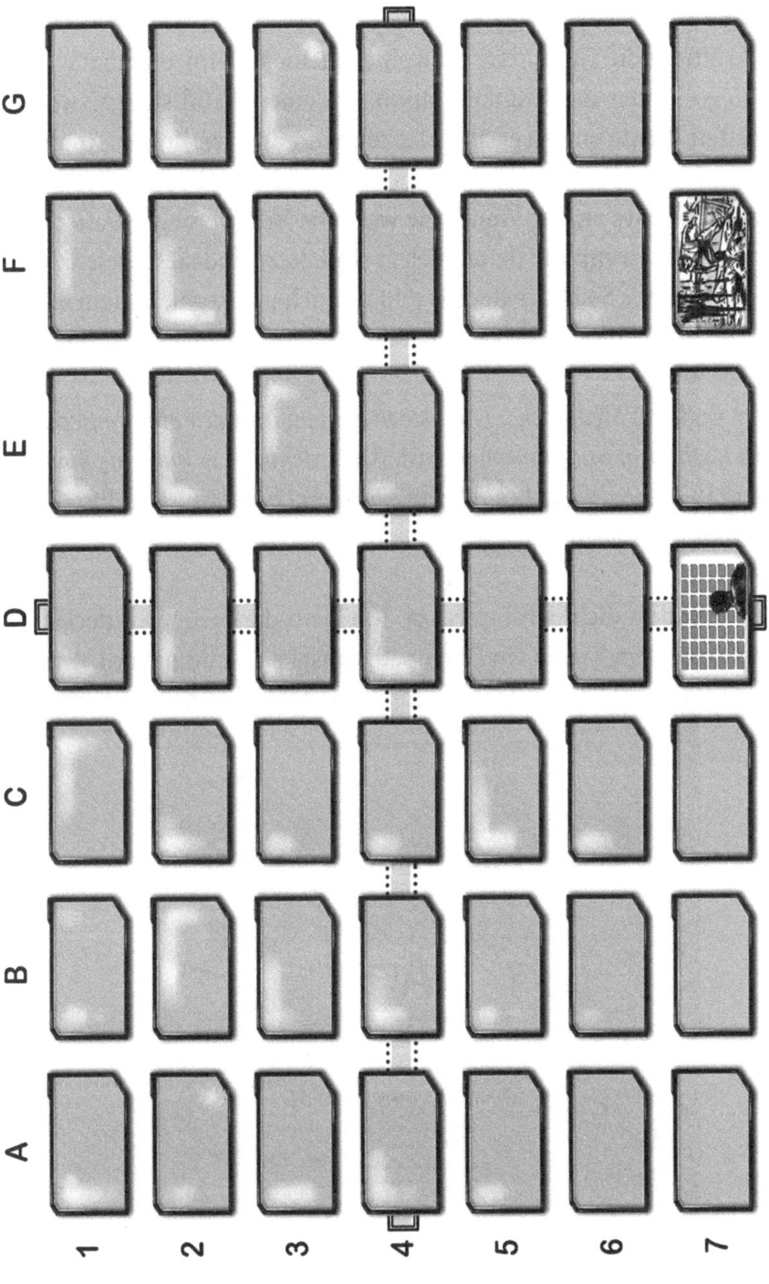
A
B
C
D
E
F
G
1
2
3
4
5
6
7

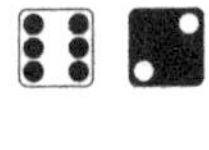

201

Du öffnest die Tür und trittst in einen kleinen Raum, offenbar ein Pflegezimmer der Krankenstation. An einer Wand stehen zwei Betten. Beide sind leer, die Decken sind aber zerknüllt, so als hätte hier vor Kurzem noch jemand geschlafen. Über den Betten sind Displays an der Wand, die wohl die Vitalwerte der Patienten zeigen, wenn die Betten belegt sind. Jetzt sind sie abgeschaltet. An einer Seite des Raums gibt es noch ein Regal, in dem allerlei medizinisches Gerät verstaut ist.

Du findest 2 Medipacks. Trage sie in deinem Inventar ein, wenn du sie noch nicht mitgenommen hast. Außerdem gibt es hier eine Sauerstoffflasche. Wenn du ein leeres Atemgerät bei dir hast, kannst du es damit befüllen.

Du wendest dich den Betten zu. In einem der beiden entdeckst du unter dem Kissen ein Datenpad, sonst kannst du nichts Interessantes mehr finden. Das Datenpad startet auf deine Berührung

hin. Offenbar hat hier ein Space Trooper eine Art Videotagebuch geführt. Es scheint recht umfangreich zu sein. Hier im Zimmer hättest du die Ruhe, es dir anzusehen.
*Wenn du das Videotagebuch sichten willst, lies weiter bei **259**.*
Willst du dir die Zeit dafür nicht nehmen und den Raum sofort wieder verlassen, dann überprüfe, ob du das Ereignis 179 notiert hast.
*Falls ja, lies weiter bei **210**.*
*Falls nicht, lies weiter bei **168**.*

202

Der lange Flur, den ihr ein Stück entlanggeht, ist auf beiden Seiten von Türen gesäumt. Krassimir geht weiter, bis ihr eine breite Tür mit einem Fenster in Kopfhöhe erreicht.
»Hier ist es.« Er stellt sich dir in den Weg. »Aber natürlich können wir dich nicht mit deinen Waffen zum Doktor lassen.« Er blickt dich auffordernd an.
Der andere Mann steht so dicht hinter dir, dass du seinen Atem im Nacken spüren kannst. Wenn du dich jetzt weigerst, bist du ein toter Mann. Also legst du alle Waffen auf den Boden.

Streiche alle Waffen aus deinem Inventar.

»Dankeschön«, sagt Krassimir und drückt auf den Taster neben der Tür. Sie gleitet zur Seite und er vollführt lächelnd eine einladende Geste. Seinem Begleiter gibt er mit einem Nicken zu verstehen, dass er draußen warten soll.
In der Tür hältst du überrascht inne. Vor dir liegt ein Operationssaal mit mehreren Tischen. Auf einem davon liegt ein Körper, über den ein Mann in einem blutbefleckten Kittel gebeugt ist.
»Nicht so schüchtern.« Krassimir schiebt dich sanft aber bestimmt durch die Tür und sie schließt sich hinter dir.
*Lies weiter bei **215**.*

203

Du benutzt das Medipack, reißt die Kanüle aus dem Hals des Mannes und schließt die Wunde. Du verabreichst ihm die kleine Infusion, die zu dem Medipack gehört. Das sollte ihn zumindest für den Moment am Leben erhalten.

Streiche ein Medipack aus deinem Inventar.

Der Mann stöhnt und dreht den Kopf in deine Richtung. Blinzelnd starrt er dich aus tief in die Höhlen eingesunkenen Augen an. »Wer … wer bist du?«, stößt er schwach hervor.
Du nennst deinen Namen. »Ich bin hier notgelandet. Was ist hier los? Wer hat Ihnen das angetan und warum?«
Der Mann holt rasselnd Atem. Es fällt ihm schwer, die Augen offen zu halten. »Figo«, stößt er kaum hörbar hervor. »Verschwinde von hier – solange … du noch kannst.«
»Figo? Wer ist dieser Figo?«, hakst du nach.
Der Kopf des Mannes sackt zur Seite und seine Augen schließen sich. Du tastest nach seinem Puls. Er ist kaum noch fühlbar.
Plötzlich hörst du, wie sich die Tür hinter dir zischend öffnet, und fährst herum.
Ein Trooper steht mit dem Gewehr im Anschlag in der Tür. »Waffe weg, Hände über den Kopf und weg von der Maschine«, fordert er.
*Gehorchst du, dann lies weiter bei **190**.*
*Wenn du hinter den Tischen in Deckung gehen und das Feuer eröffnen willst, lies weiter bei **K33**.*

204

Du bereitest dich auf einen weiteren Hieb deines Gegners vor, als du hinter dir ein Geräusch hörst. Du wendest kurz den Kopf und siehst zwei Männer in den Uniformen der Stationsbesatzung, beide mit Blasterpistolen im Anschlag. Gerade willst du die Hände heben und dich ergeben, als der Trooper zuschlägt. Er trifft dich am Kinn und es wird dunkel um dich.

*Lies weiter bei **276**.*

205

Ohne Gegenwehr trittst du vor dem Trooper auf den Flur.

»Los, da lang!«, befiehlt Alonso barsch und versetzt dir einen Stoß mit seinem Gewehr.

Gehorsam läufst du vor ihm her bis zu der Kreuzung, wo ihr nach rechts abbiegt. Kurz darauf biegt ihr noch einmal ab und gelangt an eine breite Tür. Ihr durchquert den dahinter liegenden Saal, in dem ein Dutzend Rollbetten stehen. Auf den meisten liegen Körper, die mit Laken bedeckt sind – Leichen, so viele Leichen.

»Da rein!«, knurrt Alonso, als ihr an eine weitere breite Tür mit einem Fenster in Kopfhöhe kommt.

Du blickst durch das Fenster in einen Raum, der wie ein Operationssaal aussieht. Ein Mann in blutbeflecktem Kittel ist gerade über einen Körper gebeugt, der auf einem der Operationstische liegt.

Alonso drückt auf den Taster neben der Tür und sie fährt zur Seite. Dann versetzt er dir einen Stoß, der dich in den Operationssaal stolpern lässt.

Der Arzt blickt überrascht von seiner Arbeit auf, als er euch hereinkommen hört. Er sieht recht jung aus, hat aber schon eine hohe Stirn. Ein Namensschild an seinem mit Blutspritzern besudelten Arztkittel weist ihn als Doktor Figo aus. Mit erhobenen Brauen betrachtet er dich flüchtig und sieht dann deinen Begleiter an. »Was ist denn?«, fragt er ungehalten. Er hat eine unangenehm hohe, näselnde Stimme. »Ich bin beschäftigt, wie Sie sehen.« Figo deutet auf die Leiche hinter sich. Er hält ein blutiges Skalpell in der Hand.

Unwillkürlich siehst du in die Richtung, wendest den Blick aber schnell wieder ab. Trotzdem brennt sich der Anblick des aufgeschnittenen Leichnams mit den freigelegten Eingeweiden in dein Gedächtnis ein. Übelkeit droht dich zu übermannen.

»Ich habe den Mann hinten im Bluterraum erwischt«, erklärt Alonso.

»Na und? Wieso haben Sie ihn nicht einfach erschossen?«, fragt Figo beiläufig.

»Er hat behauptet, er sei erst vor Kurzem auf der Station gelandet.«

Figo sieht dich mit plötzlich erwachtem Interesse an. »Ach tatsächlich? Etwa erst heute?«, fragt er nach.

Du nickst. »Vor ein paar Stunden. Was geht hier vor? Ich wurde im Hangar von zwei Besatzungsmitgliedern angegriffen, die offensichtlich nicht mehr bei Sinnen waren. Und in diesem … Bluterraum, wie er ihn nennt, habe ich zwei Menschen gesehen, denen das gesamte Blut abgesaugt wurde. Was bei allen Sternen tun Sie hier?«

Figo hebt sein Skalpell. »Glauben Sie mir, es geschieht alles im Dienste der Wissenschaft«, erklärt er. »Nun gut, die Sache mit den Wahnsinnigen im Hangar war so nicht geplant. Ein bedauerlicher Nebeneffekt meines etwas zu progressiven Vorgehens mit dem Veraxicellunol. Aber da Sie sich ja so über die Zustände auf der Station empören, werden Sie uns doch sicher helfen, diese Probleme zu beheben, nicht wahr?«

»*Ich?* Was soll ich denn tun?«

»Tun?« Figo lacht auf. »Tun müssen Sie gar nichts. Nun ja, stillhalten vielleicht.« Er blickt zu Alonso. »Sie können dann gehen. Dekker übernimmt ab hier.«

Erst jetzt fällt dir der zweite Trooper auf, der in einer Ecke des Operationssaales mit einem Blaster auf dem Schoß auf einem Hocker sitzt. Er legt ein Datenpad beiseite und steht auf. Er ist

ein riesenhafter Kerl und wäre auch ohne den Blaster in seiner Hand einschüchternd genug.
Hinter dir öffnet sich die Tür zum OP-Saal zischend und dein Begleiter geht hinaus. Vielleicht deine letzte Fluchtmöglichkeit.
Ein Blasterstrahl fährt vor die in den Fußboden. »Hiergeblieben!«, knurrt Dekker, als habe er deine Gedanken gelesen.
Die Tür schließt sich wieder.
*Lies weiter bei **236**.*

206

Du gehst zu der Kreuzung, wo der Gang nach rechts abzweigt. Dem Wegweiser zufolge geht es dort zum Büro-Bereich C und zum Übergang nach Deck 5. Geradeaus zeigt es zum Büro-Bereich A/B/D und den Aufenthaltsräumen. Beide Flure sind leer. Während du noch überlegst, wohin du dich wenden sollst, öffnet sich weiter vorn eine Tür und der Kleinere der beiden Männer, die du eben schon gesehen hast, tritt heraus. Er wendet dir den Rücken zu und scheint mit jemandem zu sprechen, der sich noch hinter der Tür befindet. Dann tritt auch der größere Mann in den Flur. Noch haben die beiden dich nicht bemerkt, könnten aber jeden Moment in deine Richtung blicken.
*Willst du dich im abzweigenden Flur verstecken, lies weiter bei **223**.*
*Willst du die Männer ansprechen, lies weiter bei **196**.*

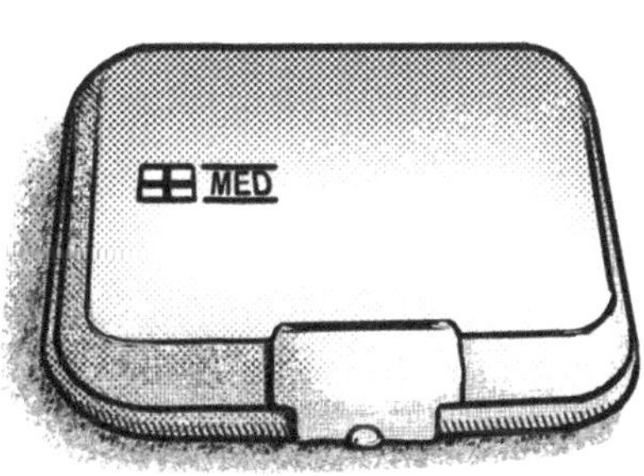

207

Dir gelingt ein schwerer Hieb gegen das Kinn des Troopers, der ihn wie einen gefällten Baum zu Boden gehen lässt. Du atmest kurz durch, aber hier sitzt du in der Falle. Was, wenn jemand den Kampf gehört hat? Rasch hebst du das Blastergewehr des Troopers auf und öffnest die Tür zum Flur.

Markiere das Blastergewehr in deinem Inventar.

Vorsichtig spähst du nach links und rechts. Jetzt ist niemand mehr zu sehen, Alonso muss der Trooper gewesen sein, der am Ende des Flurs Wache stand. Damit ist der Weg nun frei, zumindest soweit du ihn einsehen kannst. Du musst so schnell wie möglich hier weg, ehe Alonso vermisst wird.
*Lies weiter bei **235**.*

208

Wegen des zerbrochenen Displays reagiert das Datenpad nicht auf deine Tastbefehle. Du kannst lediglich das aktuell noch geöffnete Dokument betrachten, es aber auch nicht nach oben oder nach unten scrollen, sondern nur den Textabschnitt lesen, der gerade auf dem Bildschirm zu sehen ist.

> *… völlig außer Kontrolle geraten. Trotzdem beharrt Doktor Figo auf weiteren Tests. Ich frage mich, wohin das noch führen soll. Einige Testpersonen mussten bereits sediert werden, weil sie kaum noch zu bändigen waren. Ein Trooper ist sogar gestorben, weil in Folge einer extremen Blutdruckspitze mehrere Blutgefäße in Herznähe platzten. Die Dosis, die Figo verabreichen lässt, ist viel zu hoch. Ich habe protestiert, aber der Colonel ist noch auf Figos Seite, auch wenn ich glaube, dass ihm allmählich Zweifel kommen und ihm die Frei-*

willigen für die Experimente ausgehen. Ich hoffe, ich kann ihn überzeugen, die Versuchsreihe einzustellen und die Forschungsergebnisse zu vernichten.
Die Soldaten verhalten sich mir gegenüber zunehmend feindselig, was mich nicht wundert. Ich habe mitbekommen, dass Lundberg es so darstellt, als sei der Tod ihres Kameraden allein meine Schuld, weil ich falsche Versprechungen gemacht hätte. Hoffentlich finde ich bald eine Lösung …

Kehre zurück zu ***248****.*

209

Leise, damit der Trooper dich nicht doch noch bemerkt, gehst du in den abzweigenden Flur. Auch hier gibt es viele verriegelte Türen zu Büros. Kurz vor dir liegt eine Kreuzung, an der ein Gang nach links abzweigt. Als du sie beinahe erreicht hast, kommen zwei Männer heraus. Der Größere der beiden zückt sofort seinen Blaster, als er dich sieht. Der andere beschwichtigt ihn jedoch und kommt lächelnd auf dich zu. »Wer bist du?«, fragt er freundlich.
Du stellst dich kurz vor. »Ich bin mit meinem Schiff hier notgelandet«, setzt du hinzu. »Im Hangar bin ich dann angegriffen worden. Was ist hier los?«
»Ich bin Krassimir«, stellt sich der Mann vor. »Genau kann ich dir auch nicht sagen, was passiert ist. Aber Doktor Figo könnte dir alles erklären.«
»Doktor Figo? Hat der hier das Kommando?«
Krassimir wiegt den Kopf. »Wenn man so will, ja. Der Doktor versucht uns zu helfen. Komm, wir bringen dich zu ihm. Er ist gleich da hinten in der Krankenstation.« Er deutet den Flur hinunter. Krassimir klingt noch immer freundlich, aber sein Begleiter beäugt dich argwöhnisch und hat seinen Blaster nach wie vor

in der Hand. Dich beschleicht das ungute Gefühl, dass du Krassimirs Angebot lieber nicht ablehnen solltest. Aber du willst ja sowieso Antworten haben. Vielleicht bekommst du sie von diesem Figo endlich.

»In Ordnung, bringt mich zu ihm«, willigst du ein.

Krassimir geht voran und winkt dir, ihm zu folgen. Sein Kollege bleibt hinter dir und macht nach wie vor keine Anstalten, seine Waffe wegzustecken. Gemeinsam geht ihr den Flur hinunter, biegt links ab und geht am Aufzug vorbei. Dahinter biegt ihr um eine Ecke.

*Lies weiter bei **202**.*

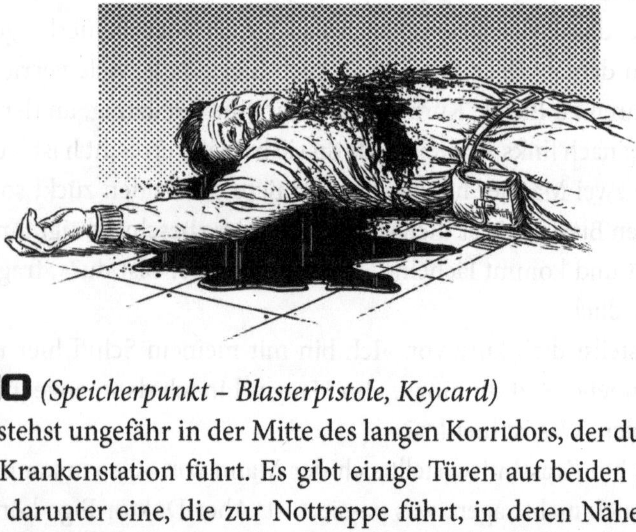

210 *(Speicherpunkt – Blasterpistole, Keycard)*

Du stehst ungefähr in der Mitte des langen Korridors, der durch die Krankenstation führt. Es gibt einige Türen auf beiden Seiten, darunter eine, die zur Nottreppe führt, in deren Nähe du schwach Rauch riechen kannst. Außerdem eine Doppeltür, die besonders breit und teilweise verglast ist, sodass man ins Innere blicken könnte.

Laut eines Wegweisers, der gegenüber der Treppenhaustür angebracht ist, führt der Korridor in die eine Richtung zum Übergang zu Deck 5 (Labore) und Deck 6 (Quartiere), in die andere Richtung zum Bürobereich.

*Willst du den Flur in Richtung Labore/Quartiere entlanggehen, lies weiter bei **219**.*
*Wenn du zum Bürobereich gehen willst, lies weiter bei **182**.*
*Falls du ein gefülltes Atemgerät zur Verfügung und dir NICHT das Ereignis 244 notiert hast, kannst du auch das Treppenhaus betreten. Dann geht es weiter bei **242**.*
*Wenn du durch das Fenster in der schräg gegenüber liegenden Tür blicken willst, lies weiter bei **198**.*
Wenn du probieren möchtest, ob eine der anderen Türen sich öffnen lässt, musst du zunächst prüfen, ob du dir das Ereignis 179 notiert hast.
*Falls ja, lies weiter bei **189**.*
*Falls nicht, lies weiter bei **168**.*

211

Nach deinem letzten Treffer geht der Trooper stöhnend zu Boden und du atmest einen Moment lang durch. Dann richtest du dich auf und drehst dich zu dem ausgebluteten Mann auf der Liege um. Er starrt dich aus blicklosen Augen an. Ein Blasterschuss deines Gegners hat ihn zwischen den Rippen getroffen und seinem Leiden ein Ende gesetzt.
Du gehst zu dem Trooper, um sicherzustellen, dass er wirklich tot ist. Du fühlst nach seinem Puls, aber es ist keiner mehr vorhanden. An seiner Brust fällt dir ein Namensschild auf. »E. Alonso« steht darauf.

Wenn du noch kein Blastergewehr bei dir hast, kannst du das des Troopers an dich nehmen. Setze dann das Häkchen beim Blastergewehr im Inventar.

Hier sitzt du in der Falle. Du musst so schnell wie möglich hier weg, ehe Alonso vermisst wird.

Du durchquerst den Vorraum und öffnest die Tür zum Flur. Vorsichtig spähst du nach links und rechts. Jetzt ist niemand mehr zu sehen. Alonso muss der Trooper gewesen sein, der am Ende des Flurs Wache gestanden hat. Damit scheint der Weg nun frei, zumindest soweit du ihn einsehen kannst.

*Lies weiter bei **235**.*

212

Die Haut des Mannes ist auch schon von einer gräulichen Färbung, seine Lippen wirken blutleer. Wahrscheinlich steht sein Kreislauf kurz vor dem Zusammenbruch. Die Kanüle steckt jedoch genau in der Halsschlagader des Mannes. Wenn du sie einfach herausreißt, wird das wenige Blut, das noch in ihm ist, herausspritzen.

*Hast du ein Medipack dabei und willst es benutzen, um die Wunde nach dem Herausreißen der Kanüle zu schließen, lies weiter bei **203**.*

*Willst du stattdessen versuchen, die Maschine abzuschalten, lies weiter bei **228**.*

213

Du trittst hastig in den Lift zurück und drückst auf die Schaltfläche für ein anderes Deck. Nichts rührt sich, die Türen bleiben offen. Von draußen hörst du die Schritte des Troopers näher kommen. Du probierst die anderen Schalter – nichts. Jemand muss den Lift blockiert haben und von hier drinnen kannst du diese Blockade nicht umgehen.

Du wagst einen kurzen Blick in den Flur. Der Trooper ist schon an der Laborschleuse angekommen und nun deutlicher zu erkennen. Seine Rüstung ist fleckig, sein Gesicht verschmiert, die Haare stehen ihm wirr vom Kopf ab. Ob seine Augen hervorquellen, kannst du nicht erkennen, dennoch bist du dir ziemlich sicher,

dass auch dieser Trooper vom Wahnsinn befallen ist. Wie zur Bestätigung stößt er ein heiseres Brüllen aus.
Zur Antwort kommt von weiter hinten ein genauso animalisch klingender Laut. Ein weiterer Mann kommt um die Ecke und nähert sich mit langen Schritten. Du musst hier raus. Panisch fliehst du aus dem Lift.
*Lies weiter bei **229**.*

214

Der Arzt dreht sich unwillig zu euch um, als dein Begleiter mit dir in den Operationssaal kommt. Er sieht recht jung aus, hat aber schon eine hohe Stirn. Ein Namensschild an seinem mit Blutspritzern besudelten Arztkittel weist ihn als Doktor Figo aus.
Dein Blick fällt auf den Leichnam, den der Doktor bis gerade eben seziert hat. Obwohl du schnell woanders hinschaust, brennt sich der Anblick des aufgeschnittenen Körpers mit den freigelegten Eingeweiden in dein Gedächtnis ein. Übelkeit droht dich zu übermannen. Was macht der Doktor hier?
»Sieh an, Sergeant Andrews«, stellt Figo fest, als er den Körper auf der Schulter deines Begleiters erkennt. Er hat eine unangenehm hohe, näselnde Stimme. »Lebt er noch, Pedro?«
»Nur bewusstlos«, erklärt der und legt den schlaffen Körper auf einer freien Liege ab.
»Gut. Ich werde ihn sedieren, dann kannst du ihn zu den anderen in den Wartesaal bringen.« Figo deutet auf eine weitere breite Tür, die sich gegenüber befindet. Was dahinter liegt, kannst du nicht erkennen.
Du folgst dem Doktor mit dem Blick, als er zu einem Regal an der Seite des Saales geht, und bemerkst erst jetzt einen Trooper, der mit einem Blaster auf dem Schoß in einer Ecke des Operationssaales auf einem Hocker sitzt und ein Datenpad studiert.
Der Doktor kommt mit einem Injektor zurück.

»Was haben Sie mit dem Sergeant vor?«, fragst du.

Figo ignoriert deine Frage zunächst und verabreicht Andrews die Injektion. Erst dann sieht er dich kurz an und blickt fragend zu Pedro. »Wer ist das?«

Pedro zuckt die Schultern. »Keine Ahnung. Die Trooper haben ihn mit mir zusammen auf Deck 3 festgenommen. Im Aufzug haben wir dann den Sergeant überwältigt.«

»So, so.« Figo tritt näher. »Aber ich habe Sie noch nie gesehen. Gehören Sie zur Stationsbesatzung?«

»Nein, ich bin erst vor Kurzem mit meinem Schiff hier notgelandet.«

»Vor Kurzem? Etwa erst heute?«, hakt der Doktor nach. Er klingt überraschend interessiert.

Du nickst. »Vor ein paar Stunden. Ich wurde im Hangar von zwei Besatzungsmitgliedern angegriffen, die offensichtlich nicht mehr bei Sinnen waren. Können Sie mir erklären, was hier los ist?«

Figo hebt entschuldigend die Hände. »Ja, das kann ich in der Tat. Ein bedauerlicher Nebeneffekt meines progressiven Vorgehens mit dem Veraxicellunol. Aber Sie werden uns doch sicher dabei helfen, diesen Fehler zu korrigieren, nicht wahr?«

»*Ich?* Was soll ich denn tun?«

»Tun?« Figo lacht auf. »Tun müssen Sie gar nichts. Nun ja, stillhalten vielleicht.« Er winkt den Trooper aus der Ecke herbei. »Dekker?«

Der Soldat steht auf und legt das Datenpad beiseite. Er ist ein riesenhafter Kerl und wäre auch ohne den Blaster in seiner Hand einschüchternd genug. »Ja, Doc?«

»Durchsuchen Sie unseren Gast nach Waffen. Wir wollen doch keine Überraschung erleben. Pedro, schaffen Sie den Sergeant hier weg und dann melden Sie sich bei Fedorov.« Dekker kommt auf dich zu, den Blaster auf deinen Kopf gerichtet. »Umdrehen, Gesicht zur Wand, Hände über den Kopf.«

Auf die Distanz kann er dich unmöglich verfehlen. Du hast keine andere Wahl, als seinem Befehl nachzukommen. Grob tastet er dich nach Waffen ab und nimmt sie an sich.

*Streiche alle Waffen aus deinem Inventar und lies dann weiter bei **236**.*

215

Der Arzt blickt überrascht von seiner Arbeit auf, als er euch hereinkommen hört. Er sieht recht jung aus, hat aber schon eine hohe Stirn. Ein Namensschild an seinem mit Blutspritzern besudelten Arztkittel weist ihn als Doktor Figo aus. Mit erhobenen Brauen betrachtet er dich flüchtig und sieht dann deinen Begleiter an. »Was ist denn?«, fragt er ungehalten. Er hat eine unangenehm hohe, näselnde Stimme. »Ich bin beschäftigt, wie Sie sehen.« Figo deutet auf die Leiche hinter sich. Er hält ein blutiges Skalpell in der Hand.

Unwillkürlich siehst du in die Richtung, wendest den Blick aber schnell wieder ab. Trotzdem brennt sich der Anblick des aufgeschnittenen Leichnams mit den freigelegten Eingeweiden in dein Gedächtnis ein. Übelkeit droht dich zu übermannen.

»Ich habe den Mann aufgegriffen. Er behauptet, erst vor Kurzem hier gelandet zu sein«, erklärt dein Begleiter.

Figo sieht dich mit plötzlich erwachtem Interesse an. »Vor Kurzem? Etwa erst heute?«, fragt er nach.

Du nickst. »Vor ein paar Stunden. Man hat mir gesagt, Sie könnten mir erklären, was hier vor sich geht. Ich wurde im Hangar von zwei Besatzungsmitgliedern angegriffen, die offensichtlich nicht mehr bei Sinnen waren.«

Figo schüttelt bedauernd den Kopf. »Ja, in der Tat, ein bedauerlicher Nebeneffekt meines progressiven Vorgehens mit dem Veraxicellunol. Aber Sie werden uns doch sicher dabei helfen, diesen Fehler zu korrigieren, nicht wahr?«

»*Ich?* Was soll ich denn tun?«
»Tun?« Figo lacht auf. »Tun müssen Sie gar nichts. Nun ja, stillhalten vielleicht.« Er blickt zu deinem Begleiter »Sie können dann gehen. Dekker übernimmt ab hier.«
Erst jetzt fällt dir der Trooper auf, der in einer Ecke des Operationssaales mit einem Blaster auf dem Schoß auf einem Hocker sitzt. Er legt ein Datenpad beiseite und steht auf. Er ist ein riesenhafter Kerl und wäre auch ohne den Blaster in seiner Hand einschüchternd genug.
Hinter dir öffnet sich die Tür zum OP-Saal zischend und dein Begleiter geht hinaus. Vielleicht deine letzte Fluchtmöglichkeit.
Ein Blasterstrahl fährt vor die in den Fußboden. »Hiergeblieben!«, knurrt Dekker, als habe er deine Gedanken gelesen.
Die Tür schließt sich wieder.
*Lies weiter bei **236**.*

216

Die Frau zögert kurz, als du ihr sagst, dass sie die Tür nach F6 nehmen soll. Zweifelnd sieht sie in die Kamera, folgt dann aber deinem Rat. Sie verschwindet aus dem Bild. Du blickst auf dem Raster auf das Display F6. Beinahe gleichzeitig öffnen sich dort die einander gegenüberliegenden Türen am unteren und oberen Bildrand. Die Frau bleibt wie erstarrt stehen und der Menschenfresser hetzt auf sie zu. Sie wendet sich zur Flucht und erscheint wieder im Bild von Labor F5, das du noch immer auf dem großen Display hast.
Wie ein Raubtier springt ihr der Irre von hinten in den Rücken. Sie stürzt und knallt mit dem Gesicht auf den Labortisch. Als der Menschenfresser sie herumreißt, wehrt sie sich kaum, scheint benommen. Hilflos musst du mitansehen, wie der Irre sich vorbeugt und seine blutigen Zähne in den Hals der Frau gräbt. Erst jetzt kommt sie wieder zu sich, schlägt und tritt nach dem An-

greifer, vergeblich. Ihr Mund ist zu einem Schrei geöffnet, den du jedoch nicht hören kannst.
Du wendest rasch den Blick ab. Ihr Tod ist allein deine Schuld. Du hättest dir denken können, dass der Irre auch auf dem Weg in diesen Raum ist. Aber an deinem Versagen ist nun nichts mehr zu ändern.
*Lies weiter bei **364**.*

217

Plötzlich öffnet sich die Labortür rechts von der Frau, und bevor sie noch reagieren kann, springt der Menschenfresser sie an und drängt sie gegen die Schleusentür. Du zuckst vor dem Anblick zurück, obwohl die zwei Glastüren der Schleuse dich schützen. Voller Entsetzen musst du mit ansehen, wie der Irre die Frau mit Fäusten und Bissen traktiert. Sie versucht sich zu wehren und schlägt auf ihn ein, bringt dem Durchgedrehten sogar tiefe Kratzwunden im Gesicht bei, doch er lässt nicht von ihr ab.
Er umschließt den Hals der jungen Frau mit seinen Händen und drückt gnadenlos zu. Sie versucht ihn abzuschütteln, zerrt an seinen Armen, strampelt mit den Beinen, aber sein Griff bleibt eisern.
Um den Menschenfresser von der Frau abzulenken, hämmerst du von deiner Seite gegen die Schleuse. Tatsächlich heftet sich der durchdringende Blick seiner hervorgequollenen Augen auf dich, aber er drückt dabei weiter zu, bis die Gegenwehr der Frau erlahmt. Erst als ihre Arme schlaff herabhängen, löst er seinen Griff und lässt sein totes Opfer achtlos an der Scheibe hinabgleiten.
Nun konzentriert er sich ganz auf dich. Er bleckt die Zähne und drischt mit bloßen Fäusten wie von Sinnen gegen die Scheibe, doch sie hält, was den Irren nur noch wütender macht. Er packt die Leiche zu seinen Füßen am Kopf, zerrt sie hoch und dreht sie dabei um, sodass du in das von Agonie verzerrte Gesicht der

Toten sehen musst. In ihren geweiteten Augen glaubst du einen stummen Vorwurf zu lesen.

Als wäre das nicht schon schlimm genug, beginnt der Menschenfresser, den Kopf der toten Frau gegen das Glas zu schmettern. Rasch ist ihr Gesicht nur noch eine blutige Masse.

Wenngleich das Sicherheitsglas der Schleuse keine Risse zeigt, kannst du den grausigen Anblick keine Sekunde länger ertragen.

Du öffnest die Außenschleuse und spähst vorsichtig in den Korridor. Auf der einen Seite siehst du einen Trooper Wache stehen, aber das ist dir egal. Du willst nur noch weg von hier.

*Lies weiter bei **420**.*

218

Du läufst bis zur Ecke des Flures. Dort bietet sich dir ein ähnliches Bild: Ein langer Korridor, die innen liegende Wand in halber Höhe verglast, und auf halbem Weg zum entgegengesetzten Ende liegt eine Schleuse, die Zugang zu den Laboren bietet. Auf der

Außenseite sind Türen zu Umkleiden. Ein paar Meter weiter fällt dir eine altmodische Tür mit Scharnieren auf, auf der der Schriftzug »Notausgang« prangt. Außerdem liegen in diesem Gang einige Möbelstücke verstreut: Stühle, Tische, Rollwagen. Am hinteren Ende knickt der Flur wieder nach links ab. Offenbar verläuft er im Rechteck um den Laborbereich herum.

Du blickst über die Schulter. Der Trooper ist schon an der Laborschleuse vorbei und nun deutlicher zu erkennen. Seine Rüstung ist fleckig, sein Gesicht verschmiert, die Haare stehen ihm wirr vom Kopf ab. Ob seine Augen hervorquellen, kannst du nicht erkennen, dennoch bist du dir ziemlich sicher, dass auch dieser Mann vom Wahnsinn befallen ist. Wie zur Bestätigung stößt er ein heiseres Brüllen aus.

Zur Antwort kommt von weiter hinten ein genauso animalisch klingender Laut. Ein weiterer Mann kommt um die Ecke und nähert sich mit langen Schritten.

Trage bei Vorsprung auf dem Datenblatt eine 3 ein.

Willst du auf die Verfolger schießen, lies weiter bei ***233****.*

Willst du dich in einem der Umkleideräume verstecken, lies weiter bei ***272****.*

Falls du den Notausgang benutzen möchtest, lies weiter bei ***250****.*

Wenn du in Richtung Schleuse laufen willst, lies weiter bei ***306****.*

219

Du gehst den langen Korridor entlang und folgst der Beschilderung in Richtung Labore und Quartiere, bis der Gang nach links abknickt. Dort bleibst du stehen und schaust vorsichtig um die Ecke.

Der Korridor führt hier noch viel weiter, das andere Ende kannst du nur vage erkennen. In deiner Nähe ist auf der rechten Seite ein breiter Durchgang, hinter dem du eine Treppe erkennen kannst, die nach oben führt.

Neben dem Durchgang steht ein Trooper Wache. Er ist mit einem Blastergewehr bewaffnet, scheint aber die Treppe im Auge zu behalten und hat dich deshalb noch nicht bemerkt. Wenn du dich im näherst, wird er jedoch sicher auf dich aufmerksam.

*Willst du den Trooper aus der Distanz erschießen, lies weiter bei **264**.*

*Falls du ihn ansprechen willst, lies weiter bei **234**.*

*Willst du lieber zur Krankenstation zurückkehren, lies weiter bei **210**.*

220

Die Frau eilt in das Labor, das verglichen mit den anderen beinahe ordentlich wirkt. Neben der Tür links, durch die sie gekommen ist, gibt es noch eine nach unten.

Die Frau blickt zweifelnd auf die Tür nach G6 und scheint eher zu überlegen, zurück nach F5 zu laufen.

Erhöhe den Zähler um 1.

*Willst du sie zurück nach F5 schicken, lies weiter bei **243**.*

*Willst du sie nach unten schicken, lies weiter bei **237**.*

221

Du willst es nicht auf einen Kampf ankommen lassen und bleibst mit erhobenen Händen stehen, um die Männer nicht zu provozieren, während sie näher kommen.

»Wer bist du?«, schnarrt der Mann mit der Waffe unfreundlich.

»Nur die Ruhe, Shaban«, sagt der andere und drückt die Waffe seines Begleiters nach unten. »Keine Sorge, wir sind auf deiner Seite«, wendet er sich an dich. »Ich bin Krassimir, wie heißt du?« Er lächelt freundlich.

Du stellst dich vor. »Ich bin mit meinem Schiff hier notgelandet und dann im Hangar angegriffen worden. Was ist hier los? Warum drehen die Leute durch?«

»Das lässt du dir am besten von Doktor Figo erklären«, schlägt Krassimir vor und deutet auf die teilverglaste Tür.
»Doktor Figo? Hat der hier das Kommando?«
Krassimir wiegt den Kopf. »Wenn man so will, ja. Der Doktor versucht uns zu helfen. Aber bevor ich dich zu ihm lasse, muss ich dir leider deine Waffen abnehmen.«
Er klingt noch immer freundlich, doch sein Begleiter beäugt dich voller Misstrauen und dich beschleicht das ungute Gefühl, dass du lieber nicht widersprechen solltest. Aber du willst ja sowieso Antworten haben. Vielleicht bekommst du sie von diesem Figo endlich. Also legst du alle Waffen auf den Boden.

Streiche alle Waffen aus deinem Inventar.

»Danke schön«, sagt Krassimir und drückt auf den Taster neben der Tür. Sie gleitet beiseite und er vollführt lächelnd eine einladende Geste. Seinem Begleiter gibt er mit einem Nicken zu verstehen, draußen zu warten.
In der Tür bleibst du überrascht stehen. Vor dir liegt ein Operationssaal mit mehreren Tischen. Auf einem davon liegt eine Leiche, über die ein Mann in einem blutbefleckten Kittel gebeugt ist.
»Nicht so schüchtern.« Krassimir schiebt dich sanft, aber bestimmt durch die Tür und sie schließt sich hinter dir.
*Lies weiter bei **215**.*

222

Der Arzt blickt überrascht von seiner Arbeit auf, als er dich hereinkommen hört. Er sieht recht jung aus, hat aber schon eine hohe Stirn. Ein Namensschild an seinem mit Blutspritzern besudelten Arztkittel weist ihn als Doktor Figo aus. Mit erhobenen Brauen sieht er dich an. »Haben Sie sich verlaufen? Wie Sie sehen, bin ich beschäftigt«, knurrt er unfreundlich und deutet auf die Leiche vor sich. Er hat eine unangenehm hohe, näselnde Stimme.

Unwillkürlich siehst du in die Richtung, wendest den Blick aber schnell wieder ab. Trotzdem brennt sich der Anblick des aufgeschnittenen Leichnams mit den freigelegten Eingeweiden in dein Gedächtnis ein. Übelkeit droht dich zu übermannen.

»Tut mir leid«, murmelst du. »Ich bin hier auf der Station notgelandet und habe keine Ahnung, wem ich trauen kann.«

In Figos Augen flackert plötzlich Neugier auf. »Notgelandet? Etwa erst heute?«, fragt er nach.

Du nickst. »Vor ein paar Stunden. Ich wurde im Hangar von zwei Besatzungsmitgliedern angegriffen, die offensichtlich nicht mehr bei Sinnen waren. Ich dachte, Sie als Arzt könnten mir vielleicht erklären, was hier los ist.«

Figo hebt entschuldigend die Hände. »Ja, in der Tat ist hier einiges im Argen. Ein bedauerlicher Nebeneffekt meines progressiven Vorgehens mit dem Veraxicellunol. Aber Sie werden doch sicher dabei helfen, diesen Fehler zu korrigieren, nicht wahr?«

»*Ich?* Was soll ich denn tun?«

»Tun?« Figo lacht auf. »Tun müssen Sie gar nichts. Nun ja, stillhalten vielleicht. Dekker?« Er blickt zur Seite und winkt jemanden heran.

Erst jetzt fällt dir der Trooper auf, der mit einem Blaster auf dem Schoß in einer Ecke des Operationssaales auf einem Hocker sitzt. Er legt ein Datenpad beiseite und steht auf. Er ist ein riesenhafter

Kerl und wäre auch ohne den Blaster in seiner Hand einschüchternd genug. Drohend kommt er auf dich zu.
Instinktiv wendest du dich zur Tür, doch da fährt ein Blasterstrahl vor dir in den Fußboden. »Hiergeblieben!«, knurrt Dekker.
Drohend tritt er auf dich zu und stößt dich gegen die nächstgelegene Wand. Während er dir mit der einen Hand den Lauf seines Blasters ins Genick presst, durchsucht er dich mit der anderen nach Waffen und nimmt dir alle ab.
Streiche alle Waffen aus deinem Inventar und lies dann weiter bei ***236***.

223

Du versteckst dich in dem abzweigenden Flur und beobachtest die Männer. Zumindest einer der beiden ist bewaffnet. Eine Weile unterhalten sie sich noch auf dem Flur, dann drehen sie sich in deine Richtung und schlendern gemächlich auf die Kreuzung zu.
Willst du den abzweigenden Flur entlanglaufen, um ihnen auszuweichen, lies weiter bei ***245***.
Wenn du die Männer nun doch noch ansprechen willst, lies weiter bei ***196***.

224

Du gehst möglichst locker den Flur entlang auf die beiden Männer zu und sprichst sie schon von Weitem an. Der Größere der beiden, der in deine Richtung blickt, zückt einen Blaster. Du hebst rasch die Hände, damit sie dich nicht für eine Bedrohung halten.

Der Kleinere beschwichtigt seinen Partner und kommt lächelnd auf dich zu. »Wer bist du?«, fragt er freundlich.

Du stellst dich kurz vor. »Ich bin mit meinem Schiff hier notgelandet«, setzt du hinzu. »Im Hangar bin ich dann angegriffen worden. Was ist hier los?«

»Ich bin Krassimir«, stellt sich der Mann vor. »Genau kann ich dir auch nicht sagen, was passiert ist. Aber Doktor Figo könnte dir alles erklären.«

Wieder dieser Figo, vor dem dich der Mann auf dem Tisch gewarnt hat. »Doktor Figo? Hat der hier das Kommando?«, fragst du.

Krassimir wiegt den Kopf. »Wenn man so will, ja. Der Doktor versucht uns zu helfen. Komm, wir bringen dich zu ihm. Er ist gleich da hinten in der Krankenstation.« Er deutet den Flur hinunter. Krassimir klingt nach wie vor freundlich, aber sein Begleiter beäugt dich argwöhnisch und hat seinen Blaster noch immer in der Hand. Dich beschleicht das ungute Gefühl, dass du Krassimirs Angebot lieber nicht ablehnen solltest, auch wenn du die Warnung des ausgebluteten Mannes ernst nimmst.

»In Ordnung, bringt mich zu ihm«, willigst du ein.

Krassimir geht voran und winkt dir, ihm zu folgen. Sein Kollege bleibt hinter dir und macht keine Anstalten, seine Waffe wegzustecken. Gemeinsam geht ihr den Flur hinunter, biegt links ab und geht am Aufzug vorbei. Dahinter biegt ihr um eine Ecke.

*Lies weiter bei **202**.*

225

»Leg die Waffe auf die Liege und tritt drei Schritte zurück«, kommandierst du als Nächstes und Dekker gehorcht widerwillig. Du stößt den Doktor bis zu der Liege, verdrehst ihm den Arm noch weiter und tauschst dann rasch den Injektor gegen den Blaster aus.

Setze den Haken bei der Blasterpistole in deinem Inventar.

Der Operationssaal hat nur zwei Ausgänge, und beide Türen sind teilweise verglast. Hinter der einen liegt ein großer Saal mit Rollliegen, die andere führt auf den Hauptflur. Das scheint dir der bessere Fluchtweg zu sein. »Sie kommen mit mir, Doktor. Und du bleibst, wo du bist.« Dekker sieht mit finsterer Miene zu, wie der Doktor auf dein Geheiß die Tür öffnet und ihr gemeinsam auf den Flur tretet. Dort dirigierst du Figo in Richtung des Übergangs zu Deck 5. Immer wieder blickst du über die Schulter, aber Dekker scheint euch wirklich nicht zu folgen.
Unbehelligt geht ihr den Gang entlang, bis dieser einen Knick nach links macht. Hinter der Ecke schließt sich ein weiterer langer Flur an, aber schon nach wenigen Metern gibt es auf der rechten Seite einen Durchgang, hinter dem die Treppen nach Deck 5 und Deck 6 liegen. Davor steht ein Trooper Wache.
»Helfen Sie mir!«, ruft der Doktor und der Soldat fährt zu euch herum. Er hat sein Blastergewehr im Anschlag.
»Waffe weg«, befiehlst du barsch und hältst deinen Blaster so auf den Doktor gerichtet, dass der Soldat ihn sehen kann.
Der Trooper zögert, hält sein Gewehr noch immer in eure Richtung.
*Willst du einen Warnschuss auf den Trooper abfeuern, lies weiter bei **239**.*
*Willst du dem Doktor deine Waffe an den Kopf halten, um deinem Befehl Nachdruck zu verleihen, lies weiter bei **258**.*

226

Als sich die innere Tür der Schleuse öffnet, trittst du in ein rechteckiges Zimmer, das wohl eine Art Kontrollraum für die Labore darstellt. Er hat nur einen anderen Ausgang: eine weitere Schleuse, durch die man in den eigentlichen Laborbereich gelangt. Der Kartenleser dieser Schleuse ist offenbar durch einen gezielten Blasterschuss zerstört worden. Sieht so aus, als säßest du hier erst mal fest.

Bevor du dich weiter umsiehst, trittst du aus dem Sichtbereich der Schleuse an die Wand daneben. Eine Weile hämmern die Wahnsinnigen noch an das Duroglas, dann hört es plötzlich auf. Du wartest noch einen Augenblick ab, bevor du es wagst, dich vorzubeugen und durch die Schleuse zu blicken. Es ist niemand mehr zu sehen. Trotzdem, weit können die Irren nicht sein. Also bleibst du lieber noch eine Weile hier und nimmst den Kontrollraum genauer in Augenschein.

*Lies weiter bei **248**.*

227

Der Trooper durchsucht dich rasch und nimmt dir alle Waffen ab.

Streiche alle Waffen aus deinem Inventar.

»Und jetzt da entlang«, kommandiert er und deutet in Richtung Krankenstation.

»Wo bringen Sie mich hin?«

»Zu Doktor Figo. Der kann dir erklären, was hier passiert ist. Los jetzt.«

Gehorsam läufst du vor ihm her bis zu einer teilverglasten Tür, die offenbar in einen Operationssaal führt. Ein Mann in blutbeflecktem Kittel ist gerade über eine Leiche gebeugt, die auf einem der Operationstische liegt.

»Da rein!«, knurrt der Trooper und drückt auf den Taster neben der Tür. Sie gleitet beiseite und er versetzt dir einen Stoß, der dich in den Operationssaal stolpern lässt.
*Lies weiter bei **215**.*

228

Du trittst an die Maschine und überfliegst die Steuerung. Der Knopf zum Abschalten des Pumpmechanismus ist schnell gefunden und du betätigst ihn. Das Surren verstummt, dafür stößt die Maschine nun einen alarmierenden Piepton aus. Der ist so laut, dass er dir in den Ohren schmerzt und du befürchtest, dass man ihn bis auf den Korridor hören kann.
Du suchst nach einer Möglichkeit, den Warnton abzuschalten, findest aber auf die Schnelle nichts. Also ziehst du die ganze Maschine von der Wand und reißt das Stromkabel heraus. Der Warnton bricht ab.
Die Augen des Mannes öffnen sich flatternd und er blickt in deine Richtung. »Hilf mir«, krächzt er.
*Hast du ein Medipack dabei und willst dem Mann damit Erste Hilfe geben, lies weiter bei **203**.*
*Wenn du keins hast oder keines verwenden willst, kannst du nur beruhigend auf ihn einreden. Lies dazu weiter bei **173**.*

229

An der Ecke setzt sich der Korridor nahtlos fort. Auch hier ist die innen liegende Wand in halber Höhe verglast, und auf halbem Weg zum entgegengesetzten Ende liegt eine Schleuse, die Zugang zu den Laboren bietet. Auf der Außenseite sind Türen zu Umkleiden, ein paar Meter weiter fällt dir außerdem eine altmodische Tür mit Scharnieren und der Aufschrift »Notausgang« auf. Außerdem liegen in diesem Gang einige Möbelstücke verstreut: Stühle, Tische, Rollwagen. Am hinteren Ende knickt der

Flur wieder nach links ab. Offenbar verläuft er im Rechteck um den Laborbereich herum.

Du blickst zurück zu deinen Verfolgern. Der humpelnde Trooper hat schon beinahe den Lift erreicht, der andere Irre hat fast zu ihm aufgeschlossen.

Trage bei Vorsprung auf dem Datenblatt eine 2 ein.

Willst du auf die Verfolger schießen, lies weiter bei ***233****.*

Willst du dich in einem der Umkleideräume verstecken, lies weiter bei ***272****.*

Falls du den Notausgang benutzen möchtest, lies weiter bei ***250****.*

Wenn du in Richtung Schleuse laufen willst, lies weiter bei ***306****.*

230

Es tut dir leid um die Wissenschaftlerin, aber auch wenn die Schleuse von dieser Seite blockiert ist, garantiert dir ja niemand, dass es andersherum genauso aussieht. Die Frau wird sich selbst helfen müssen. Du wendest dich vom Kontrollpult ab.

Du trittst an die Außenschleuse und lauschst. Es ist nichts zu hören. Also öffnest du die Schleuse und spähst vorsichtig in den Flur. Auf der einen Seite siehst du einen Trooper Wache stehen. Zwar blickt er gerade nicht in deine Richtung, aber wenn du die Schleuse öffnest, wird er es hören. Trotzdem willst du hier nicht länger bleiben.

Lies weiter bei ***420****.*

231

Du kämpfst noch immer gegen den Trooper, aber er ist zäh und durch seine Rüstung gut geschützt, sodass du ihn nicht überwältigen kannst und mehr damit zu tun hast, dich seiner Konter zu erwehren.

Plötzlich hörst du hinter dir die Tür zum Flur zischen. Bevor du dich noch umdrehen kannst, packt dich jemand von hinten und schleudert dich gegen die nächste Wand. Schon spürst du den Lauf eines Blastergewehrs im Genick. »Wehe, du rührst dich«, droht ein Mann direkt hinter dir.

»Alles klar, Alonso?«, fragt ein anderer. »Was ist hier los?«

»Ich habe ihn im Bluterraum überrascht und wollte ihn zu Figo bringen, dann ist er auf mich losgegangen.«

»Was machen wir mit ihm?«, fragt der Mann, der dir die Watte ins Genick presst.

»Am besten bringe ich ihn zu Doktor Figo«, meint Alonso, der gerade sein Blastergewehr aufhebt. »Der Typ behauptet nämlich, erst vor Kurzem hier gelandet zu sein. Genau so jemanden sucht der Doktor doch.«

»Gut, dann bring ihn hin. Wir übernehmen solange deine Wache an der Treppe. Aber lass dich nicht noch mal von ihm überrumpeln.«

»Ganz bestimmt nicht«, knurrt Alonso und richtet sein Gewehr auf dich.

Die beiden Männer öffnen die Tür zum Flur und wenden sich dort nach rechts.

»Beweg dich«, blafft Alonso. »Und keine Tricks mehr, sonst schieße ich dich über den Haufen, klar?«

*Lies weiter bei **205**.*

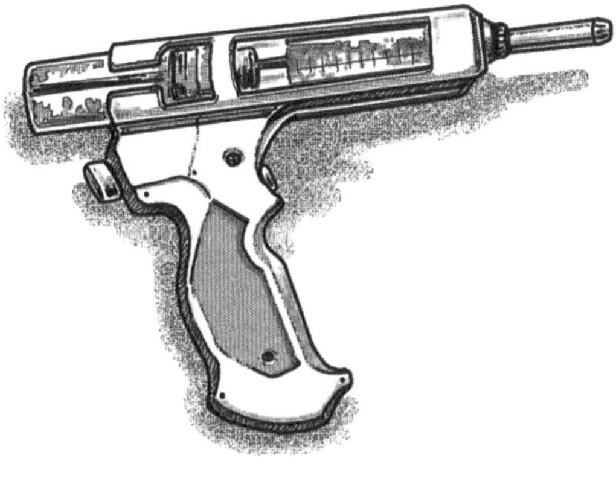

232

Du schleichst bis zu der Kreuzung weiter. Dort angekommen spähst du vorsichtig in den abzweigenden Korridor. Er ist leer. Laut Beschilderung geht es hier zu weiteren Sitzungsräumen und Büros sowie zu den Aufzügen.

Weiter geradeaus zeigen die Wegweiser zur Krankenstation und zum Übergang zu den Laboren auf Deck 5 und den Quartieren auf Deck 6. Der Trooper, der nur noch knapp zehn Meter von dir entfernt ist, steht vor einem Durchgang Wache, hinter dem du das Treppenhaus vermutest, das zu den höheren Decks führt. Er hat dich noch immer nicht bemerkt.

Wenn du den abzweigenden Gang nehmen willst, lies weiter bei ***209****.*

Willst du den Soldaten ansprechen, lies weiter bei ***234****.*

Willst du dich an den Soldaten heranschleichen, lies weiter bei ***273****.*

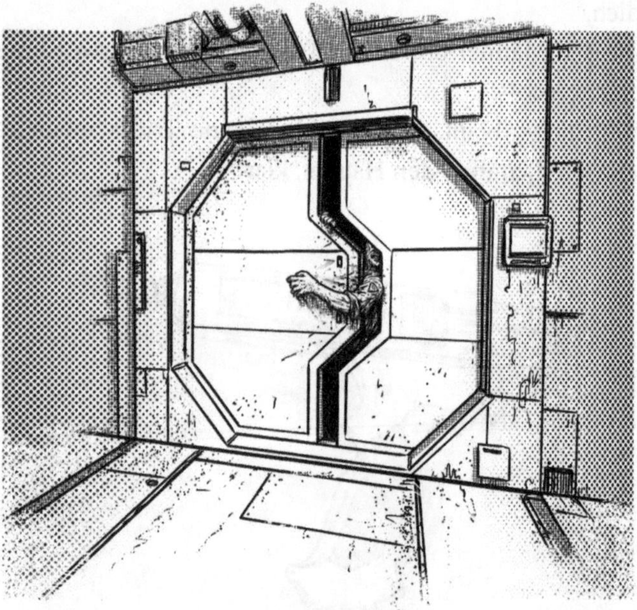

233

Mit zitternder Hand hebst du den Blaster und zielst auf die beiden näher kommenden Männer. Dein erster Schuss geht in die Decke des Flurs.

Du versuchst, deinen Anschlag zu stabilisieren, indem du dich hinkniest und die Waffe mit beiden Händen packst.

Markiere dir auf dem Datenblatt das Ereignis 233.

Würfele danach mit einem Würfel und zähle deinen Fernkampfwert hinzu.

Ist das Ergebnis kleiner als 9, lies weiter bei ***274****.*

Sonst geht es weiter bei ***283****.*

234

»Hallo«, sprichst du den Trooper an und hebst die Hände, damit er dich nicht für eine Gefahr hält.

Der Soldat fährt zu dir herum und richtet sein Gewehr auf dich. »Was willst du?«, bellt er.

Kurz erklärst du ihm deine Situation. »Ich weiß nicht, wem ich trauen kann.«

Der Soldat schnaubt. »Und woher soll ich wissen, ob ich *dir* trauen kann?«, erwidert er. »Los, dreh dich um, die Hände an die Wand.«

Ein Geräusch vom Durchlass her lenkt den Trooper für einen Moment ab.

Willst du deinen Blaster ziehen und es auf einen Schusswechsel ankommen lassen, lies weiter bei ***252****.*

Wenn du dich wie befohlen an die Wand stellen willst, lies weiter bei ***227****.*

235

Du läufst so leise wie möglich bis zur nächsten Kreuzung. Dort angekommen spähst du vorsichtig in den abzweigenden Korridor. Ein gutes Stück entfernt stehen zwei Männer in Stationsuniformen und unterhalten sich miteinander. Einer von ihnen schaut in deine Richtung, hat dich aber nicht bemerkt. Laut Beschilderung geht es hier zu weiteren Sitzungsräumen und Büros sowie zu den Aufzügen.

Weiter geradeaus zeigen die Wegweiser zur Krankenstation und zum Übergang zu den Laboren auf Deck 5 und den Quartieren auf Deck 6. Der Übergang liegt nur ein paar Meter entfernt an der Stelle, wo Alonso vorhin Wache gestanden hat. Aber um dorthin zu gelangen, musst du über die Kreuzung. Der Mann wird dich vermutlich sehen.

Willst du die Männer ansprechen, lies weiter bei **224**.

Wenn du über die Kreuzung und zu dem Durchgang sprinten willst, lies weiter bei ***240***.

236

»Hinsetzen!«, befiehlt Dekker und stößt dich auf einen Behandlungsstuhl zu. Den Blaster hat er immer noch im Anschlag.

»Was haben Sie mit mir vor? Was soll das alles?«, fragst du und siehst dich hektisch nach einer Waffe oder einem Fluchtweg um.

»Nun, Sie sind genau derjenige, nachdem ich gesucht habe.« Figo lächelt süffisant, während er einen Injektor befüllt. »Wie Sie bereits bemerkt haben, ist unser Experiment hier auf der Station ein wenig außer Kontrolle geraten, nachdem das Veraxicellunol in die Trinkwasseraufbereitung gelangte.«

»Veraxi… was? Wovon reden Sie überhaupt?«

»Oh, ich vergaß, das können Sie ja gar nicht wissen. Veraxicellunol, oder kurz Verax, heißt ein Wirkstoff auf Basis von Veraxium, an dem hier im Auftrag des Frius-Konzerns geforscht wurde. Verax sollte in der Medizin wichtige Dienste bei Muskelaufbau und Aktivierung von Selbstheilungskräften des Körpers leisten, hatte aber gewisse Nebenwirkungen. Die Probanden waren nach der Behandlung aggressiv und enthemmt. Die Führung der Space Trooper erkannte das Potential. Muskelaufbau und enthemmte Aggressivität, genau die richtige Mischung für einen Soldaten. Also übernahmen sie die Station und ich wurde mit der Federführung des Projekts betraut.«

»Das heißt, Sie sind für all die Toten und die Wahnsinnigen verantwortlich?«, stößt du hervor.

Figo wiegt den Kopf. »Sagen wir, ich kann jedenfalls nicht jede Schuld von mir weisen. Aber ...«, er reckt triumphierend einen Zeigefinger in die Luft, »... ich bin auf jeden Fall für die positiven Seiten von Verax verantwortlich, nicht wahr, Dekker?«

Der riesige Trooper grunzt nur zur Antwort.

»Sie hätten ihn mal vor der Behandlung sehen sollen. Sicher, verglichen mit einem Hänfling wie mir war er auch damals schon ein Muskelberg, aber das Verax hat erst diesen Riesen aus ihm gemacht. Und die psychischen Nebenwirkungen halten sich bei ihm in Grenzen – zumindest, solange Sie ihn nicht wütend machen. Leider hat Verax nicht bei allen Probanden so gut angeschlagen.«

»Und was hat das alles mit mir zu tun?«

»Nun, durch mein Experiment mit der Trinkwasseraufbereitung ist fast jeder auf der Station schon einmal mit Verax in Berührung gekommen«, erklärt Figo. »Mit welcher Dosis genau, kann ich nicht bestimmen. Das hängt davon ab, wann und wie viel er oder sie getrunken hat, bevor die Filter das Trinkwasser gereinigt haben. Jeder neue Versuch mit einer dieser Personen würde also auf einer unsicheren Ausgangslage beruhen. Die Einzigen, die nicht mit der Droge in Kontakt kamen, waren ein paar Trooper, die gerade schliefen, als ich das Verax in die Trinkwasseraufbereitung schüttete. Die sind oben bei Colonel Lundberg, an die komme ich nicht ran. Aber *Sie* hatten auch noch keinen Kontakt mit Verax. Damit sind Sie die perfekte Versuchsperson.«

Bei allen Sternen, der Mann ist ja wahnsinnig. Jede Hoffnung, dich noch aus der Situation herausreden zu können, ist damit dahin und du bist mittlerweile bei dem Stuhl angekommen. Er hat Halteschienen für Arme und Beine und ein Geschirr, mit dem man den Kopf fixieren kann. Wenn du erst einmal in diesem Stuhl sitzt, gibt es kein Entrinnen mehr. Dekker hat zwar nach wie vor den Blaster auf dich gerichtet, aber wird er auf dich schießen, wo du doch für den Doktor so wichtig bist? Vielleicht könntest du dich auf Figo stürzen, der nur zwei Schritte von dir entfernt steht und darauf wartet, dass du dich setzt. Mit ihm als Geisel könntest du eventuell hier rauskommen.

*Springst du auf den Doktor zu, lies weiter bei **249**.*

*Riskierst du lieber nichts und setzt dich auf den Stuhl, lies weiter bei **263**.*

237

Du siehst, wie sich die Schiebetür zum Labor G6 öffnet. Die Frau steckt zuerst aber nur den Kopf durch die Tür und sieht sich wachsam um. Erst als sie nichts von dem Menschenfresser sieht, tritt sie ein.

Das Labor ist völlig verwüstet, eine Blutspur führt zu der linken Tür, eine weitere nach unten. Wahrscheinlich hat der Irre sein Opfer hier überwältigt. Du blickst schnell auf das Bild von Labor F6, wo der Irre sich mittlerweile befindet. Er hockt da, den Kopf schief gelegt, so als würde er lauschen. Wie ein Affe, der auf Händen und angewinkelten Beinen läuft, macht er zwei Schritte zur Tür nach Labor G6. Du musst die Frau warnen!

Hektisch drückst du den Knopf des Mikrofons. »Verschwinden Sie da, sofort!«, flüsterst du eindringlich.

Die Frau reagiert nicht. Sie schaut gebannt auf die Blutspur und hält sich eine Hand vor den Mund.

Der Irre nähert sich weiter der Tür.

»Weg da, schnell!« Du vergisst zu flüstern, aber die Frau reagiert trotzdem nicht. Wahrscheinlich ist der Lautsprecher in dem Labor defekt.
Plötzlich taumelt die Frau zurück. Die Tür links im Bild ist aufgegangen, und obwohl du ihn noch nicht auf dem Bildschirm sehen kannst, weißt du genau, dass sie dem Irren gegenübersteht. Jetzt kommt er durch die Tür, noch immer in gebückter Haltung. Er hat die blutigen Zähne gebleckt wie ein knurrender Hund.
»Laufen Sie! Los, laufen Sie!«, brüllst du in das Mikrofon.
Tatsächlich sprintet die Frau los, auf die obere Tür zu. Sie ist beinahe aus dem Labor, als der Irre mit beängstigender Geschwindigkeit vorspringt und die Frau noch am Knöchel zu fassen bekommt. Fast spielerisch reißt er sie von den Füßen und sie stürzt schwer zu Boden.

Wie von Sinnen tritt sie mit dem freien Bein nach ihrem Angreifer, trifft ihn auch mehrfach, aber der Irre lässt sich davon nicht beirren. Er zieht die Frau zu sich heran und setzt sich auf ihren Bauch. Sie schlägt mit den Fäusten nach ihm, krallt eine Hand in sein Haar und zieht daran, doch obwohl sie ihm ein ganzes Büschel ausreißt, lässt er nicht von ihr ab.
Er packt ihren Kopf mit beiden Händen, hebt ihn hoch und lässt ihn mit Wucht auf den gefliesten Boden knallen. Du bist froh, dass du das Geräusch, das dabei entsteht, nicht hören kannst. Auch die Schreie, die zweifellos aus dem verzerrten Mund der Frau dringen, erreichen nicht dein Ohr.
Immer wieder schmettert der Irre den Kopf der Frau auf den Boden, als wolle er eine Nuss knacken. Nach dem zweiten Mal fallen die Arme der Frau schlaff zu Boden, nach dem dritten Mal siehst du, wie sich eine frische Blutlache auf dem Boden ausbreitet. Entsetzt wendest du dich ab.
*Lies weiter bei **364**.*

238

Du trittst gerade durch die Tür, als zwei Männer aus Richtung des Laborbereichs in den Korridor einbiegen. Sie tragen die Uniformen der Stationsbesatzung.
»He, stehenbleiben!«, ruft der eine, während der andere seinen Blaster zückt.
*Willst du dich ergeben, lies weiter bei **221**.*
*Willst du sie mit einer Blastersalve in Deckung zwingen und in die entgegengesetzte Richtung fliehen, lies weiter bei **247**.*

239

Da der Trooper keine Anstalten macht, deinen Befehl zu befolgen, richtest du deine Waffe auf ihn und drückst ab. Der Schuss ist absichtlich schlecht gezielt und verfehlt den Soldaten um gut

einen halben Meter, aber der reagiert panisch und feuert wild in deine Richtung.
Figo zuckt zusammen und prallt gegen dich. Du stolperst zurück und der Doktor stürzt rücklings zu Boden. Seine Brust ist von mehreren Blastertreffern durchlöchert. Auch du wirst am Arm getroffen.
Der Trooper starrt entsetzt auf die Leiche des Doktors.
Notiere dir auf dem Datenblatt das Ereignis 239 und senke deine Gesundheit um 5.
*Willst du ihn erschießen, bevor er sich von seinem Schreck erholt, dann lies weiter bei **246**.*
*Wenn du ihm befehlen willst, seine Waffe wegzuwerfen, lies weiter bei **261**.*

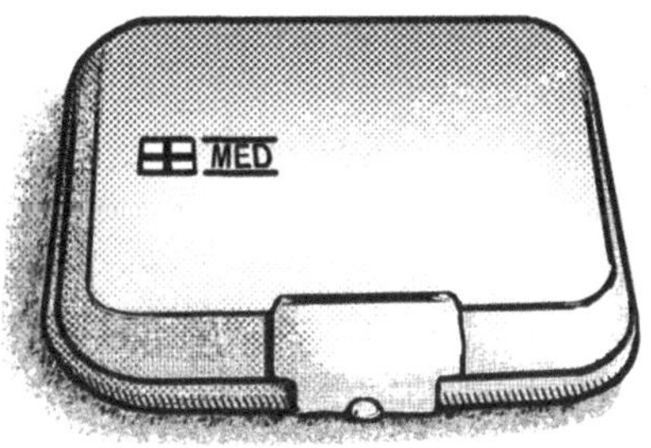

240

Du schöpfst kurz Atem, dann sprintest du los.
»He!«, hörst du jemanden dir hinterherrufen, aber du achtest nicht darauf und rennst auf den Durchgang zu. Dahinter liegt ein breites Treppenhaus, an dem an beiden Seiten Stufen nach oben führen. Es ist keine weitere Wache zu sehen, also nimmst du immer zwei Stufen auf einmal bis zum ersten Treppenabsatz. Dort blickst du nach oben, hoffend, dass auch am Ende der Treppe keine Wache steht.
*Lies weiter bei **512**.*

241

Die Frau sieht wieder fragend zur Kamera. Du kannst Schweiß auf ihrer Stirn und blanke Furcht in ihren Augen sehen, dennoch sagst du nichts. Wenn der Irre deine Stimme hört, könnte er blitzschnell in diesem Labor sein.

Die Frau wartet noch einen Moment, dann entscheidet sie sich für die Tür links, die auf den Flur führt.

Erhöhe den Zähler um 1 und lies weiter bei ***256.***

242

Du setzt das Atemgerät auf und öffnest die Tür. Eine große Rauchwolke quillt dir entgegen, dennoch wagst du dich ins Innere und tastest dich vorsichtig zur Treppe vor. Der Weg nach oben ist durch eine behelfsmäßige Barrikade blockiert, aber du kletterst über das Treppengeländer daran vorbei.

Der Qualm ist so dicht, dass du kaum etwas sehen kannst. Beinahe blind stolperst du die Stufen hinauf. Du hast gerade den Absatz zwischen Deck 4 und Deck 5 passiert, als an deinem Atemgerät die Warnleuchte für den Sauerstoffstand zu leuchten beginnt. Offenbar reicht der Sauerstoff des Geräts nicht lang. Jedenfalls gibt es nun kein Zurück mehr. Du sprintest die letzten Stufen hinauf. Die Warnleuchte beginnt hektisch zu blinken, als du die Tür aufreißt und auf einen langen Korridor hinaustrittst. Hastig reißt du dir das Gerät vom Kopf und saugst gierig die frische Luft ein. Hinter dir fällt die Tür geräuschvoll ins Schloss.

Der Korridor durchmisst die ganze Station. Die innen liegende Wand ist in halber Höhe verglast, sodass du ins Innere blicken kannst, wo sich offenbar der Laborbereich befindet. Auf halbem Weg zum entgegengesetzten Ende des Ganges liegt eine Schleuse, die Zugang zu den Laboren bietet. Auf der Außenseite des Korridors sind neben dem Notausgang, durch den du gerade gekommen bist, noch einige Türen zu Umkleiden. Im Gang liegen einige Möbelstücke verstreut: Stühle, Tische, Rollwagen.

Am hinteren Ende, von dir gesehen rechts, knickt der Flur nach links ab. Wenn du nach links blickst, befindet sich nur wenige Meter entfernt eine Biegung nach rechts. Offenbar verläuft der Korridor im Rechteck um den Laborbereich herum.

Du bist gerade erst wieder zu Atem gekommen, als du von links Geräusche hörst, die rasch näher kommen. Es klingt nach dem Knurren von Wahnsinnigen. Du weichst rückwärts in Richtung Schleuse zurück, dann kommen auch schon zwei Männer um die Ecke. Einer von ihnen trägt eine zerfetzte Trooper-Rüstung und humpelt. Ein Blick in ihre blutverschmierten Gesichter genügt, um zu erkennen, dass es sich tatsächlich um Irre handelt.

Trage bei Vorsprung auf dem Datenblatt eine 2 ein und markiere dir im Inventar das Atemgerät als leer.

*Willst du auf die Männer schießen, lies weiter bei **233**.*

*Willst du in Richtung Schleuse fliehen, lies weiter bei **306**.*

243

Die Frau eilt zurück in das Labor F5. Damit seid ihr wieder beim Ausgangspunkt. Sie blickt zweifelnd in die Kamera. Ob sie dir überhaupt noch vertraut?

In diesem Labor führen Türen nach links und rechts und eine nach unten.

Erhöhe den Zähler um 1. Wenn der Zähler bei 4 oder mehr ist, lies sofort weiter bei ***265****.*

Willst du die Frau nach links (E5) schicken, lies weiter bei ***253****.*

Willst du sie nach rechts (G5) dirigieren, lies weiter bei ***220****.*

Willst du sie nach unten (F6) schicken, weiter bei ***216****.*

244

Du legst das Atemgerät an und trittst in das Treppenhaus, gerade als die Irren um die Ecke biegen. Du stolperst auf die Stufen zu und bemerkst ein Hindernis auf dem Weg nach oben. Es sieht so aus, als habe hier jemand eine Art Barrikade aufgebaut. Diese zu überwinden, dauert zu lange, also nimmst du stattdessen die Stufen nach unten, wo es kein Hindernis gibt. Das Treppengeländer ist so heiß, dass du dich stattdessen an der Wand entlangtasten musst.

Als du auf halbem Weg nach Deck 4 einen Absatz erreichst, hörst du über dir ein Geräusch und blickst nach oben. Schwach kannst du etwas Licht durch den Qualm schimmern sehen und hörst jemanden husten, dann schließt sich die Tür wieder und es ist dunkel. Es sind keine Schritte zu hören. Scheinbar haben die Wahnsinnigen die Verfolgung aufgegeben.
Du willst gerade aufatmen, als an der Maske die Warnleuchte für den Sauerstoffstand zu leuchten beginnt. Offenbar war das Gerät kaum befüllt. Schnell eilst du die verbliebenen Stufen nach Deck 4 hinab und öffnest hastig die Tür zu diesem Deck.
Kaum dass du das verqualmte Treppenhaus verlassen hast, reißt du dir das Atemgerät vom Gesicht und saugst gierig die frische Luft ein. Erst als du wieder zu Atem gekommen bist, siehst du dich um.
*Markiere das Atemgerät in deinem Inventar als leer, notiere dir das Ereignis 244 und radiere deine Eintragung beim Vorsprung weg. Lies dann weiter bei **210**.*

245

Du gehst schnell den Flur hinunter, versuchst dabei aber, deine Füße behutsam aufzusetzen, um auf dem metallenen Boden nicht zu laute Geräusche zu verursachen. An beiden Seiten gibt es Türen, die zu Büros zu führen scheinen. Sie alle sind blockiert, was ein rotes Licht über den Kartenlesegeräten anzeigt.
Du gelangst zu einer weiteren Kreuzung, an der ein schmaler Gang nach rechts abzweigt, der laut Wegweiser zur Krankenstation führt. Er hat zu beiden Seiten eine Tür und endet nach ein paar Metern an einer weiteren. Du kannst aber auch weiter geradeaus in Richtung »Konferenzräume und Übergang nach Deck 5/6« laufen, wo der Korridor wenig später an einer weiteren Kreuzung endet, an der Gänge nach links und rechts abzweigen.
Du blickst über die Schulter. Von den zwei Männern ist noch nichts zu sehen.

Plötzlich öffnet sich die breite Tür am Ende des nach rechts abzweigenden Flures. Eine Frau tritt heraus. Sie trägt eine Krankenschwesternuniform, die an einigen Stellen mit Blut befleckt ist. Sicher gehört sie auch zu den Irren. So schnell du kannst, rennst du weiter.

Kurz darauf erreichst du die nächste Kreuzung. Dort blickst du dich hastig um. Die beiden Männer sind noch nicht am entgegengesetzten Ende des Flures zu sehen und auch die Krankenschwester scheint dich nicht zu verfolgen. Wenn du dich nun rasch für eine Richtung entscheidest, kannst du sie vielleicht endgültig abschütteln.

Kurz spähst du in die beiden abzweigenden Gänge. Links schließt sich ein weiterer langer Flur an, der von Türen gesäumt ist. Auf der rechten Seite liegen offenbar wieder verriegelte Bürotüren. Der Korridor rechts ist deutlich kürzer. Dort gibt es in knapp zehn Metern Entfernung einen breiten Durchlass, hinter dem laut Wegweiser der Übergang zu Deck 5 und Deck 6 liegt. Davor steht ein Mann in der Rüstung der Space Trooper mit dem Rücken zu dir. Er hat das Gewehr im Anschlag, so als erwarte er aus der Richtung des Durchlasses einen Angriff.

*Willst du den Trooper hinterrücks erschießen und nach oben fliehen, lies weiter bei **301**.*

*Willst du den Soldaten ansprechen, lies weiter bei **234**.*

*Wenn du lieber nach links in die andere Richtung schleichen möchtest, lies weiter bei **257**.*

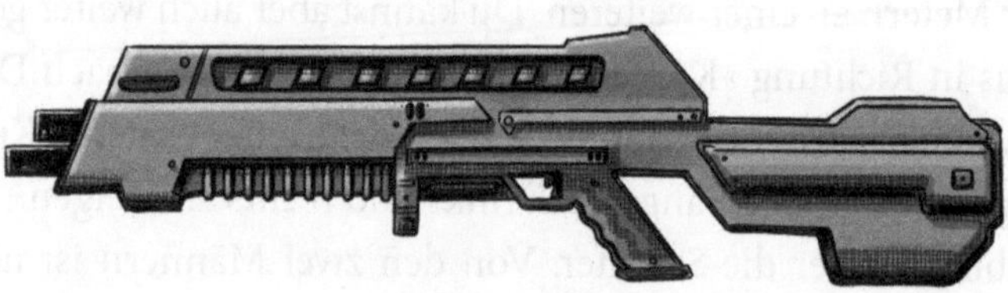

246

Bevor der Trooper sich von seinem Schock erholt, legst du auf ihn an und drückst gnadenlos ab. Du triffst ihn mitten im Gesicht und der junge Mann bricht ohne einen Laut zusammen.

Wenn du willst, kannst du sein Blastergewehr mitnehmen.

Der Blasterschuss ist wahrscheinlich nicht ungehört geblieben. Du musst so schnell wie möglich hier weg, also sprintest du auf die Treppen zu.
*Lies weiter bei **374**.*

247

Ohne zu zielen, feuerst du auf die Männer und ziehst dich gleichzeitig in die andere Richtung zurück. Deine Gegner erwidern das Feuer, aber auf die Entfernung sind ihre Schüsse zu unpräzise. Du wirfst einen kurzen Blick über die Schulter. Es sind nur noch wenige Schritte, bis der Flur nach links abknickt. Du feuerst noch eine Salve ab, stürmst um die Ecke – und bleibst unvermittelt stehen.
Ein Soldat kniet wenige Schritte von dir entfernt und der Lauf seines Blastergewehres ist auf dich gerichtet. Ehe du reagieren kannst, drückt er ab.
Ein Blasterstrahl durchschlägt deinen Oberschenkel und du brichst stöhnend in die Knie.

Ziehe 7 Punkte von deiner Gesundheit ab.

Mit dem Gewehr im Anschlag kommt der Soldat auf dich zu. Hastig lässt du deine Waffe fallen und hebst die Hände. Trotzdem tritt der Trooper noch näher, bis die Mündung seines Blastergewehrs beinahe deine Stirn berührt. Dir bricht der Schweiß aus.

Urplötzlich reißt der Soldat seine Waffe herum und verpasst dir mit dem Kolben einen schweren Hieb gegen die Schläfe, der dir die Sinne raubt.
*Lies weiter bei **276**.*

248

Die linke Wand des Raumes wird von einem breiten Kontrollpult eingenommen, über dem es einen großen Bildschirm gibt, der noch zu funktionieren scheint.
Die Schleuse ins Innere scheint unbeschädigt, der Kartenleser ist aber vollkommen zerstört, die gesamte Platine nur noch ein geschmolzener Klumpen Metall. Um die Tür zu reparieren, müsste man die Wand aufstemmen und den ganzen Mechanismus austauschen.
Der Laborbereich hinter der Schleuse ist wie ein Großraumbüro angelegt, ein riesiger Raum, der durch milchige Glaswände in kleine, quadratische Abteilungen separiert ist. Von deinem Standort aus ist schwer zu überblicken, wie viele Labore es wohl sind.

Dazwischen verlaufen Flure, von denen einer in die Schleuse vor dir mündet. Dieser scheint aber in gut zehn Metern Entfernung durch eine Art Schott blockiert zu sein.
Als du vor das Kontrollpult trittst, fällt dir auf dem Boden ein Datenpad auf. Dessen Bildschirm ist zwar gesplittert, aber es scheint noch zu funktionieren.

*Wenn du die Aufzeichnungen checken möchtest, gehe zu **208** und lies danach hier wieder weiter!*

Das Kontrollpult ist in 49 kleine Displays unterteilt, die in einem Raster von 7x7 angeordnet sind. Horizontal sind sie mit den Buchstaben A-G und vertikal mit den Ziffern 1-7 markiert. Daneben sind noch vier große Displays, diese wurden jedoch zerstört.
Die meisten der kleinen Displays sind dunkel. Unten in der Mitte ist aber das Segment D7 erleuchtet. Es zeigt das Bild eines Schleusenraums, in dem jemand vor einem Kontrollpult steht, genau wie du. Auf den zweiten Blick wird dir klar, dass du dich tatsächlich selbst siehst.
Als du das kleine Bild antippst, wird es auf dem deutlich größeren Display über dem Raster angezeigt. Nun kannst du dich klar erkennen. Du siehst dich im Raum hinter dir um und bemerkst eine Kamera in einer Ecke. Sie muss das Bild liefern. Wer dich wohl sonst noch beobachten kann?
Der Gedanke lässt dein Herz schneller schlagen und du lauschst auf Geräusche von draußen, aber es ist nichts zu hören.
Du lässt deinen Blick über die anderen Segmente des Rasters wandern. Das Display F7, dicht neben dem Raum, in dem du dich gerade befindest, zeigt ebenfalls ein Bild. Dort kauert jemand auf dem Boden. Du vergrößerst die Anzeige.
Du siehst eines der kleinen Labore, das vollkommen verwüstet ist. Blut ist überall hingespritzt, auch auf die Kameralinse, sodass

du nicht alles erkennen kannst. Aber was du siehst, ist grausam genug. Ein Mann in einem Laboranzug ist über einen zweiten gebeugt, der auf dem Boden in einer Blutlache liegt. Dessen Anzug ist in Bauchhöhe aufgerissen, Innereien hängen heraus und der noch lebende Mann wühlt mit seinen Händen darin herum. Dann blickt er plötzlich auf. Kurz erhaschst du einen Blick auf sein Gesicht. Es ist mit Blut verschmiert und irgendetwas hängt ihm aus dem Mund. Frisst der Mann sein Opfer etwa?

Plötzlich flackert das Segment F6 auf und du vergrößerst es. Du siehst eine Frau geduckt durch ein Labor schleichen. Auch sie trägt einen Laborkittel, wahrscheinlich ist sie eine Wissenschaftlerin. Immer wieder blickt sie sich angstvoll um. Ob sie auf der Flucht vor dem Menschenfresser ist? Du kannst erkennen, dass ihr Labor vier Ausgänge hat. Die Schiebetüren sind aus Milchglas, sodass sie nicht erkennen kann, dass im Nebenbüro der Menschenfresser lauert. Ratlos sieht sie von einer Tür zur anderen und überlegt offenbar, welche sie nehmen soll. Wird sie etwa die Tür zu F7 wählen und dem Menschenfresser in die Arme laufen?

Dein Blick fällt auf ein Mikrofon mit einer Taste. Vielleicht kannst du Kontakt mit dem Labor aufnehmen, dessen Bild gerade vergrößert dargestellt wird. Du drückst auf die Taste. »Hören Sie mich?«, flüsterst du.

Die Frau auf dem Bild fährt herum. Sie blickt in die Kamera und ihre Lippen bewegen sich, du hörst aber nichts.

»Gehen Sie nicht nach F7«, sagst du eindringlich. »Dort lauert ein Irrer.«

Auf dem Bildschirm kannst du beobachten, wie ihre Augen sich weiten. Sie wendet sich der F7 gegenüber liegenden Tür zu. Kurz darauf flackert das Segment F5 auf. Offenbar sind die Kameras an Bewegungsmelder gekoppelt. Du folgst der Wissenschaftlerin erst mit dem Blick, dann aber siehst du, dass sich auch in F7 et-

was tut. Der Menschenfresser hat sich von seinem Opfer abgewandt und nähert sich der Tür zu F6.
Schnell huscht dein Blick wieder nach oben. Die Frau steht noch immer in F5. Hier gibt es Türen nach links und rechts. Sie sieht mit panischem Gesichtsausdruck hilfesuchend in die Kamera.
*Willst du ihr helfen, vor dem Menschenfresser zu fliehen, lies weiter bei **200**.*
*Willst du sie stattdessen ihrem Schicksal überlassen und dich lieber selbst in Sicherheit bringen, bevor der Menschenfresser bis zur Schleuse vordringt, lies weiter bei **230**.*

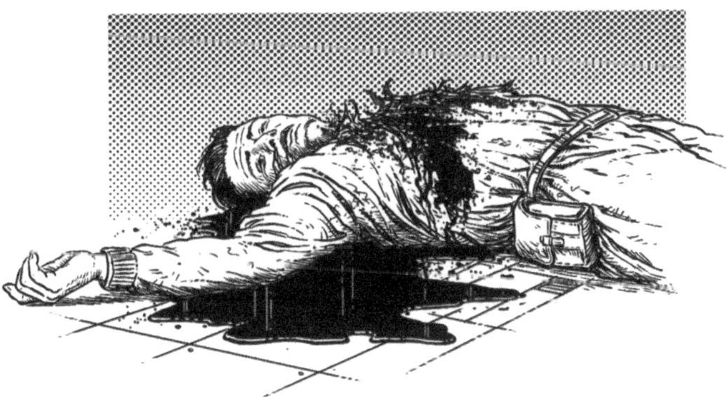

249

»Meine Geduld hat ihre Grenzen«, brummt der Doktor und kommt mit dem Injektor auf dich zu. »Also setzen Sie s…«
Das ist der Moment, auf den du gewartet hast. Du springst auf den Doktor zu, packst seinen Arm mit der einen Hand, drehst ihn Figo auf den Rücken, entreißt ihm mit der anderen den Injektor und hältst ihn dem Doktor ans Auge. »Waffe runter!«, zischst du Dekker zu.
Der riesige Soldat glotzt ratlos zwischen dir und Figo hin und her. Sein Blaster ist immer noch auf dich gerichtet, aber du hältst dich hinter dem Doktor.

»Dekker, mach schon«, stößt Figo hervor.

Zögernd lässt der Trooper die Waffe sinken. Was jetzt?

*Willst du mit Figo als Geisel den Operationssaal verlassen, lies weiter bei **271**.*

*Willst du dir von Dekker den Blaster geben lassen, lies weiter bei **225**.*

*Wenn du Dekker mit dem Injektor ruhig stellen und erst dann fliehen willst, lies weiter bei **254**.*

250

Du rennst auf den Notausgang zu und reißt die Tür auf. Dichter Qualm quillt dir entgegen. Nur vage kannst du ein Geländer und Stufen ausmachen. Hinter der Tür scheint ein Treppenhaus zu liegen, das die Decks verbindet, aber es ist komplett von Rauch erfüllt, der dich schon jetzt husten lässt.

Die Schritte der Verfolger sind ganz nah, sie können jeden Augenblick um die Ecke kommen.

*Hast du ein gefülltes Atemgerät bei dir, willst es aufsetzen und damit ins Treppenhaus gehen, lies weiter bei **244**.*

*Wenn du kein gefülltes Atemgerät hast, aber trotzdem durch das Treppenhaus fliehen willst, lies weiter bei **295**.*

*Falls du stattdessen weiter den Flur entlang in Richtung Schleuse laufen willst, dann senke den Vorsprung um 1 und lies weiter bei **306**.*

251

Erschüttert verlässt du den Sitzungsraum. Was bei allen Sternen passiert hier bloß? Immer mehr Fragen und keine Antworten. Aber du hast das sichere Gefühl, dass du dir sehr genau überlegen solltest, wem du auf dieser Station dein Vertrauen schenkst – vorausgesetzt, du triffst überhaupt noch auf jemanden, der nicht entweder irre ist oder im Sterben liegt.

Kopfschüttelnd trittst du auf den Korridor hinaus und wendest dich in Richtung der Kreuzung.
*Lies weiter bei **232**.*

252

Du reißt deinen Blaster hervor und zielst auf den Trooper, der deine Bewegung aber bemerkt.

Würfele mit einem Würfel und zähle den Fernkampfwert deines Charakters zum Ergebnis hinzu. Würfele nun für deinen Gegner noch einmal mit einem Würfel und zähle bei ihm 3 hinzu.
*Ist deine Summe höher oder genauso hoch wie die des Troopers, lies weiter bei **264**.*
*Ist deine Summe niedriger, lies weiter bei **328**.*

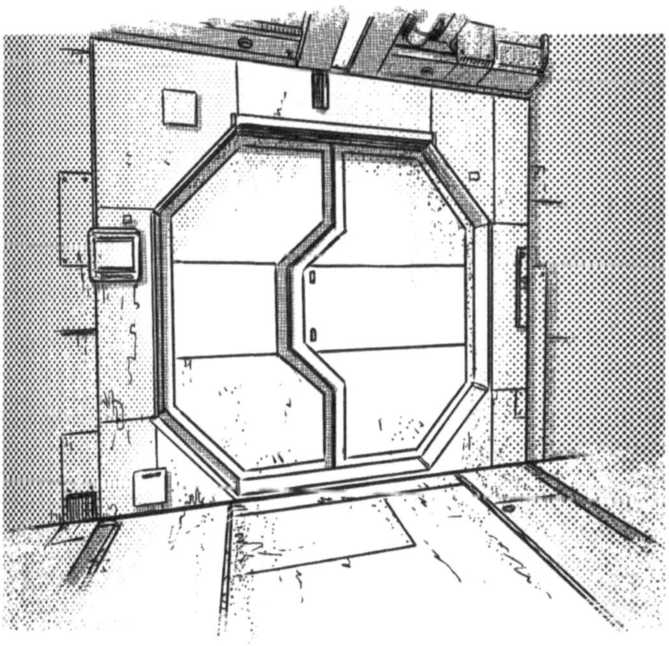

253

Die Frau eilt in den nächsten Raum. Im Gegensatz zu den anderen, die du bislang auf dem Bildschirm gesehen hast, scheint es sich hier eher um eine Art Lager zu handeln. In den Ecken stehen Regale und an allen vier Wänden gibt es Schiebetüren. Nach deinem Raster müsste die Tür links auf den Flur führen, den du von der Schleuse aus einsehen kannst, die nach oben auf den anderen Flur, der von A4 nach G4 führt.

Erhöhe den Zähler um 1. Wenn der Zähler bei 4 oder mehr ist, lies sofort weiter bei ***265****.*

In welche Richtung willst du die Frau dirigieren?

Nach oben in den Flur, weiter bei ***279****.*

Nach links in den anderen Flur, weiter bei ***256****.*

Nach unten ins Labor E6, weiter bei ***269****.*

Nach rechts ins Labor F5, weiter bei ***243****.*

254

Selbst wenn du Figo nach draußen zerrst, kann Dekker euch folgen und bei der kleinsten Unsicherheit auf dich schießen. Du musst ihn loswerden – und der Injektor bietet dir die Möglichkeit dazu.

»Komm her!«, forderst du den großen Trooper auf. »Streck deinen Arm aus.« Dekker scheint überrascht, gehorcht aber.

Du schiebst Figo vor dir her, um den Oberarm des Soldaten erreichen zu können. In dem Moment, als du den Injektor vom Auge des Doktors entfernst, rammt Figo dir den freien Ellenbogen in den Bauch. Dir bleibt die Luft weg, dein Griff um Figos Arm lockert sich und er reißt sich los.

Bevor du wieder zu Atem kommen kannst, verpasst dir Dekker einen mörderischen Schwinger mit der Faust, der dich zu Boden schickt. Für einen Moment wird dir schwarz vor Augen.
»Nein, Dekker, lass ihn!«, hörst du den Doktor rufen. »Ich brauche ihn noch.« Beinahe bist zu ihm dankbar dafür, dass er dir den Riesen vom Hals hält.
Plötzlich spürst du einen Stich am Arm. Der Doktor kniet neben dir und hebt gerade den Injektor hoch. »Netter Versuch«, kommentiert er spöttisch. Er ist ganz nah. Du würdest ihn gern an der Kehle packen und zudrücken, aber deine Glieder sind bleischwer. »Für einen Riesen wie Dekker hätte die Dosis ohnehin nicht gereicht.« Figos Worte erklingen wie aus weiter Ferne und kurz darauf schwinden dir die Sinne.
*Lies weiter bei **288**.*

255

Deine Chancen stehen denkbar schlecht, also wirfst du deine Waffe auf den Boden und richtest dich auf. »Ich ergebe mich.«
Mit vorgestreckten Blastergewehren kommen der Trooper und noch zwei Männer in den Raum. Letztere tragen die Uniform der Stationsbesatzung. Während zwei dich im Visier behalten, kommt der dritte, ein fast zwei Meter großer Hüne, auf dich zu, packt dich und stößt dich an die nächstgelegene Wand. »Wer bist du?«
Während er dich nach Waffen abtastet, erklärst du, dass du erst vor Kurzem auf der Station gelandet bist, und fasst in knappen Sätzen zusammen, was dir bislang widerfahren ist.
»Was machen wir mit ihm?«, fragt der Mann, der dich durchsucht und dir alle Waffen abgenommen hat.
»Am besten bringen wir ihn zu Figo«, meint der dritte Mann. »Der sucht doch nach jemandem, der noch kein Verax intus hat. Machst du das, Alonso?«

Der Trooper nickt.
»Gut, dann übernehmen wir solange deine Wache an der Treppe.«
Die beiden Männer öffnen die Tür zum Flur und wenden sich dort nach rechts.
»Beweg dich«, blafft Alonso. »Und keine Tricks mehr, sonst schieße ich dich über den Haufen, klar?«
Streiche alle Waffen aus deinem Inventar und lies weiter bei ***205****.*

256

Die Frau tritt in den Flur und sieht in Richtung des Kontrollraums, in dem du dich befindest. Du kannst im Bild erkennen, wie der panische Gesichtsausdruck einem hoffnungsvollen weicht und sie auf die Schleuse zuläuft. Sie holt eine Keycard aus der Tasche ihres zerfetzten Kittels.
Du blickst zur Schleuse hinüber und siehst sie auf der anderen Seite. Sie ist noch recht jung, keine 30 Jahre, schätzt du. Ihr mittellanges Haar hängt ihr wirr ins Gesicht. Gerade steckt sie die Keycard in den Schlitz und sieht dabei nervös zu der Tür, die in das Labor direkt neben dem führt, wo der Menschenfresser sein letztes Opfer verspeist hat. Als die Schleusentür sich nicht öffnet, blickt sie dich durch das dicke Glas an, erst irritiert, dann mit flehendem Blick.
Du trittst näher an die Tür und bemühst dich, ihr mit Gesten zu erklären, dass das Lesegerät für die Keycard zerstört ist. Ihre Au-

gen weiten sich, als sie begreift, was du ihr klarzumachen versuchst.

*Erhöhe den Zähler um 1. Wenn er danach bei 5 oder mehr ist, lies sofort weiter bei **217**.*

Du blickst an ihr vorbei in den Flur. Links gehen keine Türen ab, weiter hinten ist der Flur durch ein schweres, in einzelne Segmente geteiltes Sicherheitsschott blockiert. Allerdings ist es auf einer Seite nicht bis zum Boden gekommen, weil ein Hindernis es aufgehalten hat. Auf die Entfernung sieht es aus wie ein umgestürztes Regal aus Metall. Deshalb gibt es eine schmale Lücke, durch die sich die Frau vielleicht hindurchzwängen könnte. Ansonsten bleibt ihr nur der Weg zurück zum Labor E5, aus dem sie kommt.
*Willst du sie mit Gesten in Richtung des Labors E5 dirigieren, lies weiter bei **262**.*
*Soll sie versuchen, sich unter dem Schott hindurchzuzwängen, lies weiter bei **275**.*

257

Du schleichst den Flur hinunter, kommst aber nur ein paar Schritte weit.
»He, stehen bleiben!«, ruft jemand hinter dir. Du wagst einen Blick über die Schulter. Der Trooper am Durchgang hat sich zu dir umgedreht und seinen Blaster auf dich gerichtet. »Hände über den Kopf, los!«
Du hast keine Wahl. Der Gang bietet dir keinerlei Deckung, und bis du dich umgedreht und deine Waffe auf den Trooper gerichtet hast, wird er dich schon mit Blasterstrahlen durchsiebt haben. Also lässt du den Blaster auf den Boden fallen und hebst die Hände.

Mit der Waffe im Anschlag kommt der Trooper näher.
»Hören Sie, ich bin keiner von diesen Irren«, versuchst du ihn zu beruhigen. »Ich bin selbst erst vor Kurzem hier gelandet und angegriffen worden. Können Sie mir sagen, was hier los ist?«
Der Soldat hat dich erreicht und stößt dich grob gegen die Wand, ohne auf deine Frage einzugehen.
*Lies weiter bei **227**.*

258

Du hebst deine Waffe an den Kopf des Doktors. »Waffe runter! Ich sage es nicht noch einmal«, drohst du.
Der Soldat ist mit der Situation sichtlich überfordert und wirft hilfesuchend einen Blick über die Schulter den langen Gang hinunter. Dort ist im Moment niemand zu sehen, aber das kann sich jeden Augenblick ändern. Endlich lässt der Trooper sein Blastergewehr sinken.
»Leg die Waffe auf den Boden und …« Weiter kommst du nicht. Der Doktor duckt sich unter deiner Waffe weg und rammt dir gleichzeitig seinen Ellenbogen in den Bauch. Während dir die Luft wegbleibt und du dich zusammenkrümmst, bringt Figo sich mit einem Satz aus deiner Reichweite. »Los, schalten Sie ihn aus. Aber ich will den Drecksack lebend haben«, zischt er den Trooper an.
Du ringst noch immer nach Atem, schaffst es aber einfach nicht, dich wieder aufzurichten und die Waffe zu heben.
Der Trooper tritt näher und zielt auf deinen Kopf. »Waffe runter!«, schnarrt er.
Du hast keine Wahl, auf die Distanz kann er dich nicht verfehlen. Klappernd landet dein Blaster auf dem Boden. Im gleichen Augenblick reißt der Soldat seine Waffe herum und verpasst dir mit dem Kolben einen schweren Hieb gegen die Schläfe, der dir die Sinne raubt.
*Streiche den Blaster aus deinem Inventar und lies weiter bei **288**.*

259

Das Videotagebuch des Troopers Aaron Cohen umfasst mehrere Dutzend Einträge. Offenbar führt er es schon eine ganze Weile. Du überspringst die älteren Einträge und wählst den, der als erster mit dem Einsatz hier auf der Raumstation zu tun hat.

Im Bild erscheint das Gesicht eines jungen Mannes, vielleicht Anfang 20. Er sitzt auf einem Bett, aber in einem anderen Raum, der deutlich geräumiger und gemütlicher wirkt als der, in dem du dich gerade befindest. Er erzählt in die Kamera:

»Wir sind hier auf der Raumstation … hab den Namen schon wieder vergessen, Moment … Galenus Five. Hat wohl irgendwas mit dem Frius-Konzern zu tun, keine Ahnung. Ich stehe hier unter dem Kommando von Colonel Lundberg, worauf ich echt stolz bin. Der Mann ist eine Legende und alle in der Truppe bewun-

dern ihn. Ich werde alles versuchen, um bei ihm einen guten Eindruck zu hinterlassen.
Wir sind heute hier angekommen. Richtig begeistert schien die Stationsbesatzung nicht zu sein. Ich habe einen Streit zwischen einem der Wissenschaftler und dem Colonel mitbekommen, aber nicht verstanden, worum es genau ging. Jedenfalls sind die Quartiere okay, wie man sieht.« Aaron schwenkt das Datenpad, sodass man den Rest des Raumes sehen kann. »Was genau mich hier erwartet, weiß ich nicht, aber es ist auf jeden Fall besser als auf irgendeinem Schlachtfeld um mein Leben zu kämpfen, von daher glaube ich, dass ich es hier ganz gut getroffen habe.
Damit genug für heute, ich muss zur Einsatzbesprechung.«

Die nächsten Einträge enthalten nur Belanglosigkeiten über das Essen in der Kantine, Streitereien mit Kameraden oder Kommentare zur einen oder anderen schönen Frau, die Cohen im Stationsalltag über den Weg gelaufen ist. Insgesamt wirkt er auf dich noch recht unreif.
Ein acht Tage alter Eintrag erweckt dann wieder deine ganze Aufmerksamkeit, denn darauf hat Cohen ein blaues Auge.
»Ich mache mir Sorgen um Arek. Seit er sich freiwillig für das Versuchsprogramm mit dieser Wunderdroge namens Verax gemeldet hat, ist er ganz verändert. Unfreundlich, aufbrausend, gestern ist er wegen eines harmlosen Scherzes auf Dekker losgegangen. Ich wollte dazwischengehen und dabei hat Arek mir das hier verpasst.« Er deutet auf sein Veilchen. »Wir brauchten drei Mann, um ihn zu beruhigen.
Und er ist nicht der Einzige, der sich so aggressiv verhält. Ich habe von anderen gehört, dass alle, die Verax genommen haben, sich seltsam benehmen. Erst habe ich ja auch überlegt, mich für das Programm zu melden, aber jetzt … Da kann Dr. Figo noch so lange predigen, was für Supersoldaten Verax aus uns machen

soll und dass er die Nebenwirkungen im Griff hat. Wenn ich mir Arek ansehe, sind das glatte Lügen. Und das sehen mittlerweile, glaube ich, alle so.
Lundberg war ziemlich sauer, als sich gestern kein Freiwilliger mehr finden ließ. Ich habe gehört, dass er Leute von der Stationsbesatzung zwangsverpflichtet hat. Es gab Proteste und in der Kantine sogar einen Streik, den wir mit Gewalt beenden mussten.« Er schüttelt den Kopf. »So habe ich mir das hier nicht vorgestellt.«

Der nächste Eintrag, den du dir ansiehst, ist zwei Tage alt. Cohen sieht abgekämpft und übermüdet aus. Sein blaues Auge ist zwar verheilt, dafür hat er mehrere Schrammen im Gesicht. Diesmal sitzt er in dem Raum, in dem du dich auch gerade befindest. Während der Aufnahme blickt er immer wieder zur Seite, als befürchte er, dass jemand hereinkommt.
»Ich habe Angst«, murmelt er. »Heute ist hier das totale Chaos ausgebrochen. Eigentlich hieß es, die Experimente mit der Droge seien eingestellt worden, aber irgendwas muss passiert sein, als ich nach meiner Schicht geschlafen habe. Ich bin von dem Lärm aufgewacht. Lundberg hat alle, die noch bei Sinnen waren, mobilisiert, damit wir für Ruhe sorgen.« Er schüttelt ungläubig den Kopf. »So was hab ich auf all den Schlachtfeldern, auf denen ich schon war, noch nicht gesehen. Direkt am Eingang zu Deck 5 fanden wir einen Mann von der Stationsbesatzung, dessen Bauch aufgerissen und ausgeweidet war – nicht etwa mit einer Waffe, sondern mit bloßen Händen, wie es aussah. Wir riefen Verstärkung und rückten zu viert weiter vor.
In einem Aufenthaltsraum trafen wir dann auf einen dieser Irren. Es war Tuominen. Ich hatte ein paar mal mit ihm zusammen Wachdienst. Aber er war nicht mehr er selbst, warf mit Stühlen um sich und brüllte wie von Sinnen. Wir haben erst versucht, ihn

zur Vernunft zu bringen, aber obwohl wir alle auf ihn anlegten, fiel er Montoya an wie ein Raubtier seine Beute. Wir haben Tuominen sofort erschossen, aber für Montoya kam schon jede Hilfe zu spät. Tuominen hatte ihm mit den Zähnen die Kehle aufgerissen, wir konnten die Blutung nicht stoppen.«

Cohen ist blass geworden und braucht einige Momente, um sich zu sammeln.

»In der Kantine trafen wir dann auf weitere Verrückte. Sie waren über das Personal hergefallen und fraßen … ihre Innereien. Einer von ihnen war Arek.« Cohens Stimme bricht. Er wischt sich hastig über die feucht glitzernden Augen und beendet abrupt die Aufnahme.

Der letzte Eintrag ist von gestern. Cohen wirkt völlig erschöpft. »Was für ein Chaos.« Er schüttelt den Kopf. »Die Stationsbesatzung hat versucht, sich zum Hangar durchzuschlagen und zu fliehen. Für Lundberg sind sie jetzt nur noch Saboteure und er hat uns mit aller Härte gegen sie vorgehen lassen. Ein paar von uns haben sich geweigert, daraufhin hat der Colonel sie erschießen lassen. Einige von uns sollen desertiert sein. Noch immer laufen ein paar der Wahnsinnigen frei herum, auch Arek, aber wir jagen sie nicht mehr. Der Colonel hat uns befohlen, nur noch die Decks 3, 5 und 7 zu sichern, bis der Kreuzer kommt, der uns hier rausholen soll. Ich kann es kaum erwarten …«

Erschrocken blickt er zur Seite. Gedämpft hört man ihn mit jemandem sprechen. Die Aufnahme endet.

Ansonsten ist auf dem Pad nichts Interessantes zu finden.

Nachdem du noch einmal den Blick durch den Raum hast schweifen lassen, verlässt du ihn.

*Lies weiter bei **238**.*

260

Das Feuergefecht ist noch in vollem Gange, als du aus dem Vorraum Geräusche und Stimmen hörst. Dein Gegner stellt das Feuer ein und zieht sich zurück. Mit dem Blaster im Anschlag behältst du die Tür im Auge.

»Waffe weg oder wir stürmen den Raum!«, hörst du jemanden rufen. Es ist nicht die Stimme des Troopers, mit dem du gekämpft hast.

Du wagst einen Blick zu dem ausgebluteten Mann auf der Liege. Er starrt dich aus leblosen Augen an. Ein Blasterschuss deines Gegners hat ihn zwischen den Rippen getroffen und seinem Leiden ein Ende gesetzt. Für ihn musst du also nicht weiterkämpfen.

*Willst du dich ergeben, lies weiter bei **255**.*

*Wenn du weiterkämpfen willst, lies weiter bei **287**.*

261

»Die Waffe runter! Ich sage es nicht noch mal!«, knurrst du, hoffend, dass der Soldat Vernunft annimmt und du ihn nicht erschießen musst.

Tatsächlich lässt der Trooper seine Waffe fallen, als habe er sich daran die Finger verbrannt. Er weicht einige Schritte zurück. Seine weit aufgerissenen Augen fixieren noch immer die Leiche von Figo.

Wenn du willst, kannst du sein Blastergewehr mitnehmen. Setze dann den betreffenden Haken im Inventar.

Die Blasterschüsse sind wahrscheinlich nicht ungehört geblieben. Du musst so schnell wie möglich hier weg, also sprintest du auf die Treppen zu.

*Lies weiter bei **374**.*

262

Nachdem du eine Weile hektisch gestikuliert hast, nickt die Frau. Ihr Gesicht zeigt eine Mischung aus Angst und Hoffnungslosigkeit, die dir einen Stich versetzt. Aber mehr, als sie zu dirigieren, kannst du nicht tun.
Sie dreht sich um und schleicht den Flur entlang. Du siehst ihr nach, bis sie an der Tür zum Labor E5 angelangt ist. Dann eilst du an deinen Platz am Kontrollpult zurück. Rasch suchst du die Bildschirme ab und entdeckst den Menschenfresser in Labor G5. Er macht aber Anstalten, sich zurück nach F5 zu bewegen. Dann wäre er nur ein Labor von der Frau entfernt.

Erhöhe den Zähler um 1. Wenn der Zähler danach bei 5 oder mehr ist, lies sofort weiter bei ***265****.*

Die Frau eilt durch das Labor hindurch und nimmt die Tür zum Flur auf E4.
Lies weiter bei ***279****.*

263

Du willst es nicht auf einen Kampf ankommen lassen, also setzt du dich gehorsam auf den Stuhl und legst Arme und Beine in die Schienen. Sie schließen sich augenblicklich, sodass du keinen Bewegungsspielraum mehr hast.
»Freut mich, dass Sie kooperativ sind. Dann können wir uns die Sedierung ja sparen«, sagt der Doktor. »Lehnen Sie den Kopf zurück, damit wir anfangen können.«
»Sie sagten, alle auf der Station wären schon mit Verax in Kontakt gekommen. Was ist mit Ihnen?«, fragst du, um Zeit zu gewinnen. »Haben Sie es etwa auch genommen?«
Figo lächelt. »Ich bin doch kein Unmensch. Natürlich habe ich das Veraxicellunol zuerst an mir ausprobiert, in sehr geringer

Dosis versteht sich. Leider hatte es kaum eine Wirkung, wie Sie sehen – abgesehen davon, dass ich merklich ungeduldiger und reizbarer geworden bin«, setzt er hinzu und presst deinen Schädel unbarmherzig in das Geschirr. Es schließt sich um dein Kinn, sodass du den Kopf nicht mehr bewegen kannst.
»Und jetzt entspannen Sie sich«, rät dir der Doktor, während er den Injektor mit einer rötlichen Flüssigkeit befüllt. »Wie ich schon sagte, Sie sind einmalig auf dieser Station, also werde ich Ihr Leben nicht leichtfertig verschwenden. Wenn alles gut geht, werden Sie mir sogar dankbar sein.«
Noch während er spricht, presst er den Injektor gegen deinen Hals und verpasst dir die Dosis.
*Lies weiter bei **300**.*

264

Tödlich getroffen sackt der Trooper in sich zusammen und du eilst auf den Durchgang zu.
In dem Raum dahinter führt in der Mitte eine breite Treppe zu einem Absatz, von wo dann an beiden Wänden entlang weitere Treppen zum nächsten Deck führen. Der Ausgang liegt direkt über dir, sodass du ihn nicht einsehen kannst. Aber hinter dir hörst du Schritte, die sich nähern. Dein Blasterschuss scheint nicht ungehört geblieben zu sein. Besser du machst, dass du wegkommst, bevor die Leiche entdeckt wird.
*Lies weiter bei **374**.*

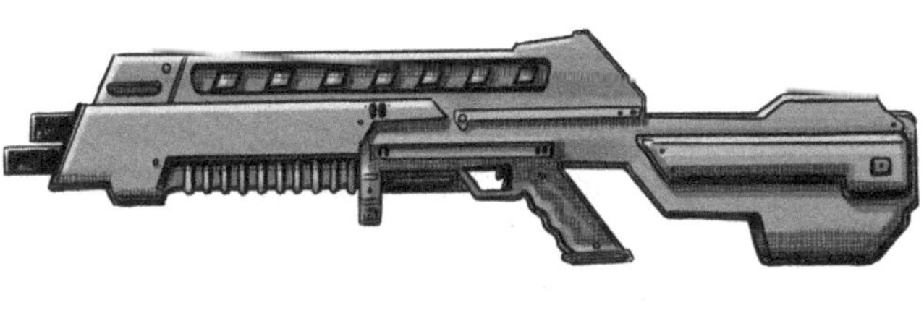

265

Die Frau sieht sich noch in dem Raum um, als sie plötzlich zusammenfährt. Am Bildrand öffnet sich eine der Schiebetüren. Du kannst es zwar nicht hören, aber klar erkennen, wie die Frau aufschreit und gegen einen Labortisch taumelt. Im nächsten Augenblick stürmt der Menschenfresser in den Raum und wirft sich auf sie.

Sie versucht ihn abzuwehren, aber er ist viel zu stark und ringt sie zu Boden. Er setzt sich auf ihren Bauch und packt ihren Kopf mit beiden Händen. Die Frau wehrt sich verzweifelt, doch ihre Schläge beeindrucken den Irren nicht. Er schmettert ihren Kopf mit Wucht auf den gefliesten Boden, immer und immer wieder, so als wolle er eine Nuss knacken. Nach dem zweiten Mal fallen die Arme der Frau schlaff zu Boden, nach dem dritten Mal siehst du, wie sich rasch eine große Blutlache auf dem Boden ausbreitet. Entsetzt wendest du dich ab.

*Lies weiter bei **364**.*

266

Du versuchst, die Wunschvorstellung eines misshandelten Doktors aus deinen Gedanken zu verdrängen, schließt die Augen und konzentrierst dich darauf, ruhig zu atmen. Es hilft tatsächlich. Figos Stimme wird wieder verständlich. Jetzt spricht er nicht mehr so monoton, sondern scheint sich mit jemandem zu unterhalten. Die Stimmen werden leiser.

Plötzlich verschwindet der Druck an deinen Armen und Beinen und auch an deinem Kiefer. Die Schienen haben sich geöffnet. Du reißt die Augen auf.

Figo und der Soldat unterhalten sich in einer Ecke des Operationssaals und wenden dir den Rücken zu. Gut so! Sie bemerken nicht, wie du aufstehst und auf sie zuschleichst. Zuerst attackierst du den Soldaten, springst ihn von hinten an und umklammerst seinen Hals mit deinem Arm. Wut und Hass verleihen dir unbändige Kraft und mit einem einzigen Ruck brichst du Dekker das Genick. Achtlos lässt du den leblosen Körper zu Boden fallen und wendest dich Figo zu.

Der Doktor hebt abwehrend die Hände und weicht zu einer Tür zurück. Seine Lippen bewegen sich, aber du hörst seine Worte nicht. Deine Finger sind zu Klauen verkrümmt, bereit, sich in Figos Körper zu graben.

Ohne dich aus den Augen zu lassen, sucht er panisch mit der Hand nach der Öffnungstaste für die Tür. Er findet sie und stolpert rückwärts in den dunklen Raum, der dahinter liegt. Du folgst ihm und er wendet sich zur Flucht, prallt aber gegen eines der Betten, die überall im Raum stehen. Auf ihnen liegen Körper, die mit Laken verhüllt sind. Noch mehr von Figos Opfern.

Du knurrst und springst vor, packst den Doktor am schütteren Haar, reißt ihm den Kopf zurück und schleuderst Figo wie eine Puppe gegen die nächstgelegene Wand. Er knallt dagegen und sackt zusammen. Du gehst zu ihm, ziehst ihn wieder auf die Beine und starrst ihm aus nächster Nähe ins Gesicht.

Wieder bewegen sich seine Lippen, aber dich umgibt völlige Stille, so als wärest du taub. Das hat Figo dir angetan! Deine Wut kocht endgültig über und du rammst ihm die freie Hand mit gekrümmten Fingern in den Bauch. Kurz fühlst du den Widerstand seiner Haut, dann gibt sie nach, reißt unter deiner Kraft auf. Du siehst hin. Eine klaffende Wunde hat sich neben Figos Nabel aufgetan und deine Hand wühlt sich in seine Eingeweide. Du spürst Blut und glitschige Gedärme, die sich um deine Finger winden, packst sie und ziehst sie heraus.

Figo zuckt in deinem eisernen Griff. Triumphierend blickst du wieder in sein Gesicht, um seine Todesqualen auszukosten, doch es ist nicht mehr sein Gesicht. Du blickst in dein eigenes.

*Lies weiter bei **311**.*

267

Dies scheint kein Labor, sondern eher eine Art Büro zu sein. An den Wänden stehen Computerterminals, mit denen man vermutlich Daten abrufen kann. Aber was das Wesentliche ist: Dieser Raum ist eine Sackgasse. Hier sitzt die Frau in der Falle.

Das erkennt sie auch, ohne dass du ihr etwas sagst. Sie macht auf dem Absatz kehrt. Hoffentlich ist es noch nicht zu spät.

Zurück zu ***299****.*

268

Du trittst neben Anna, um zu sehen, was sie so schockiert. Der Korridor führt hinter der Ecke noch viel länger geradeaus, das andere Ende kannst du nur vage erkennen. In eurer Nähe ist auf der rechten Seite ein breiter Durchgang, hinter dem du eine Treppe ausmachen kannst, die nach oben führt.

In diesem Durchgang liegt der furchtbar zugerichtete, halb ausgeweidete Körper einer Frau, deren Gedärme und Organe über den ganzen Flur verteilt sind. Das Gesicht ist zerkratzt und zerschlagen, die Rückseite des Schädels aufgeplatzt. Wände, Decke und Boden sind über und über mit Blut bedeckt.

Der Geruch der zerfetzten Innereien und des Blutes sollte dir eigentlich Übelkeit bereiten, stattdessen spürst du so etwas wie Appetit und einen Anflug von Lust, dir irgendeines der Organe in den Mund zu stopfen. Speichel läuft dir im Mund zusammen.

»Wir müssen da entlang«, flüstert Anna und deutet auf den Durchgang.

Du hast Mühe, dich vom Anblick der Leiche zu lösen. Anna packt dich am Arm und zieht dich auf den Durchgang zu.

Als ihr die Tote erreicht, versteift sich Anna und bleibt abermals stehen. »Carla«, stößt sie wimmernd hervor und taumelt gegen die Wand. Sie starrt die Leiche aus aufgerissenen Augen an, Tränen rinnen ihr über die Wange.

Statt Mitleid zu empfinden, hast du große Mühe, deinen Appetit zu zügeln.
Plötzlich springt jemand brüllend auf den Flur und rammt dir die Schulter in den Brustkorb. Du taumelst zurück und rutschst auf dem glitschigen Boden aus.
Rasch kommst du wieder auf die Beine und siehst einen Mann, der sich auf Anna gestürzt hat. Er hat sie ein paar Meter entfernt zu Boden gerungen und hockt nun über ihr, die Zähne wie ein Raubtier gefletscht. Anna schreit und versucht, ihren Angreifer abzuwehren, doch der schlägt ihr brutal mit der Faust ins Gesicht und Annas Hände sinken schlaff herab.
Geifernd wendet sich der Angreifer dir zu.
*Lies weiter bei **K18**.*

269

Die Frau schüttelt energisch den Kopf. Sie deutet auf die Türen, die für dich auf dem Bildschirm links und oben sind und hebt in einer fragenden Geste die Hände. Mit gehetztem Gesichtsausdruck sieht sie zwischen der Tür rechts und unten hin und her, dann blickt sie wieder in die Kamera. Betont langsam formt sie Worte mit den Lippen, sodass du ablesen kannst: »Wo ist er?«

*Erhöhe den Zähler um 1. Wenn der Zähler danach bei 4 oder mehr ist, lies sofort weiter bei **265**.*

Du siehst auf den Bildschirm. Tatsächlich hockt der Menschenfresser in Labor E6. Was tut er da? Er hat den Kopf schief gelegt und scheint zu lauschen. Vielleicht ja auf deine Stimme?
*Willst du die Frau nach oben schicken, weiter bei **279**.*
*Willst du die sie nach links dirigieren, weiter bei **256**.*
*Willst du lieber nichts sagen, um dem Menschenfresser nicht den Weg zu weisen, weiter bei **241**.*

270

Die Frau steht auf der Kreuzung der beiden Flure. Auf deinem Raster verläuft der eine zwischen den Schleusen A4 und G4 horizontal und der andere zwischen D1 und D7 vertikal.

*Erhöhe den Zähler um 1. Wenn der Zähler danach bei 7 oder mehr ist, lies sofort weiter bei **291**.*

Am unteren Bildrand erkennst du ein Sicherheitsschott, das den Weg zum Glück bis auf einen schmalen Spalt blockiert, denn dahinter lauert der Verrückte, der sich wachsam umsieht.
In welche Richtung schickst du die Frau?
*Nach links, dann lies weiter bei **284**.*
*Nach oben, dann lies weiter bei **299**.*
*Nach rechts, dann lies weiter bei **279**.*

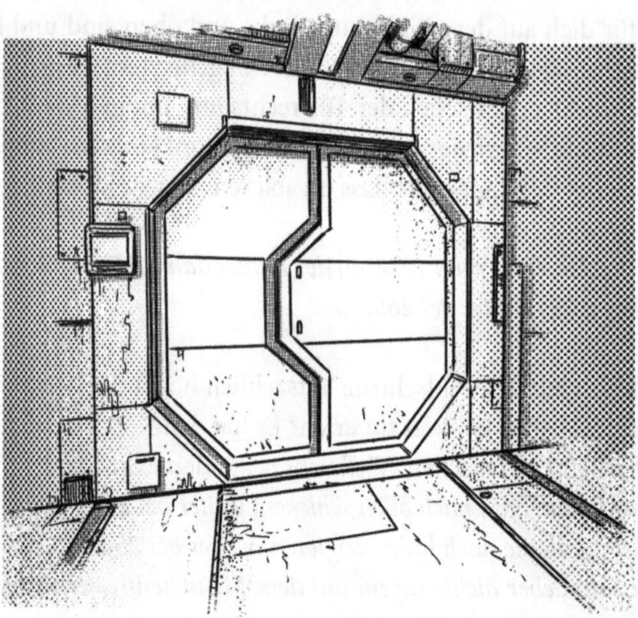

271

Du drängst Figo in Richtung Ausgang. »Bleib, wo du bist!«, befiehlst du Dekker. »Wenn du uns folgst, kostet das den Doktor sein Auge.«
Der riesenhafte Trooper glotzt nur stumm.
Es ist mühsam, Figo im Griff zu behalten und gleichzeitig vorwärtszudrängen, aber endlich erreicht ihr die Tür. »Mach auf«, zischst du dem Doktor ins Ohr, ohne Dekker aus den Augen zu lassen.
Der Doktor gehorcht und betätigt die Taste, die die Tür öffnet. Im gleichen Moment duckt er sich weg. »Schieß ihm ins Bein. Nur ins Bein!«, ruft er Dekker zu.
Bevor du reagieren kannst, fährt ein Blasterstrahl in deinen Oberschenkel.

Senke deine Gesundheit um 7 Punkte.

Du schreist auf. Dein Griff um Figos Arm lockert sich und er reißt sich los. Im nächsten Moment steht Dekker über dir und verpasst dir einen Schwinger mit der Faust, der dich zu Boden schickt. Dir wird kurz schwarz vor Augen.
»Nein, Dekker, lass ihn!«, hörst du den Doktor rufen. »Ich brauche ihn noch.« Beinahe bist du ihm dankbar dafür, dass er dir den Riesen vom Hals hält.
Plötzlich spürst du einen Stich am Arm. Der Doktor kniet neben dir und hebt gerade den Injektor hoch. Deine Glieder werden bleischwer und kurz darauf schwinden dir die Sinne.
*Lies weiter bei **288**.*

272

Du läufst ein paar Meter, um nicht gleich die erstbeste Tür zu nehmen, und drückst dann die Schaltfläche, um eine Umkleide zu öffnen. Nichts passiert. Du läufst eine Tür weiter und versuchst es dort – wieder nichts. Die Türen scheinen allesamt blockiert zu sein. Hinter dir stürmen die Verfolger brüllend um die Ecke.

Panisch flüchtest du weiter in Richtung Schleuse.

*Senke den Vorsprung um 1 und lies weiter bei **306**.*

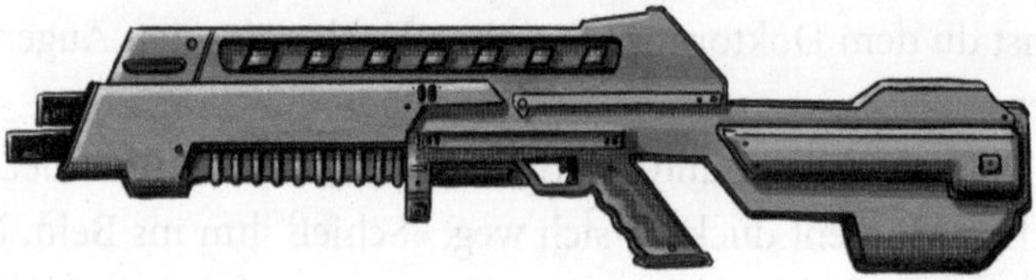

273

Du schleichst dich an den Trooper heran, bis du nur noch zwei Schritte von ihm entfernt bist. Von hier aus kannst du in den Durchlass sehen und erkennen, dass dahinter Treppen nach oben zu Deck 5 führen, wo die Quartiere liegen. Einen Grund, warum der Trooper hier Wache hält, kannst du jedoch nicht ausmachen. Ob der Soldat vielleicht auch den Verstand verloren hat?

*Willst du ihn trotzdem ansprechen, lies weiter bei **234**.*

*Willst du den Trooper mit einer Nahkampfwaffe bewusstlos schlagen, lies weiter bei **286**.*

*Wenn du ihn kaltblütig erschießen willst, lies weiter bei **301**.*

274

Dein zweiter Schuss verfehlt den humpelnden Irren nur knapp, aber weder er noch der andere Wahnsinnige scheinen beeindruckt. Sie halten nicht inne, sondern kommen weiter auf dich zu und sind nur noch wenige Meter von dir entfernt. Du willst noch einmal schießen, aber dein Blaster hat Ladehemmung. Dir bleibt keine Zeit mehr und du wendest dich panisch zur Flucht.

*Senke den Vorsprung um 1 und lies weiter bei **306**.*

275

Nachdem du einige Augenblicke hektisch gestikuliert hast, nickt die Frau. Ihr Gesicht zeigt eine Mischung aus Angst und Hoffnungslosigkeit, dazu auch einen Hauch von Zweifel. Offensichtlich ist sie nicht davon überzeugt, dass es ratsam ist, sich mühsam unter dem Schott hindurchzuquetschen. Aber sie dreht sich trotzdem um und schleicht den Flur entlang bis zu dem Hindernis.
Die Lücke unter dem Schott ist wirklich schmal, sodass die Frau sich auf den Rücken legen muss. Dann beginnt sie sich langsam unter dem Schott hindurchzuschieben.

*Erhöhe den Zähler um 1. Ist er danach bei 5 oder mehr, lies sofort weiter bei **293**.*

Du beobachtest sie und behältst gleichzeitig die Türen zu den angrenzenden Laboren im Auge, aber es rührt sich nichts. Doch was, wenn der Irre auf der anderen Seite des Schotts schon auf sie wartet? Rasch kehrst du zum Kontrollpult zurück und suchst die Bildschirme ab. Der Menschenfresser betritt gerade das Labor E5, direkt neben dem Flur.
Zum Glück flackert nun der Bildschirm für den Flur D4 auf und die Frau richtet sich auf.
*Erhöhe den Zähler um 1 und lies weiter bei **270**.*

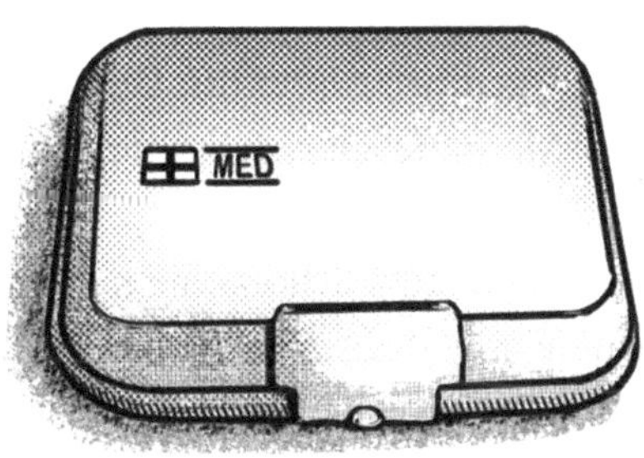

276

Als du zu dir kommst und die Augen aufschlagen willst, musst du sie gleich wieder zusammenkneifen, weil dir grelles Licht direkt ins Gesicht scheint. Du willst den Kopf zur Seite drehen, doch es geht nicht – er ist fixiert. Und nicht nur dein Kopf, auch deine Arme und Beine lassen sich nicht bewegen. Man hat dir alle Gegenstände abgenommen.
Für einen kurzen Moment befällt dich die Angst, dass du durch deine Verletzungen vollständig gelähmt bist, aber dann bemerkst du, dass du deine Arme und Beine durchaus fühlen kannst. Dabei hast du keine Schmerzen. Deine Verletzungen wurden also versorgt.

Streiche alle Gegenstände (auch die Medipacks!) aus deinem Inventar. Setze deine Gesundheit wieder auf das Maximum.

Deine Extremitäten stecken aber in so etwas wie Schienen, die dir keinerlei Bewegungsspielraum lassen, und du sitzt in einem Behandlungsstuhl in einem Raum, der wie ein Operationssaal aussieht.
Du versuchst dich aufzubäumen, aber auch dein Oberkörper ist fixiert. Als du sprechen willst, bemerkst du, dass sogar dein Kiefer eingeklemmt ist und du den Mund nicht öffnen kannst. Bei allen Sternen, was geht hier vor?
»Na, sind Sie wieder bei uns?«, erklingt eine unangenehm hohe, näselnde Stimme irgendwo hinter dir. Du verdrehst die Augen, aber erst als der Mann neben den Stuhl tritt, kannst du ihn erkennen.
Er sieht recht jung aus, hat aber schon eine hohe Stirn. Ein Namensschild an seinem mit Blutspritzern besudelten Arztkittel weist ihn als Doktor Figo aus. »Es freut mich, dass Sie den Weg zu mir gefunden haben. Wie ich hörte, sind Sie erst vor Kurzem

auf der Station gelandet und damit so etwas wie ein Glücksfall für mich.«

Er befüllt einen Injektor mit einer rötlichen Flüssigkeit.

»Hören Sie auf«, stößt du zwischen den von der Klammer zusammengepressten Zähnen hervor. »Ich will das nicht.«

Der Doktor lächelt und tätschelt dir den Arm. »Machen Sie sich keine Sorgen. Ich habe diese Versuchsreihe lange vorbereitet. Notgedrungen, da auf der Station jeder schon einmal mit Veraxicellunol in Berührung gekommen ist.«

Er bemerkt deinen verwirrten Gesichtsausdruck.

»Oh, ich vergaß, das können Sie ja gar nicht wissen. Veraxicellunol, oder kurz Verax, heißt ein Wirkstoff auf Basis von Veraxium, an dem hier im Auftrag des Frius-Konzerns geforscht wurde. Sie sind die einzig noch unbelastete Versuchsperson, an die ich herankomme, also werde ich ihr Leben nicht leichtfertig verschwenden. Wenn alles gut geht, werden Sie mir dankbar sein. Sie könnten ein Kerl wie ein Baum werden, genau wie Dekker.«

Er deutet zur Seite. Du folgst seinem Finger mit den Augen und erhaschst einen flüchtigen Blick auf einen riesenhaften Soldaten, der teilnahmslos in einer Ecke des OPs steht und dich nicht weiter beachtet.

»Nein, lassen Sie das!«, presst du hervor. »Ich …«

Doch der Doktor presst den Injektor ungerührt gegen deinen Hals und verpasst dir die Dosis.

*Lies weiter bei **300**.*

277

Gerade als die Frau den Blaster zu fassen bekommt, stürmt der Verrückte in den Raum. Er erspäht sein Opfer sofort und stürmt auf sie zu. Am Boden kauernd, zieht sie den Blaster zu sich heran und richtet ihn auf den Irren – aber sie ist zu langsam. Bevor sie abdrücken kann, packt er den Blaster und reißt ihn ihr aus

der Hand. Grob stößt er sie auf den Rücken, setzt sich auf sie und drischt mit dem Kolben des Gewehrs auf sie ein. Verzweifelt versucht die Frau, die Schläge abzuwehren, aber der Wahnsinnige ist ihr überlegen. Schon der zweite Treffer raubt ihr das Bewusstsein und du siehst wie ihre Arme schlaff zur Seite fallen. Der Irre lässt trotzdem nicht von ihr ab und schlägt immer wieder zu. Als ihr Gesicht sich in eine blutige Masse zu verwandeln beginnt, wendest du den Blick ab. Der Frau ist nicht mehr zu helfen.
*Lies weiter bei **364**.*

278

Die Frau rennt in das Labor und sieht sich gehetzt um. Auch hier gibt es nur zwei Ausgänge – am unteren Bildschirm ist eine Tür zum Labor C6. Die Frau hält darauf zu. Dir fällt ein Rolltisch voller labortechnischer Instrumente auf. Vielleicht könnte sie ihn vor die obere Tür rollen und den Irren so ein wenig aufhalten.
*Willst du die Frau auffordern, den Tisch zu verschieben, lies weiter bei **297**.*
*Lässt du sie einfach weiterrennen, lies weiter bei **290**.*

279

Die Frau tritt auf den Flur, der zwischen den Schleusen bei A4 und G4 verläuft. Rechts von ihr ist der Flur aber durch ein Sicherheitsschott blockiert. Du erkennst am oberen und unteren Bildschirmrand Türen, die zu Laboren führen, links liegt die Kreuzung der beiden Flure.

*Erhöhe den Zähler um 1. Wenn der Zähler danach bei 6 oder mehr ist, lies sofort weiter bei **291**.*

Wohin soll die Frau sich wenden?
*Nach links zur Kreuzung, dann lies weiter bei **270**.*
*Nach oben zum Labor E3, lies weiter bei **285**.*
*Nach unten zum Labor E5, lies weiter bei **253**.*

280

»Erstaunlich«, murmelt Figo. »Kognitive Fähigkeiten scheinen trotz der hohen Dosis nur minimal beeinträchtigt«, sagt er laut. »Gleichzeitig deutlich angestiegener Muskeltonus in Armen und Beinen. Das Experiment könnte gelungen sein und wir …«
Seine Worte klingen mit einem Mal fremd, so als würde er in einer unbekannten Sprache sprechen. Was er sagt, ergibt kaum noch einen Sinn für dich. Stattdessen nimmt ein Gedanke, ein Bild in deinem Hirn Gestalt an. Das Bild seines zerfetzen, blutigen Gesichtes, in das du noch einmal deine Zähne graben willst, um ihm ein Loch in die Wange zu reißen.

Die Droge wirkt. Erhöhe den Nahkampfwert deines Charakters um 1 und die maximale Gesundheit um 5. Auch deine aktuelle Gesundheit erhöht sich um 5.

Bei allen Sternen, verlierst du jetzt den Verstand?

Unbewusst ballst du die Hände zu Fäusten und spürst, wie die Schienen erst tiefer in deine Haut schneiden – und dann plötzlich ein wenig nachgeben. Verleiht dir die Droge unmenschliche Kräfte? Kannst du dich vielleicht befreien? Der Gedanke ist verlockend. Wenn du dich losreißt, kannst du dich auf Figo stürzen und den Scheißkerl mit deinen Klauen und Zähnen in Stücke reißen.

Kannst du dem Drang widerstehen?

Das Verax beginnt, sich auch auf deine Psyche auszuwirken. Bist du noch in der Lage, klar zu denken? Das soll das folgende Spiel ermitteln.

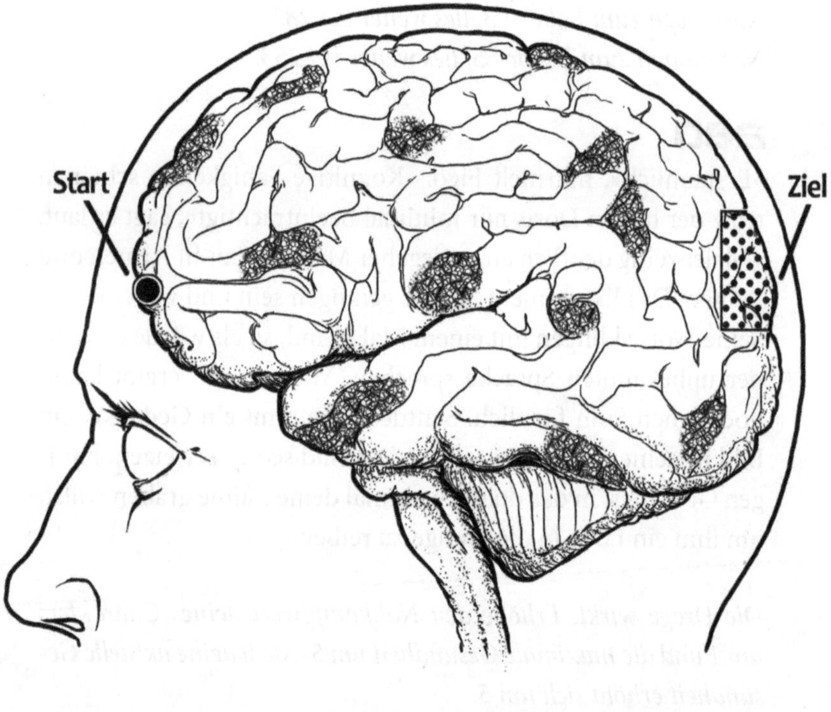

Das Bild zeigt dein Hirn, die Flecken sind die Areale, die vom Verax bereits befallen sind. Links siehst du einen Startpunkt, den

Ausgangspunkt deines Gedankens, rechts ein gepunktetes Rechteck als Zielgebiet dieses Gedankens. Deine Aufgabe: Zeichne mit geschlossenen Augen und ohne abzusetzen mit einem Bleistift eine Verbindung vom Startpunkt bis zum Zielgebiet. Du hast nur einen Versuch!
Verlässt der Strich dabei die Grenzen deines Gehirns, berührt er einen der Flecken oder endet er außerhalb des Zielgebietes, ist dein Hirn zu stark vom Verax befallen und du kannst dem Drang, Figo anzugreifen, nicht widerstehen. Lies in diesem Fall weiter bei ***292****.*
Wenn du den Gedankenstrich erfolgreich vom Startpunkt zum Zielgebiet führen konntest, kannst du die psychotische Wirkung des Verax noch kontrollieren. Lies dann weiter bei ***266****.*

281

Unvermittelt kommt der Menschenfresser in den Raum. Die Frau steht vor Schreck wie erstarrt in der Ecke neben dem Schrank und auch du schaust wie gebannt auf den Bildschirm. Vielleicht bemerkt der Irre sie ja in der Ecke nicht und geht einfach durch die nächste Tür.
Tatsächlich hält er auf den unteren Bildrand zu, bleibt dann aber unvermittelt stehen und fährt herum. Die Frau öffnet den Mund zu einem Schrei, den du nicht hören kannst. Ansonsten rührt sie sich nicht, während der Irre in gebückter Haltung Schritt um Schritt auf sie zugeht, die Finger zu Klauen verkrümmt.
Den letzten Meter überwindet er mit einem Sprung und schlägt zu. Seine Finger bohren sich in die Wange der Frau, reißen sie auf. Sie taumelt. Ein weiterer Hieb wirft sie zu Boden und sofort ist der Irre über ihr, drischt weiter auf sie ein, bis ihre Gegenwehr erlahmt, dann vergräbt er seinen Mund an ihrem Hals und du wendest mit Grausen den Blick ab. Deine Idee mit dem Schrank hat die Frau das Leben gekostet.
Lies weiter bei ***364****.*

282

Unvermittelt setzt die Schwerkraft wieder ein und dein Kopf fällt zurück auf das Kissen. Kurz darauf zischt die Tür und Anna kommt hereingestürmt. Ihr Haar ist zerzaust und sie blickt gehetzt über die Schulter, bevor sich die Tür hinter ihr schließt.

»Was ist los?«, fragst du. »War das eine Explosion? Machen Sie mich los.«

Anna nickt zwar, starrt aber auf das Display an der Wand. »Ihre Werte sind noch immer erhöht«, murmelt sie. »Sie dürfen sich nicht aufregen, sonst verlieren Sie die Kontrolle über sich.«

Du würdest sie am liebsten anbrüllen, zwingst dich aber, ruhig zu bleiben. »Wenn Sie mich losmachen, bin ich mit Sicherheit ruhiger.«

»In Ordnung.« Anna tritt an ein Kontrollpult und tippt darauf herum. Die Metallschiene löst sich von dir und die Schlaufen um deine Handgelenke springen auf. Du setzt dich sofort auf und siehst dich um. »Wo sind meine Sachen?«

»Ich weiß es nicht.« Anna tritt an einen Schrank und holt einen Overall und einfache Schlappen heraus, die dir halbwegs passen. »Nehmen Sie das. Beeilen Sie sich.«

»Was ist passiert?«, fragst du noch einmal, während du dich anziehst.

»Es gab eine Explosion auf dem Technikdeck, vermutlich eine Bombe. Mit der Schwerkraft sind auch einige andere Systeme ausgefallen. Von anderen Decks hört man Feuergefechte, keine Ahnung, was da los ist.«

Du bist fertig angezogen und stehst auf. »Wie sieht es auf dem Flur aus?«

»Figo hat sich im Operationssaal verschanzt und all seine Leute zu sich gerufen. Vielleicht können wir es nach Deck 6 schaffen. Dort sollen sich ein paar Besatzungsmitglieder versteckt haben.«

»*Wir?* Sie kommen also mit?«
Anna nickt heftig und geht auf die Tür zu. »Was auch passiert, bleiben Sie ruhig, regen Sie sich nicht auf, verstanden?«
Du nickst, spürst aber schon, wie das Adrenalin durch deine Adern pulsiert.
Anna öffnet die Tür und tritt auf den Flur, blickt sich in beide Richtungen um und nickt dir dann auffordernd zu. »Hier entlang«, flüstert sie und läuft den Flur nach rechts hinunter. Du folgst ihr.
Ihr eilt den Flur entlang, bis er nach links abknickt. Kurz davor bedeutet dir Anna, zurückzubleiben, und späht selbst vorsichtig um die Ecke. Ihre Augen weiten sich und sie schlägt sich die Hand vor den Mund.
*Lies weiter bei **268**.*

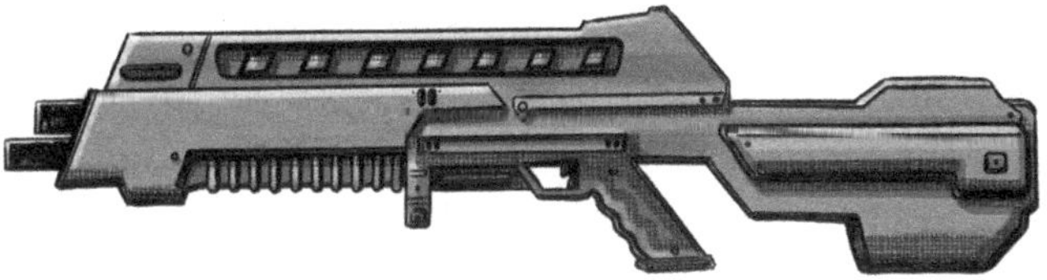

283

Du triffst den humpelnden Irren seitlich an der Brust und er taumelt kurz rückwärts. Der zweite Wahnsinnige versucht, sich an ihm vorbeizudrängen, und einen Augenblick kommt ihr Ansturm ins Stocken. Doch dann stößt der humpelnde ein animalisches Fauchen aus, das dir die Haare zu Berge stehen lässt, und sie kommen wieder auf dich zu.
Du willst noch einmal schießen, doch dein Blaster hat eine Ladehemmung. Panik überfällt dich und du rennst den Flur entlang in Richtung Schleuse.
*Lies weiter bei **306**.*

284

Die Frau betritt gerade den Flur C4, als dein Blick plötzlich von einem aufflackernden Bild weiter rechts auf dem Raster angezogen wird. Das Büro E5 leuchtet auf und du siehst den Menschenfresser sich in Richtung der oberen Tür orientieren. Die führt auf den Flur, und von dort könnte er die Frau sehen.

»Verschwinde vom Flur«, zischst du ins Mikrofon. »Sofort!«

Die Frau blickt erst erschrocken zur Kamera auf, dann sieht sie sich hektisch um. Im Bild links ist ein Sicherheitsschott, das den Flur in dieser Richtung blockiert. Oben gibt es keine Tür, nur nach unten führt eine. Oder die Frau geht zurück zur Kreuzung, aber dann liefe sie dem Irren direkt in die Arme.

Einen Moment zögert sie noch – und es ist der eine Augenblick zu viel. Du siehst, wie die Frau nach rechts herumfährt, gleichzeitig flackert das Bild von Flurabschnitt E4 auf. Der Menschenfresser tritt auf den Korridor und kurz starren die Frau und er einander an.

Dann rennt der Irre los.

»Lauf!«, brüllst du ins Mikro, aber das brauchst du der Frau gar nicht zu sagen. Sie rennt schon durch die Tür ins Labor C5. Die Jagd beginnt!

Der Irre hat die Frau gefunden. Setze den Zähler auf 1. Das ist ab jetzt der Vorsprung der Frau. In den folgenden Abschnitten wirst du eventuell aufgefordert, den Vorsprung zu senken oder zu erhöhen. Fällt er auf 0, bevor sie eine Schleuse erreicht, wird der Menschenfresser sie töten.

*Lies weiter bei **278**.*

285

Als das Bild von Labor E3 aufflackert, legst du es auf das große Display und schreckst zurück. Es erinnert an ein Schlachtfeld. Ein toter Soldat liegt auf dem Boden. Sein Körper ist regel-

recht zerfetzt worden, seine Gliedmaßen sind über den Raum verteilt.
Die Frau hält bei dem Anblick inne, schlägt die Hand vor den Mund und steht nur da, während sie auf den Torso des Toten hinabstarrt. Auch du brauchst einen Moment, um deinen Schrecken zu verdauen und deinen Blick von der Leiche zu lösen.

*Erhöhe den Zähler um 1. Wenn der Zähler danach bei 8 oder mehr ist, lies sofort weiter bei **265**.*

Du erkennst drei Türen. Oben geht es zum Nachbarlabor, nach links und nach unten jeweils auf einen Flur.
»Sie müssen weiter«, mahnst du die Frau leise.
Sie braucht einen Moment, dann nickt sie schwach und steigt vorsichtig über die Leichenteile hinweg. In welche Richtung soll die Frau gehen?
*Nach links auf den Flur, lies weiter bei **299**.*
*Nach oben zum Labor E2, lies weiter bei **310**.*
*Nach unten zum Flur, lies weiter bei **279**.*

286

Du nimmst deine schlagkräftigste Waffe (die, die am meisten Bonusschaden bringt; der Kolben deines Blasters bringt 2 Schaden, falls du diesen verwenden willst) und hebst sie über den Kopf. Nach kurzem Zögern schlägst du mit aller Kraft zu.

Würfele mit zwei Würfeln und multipliziere die Summe mit dem Bonusschaden deiner Waffe.
Beispiel:
*Würfel 2 und 5 = 7 * Bonusschaden 2 = 14.*

*Wenn der Schaden größer als 20 ist, lies weiter bei **313**.*
*Ist er kleiner oder gleich 20, merke dir die Schadenssumme und lies weiter bei **K15**.*

287

Du ignorierst die Aufforderung, dich zu ergeben, veränderst nur deine Position ein wenig und behältst die Tür im Visier. Sollen sie doch kommen.
Doch statt in den Raum zu stürmen, wirft einer der Männer einen flachen, handtellergroßen Zylinder herein und schließt die Tür. Schlitternd kommt der Zylinder kurz vor dir zu liegen. Auf der Oberseite blinkt eine Diode immer schneller. Eine Schockgranate!
Schon gibt es einen grellen Lichtblitz, dazu schrillt ein Geräusch derart laut durch den Raum, dass du glaubst, es zerreiße dir die Trommelfelle.
Desorientiert und geblendet taumelst du durch den Raum, siehst Schemen auf dich zukommen. Einer wird immer größer, hebt irgendetwas. Dann bekommst du einen brutalen Schlag gegen die Schläfe und brichst zusammen. Dunkelheit umfängt dich.
*Lies weiter bei **276**.*

288

Als du zu dir kommst und die Augen aufschlägst, musst du sie gleich wieder zusammenkneifen, weil dir grelles Licht direkt ins Gesicht scheint. Du willst den Kopf zur Seite drehen, doch es geht nicht – er ist fixiert. Und nicht nur dein Kopf. Auch deine Arme und Beine lassen sich nicht bewegen – man hat dich auf dem Behandlungsstuhl im Operationssaal fixiert.

»Na, sind Sie wieder bei uns?«, erklingt Figos Stimme hinter dir. »Hätten Sie sich doch einfach hingesetzt, das hätte uns Zeit und Schmerzen erspart.« Er befüllt einen Injektor mit einer rötlichen Flüssigkeit.

»Hören Sie auf«, willst du sagen, doch die Fixierung presst dir die Kiefer zusammen, sodass du die Worte nur hervorpressen kannst.

Der Doktor lächelt und tätschelt dir den Arm. »Machen Sie sich keine Sorgen. Ich habe diese Versuchsreihe lange vorbereitet und Sie sind die einzige noch unbelastete Versuchsperson, also werde ich Ihr Leben nicht leichtfertig verschwenden. Wenn alles gut geht, werden Sie mir dankbar sein.« Damit presst Figo den Injektor gegen deinen Hals und verpasst dir die Dosis.

*Lies weiter bei **300**.*

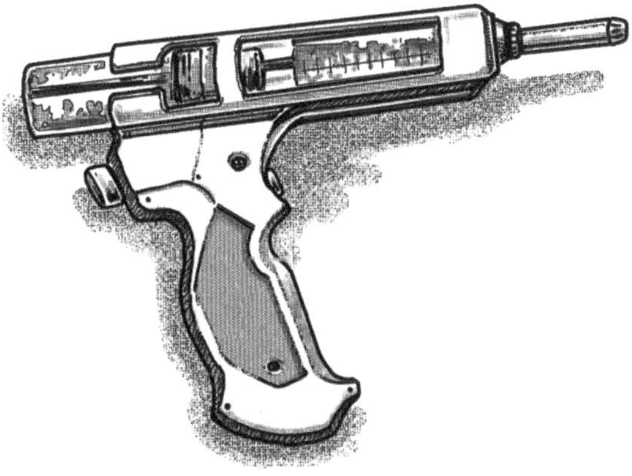

289 *(Speicherpunkt)*

Die Zeit vergeht quälend langsam, während du im Bett liegst. Du rufst ein paarmal, aber niemand kommt, zum Glück auch Figo nicht. Vergeblich versuchst du, eine Hand zu befreien. Seufzend ergibst du dich schließlich in dein Schicksal, starrst an die Decke und hängst düsteren Gedanken nach. Was hat Figo als Nächstes mit dir vor? Wirst du bei einer weiteren Dosis endgültig dem Wahnsinn verfallen? Gibt es irgendetwas, das du dagegen unternehmen kannst?

Plötzlich erschüttert etwas die Station. In einem Regal an der Wand klirren Gläser und Werkzeuge aneinander. Was war das? Etwa eine Explosion? Gespannt wartest du ab, was passiert, lauschst auf Geräusche vom Flur. Du hörst Schritte, jemand eilt an deiner Tür vorbei. In der Ferne erklingt ein Alarmton. Wird die Station gerade evakuiert?

»He!«, rufst du, so laut du kannst. »Macht mich los, verdammt!«

Keine Antwort. Dafür hebt sich plötzlich dein Oberkörper vom Bett, ganz ohne dein Zutun. Wenn die künstliche Schwerkraft ausgefallen ist, muss die Explosion schwere Schäden verursacht haben.

»Hilfe!«, rufst du. »Ich bin noch hier!«

Keine Antwort.

*Lies weiter bei **282**.*

290

Noch ein Labor, in dem die Kamera nur am oberen und unteren Ende Türen zeigt. Auch hier kann die Frau den Irren also nicht abschütteln. Dein Blick fällt allerdings auf einen breiten, schweren Metallschrank links neben der Tür. Wenn die Frau ihn vor die Tür kippt, wird das den Irren sicherlich eine ganze Weile beschäftigen. Er müsste ihn erst zur Seite schieben. Vielleicht könnte die Frau sich aber auch darin verstecken.

Soll die Frau versuchen, den Schrank umzukippen, lies weiter bei ***302****.*
Soll sie sich im Schrank verstecken, lies weiter bei ***319****.*
Wenn sie einfach ins nächste Labor (C7) weiterlaufen soll, lies weiter bei ***296****.*

291

Während die Wissenschaftlerin noch überlegt, welche Richtung sie einschlagen soll, kommt der Menschenfresser ins Bild. Du kannst sehen, wie die Frau einen Schrei ausstößt und sich zur Flucht wendet. Sie schafft es zwei Schritte den Flur hinunter, aber der Irre ist viel schneller und packt sie. Es kommt zu einem wilden Handgemenge. Die Frau landet sogar einen Fausthieb im Gesicht des Wahnsinnigen, doch der schlägt so fest zurück, dass sie zurücktaumelt und gegen ein Sicherheitsschott prallt.
Sofort ist der Irre über ihr und schlägt weiter zu, bis die Frau das Bewusstsein verliert und zu Boden sinkt. Er lässt von ihr ab und sieht sich um, als befürchte er, von einem anderen Wahnsinnigen gestört zu werden. Dann reißt er die Kleidung der Wissenschaftlerin in Bauchhöhe auf. Wild die Zähne fletschend beißt er der Frau in den Bauch. Mit Grausen beobachtest du, wie er einen großen Fetzen Haut herausreißt und sich sogleich daran macht, das Loch mit seinen Fingern zu vergrößern. Im Augenwinkel siehst du noch, wie die Hand der Frau leicht zuckt. Der Irre frisst sie bei lebendigem Leibe.
»Hör auf!«, brüllst du ins Mikrofon, aber der Irre blickt nur kurz zur Kamera auf. Beinahe sieht es so aus, als seien seine blutverschmierten Lippen zu einem Grinsen verzogen.
Übelkeit überfällt sich und du erbrichst dich neben das Kontrollpult. Du wagst es nicht, noch einmal auf den Bildschirm zu schauen.
Lies weiter bei ***364****.*

292

Du willst Figo töten. Jeder deiner immer diffuser werdenden Gedanken kreist nur noch darum. Also spannst du all deine Muskeln an und mit einem Knall löst sich die Schiene an deinem linken Arm, kurz danach an deinem rechten und an deinen Beinen. Sofort reißt du die Arme hoch, ertastest den Verschlussmechanismus an deinem Kinn und reißt ihn auf. Der Bügel, der deinen Oberkörper umschließt, hält deiner nun ungebändigten Kraft keine Sekunde stand und endlich kannst du dich aufrichten. Wild blickst du dich um.

Die psychotische Wirkung der Droge hat eingesetzt. Kreuze auf dem Datenblatt in der Zeile »Verax« das erste Kästchen an. Wenn alle drei Kästchen angekreuzt sind, verlierst du den Verstand!

Figo, der gerade hektisch einen Injektor befüllte, weicht erschrocken in eine Ecke des Operationssaales zurück. Dafür baut sich Dekker drohend vor dir auf. »Bleib liegen!«, knurrt er.
Weder die riesenhafte Statur des Troopers, noch der Blaster in seiner Hand beeindrucken dich auch nur im geringsten. Du drückst dich vom Behandlungsstuhl ab und stürzt dich geduckt auf Dekker. Der feuert, aber sein Blasterstrahl verfehlt dich. Du schlägst ihm den Blaster aus der Hand und springst ihn knurrend an. Gemeinsam geht ihr zu Boden. Ein Hieb in deine Rippen lässt deinen Zorn überschäumen und du nimmst nur noch schlaglichtartige Bilder wahr. Eben siehst du noch Dekkers Gesicht unversehrt vor dir, dann klafft in seiner Wange ein riesiges Loch, durch das du seine Zähne und sein Zahnfleisch sehen kannst. Der Schmerzensschrei des Troopers gellt in deinen Ohren.
Erst als dir eine Fontäne von Blut aus der aufgerissen Halsschlagader des Troopers ins Gesicht spritzt, kommst du wieder zu dir. Du schmeckst Blut im Mund und spuckst einen großen, mit Bartstoppeln übersäten Hautlappen aus. Dekker zuckt unkontrolliert

unter dir, während das Blut schwallartig aus der großen Wunde an seinem Hals herauspulsiert.
Eine Welle von Übelkeit überkommt dich, als dir klar wird, dass du den Soldaten mit deinen Zähnen zerfleischt hast. Würgend springst du auf und taumelst in Richtung der Tür zum Flur.
Erst als du dort ankommst, bemerkst du, dass Figo nicht mehr im Raum ist. Der Drecksack muss geflohen sein, während du mit Dekker gekämpft hast. Deine Wut kehrt zurück. Du schlägst deine blutige Hand auf den Türöffner und springst auf den Flur.

Falls du eine Tasche bei dir hattest, lässt du sie zurück. Streiche sie aus deinem Inventar.

Links von dir siehst du Figo gerade noch am Ende des Flures um eine Ecke verschwinden und hetzt ihm hinterher.
Als du um die Ecke biegst, steht dir nicht nur Figo gegenüber, sondern noch ein weiterer Trooper. Beim Anblick deines blutverschmierten Gesichts weiten sich die Augen der beiden vor Furcht und der Trooper richtet sein Blastergewehr auf dich. Den breiten Durchgang auf der rechten Seite nimmst du gar nicht richtig wahr. Deine ganze Aufmerksamkeit gilt den beiden Männern.
»Beruhigen Sie sich.« Figo hält die Hände abwehrend erhoben und redet nervös auf dich ein. »Sie sind jetzt einer von uns. Bald werden Sie mehr Verax brauchen und nur ich kann es Ihnen geben. Also kommen Sie zur Vernunft, ich brauche Sie noch.«
Dein Hirn ist noch immer von der Wirkung des Verax vernebelt, aber für den Moment hast du deinen Zorn unter Kontrolle. Ein undeutlicher Gedanke wabert durch deinen Kopf: Was wird Figo mit dir machen, wenn du dich ergibst?
*Willst du dich ergeben, lies weiter bei **308**.*
*Wenn du deiner Wut freien Lauf lassen und die beiden angreifen willst, lies weiter bei **334**.*

293

Nur noch die Beine der Frau sind zu sehen, als die Tür zum Labor E5 sich öffnet und der Menschenfresser auf den Flur tritt. Die Frau scheint die Tür gehört zu haben, denn du beobachtest, wie sie mit hektischen Bewegungen versucht, sich in Sicherheit zu bringen, aber weil sie die Beine nun nicht mehr anwinkeln kann, um sich abzustoßen, kommt sie nur sehr langsam voran. Es sieht dennoch so aus, als sollte es ihr gelingen.

Doch plötzlich springt der Irre vor, packt ihren Fuß und zerrt sie daran zurück, während sie heftig um sich tritt.

Bis zum Bauch zieht er sie unter dem Schott hervor, dann aber kann die Frau sich an dem Regal festklammern, das das Schott blockiert. Sie tritt weiter um sich, trifft den Menschenfresser seitlich am Kopf und er schwankt tatsächlich und lässt ihren Fuß los. Stattdessen packt er das Regal. Mit Schrecken siehst du, wie es in Bewegung gerät. Jeden Moment kann das Schott zu Boden krachen.

Du hämmerst wie von Sinnen an die Scheibe der Schleuse, um den Irren irgendwie abzulenken, aber der zerrt unbeirrt weiter an dem Regal. Mit einem metallischen Kreischen, das du ganz leise sogar durch die Schleusentüren hören kannst, fährt das Schott zu Boden.

Für einen Moment ist dir der Blick auf das Schott durch den Menschenfresser versperrt. Hat die Frau sich rechtzeitig in Sicherheit bringen können? Du eilst zum Kontrollpult. Tatsächlich ist die Frau auf dem Bild der Kamera im Flur D4 zu sehen – aber deine Erleichterung schlägt im nächsten Moment in Entsetzen um.

Die Frau liegt auf dem Boden in einem rasch größer werdenden See ihres eigenen Blutes. Das Schott hat ihren Körper zerteilt. Zum Glück kannst du die grausamen Einzelheiten auf dem Bildausschnitt nicht erkennen. Von Übelkeit übermannt, wendest du dich ab und ringst nach Luft.

Du fährst heftig zusammen, als plötzlich etwas gegen die Schleusentür schlägt. Der Menschenfresser steht auf der anderen Seite. Er hält ein Bein der Toten in der Hand, drischt damit auf das Glas ein und hinterlässt dabei blutige Flecken. Du kannst den grausigen Anblick keine Sekunde länger ertragen.
*Lies weiter bei **364**.*

294

Als du wieder zu dir kommst, liegst du in einem Bett. Du versuchst dich aufzusetzen, aber etwas hält dich in liegender Position. Für einen Moment fürchtest du, dass Figo dich wieder in den Operationssaal gebracht hat, aber du kannst den Kopf bewegen, und als du dich umsiehst, erkennst du, dass du dich in einem kleinen Raum befindest. Du bist nackt bis auf deine Unterhose. Eine breite Metallschiene ist um deinen Bauch geschlungen und deine Hände sind mit Schlaufen am Bett fixiert.
An der Wand am Kopfende kannst du ein Display erkennen, das offenbar deine Vitalwerte zeigt. Dein Herzschlag ist im Moment stark beschleunigt. Was ist passiert?
»Bei allen Sternen«, murmelst du, als Dekkers zerfetztes Gesicht vor deinem inneren Auge auftaucht. Oder war das nur ein Traum?
Zischend gleitet die Zimmertür beiseite und du hebst den Kopf, um zu sehen, wer hereinkommt.
Es ist eine Frau in einer weißen Schwesternuniform. Auf einem Namensschild steht »Anna Ivanova«. Sie tritt ans Bett und blickt mit einem gezwungenen Lächeln auf dich herab. »Sie sind in einem Krankenzimmer«, sagt sie ruhig. »Sie leiden noch unter den Nachwirkungen des Verax, aber bald werden sich Ihre Werte normalisieren.«
»Habe ich …« Es fällt dir schwer, die Frage zu stellen, aber du willst Gewissheit haben. »Habe ich jemanden getötet?«

Anna schluckt schwer und nickt. »Sie haben Dekker … umgebracht. Aber das ist nicht Ihre Schuld«, fügt sie rasch hinzu. »Gegen die Wirkung der Droge ist man machtlos. Sie verleiht nicht nur Stärke, sie holt auch das Tier in uns hervor.

Aber allmählich normalisieren sich Ihre Werte wieder. Eine Weile müssen Sie noch fixiert bleiben, zu Ihrer eigenen Sicherheit.«

Ihre Worte entfachen den Zorn wieder in dir. »Zu meiner Sicherheit? Wenn es darum ginge, hätte Figo mir die Droge gar nicht erst verabreichen dürfen. Wie können Sie bei so etwas mitmachen?«

Anna senkt den Blick. »Ich habe keine Wahl«, murmelt sie.

»Lassen Sie mich frei«, forderst du.

»Ich würde Ihnen ja gern helfen, aber …« Sie macht eine unbestimmte Geste in Richtung der Tür. »Sie würden nicht weit kommen.«

»Das ist mein Problem. Machen Sie mich los.«

Anna schüttelt den Kopf. »Ruhen Sie sich aus«, rät sie dir und verlässt den Raum.

Streiche alle Gegenstände (auch die Medipacks) aus deinem Inventar (falls du das nicht schon tun musstest), setze deine Gesundheit wieder auf das neue Maximum und lies weiter bei ***289****.*

295

Aus Angst vor deinen Verfolgern nimmst du das Risiko auf dich, holst tief Luft und trittst in das verqualmte Treppenhaus. Die Stufen nach unten liegen näher, also nimmst du diese. Du willst dich am Treppengeländer festhalten und verbrennst dir dabei die Hand. Unwillkürlich entfährt dir ein Schmerzensschrei und mit ihm die Luft aus deinen Lungen. Schon atmest du Rauch ein und hustest heftig. Dennoch stolperst du weiter. Der Husten wird immer schlimmer, Schwindel überkommt dich. Du torkelst gegen das Treppengeländer und verbrennst dich abermals, rutschst aus

und fällst mehrere Stufen hinab. Als du dich aufzustützen versuchst, fehlt dir die Kraft. Du willst nach Hilfe rufen, aber der Qualm erstickt dich und du verlierst die Besinnung.
Dein Abenteuer endet hier.

296

Die Frau stürmt von oben ins Bild des Labors, das offensichtlich Schauplatz eines Gefechtes war. Ein toter Trooper liegt auf dem Boden, halb ausgeweidet. Du wendest rasch den Blick ab, bemerkst dabei aber etwas unter einem der Tische. Du beugst dich vor, um es genauer anzusehen. Ja, es ist ein Blastergewehr.
Die Frau hastet schon auf die einzige andere Tür, links am Bildrand, zu.
*Willst du sie auf das Blastergewehr aufmerksam machen, lies weiter bei **305**.*
*Lässt du sie einfach ins nächste Labor (B7) weiterlaufen, lies weiter bei **314**.*

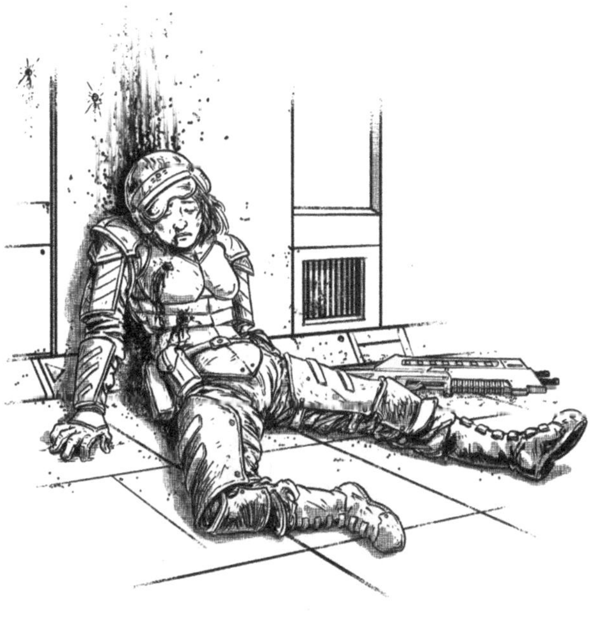

297

»Schieb den Rolltisch vor die Tür!«, befiehlst du.
Die Frau hält inne, packt den Tisch und rollt ihn in Richtung Tür. Das wird den Irren vielleicht ein paar Sekunden kosten.
*Erhöhe den Vorsprung um 1, lies dann weiter bei **290**.*

298

Die Frau feuert eine ganze Salve ab, die rings um den Schalter in die Wand einschlägt. Gleichzeitig öffnet sich schon die Tür und der Menschenfresser wird beinahe von einem verirrten Blasterstrahl getroffen. Der Irre hat immerhin noch so viel Verstand, dass er in Deckung hechtet. Die Tür schließt sich wieder.
Die Frau versucht noch einmal, auf den Mechanismus zu schießen, aber es geschieht nichts. Vermutlich ist die Energiezelle des Blasters leer. Die Frau wirft die nutzlose Waffe weg und rennt weiter. Als sich vor ihr gerade die Tür zum Labor B7 öffnet, stürmt der Menschenfresser ein weiteres Mal in den Raum und setzt der Frau sofort nach.
*Setze den Vorsprung auf 1 und lies weiter bei **314**.*

299

Die Frau steht auf dem Flur. Links und rechts zweigen Türen zu Laboren ab und unten mündet der Flur in die Kreuzung. Oben im Bild siehst du ein heruntergelassenes Sicherheitsschott. Es weist einige Brandlöcher von Blasterschüssen auf.

*Erhöhe den Zähler um 1. Wenn der Zähler bei 8 oder mehr ist, lies sofort weiter bei **291.***

Wohin soll die Frau gehen?
*In das Labor (C3) links, dann lies weiter bei **267.***
*In das Labor (E3) rechts, dann lies weiter bei **285.***
*Zur Kreuzung, dann lies weiter bei **270.***

300

Du verkrampfst dich in Erwartung der Wirkung. Das Blut rauscht dir in den Ohren, dein Herz schlägt wie wild – aber sonst bemerkst du zuerst nichts. Dann beginnen deinen Fingerkuppen zu kribbeln, ganz leicht nur. Vielleicht liegt das aber auch daran, dass du bis eben hyperventiliert hast.
Nein, das Kribbeln breitet sich aus, über die Arme, die Beine, jetzt auch im Gesicht. Die Schienen an deinen Extremitäten drücken mehr als vorher, aber wenn du den Verstand verlierst, dann bislang nur vor Angst.
Figo beobachtet dich interessiert, aber mitleidlos. »Testreihe an Subjekt D01 initiiert«, sagt er laut, vermutlich für eine Videoaufzeichnung.
Er streckt eine Hand nach deinem Gesicht aus, spreizt Daumen und Zeigefinger ab und zwingt dir die Augenlider deines rechten Auges auseinander. Er kommt dir ganz nah, sodass du jede Runzel, jede Pore in seinem Gesicht zu erkennen vermagst. Die ganze Zeit starrt er in dein Auge.

»Subjekt D01 zeigt nur minimale körperliche Veränderungen. Erweiterung der Blutgefäße nicht annähernd so stark ausgeprägt wie bei den Subjekten der Versuchsreihen A bis C.« Er spricht über dich, als wärst du nur eine Ratte in einem Labor. Völlig emotionslos diktiert er seine Erkenntnisse.
Unbändiger Hass auf diesen Mann überfällt dich, schäumt in dir hoch. Wenn du nur könntest, würdest du ihn packen, ihm die Kehle zerquetschen, ihm deine Finger in seine glotzenden Augäpfel bohren, bis sie zerplatzen – oder ihm das Gesicht mit deinen Zähnen zerfleischen. Aber nach wie vor halten die Fixierungen dich im Zaum.
»Interessant«, murmelt der Doktor und seine Miene zeigt eine Mischung aus Staunen und Freude. »Es scheint zu funktionieren«, fährt er lauter fort und ein Unterton von Triumph ist deutlich herauszuhören. »Die äußeren kapillaren Erweiterungen sind minimal. Entweder schlägt die Droge bei Subjekt D01 überhaupt nicht an oder nur in kontrollierbarem Maße.« Er tritt zurück, bleibt aber in deiner Nähe stehen. Nachdenklich reibt er sich das Kinn und studiert ein Datenpad in seiner Hand.
»Ich werde Ihnen nun ein paar Fragen stellen. Blinzeln Sie einmal für Ja, zweimal für Nein. Haben Sie das verstanden?«
Am liebsten würdest du zweimal blinzeln oder überhaupt nicht reagieren – im Moment deine einzige Möglichkeit, es Figo irgendwie heimzuzahlen. Aber vielleicht lässt er dich ja frei, wenn er glaubt, dass du noch bei Verstand bist. Also blinzelst du einmal.
Der Doktor nickt. »Sehr gut. Haben Sie Kopfschmerzen?«
Nein, hast du nicht. Du blinzelst zweimal.
»Können Sie ihre Arme und Beine spüren?«
Verdammt ja, die Schienen sind viel zu eng. Einmal blinzeln.
»Gut, sehr gut. Wie viel Rest bleibt, wenn man acht durch drei teilt? Blinzeln sie so oft nacheinander, wie das Ergebnis es vorgibt.«

Der Gedanke, dass frühere Versuchspersonen diese simple Aufgabe nicht mehr berechnen konnten, lässt dich schaudern. Es ist doch ganz einfach. Acht geteilt durch drei ist … vier? Unsinn. Plötzlich beginnen in deinem Hirn, Gedanken wild durcheinanderzuwirbeln. Du versuchst dich zu konzentrieren. Acht … drei … zweimal drei ist sechs … Acht minus sechs ist … Es erfordert deine ganze Konzentration, um auf das Ergebnis zwei zu kommen. Hastig blinzelst du zweimal. Hast du zu lange gebraucht?

*Lies weiter bei **280**.*

301

Du hebst deinen Blaster und schießt dem Trooper kaltblütig ins Genick. Ohne einen Laut bricht er zusammen. Dein Blick fällt auf sein Gesicht: Seine Augen sehen normal aus, auch seine Adern stehen nicht hervor.

Du schluckst, aber für ein schlechtes Gewissen bleibt dir keine Zeit. Der Blasterschuss ist wahrscheinlich nicht ungehört geblieben. Du musst so schnell wie möglich hier weg, also sprintest du auf die Treppen zu.

*Lies weiter bei **374**.*

302

»Wenn du den Schrank umkippst, hält das den Irren sicher auf«, sagst du ins Mikrofon. »Los, versuch es!«

Sie sieht zweifelnd auf den Schrank, folgt aber deinem Vorschlag. Erst versucht sie es mit den Händen, dann stellt sie sich mit dem Rücken an die linke Wand des Schrankes, doch er ist zu schwer. Sie kann ihn nicht bewegen.

*Senke den Vorsprung um 1. Ist er jetzt bei 0, lies weiter bei **281**.*

*Wenn die Frau sich jetzt noch im Schrank verstecken soll, lies weiter bei **319**.*

*Soll sie stattdessen ins Labor C7 weiterlaufen, lies weiter bei **296**.*

303

Dein Blick zuckt zwischen dem großen Bild mit dem Flur und dem kleinen, auf dem das angrenzende Labor zu sehen ist, hin und her.

Die Frau steckt gerade die Keycard in den Kartenleser, als der Irre durch die Tür auf den Flur stürmt. Die Schleuse öffnet sich langsam und die Frau stolpert hinein, kaum dass der Spalt breit genug für sie ist. Drinnen hämmert sie auf eine Schaltfläche und die Tür beginnt sich wieder zu schließen.

Aber es dauert zu lange. Der Menschenfresser streckt eine Hand in den noch offenen Türspalt und die Sicherung lässt die Tür wieder aufgleiten. Er springt in die Schleuse. Kurz siehst du noch die Frau aufschreien, dann schließt sich die Glastür wieder. Blut spritzt von innen dagegen, sodass das weitere Geschehen vor deinen Blicken verborgen ist. Trotzdem wendest du dich ab und ringst mit aufkommender Übelkeit. So kurz vor der Rettung ist die Frau dem Menschenfresser doch noch zum Opfer gefallen.

*Lies weiter bei **364**.*

304

Jetzt ist es dein eigenes Blut, das aus deinem Hals sprudelt. Du presst deine Hand auf die Wunde, versuchst die Blutung zu stoppen, aber du bist schon zu geschwächt. Noch einmal flammt dein Hass auf, richtet sich nun gegen Anna. Knurrend versuchst du, auf die Beine zu kommen, doch sie knicken unter dir weg und du fällst auf die Seite, direkt neben die Leiche des von dir getöteten Irren. Während das Leben aus dir herauspulsiert, wird dein Verstand wieder klarer. »Es tut mir leid«, hörst du Anna noch wispern, dann wird alles um dich dunkel.

Dein Abenteuer endet hier.

305

»Unter dem Tisch rechts neben dir liegt ein Blaster«, rufst du der Frau durch das Mikrofon zu.

Sie ist schon fast bei der Tür, bleibt aber stehen und bückt sich unter den Tisch.

Ist der Vorsprung im Moment bei 1, lies weiter bei ***277****.*

Ist der Vorsprung größer, lies weiter bei ***315****.*

306

Du rennst den Korridor entlang auf die Schleuse zu. Durch die verglaste Wand zu deiner Linken kannst du viele kleine Labore erkennen, die durch gläserne Trennwände voneinander separiert sind. Einige von ihnen scheinen verwüstet und eine der Scheiben zum Flur hin ist blind, weil die Innenseite zersplittert ist. Offensichtlich haben auch dort Kämpfe stattgefunden. Du kannst aber niemanden entdecken, weder tot noch lebendig.

Die Schleuse besteht aus Duroglas und sollte den Angreifern standhalten, selbst wenn diese einen der herumliegenden Stühle benutzen, um sie aufzubrechen.

Hinter dir hörst du die Schritte und das Knurren deiner Verfolger, wagst es aber nicht, über die Schulter zu blicken, aus Angst, du könntest über das verstreute Mobiliar stürzen. Es sind noch wenige Meter bis zu der Schleuse und du kannst bereits erkennen, dass daneben ein Lesegerät für eine Keycard an der Wand ist. Ob dein Vorsprung groß genug ist, um die Schleuse zu öffnen? Oder solltest du lieber weiterrennen? Aber was erwartet dich hinter der Ecke am Ende des Korridors? Vielleicht noch mehr von den Wahnsinnigen?

*Willst du die Schleuse mit der Keycard öffnen, lies weiter bei **340**.*

*Wenn du stattdessen bis zur nächsten Ecke weiterlaufen willst, lies weiter bei **354**.*

*Hast du dir noch nicht das Ereignis 233 notiert? Dann kannst du auch versuchen, auf deine Verfolger zu schießen und deinen Vorsprung so zu vergrößern. Wenn du das tun willst, geht es weiter bei **321**.*

307

Die Frau eilt in das Labor A6, bleibt aber sofort stehen. Auch du erkennst auf den ersten Blick, dass sie in eine Sackgasse geraten ist. »Schnell, zurück!«, rufst du ins Mikrofon.

Sie wendet sich zur Flucht, aber es ist bereits zu spät. Die Tür öffnet sich und der Verrückte kommt herein. Die Frau weicht zurück, wendet hektisch den Kopf, sucht nach einer Fluchtmöglichkeit, vielleicht einer Waffe, aber es gibt keine Rettung.
Wie ein Raubtier fällt der Irre sie an, wirft sie zu Boden und verbeißt sich in ihrer Kehle. Du siehst Blut auf den Boden spritzen. Hände und Füße der Frau zucken noch einige Sekunden unkontrolliert, dann liegt sie still. Um ihren Kopf breitet sich eine rasch größer werdende Blutlache aus.
Du wendest den Blick ab. Der Gedanke, dass du sie in diese Sackgasse geführt hast, bereitet dir Übelkeit. Aber nun kannst du nichts mehr tun.
*Lies weiter bei **364**.*

308

Du atmest ein paarmal tief durch und es gelingt dir, deinen Zorn etwas abzukühlen. Zwischen dir und dem Trooper liegen zwei oder drei Meter. Ihn wirst du nicht so leicht entwaffnen können wie Dekker. Und selbst wenn, willst du nicht noch einen Menschen zerfleischen, wie du es mit Dekker getan hast. Der Gedanke ruft dir das zerfetzte Gesicht des Troopers wieder in Erinnerung und du musst dich so heftig übergeben, dass du dich an der Wand abstützen musst.
Überrascht zuckst du zusammen, als du einen Stich im Oberarm spürst. Figo weicht mit dem Injektor in der Hand rasch wieder zurück. Hat er dir eine zweite Dosis der Droge verabreicht? Oder ein Beruhigungsmittel?
Deine Beine geben unter dir nach, alles dreht sich um dich. Du stürzt schwer auf die Seite und es wird dunkel.
*Lies weiter bei **294**.*

309

»Raus aus dem Schrank! Jetzt!«, brüllst du ins Mikrofon.
Der Irre fährt irritiert zur Kamera herum, gleichzeitig tut die Frau, was du befohlen hast. Die Schranktüren fliegen auf. Eine trifft den Verrückten am Hinterkopf und er taumelt zur Seite. Die Frau hält nicht inne, sondern spurtet auf die untere Tür zu. Der Irre torkelt benommen durch das Labor, aber sicher fängt er sich bald und wird die Verfolgung wieder aufnehmen.
*Setze den Vorsprung auf 1 und lies weiter bei **296**.*

310

Die Frau geht gerade durch die Tür zum Labor E2, wie du ihr geraten hast, als plötzlich die Bilder weiter unten im Raster nacheinander aufflackern. Du siehst den Menschenfresser erst durch das Labor E5 hetzten, dann über den Flur ins Labor E3, wo die Frau eben noch war. Erst dort hält er inne und beschnüffelt die Leiche des toten Soldaten.
Zum Glück hat sich die Tür zu Labor E2 schon hinter der Frau geschlossen, aber sie ist nun in größter Gefahr. Du kannst dir kaum eine falsche Entscheidung erlauben und musst die Frau so schnell wie möglich zu einer der Schleusen dirigieren.
*Die Frau hat nun einen Vorsprung von 2. Notiere ihn dir auf dem Datenblatt und verändere ihn, wenn du dazu aufgefordert wirst. Lies weiter bei **335**.*

311

Schreiend reißt du die Augen auf und fährst aus dem Schlaf, doch etwas hält dich in liegender Position. Für einen Moment glaubst du, dass du dich noch immer auf der Liege im Operationssaal befindest, aber du kannst den Kopf bewegen, und als du dich umsiehst, erkennst du, dass du in einem kleinen Raum bist. Du liegst in einem Bett, nackt bis auf deine Unterhose. Eine breite Metall-

schiene ist um deinen Bauch geschlungen und deine Hände sind mit Schlaufen am Bett fixiert.
An der Wand am Kopfende kannst du ein Display erkennen, das offenbar deine Vitalwerte zeigt. Dein Herzschlag ist im Moment stark beschleunigt.
»Nur ein Traum«, murmelst du vor dich hin, um dich zu beruhigen. Das schreckliche Bild von Figos Gedärmen in deiner Hand taucht vor deinem inneren Auge auf und lässt dich schaudern. »Es war nur ein Traum.« Aber wirklich sicher bist du dir da nicht.
Zischend gleitet die Zimmertür beiseite und du hebst den Kopf, um zu sehen, wer hereinkommt.
Es ist eine Frau in einer weißen Schwesternuniform. Auf einem Namensschild steht »Anna Ivanova«. Sie tritt ans Bett und lächelt auf dich herab. »Sie sind in einem Krankenzimmer«, sagt sie ruhig. »Sie leiden noch unter den Nachwirkungen des Verax, aber bald werden sich ihre Werte normalisieren.«
»Habe ich …« Es fällt dir schwer, die Frage zu stellen, aber du willst Gewissheit haben. »Habe ich jemanden getötet?«
Anna schüttelt den Kopf. »Es ist normal, dass Sie psychotische Träume oder Wahnvorstellungen hatten, das sind Nebenwirkungen der Droge. Deshalb müssen wir Sie auch fixieren, zu Ihrer eigenen Sicherheit.«
Ihre Worte entfachen den Zorn wieder in dir. »Zu meiner Sicherheit? Wenn es darum ginge, hätte Figo mir die Droge gar nicht erst verabreichen dürfen. Wie können Sie so etwas tun?«
Annas Lächeln erlischt, sie senkt den Blick. »Ich habe keine Wahl«, murmelt sie.
»Lassen Sie mich frei«, forderst du.
»Ich würde Ihnen ja gern helfen, aber …« Sie macht eine unbestimmte Geste in Richtung der Tür. »Sie würden nicht weit kommen.«

»Das ist mein Problem. Machen Sie mich los.«
Anna schüttelt den Kopf. »Ruhen Sie sich aus«, rät sie dir und verlässt den Raum.
Streiche alle Gegenstände (auch die Medipacks) aus deinem Inventar (falls du das nicht schon tun musstest), setze deine Gesundheit wieder auf das neue Maximum und lies weiter bei ***289****.*

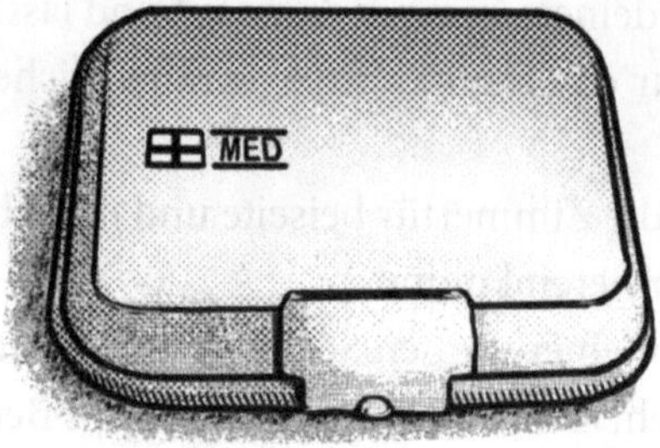

312

Bevor es dir gelingt, den Irren zu besiegen, kommt noch ein zweiter dazu. Gegen beide hast du keine Chance, also wendest du dich zur Flucht und lässt dein Blastergewehr auf dem Boden zurück.

Streiche das Blastergewehr aus deinem Inventar.

So schnell du kannst, rennst du zurück zum Lift, daran vorbei und um die Ecke. Knurrend folgen dir die beiden Irren.
Dort schließt sich ein weiterer langer Korridor an, der am hinteren Ende wieder nach links abknickt. Offenbar verläuft er im Rechteck um den Laborbereich herum. Die innen liegende Wand ist in halber Höhe verglast, und auf halbem Weg zum entgegengesetzten Ende liegt eine Schleuse, die Zugang zu den Laboren bietet. Auf der Außenseite sind Türen zu Umkleiden und ein paar Meter weiter ist eine altmodische Tür mit Scharnieren, auf der der Schriftzug »Notausgang« prangt.

Um eine der Türen auszuprobieren, sind dir deine Verfolger viel zu dicht auf den Fersen. Also stürmst du weiter den Flur entlang, in dem einige Möbelstücke wie Stühle, Tische und Rollwagen herumliegen. Im Vorbeirennen stößt du einen Stuhl hinter dich und hörst ein wütendes Brüllen. Doch als du die Laborschleuse erreichst und einen Blick über die Schulter riskierst, siehst du deine beiden Verfolger noch immer dicht hinter dir. Der Vorsprung reicht niemals, um die Schleuse mit der Keycard zu öffnen. Also rennst du weiter.
*Lies weiter bei **354**.*

313

Stöhnend sackt der Trooper in sich zusammen und sein Gewehr landet klappernd auf dem Boden. Dein Blick fällt auf sein Gesicht: Seine Augen sehen normal aus, auch seine Adern stehen nicht hervor. Gut, dass du ihn nicht erschossen hast.

Wenn du noch keines hast, kannst du sein Blastergewehr mitnehmen. Setze dann im Inventar den betreffenden Haken.

Du blickst noch einmal über die Schulter. Obwohl euer Kampf alles andere als lautlos über die Bühne ging, ist noch niemand aufgetaucht. Trotzdem solltest du so schnell wie möglich hier weg. Also eilst du auf die Stufen zu, die nach oben führen.
*Lies weiter bei **374**.*

314

Die Frau eilt ins Labor B7. Es ist weitgehend intakt und hat einen Ausgang oben (B6) und links (A7). Die Frau zögert kurz. In welche Richtung willst du sie schicken?
*Wenn sie nach oben (B6) gehen soll, lies weiter bei **358**.*
*Wenn sie nach links (A7) gehen soll, lies weiter bei **336**.*

315

Während die Frau den Blaster zu sich heranzieht, siehst du auf dem Bildschirmraster nach, wo der Wahnsinnige bleibt. Er ist bereits im Labor C6 angekommen, aber noch nicht bei der Tür. Du blickst wieder auf den großen Bildschirm, wo die Frau den Blaster im Anschlag hat. Du kannst ihre Nervosität daran erkennen, dass der Lauf deutlich zittert. Trotzdem müsste sie den Irren mit einer Salve ausschalten können. Aber vielleicht könnte sie mit einem gezielten Schuss auf den Schließmechanismus auch die Tür blockieren. Der Schalter ist nur wenige Meter von ihr entfernt, das könnte sie schaffen.

*Wenn die Frau auf den Irren schießen soll, sobald er zur Tür hereinkommt, lies weiter bei **322**.*

*Wenn sie stattdessen auf den Schließmechanismus schießen soll, lies weiter bei **329**.*

316

Du überlegst kurz und nickst dann. »Ich werd's versuchen.«
Lundberg nickt zufrieden. »Sehr gut.« Er dreht sich um. »Laconte? Kommen Sie mal her.«
Ein Trooper in mittleren Jahren gesellt sich zu euch. Seine Trooper-Rüstung weist einige Dellen und verschmorte Stellen auf. Offenbar war er bereits in Kampfhandlungen auf der Station verwickelt. Er mustert dich mit skeptischem Blick.
»Sergeant, das ist Velazquez. Er ist mit seinem Schiff hier notgelandet«, stellt Lundberg dich vor. »Er ist der Bordingenieur.«
Erst bei den letzten Worten hellt sich die Miene des Soldaten ein wenig auf und er streckt dir die Hand hin. »Sergeant Laconte.«
Sein Händedruck ist unangenehm fest, beinahe so, als wolle er dich testen.
»Sie nehmen sich noch zwei Männer und bringen Velazquez zum Computerkern. Während der die nötigen Reparaturen vornimmt, sichern Sie das Deck und sehen Sie zu, dass Sie da unten alles unter Kontrolle kriegen, klar?«
»Aye, Sir.« Laconte salutiert zackig.
»Viel Erfolg.« Colonel Lundberg nickt dir noch einmal zu und geht wieder in sein Büro.
»Komm mit«, befiehlt der Sergeant und führt dich aus der Kommandozentrale, hinab auf das Promenadendeck und dort in einen zerstörten Laden, den die Trooper offenbar in eine behelfsmäßige Rüstkammer umgewandelt haben. Dort trefft ihr auf zwei junge Trooper Anfang zwanzig, die dir der Sergeant als Bertram und Ferreira vorstellt.
»Cómo estás?«, fragt Ferreira lächelnd.
»Wie soll's mir schon gehen?«, antwortest du. Als Ferreira dich irritiert ansieht, fügst du hinzu. »Sorry, nur mein Name ist spanisch. Meine Eltern haben mir die Sprache nie beigebracht.«
Ferreiras Lächeln erlischt.

In einer Ecke der Rüstkammer hängen metallisch glänzende Schutzanzüge auf Haken. Jeder von euch zwängt sich in einen. Du hast den Anzug kaum verschlossen, als du schon zu schwitzen anfängst. Laconte reicht dir einen Helm mit Visier. Im Inneren des Helms liegen klobige Handschuhe. »Die ziehen wir erst an, wenn wir an der Treppe sind«, befiehlt er. Dazu drückt er dir noch ein Universalwerkzeug in die Hand.

Notiere das Universalwerkzeug (großer Gegenstand, KK +3, Schaden +3) in deinem Inventar. Den Anzug und den Helm brauchst du nicht aufzuschreiben.

Gemeinsam stiefelt ihr über das Promenadendeck zurück. In den unförmigen Anzügen watschelt ihr eher, als dass ihr lauft, und einige Trooper grinsen euch schadenfroh an. Aber ein grimmiger Blick von Laconte reicht, um den meisten das Grinsen aus dem Gesicht zu wischen. Als ihr an der Tür zum Nottreppenhaus ankommt, fällt dir leichter Rauchgeruch auf.

»Helme auf und Handschuhe an!«, befiehlt Laconte. »Ferreira, du hilfst dem Ingenieur.«

Du setzt deinen Helm auf. Nachdem Ferreira an der Rückseite des Helms einen Schalter umgelegt hat, blinken auf der rechten Seite des Visiers einige Anzeigen auf, die dir die Temperatur außerhalb und innerhalb des Anzugs sowie die Sauerstoffreserven des Atemgeräts anzeigen. Die Atemluft reicht für zwei Stunden, das sollte wohl genügen.

Skeptisch bist du allerdings wegen der klobigen Handschuhe. Hoffentlich musst du am Computerkern keine filigrane Feinarbeit leisten, das wird mit diesen Dingern kaum möglich sein.

Laconte öffnet die Tür und betritt das Treppenhaus. Dichter Rauch quillt euch entgegen und verschluckt den Sergeant nach zwei Schritten. »Licht an!«, hörst du seine Stimme durch den im

Helm verbauten Lautsprecher an deinem Ohr. »Und beeilt euch, damit wir nicht das ganze Promenadendeck verräuchern.«
Bertram berührt eine Schaltfläche an der Seite seines Helms und über seinem Visier flammen vier helle LEDs auf. Du suchst an deinem Helm nach der Schaltfläche und auch deine Helmbeleuchtung geht an. Im Rauch kannst du jetzt das schwache Glimmen von Lacontes Helmscheinwerfer ausmachen. Mit einem mulmigen Gefühl trittst du in den Qualm. Hinter dir schließt Bertram die Tür und mit einem Schlag ist es fast dunkel. Trotz der Scheinwerfer kannst du in dem völlig verqualmten Treppenhaus nur gerade so die Hand vor Augen sehen.
»Ich gehe voran, Bertram, du bildest die Nachhut«, befiehlt Laconte. »Dicht zusammenbleiben und aufpassen. Möglich, dass wir auf Saboteure oder Berserker treffen. Verstanden?«
»Aye, Sergeant«, bestätigen die Trooper und auch du murmelst ein »Okay«.
»Dann los.«
*Lies weiter bei **363**.*

317

Der Irre geht zu Boden, aber dein Hass verraucht damit nicht. Du wirfst dich auf ihn, drückst seinen Kopf zur Seite, gräbst deine Zähne in die offen liegende Kehle und reißt sie auf. Heiß sprudelt das Blut in deinen Mund und du schluckst es gierig. Wie aus weiter Ferne hörst du Worte, aber sie dringen nicht zu dir durch.
Plötzlich spürst du einen scharfen Schmerz am Hals und fährst herum.
Anna steht über dir, ihr Gesicht totenbleich. In der zitternden, blutigen Hand hält sie ein Elektroskalpell.
*Verringere deine Gesundheit um 10. Ist sie damit kleiner oder gleich 0, lies weiter bei **304**.*
*Ist sie noch immer größer als 0, lies weiter bei **330**.*

318

Tatenlos siehst du zu, wie der irre Trooper die Überhand gewinnt, den Kopf des Sergeants packt und ihn immer wieder auf den Boden drischt.

Von weiter hinten schallt ein gequälter Schrei durch den Gang, der jäh abbricht. Dort, wo der Gefangene liegt, ist Blut an die Wand gespritzt und du beobachtest entsetzt, wie der zweite Irre etwas aus dem Bauchraum des Toten reißt.

Von Ekel gepackt, stolperst du zurück und trittst dabei gegen ein Rüstungsteil, das der irre Trooper im Kampf mit dem Sergeant verloren haben muss. Klappernd landet es in der Liftkabine.

Die beiden Wahnsinnigen drehen sich zu dir um. Der Trooper lässt sofort von dem leblosen Andrews ab und kommt humpelnd auf dich zu. Der andere folgt ihm. Du hebst das Blastergewehr und legst auf die beiden an, was sie nicht weiter zu beeindrucken scheint. Immer wieder über die Schulter blickend weichst du bis zur Ecke zurück.

*Lies weiter bei **229**.*

319

»Verstecke dich im Schrank«, rätst du durch das Mikrofon.
Die Frau öffnet die Schranktüren. Tatsächlich ist darin Platz genug. Sie zwängt sich zwischen Laborkittel und Schutzanzüge und zieht die Tür von innen zu.
Du blickst auf das Raster. Der Irre hält auf das Labor zu, stürmt gerade durch C5 und im nächsten Moment kommt er ins große Bild. Er hält geradewegs auf die gegenüberliegende Tür zu.
Als du bereits glaubst, die Entscheidung, sich zu verstecken, sei die Richtige gewesen, hält der Menschenfresser inne. Er hält den Kopf seltsam schief und es sieht so aus, als würde er wie ein Raubtier wittern.
Tatsächlich geht er ein paar Schritte zurück und hält auf den Schrank zu, bis er direkt davor steht. Kann er die Frau wirklich riechen?
*Willst du abwarten, was passiert, lies weiter bei **326**.*
*Willst du die Frau anweisen, die Türen aufzustoßen und zu fliehen, lies weiter bei **309**.*

320

Du wägst deine Worte sorgsam ab. »Ich würden Ihnen gerne helfen, Colonel«, beginnst du, um noch etwas Zeit zu gewinnen. »Aber die Hardware von Computerkernen ist nicht mein Fachgebiet. Ich bezweifle, dass ich dort unten von Nutzen wäre.«
Lundberg mustert dich mit ungerührter Miene, zieht dann die Nase hoch und zuckt die Achseln. »Verstehe«, knurrt er und du bist dir ziemlich sicher, dass er deine Ausrede durchschaut hat. »Ich hoffe, Sie werden Ihrerseits verstehen, dass ich nicht zulassen kann, dass Sie hier frei herumlaufen und unsere Operationen gefährden oder sich am Ende gar auf die Seite der Saboteure schlagen.« Er winkt den Lieutenant herbei. »Gruber, bringen Sie den Mann in die Arrestzelle.«

»Aber …«, willst du widersprechen, doch der Colonel lässt dich einfach stehen und geht in sein Büro zurück. Der Lieutenant und ein weiterer Soldat nehmen neben dir Aufstellung.
»Folgen Sie mir«, brummt der Lieutenant. Er hält einen Blaster in der Hand.
Sie bringen dich aus der Kommandozentrale und über das Promenadendeck.
*Lies weiter bei **345**.*

321

Kurz vor der Schleuse fährst du herum, reißt deinen Blaster hoch und feuerst ungezielt auf deine Verfolger. Sie sind schon erschreckend nah, ducken sich nur und kommen geifernd näher. Du weichst unwillkürlich einen Schritt zurück, stolperst dabei über einen herumliegenden Stuhl und fällst beinahe. Mit rudernden Armen gelingt es dir, das Gleichgewicht zurückzugewinnen, dabei schlägst du aber mit dem Blaster gegen die Wand. Als du ihn wieder auf die Gegner richtest, zeigt das kleine Display zu deinem Entsetzen an, dass der Blaster eine Ladehemmung hat.
Geistesgegenwärtig versetzt du dem Stuhl einen Tritt und bringst damit den vorderen der beiden Verfolger ins Stolpern. Das hält sie immerhin ein wenig auf, sodass dein Vorsprung nicht schrumpft.
Notiere dir das Ereignis 233.
*Willst du die Schleuse mit der Keycard öffnen, lies weiter bei **340**.*
*Wenn du stattdessen bis zur nächsten Ecke weiterlaufen willst, lies weiter bei **354**.*

322

Als die Tür sich öffnet und der Verrückte in den Raum stürmt, drückt die Frau sofort ab. Sie feuert eine ganze Salve von Blasterstrahlen, von denen aber ein Großteil ihr Ziel verfehlen. Immerhin, ein Schuss trifft den Irren in die Brust und schleudert ihn gegen den Türrahmen, an dessen Fuß er liegen bleibt. Ob er tot ist, kannst du nicht erkennen, aber jetzt könnte die Frau ihm problemlos den Rest geben – sie tut es jedoch nicht.

Entsetzt siehst du zu ihr. Hat sie etwa Mitleid mit dem Wahnsinnigen? »Schieß doch!«, rufst du ins Mikrofon.

Du erkennst, dass sich ihr Zeigefinger um den Abzug krümmt, aber es passiert nichts. Mit geweiteten Augen blickt die Frau auf die Waffe. Du ahnst, dass die Energiezelle des Blasters leer ist. Was willst du der Frau sagen?

»Wirf die Waffe weg und lauf!« – lies weiter bei ***332.***

»Schlag ihm mit der Waffe den Schädel ein!« – lies weiter bei ***344.***

323

Du entriegelst die Lifttüren mit dem Nothebel. Sie rucken einige Zentimeter auseinander und sofort quillt mehr Rauch herein. Du steckst deine Finger in den Spalt und stemmst die Lifttüren zur Seite. Ihr seid knapp vor Deck 5 zum Halten gekommen, die Außentüren liegen schräg über eurer Kabine.

»Schnell, die Außentüren auf«, kommandiert der Sergeant.

Du stemmst auch diese auseinander und saugst gierig die frische Luft ein. An der Wand, die dem Lift gegenüber liegt, liest du die Aufschrift »Laborbereich – Zutritt nur für autorisiertes Personal«.

»Los auf die Beine«, befiehlt Andrews dem Gefangenen. »Überprüfe den Flur – und lass deine Hände dort, wo ich sie sehen kann.«

Der Gefangene wirft dem Sergeant einen feindseligen Blick zu, tut aber, was ihm befohlen wurde. »Keiner zu sehen«, meldet er.

»Gut. Zurück an die Wand, Hände über den Kopf. Ich klettere zuerst nach oben und ihr macht keine Dummheiten, klar?«
Sergeant Andrews stemmt sich nach oben in den Flur und sieht sich rasch um. Dann tritt er zurück und richtet die Waffe auf die Kabine. »Jetzt du«, befiehlt er dem Gefangenen.
Als der fast aus der Kabine geklettert ist, hört ihr ein animalisches Brüllen durch den Flur hallen.
»Scheiße«, flucht der Sergeant und sieht sich hektisch um.
Der Gefangene nutzt die Ablenkung, stößt ihn gegen die Wand und versetzt ihm einen Fausthieb. Andrews geht zu Boden und begräbt seine Waffe unter sich. Wieder ertönt das Brüllen, näher diesmal, es scheint von links zu kommen. Der Gefangene rennt nach rechts aus deinem Blickfeld.
»Bleib stehen, verdammt!«, ruft der Sergeant ihm hinterher. Stöhnend richtet er sich auf und langt nach seinem Gewehr. »Stehen bleiben oder ich schieße!«
Schnelle Schritte nähern sich von links. Andrews fährt herum, ist aber zu langsam, um sein Gewehr noch in Anschlag zu bringen. Ein anderer Trooper springt auf ihn zu und packt das Gewehr. Seine Rüstung und sein Gesicht sind mit Blut verschmiert, die Haare stehen wirr ab – er scheint genauso vom Wahnsinn befallen wie die Männer im Hangar.
Die beiden ringen miteinander um das Gewehr.
*Willst du aus dem Lift klettern und dem Sergeant helfen, lies weiter bei **357**.*
*Wenn du dich in der Kabine zusammenkauern und abwarten möchtest, lies weiter bei **339**.*

324

Du willst deinen Gegner gerade ein weiteres Mal angreifen, als der plötzlich an seinen Hals greift. Blut sprudelt zwischen seinen Fingern hervor. Der Irre taumelt gegen die Wand und rutscht da-

ran herab. Auf dem Boden mischt sich sein Blut mit dem der anderen Leiche.
Anna steht hinter ihm, ihr Gesicht totenbleich. In der zitternden, blutigen Hand hält sie ein Elektroskalpell. Die Waffe vor sich gestreckt, starrt sie dich aus geweiteten Augen an. »Bist du noch du selbst?«, fragt sie mit krächzender Stimme.
Annas Worte dringen kaum zu dir durch. Der Hass, der dich im Kampf gegen den Irren angetrieben hat, richtet sich nun gegen sie. Ein Knurren steigt in deiner Kehle hoch. Der kleine Rest deines Verstandes versucht alles, um die Kontrolle über deinen Körper zurückzugewinnen, aber Wut, Hass und Blutdurst sind einfach zu stark.
Brüllend stürmst du auf Anna zu. Ihr panischer Schrei stachelt dich nur noch mehr an. Du wischst ihre Hand mit der Waffe einfach beiseite und stürzt dich mit weit aufgerissenem Mund auf ihre Kehle.
*Lies weiter bei **348**.*

325

Deine Verfolger sind schon beinahe da und einer der Irren streckt sich, um seine Hand in den letzten Spalt der Tür zu stecken. Geistesgegenwärtig schlägst du mit dem Kolben deiner Schusswaffe zu, triffst seine Finger und er zieht sie fauchend zurück. Die Tür der Schleuse schließt sich mit einem Zischen.
Wie von Sinnen hämmern die beiden Wahnsinnigen gegen das Duroglas. Der irre Trooper fletscht sogar die Zähne und versucht, ins Glas zu beißen, doch es ist zwecklos. Sie können nicht herein. Du atmest auf. Für den Moment scheinst du vor ihnen sicher zu sein.
Du kannst deine Eintragung beim Vorsprung nun wegradieren.
*Wenn du dir das Ereignis 233 notiert hast, lies weiter bei **337**.*
*Falls nicht geht es weiter bei **226**.*

326

Du hältst den Atem an und hoffst, dass der Irre sich doch noch vom Schrank abwendet – und tatsächlich. Er bewegt sich langsam auf die Tür am unteren Bildrand zu. Sie öffnet sich und er geht hindurch. Du kannst auf dem kleinen Display beobachten, wie er sich im angrenzenden Raum umsieht.

Kaum, dass die Tür sich hinter ihm geschlossen hat, öffnet die Frau den Schrank und kommt heraus. Sie wendet sich sofort der anderen Tür zu, doch als die sich öffnet, siehst du auf dem kleinen Bildschirm von C7, wie der Irre herumfährt. Er muss das Geräusch der Tür gehört haben.

»Lauf!«, brüllst du ins Mikrofon.

Die Frau rennt so schnell sie kann durch das angrenzende Labor, auf den Flur, wendet sich nach rechts und läuft über die Kreuzung. Der Irre ist nur wenige Meter hinter ihr. Sie wählt eine Tür und stürmt ins Labor E3. Selbst auf dem kleinen Display, wo du

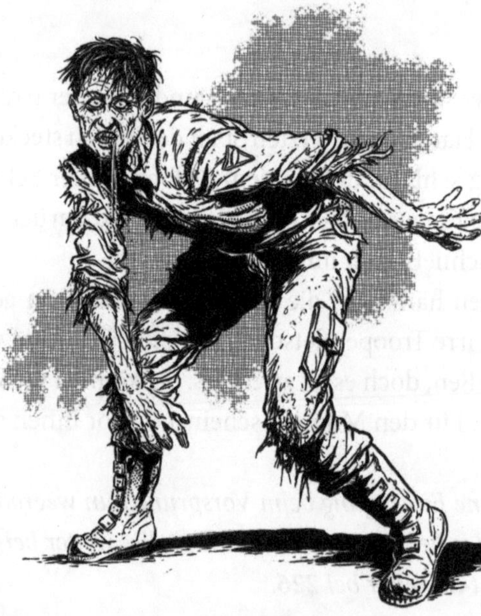

ihre Bewegungen verfolgst, lässt dich der Anblick, der sich dort bietet, zurückschrecken. Auf dem Boden liegt ein toter Soldat, dessen Körper regelrecht zerfetzt worden ist. Seine Gliedmaßen sind über den ganzen Raum verteilt.

In ihrer Panik springt die Frau, ohne zu zögern, über den Leichnam hinweg und eilt ins Labor E2. Die Tür schließt sich hinter ihr und sie bleibt schwer atmend stehen.

Der Irre stürmt gerade in das Labor E3 und hält inne, als er das blutige Durcheinander sieht. Das verschafft der Frau ein bisschen Vorsprung, aber der Irre ist dicht hinter ihr, du musst sie so schnell wie möglich zu einer der Schleusen dirigieren.

Die Frau hat nun einen Vorsprung von 2. Notiere ihn dir auf dem Datenblatt und verändere ihn, wenn du dazu aufgefordert wirst.

*Lies weiter bei **335**.*

327

Die Frau fummelt hektisch an einer Tasche ihres Laborkittels herum, vermutlich um die Keycard herauszuholen, die sie zum Öffnen der Sicherheitstür braucht.

Dein Blick zuckt nach unten auf das Raster mit den kleinen Bildern. Was du siehst, lässt dein Herz rasen. Der Verrückte ist schon im benachbarten Labor B5 und wird jeden Moment auf den Flur stürmen.

Auf dem großen Bild siehst du, wie die Frau endlich die Keycard hervorzieht.

*Glaubst du, dass der Vorsprung reicht, lies weiter bei **303**.*

*Willst du die Frau auffordern, zu fliehen, lies weiter bei **343**.*

328

Fast gleichzeitig bringt ihr eure Waffen in Anschlag und feuert. Der Blasterstrahl des Troopers trifft dich knapp unter dem Kinn und fährt dir durch den Schädel. Dein Hirn ist schon verschmort,

bevor irgendein Schmerzimpuls dort ankommen kann. Ob du deinen Gegner auch getroffen hast? Du wirst es nie erfahren.
Dein Abenteuer endet hier.

329

»Schieß auf den Türschalter, schnell!«, kommandierst du.
Die Frau wagt nicht, näher an die Tür zu treten, durch die jeden Moment der Irre stürmen kann. Hektisch nimmt sie den Türschalter ins Visier. Dein Blick zuckt zu dem kleinen Bildschirm, der das andere Labor zeigt. Jeden Moment ist der Irre heran und die Tür wird sich öffnen.
Im letzten Augenblick drückt sie ab.
*Würfele mit einem Würfel. Bei 1-3 lies weiter bei **298**.*
*Bei 4-6 lies weiter bei **342**.*

330

Du drückst die Hand auf deinen Hals. Die Wunde blutet nicht sehr stark, Anna hat die Schlagader wohl verfehlt. Aber sie wollte dich töten. Dein Hass flammt von Neuem auf, richtet sich nun gegen sie.
Die Waffe vor sich gestreckt, starrt Anna dich aus geweiteten Augen an. »Komm zu dir«, flüstert sie mit krächzender Stimme. »Kämpf dagegen an.«
Annas Worte dringen weiterhin kaum zu dir durch. Ein Knurren steigt in deiner Kehle hoch. Der kleine Rest deines Verstandes versucht alles, um die Kontrolle über deinen Körper zurückzugewinnen, aber Wut, Hass und Blutdurst sind übermächtig. Brüllend stürmst du auf Anna zu. Ihr panischer Schrei stachelt dich nur noch mehr an. Du wischst ihre Hand mit der Waffe einfach beiseite und stürzt dich mit weit aufgerissenem Mund auf ihre Kehle.
*Lies weiter bei **348**.*

331

Die Wissenschaftlerin rennt in die Richtung, die du ihr gewiesen hast. In dem Labor gibt es nur einen Ausgang, und im daran angrenzenden Raum bleibt sie stehen.

Du holst dir das Bild auf das große Display und erkennst auf den ersten Blick, was das Problem ist: Es gibt hier keinen weiteren Ausgang, die Frau ist in eine Sackgasse geraten.

»Du musst zurück, beeil dich!«, rufst du ins Mikrofon.

Sie löst sich aus ihrer Erstarrung und dreht sich um. Aber auf dem Raster kannst du sehen, dass es bereits zu spät ist. Der Menschenfresser hat das vorherige Labor betreten und ihr damit den Weg abgeschnitten.

»Bleib stehen. Such dir eine Waffe, schnell!«

Das Gesicht der Frau wandelt sich zu einer Maske des Schreckens. Hektisch sieht sie sich um, sucht nach irgendetwas, mit dem sie sich wehren könnte. Aber außer Laborutensilien steht hier nichts, was sich als Waffe nutzen ließe. Da sie nichts Besseres findet, nimmt sie einen großen Glaskolben und zerschlägt ihn an einer Tischkante.

Das Geräusch lockt den Menschenfresser an, der nur einen Augenblick später in das Labor stürmt. In leicht geduckter Haltung verharrt er an der Tür, wirkt sprungbereit wie ein Raubtier. Die Frau hält den gesplitterten Glaskolben abwehrbereit vor sich. Die Bruchstellen sind messerscharf und spitz, das kannst du sogar auf dem Bildschirm erahnen.

Der Wahnsinnige springt mit gefletschten Zähnen auf die Frau zu. Sie versucht ihn abzuwehren und bringt ihm mit ihrer Waffe einen tiefen Schnitt an der linken Hand bei, doch der Menschenfresser lässt sich davon nicht aufhalten. Er schlägt ihr die Waffe aus der Hand und wirft die Frau zu Boden.

Der Irre versucht, ihr an die Kehle zu gehen, aber es gelingt der Wissenschaftlerin, ihm eine Hand ins Gesicht zu drücken. Du

kannst auf dem Bild erahnen, dass sie nach den Augen des Menschenfressers tastet, ihm die Finger hineinbohren will. Mit der stark blutenden Linken schlägt der Irre nach ihr, aber die Frau wehrt sich verbissen.
Plötzlich lässt er von ihr ab, springt zur Seite und hat kurz darauf den zersplitterten Glaskolben in der Hand. Die Frau versucht noch, sich aufzusetzen, aber da schwingt der Wahnsinnige die erbeutete Waffe schon und bohrt ihr die scharfen Kanten seitlich in den Hals. Blut schießt hervor und die Frau reißt den Mund zu einem Schrei auf, den du nicht hören kannst.
Unbarmherzig reißt der Menschenfresser die Waffe nach unten und schlitzt der Frau breitflächig die Kehle auf. In einer Fontäne spritzt das Blut heraus, benetzt auch die Kameralinse und verbirgt gnädig einen Teil dessen, was nun folgt. Du kannst nur noch erahnen, wie der Irre sich über sein Opfer beugt und die klaffende Wunde am Hals mit den Zähnen weiter aufreißt, während die Arme und Beine der Frau noch einige Male schwach zucken.
Von Ekel geschüttelt wendest du dich ab. Du warst schon voller Hoffnung, die Frau retten zu können, stattdessen hast du sie in die Sackgasse und in ihr Verderben geführt. Ihr grausames Schicksal lastet schwer auf deinem Gewissen.
*Lies weiter bei **364**.*

332

Die Frau zögert nicht lange, wirft die nun nutzlose Waffe weg und sprintet auf das Labor B7 zu. Noch bevor sie die Tür erreicht, siehst du, wie der Menschenfresser sich zu regen beginnt. Erschreckend schnell kommt er wieder auf die Beine. Die Verletzung scheint nicht so schlimm, wie du gehofft hast. Dennoch hält er kurz inne und betastet seine Schulter, sodass der Vorsprung der Frau wieder etwas anwächst.
*Erhöhe den Vorsprung um 1, dann lies weiter bei **314**.*

333

Hektisch wühlt die Frau in einer der Taschen ihres Overalls und fördert eine Keycard zutage, die sie in den Kartenlese-Schlitz der Sicherheitsschleuse steckt. Langsam beginnt diese, sich zu öffnen, und du siehst nervös auf den kleinen Bildern des Rasters nach, wo der Verrückte steckt. Er ist nicht weit weg, aber es könnte reichen.

Als du wieder auf den großen Bildschirm blickst, ist die Frau bereits in der Schleuse und deren Tür beginnt sich zu schließen – furchtbar langsam.

In diesem Moment stürmt der Irre auf den Flur, sieht sich kurz um und hetzt auf die Schleuse zu. Die Sicherheitstür schließt sich und der Irre prallt dagegen, kann der Frau aber nicht mehr gefährlich werden. Das Sicherheitsglas hält seinen wütenden Schlägen stand.

Die äußere Schleusentür öffnet sich und die Frau stolpert in den dahinter liegenden Kontrollraum. Du hast sie in Sicherheit gebracht!

*Du kannst die Eintragungen beim Vorsprung wegradieren. Lies weiter bei **544**.*

334

Du willst dich nicht noch einmal in Figos Hände begeben, also entfesselst du deinen Hass. Die Gefahr durch den Trooper verachtend, springst du knurrend vor. Ein greller Schmerz explodiert in deiner Schulter, was deine Raserei aber nur noch weiter anfacht. Dann siehst du wieder nur noch schlaglichtartige Bilder.

Das entsetzte Gesicht des Troopers, das sich von einem Augenblick zum anderen in eine blutige Grimasse verwandelt. Figo, der sich zur Flucht wendet, dir aber nicht entkommen kann und von dir zu Boden geworfen wird. Seine aufgerissenen Augen, ganz nah vor dir. Dann blutige Augenhöhlen und ein schriller Schrei. Schritte auf dem Flur, Blasterfeuer von mehreren Seiten, Treppenstufen, wieder ein Schrei, wieder Schmerzen.

Dann ist vor dir das Gesicht einer Frau. Ihr Mund ist weit aufgerissen, die Lippen blau angelaufen, die Augen quellen ihr aus den Höhlen. Ihre Fingernägel graben sich in deine Hände, mit denen du ihr unbarmherzig die Kehle zudrückst. Der kleine Rest deines Verstandes schreit, dass du sie loslassen sollst, dass sie dir nichts getan hat, aber deine Hände gehorchen dir nicht.

*Wenn du dir zuvor das Ereignis 361 notiert hast, lies weiter bei **347**.*

*Falls nicht, geht es weiter bei **367**.*

335

Das Labor in dem die Frau nun steht, ist beinahe unversehrt. Es sieht fast so aus, als sei hier gerade noch gearbeitet worden und der Laborant nur kurz weggegangen, um sich eine Erfrischung zu genehmigen. Auf deinem Bildschirm erkennst du Türen an allen Seiten, aber nach unten ins Labor E3 wirst du die Frau natürlich nicht zurückschicken. Die linke Tür wird auf den Flur führen, oben und rechts liegen andere Labors.

Senke den Vorsprung um 1.
Wohin schickst du die Frau?
*Nach links auf den Flur, dann lies weiter bei **370**.*
*Nach oben zum Labor E1, lies weiter bei **351**.*
*Nach rechts zum Labor F2, lies weiter bei **341**.*

336

Sie folgt deinem Rat und eilt durch die linke Tür auf dem Bildschirm. Sie kommt in das Ecklabor A7. Durch die Scheiben kann sie den sicheren Flur außerhalb des Laborbereichs schon sehen, aber nicht erreichen. Es gibt nur am oberen Bildschirmrand einen weiteren Ausgang.
*Wenn der Vorsprung bei 1 steht, lies weiter bei **307**.*
*Ist der Vorsprung größer, lies weiter bei **353**.*

337

Während sich dein Puls allmählich beruhigt, überprüfst du deinen Blaster und stellst fest, dass du vorhin in der Hektik die Verriegelung der Energiezelle gelöst hast. Als du sie richtig einrasten lässt, zeigt das kleine Display an, dass die Waffe wieder schussbereit ist.
*Lies weiter bei **226**.*

338

Nach deinem letzten Treffer sackt die Soldatin stöhnend zu Boden. Du willst schon aufatmen, da hörst du eilige Schritte im Flur unter dir. Hastig erklimmst du die Stufen, vorbei an der toten Trooperin, und gelangst zu einem breiten Durchgang, der auf einen Platz führt. Dieser ist mit Stahlplatten ausgelegt und für die beengten Verhältnisse auf der Station großzügig dimensioniert. Die Decke liegt hoch über dir und ist aus Duroglas, durch das du den Planeten sehen kannst. In der Mitte des Platzes ist eine von

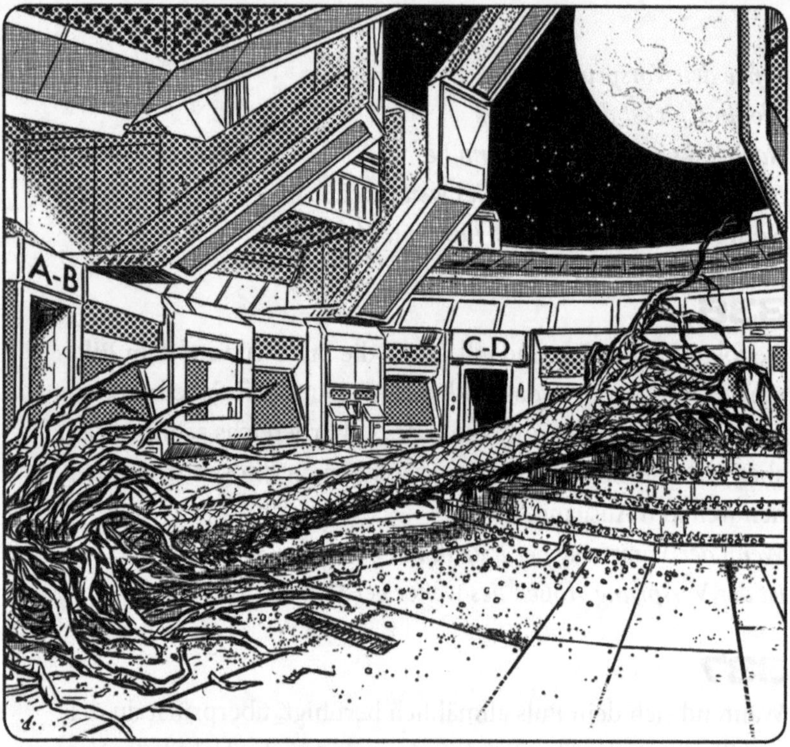

Stahl eingefasste Hydrokultur angelegt, in der ein großer Baum wuchs. Dieser ist umgestürzt und liegt nun auf dem Boden, das Pflanzgranulat ist überall auf dem Platz verteilt.

Du sprintest zu dem Baum und gehst erst mal dahinter in Deckung, für den Fall, dass dir jemand folgt. Du atmest einige Male tief durch und spähst dann über den Baumstamm zurück zur Treppe. Es ist aber niemand zu sehen.

Also lässt du den Blick über den Platz schweifen. Zwei Gänge führen von hier weg, der eine in Richtung Quartierblöcke A-B liegt rechts von dir, er ist durch den umgestürzten Baum jedoch versperrt. Ein Hinweisschild zeigt an, dass der andere Korridor, gegenüber dem Treppenhaus gelegen, in Richtung Quartierblöcke C-D und zum Hotel führt. Du behältst ihn eine Weile im Auge, aber auch dort regt sich nichts.

Erst jetzt bemerkst du eine Leiche, die von dem Baum begraben wurde. Neben ihr liegen eine Blasterpistole und eine Keycard.

Setze in deinem Inventar den Haken bei der Blasterpistole. Neben der Keycard kannst du auch einen der herumliegenden Äste als Nahkampfwaffe mitnehmen (großer Gegenstand, KK +2, Schaden +1).

Nachdem du dich noch einmal vergewissert hast, dass dir niemand folgt, läufst du auf den Korridor zu.
*Lies weiter bei **377**.*

339

Du kauerst dich in der Liftkabine zusammen und spähst nach oben, wo du beobachten kannst, wie Andrews und der irre Trooper miteinander ringen. Plötzlich löst sich ein Schuss aus der Waffe und schlägt in die Rückwand der Liftkabine ein. Im nächsten Augenblick entreißt der Angreifer dem Sergeant die Waffe. Andrews versetzt ihm einen Tritt und wendet sich zur Flucht. Der irre Trooper braucht einen Augenblick, um sich zu fangen, wirft das Blastergewehr dann achtlos von sich und setzt ihm nach. Du hörst, wie sich ihre Schritte entfernen, und wagst es, durch die Lifttür in den Korridor zu spähen. Der sieht genauso aus wie der unten auf Deck 3. Anders als dort funktioniert hier aber das Licht, sodass du erkennen kannst, dass der Sergeant noch immer vor dem irren Trooper wegrennt. Weiter hinten scheint der Gefangene mit einem anderen Wahnsinnigen zu ringen.
Du blickst in die andere Richtung. Dort knickt der Gang nach wenigen Metern um 90° nach links ab. Rasch kletterst du aus der Kabine, streckst dich und schnappst dir das Blastergewehr.

Markiere das Blastergewehr in deinem Inventar.

Hektisch siehst du dich um. In der Wand, die dem Aufzug gegenüber liegt, gibt es mehrere Türen, die der Aufschrift nach zu Umkleiden führen. Die Wand, in der auch die Aufzüge liegen, hat genau in der Mitte eine Schleuse, die ein Stück aus der Wand hervorragt. Auf halber Höhe ist die Wand durchgehend verglast und gibt den Blick auf kleine Laborbereiche frei. Wahrscheinlich gelangt man nur durch die Schleuse ins Innere.

Ein Aufschrei lenkt deine Aufmerksamkeit wieder auf das Ende des Korridors, wo Andrews zu Boden gegangen ist.

Falls du ihm helfen willst, lies weiter bei ***360****.*

Wenn nicht, lies weiter bei ***318****.*

340

Schlitternd kommst du bei der Schleuse zum Stehen und spähst ins Innere. Es sieht wie ein Kontrollraum aus, viel mehr kannst du nicht erkennen. Jedenfalls ist drinnen niemand zu sehen, also steckst du die Keycard in den Schlitz des Lesegeräts. Eine Diode schaltet auf Grün und die Duroglastür fährt langsam beiseite. Sobald die Lücke groß genug ist, zwängst du dich ins Innere und hämmerst auf den Schalter, der die Tür schließt. Wieder bewegt sie sich nur langsam und du blickst voller Angst zu deinen Verfolgern zurück.

Senke deinen Vorsprung um 1.

Ist er nun bei 0, lies weiter bei ***365****.*

Falls nicht, geht es weiter bei ***325****.*

341

Die Frau betritt ein Labor, in dem ein Mann auf einem Stuhl vor einem der Tische sitzt. Aus deiner Kameraperspektive sieht es auf den ersten Blick so aus, als würde er arbeiten, aber eine große, angetrocknete Blutlache zu seinen Füßen lässt keinen Zweifel daran, dass auch er eines gewaltsamen Todes gestorben ist.

Die Frau hält einen Moment inne. Du siehst schnell auf dem Raster nach und erkennst, dass der Irre in Labor E2 ist und zögert, in welche Richtung er sich wenden soll.
Du kannst auf dem Bild oben, unten und links Türen sehen. Nach links schickst du die Frau natürlich nicht, aber wohin dann?
*Nach oben zum Labor F1, dann lies weiter bei **359**.*
*Nach unten zum Labor F3, dann lies weiter bei **366**.*

342

Die Frau legt auf den Schließmechanismus an und feuert gleich eine ganze Salve ab. Die Blasterstrahlen schlagen rund um den Schließmechanismus ein – und einer trifft. Zufall oder nicht, es ist ein Volltreffer, wie du an dem grellen Blitz siehst.
Dein Jubelschrei bleibt dir aber in der Kehle stecken, als du siehst, dass die Tür bereits im Begriff war, sich zu öffnen. Ein schmaler Spalt hat sich schon zwischen Rahmen und Türblatt aufgetan und gerade zwängt der Menschenfresser einen Arm hindurch und versucht, das Türblatt weiter aufzuschieben.
Die Frau legt auf den Spalt an und drückt erneut ab, aber es löst sich kein Strahl mehr aus der Waffe. Wahrscheinlich ist die Energiezelle leer. Sie wirft die nutzlose Waffe weg und rennt weiter zu Labor B7, während du beobachtest, wie der Irre Stück um Stück die Tür aufschiebt. Immerhin hält ihn das ein wenig auf.
*Erhöhe den Vorsprung um 1, dann lies weiter bei **314**.*

343

»Lauf weg, der Irre ist gleich da!«, rufst du.
Die Frau fährt herum, ihr Gesicht ist eine Maske des Schreckens. Für einen Augenblick starrt sie auf die Keycard, als überlege sie, es doch zu riskieren, dann rennt sie durch die Tür zum Labor B3. Keine Sekunde zu früh! Der Irre stürmt auf den Flur, kaum dass sie ihn verlassen hat. Kurz sieht er sich um.

Die Wissenschaftlerin ist mittlerweile in einem völlig verwüsteten Labor. Mehrere große Gerätschaften wurden förmlich ausgeweidet, sodass nicht mehr erkennbar ist, um was es sich handelt. Sie liegen kreuz und quer im Labor verteilt. Eine Leiche ist halb unter einem Schrank begraben. Ausgänge siehst du am oberen Bildrand (B2) und links (A3). Die Frau zögert.
*Soll sie den oberen Ausgang nehmen, lies weiter bei **356**.*
*Soll sie durch die Tür auf der linken Seite gehen, lies weiter bei **331**.*

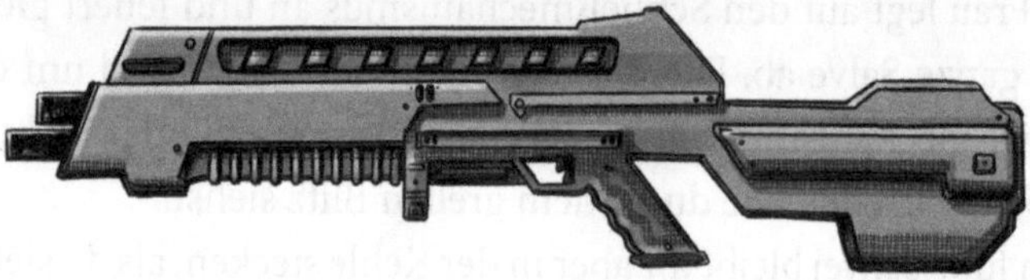

344

Die Frau blickt mit großen Augen zur Kamera empor, folgt aber deinem Kommando und packt die Waffe nun wie eine Keule. Zögernd, Schritt um Schritt, nähert sie sich dem noch immer reglos am Fuß des Türrahmen lehnenden Irren. Als sie bis auf Armlänge heran ist, hebt sie das Gewehr über den Kopf. Du kannst deutlich sehen, wie es in ihren Händen zittert. Sie zögert einen Moment, dann schlägt sie zu.
Ihr Hieb zielt auf den Kopf des Verrückten, doch dessen Arm zuckt urplötzlich hoch und wehrt den Angriff ab. Die Frau wankt überrascht zurück, während der Irre sich langsam aufrichtet. Sie wirft das Blastergewehr nach ihm und rennt los. Der Irre wird nur leicht getroffen, rutscht aber noch mal zu Boden. Umso wütender kommt er wieder auf die Beine und hetzt der Frau hinterher. Die Schusswunde scheint ihn dabei kaum zu behindern. Jetzt ist er der Frau direkt auf den Fersen.
*Setze den Vorsprung auf 1 und lies weiter bei **314**.*

345

Deine Eskorte führt dich zum Sicherheitsbüro, das ebenso verwüstet ist wie die anderen Räume. Vom Lift aus gesehen liegt es am gegenüberliegenden Ende des Promenadendecks.

An einer Seite des Büros ist ein Teil des Raumes als Arrestzelle abgeteilt. Bei genauem Hinsehen erkennst du das Wabern eines Kraftfelds, das den Raum verschließt. In der Zelle gibt es zwei Pritschen. Auf einer davon liegt eine Frau um die Vierzig, die sich bei eurem Eintreffen aufsetzt und dich neugierig mustert.

Der Trooper hält dich mit seinem Blaster in Schach, während der Lieutenant an der Wand neben dem Kraftfeld eine Schaltfläche berührt. Mit einem kurzen Summen erlischt das Kraftfeld. Der Trooper gibt dir einen Stoß, der dich in die Zelle stolpern lässt. Abermals ertönt das Summen und das Kraftfeld ist wieder aktiv.

»Soll ich hierbleiben und Wache halten?«, fragt der Trooper.

Der Lieutenant schüttelt den Kopf. »Nein, wir haben nicht genug Leute. Sanders wird ab und zu nach dem Rechten sehen. Du begibst dich zurück auf deinen Posten.«

Damit verlassen sie das Büro und du bleibst mit der Frau zurück.

Du nickst ihr zu und setzt dich auf die freie Pritsche. Die Frau trägt die Uniform der Stationsbesatzung, wirkt durchtrainiert und strahlt eine natürliche Autorität aus. »Wer sind Sie?«, fragt sie mit gedämpfter Stimme, als die Schritte der Trooper verklungen sind. »Sie gehören nicht zu denen, oder?«

Nach kurzem Zögern erzählst du ihr in knappen Worten, wer du bist und wie du auf die Station gelangt bist.

»Ich bin Doktor Jessica Feldman«, stellt sie sich vor. »Es tut mir leid, dass Sie angegriffen wurden. In gewisser Weise trage ich dafür die Verantwortung.«

»*Sie?*«

»Ich habe ursprünglich die Station und die Forschung an Veraxicellunol, oder kurz Verax, wie wir es nennen, geleitet. Ich nehme an, Sie haben mittlerweile schon davon gehört?«
Notiere dir das Ereignis 345.
*Wenn du schon über die Droge Bescheid weißt, lies weiter bei **368**.*
*Falls nicht, lies weiter bei **382**.*

346

Du schreist vor Schmerzen und drischst dem Irren wie von Sinnen den Kolben deines Blasters auf den Kopf. Als sich seine Kiefer endlich öffnen und er mit zertrümmertem Schädel schlaff zu Boden sackt, spürst du hinter dir eine Bewegung. Du versuchst noch, deine Waffe zu heben, doch der zweite Irre ist rasch heran und verpasst dir einen Fausthieb, der beinahe deine Sinne schwinden lässt. Das Nächste, was du spürst, sind seine Zähne an deiner Kehle und der Strom heißen Blutes, der daraus hervorschießt, als er sie in Fetzen reißt.
Dein Abenteuer endet hier.

347

Plötzlich erkennst du das Gesicht. Es ist Ramirez, die Soldatin, die dich vorhin auf Deck 5 vor den Irren gerettet hat. Trotz dieser Erkenntnis braucht es noch einen Augenblick, bis du endlich deinen Würgegriff lockerst. Ramirez fällt schlaff zu Boden. Starr und anklagend blicken dich ihre toten Augen an.

Entsetzt wendest du dich ab. Du befindest dich in dem breiten Treppenhaus etwas oberhalb von Deck 5. Von dort hörst du Schritte auf einem der Flure. Wieder einer der Irren?

Du bist nicht in der Verfassung, dich wem auch immer zu stellen, denn mit einem Mal spürst du starke Schmerzen. Du blickst an dir hinab und erkennst erschrocken, dass du mehrere Blastertreffer am Arm und seitlich am Bauch erlitten hast. Ein Wunder, dass du bei diesen Verletzungen überhaupt noch stehen kannst. Vielleicht die Wirkung der Droge?

Egal, du musst hier weg. Also greifst du dir nur das Blastergewehr von Ramirez, das ein paar Stufen tiefer liegt und eilst dann möglichst leise zu Deck 6 hinauf.

Senke deine Gesundheit auf 15, setze einen Haken neben das Blastergewehr im Inventar und notiere dir auf dem Datenblatt das Ereignis 239.

*Lies weiter bei **372**.*

348

Als du wieder zu dir kommst, liegst du mit dem Gesicht nach unten auf dem Stahlboden. Du versuchst, dich aufzurichten, aber deine Armmuskeln verkrampfen sofort und du sackst wieder zu Boden. Es gelingt dir lediglich, den Kopf zur Seite zu drehen. Verwirrt starrst du auf deine rechte Hand.

Sie ist blutverschmiert, Fetzen von Haut hängen unter deinen Fingernägeln. Vor deinem geistigen Auge blitzen für Sekundenbruchteile Bilder auf: Annas Gesicht, ihre schreckgeweiteten Au-

gen … ihr zu einem Schrei aufgerissener Mund … ihre pochende Halsschlagader, direkt vor dir … ihr Blut …
Du bemerkst einen metallischen Geschmack im Mund und mit einem Mal wird dir übel. Schwallartig übergibst du dich und beim Anblick deines blutigen Erbrochenen packt dich das Grausen. Ist das ein menschliches Stück Haut? Und das matschige Ding vielleicht ein zerkauter Augapfel?
Dein Verstand weigert sich, die Tatsachen anzuerkennen, aber dein Magen kennt die Wahrheit. Du musst abermals würgen. Du ignorierst deine schmerzenden Muskeln und kriechst mühsam ein Stück weg von der ekelhaften Pfütze, hin zu einer Wand, an die du dich lehnen kannst.
Von Ekel erfüllt wischst du deine blutigen Hände an deiner Hose ab. Ein Wimmern entringt sich deiner Kehle, als du dir eingestehst, dass du selbst zu einem der Monster geworden bist. Eine Welle von Selbsthass droht dich zu übermannen. Du spuckst aus, um den Geschmack von Blut und Erbrochenem loszuwerden. Abgesehen von der Übelkeit fühlst du dich physisch aber überraschend gut.

Erhöhe deine Gesundheit um 15 Punkte (aber nicht über den neuen Maximalwert).

Um dich von deinen düsteren Gedanken abzulenken, siehst du dich um. Rechts von dir ist eine breite Treppe, die laut einer großen Aufschrift zu den Laboren auf Deck 5 und der Krankenstation und den Büros auf Deck 4 hinabführt. Dort musst du hergekommen sein und folglich bist du nun auf Deck 6. Du lässt deinen Blick schweifen.
Du befindest dich auf einem Platz, der mit Stahlplatten ausgelegt und für die beengten Verhältnisse auf der Station großzügig dimensioniert ist. Die Decke liegt hoch über dir und ist aus Duro-

glas, durch das du den Planeten sehen kannst. In der Mitte des Platzes ist eine von Stahl eingefasste Hydrokultur angelegt, in der ein großer Baum wuchs. Dieser ist umgestürzt und liegt nun auf dem Boden, das Pflanzgranulat ist überall auf dem Platz verteilt. Auf einem der in die Luft ragenden Äste ist ein Mann aufgespießt, so als sei er aus großer Höhe gefallen. Ist das vielleicht bei dem Schwerkraftausfall geschehen?
Zwei Gänge führen von hier weg, der eine in Richtung Quartierblöcke A-B ist jedoch durch den umgestürzten Baum versperrt. Ein Hinweisschild zeigt an, dass der andere Korridor, gegenüber dem Treppenhaus gelegen, in Richtung Quartierblöcke C-D und zum Hotel führt.
Immer wieder zuckt dein Blick zu dem Toten. Der Geruch seines Blutes steigt dir in die Nase und weckt so etwas wie Appetit. Plötzlich willst du nur noch weg von hier, weg von dem Toten, runter von dieser Station, bevor du endgültig den Verstand verlierst.
Du kommst auf die Beine und stolperst in den Korridor.
Lies weiter bei ***528****.*

349

Dein letzter Hieb lässt den Berserker zurücktaumeln. Er prallt gegen die Wand und geht zu Boden. Hastig siehst du dich nach deinem Blaster um und hebst ihn auf. Keine Sekunde zu früh, denn der Irre regt sich schon wieder. Du erschießt ihn, ehe er noch einmal eine Gefahr werden kann.
Als du gerade aufatmen willst, hörst du den Schrei einer Frau. Es klingt nicht wie der eines Berserkers, eher wie der eines Opfers. Er kommt aus der Richtung der letzten Kreuzung. Ohne zu überlegen, stürmst du zurück und nimmst den abzweigenden Gang. Bald hörst du Kampfgeräusche und das unverwechselbare Knurren eines Durchgedrehten, kannst die Kämpfenden aber noch nicht sehen.

Der Gang endet an einer weiteren Kreuzung und hier siehst du einen Irren mit einer Frau kämpfen. Er hat sie bereits zu Boden gerungen und macht Anstalten, sie zu zerfleischen.
Ohne zu zögern, hebst du die Waffe und schießt ihm in den Rücken. Die Salve schleudert ihn von der Frau.
Schwer atmend stolperst du zu ihr. Ihre Uniform ist in Bauchhöhe zerrissen und blutdurchtränkt. Ein Namensschild weist die Frau als »Dr. Jessica Feldman« aus. Du kniest dich neben sie und versuchst, die Wunden abzudrücken, doch das Blut quillt weiter zwischen deinen Fingern hervor. Es gibt nichts mehr, was du tun kannst.
*Lies weiter bei **452**.*

350

Du lässt die Trooper ihrer Wege gehen und bleibst lieber, wo du bist. Sollen sie ihre Probleme doch untereinander lösen. Du setzt dich hin und machst es dir wieder halbwegs bequem. Du bist noch immer müde, die letzten Stunden hatten genug Strapazen für eine ganze Woche zu bieten. Irgendwann nickst du wieder ein.
Du erwachst, als der Boden unter deinen Füßen vibriert und ein dumpfes Grollen durch die Station hallt. Verwirrt siehst du dich um, aber da spürst du schon einen gewaltigen Schlag und siehst einen Feuerball auf dich zurasen.
Verdammt, Lundberg hat wirklich die Station gesprengt, ist dein letzter Gedanke.
Dein Abenteuer endet hier.

351

Die Frau tritt in ein schmales Labor. Auf dem Bildschirm erkennst du Türen an der unteren und an der rechten Seite. Ohne zu zögern, nimmt die Frau die Tür rechts, sodass ihr Vorsprung auf den Irren sich nicht verändert.

*Lies weiter bei **359**.*

352

Die Schaltung funktioniert, die Liftkabine kommt. Du setzt die Verblendung wieder auf, und kurz darauf öffnen sich die Lifttüren der rechten Kabine. Rauch quillt durch den schmalen Spalt zwischen Flur und Kabine, weiter unten im Schacht scheint es zu brennen.

Du steigst ein und blickst auf die Kontrollen. Nach unten solltest du wegen des Rauchs besser nicht fahren. Wähle dein Ziel:

*Deck 4, Büros und Krankenstation – lies weiter bei **107**.*

*Deck 5, Laborbereich – lies weiter bei **97**.*

*Deck 6, Quartiere und Hotel – lies weiter bei **127**.*

*Deck 7, Promenadendeck und Zugang zum Kommandozentrum – lies weiter bei **116**.*

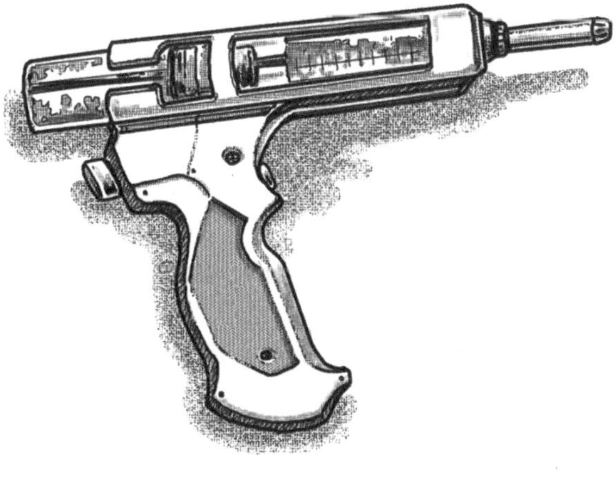

353

Die Frau eilt in das Labor A6 und kommt schlitternd zum Stehen. Auch du erkennst auf den ersten Blick, dass sie in eine Sackgasse geraten ist. »Schnell, zurück!«, rufst du ins Mikrofon.

Das brauchst du ihr nicht zweimal zu sagen. Wie von Furien gehetzt, rennt die Frau den Weg zurück. Du siehst derweil auf dem Raster nach dem Menschenfresser. Er ist im Labor C7 und hält auf B7 zu. Zum Glück habt ihr ihn zwischenzeitlich aufgehalten, sonst hätte er der Frau sicher den Weg abgeschnitten.

Nur mit minimalem Vorsprung erreicht die Frau das Labor B7 und nimmt sofort die obere Tür. Kurz nach ihr stürmt der Menschenfresser herein und hetzt ihr hinterher.

Setze den Vorsprung auf 1 und lies dann weiter bei ***358****.*

354

Während du auf das Ende des Korridors zusprintest, glaubst du, den Atem deiner Verfolger schon im Nacken zu spüren, und die Furcht mobilisiert deine letzten Kräfte.

Tatsächlich erreichst du die Ecke und umrundest sie, ohne stehen zu bleiben. Vor dir geht der Korridor weiter. Er sieht genauso aus wie vor der Ecke, wieder eine Schleuse in der Mitte. Rechts von dir ist aber ein breiter Durchgang, der zu einem Treppenhaus führt, das dieses Deck mit Deck 4 und Deck 6 verbindet.

Der Durchgang ist durch eine behelfsmäßige Barrikade aus Stühlen und anderem Mobiliar halb versperrt. Dahinter steht eine Frau in Trooper-Rüstung, die mit einem Gewehr auf dich zielt. »Hinlegen!«, befiehlt sie.

Gehorchst du, obwohl die Verfolger so dicht hinter dir sind?

Wenn ja, lies weiter bei ***361****.*

Falls du ihren Befehl ignorieren und weiter auf den Durchgang zurennen willst, lies weiter bei ***369****.*

355

Hinter dem Durchgang beginnt ein breiter Flur, an dessen Ende sich eine große, lichtdurchflutete Halle mit einem Duroglasdach anschließt. Der Flur mündet in eine Brücke, die bis in die Mitte der Halle führt, von wo eine Treppe nach unten führt. An deren oberem Absatz stehen wie angekündigt zwei junge Trooper.

Einer der beiden hat mandelförmige Augen und einen schmalen Oberlippenbart. Das muss Huyashi sein. Mijatovic ist deutlich stämmiger als sein schlaksiger Kollege, er hat buschige Augenbrauen und sich offenbar mehrere Tage nicht mehr rasiert. Als du dich ihnen näherst, nehmen sie Haltung an und salutieren.

»Rührt euch«, brummst du. »Irgendwelche Vorkommnisse?«

»Nein, Sir«, meldet Huyashi diensteifrig. »Da unten tut sich nichts.«

Du trittst an das Geländer der Brücke und blickst nach unten. Gut zehn Meter unter euch liegt ein großer Platz mit einem halben Dutzend Bäumen, die in rechteckigen, mit Granulat gefüllten Bassins gepflanzt sind und deren Wipfel fast bis zur Brücke hinaufreichen. Das Grün wirkt nach den tristen Gängen erfrischend.

Auf den ersten Blick siehst du zwei Ausgänge. Als du an das gegenüberliegende Geländer trittst, bemerkst du einen dritten.

»Wohin führen die Ausgänge?«

»Zu den Quartierblöcken A und B, C und D sowie zum Hotel«, antwortet Huyashi. »Wir wissen nicht genau, wo die Saboteure sich aufhalten - falls überhaupt noch welche übrig sind.«

»Verstehe«, brummst du und siehst dir die Treppe an. Sie ist breit und führt über etwa zwanzig Stufen geschwungen nach unten. Sie hat nur ein Geländer aus Metall, nichts, was anstürmenden Gegnern Deckung bieten würde, ganz im Gegensatz zur metallenen Brüstung hier oben. Von eurer Position aus solltet ihr selbst zahlenmäßig deutlich überlegene Angreifer zurückschlagen kön-

nen. Du weist Mijatovic die rechte Brüstung und Huyashi die Treppe zu, selbst bleibst du an der linken Brüstung stehen.
Anfangs bist du noch etwas angespannt, weil du jeden Moment einen Angriff der Saboteure erwartest. Aber es ist keine Bewegung zu sehen und es dringt auch kein Geräusch zu euch nach oben. Das Deck wirkt verlassen.
Nach einer Weile gähnt Mijatovic. »Vielleicht haben die Berserker alle verbliebenen Saboteure umgebracht«, überlegt er laut.
»Egal, wir behalten trotzdem alles im Auge«, weist du ihn barsch zurecht.
Zermürbendes Warten beginnt.
*Lies weiter bei **371**.*

356

Auf deinen Rat hin eilt die Frau durch die obere Tür ins nächste Labor, das nur rechts eine Tür hat. Auch diese nimmt sie sofort. Dein Blick huscht zurück zum Labor B3, in das der Verfolger gerade gekommen ist. Er sieht zwischen den beiden Türen hin und her, tritt dann näher an den Toten heran und schnüffelt an ihm. Es scheint fast so, als habe er die Frau für den Moment vergessen.
Plötzlich zuckt sein Kopf hoch und er stürmt doch auf die obere Tür zu. Ob er etwas gehört hat?
Du suchst auf dem Raster aus kleinen Bildern nach der Frau. Sie eilt gerade durch ein weiteres Labor, daneben liegt der Flur. Ihr Vorsprung ist auf jeden Fall gewachsen, aber ob er groß genug ist?
*Lies weiter bei **370**.*

357

Du kletterst so schnell wie möglich aus dem Aufzug, um Andrews zu helfen. Als du dich aufrichtest, löst sich ein Schuss aus der umkämpften Waffe und trifft dich in die Schulter. Stöhnend stolperst du gegen die Wand und presst die Hand auf die Wunde.

Ziehe 8 Punkte von deiner Gesundheit ab.

Der Sergeant brüllt vor Schmerz, als ihn sein Gegner in den linken Unterarm beißt. Mit einem Tritt gelingt es ihm, den Irren zurückzudrängen und ihm das Blastergewehr zu entreißen.
Aus nächster Nähe schießt er den Angreifer nieder, der röchelnd zusammenbricht.
Du willst schon aufatmen, als ein schriller Schrei dich herumfahren lässt. Rechts von dir, am Ende des langen Flures, ist der geflohene Gefangene von einem zweiten Irren zu Boden gerissen worden. Der Angreifer gräbt gerade seine Zähne in die Kehle des Mannes. Angeekelt wendest du den Blick ab.
Sergeant Andrews hält sich den linken Arm, Blut quillt zwischen seinen Fingern hervor.
»Nimm das Gewehr«, stöhnt er und hält es dir hin.
Du ergreifst es. Der Sergeant holt ein Medipack aus der Tasche seiner Rüstung und presst den darin enthaltenen Verband auf die Wunde.
»Wohin jetzt?«, fragst du und siehst nervös zu dem Irren hinüber. Du deutest in die entgegengesetzte Richtung, wo der Flur nach wenigen Metern nach links abknickt. »Dort entlang?«
Andrews schüttelt matt den Kopf. Er wirkt stark angeschlagen. »Da ist es nicht sicher, Figos Leute könnten auf uns lauern.« Er deutet auf eine Art Schleuse, die sich auf halbem Weg zwischen euch und dem Irren befindet. Sie scheint in den eigentlichen Laborkomplex zu führen. »Dort können wir uns verschanzen und Verstärkung rufen.« Er holt seine Blasterpistole aus einem Holster. »Geh du voran, ich sichere uns nach hinten ab.«

Es widerstrebt dir zwar, auf den Irren zuzugehen, der mittlerweile den Bauchraum des Toten aufgerissen hat und offenbar dessen Innereien verschlingt, aber der Weg bis zu der Schleuse ist nicht weit. Als ihr sie fast erreicht habt, blickt der Irre von seinem Opfer auf und brüllt euch an. Gemeinsam mit dem Sergeant eröffnest du das Feuer und der Menschenfresser geht zu Boden. Gleichzeitig tönt von irgendwoher das Brüllen eines weiteren Irren durch den Korridor.

»Verdammte Scheiße«, murmelt Andrews. »Wir müssen vom Flur runter.« Er ist sehr blass und muss sich an der Wand abstützen.

Endlich erreicht ihr die Schleuse. Neben ihr ist ein Schlitz für eine Keycard und du öffnest sie. Du hilfst Andrews in den hinter der Schleuse liegenden Kontrollraum. Neben der Schleuse liegt ein toter Trooper in einer Pfütze von Blut. Eine lange Scherbe steckt noch in seiner aufgerissenen Kehle.

Lies weiter bei ***583****.*

358

Die Frau rennt durch Labor B6, und das so schnell, dass du auf dem Bildschirm kaum einen genauen Blick auf den Raum erhaschen kannst. Du erkennst gerade noch, dass es nur einen weiteren Ausgang am oberen Bildschirmrand gibt. Genauso bei Labor B5, auch durch dieses rennt sie, so schnell sie kann, auch hier gibt es nur einen Ausgang. Du gewinnst den Eindruck, dass die Frau zum ersten Mal genau weiß, wohin sie will.

Sie stürzt auf den Flur im Abschnitt B4. Auf dem Bild ist der Flur auf der rechten Seite wieder durch ein Sicherheitsschott versperrt, links liegt aber direkt die Sicherheitsschleuse zum Kontrollraum bei A4. Oben gibt es eine weitere Tür zu einem Labor (B3).

Wenn der Vorsprung nur 1 beträgt, lies weiter bei ***327****.*

Andernfalls, ließ weiter bei ***333****.*

359

In diesem Labor wurde offensichtlich gekämpft. Überall sind Blastereinschüsse zu sehen und der Boden ist mit Scherben von zerstörtem Laborinventar bedeckt. Auf dem Bildschirm erkennst du Türen an der unteren, der linken und an der rechten Seite.
Als sie eintritt, zögert die Frau einen kurzen Moment – und dann ist es schon zu spät.
Ihr Vorsprung sinkt um 1 und ist damit aufgebraucht. Lies weiter bei ***265****.*

360

Aus der großen Distanz zu schießen, erscheint dir zu riskant, also läufst du schnell einige Meter auf den Schauplatz des Kampfes zu. Der irre Trooper, der Sergeant Andrews zu Boden geworfen hat, hört deine Schritte und fährt zu dir herum. Mit einem wilden Fauchen stürmt er in deine Richtung.
Du kommst schlitternd zum Stehen, reißt dein Blastergewehr hoch und feuerst.

Bevor der Irre dich erreicht, kannst du zwei Schüsse wie bei einem normalen Fernkampf abfeuern (dein Gegner hat keine Deckung), ohne dass dein Gegner zurückschießt. Addiere den Schaden, den du mit den beiden Angriffen verursachst.
Ist das Ergebnis 20 oder größer, lies weiter bei ***K30****.*
Wenn das Ergebnis kleiner ist als 20, merke es dir und lies weiter bei ***K7****.*

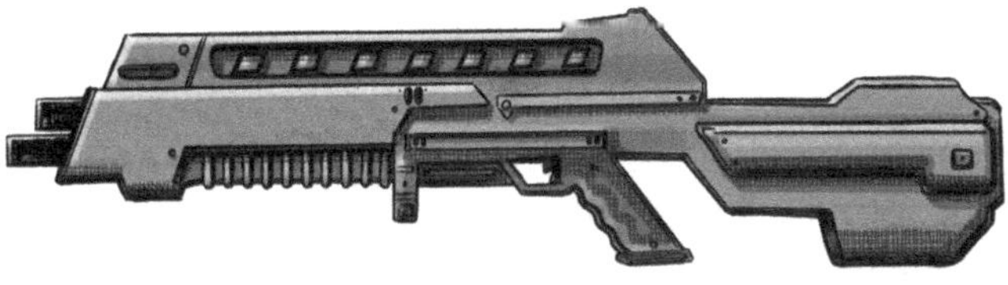

361

Du wirfst dich bäuchlings zu Boden und die Frau eröffnet das Feuer. Einer der Irren war direkt hinter dir und wird von ihrem Blasterfeuer von den Füßen gerissen. Der andere kreischt auf. Du wagst einen Blick zurück und siehst gerade noch, wie der humpelnde Trooper sich in den Korridor zurückzieht.

»Kommen Sie her, schnell!«, zischt die Frau.

Das lässt du dir nicht zweimal sagen. Hastig kommst du auf die Beine und stolperst die letzten Meter bis hinter die Barrikade. Dort liegt ein breites Treppenhaus, in dessen Mitte eine Treppe nach unten und an beiden Seiten Stufen nach oben führen.

Die Soldatin hält ihre Waffe noch immer auf dich gerichtet. Sie ist recht jung, hat dunkle Haare und einen bronzefarbenen Teint. Ein Namensschild auf ihrem Brustpanzer weist sie als »C. Ramirez« aus. »Die Waffe weg!«, kommandiert sie barsch. Du gehorchst.

»Was ist hier los?«, fragt ein weiterer Trooper, der mit vorgestrecktem Blaster die Stufen heraufkommt. »Wer ist das?«

Nach der wilden Hatz noch immer außer Atem, schilderst du ihnen in knappen Sätzen, wer du bist, und wie du hierhergelangt bist.

»Vor ein paar Stunden erst hier gelandet?«, fragt der Trooper, der laut Namensschild Alonso heißt. »Nach so jemandem sucht Doktor Figo doch.«

»Meinst du wirklich, wir sollten ihn zu ihm bringen?«, fragt die Frau skeptisch.

»Willst du etwa so enden wie der da?«, blafft Alonso und deutet mit dem Lauf seines Gewehrs auf den getöteten Irren.

Ramirez presst die Lippen zu einem Strich zusammen und sagt nichts mehr.

»An die Wand«, kommandiert Alonso und du gehorchst. Er nimmt dir alle Waffen ab. »Und jetzt die Treppe runter.«

Streiche alle Waffen aus deinem Inventar.

»Wer ist dieser Figo? Hat er hier das Kommando?«, fragst du.
»So ungefähr. Alle anderen Fragen kannst du ihm gleich selbst stellen.« Er versetzt dir einen groben Stoß mit dem Lauf seines Gewehrs, der dich die Stufen zu Deck 4 hinunterstolpern lässt. Dort führt er dich durch mehrere Korridore, bis ihr zu einer breiten Tür kommt. In dem dahinter liegenden Saal stehen ein Dutzend Rollbetten. Auf den meisten liegen Körper, die von Laken bedeckt sind – Leichen, so viele Leichen.
»Da rein!«, knurrt der Trooper, als ihr an eine weitere breite Tür mit einem Fenster in Kopfhöhe kommt.
Du blickst durch das Fenster in einen Raum, der wie ein Operationssaal aussieht. Ein Mann in blutbeflecktem Kittel ist gerade über einen Körper gebeugt, der auf einem der Operationstische liegt.
Der Trooper drückt auf den Taster neben der Tür und sie fährt zur Seite. Dann versetzt er dir wieder einen Stoß, der dich in den Operationssaal stolpern lässt.
Notiere dir das Ereignis 361 auf dem Datenblatt. Deine Eintragung beim Vorsprung kannst du nun wegradieren.
Lies weiter bei ***215****.*

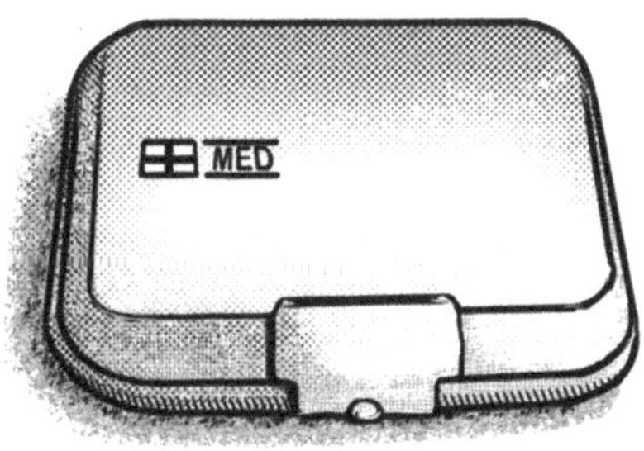

362

Du siehst dich in dem verwüsteten Büro ein wenig um. Der Bildschirm der Computerkonsole ist zersplittert und dem Tisch fehlt ein Bein, aber immerhin findest du noch einen intakten Stuhl.

Du kannst das abgebrochene Tischbein (großer Gegenstand, KK +2, Schaden +2) mitnehmen, wenn du willst.

Du stellst ihn so auf, dass du sowohl das Promenadendeck als auch die Gefangene im Auge behalten kannst, und setzt dich. Erst jetzt, da die größte Anspannung von dir abfällt, bemerkst du, wie erschöpft du bist. Die Strapazen der vergangenen Stunden sind nicht spurlos an dir vorübergegangen und du fragst dich, ob du wirklich die 18 Stunden bis zum Eintreffen des Kreuzers durchhalten wirst, ohne einzuschlafen.

»Sie sind keiner von den Troopern, oder?«, spricht Dr. Feldman dich an.

Du blickst zu ihr hinüber und denkst an Grubers Worte. Vielleicht solltest du sie besser ignorieren. Andererseits könnte es natürlich interessant sein, ihre Version der Geschehnisse zu hören.

*Willst du dich auf ein Gespräch mit Dr. Feldman einlassen, lies weiter bei **375**.*

*Wenn du sie ignorieren willst, lies weiter bei **385**.*

363 *(Speicherpunkt – Universalw. (KK+3, Schaden +3), Keycard)*
Im Licht deines Scheinwerfers kannst du vage das Treppengeländer ausmachen und greifst danach. Die Stufen erahnst du nur und setzt vorsichtig einen Fuß vor den anderen. Ein Sturz könnte fatale Folgen haben. Wenn das Visier bricht und Qualm in deinen Anzug dringt, wirst du binnen Sekunden ersticken.
»Mach mal ein bisschen schneller, Mann«, schnarrt Bertrams Stimme im Lautsprecher.
Tatsächlich sind die Scheinwerfer von Ferreira und Laconte nur noch ganz schwach im Qualm zu erkennen. Du beeilst dich etwas mehr, bleibst aber vorsichtig.
Die Temperaturanzeige auf dem Display steigt rasch an, steht schon bei fast 40° Celsius. Du wagst einen Blick über das Treppengeländer und kannst weit unten vage Feuerschein ausmachen. Was auch immer die Saboteure am Fuß der Treppe entzündet haben, es brennt außerordentlich gut.
Nachdem ihr Deck 4 passiert habt, steigt die Temperatur fast bei jeder Stufe um mehr als ein Zehntelgrad an, nähert sich der 45° Marke. Im Inneren des Anzugs sind es noch unter 40°, dennoch rinnt dir der Schweiß aus allen Poren. Dein Atem geht schwer und dein Herz schlägt schnell.
Als ihr den Treppenabsatz auf Deck 2 erreicht, steht die Außentemperaturanzeige bei weit über 50°. Laconte bedeutet dir, zurückzubleiben, während er und die beiden anderen Trooper sich aufteilen. Ferreira postiert sich direkt neben der Tür zum Technikdeck, Bertram zwei Schritte davon entfernt. Beide haben ihre Blaster im Anschlag. Laconte hält drei Finger hoch, dann zwei dann einen, dann beugt er sich vor und reißt die Tür mit einem Ruck auf.
Du drückst dich an die Wand des Treppenhauses, erwartest beinahe, dass euch eine Salve Blasterfeuer entgegenschlägt, doch nichts geschieht. Der Korridor hinter der Tür ist leer. Flackern-

des Licht erhellt ihn, aber immer nur kurz. Irgendetwas scheint mit der Beleuchtung nicht zu stimmen.

Bertram stürmt als Erster durch die Tür und sieht nach links und rechts. Offenbar zweigen dort weitere Gänge ab. Er hebt kurz den Daumen, das Signal für Ferreira und Laconte, ihm nachzukommen. Sie stellen sich Rücken an Rücken und jeder zielt in einen der drei Korridore.

»Gesichert«, sagt Ferreira. Die beiden anderen bestätigen und Laconte winkt dich zu ihnen. Zögernd trittst du durch die Tür und lässt sie hinter dir ins Schloss fallen.

Die beiden abzweigenden Gänge knicken jeweils nach wenigen Metern um 90° ab, sodass alle drei parallel verlaufen. An der Decke hängt Qualm, aber davon abgesehen ist die Sicht im Licht eurer Scheinwerfer gut. Die Temperatur ist hier deutlich niedriger als im Treppenhaus.

»Da lang«, kommandiert Laconte und zeigt mit ausgestrecktem Arm geradeaus. »Der Kontrollraum für den Computerkern liegt auf der anderen Seite des Decks. Alle bleiben eng zusammen. Bertram, du übernimmst weiter die Nachhut. Denkt daran, dass Vaskova und McPherson sich noch auf diesem Deck befinden sollen.«

»Wer?«, fragst du nach.

»Zwei unserer Ingenieure. Sie sollten hier unten einiges reparieren, aber wir haben den Kontakt zu ihnen verloren«, erklärt der Sergeant knapp.

Ihr rückt rasch vor. Links und rechts liegen Ingenieur-Büros mit gläsernen Wänden, in denen totales Chaos herrscht. Ganz offensichtlich gab es hier schwere Gefechte. Überall sind Blastereinschüsse zu sehen und einige Türen wurden mit Tischen und Stühlen notdürftig verbarrikadiert. Vor einem Terminal siehst du einen zusammengesackten Mann, der offenbar erschossen wurde.

»Was ist hier passiert?«, fragst du.
»Saboteure«, erwidert Laconte. »Sie wollten die Station lahmlegen, also befahl der Colonel, das Deck zu stürmen. Es kam zum Kampf. Die Saboteure zündeten eine Bombe, um ihren Rückzug zu decken. Vermutlich hat der Kern dabei was abbekommen.«
Du wirfst im Vorbeigehen noch einen Blick in andere Büros. Die meisten der Toten tragen Overalls von Technikern und sitzen noch auf ihren Stühlen. Es sieht nicht so aus, als hätte es hier einen verbissenen Stellungskampf gegeben, eher eine Reihe von Hinrichtungen.
»Vaskova? Hier Laconte, bitte melden«, hörst du den Sergeant über Funk. »McPherson, erbitte Statusmeldung.« Keine Antwort. »Verdammt, wo stecken die bloß? Seid wachsam Leute.«
Ihr erreicht eine Kreuzung, an der Korridore in alle Richtungen weiterführen. Laconte lässt die beiden anderen Trooper kurz die Gänge links und rechts checken. Als sie »Gesichert!« melden, rückt er weiter vor.
Plötzlich zuckt eine Blastersalve um euch herum. Laconte hechtet in den vor euch liegenden Korridor, Ferreira zu deiner Rechten erwidert das Feuer. Wie reagierst du?
Folgst du Laconte über die Kreuzung, lies weiter bei ***386****.*
Ziehst du dich in den Gang zurück, aus dem ihr gekommen seid, lies weiter bei ***398****.*

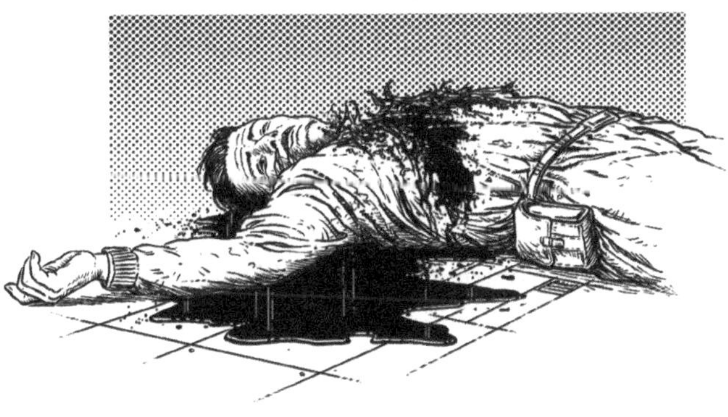

364

Du willst nur weg aus dem Kontrollraum. Es gibt hier auch nichts mehr, was du tun kannst, außer die grausigen Bilder auf dem Display anzustarren.

Du trittst an die Außenschleuse und lauschst. Es ist nichts zu hören. Also öffnest du die Schleuse und spähst vorsichtig in den Flur. Auf der einen Seite siehst du einen Trooper Wache stehen. Zwar blickt er gerade nicht in deine Richtung, aber wenn du die Schleuse öffnest, wird er es sicherlich hören.

Deine Eintragung beim Vorsprung kannst du nun wegradieren.

Willst du dich dem Trooper stellen, lies weiter bei ***420****.*

Wenn du weiter im Kontrollraum ausharren und auf eine bessere Gelegenheit warten willst, lies weiter bei ***373****.*

365

Deine Verfolger sind schon heran und der Irre im Stationsoverall stellt einen Fuß in den noch offenen Spalt, woraufhin die Tür sich wieder öffnet. Du versuchst ihn noch wegzustoßen, doch dabei packt er deinen Arm und zieht dich aus der Schleuse. Du knallst bäuchlings auf den Flur und für einen Moment bleibt dir die Luft weg. Bevor du dich aufrappeln kannst, wirft sich der durchgedrehte Trooper mit einem irren Kichern auf dich. Deine Rippen knacken, als er mit dem Knie voran auf deinem Rücken landet und noch das letzte bisschen Atem aus deinen Lungen treibt.

Er packt deine Haare und reißt deinen Kopf nach hinten, dann siehst du etwas vor deinem Auge glitzern. Gerade als dir klar wird, dass es sich um eine große Glasscherbe handelt, wird sie dir auch schon über die Kehle gezogen und du siehst dein Blut über den Flur spritzen.

Gurgelnde Laute dringen aus deinem Mund, während dein Leben rasend schnell aus dir herauspulsiert.

Dein Abenteuer endet hier.

366

Die Frau betritt das Labor F3, als du auf dem Raster den Verrückten in das Labor F2 stürmen siehst. Du hoffst, dass die Leiche des sitzenden Mannes ihn ablenken wird, doch er orientiert sich sofort weiter zur unteren Tür.

»Beeil dich!«, rufst du ins Mikrofon.

Es gibt nur eine andere Tür, sie führt nach unten aus dem Bild in den Flur. Kaum hat die Frau das Bild verlassen, kommt schon der Irre von oben ins Labor. Er sieht die offene Tür unten und rennt der Frau nach.

Rasch wechselst du das Bild zu dem Flur, in dem die Frau sich befindet. Es gibt auch hier nur einen Ausweg – die Sicherheitsschleuse. Die Frau ist bereits drin und die Tür schließt sich langsam – furchtbar langsam.

Der Menschenfresser hetzt direkt auf die Schleuse zu, doch er ist nicht schnell genug. Die Sicherheitstür schließt sich, der Irre prallt dagegen, kann der Frau aber nichts mehr anhaben. Hinter ihr öffnet sich die zweite Schleusentür, sodass sie in den dahinter liegenden Kontrollraum gelangen kann – du hast sie in Sicherheit gebracht!

*Du kannst die Eintragungen beim Vorsprung nun wegradieren. Lies dann weiter bei **544**.*

367

Als du endlich die Kontrolle über dich zurückgewinnst und deinen Würgegriff löst, sackt der Körper der Frau schlaff zu Boden. Starr und anklagend blicken dich ihre toten Augen an. Sie trägt eine Trooper-Rüstung und das Namensschild weist sie als »C. Ramirez« aus.

Erschrocken taumelst du zurück, verlierst beinahe das Gleichgewicht und klammerst dich im letzten Moment an einem Geländer fest. Verwirrt blickst du dich um. Du stehst am oberen Ende einer breiten Treppe. Ein paar Stufen unter dir liegt ein Durchgang über dem »Laborbereich – Zutritt nur für autorisiertes Personal« steht. Der Durchgang ist mit einer behelfsmäßigen Barrikade bis auf eine schmale Lücke versperrt. Auf der anderen Seite der Barrikade verläuft ein Flur nach links und rechts und du kannst Schritte hören, die sich eilig nähern.

Du bist nicht in der Verfassung, dich wem auch immer zu stellen, denn mit einem Mal spürst du starke Schmerzen. Du blickst an dir hinab und erkennst erschrocken, dass du mehrere Blastertreffer am Arm und seitlich am Bauch erlitten hast. Ein Wunder, dass du bei diesen Verletzungen überhaupt noch stehen kannst. Vielleicht die Wirkung der Droge?

Egal, du musst hier weg. Also greifst du dir nur das Blastergewehr der Toten, das ein paar Stufen tiefer liegt, und eilst dann möglichst leise zu Deck 6 hinauf.

Senke deine Gesundheit auf 15, setze einen Haken beim Blastergewehr im Inventar und notiere dir auf dem Datenblatt das Ereignis 239.

*Lies weiter bei **372**.*

368

Du nickst. »Ja, ich habe schon von der Droge gehört.«

Die Doktorin seufzt schwer. »Manchmal wünschte ich, wir hätten die Forschung frühzeitig eingestellt. Aber ich war so sicher, dass uns der Durchbruch noch gelingen könnte. Mein Ehrgeiz hat eine Menge Leben gekostet.«

»Wie konnte es so weit kommen?«

Feldman schüttelt den Kopf und stiert eine Weile auf den Boden vor ihrer Pritsche. Dann beginnt sie mit düsterer Stimme zu erzählen.

»Als Lundberg und seine Truppe die Station besetzten, haben wir uns zunächst gefügt und ich arbeitete mit Doktor Figo, dem leitenden Wissenschaftler der Trooper, zusammen. Aber dann forderte Lundberg immer schneller Ergebnisse.«

*Merke dir diesen Abschnitt und springe zu **400**, um ihre Geschichte nachzulesen. Kehre danach hierher zurück und lies weiter.*

»Vielleicht sind noch ein paar von meinen Leuten irgendwo auf der Station, aber ich fürchte, sie werden nicht viel ausrichten können. Wenn Lundberg mich hier fortschafft, war unser Angriff auf den Computerkern umsonst. Alles, was er an Wissen braucht, steckt hier drin.« Sie tippt sich an die Stirn. Feldman seufzt und lehnt sich gegen die Wand.
Du weißt nicht, was du sagen sollst. Die Situation scheint wirklich ausweglos. Auch du lehnst dich gegen die Wand und schon bald fordert die Anspannung der letzten Stunden ihren Tribut und du schläfst ein.
*Lies weiter bei **412**.*

369

Die Verfolger sind dir viel zu nah im Nacken, also ignorierst du den Befehl der Frau und rennst auf den schmalen Durchlass in der Barrikade zu.
Ohne eine weitere Warnung eröffnet die Frau das Feuer. Auf die kurze Distanz reißt dich ihre Blastersalve von den Füßen und du bist tot, noch bevor du auf dem Boden aufschlägst.
Dein Abenteuer endet hier.

370

Die Frau kommt auf den Flur, der oben an eine Sicherheitsschleuse grenzt. Sofort zerrt sie ihre Keycard aus der Tasche ihres Kittels und steckt sie in den Kartenleser. Tatsächlich öffnet sich die Glastür der Schleuse und die Frau tritt ein.

Dein Blick zuckt über das Raster, auf der Suche nach dem Verrückten. Gerade betritt er das angrenzende Labor, schnüffelt kurz und stürmt auf die Tür zum Flur zu, wo die Frau sich befindet. Du starrst auf den großen Bildschirm. Die Schleusentür schließt sich.

Der Irre springt auf die Tür zu, aber er kommt zu spät. Wie von Sinnen hämmert er auf das Glas ein, doch es hält seinem Gewaltausbruch stand. Gleichzeitig öffnet sich die innere Tür und die Frau taumelt in den Kontrollraum, der dahinter liegt. Du hast sie vor dem Wahnsinnigen gerettet.

*Du kannst die Eintragungen beim Vorsprung wegradieren. Lies dann weiter bei **544**.*

371

Deine Aufmerksamkeit hat längst nachgelassen und eine gewisse Langeweile eingesetzt, als plötzlich der Boden unter deinen Füßen bebt. Alarmiert blickst du dich um. Wurde die Brücke beschossen? Auf dem Platz sind nirgends Angreifer zu sehen.

»Was war das?«, fragt Huyashi nervös.

»Keine Ahnung. Bei euch was zu sehen?«

Beide Trooper verneinen.

Ein schriller Alarmton heult los und lässt dich zusammenzucken. Der Kommunikator an deinem Arm vibriert und du hebst ihn vor dein Gesicht.

»Es gab eine Explosion auf Deck 2«, informiert dich Lieutenant Gruber. »Wir brauchen hier jeden Mann. Schicken Sie zwei Leute zur Kommandozentrale, Chief.«

»Ich halte hier die Stellung. Ihr beide zur Kommandozentrale!«, befiehlst du nach kurzem Zögern.

Die beiden Trooper rennen los. Sie sind noch im Flur, als sie plötzlich den Boden unter den Füßen verlieren und wild strampelnd in der Luft hängen. Einen Augenblick starrst du das seltsa-

me Bild entgeistert an, erst dann wird dir klar, dass auch du über dem Boden schwebst – der Schwerkraftgenerator muss beschädigt worden sein!
Im letzten Moment bekommst du das Geländer der Brücke zu fassen und verhinderst so, in die Halle hinauszutreiben. Gleichzeitig rasen deine Gedanken. War der Ausfall der künstlichen Schwerkraft beabsichtigt? Vielleicht ein Ablenkungsmanöver für einen Angriff der Saboteure?
Unvermittelt setzt die Schwerkraft wieder ein. Du landest ungeschickt auf der Seite und es ist nur deiner Rüstung zu verdanken, dass du dir keine Rippen brichst. Dennoch bleibt dir für einen Augenblick die Luft weg.
Schnell rappelst du dich wieder auf und blickst über die Brüstung auf den Platz. Keine Anzeichen eines Angriffs. Du wechselst die Seite und schaust auch dort hinab, aber auf dem Platz tut sich nichts.
Schritte auf der Brücke lassen dich zum Flur herumfahren. Mijatovic und Huyashi sind nicht mehr zu sehen, dafür kommt eine Frau in der Uniform der Stationsbesatzung auf dich zugerannt. Sie ist unbewaffnet. Was will sie hier? Gehört sie zu den Saboteuren? Du greifst nach deinem Gewehr.
*Willst du die Waffe auf die Frau richten und sie auffordern stehen zu bleiben, lies weiter bei **378**.*
*Willst du sie ohne die Waffe zum Anhalten bewegen, lies weiter bei **388**.*

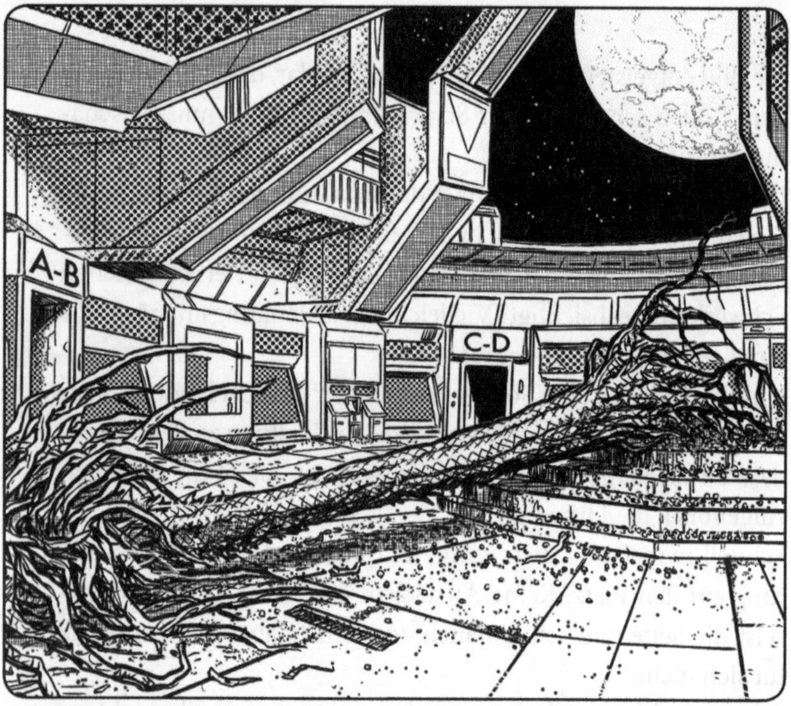

372

Die Treppe endet auf Deck 6 und führt durch einen breiten Durchgang auf einen Platz hinaus. Dieser ist mit Stahlplatten ausgelegt und für die beengten Verhältnisse auf der Station großzügig dimensioniert. Die Decke liegt hoch über dir und ist aus Duroglas, durch das du den Planeten sehen kannst. In der Mitte des Platzes ist eine von Stahl eingefasste Hydrokultur angelegt, in der ein großer Baum wuchs. Dieser ist umgestürzt und liegt nun auf dem Boden, das Pflanzgranulat ist überall auf dem Platz verteilt. Als du näher trittst, entdeckst du eine Leiche, die von dem Baum begraben wurde. Neben ihr liegen eine Blasterpistole und eine Keycard.

Setze in deinem Inventar den Haken bei der Blasterpistole. Neben der Keycard kannst du auch einen der herumliegenden Äste als

Nahkampfwaffe mitnehmen (großer Gegenstand, KK +2, Schaden +1).

Zwei Gänge führen von hier weg. Der eine in Richtung Quartierblöcke A-B ist durch den umgestürzten Baum jedoch versperrt. Ein Hinweisschild zeigt an, dass der andere Korridor, gegenüber dem Treppenhaus gelegen, in Richtung Quartierblöcke C-D und zum Hotel führt. Du beobachtest ihn eine Weile, aber dort regt sich nichts.
Nach allem, was du bisher erlebt hast, musst du so schnell wie möglich einen Weg von dieser verdammten Station finden und dieser Korridor ist deine einzige Hoffnung. Also gehst du darauf zu.
*Lies weiter bei **377**.*

373

Du wartest weiter im Kontrollraum und vermeidest es, auf das Kontrollpult zu blicken. Ruhelos wanderst du im Raum auf und ab. Ob der Trooper mittlerweile weggegangen ist?
Als plötzlich jemand gegen die Außenschleuse hämmert, fährst du erschrocken zusammen. Vor der Schleusentür stehen zwei Trooper. Beide haben ihre Gewehre auf dich gerichtet und einer holt gerade seine Keycard heraus.
Zischend öffnet sich die Außentür.
»Wirf deine Waffe weg und knie dich hin«, brüllt einer der Trooper. »Los, mach schon.«
Es hat keinen Sinn, sich ihnen zu widersetzen, weil der Raum keinerlei Deckung bietet. Also gehorchst du und wirfst deine Waffe auf den Boden.
Die beiden stürmen herein. Einer zieht dich grob auf die Beine und stößt dich zur gegenüberliegenden Wand. Er durchsucht dich nach weiteren Waffen.

Streiche alle Waffen aus deinem Inventar.

»Wer bist du?«, fragt der Ranghöhere der beiden.
In knappen Worten gibst du wieder, wie du auf die Station gekommen bist.
»Und was hast du hier zu suchen?«
»Ich … ich hab versucht, der Frau zu helfen«, stotterst du und deutest auf das Kontrollpult.
Der jüngere der Trooper betrachtet die Displays und wendet sich hastig wieder ab. »Bei allen Sternen«, murmelt er nur. Er ist sehr blass geworden.
»Was ist?«, fragt der andere.
»Ein Berserker hat da ein Blutbad angerichtet.« Seine Stimme zittert. »Verdammte Scheiße, wir werden hier noch alle draufgehen.«
»Bleib ruhig«, mahnt der andere. »Du weißt was sonst passieren kann.«
Der Jüngere atmet bewusst einige Male tief durch, während der andere seinen Kommunikator vor das Gesicht hebt. »Lieutenant Gruber? Wir haben auf Deck 5 einen Mann aufgegriffen. Er war in einem Kontrollraum für die Labore. Steckt vermutlich mit den Saboteuren unter einer Decke, auch wenn er behauptet, erst vor Kurzem hier angekommen zu sein.«
»Nehmt ihn fest und bringt ihn her. Der Colonel wird ihn sicherlich verhören wollen.«
»Aye, Sir!« Der Soldat senkt den Kommunikator. »Du hast den Lieutenant gehört. Wir bringen dich nach oben zum Colonel.« Er dirigiert dich auf den Flur und in Richtung Lift.
*Lies weiter bei **600**.*

374

Im Treppenhaus lauschst du, ob weiter oben noch mehr Trooper lauern, aber es ist nichts zu hören. Nach allem, was du bisher erlebt hast, musst du so schnell wie möglich einen Weg von dieser verdammten Station finden. Vorsichtig schleichst du die Stufen empor bis zum nächsten Treppenabsatz. Von dort kannst du den Ausgang zu Deck 5 schon sehen.

Notiere dir das Ereignis 374.

*Wenn du dir vorher das Ereignis 244 notiert hast, lies weiter bei **480**.*

*Hast du dir stattdessen das Ereignis 361 notiert, geht es weiter bei **492**.*

*Falls du keines dieser beiden Ereignisse notiert hast, geht es weiter bei **512**.*

375

»Nein, ich bin erst vor Kurzem hier notgelandet«, erwiderst du auf Feldmans Frage. »Der Rest meiner Crew ist tot und mich hätten zwei von den Irren im Hangar auch beinahe umgebracht.«

»Es tut mir leid, dass Sie angegriffen wurden. In gewisser Weise trage ich dafür die Verantwortung.«

»Das sagte der Lieutenant bereits.«

Feldman lacht bitter auf. »Ja, das dachte ich mir. Vermutlich stellt er es so dar, dass die Trooper hier in ein großes Schlamassel geraten sind und selbst gar keine Schuld tragen, nicht wahr? Vielleicht wollen Sie ja meine Version der Geschichte hören?«

Du nickst.

»Wo fange ich an?« Sie überlegt kurz. »Nun, als Lundberg und seine Truppe die Station besetzten, haben wir uns zunächst gefügt und ich arbeitete mit Doktor Figo, dem leitenden Wissenschaftler der Trooper, zusammen. Aber dann forderte Lundberg immer schneller Ergebnisse.«

*Springe zum Abschnitt **400** um ihre Geschichte nachzulesen. Kehre danach hierher zurück und lies weiter.*

Die Geschichte klingt wirklich ein wenig nach der Opferrolle, wie Gruber es vorhergesagt hat. »Erwarten Sie jetzt, dass ich Sie freilasse?«, fragst du, nachdem ihr eine Weile geschwiegen habt.
Feldman zuckt resigniert die Schultern. »Ich wollte Ihnen nur bewusst machen, auf welcher Seite Sie jetzt stehen.«
Du weißt nicht, was du darauf erwidern sollst, und so verfallt ihr in Schweigen. Nach einer Weile legt sich Feldman auf die Pritsche und verschränkt die Hände hinter dem Kopf.
*Lies weiter bei **395**.*

376

Am oberen Ende der Schaltung beginnen einige Dioden wild zu flackern und erlöschen dann, so wie du es erhofft hast.
»Geschafft! Damit dürfte der Lift blockiert sein«, erklärst du mit einer gewissen Selbstzufriedenheit in der Stimme und stehst auf.
»Zumindest so lange, bis jemand die Treppe runterkommt und deine Rückkopplung beseitigt«, gibt Vaskova zu bedenken.
*Lies weiter bei **503**.*

377 *(Speicherpunkt – Blasterpistole, Keycard)*

Der Korridor ist freundlicher gestaltet, als die eher zweckmäßigen Gänge auf den anderen Decks. Zwar sind auch hier Wände und Boden aus Metall, aber die Wände wurden in einem freundlichen Blau lackiert. Die Decke ist verkleidet und kleine Strahler geben warmes Licht ab – zumindest die wenigen, die noch funktionieren, denn die Deckenverkleidung wurde an vielen Stellen abgerissen und liegt in Fetzen auf dem Boden. Drähte und Kabel hängen von der Decke herab. In die Wände sind Bildschirme

eingelassen, die aber allesamt zerschlagen wurden. Der Boden ist mit Glassplittern übersät, die unter deinen Füßen knirschen, so vorsichtig du deine Füße auch aufsetzt.
Langsam dringst du in den Flur vor. Er ist in regelmäßigen Abständen von Türen gesäumt, die wohl zu Quartieren führen. Alle sind verschlossen und auf den kleinen Displays über den Tastern, mit denen sie sich öffnen lassen, leuchtet ein Hinweis, dass sie blockiert sind.
Schließlich gelangst du an eine Kreuzung. Der Korridor verläuft noch weiter geradeaus und mündet offenbar nach zwanzig Metern in einen weiteren Platz. Laut einem Wegweiser führt er zum Hotel, dessen Glasfront du bereits sehen kannst.
Der rechts abzweigende Gang sieht ähnlich aus wie der, in dem du stehst. Abgesehen von Trümmern und Scherben ist er leer. Weiter hinten scheinen aber ein paar Türen zu Quartieren offen zu stehen.
Der nach links abzweigende Gang ist düster und schmal. Es scheint an den Seiten keine Türen zu geben, dafür endet er schon nach wenigen Metern an einer schlichten Tür. Von dort steigt dir starker Qualmgeruch in die Nase. Diesen Weg solltest du lieber nicht einschlagen.
*Wenn du dem Korridor zum Hotel folgen willst, lies weiter bei **381**. Falls du den rechts abzweigenden Gang nehmen möchtest, geht es weiter bei **387**.*

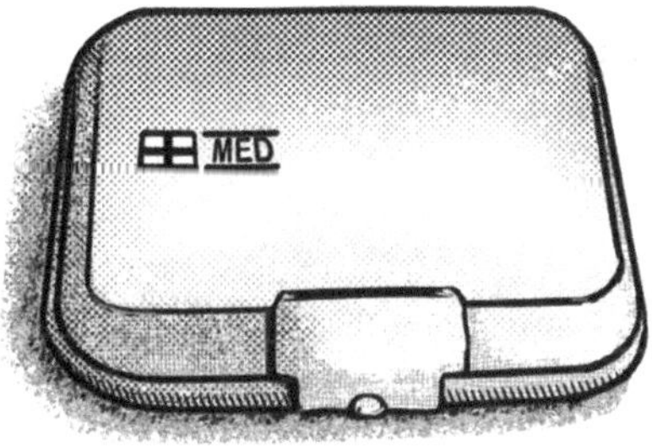

378

Die Frau ist gerade noch drei Meter von dir entfernt, als du dein Gewehr in Anschlag bringst. »Halt, keinen Schritt weiter!«

Sie hebt die Hände und bleibt stehen. Hastig wirft sie einen Blick über die Schulter, so als würde sie verfolgt, aber es ist niemand zu erkennen. Tobt der Kampf mittlerweile schon auf dem Promenadendeck?

Plötzlich macht die Frau einen Schritt auf dich zu.

»Ich sagte stehen bleiben!«, rufst du und richtest die Waffe drohend auf ihr Gesicht.

Die Frau schüttelt den Kopf und tritt ungerührt noch einen Schritt vor. »Wenn Sie mich aufhalten wollen, werden Sie mich erschießen müssen.« Ihre Miene ist angespannt, ihre Stimme zittert leicht. Sie steht kaum eine Handbreit vor der Mündung deines Gewehrs und streckt nun die Hand in einer betont langsamen Bewegung nach dem Lauf der Waffe aus. Zurückweichen kannst du nicht, denn hinter dir ist die Treppe. Wie reagierst du?

*Drückst du ab, lies weiter bei **393**.*

*Versuchst du, die Frau mit dem Gewehrkolben niederzuschlagen, lies weiter bei **397**.*

*Fragst du sie, was sie vorhat, lies weiter bei **405**.*

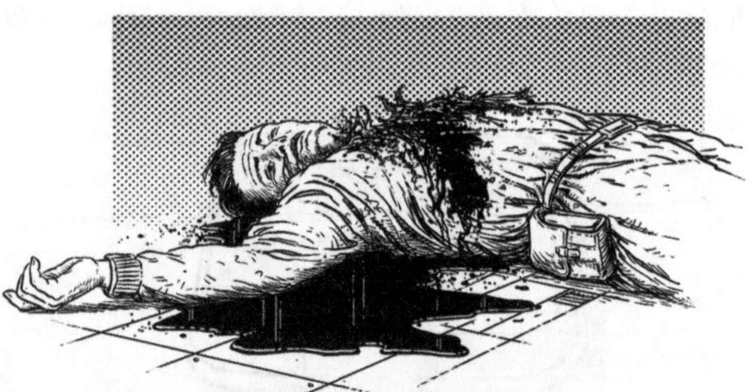

379

Du ignorierst Feldmans Worte und wendest deine Aufmerksamkeit dem Durchgang zur Treppe zu, von wo du einen Angriff befürchten musst. Plötzlich beginnt die Station, sich um dich zu drehen. Du versuchst dich irgendwo festzuhalten, greifst aber ins Leere. Der Stuhl schwebt an dir vorbei. Erst jetzt begreifst du, dass die künstliche Schwerkraft ausgefallen sein muss. Du streckst Arme und Beine aus, um eine der Wände zu erreichen, aber du schwebst außer Reichweite im Raum.

Eine Bewegung im Augenwinkel lässt dich den Kopf drehen. Feldman kommt auf dich zugeflogen, die Arme vorgestreckt. Auch das Kraftfeld ihrer Zelle muss ausgefallen sein.

Du versuchst, den Blaster auf sie anzulegen, aber sie erreicht dich vorher und packt die Waffe mit beiden Händen. Kurz ringt ihr miteinander, dann setzt jäh die Schwerkraft wieder ein und ihr kracht zu Boden.

Du landest auf dem Blaster und Feldman auf dir. Ihr Gewicht drückt dir die Luft aus den Lungen und dir wird für einen Augenblick schwarz vor Augen.

Als dein Kopf wieder klar wird, raffst du dich auf und hebst den Blaster, aber du siehst Feldman nur noch in dem Durchgang verschwinden. Während du dich aufrappelst, wird dir schwindelig und du musst dich an der Wand abstützen.

Also tippst du auf deinen Kommunikator, wählst Grubers Gesicht unter den Wahlmöglichkeiten und kurz darauf erscheint er auf dem kleinen Display. Er wirkt gehetzt. »Was ist los?«

»Die Gefangene ist entkommen. Das Kraftfeld ist ausgefallen und sie hat mich überwältigt.«

»Verdammte Scheiße. Wo ist sie jetzt?«

»Sie ist zur Treppe nach Deck 6 gerannt.«

»Ist sie bewaffnet?«

»Nein, wahrscheinlich nicht.«

»Dann hinterher, Mann. Ich schicke Verstärkung.« Damit unterbricht der Lieutenant die Verbindung.

Du wartest noch einen Augenblick, bis der Schwindel nachgelassen hat, dann trittst du auf das Promenadendeck hinaus. Von der Kommandozentrale aus kommt ein Trooper herbeigeeilt. Du schließt dich ihm an, als er in den Durchgang rennt.

Dahinter beginnt ein breiter Flur, an dessen Ende sich eine große, lichtdurchflutete Halle mit einem Duroglasdach anschließt. Der Flur mündet in eine Brücke, die bis in die Mitte der Halle führt, von wo sich eine Treppe nach unten windet. An deren oberem Absatz liegt ein asiatisch aussehender Soldat mit blutiger Nase, der sich eben wieder aufrappelt.

»Alles klar, Huyashi?«, fragt dein Begleiter.

»Ob alles klar ist?«, stößt der hervor. »Sieh dir meine Nase an, Sanders. Dieses Miststück. Wenn ich die in die Finger bekomme, dann reiße ich sie in Stücke.«

»Bleib ruhig, Huyashi«, mahnt Sanders. »Wo ist deine Waffe?«

Huyashi sieht sich um. »Sie hat sie mitgenommen. Na warte.« Er wendet sich zur Treppe.

Sanders springt vor und hält ihn an der Schulter fest. »Bleib hier, Mann. Du kannst da nicht allein runter, schon gar nicht ohne Waffe.«

Huyashi dreht sich wutentbrannt um und packt das Blastergewehr von Sanders am Lauf. »Dann gib mir deine«, zischt er. Sein Gesicht ist rot angelaufen und einige Adern treten dunkel hervor.

»Lass los.« Sanders versucht, ihm die Waffe zu entreißen. »Verdammt, Huyashi, du musst dich beruhigen.«

»Einen Scheiß muss ich«, brüllt der junge Trooper und Speichel sprüht dabei von seinen Lippen. Er reißt das Blastergewehr zur Seite und bleckt die Zähne. Dir läuft ein Schauder über den Rücken.

»Verdammt, tu was«, ruft Sanders dir zu. Panik schwingt in seiner Stimme mit, während er versucht, seine Waffe aus Huyashis Griff zu winden.
Huyashi knurrt wie ein Raubtier, wirft sich gegen Sanders und drückt ihn gegen die Brüstung.
Du hebst deinen Blaster.
Würfele mit einem Würfel.
Bei 1-2 lies weiter bei ***399****.*
Bei 3-5 lies weiter bei ***392****.*
Bei 6 lies weiter bei ***403****.*

380

Der Korridor, in den du zielst, sieht ähnlich aus wie der, in dem ihr steht. Abgesehen von Trümmern und Scherben ist er leer. Weiter hinten scheinen aber ein paar Türen zu Quartieren offen zu stehen. Du blickst über die Schulter zu Lea, die schon auf dich zu kommt.
»Los, da entlang«, flüstert sie und deutet den Korridor hinunter, in den du zielst. Ohne dein Einverständnis abzuwarten, eilt sie voran.
Lea läuft bis zur ersten der offen stehenden Türen und macht einen Schritt hinein. Sofort taumelt sie zurück, als habe sie ein Schuss getroffen. Entsetzt schlägt sie sich die freie Hand vor den Mund.
Alarmiert hebst du die Waffe und zielst aus zwei Metern Abstand auf die Tür, doch nichts deutet auf einen Angreifer hin. »Was ist?«, zischst du.
Lea gibt keine Antwort. Ihre Augen sind weit aufgerissen und schwimmen in Tränen. Sie scheint nicht verletzt zu sein, ist aber totenblass.
Vorsichtig wagst du dich weiter vor und spähst in den Raum. Auf den ersten Blick verstehst du nicht, was Lea so verstört hat. Es ist

ein Standardquartier mit Bett, Schrank, breitem Bildschirm und einer Sanitäreinheit in der Ecke. Doch der intensive Blutgeruch, der dir aus dem Quartier entgegenschlägt, verheißt Schlimmes. Du bemerkst Blutspritzer an der Wand und erahnst auf dem Boden hinter dem Bett etwas. Also machst du einen Schritt in den Raum, um besser sehen zu können.

Der Anblick erklärt Leas Reaktion. Auf dem Boden liegt die Leiche einer Frau. Ihre Kleidung ist in Fetzen gerissen und dort, wo eigentlich ihr Bauch sein sollte, klafft ein riesiges Loch, durch das du die blutige Wirbelsäule sehen kannst. Von den Organen keine Spur, die gesamte Bauchhöhle scheint ausgeweidet worden zu sein. Unmengen von Blut haben den Boden rund um die Leiche getränkt und das Gesicht der Frau ist zu einer qualvollen Grimasse verzogen. Wahrscheinlich wurde sie bei lebendigem Leibe aufgefressen.

Hastig wendest du dich ab und nimmst die schluchzende Lea in den Arm. »Kanntest du sie?«, fragst du mitfühlend.

Lea nickt schwach. »Sie hieß Sara.«

Du tröstest sie noch eine Weile stumm.

Plötzlich erzittert die ganze Station, in der Ferne schrillt ein Alarm los. Du siehst dich erschrocken um. »Was war das? Eine Explosion?«

Lea löst sich von dir. »Vielleicht … vielleicht war das eine Bombe«, stößt sie hervor und wischt sich über die Augen.

Aus der Richtung, aus der ihr gekommen seid, dringt ein animalisches Brüllen zu euch, das dir eine Gänsehaut verursacht. Du umfasst deinen Blaster fester.

»Wir könnten …«, setzt Lea an, bricht aber mitten im Satz ab und starrt dich an.

Gleichzeitig bemerkst du, wie du den Boden unter den Füßen verlierst. Du versuchst dich an der Wand festzuhalten, trotzdem lösen sich deine Beine vom Boden – die künstliche Schwerkraft

muss ausgefallen sein. Auch Lea schwebt ein paar Zentimeter über dem Boden.
Wilde Gedanken schießen dir durch den Kopf. Was hat die Bombe wohl noch zerstört? Gibt es vielleicht ein Leck? Werdet ihr gleich ins All gesogen? Du suchst mit der freien Hand nach Halt und krallst dich an der Decke fest. Lea versucht sich auch irgendwo festzuhalten, kann die Decke aber nicht erreichen.
Unvermittelt setzt die Schwerkraft wieder ein. Einen Augenblick lang hängst du an der Decke, dann lässt du dich fallen. Lea hatte weniger Glück. Sie ist auf der Seite gelandet und ringt nach Luft.
Du beugst dich zu ihr. »Bist du verletzt?«
Lea richtet sich auf und winkt ab. »Geht schon«, presst sie hervor. »Gib mir nur einen Moment.«
Wieder ertönt das Brüllen, näher als beim letzten Mal. Du bringst deinen Blaster in Anschlag und hältst nach dem Irren Ausschau, entschlossen ihn mit Blasterstrahlen zu durchlöchern, wenn er sich blicken lässt. »Was machen wir jetzt? Hast du einen Plan?«, fragst du.
Lea schüttelt den Kopf. »Dieses Quartier war unser Versteck. Ich hatte gehofft, dass noch andere Saboteure …« Ihre Stimme bricht und sie schluchzt.
Du legst ihr tröstend eine Hand auf die Schulter. »Jedenfalls müssen wir hier weg«, drängst du und hilfst ihr auf.
Lea ist noch immer ein wenig blass, deutet aber weiter den Flur hinunter. »Da lang.«
*Lies weiter bei **384**.*

381

Du folgst dem Korridor und näherst dich vorsichtig dem Platz. An den offen stehenden Türen bleibst du stehen und spähst ins Innere, damit dich nicht einer der Irren überrascht. Der Anblick

ist immer derselbe. Standardquartiere mit einfacher Einrichtung, die komplett verwüstet wurde.
Als du gerade an der dritten offenen Tür ankommst, erzittert plötzlich die ganze Station. In der Ferne schrillt ein Alarm los. Du siehst dich erschrocken um. War das etwa eine Explosion?
Dir bleibt keine Zeit, weiter darüber nachzudenken, denn mit einem wütenden Brüllen stürmt ein Berserker aus der Tür und stürzt sich sofort auf dich.
*Lies weiter bei **K24**.*

382

»Veraxicellunol, oder kurz Verax, ist ein Wirkstoff auf Basis von Veraxium, an dem wir hier im Auftrag des Frius-Konzerns geforscht haben«, erklärt Feldman. »Es fördert das Zellwachstum und könnte in der Medizin wichtige Dienste leisten, Heilprozesse beschleunigen zum Beispiel. Wir standen kurz vor dem Durchbruch, hatten aber noch mit psychischen Nebenwirkungen zu kämpfen.« Sie seufzt. »Verax wirkt stark enthemmend und macht extrem aggressiv und noch dazu abhängig. Bei niedriger Dosierung konnten wir die Auswirkungen halbwegs kontrollieren, aber es wäre noch ein langer Weg gewesen, bis wir ein Medikament gehabt hätten, das für die Freigabe zugelassen worden wäre.
Der Konzern verlor die Geduld und verkaufte unsere bisherigen Forschungsergebnisse an die Space Trooper. Denen ging es natürlich nicht um die heilende Wirkung von Verax. Sie glaubten, in hoher Dosierung könnte es eine Wunderdroge sein, mit der man Supersoldaten züchten könnte.
Also schickten sie den Colonel und seine Leute her, um das Kommando zu übernehmen. Das war vor ein paar Wochen. Anfangs arbeitete ich mit Doktor Figo, dem leitenden Wissenschaftler der Trooper, zusammen und es schien, als könnten wir auch die

pharmazeutische Forschung weiterführen, aber dann forderte Lundberg immer schneller Ergebnisse.«

*Merke dir diesen Abschnitt und blättere zu **400**, um zu lesen, was Feldman dir erzählt. Kehre danach hierher zurück.*

»Vielleicht sind noch zwei oder drei von meinen Leuten irgendwo auf der Station, aber ich fürchte sie werden nicht viel ausrichten können. Wenn Lundberg mich von der Station schafft, war unser Angriff auf den Computerkern umsonst. Alles, was er an Wissen braucht, steckt hier drin.« Sie tippt sich an die Stirn. Feldman seufzt und lehnt sich gegen die Wand.

Du weißt nicht, was du sagen sollst. Die Situation scheint wirklich ausweglos. Auch du lehnst dich gegen die Wand und schon bald fordert die Anspannung der letzten Stunden ihren Tribut und du schläfst ein.

*Lies weiter bei **412**.*

383

Du zögerst kurz, dann gehst du auf die Zelle zu, um Feldman zu befreien. Doch noch bevor du die Taste betätigst, verlierst du plötzlich den Boden unter den Füßen und schwebst auf das Kraftfeld zu. Die künstliche Schwerkraft muss ausgefallen sein. Du verziehst in Erwartung des sicher schmerzhaften Aufpralls auf das Kraftfeld schon das Gesicht, dann wird dir klar, dass das Wabern verschwunden ist. Auch das Kraftfeld muss ausgefallen sein.

Feldman kommt dir entgegen, bremst deinen Flug und gemeinsam schwebt ihr wieder aus der Zelle hinaus. Unvermittelt setzt die Schwerkraft wieder ein, aber du fällst nur aus wenigen Zentimetern Höhe auf die Füße und kannst den Sturz problemlos abfedern.

Feldman blickt auf das Promenadendeck. Kein Trooper ist zu sehen. Sie dreht sich zu dir um. »Kommen Sie mit mir.« Sie deutet auf den Durchgang zu den Treppen.

Nachdem du ihr mehr oder weniger beim Ausbruch geholfen hast, bleibt dir wohl keine andere Wahl mehr.

Du läufst mit Feldman in den Durchgang. Dahinter beginnt ein breiter Flur, an dessen Ende sich eine große, lichtdurchflutete Halle mit einem Duroglasdach anschließt. Der Flur mündet in eine Brücke, die bis in die Mitte der Halle führt, wo sich eine Treppe anschließt. An deren oberem Absatz steht ein Trooper, der euch den Rücken zuwendet.

Feldman hebt die Hand und bedeutet dir damit, stehen zu bleiben.

Sie beugt sich zu dir. »Wir müssen ihn außer Gefecht setzen«, flüstert sie dir ins Ohr und deutet auf dein Blastergewehr. »Sie sind sicher der bessere Schütze. Machen Sie schnell, bevor er sich zu uns umdreht.«

*Willst du den Trooper hinterrücks töten, lies weiter bei **408**.*

*Willst du dem Trooper ins Bein schießen, lies weiter bei **414**.*

384

Du läufst voran, Lea sichert nach hinten ab. Da es vor euch noch weitere offene Türen gibt, kommt ihr nur langsam voran, weil du jeden Raum kurz inspizierst. Sie sind alle verwüstet. Weitere Tote entdeckst du allerdings nicht.
Als die nächste Kreuzung nicht mehr weit ist, hörst du plötzlich Blasterfeuer und den Schrei einer Frau. Du beschleunigst deine Schritte, eilst an den nächsten Türen vorbei und erreichst die Kreuzung.
Einige Meter rechts von dir ringt eine Frau mit einem Irren, der ihr Blastergewehr gepackt hat. Du legst gerade auf den Berserker an, als du hinter dir ein Brüllen hörst. Du blickst über die Schulter. Ein weiterer Irrer hat dort den Gang betreten.
Lea, die ein paar Meter zurückgeblieben ist, beginnt zu feuern, aber nur eine kurze Salve. »Scheiße, ich hab Ladehemmung!«, ruft sie mit schriller Stimme und hantiert hektisch an ihrer Waffe herum.
Mit einem triumphierenden Brüllen stürmt der Irre auf euch zu.
*Willst du auf euren Verfolger schießen, lies weiter bei **394**.*
*Wenn du zuerst auf den Angreifer feuern willst, der mit der unbekannten Frau kämpft, lies weiter bei **407**.*

385

Du ignorierst die Frage der Gefangenen einfach und stierst auf das Promenadendeck hinaus, so als ob du nichts gehört hättest.
»Verstehe«, brummt Dr. Feldman nach einer Weile. Sie wirkt resigniert. »Sie bilden sich wohl nicht gern selbst eine Meinung. Nun ja, Sie müssen selbst wissen, auf welcher Seite Sie stehen.«
Damit streckt sie sich auf der Pritsche aus und dreht dir demonstrativ den Rücken zu.
*Lies weiter bei **395**.*

386

Du springst hinter Laconte her in den gegenüberliegenden Korridor. Der Sergeant hat sich mittlerweile wieder aufgerappelt und an der Ecke Stellung bezogen. Er beugt sich immer wieder vor und erwidert das Feuer.

»Ist es nur einer?«, fragt er.

»Sieht so aus«, antwortet Ferreira. »Der sitzt hinter einem Kontrollpult.«

»Bertram, zieh dich zurück und flankiere den Kerl«, befiehlt Laconte. »Wir beschäftigen ihn solange.«

»Aye, Sir!« Bertram zieht sich in den Gang zurück, aus dem ihr gekommen seid.

Zu dir sagt Laconte nichts. Du siehst besorgt den Korridor entlang, weil von dort ja ein weiterer Saboteur angreifen könnte. Doch der Gang ist leer und es gibt keine Kreuzung, wo sich jemand verstecken könnte. Er endet vor einer Glastür, hinter der man die blinkenden Lichter des Computerkerns erkennen kann.

*Willst du zum Computerkern schleichen und deine Arbeit erledigen, lies weiter bei **391**.*

*Wenn du lieber erst den weiteren Kampfverlauf abwarten willst, lies weiter bei **409**.*

387

Du läufst bis zur ersten der offen stehenden Türen und spähst hinein. Auf den ersten Blick sieht es aus wie ein Standardquartier mit Bett, Schrank, breitem Bildschirm und einer Sanitäreinheit in der Ecke. Doch der intensive Blutgeruch, der dir aus dem Quartier entgegenschlägt, lässt dich genauer hinsehen. Du bemerkst Blutspritzer an der Wand und erahnst auf dem Boden hinter dem Bett etwas. Also machst du einen Schritt in den Raum, um besser sehen zu können.

Der Anblick lässt dich sofort zurücktaumeln. Auf dem Boden liegt die Leiche einer Frau. Ihre Kleidung ist in Fetzen gerissen und dort, wo eigentlich ihr Bauch sein sollte, klafft ein riesiges Loch, durch das du die blutige Wirbelsäule sehen kannst. Von den Organen keine Spur, die gesamte Bauchhöhle scheint ausgeräumt worden zu sein. Unmengen von Blut haben den Boden rund um die Leiche getränkt und das Gesicht der Frau ist zu einer qualvollen Grimasse verzogen. Wahrscheinlich wurde sie bei lebendigem Leibe aufgefressen.

*Wenn du schon mindestens ein Verax-Kästchen angekreuzt hast, lies weiter bei **396**.*

*Falls nicht, lies weiter bei **402**.*

388

Die Frau hat dich schon beinahe erreicht, als du dich ihr in den Weg stellst. »Bleiben Sie stehen!«

Sie hält notgedrungen inne und blickt wie beiläufig über die Brüstung. Unvermittelt weiten sich ihre Augen. »Dort!«, ruft sie und zeigt auf den Platz hinunter.

Erschrocken fährst du herum und hebst die Waffe, erwartest Angreifer auf dem Platz zu sehen – aber da ist niemand.

Im nächsten Moment trifft dich etwas schräg unten am Kopf. Der Hieb ist gut gezielt, trifft dich genau unter dem Helmrand und schickt dich zu Boden. Kurz dreht sich alles um dich, aber du kannst die Benommenheit rasch abschütteln. Der Frau hat die Ablenkung gereicht, um an dir vorbeizustürmen. Sie hastet die Treppe hinab.

*Willst du die Frau mit der Waffe bedrohen, lies weiter bei **410**.*

*Willst du das Feuer auf sie eröffnen, dann merke dir die Zahl Drei und lies weiter bei **424**.*

*Lässt du sie einfach laufen, lies weiter bei **438**.*

389

Ein heftiger Stromschlag fährt dir in die Hand und du zuckst mit einem Fluch zurück.

Vaskova schüttelt den Kopf, zielt mit der Waffe auf die Schaltung und drückt ab. Funken stieben in alle Richtungen, als der Blasterstrahl die Platine verschmort. »Hättest es mich gleich so machen lassen sollen«, brummt sie, reicht dir die Hand und hilft dir auf.

Senke deine Gesundheit um 3 und den Vorsprung um 1 und lies dann weiter bei ***503****.*

390

Endlich hörst du eilige Schritte, die sich dem Treppenhaus nähern. Du hebst für alle Fälle die Waffe, aber es ist tatsächlich Lea, die die Barrikade erreicht. Sie sieht kurz erschrocken zu dir hoch, dann erkennt sie dich und eilt die Stufen zu dir hinauf.

»Hat alles funktioniert«, flüstert sie atemlos. »Ich glaube, die Trooper haben den Berserker ohne Verluste erledigen können, falls dich das beruhigt.« Sie lächelt. »Los komm.«

Gemeinsam nehmt ihr die letzten Stufen und gelangt durch den breiten Durchgang auf einen Platz, der mit Stahlplatten ausgelegt und für die beengten Verhältnisse auf der Station großzügig dimensioniert ist. Die Decke liegt hoch über euch und ist aus Glas, durch das du den Planeten sehen kannst. In der Mitte des Platzes ist eine von Stahl eingefasste Hydrokultur angelegt, in der ein großer Baum wuchs. Dieser ist umgestürzt und liegt nun auf dem

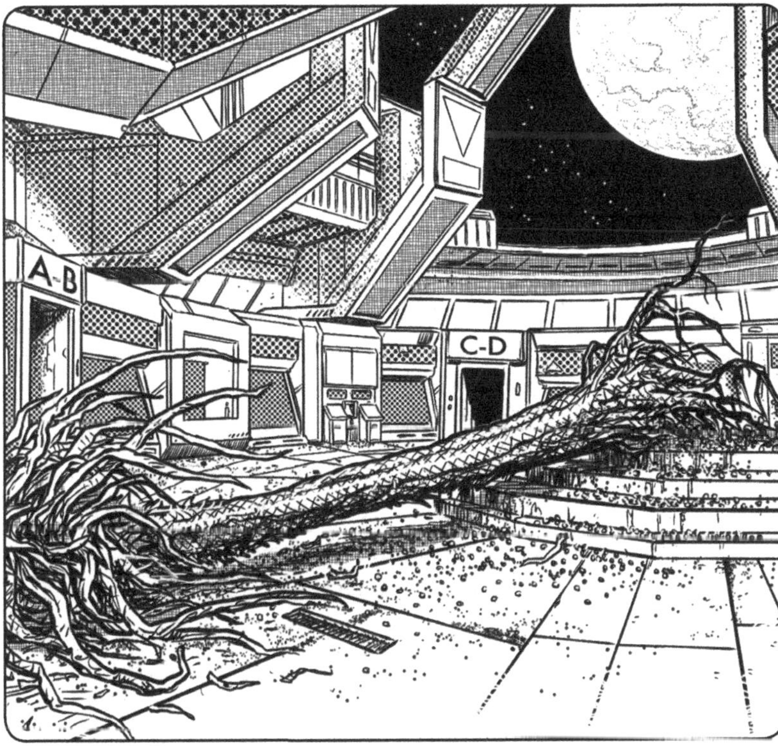

Boden, das Pflanzgranulat ist überall auf dem Platz verteilt. Als ihr näher tretet, entdeckst du eine Leiche, die unter dem Baum begraben wurde. Neben ihr liegt eine Blasterpistole, die Lea an sich nimmt. Du entdeckst noch eine Keycard.

Neben der Keycard kannst du auch einen der herumliegenden Äste als Nahkampfwaffe mitnehmen (großer Gegenstand, KK +2, Schaden +1).

Vom Platz führen zwei Gänge ab. Der eine in Richtung Quartierblöcke A-B liegt rechts von euch, er ist durch den umgestürzten Baum jedoch versperrt. Ein Hinweisschild zeigt an, dass der andere Korridor, gegenüber dem Treppenabsatz gelegen, in Richtung Quartierblöcke C-D und zum Hotel führt. Darauf hält Lea

zu und du bleibst ihr auf den Fersen. Einmal blickst du über die Schulter, aus Angst, dass ihr verfolgt werdet, doch an der Treppe lässt sich niemand blicken.
Der Korridor ist freundlicher gestaltet als die eher zweckmäßigen Gänge auf den anderen Decks. Zwar sind auch hier Wände und Boden aus Metall, aber die Wände wurden in einem freundlichen Blau lackiert. Die Decke ist verkleidet und kleine Strahler geben warmes Licht ab – zumindest die wenigen, die noch funktionieren, denn die Deckenverkleidung wurde an vielen Stellen abgerissen und liegt in Fetzen auf dem Boden. Drähte und Kabel hängen von der Decke herab. In die Wände sind Bildschirme eingelassen, die aber allesamt zerschlagen wurden. Der Boden ist mit Glassplittern übersät, die unter euren Füßen knirschen, so vorsichtig ihr eure Schritte auch setzt.
Wachsam dringt ihr in den Flur vor. Er ist in regelmäßigen Abständen von Türen gesäumt, die wohl zu Quartieren führen. Alle Türen sind verschlossen und auf den kleinen Displays über den Tastern, mit denen sie sich öffnen lassen, leuchtet ein Hinweis, dass sie blockiert sind.
Ein Stück voraus liegt eine Kreuzung, an der Gänge nach links und rechts abzweigen. Lea bedeutet dir, dass sie den linken Gang übernehmen wird und du den rechten checken sollst. Da ihr euch wegen der Scherben nicht anschleichen könnt, stürmt ihr mit schussbereiten Blastern auf die Kreuzung.
*Lies weiter bei **380**.*

391

Während hinter dir das Feuergefecht weitergeht, schleichst du den Korridor entlang bis zum Computerkern. Eine Raumstation wie diese ist deines Wissens nach mit einer künstlichen Intelligenz der Stufe 2 ausgestattet, für die es einen Quantencomputer mittlerer Größe braucht. Tatsächlich liegt hinter der Duroglastür ein über zwei Etagen reichender, runder Raum, in dessen Mitte ein riesiger Kubus voller blinkender Dioden in einem Magnetfeld schwebt. Auf deiner Höhe führt ein Gang am Rand des Raumes entlang. In regelmäßigen Abständen sind Kontrollpulte an der Wand montiert, so auch direkt gegenüber der Glastür, vor der du nun stehst.

Offensichtlich wurde hier gekämpft, die Tür wurde schwer beschädigt, wahrscheinlich durch eine Sprengladung. Sie ist gesplittert und hängt lose in ihrer Verankerung, sodass du sie einfach beiseiteschieben könntest. Auch das dahinterliegende Kontrollpult hat einiges abbekommen. Aus den Löchern, die die Explosion in das Gehäuse des Pultes gerissen hat, schlagen ab und zu Funken. Du kneifst die Augen zusammen und versuchst zu erkennen, ob der Kubus selbst beschädigt ist, aber auf die Entfernung ist das kaum auszumachen.

Bis hierher hast du die Stimmen der Trooper im Lautsprecher weitgehend ignoriert und nur am Rande mitbekommen, dass es offenbar zwei Saboteure sind. Jetzt lässt dich ein Schmerzenslaut aufmerken.

»Bertram, was ist los? Hat es dich erwischt?«, ruft Laconte. Keine Antwort. »Verdammt! Ferreira, zurück zum Treppenhaus, sieh zu, dass keiner entkommt. Ich kaufe mir die Scheißsaboteure.«

Unsicher blickst du dich um und siehst Laconte gerade hinter der Ecke verschwinden. Du bist allein. Du überlegst noch, ob du den Verlauf des Gefechts abwarten oder den Computerkern betreten sollst, als es plötzlich einen ohrenbetäubenden Knall gibt, der die ganze Station erzittern lässt. Kurz darauf beginnt eine unsichtbare Kraft an dir zu zerren, so stark, dass du dich kaum noch auf den Beinen halten kannst. Ein Leck, schießt es dir durch den Kopf. Die Saboteure müssen ein Loch in die Außenwand gesprengt haben!

*Notiere dir das Ereignis 391 und lies weiter bei **416**.*

392

Es ist schwer, den richtigen Augenblick zu finden, also drückst du bei der ersten Gelegenheit ab, als du Huyashi im Schussfeld hast. Du triffst den Trooper in den Bauch, aber statt zusammenzuklappen, brüllt er nur wild und stößt Sanders gegen dich. Du musst deine Waffe fallen lassen, um ihn aufzufangen.

Huyashi packt den stöhnenden Trooper abermals und schleudert ihn wie beiläufig über die Brüstung. Sanders stürzt schreiend in die Tiefe.

Fauchend wirft sich Huyashi auf dich.

*Lies weiter bei **K3** – du kannst Huyashi für den Bauchschuss aber sofort 15 Punkte von seiner Gesundheit abziehen.*

393

Du krümmst den Zeigefinger um den Abzug. Aus kürzester Distanz brennt der Blasterstrahl ein fingerbreites Loch in ihr Gesicht, dort, wo eben noch ihre Nasenwurzel war. Ihr Hinterkopf explodiert, Blut und Hirnmasse spritzen auf die Brücke. Ihr Körper fällt leblos zu Boden und das entstellte Gesicht starrt in deine Richtung.

Mit leicht zitternden Händen lässt du die Waffe sinken.

Schritte lassen dich aufblicken. Ein Trooper kommt aus dem Flur auf die Brücke gestürmt. Er kommt auf dich zu, bleibt neben der Leiche stehen und starrt sie eine Weile an. »Scheiße«, murmelt er dann.

»Wer war sie?«, fragst du mit schwankender Stimme.

»Doktor Feldman, die Anführerin der Saboteure. Sie hat die Entwicklung des Verax geleitet, bis wir hier ankamen. Wegen ihr sitzen wir in diesem Schlamassel.« Der Trooper spuckt aus. »Der Colonel wollte sie nach der Evakuierung befragen, deswegen war sie unter Arrest. Aber das Kraftfeld der Gefängniszelle ist wegen der Explosion kurz ausgefallen. So konnte sie entkommen.«

»Sanders?« Grubers Stimme kommt aus dem Kommunikator des Troopers und er hebt ihn vor sein Gesicht.
»Ja, Sir?«
»Haben Sie die Feldman erwischt?«
»Der Chief hat sie auf der Flucht erschossen, Sir.«
»Verdammt.« Gruber macht eine kurze Pause. »Irgendwelche Aktivitäten auf Deck 6?«
Sanders sieht kurz über die Brüstung. »Nein, Sir. Lässt sich keiner blicken.«
»Gut. Kommen Sie zurück zur Kommandozentrale. Wir brauchen Sie hier, Sanders.«
Dein Kommunikator vibriert und du siehst Grubers Gesicht darin. »Chief, Sie halten auf der Brücke die Stellung, klar? Ich schicke Ihnen eine Ablösung, sobald wir jemanden entbehren können.«
»Verstanden, Sir«, bestätigst du.
Gruber beendet die Verbindung. Sanders nickt dir kurz zu und eilt davon.
Um die Tote nicht länger ansehen zu müssen, wendest du dich zum Treppenabsatz um.
*Notiere dir das Ereignis 430 und lies weiter bei **633**.*

394

Halb springend, halb rennend kommt der Irre rasch näher. Du zwingst dich, die Ruhe zu bewahren, kniest dich hin, legst an und feuerst eine gezielte Salve ab. Mitten im Sprung wird der Berserker von gleich mehreren Treffern erwischt und zu Boden geschleudert.
Doch dir bleibt keine Zeit, den Triumph auszukosten, denn von hinten dringt ein gefährlich nahes Knurren an dein Ohr. Du fährst herum.
*Lies weiter bei **K40**.*

395

Ein wenig beneidest du deine Gefangene um ihre vergleichsweise bequeme Liegeposition. Andererseits würdest du im Liegen vermutlich binnen weniger Minuten einschlafen. Selbst im Sitzen bemerkst du nach einer Weile schon, wie dir die Augenlider schwer werden, und stehst lieber auf, um nicht einzunicken.

Du gehst auf und ab und beobachtest dabei das Promenadendeck. Viel gibt es dort jedoch nicht zu sehen. Ab und zu eilt ein Trooper die Treppe zum Kommandodeck hinauf oder hinunter und zurück zum Lift, sonst gibt es kaum Aktivitäten. In dem Durchgang, hinter dem die Treppe liegen soll, tut sich jedenfalls nichts. Gelangweilt nimmst du wieder auf dem Stuhl Platz.

Plötzlich erschüttert etwas die Station und du fährst vom Stuhl auf. Du bist tatsächlich eingenickt und drehst dich erschrocken nach der Gefängniszelle um. Feldman ist aufgesprungen, sie wirkt genauso überrascht wie du.

Ein Alarmton heult laut über das Deck und du siehst mehrere Trooper vom Kommandodeck zum Lift stürmen. Auch aus dem Durchgang zu Deck 6 kommt einer gelaufen und hält auf den Lift zu. »He!«, rufst du ihm nach. »Was ist los?« Er antwortet dir nicht.

Jemand ruft deinen Namen. Die Stimme kommt von deinem Handgelenk und du hebst den Kommunikator vor dein Gesicht. Auf dem kleinen Display ist Gruber zu sehen. »Arbeitet das Kraftfeld noch?«, fragt er.

Du vergewisserst dich mit einem schnellen Blick, dass das Wabern vor der Zelle noch da ist und nickst. »Was ist passiert?«

»Eine Explosion auf dem Technikdeck. Halten Sie die Stellung. Möglicherweise ist es ein Ablenkungsmanöver und die Saboteure greifen nun das Promenadendeck an. Bleiben Sie wachsam.«

Bevor du weitere Fragen stellen kannst, endet die Übertragung. Feldman sieht dich erwartungsvoll an. »Noch können Sie sich anders entscheiden«, sagt sie leise und blickt bedeutungsvoll zu der Taste hinüber, die das Kraftfeld deaktiviert.

*Wenn du Feldman freilassen willst, lies weiter bei **383**.*

*Falls nicht, lies weiter bei **379**.*

386

Eigentlich sollte der Anblick der ausgeweideten Leiche Ekel in dir erregen und dich zurückweichen lassen. Stattdessen spürst du Hunger in dir aufkommen und das Bedürfnis, im ausgeräumten Bauchraum der Frau nach Resten von Organen zu suchen. Dir wird bewusst, dass du auch selbst zu so einer Bluttat fähig wärst, wenn du die Kontrolle über dich verlierst, und im Moment erscheint der Gedanke nicht einmal erschreckend – eher verlockend.

Plötzlich erzittert die ganze Station. In der Ferne schrillt ein Alarm los. Das hilft dir, wieder einen klaren Kopf zu bekommen, und du siehst dich erschrocken um. War das etwa eine Explosion? Aus der Richtung, aus der du gekommen bist, dringt ein animalisches Brüllen zu dir. Vielleicht das Monster, das diese Tat begangen hat? Du umfasst deinen Blaster fester und blickst den Korridor hinunter, aber es ist nichts zu sehen. Dafür nimmst du aus dem Augenwinkel eine Bewegung im Quartier wahr. Du siehst genauer hin und stolperst erschrocken zwei Schritte zurück.

*Lies weiter bei **415**.*

397

Du versuchst, die Frau mit einem raschen Hieb deines Gewehrkolbens außer Gefecht zu setzen, hast aber nicht mit ihrer schnellen Reaktion gerechnet. Sie fängt deinen Angriff mit dem linken Unterarm ab und schlägt sofort mit der rechten Faust zu. Der Hieb ist gut gezielt, trifft dich genau unter dem Helmrand und lässt dich benommen zur Seite torkeln. Beinahe verlierst du das

Gleichgewicht und du musst dich am Brückengeländer festklammern, um nicht die Treppe hinabzustürzen. Als du dich wieder gefangen hast, ist die Frau schon an dir vorbei. Mehrere Stufen auf einmal nehmend, eilt sie die Treppe hinab.

*Willst du die Frau abermals mit der Waffe bedrohen, lies weiter bei **410**.*

*Willst du das Feuer auf sie eröffnen, dann merke dir die Zahl Drei und lies weiter bei **424**.*

*Lässt du sie einfach laufen, lies weiter bei **438**.*

398

Du ziehst dich wieder in den Korridor zurück, aus dem ihr gekommen seid, und beobachtest den Kampf aus sicherer Deckung.

»Ist es nur *ein* Saboteur?«, fragt der Sergeant.

»Sieht so aus«, antwortet Ferreira. »Der sitzt hinter einem der Kontrollpulte.«

»Bertram, zieh dich zurück und flankiere den Kerl«, befiehlt Laconte. »Wir beschäftigen ihn solange.«

»Aye, Sir!« Bertram eilt an dir vorbei den Korridor zurück bis zum Treppenhaus. Dort wird er sicher den linken Gang nehmen, um den Saboteur von der Seite zu überraschen.

Auf dich scheint im Moment niemand zu achten.

*Willst du Bertram nacheilen, lies weiter bei **404**.*

*Willst du in der sicheren Deckung den weiteren Kampfverlauf abwarten, lies weiter bei **409**.*

399

Es gelingt dir, deine Angst im Zaum zu halten und den richtigen Moment abzupassen, in dem sich dir ein freies Schussfeld bietet. Aus der kurzen Distanz schießt du Huyashi zielsicher in den Kopf. Blut spritzt Sanders auf die Rüstung, dann bricht Huyashi zusammen.

Sanders reißt ihm die Waffe aus den Händen und wendet sich dir zu. »Danke, Mann«, stößt er mit zitternder Stimme hervor. Er ist blass im Gesicht, wendet sich schwer atmend der Brüstung zu und blickt hinab. Plötzlich reißt er seinen Blaster hoch.

Du trittst an das Brückengeländer, um zu sehen, was los ist. Gut zehn Meter unter dir liegt ein großer Platz mit einem halben Dutzend Bäumen, die in rechteckigen, mit Granulat gefüllten Bassins gepflanzt sind und deren Wipfel fast bis zur Brücke hinaufreichen. Du siehst Feldman über den Platz auf einen Eingang zuhetzen, der wohl zu den Quartieren führt.

»Du entkommst mir nicht«, murmelt Sanders und legt mit seinem Blastergewehr über die Brüstung auf sie an.

*Willst du Sanders daran hindern, zu schießen, lies weiter bei **411**.*

*Wenn du nichts tun willst, lies weiter bei **419**.*

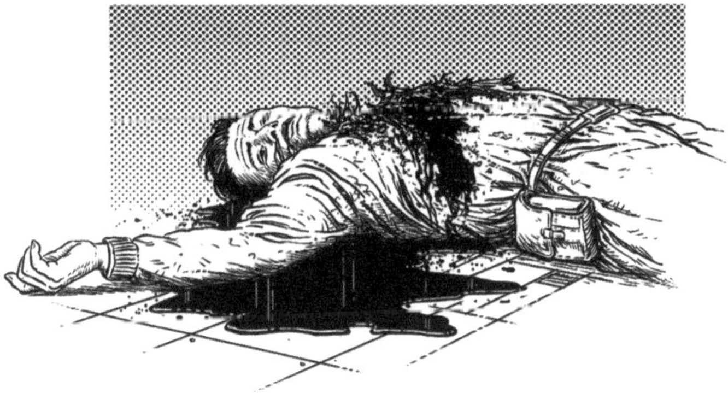

400

»Figo ordnete gegen meinen Willen hochdosierte Tests an Soldaten an, aber diese zeigten nach wie vor psychotische Schübe und starkes Suchtverhalten, es kam sogar zu einem Todesfall. Wegen der unkontrollierbaren Gewaltausbrüche sah Lundberg schließlich ein, dass es keinen Sinn hatte, und befahl, die Forschung einzustellen. Er wollte die Arbeit auf einer anderen Forschungsstation mit einem größeren Wissenschaftler-Team fortsetzen.

Einerseits war ich natürlich wütend, dass er mir das Projekt entziehen wollte, andererseits aber auch erleichtert, dass es nicht noch mehr Opfer auf der Station geben würde. Schon zu dem Zeitpunkt war die Krankenstation voll mit Testpersonen, die schwer verhaltensauffällig waren.

Figo bat um eine letzte Versuchsreihe. Er war sich sicher, eine Lösung für die Psychosen gefunden zu haben. Lundberg lehnte jedoch ab. Das wollte Figo nicht hinnehmen und versetzte das Trinkwasser mit einer neuen Verax-Variante. So wurden fast alle auf der Station, ohne es zu wissen, zu Testpersonen.

Die Folgen waren verheerend. Viele drehten völlig durch, sie machten regelrecht Jagd auf die anderen. Es gab Schlägereien und Feuergefechte und einige Tote, ein Großteil der Station wurde verwüstet.« Feldman schüttelt den Kopf.

»Was war mit Ihnen? Waren Sie auch von der Droge betroffen?«

»Betroffen waren die meisten, aber da es auf der Station Schichtdienst gab, haben all jene, die geschlafen haben, als Figo sein Experiment startete, höchstens noch eine geringe Restdosis abbekommen. Außerdem hatten unsere Forschungen zuvor schon erwiesen, dass Männer deutlich stärkere Psychosen entwickeln als Frauen. Es scheint eine Wechselwirkung mit dem Hormon Testosteron vorzuliegen. Jedenfalls litt ich nur einige Stunden unter leichten Halluzinationen und gesteigerter Aggression, aber ich hatte mich halbwegs unter Kontrolle.«

»Und dann? Wie ging es weiter?«, fragst du, gespannt, ihre Version zu hören.

»Die Geschehnisse haben uns Wissenschaftlern vor Augen geführt, was mit unserer Erfindung angerichtet werden könnte. Man stelle sich vor, Verax würde bei einem Konflikt in das Trinkwassersystem einer Stadt oder einer Basis geleitet. Man könnte sich einfach zurücklehnen und zusehen, wie die Bewohner sich gegenseitig zerfleischen. Wir waren uns einig, dass wir die Forschungsergebnisse vernichten mussten. Sogar einige von Lundbergs Leuten schlossen sich uns an. Der Plan war, Deck 2 zu besetzen, alle Daten zu löschen und den Computerkern über eine Sprengung so weit zu beschädigen, dass sie auch nicht wiederhergestellt werden können. Danach wollten wir mit einem der Schiffe aus dem Hangar fliehen.«

Abermals hält sie inne und birgt das Gesicht in den Händen. Als sie fortfährt, schwankt ihre Stimme. »Lundberg bekam Wind von der Sache und ließ unsere Leute auf Deck 2 regelrecht niedermachen. Nur wenige konnten entkommen. Wir verloren einen Großteil unseres Sprengstoffs. Mit dem Rest konnten wir nur noch einen geringen Schaden auf dem Technikdeck anrichten und legten deshalb noch Feuer, um den Troopern die Reparatur zu erschweren.

Kurz bevor wir im Hangar ankamen, gab es dort eine Explosion, keine Ahnung, was sie verursacht hat. Auf der Flucht zurück nach oben wurden wir gestellt. Die meisten anderen wurden erschossen, ich fiel den Troopern in die Hände – und nun sitze ich hier.«

Zurück zum vorherigen Abschnitt.

401

Du streckst dich nach dem Kabelbaum und versuchst ihn mit dem Universalwerkzeug zu zerschneiden. Der erste Versuch schlägt fehl, also versuchst du es ein weiteres Mal. Diesmal schaffst du es. Ein großer Strang Kabel fällt herunter, aber gleichzeitig rutschen die Finger deiner linken Hand aus den Löchern in der Scheibe und du verlierst den Halt.

Sofort packt dich der Sog und zieht dich durch die Tür. Wild mit den Armen rudernd, versuchst du irgendwo Halt zu finden. Als du hart gegen das Kontrollpult schlägst, an dem sich schon Laconte festklammert, bleibt dir für einen Moment die Luft weg, trotzdem packst du geistesgegenwärtig zu.

Die Metallverankerung des Pultes ächzt unter dem zusätzlichen Gewicht und gibt ein Stück nach.

»Lass los, Velazquez. Das Kontrollpult kann uns nicht beide halten«, ruft Laconte.

»Was ist mit dem Kabel?« Du hebst den Kopf etwas. Das losgeschnittene Kabel baumelt einen Meter entfernt im Sog hin und her – so nah und doch unerreichbar.

Wieder ächzt das Metall und es gibt einen Ruck. Das Kontrollpult neigt sich mehrere Zentimeter weiter in Richtung Leck.

Der Sergeant versucht, seine Position zu verändern. Zunächst verstehst du nicht, was er damit bezweckt, und als du es erkennst, ist es bereits zu spät. Lacontes Tritt trifft dich am Ellenbogen und deine Hand löst sich von der Kante des Pults. Der Sergeant tritt sofort noch einmal zu und du verlierst endgültig den Halt.

Schreiend wirst du vom Sog fortgerissen, schlägst mit dem Kopf hart gegen die Wand und nimmst nur verschwommen wahr, wie du durch das Loch gesogen wirst. Als dein Blick wieder klar wird, ist die Station schon weit entfernt und du trudelst umgeben von Trümmerteilen hilflos durchs All. Die Temperatur in deinem Anzug fällt langsam in Richtung 0° und die Anzeige für den Restsauerstoff zeigt noch knapp eine Stunde an. Du wirst entweder in den Weiten des Alls erfrieren – oder zuvor ersticken.

So oder so, dein Abenteuer endet hier.

402

Schockiert wendest du dich ab und ringst schwer atmend mit der aufkommenden Übelkeit.

Plötzlich erzittert die ganze Station. In der Ferne schrillt ein Alarm los. Du siehst dich erschrocken um. War das etwa eine Explosion? Aus der Richtung, aus der du gekommen bist, dringt ein animalisches Brüllen zu dir. Vielleicht das Monster, das diese Tat begangen hat? Du umfasst deinen Blaster fester und blickst den Korridor hinunter, aber es ist nichts zu sehen. Dafür nimmst du aus dem Augenwinkel eine Bewegung im Quartier wahr. Du siehst genauer hin und stolperst erschrocken zwei Schritte zurück.

*Lies weiter bei **415**.*

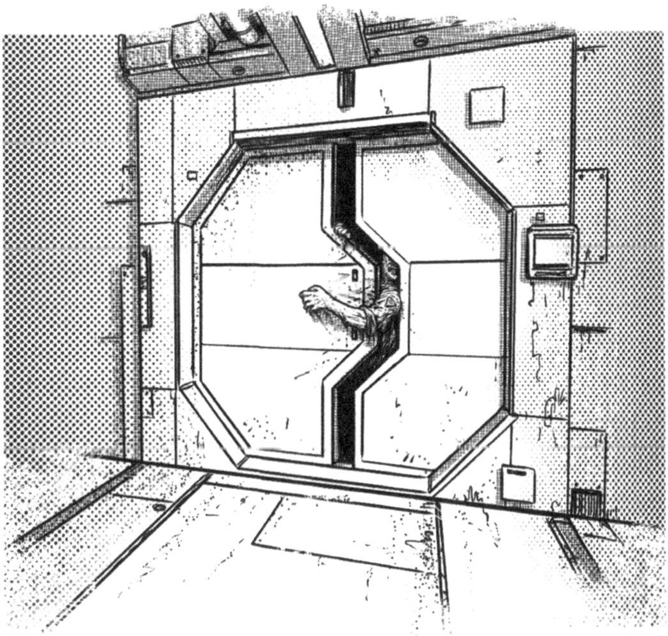

403

Genau in dem Augenblick, in dem du den Abzug drückst, wirbelt Huyashi seinen Gegner in deine Richtung und du triffst Sanders statt ihn. Sanders taumelt gegen dich und du musst deine Waffe loslassen, um ihn aufzufangen. Huyashi packt den stöhnenden Trooper und schleudert ihn wie beiläufig über die Brüstung. Schreiend stürzt Sanders in die Tiefe.

Fauchend wirft sich Huyashi auf dich.

*Lies weiter bei **K3**.*

404

Du läufst Bertram hinterher. An der Kreuzung hältst du inne und wirfst einen Blick um die Ecke. Du beobachtest, wie Bertram mit dem Blaster im Anschlag langsam vorrückt, bis er die Biegung des Ganges erreicht hat. Erst dann schleichst du ihm nach.

»Sie sind zu zweit«, meldet Bertram über Funk, als du noch drei Schritte hinter ihm bist. »Der eine feuert, der andere macht sich an einem anderen Kontrollpult zu schaffen.«

»Hast du freies Schussfeld?«, will Laconte wissen.

»Negativ. Den Saboteur, der auf euch feuert, könnte ich … Scheiße!«

Unmittelbar vor dir treffen Blasterstrahlen die Wand. Bertram stolpert zurück und bricht zusammen, du hörst ihn über Funk keuchen.

»Was ist los? Meldung, Bertram!«, bellt Laconte.

Mehr als einen unterdrückten Schmerzenslaut bringt Bertram nicht hervor.

Du stehst wie erstarrt da, überlegst noch, was du tun sollst, als plötzlich eine Gestalt mit einer Blasterpistole um die Ecke kommt. Sie trägt einen Schutzanzug wie du. Hinter dem Visier kannst du kurz das Gesicht eines Mannes erkennen. Zuerst hatte er seine Waffe noch auf Bertram gerichtet, doch nun nimmt er dich ins Fadenkreuz.

Hilflos hebst du die Hände. Es gibt nirgends Deckung, in die du hechten könntest. Das ist wohl dein Ende.

Doch zu deiner Überraschung drückt der Mann nicht ab. Stattdessen dreht er sich unvermittelt um, eilt den Korridor entlang, aus dem er kam, und ist somit für dich außer Sicht.

»Sieht aus, als ziehen sich die Saboteure zurück«, hörst du Ferreira über Funk.

»Bertram, was ist los? Hat es dich erwischt?«, drängt Laconte, aber er bekommt keine Antwort. Bertram liegt reglos vor dir auf

dem Boden, wahrscheinlich ist er tot. »Verdammt!«, flucht der Sergeant. »Ferreira, zurück zum Treppenhaus, sieh zu, dass keiner entkommt. Ich kaufe mir die Scheißsaboteure.«
»Ich bin hinter der Ecke, Ferreira«, sagst du hastig ins Funkgerät, damit der Trooper dich nicht versehentlich über den Haufen schießt, wenn er dich entdeckt.
Im nächsten Moment betritt Ferreira den Korridor. Der Lauf seines Blastergewehrs zuckt in deine Richtung und für einen Augenblick fürchtest du, dass der Soldat deine Worte nicht gehört hat.
»Hinter mich, Velazquez«, schnarrt der Trooper. »Los, beweg dich. Zieh dich in den Korridor zurück, sonst sitzt du gleich im Kreuzfeuer, wenn der Sergeant die Dreckskerle aufscheucht.«
Das lässt du dir nicht zweimal sagen und eilst wie befohlen zurück in den Gang, aus dem Ferreira gekommen ist. Erleichtert drückst du dort den Rücken an die Wand.
Plötzlich erschüttert eine ohrenbetäubende Explosion das Deck. Die Wand in deinem Rücken erzittert, der Qualm an der Decke kommt in Bewegung und auch an dir zerrt eine unsichtbare Kraft, die dich immer schneller auf die Kreuzung zuzieht, an der ihr zuerst beschossen wurdet. Ein Leck, schießt es dir durch den Kopf. Die Saboteure müssen ein Loch in die Außenwand gesprengt haben!
*Lies weiter bei **416**.*

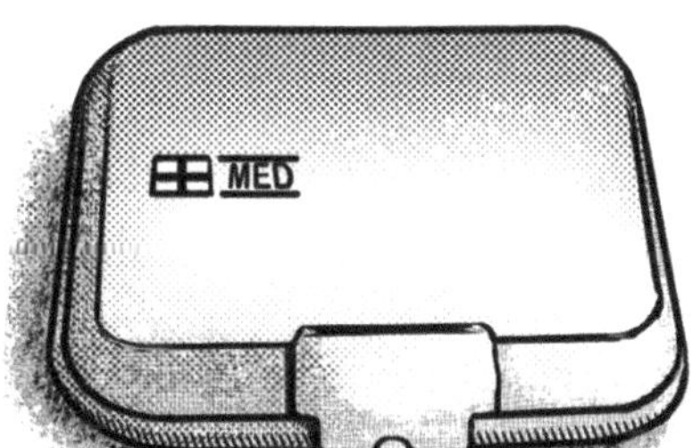

405

»Was soll das werden?«, zischst du. »Sie können da nicht runter, das Deck ist nicht sicher. Ohne Waffe sind Sie den Irren wehrlos ausgeliefert.«
Die Frau lächelt freudlos. »Darauf lasse ich es ankommen.« Sie legt die Hand auf den Gewehrlauf und drückt ihn sanft, aber bestimmt beiseite. »Schießen Sie, oder lassen Sie mich passieren.«
Für einen Angriff mit dem Gewehrkolben ist sie dir nun schon zu nahe.
*Drückst du ab, lies weiter bei **393**.*
*Lässt du sie passieren, lies weiter bei **417**.*

406

Da du die Tür nicht öffnen kannst, versuchst du es mit Klopfen, aber wenn Julia noch in dem Raum hinter der Tür ist, reagiert sie nicht darauf.
Schließlich gibst du auf, wendest dich von der Tür ab und läufst auf die Hotellobby zu. Vielleicht findest du ja dort Hilfe.
*Lies weiter bei **428**.*

407

Die Frau, die mit dem Menschenfresser ringt, braucht deine Hilfe dringender. Also legst du auf ihn an. Aber du kannst nicht einfach abdrücken, denn im Ringen um die Waffe der Frau stolpern die beiden im Flur hin und her. Mal dreht dir der Irre, mal die Frau den Rücken zu. Als du endlich ein klares Ziel hast und abdrücken kannst, sind wertvolle Augenblicke verstrichen.
Der Verrückte stöhnt auf, als ihn deine Blastersalve trifft, dann sackt er in die Knie und die Frau kann ihm die Waffe entreißen.
Du fährst zu Lea herum. Sie liegt auf dem Rücken, der Berserker ist über ihr und hat sein Gesicht in ihrer Halsbeuge vergraben. Du springst auf die Kämpfenden zu und schießt dem Irren aus nächster Nähe in den Kopf.
Sein Körper erschlafft und du beförderst ihn mit einem Tritt von Lea herunter. Sie lebt noch, aber der Menschenfresser hat ihr die Kehle aufgerissen. Unmengen von Blut pulsieren aus der klaffenden Wunde, obwohl Lea sich die Hand darauf presst.
»Lea!«, ruft die andere Frau und stürzt herbei. Sie wirft einen kurzen Blick auf die Wunde und ihr Gesicht wird aschfahl. Sie nimmt Leas freie Hand in die ihren.
Lea versucht etwas zu sagen, doch es dringt nur ein Gurgeln aus ihrem Mund. Der Blick ihrer weit aufgerissenen Augen fällt noch einmal auf dich. Du liest Angst und Schmerz darin, aber keinen Vorwurf. Kurz danach ist es vorbei, Leas Hände rutschen schlaff herab und der Blutstrom versiegt.
Die andere Frau schließt ihr die Augen. Einige Zeit bleibt sie mit bebenden Schultern neben Lea hocken, bis ein fernes Geräusch sie aufschrecken lässt. Sie wischt sich die Tränen aus den Augen, seufzt schwer und sieht dann zu dir auf. »Danke, dass Sie mir geholfen haben«, murmelt sie. »Sie gehören nicht zu Lundbergs Leuten, oder?« Du schüttelst den Kopf und berichtest in knappen Worten, was du bislang erlebt hast.

»Was für ein Wahnsinn«, murmelt die Frau und schüttelt den Kopf, steht dann aber abrupt auf. »Ich bin Dr. Jessica Feldman, Leiterin dieser Station, bis die Soldaten hier ankamen.«
»Dann haben Sie dieses Verax entwickelt?«, fragst du und Zorn wallt in dir auf.
Feldman nickt. »Ja, aber an diesem Chaos trage ich keine Schuld. Ich würde es Ihnen gern erklären, aber jetzt ist nicht die Zeit dafür. Ich muss meine kleine Tochter retten. Sie ist allein in einem Quartier.«
»Allein?«, fragst du verblüfft.
»Sie mitzunehmen war viel zu gefährlich.« Sie deutet auf den toten Irren, der sie angefallen hat. »Außerdem hätte Lundberg sie als Druckmittel gegen mich verwenden können. Also habe ich sie in einem Quartier zurückgelassen.«
»Und wenn wir sie geholt haben, was dann?«
»Ich kenne eine Fluchtmöglichkeit, ein Rettungsshuttle. Kommen Sie!« Feldman läuft zurück zur Kreuzung und dann links den Flur hinunter.
*Lies weiter bei **472**.*

408

Du hebst das Gewehr, zielst und drückst ab. Auf die kurze Distanz durchschlägt dein Blasterstrahl seinen Helm und der Trooper bricht ohne einen Laut zusammen.

Feldman zieht neben dir scharf die Luft ein. »Verdammt, Sie sollten ihn nicht umbringen«, zischt sie und wirft dir einen wütenden Blick zu. Trotzdem eilt sie zu dem Toten, nimmt seine Waffe und winkt dir, ihr zu folgen.

Gemeinsam eilt ihr die Treppe hinab.

*Lies weiter bei **433**.*

409

Weiter zischen die Blasterstrahlen hin und her. Mangels Schusswaffe bist du zum Zuschauen verdammt und kauerst an der Wand. Angespannt verfolgst du das Feuergefecht.

»Sie sind zu zweit«, meldet sich Bertram über Funk. »Der eine feuert, der andere macht sich an einem anderen Kontrollpult zu schaffen.«

»Hast du freies Schussfeld?«, will Laconte wissen.

»Negativ. Den Saboteur, der auf euch feuert, könnte ich … Scheiße!« Du hörst entferntes Blasterfeuer und Bertrams Keuchen über den Funk.

Laconte beugt sich kurz um die Ecke und schießt ebenfalls. »Was ist los? Meldung, Bertram!«

Als Antwort kommt nur ein unterdrückter Schmerzenslaut.

»Sieht aus, als ziehen sich die Saboteure zurück«, meldet Ferreira, der von seiner Position aus wohl eine bessere Sicht hat.

»Bertram, was ist los? Hat es dich erwischt?«, drängt Laconte. Keine Antwort. »Verdammt! Ferreira, zurück zum Treppenhaus, sieh zu, dass keiner entkommt. Ich kauf mir die Scheißsaboteure.«

Ferreira nickt und zieht sich wie Bertram vorher zurück. Laconte wartet ab, bis der Trooper die Kreuzung vor der Tür zum Treppenhaus erreicht hat, dann stürmt er wild um sich schießend auf die Position der Saboteure vor.

Du bleibst zurück. Gerade überlegst du, was du tun sollst, als es einen ohrenbetäubenden Knall gibt. Die Wand in deinem Rücken erzittert, der Qualm an der Decke kommt in Bewegung und auch an dir zerrt eine unsichtbare Kraft, die dich immer schneller auf die Kreuzung zuzieht. Ein Leck! Die Saboteure müssen ein Loch in die Außenwand gesprengt haben!

*Lies weiter bei **416**.*

410

»Sofort stehen bleiben oder ich schieße!«, rufst du und nimmst die Frau ins Visier.

Sie ignoriert deine Drohung und hastet die nächsten Stufen hinab. Sie hat das Ende der Treppe fast erreicht. Vielleicht lauert hinter einem der Ausgänge Verstärkung. Die Frau zu verfolgen, ist deshalb zu gefährlich.

*Willst du auf sie schießen, dann merke dir die Zahl Vier und lies weiter bei **424**.*

*Lässt du sie einfach laufen, lies weiter bei **438**.*

411

Du versetzt Sanders einen Stoß gegen die Schulter und der Schuss verfehlt sein Ziel und schlägt in eines der Bassins ein. »He!«, ruft er wütend.

Feldman hat den Eingang zu den Quartieren erreicht. Sie blickt kurz zu euch hoch, dann verschwindet sie in den Räumen.

»Du Drecksack! Wegen dir ist sie entkommen. Du steckst mit ihr unter einer Decke.« Sanders macht Anstalten, seinen Blaster auf dich zu richten.

*Willst du dich herausreden, lies weiter bei **437**.*

*Wenn du ihn von der Brücke stoßen willst, lies weiter bei **426**.*

412

Du erwachst, als die Wand hinter deinem Kopf erzittert. Auch unter deinen Füßen vibriert es kurz. Erschrocken fährst du auf. War das eine Explosion?

Ein Alarmton heult laut durch die Station und du hörst eilige Schritte auf dem Promenadendeck. Du blickst zu Feldman hinüber. Auch sie hat sich aufgesetzt und sieht überrascht auf das Deck hinaus.

»Waren das Ihre Leute?«, fragst du.

Sie zuckt die Schultern. »Ich weiß es nicht.«

»Werden sie kommen, um Sie zu befreien?«, hakst du nach.

»Ich hoffe es«, murmelt sie.

Gespannt wartet ihr ab, was weiter passiert.

Plötzlich fühlst du dich ganz leicht und siehst, wie sich am Kopfende die dünne Matratze von der Metallpritsche hebt. Die künstliche Schwerkraft muss ausgefallen sein. Hastig krallst du deine Finger in den Rahmen der Pritsche und verhinderst so, dass du zur Decke empor oder auf das Kraftfeld zuschwebst. Eine Berührung mit dem Feld wäre ziemlich schmerzhaft, wie du aus leidvoller Erfahrung weißt. Aber da fällt dir auf, dass das Wabern vor eurer Zelle verschwunden ist. Das Kraftfeld muss ebenfalls ausgefallen sein.

»Schnell, raus hier!«, zischt Feldman dir zu. Sie drückt sich von der Pritsche ab und schwebt aus der Zelle hinaus.

*Ergreifst du die Gelegenheit zur Flucht, lies weiter bei **425**.*

*Bleibst du lieber, wo du bist, lies weiter bei **432**.*

413

Dein Schuss verfehlt die Frau, und bevor du sie neu anvisieren kannst, hat sie die Treppe hinter sich gelassen und rennt auf einen Ausgang zu. Hektisch legst du über die Brüstung auf sie an, doch ein Baum verdeckt die Flüchtende, und als du endlich freies Schussfeld hast, hat sie die Tür beinahe erreicht. Du schießt eine weitere Salve ab, aber die Frau duckt sich und du verfehlst sie abermals. Sie öffnet die Tür und entkommt.

*Lies weiter bei **421**.*

414

Du hebst das Gewehr leicht an, zielst auf den Oberschenkel des Troopers und drückst ab. Dein Schuss sitzt. Der Trooper versucht sich noch zu euch umzudrehen, aber das getroffene Bein sackt unter ihm weg und er geht zu Boden. Es ist ein junger Mann mit asiatischem Aussehen.

»Waffe weg«, befiehlst du, das Gewehr noch immer auf ihn gerichtet. »Schieb sie zu uns rüber, sofort.«

Der junge Trooper gehorcht. Feldman nimmt das Gewehr auf und richtet die Waffe ebenfalls auf ihn. »Gib mir deinen Kommunikator«, fordert sie.

Der Trooper fummelt an dem Verschluss an seinem Handgelenk. Dabei wirft er Feldman immer wieder wütende Blicke zu. »Du Miststück!«, faucht er unvermittelt und versucht wieder aufzustehen. Sein Gesicht verzieht sich zu einer Fratze des Hasses. »Das ist alles deine Schuld. Ich werde dir die Eingeweide …«

Ansatzlos schlägt Feldman mit dem Kolben des Gewehrs zu und trifft den Trooper im Gesicht. Er sackt bewusstlos zusammen. Mit flinken Fingern löst sie den Kommunikator von seinem Handgelenk und wirft das Gerät achtlos über die Brüstung.

»Das ist das Verax. Wenn die Betroffenen wütend werden oder ängstlich, kann das einen psychotischen Schub auslösen. Beeilen wir uns lieber. Wenn er wieder zu sich kommt, wird er vor Wut rasen.«

Du lässt den bewusstlosen Trooper nicht aus den Augen, als du dich an ihm vorbeidrängst. »Sollten wir ihn nicht lieber erschießen?«, fragst du.

Feldman schüttelt den Kopf. »Er kann geheilt werden. Wenn er nur lange genug keine neue Dosis bekommt, wird die Droge restlos abgebaut. Solange wir nicht in unmittelbarer Gefahr sind, will ich nicht, dass Sie einen der Berserker töten. Schnell jetzt.«
Gemeinsam eilt ihr die Treppe hinab.
Lies weiter bei **133**.

415

Die ausgeweidete Frau bewegt sich. Wie ist das möglich?
Plötzlich bemerkst du, dass du den Boden unter den Füßen verloren hast. Du schwebst bis zur Wand des Korridors und dir wird klar, dass die künstliche Schwerkraft ausgefallen sein muss. Deshalb bewegt sich auch die Leiche.
Wild schießen dir Gedanken durch den Kopf. Was hat die Explosion wohl noch zerstört? Gibt es vielleicht ein Leck? Wirst du gleich ins All gesogen? Du suchst mit der freien Hand nach Halt an der Wand und krallst dich an einem Türrahmen fest.
Doch der befürchtete Sog setzt nicht ein. Stattdessen kehrt unvermittelt die Schwerkraft zurück. Du landest etwas ungelenk auf der Seite, bleibst aber unverletzt und rappelst dich wieder hoch.
Erneut ertönt das Brüllen, näher als beim letzten Mal. Du bringst deinen Blaster in Anschlag und hältst nach dem Irren Ausschau, entschlossen ihn mit Blasterstrahlen zu durchlöchern, wenn er sich blicken lässt. Langsam weichst du rückwärts in die entgegengesetzte Richtung zurück und blickst dabei immer wieder über die Schulter. An jeder offenen Tür inspizierst du kurz den dahinterliegenden Raum, um nicht von einem Irren überrascht zu werden. Sie sind alle verwüstet, weitere Tote entdeckst du allerdings nicht.
Als die nächste Kreuzung nicht mehr weit ist, hörst du plötzlich Blasterfeuer und den Schrei einer Frau. Du drehst dich um, eilst an den nächsten Türen vorbei und erreichst die Kreuzung.

Einige Meter rechts von dir ringt eine Frau mit einem Berserker, der ihr Blastergewehr gepackt hat. Du legst gerade auf den Verrückten an, als du hinter dir wieder das Brüllen hörst. Du blickst über die Schulter. Ein weiterer Irrer hat den Gang betreten und dich entdeckt. Mit einem triumphierenden Heulen stürmt er auf dich zu.

*Willst du auf deinen Verfolger schießen, lies weiter bei **427**.*

*Wenn du zuerst auf den Angreifer feuern willst, der mit der unbekannten Frau kämpft, dann lies weiter bei **443**.*

416

Über den Lautsprecher hörst du Laconte und Ferreira durcheinanderschreien, während du versuchst, dich gegen den Sog zu stemmen und irgendwo Halt zu finden. Plötzlich fühlst du dich ganz leicht. Deine Beine lösen sich vom Boden, deine Handschuhe rutschen an der Wand ab und du wirst um die Ecke in den Korridor zum Maschinenraum gesogen. Die künstliche Schwerkraft muss ausgefallen sein.

Dein Körper wird im Gang umhergewirbelt, du überschlägst dich, verlierst die Orientierung. Kurz erhaschst du einen Blick auf das Leck. Es klafft in der Wand eines Maschinenraums und saugt alles an. Es ist groß genug, dass ein Mensch hindurchpasst. Wenn du dich nicht irgendwo festhalten kannst, wirst auch du ins All geschleudert werden – und es sind nur noch wenige Meter.

*Lies weiter bei **429**.*

417

Du bringst es nicht über dich, auf die Frau zu schießen, und weißt nicht, wie du sie sonst aufhalten sollst. Also trittst du beiseite.

Für einen Augenblick weiten sich die Augen der Frau vor Erstaunen, dann nickt sie kurz und eilt an dir vorbei. »Es ist noch nicht zu spät, die Seiten zu wechseln, Chief!«, ruft sie dir über die

Schulter zu, während sie die Stufen hinabeilt. Sie läuft über den Platz auf einen der Ausgänge zu.
Notiere auf dem Datenblatt das Ereignis 417 und lies weiter bei ***421****.*

418

Dein Verfolger lässt sich von deinen schlecht gezielten Schüssen nicht aufhalten und hat dich beinahe erreicht. Hinter dir hörst du die Frau gurgelnd aufschreien und den anderen Irren ein triumphierendes Geheul anstimmen. Verzweifelt feuerst du eine letzte Salve ab, doch der Verfolger stürzt sich bereits auf dich und reißt dich zu Boden. Er versucht, nach deiner Kehle zu schnappen. Im letzten Moment bringst du deinen Arm dazwischen. Der Irre gräbt seine Zähne in deinen Unterarm.
Wenn du bereits das erste Verax-Kästchen angekreuzt hast, lies weiter bei ***K2****.*
Falls nicht, lies weiter bei ***346****.*

419

Feldman hat den Eingang fast erreicht, als Sanders abdrückt. Es ist ein einzelner Schuss, aber er trifft die Flüchtende genau in den oberen Rücken. Sie bricht zusammen und bleibt liegen.
»Erwischt«, kommentiert Sanders und grinst selbstzufrieden. »Das Miststück hat es nicht besser verdient. Nur wegen ihr stecken wir in dieser Scheiße.«
Du sagst dazu nichts.
Sanders aktiviert den Kommunikator an seinem Handgelenk. »Sanders hier.«
»Was ist?«, hörst du Grubers Stimme. »Habt ihr die Feldman erwischt?«
»Sie ist tot, Sir. Wir haben sie auf der Flucht erschossen.«
»Scheiße.«

»Noch was, Sir. Huyashi hat durchgedreht. Wir mussten auch ihn erschießen.«

»Verdammt.« Gruber macht eine kurze Pause. »Ist der Neue noch bei dir?«

»Ja, Sir.«

»Irgendwelche Aktivitäten auf Deck 6?«

»Nein, Sir. Lässt sich keiner blicken«, antwortet Sanders nach einem kurzen Blick über die Brüstung.

»Gut. Komm zurück zur Kommandozentrale, wir brauchen dich hier, Sanders.«

Dein Kommunikator vibriert und du siehst Grubers Gesicht darin. »Sie halten auf der Brücke die Stellung, klar? Ich schicke Ihnen eine Ablösung, sobald wir jemanden entbehren können.«

»Okay«, bestätigst du.

Gruber beendet die Verbindung.

Sanders blickt auf Huyashis Leiche hinab. »Eine verdammte Schande«, brummt er. Dann nickt er dir zu und eilt davon.

Du schluckst dein Unbehagen hinunter, steigst über Huyashis Leiche hinweg und nimmst deinen Posten am Absatz der Treppe ein, von wo du die Stufen und den Platz gut überblicken kannst.

Immer wieder wandert dein Blick zu Feldmans Leiche. Hättest du Sanders vielleicht doch am Schießen hindern sollen? Moment mal. Lag Feldmans Leiche nicht eben noch auf der Seite? Lebt sie etwa noch? Tatsächlich. Sie quält sich stückweise vorwärts und hinterlässt dabei einen verschmierten Streifen Blut auf dem Boden. Verbissen versucht sie, die Tür noch zu erreichen.

Notiere dir auf dem Datenblatt das Ereignis 430.

*Willst du zu Feldman laufen und ihr helfen, lies weiter bei **456**.*

*Willst du ihr lieber aus sicherer Entfernung den Rest geben, lies weiter bei **447**.*

420

Du öffnest die Schleuse und hebst sofort die Hände über den Kopf, als der Trooper am Ende des Flures zu dir herumfährt. »Ich ergebe mich«, rufst du laut.

Mit dem Gewehr im Anschlag kommt er langsam auf dich zu. Auch aus der anderen Richtung hörst du Schritte, ein weiterer Trooper nähert sich von dort.

Als sie bei dir ankommen, stößt dich einer der beiden grob gegen die gegenüberliegende Wand und durchsucht dich nach Waffen.

Streiche alle Waffen aus deinem Inventar.

»Wer bist du?«, fragt der Ranghöhere der beiden.

In knappen Worten gibst du wieder, wie du auf die Station gekommen bist.

»Und was hast du im Labor zu suchen?«

»Ich … ich habe mich dort vor den Irren versteckt, die hier überall rumlaufen. Als ich Sie gesehen habe, dachte ich, es sei sicher, rauszukommen.«

Der Trooper mustert dich argwöhnisch und hebt seinen Kommunikator vor das Gesicht. »Lieutenant Gruber? Wir haben auf Deck 5 einen Mann aufgegriffen, der sich vor den Irren im Labor versteckt hat. Er hat sich uns ergeben.«

»Einer von den Saboteuren?«, hörst du den Lieutenant fragen.

»Glaube ich nicht. Er behauptet, erst vor Kurzem hier angekommen zu sein und trägt auch einen mir unbekannten Overall. Außerdem hat er sich uns freiwillig gestellt. Was sollen wir mit ihm machen?«

»Bringt ihn her. Der Colonel wird ihn sicherlich verhören wollen.«

»Aye, Sir!« Der Soldat senkt den Kommunikator. »Du hast den Lieutenant gehört. Wir bringen dich nach oben zum Colonel.« Er dirigiert dich auf den Flur und in Richtung Lift.

*Notiere dir das Ereignis 420 und lies weiter bei **600**.*

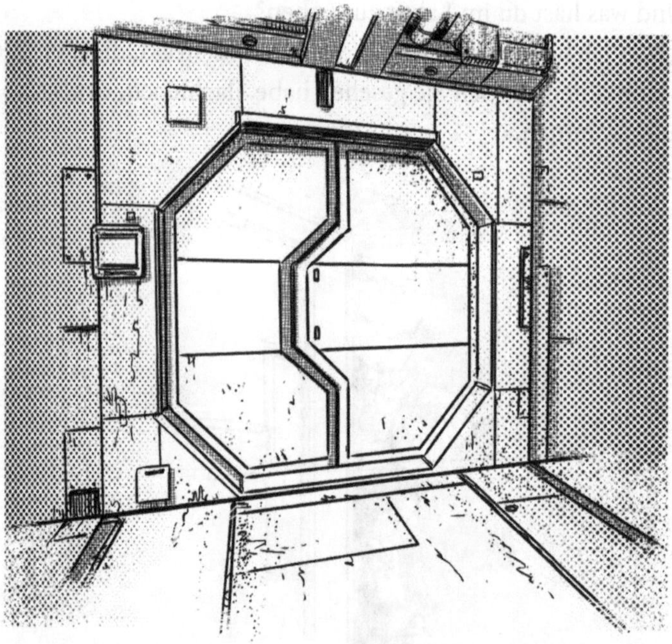

421

Hinter dir nähern sich Schritte und du wendest dich alarmiert um. Es handelt sich um einen einzelnen Trooper. »Wo ist die Gefangene hin?«, ruft er. »Hast du sie etwa entkommen lassen?«
Für einen Augenblick bist du überrumpelt, dann zeigt dir ein Blick auf das Rangabzeichen des Mannes, dass er im Rang unter dir steht. »Wie kommen Sie dazu, mich zu duzen, Private!«, blaffst du zurück. »Sie hat mich überrascht und hatte Glück, dass ich sie auf der Treppe nicht mehr erwischt habe. Wer war sie überhaupt?«
»Doktor Feldman, die Anführerin der Saboteure, Sir«, erwidert der andere, offenbar von deinem scharfen Ton beeindruckt. »Ist aus der Arrestzelle ausgebrochen, als die Schwerkraft und andere System ausfielen. Der Colonel wird stinksauer sein. Er wollte sie nach der Evakuierung verhören.«
»Sanders?« Grubers Stimme dringt aus dem Kommunikator des Troopers und er hebt ihn vor sein Gesicht.
»Ja, Sir?«
»Haben Sie die Feldman erwischt?«
»Nein, Sir. Sie hat den Chief auf der Brücke überrumpelt und konnte entkommen.«
»Verdammte Scheiße.« Gruber macht eine kurze Pause.
»Sollen wir sie verfolgen?«, fragt Sanders.
»Nein, zu gefährlich. Gibt es irgendwelche Aktivitäten auf Deck 6?«
Sanders sieht kurz über die Brüstung. »Nein, Sir. Lässt sich keiner blicken.«
»Gut. Kommen Sie zurück zur Kommandozentrale. Wir brauchen Sie hier, Sanders.«
Dein Kommunikator vibriert und du siehst Grubers Gesicht darin. »Chief, Sie halten auf der Brücke die Stellung. Ich schicke Ihnen eine Ablösung, sobald wir jemanden entbehren können. Und lassen Sie sich nicht noch mal überrumpeln, klar?«

⚃ ⚄

»Aye, Sir«, bestätigst du.
Gruber beendet die Verbindung. Sanders nickt dir kurz zu und eilt davon.
Du nimmst deinen Posten am Treppenabsatz wieder ein. Wie entschlossen dir diese Feldman entgegengetreten ist, geht dir nicht aus dem Kopf. Was glaubte sie, was Lundberg mit ihr vorhatte, dass sie so verzweifelt zu entkommen versuchte? Stehst du wirklich auf der richtigen Seite?
Du blickst hinunter zu dem Ausgang, den Feldman genommen hat. Vielleicht hast du ja immer noch die Wahl.
*Willst du auf deinem Posten bleiben, lies weiter bei **633**.*
*Wenn du stattdessen die Treppe hinabsteigen und Deck 6 betreten willst, lies weiter bei **463**.*

422

Auch wenn es für dich ein Risiko darstellt, willst du versuchen, Laconte zu retten. Du löst die rechte Hand aus den Brandlöchern im Plexiglas und langst nach dem Universalwerkzeug an deinem Gürtel. Der Sog zerrt an dir. Es wird nicht leicht, das Kabel loszuschneiden, ohne dabei den Halt zu verlieren.
Würfele mit einem Würfel.
*Bei 1 oder 2 lies weiter bei **401**.*
*Bei 3 bis 6 lies weiter bei **446**.*

423

Du schießt deinen Verfolger mit einigen schnellen, gut gezielten Schüssen nieder und schwenkst die Waffe dann in Richtung des Kampfes hinter dir. Du kannst nicht sofort abdrücken, denn im Ringen um die Waffe der Frau stolpern die beiden im Flur hin und her. Mal dreht dir der Irre, mal die Frau den Rücken zu. Schließlich erwischst du den passenden Moment und drückst ab.

Der Verrückte stöhnt auf und bricht in die Knie, als ihn deine Blastersalve trifft. Die Frau entreißt ihm die Waffe und gibt ihm den Rest.
Eine Weile starrt ihr euch schwer atmend an.
*Lies weiter bei **439**.*

424

Sicher handelt es sich um eine Saboteurin, die auf der Flucht ist, sagst du dir und eröffnest das Feuer.
Würfele mit einem Würfel. Um die Frau zu treffen, muss das Ergebnis größer oder gleich der Zahl sein, die du dir im vorherigen Abschnitt merken solltest.
*Wenn du die Frau triffst, lies weiter bei **444**.*
*Falls nicht, lies weiter bei **413**.*

425

Du tust es Feldman nach, drückst dich mit den Füßen von der Pritsche ab und folgst ihr. Unkontrolliert schwebst du auf die gegenüberliegende Wand zu, als die Schwerkraft jäh wieder einsetzt.
Du fällst zwar nur aus einem halben Meter Höhe, landest aber schmerzhaft auf dem Bauch und für einen Augenblick bleibt dir die Luft weg. Als du dich aufrichten willst, hält Feldman dir die Hand hin. »Kommen Sie mit mir.« Sie deutet mit der anderen Hand auf die gegenüberliegende Seite des Promenadendecks, wo sich ein schmaler Durchgang befindet.
»Was ist da?«, fragst du und lässt dir von ihr aufhelfen.
»Die Treppe nach Deck 6. Das haben die Trooper nicht unter Kontrolle.«
Du zögerst nur einen Augenblick. Wohin solltest du dich allein auch wenden? Also folgst du Feldman hinaus auf das Promenadendeck. Kein Trooper ist zu sehen.

Sie hält auf den schräg gegenüber liegenden Durchgang zu, hinter dem ein breiter Flur beginnt, der sich nach einigen Metern zu einer großen, lichtdurchfluteten Halle mit einem Duroglasdach öffnet. Der Flur mündet in eine Brücke, die bis in die Mitte der Halle führt, wo sich eine Treppe anschließt. An deren oberem Absatz steht ein Trooper, der euch den Rücken zuwendet.
Feldman hebt die Faust und bedeutet dir damit, stehen zu bleiben. Sie beugt sich zu dir. »Wir müssen ihn außer Gefecht setzen«, flüstert sie dir ins Ohr. »Wir schleichen uns an, Sie packen ihn von hinten und ich entreiße ihm die Waffe.«
Du nickst.
Vorsichtig schleicht ihr über die Brücke auf den Trooper zu. Ihr habt ihn beinahe erreicht, als er sich zur Seite dreht und euch dabei aus dem Augenwinkel heraus bemerkt. Sofort fährt er zu euch herum. Wie reagierst du?
*Bleibst du stehen und hebst die Hände, lies weiter bei **430**.*
*Springst du den Trooper an, lies weiter bei **436**.*

426

Bevor Sanders seine Waffe in Anschlag bringen kann, wirfst du dich mit der Schulter voran gegen ihn. Er wird gegen die Brüstung gedrückt und gerät in Rücklage. Du gibst ihm gar keine Gelegenheit, sich zu fangen, packst seine Beine und ziehst sie zu dir hoch.
Schreiend stürzt Sanders über die Brüstung und verstummt jäh, als er mit einem dumpfen Laut auf dem Platz unter euch aufschlägt. Vorsichtig blickst du über die Brüstung. Sanders liegt mit verdrehten Gliedmaßen auf dem Metallboden und unter seinem Kopf breitet sich eine Blutlache aus.
Zwei tote Trooper und eine entkommene Gefangene. Welche Schlüsse wird der Lieutenant daraus ziehen? Eventuell kannst du ihm erzählen, Huyashi hätte Sanders von der Brücke gesto-

ßen und du ihn dann erschossen. Vielleicht solltest du aber lieber Feldman nacheilen. Immerhin hast du ihr das Leben gerettet. Während du noch überlegst, vibriert der Kommunikator an deinem Handgelenk. Du drehst ihn leicht und erkennst Lieutenant Grubers Gesicht darin.

*Willst du Gruber die Lügen auftischen, lies weiter bei **442**.*

*Willst du den Kommunikator wegwerfen und die Treppe hinabeilen, lies weiter bei **451**.*

427

Du legst auf deinen noch ein gutes Stück entfernten Verfolger an und schießt.

Addiere die Genauigkeit deines Blasters und die Fernkampffähigkeit deines Charakters. Nun würfele mit einem Würfel und zähle den Wurf hinzu. Würfle erneut und zähle auch diesen Wurf hinzu. Mach so lange weiter, bis das Ergebnis 25 oder mehr Punkte beträgt ODER du fünfmal gewürfelt hast.

*Hast du die 25 Punkte mit drei Würfelwürfen oder weniger erreicht, lies weiter bei **423**.*

*Wenn du vier oder fünf Würfelwürfe gebraucht hast, lies weiter bei **K44**.*

*Falls du auch mit fünf Würfen die 25 Punkte nicht erreicht hast, lies weiter bei **418**.*

428

Du läufst den Flur hinunter bis zur Glasfront des Hotels, in die eine breite Tür eingelassen ist, die offen steht und in die Hotellobby führt. Verglichen mit der ansonsten eher spartanischen Ausstattung der Station herrscht hier Luxus vor. Der Boden ist mit Teppich ausgelegt, der Tresen der Rezeption besteht aus Holzimitat und es gibt Polstermöbel. Diese laden allerdings nicht mehr zum Sitzen ein, sondern wurden neben der Rezeption zu einer Barrikade aufgetürmt. Ein bestialischer Gestank weht dir von dort entgegen.

Zögernd umrundest du die Barrikade mit schussbereitem Blaster. Der Anblick, der sich dir dahinter bietet, trifft dich wie ein Schlag. Du zählst ein halbes Dutzend Leichen – Frauen und Männer, allesamt ausgeweidet und mit von Qual entstellten Gesichtern. Der Teppich ist mit getrocknetem Blut verklebt. Rasch wendest du den Blick ab und ringst eine Weile nach Atem.

»Hände hoch!«, bellt eine Stimme unvermittelt. »Waffe runter!«, eine andere.

Du drehst dich um und gehorchst, als du ein halbes Dutzend Trooper in der Tür stehen siehst. Der Anblick der Toten hat dich für einen Augenblick abgelenkt.

»Runter auf die Knie!«, befiehlt ein dritter Soldat. »Hände hinter den Kopf.«

»Du hältst ihn in Schach, wir sehen nach dem Shuttle«, kommandiert der Anführer des Trupps, der das Rangabzeichen eines Sergeants trägt. Mit den übrigen Troopern eilt er an der Barrikade vorbei und den dahinter liegenden Flur hinunter. Kurz darauf hörst du laute Geräusche, so als ob etwas schwer gegen ein Hindernis prallt. Dann herrscht eine Weile Stille.

Schließlich kehren die Trooper zurück. Der Sergeant gibt dem Soldaten ein Zeichen. »Nehmt ihm die Waffen ab, wir nehmen ihn mit zur Arrestzelle.«

Du wirst grob auf die Beine gezerrt. Während du durch die Korridore getrieben wirst, hörst du den Soldaten, der dich bewacht hat, mit einem anderen flüstern.

»Was war denn mit dem Shuttle?«, fragt er.

»Es war noch da. Der Lieutenant hat befohlen, es zu sprengen.«

»Wieso das? Man hätte doch …«

»Ruhe da hinten«, schnauzt der Sergeant von vorn.

Über einen großen Platz und eine Treppe führen dich die Soldaten zum Promenadendeck und dort zum Sicherheitsbüro, das völlig verwüstet ist.
Streiche alle Waffen aus dem Inventar.
Wenn du dir auf dem Datenblatt das Ereignis 345 markiert hast, lies weiter bei ***465****.*
Falls nicht, lies weiter bei ***474****.*

429

Panisch greifst du nach allem in deiner Reichweite, gleitest aber immer wieder ab. Als es nur noch ein Meter bis zur Tür des Maschinenraums ist, gelingt es dir, dich mit den Beinen kräftig von der Wand abzustoßen, sodass du nicht direkt durch die Tür gesogen wirst, sondern daneben gegen die Glaswand prallst. Diese ist von Blasterschüssen durchlöchert und du schaffst es, deine Finger durch einige nahe beieinanderliegende Einschusslöscher zu stecken und dich festzuklammern. Das dünne Plexiglas biegt sich unter den Kräften, die dagegen wirken. Ob es hält?
Bertrams Körper schwebt leblos an dir vorbei. Er hat seinen Helm verloren und in Brusthöhe ist sein Anzug von Blastertreffern durchsiebt. Er wird durch die Tür gesogen und verschwindet kurz darauf durch das Loch ins Weltall.
Als du ihm nachblickst, entdeckst du Laconte. Der Sergeant klammert sich im Inneren des Maschinenraums verzweifelt an einem Kontrollpult fest, das durch die Detonation aber schon halb aus seiner Verankerung gerissen wurde. Gleichzeitig bemerkst du in deiner Nähe den Schalter für ein Notschott, mit dem sich der Maschinenraum versiegeln ließe. Mit dem Fuß könntest du den Schalter vermutlich betätigen – dann wäre Laconte aber im Maschinenraum gefangen.
Jetzt hat Laconte dich bemerkt. »Hilf mir, Velazquez!«, ruft er. »Das Pult kann sich jeden Moment losreißen.«

»Ich weiß nicht, wie«, rufst du zurück.
»Das Kabel über dir.«
Du blickst auf. Erst jetzt wird dir klar, wie nahe du der Decke bist. Die Verkleidung ist aufgerissen und ein Kabelstrang hängt herunter. Du hast noch immer das Universalwerkzeug an deinem Gürtel. Damit könntest du eines der Kabel durchschneiden, sodass das lose Ende zu Laconte in den Maschinenraum gesogen würde. Dafür müsstest du aber deinen eigenen Halt aufgeben.
Wenn du es riskieren willst, lies weiter bei ***422***.
Der Sog wird aber auch nicht mehr lange anhalten, denn das Treppenhaus ist vermutlich längst automatisch abgeschottet worden, sodass nicht mehr viel Luft auf dem Deck verblieben sein kann. Die Außentemperaturanzeige in deinem Helm fällt rasant.
Falls du abwarten möchtest, lies weiter bei ***434***.
Oder gehst du auf Nummer sicher und schließt das Notschott, auch wenn Laconte dann in dem Raum eingeschlossen ist? *Dann lies weiter bei* ***440***.

430

Du hebst die Hände, um dich zu ergeben. Feldman versucht hingegen, den Trooper mit einem beherzten Sprung zu attackieren. Er weicht ihr seitlich aus und schießt. Die aus nächster Nähe abgefeuerte Blastersalve schleudert Feldman über die Brüstung. Schreiend stürzt sie in die Tiefe und verstummt jäh, als sie mit einem dumpfen Laut auf dem Boden der Halle aufschlägt.
Der Trooper, ein junger Mann mit asiatischem Aussehen, schwenkt die Waffe zu dir herum. »Drei Schritte zurück«, befiehlt er mit zitternder Stimme und du gehorchst.
Er hebt den Kommunikator an seinem Handgelenk und tippt kurz darauf. »Hier Huyashi. Melde Ausbruchsversuch der Gefangenen.«
»Haben Sie die Lage im Griff?«

»Ja, Sir. Feldman hat mich angegriffen, ich musste sie erschießen. Der andere Gefangene hat sich ergeben.«
»Verstanden. Halten Sie ihn in Schach, ich schicke Verstärkung.«
Kurz darauf hörst du zuerst Schritte hinter dir und spürst dann den Lauf eines Blastergewehrs im Rücken. »Alles in Ordnung bei dir?«, fragt der Neuankömmling an Huyashi gewandt. Der nickt. »Gruber sagt, du sollst hier die Stellung halten. Ich bringe den Gefangenen zurück in die Arrestzelle.« Der Trooper packt dich grob an den Haaren und reißt dich herum. »Du kennst ja den Weg«, knurrt er.
Widerwillig gehst du mit erhobenen Händen durch den Flur und zurück zum Sicherheitsbüro. Dort befiehlt dir der Trooper, das Kraftfeld zu deaktivieren und dich in die Zelle zu setzen.
Wortlos aktiviert er das Kraftfeld hinter dir und lässt dich allein. Wenig später wird der Alarm abgeschaltet und es umfängt dich gespenstische Stille. Was hat wohl die Explosion verursacht? Waren es wirklich die Saboteure?
Notiere dir auf dem Datenblatt das Ereignis 430 und lies weiter bei ***441****.*

431

Dein Schuss findet sein Ziel. Der Irre stöhnt auf und bricht in die Knie. Feldman entreißt ihm die Waffe und gibt ihm aus nächster Nähe den Rest.

*Hast du dir zuvor das Ereignis 470 notiert, lies weiter bei **458**.*
*Wenn du dir das Ereignis 460 notiert hast, lies weiter bei **449**.*

432

Du zögerst. Was, wenn draußen auf dem Promenadendeck Wachen stehen? Als flüchtigen Gefangenen wird man dich vermutlich einfach erschießen.

Unvermittelt setzt die Schwerkraft wieder ein und auch das Wabern des Kraftfeldes erscheint wieder. Draußen landet Feldman auf den Füßen. Sie dreht sich kurz nach dir um und sieht dich fragend an, dann eilt sie auf das Deck hinaus und verschwindet aus deinem Sichtfeld.

Kurz darauf meinst du Rufe zu hören, in der Ferne Blasterfeuer. Der Alarm gellt weiter, sodass du dir nicht ganz sicher bist.

Nach einer gefühlten Ewigkeit wird der Alarm abgeschaltet und gespenstische Ruhe folgt. Ist Doktor Feldman entkommen? Hat die Stationsbesatzung vielleicht die Kontrolle zurückgewonnen? Oder haben die Soldaten den letzten Widerstand abgewehrt?

*Lies weiter **441**.*

433

Der Boden der Halle liegt gut zehn Meter unter der Brücke und ist zu einem Platz gestaltet. Ein halbes Dutzend Bäume, die in rechteckigen, mit Granulat gefüllten Bassins gepflanzt sind, reichen fast bis zur Brücke hinauf. Darüber leuchtet hinter dem Duroglas der Planet.

Feldman hält auf einen Ausgang zu, der laut Beschilderung zum Hotel und zum Quartierbereich D führt und du bleibst ihr auf

den Fersen. Als sie die Tür öffnet, sieht sie noch einmal zur Brücke hinauf und du folgst ihrem Blick. Zum Glück sind dort noch keine neuen Soldaten aufgetaucht. Nachdem ihr in den Korridor getreten seit und die Tür sich hinter euch geschlossen hat, atmest du etwas auf.
Doch schon nach wenigen Schritten wird dir klar, dass ihr noch immer in Gefahr schwebt. Die erste Tür auf der rechten Seite des Korridors steht offen, und als du näher trittst, siehst du die Leiche eines Troopers hinter dem Eingang liegen. Sein entstellter, blutiger Körper lässt keinen Zweifel daran, wer ihn umgebracht hat.
»Wir müssen wachsam sein«, mahnt Feldman. »Hier ist es nicht sicher.«
»Wohin wollen wir überhaupt? Haben Sie einen Fluchtplan?«
Feldman sieht dich ernst an. »Ich muss meine kleine Tochter holen«, sagt sie.
»Ihre Tochter?«, wiederholst du überrascht.
»Ich habe sie in einem Gemeinschaftsquartier versteckt, als wir aufbrachen, um den Computerkern zu sabotieren. Sie mitzunehmen war viel zu gefährlich.« Ihr Gesicht umwölkt sich vor Sorge. »Ich hoffe, es geht ihr gut. Wir holen sie und dann verschwinden wir von hier.«
»Gibt es denn einen Weg?«, fragst du hoffnungsvoll.
Feldman nickt. »Ja, ein Rettungsshuttle.« Sie deutet den Flur hinunter. »Wir müssen dort entlang. Beeilen wir uns.«
Lies weiter bei ***460****.*

434

»Velazquez verdammt, reiß endlich das Kabel raus«, schreit Laconte, nachdem du eine Weile nicht reagiert hast. Seine Stimme hat schon einen schrillen Unterton.
»Ich komme nicht dran«, antwortest du. »Der Sog muss gleich vorbei sein, am besten …«

Ein großes Metallteil fliegt an dir vorbei, durch die Tür und knallt gegen das Kontrollpult. Laconte schreit auf. Du siehst ihn auf das Loch zufliegen, wo er sich noch einen kurzen Moment festhalten kann. Dann trifft ihn ein weiteres Trümmerteil und schleudert ihn hinaus ins All.

»Du elender Feigling«, ruft Laconte, der dank seines Anzugs noch atmen kann. »Du Scheißkerl. Verdammter …« Dann bricht die Funkverbindung ab.

*Lies weiter bei **459**.*

435

Nach deinem letzten Treffer taumelt Huyashi zurück und prallt gegen die Brüstung. Für einen Moment ringt er um sein Gleichgewicht. Um ihn in die Tiefe zu stoßen, bist du zu weit weg. Stattdessen bückst du dich nach deinem Blastergewehr, reißt es hoch, und als Huyashi sich wieder auf dich stürzen will, schießt du ihm aus nächster Nähe in den Kopf. Blut und Schädelfragmente spritzen in alle Richtungen und der junge Trooper bricht zusammen.

Schwankend stehst du da und ringst einen Moment um Fassung, bevor du an die Brüstung trittst und in die Tiefe blickst. Gut zehn Meter unter dir liegt ein großer Platz mit einem halben Dutzend Bäumen, die in rechteckigen, mit Granulat gefüllten Bassins gepflanzt sind und deren Wipfel fast bis zur Brücke hinaufreichen. Sanders liegt mit verdrehten Gliedmaßen auf dem Metallboden. Unter seinem Kopf hat sich eine große Blutlache ausgebreitet.

Eine Bewegung am Rand des Platzes erregt deine Aufmerksamkeit. Dort liegt eine Tür und du kannst gerade noch erkennen, wie Feldman in den dahinterliegenden Flur verschwindet.

Langsam kommst du wieder zu Atem und dein wild schlagendes Herz beruhigt sich. Zwei tote Trooper und eine entkommene Gefangene. Welche Schlüsse wird der Lieutenant daraus zie-

hen? Wird er dir glauben, dass Huyashi Sanders von der Brücke gestoßen hat und du ihn dann erschossen hast? Vielleicht solltest du doch lieber Feldman nacheilen.
Als du noch überlegst, vibriert dein Kommunikator an deinem Handgelenk. Du drehst es leicht und erkennst Lieutenant Grubers Gesicht darin.
*Willst du mit Gruber sprechen, lies weiter bei **442**.*
*Willst du den Kommunikator wegwerfen und die Treppe hinabeilen, lies weiter bei **451**.*

436

Im verzweifelten Versuch, den Trooper doch noch zu entwaffnen, wirfst du dich auf ihn und Feldman tut es dir gleich. Der Trooper kann euch auf der schmalen Brücke nicht beiden ausweichen und so rammst du ihn mit der Schulter voran.
Der Trooper stolpert zurück, tritt ins Leere und stürzt schreiend die geschwungene Treppe hinab. Eine Salve Blasterstrahlen löst sich aus seiner Waffe, verfehlt euch aber deutlich.
Du rappelst dich hoch, trittst an die Brüstung und blickst nach unten zum Ende der Treppe, wo der Trooper liegen geblieben ist. Er rührt sich nicht mehr.
Feldman fängt sich als Erste. »Schnell weiter.« Sie läuft die Stufen hinab. Unten hebt sie das Blastergewehr des Troopers auf und fühlt nach seinem Puls. Sie schüttelt wortlos den Kopf.
Ihr befindet euch gut zehn Meter unter der Brücke auf einem quadratischen Platz. Ein halbes Dutzend Bäume, die in rechteckigen, mit Granulat gefüllten Bassins gepflanzt sind, reichen fast bis zur Brücke hinauf. Darüber leuchtet hinter der Kuppel aus Duroglas der Planet.
Feldman hält auf einen Ausgang zu, der laut Beschilderung zum Hotel führt, und du bleibst ihr auf den Fersen. An der Tür bleibt sie kurz stehen und späht durch die Verglasung in den Korridor

dahinter. Der liegt im Halbdunkel und du kannst nicht viel erkennen.
»Schnell, bevor noch mehr Soldaten kommen«, flüstert Feldman und betätigt den Schalter, der die Tür öffnet.
*Lies weiter bei **454**.*

437

»Der Colonel will sicher nicht, dass man sie erschießt, sonst hätte er sie wohl kaum eingesperrt«, versuchst du dich zu verteidigen.
Sanders zielt auf deine Brust und sieht dich unter zusammengezogenen Augenbrauen finster an. Wenn er jetzt abdrückt, hast du keine Chance. Bange Sekunden verstreichen.
»Schmeiß die Waffe weg und nimm die Hände über den Kopf«, befiehlt dir Sanders endlich.
Als du seiner Aufforderung nachgekommen bist, hebt er seinen Kommunikator vor das Gesicht, behält dich aber die ganze Zeit im Auge.
»Habt ihr die Feldman erwischt?«, hörst du Grubers Stimme.
»Nein, sie ist entkommen. Ich hatte sie im Visier, aber der Neue hat mir den Schuss versaut. Außerdem ist Huyashi tot.«
»Was? Ich dachte, die Gefangene war unbewaffnet.«
»Sie hat ihn niedergeschlagen und er ist durchgedreht. Das verdamme Verax. Er ist auf mich losgegangen und der Neue hat ihn erschossen. Was soll ich jetzt mit ihm machen?«
Es folgt eine kurze Pause. »Bring ihn in die Arrestzelle«, befiehlt der Lieutenant schließlich. »Wir kümmern uns später um ihn. Ich brauche dich anderswo.«
»Aye, Sir.«
Er senkt den Kommunikator und macht eine auffordernde Geste in deine Richtung. »Du hast Gruber gehört, beweg dich.«
Widerwillig drehst du dich um und gehst mit erhobenen Hän-

den durch den Flur und zurück zum Sicherheitsbüro. Dort befiehlt dir Sanders, das Kraftfeld zu deaktivieren und dich in die Zelle zu setzen.
Wortlos aktiviert er das Kraftfeld hinter dir und lässt dich allein.
Wenig später wird der Alarm abgeschaltet und es umfängt dich gespenstische Stille. Ob die Soldaten die Kontrolle wiedergewonnen haben?
Streiche alle Waffen aus deinem Inventar und lies weiter ***441***.

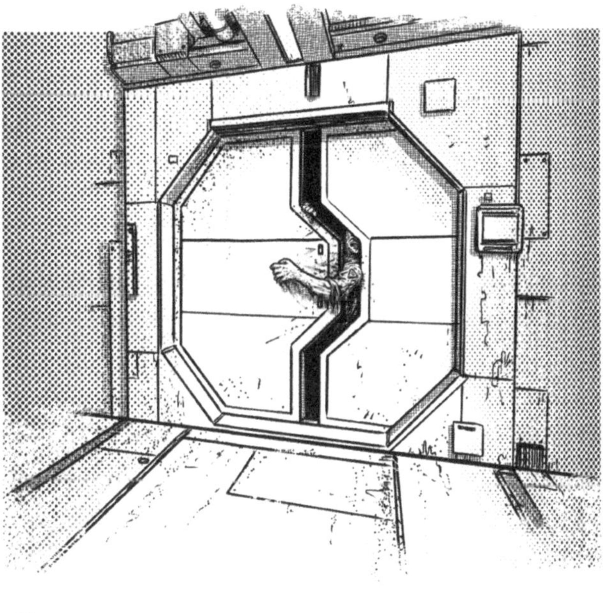

438

Du bringst es nicht über dich, der Frau in den Rücken zu schießen, zumal du nicht einmal weißt, ob sie eine Saboteurin ist und was sie getan hat. Also lässt du sie entkommen und siehst ihr nach, wie sie die letzten Stufen nimmt und auf den nächstgelegenen Ausgang zurennt.
Lies weiter bei ***421***.

439

»Sind Sie okay?«, fragt die Frau.

»Alles in Ordnung. Wurden Sie verletzt?«

Sie schüttelt den Kopf. »Dank Ihnen.« Sie mustert dich mit gerunzelter Stirn. »Sie gehören nicht zu Lundbergs Leuten, oder?«

Du verneinst und berichtest in knappen Worten, was du bislang erlebt hast.

»Was für ein Wahnsinn«, murmelt die Frau kopfschüttelnd. »Ich bin Dr. Jessica Feldman, Leiterin dieser Station, bis die Soldaten hier ankamen.«

»Dann haben Sie dieses Verax entwickelt?«, fragst du.

Feldman nickt. »Ja, aber an diesem Chaos trage ich keine Schuld. Ich würde es Ihnen gern erklären, aber jetzt ist nicht die Zeit dafür. Ich muss meine kleine Tochter retten. Sie ist allein in einem Quartier.«

»Allein?«, fragst du verblüfft.

»Sie mitzunehmen war viel zu gefährlich.« Sie deutet auf den toten Irren, der sie angefallen hat. »Außerdem hätte Lundberg sie als Druckmittel gegen mich verwenden können. Also habe ich sie in einem Quartier zurückgelassen.«

»Und wenn wir sie geholt haben, was dann?«

»Ich kenne eine Fluchtmöglichkeit, ein Rettungsshuttle. Kommen Sie!« Feldman deutet den Korridor hinunter, der laut Wegweiser zum Hotel führt.

*Lies weiter bei **472**.*

440

Du reagierst nicht auf Lacontes Befehl. Im Moment willst du nur dein eigenes Leben retten und du weißt nicht, wie lange das Plexiglas deinem Klammergriff noch standhält. Die Einschusslöcher, in die du deine Finger gebohrt hast, sind schon ein Stück eingerissen.

Also versuchst du, deinen Körper im Sog stabil zu halten, und zielst mit dem Fuß auf den Schalter. Ein letztes Mal meldet sich dein schlechtes Gewissen, dann trittst du zu. Ein kurzer Warnton ertönt, dann rattert ein Notschott herab. Nicht nur vor der Tür, auch vor der Glasscheibe, an der du dich festklammerst.

Im letzten Moment gelingt es dir, die Finger aus den Löchern zu lösen und dich vom Glas abzudrücken. Kurz packt dich noch einmal der Sog, dann ist der Maschinenraum versiegelt und du schwebst nur noch durch den Flur.

»Verdammte Scheiße, Velazquez. Du hast mich eingesperrt!«, hörst du Laconte mit sich überschlagender Stimme im Funk.

»Beruhigen Sie sich«, erwiderst du. »Der Sog hat doch auch bei Ihnen nachgelassen, oder?«

»Ja, hier ist keine Luft mehr. Und mein Anzug hat einen Riss, ich verliere Atemluft. Mach das Schott auf, sofort!«

»Das geht nicht.«

»Soll ich hier elendig ersticken? Ich habe nur noch für 45 Sekunden Luft – scheiße, nur noch 44, 43.«

»Suchen Sie etwas, mit dem Sie ihren Anzug abdichten können.«

»Womit denn, verdammte Scheiße?« Laconte ist nun in Panik. »Ferreira, melde dich. Bertram? Kommt her und macht das Schott auf.«

Keiner der beiden antwortet. Ob auch Ferreira tot ist? Du siehst dich nach ihm um, kannst ihn aber nirgends entdecken.

»Velazquez, der Sauerstoff in meinem Anzug ist gleich alle. Du kannst mich doch hier nicht verrecken lassen. MACH AUF!« Du hörst ihn gegen das Schott hämmern.

Du kannst das Schott nicht wieder öffnen. Ohne sicheren Halt würdest du selbst ins All gesogen werden und in der Nähe des Schalters gibt es nichts, an dem du dich festhalten könntest. Du kannst nichts mehr für Laconte tun.

»Aufmachen!« Laconte keucht schwer. »Ich … kriege … keine … Luft.«
Du antwortest ihm nicht, würdest am liebsten den Funk abstellen, weißt aber nicht, wie. So musst du Lacontes letztem verzweifelten Ringen nach Atem lauschen, dann folgt Stille.
Lies weiter bei ***459****.*

441

Lange geschieht gar nichts, und die Ungewissheit, was die Explosion ausgelöst hat, beginnt an dir zu nagen. Nach einer gefühlten Ewigkeit kommt ein Trooper und bezieht vor der Zelle Stellung.
»Was ist passiert?«, fragst du.
Der Soldat ignoriert dich und wendet dir demonstrativ den Rücken zu. Zermürbendes Warten beginnt.
Lies weiter bei ***457****.*

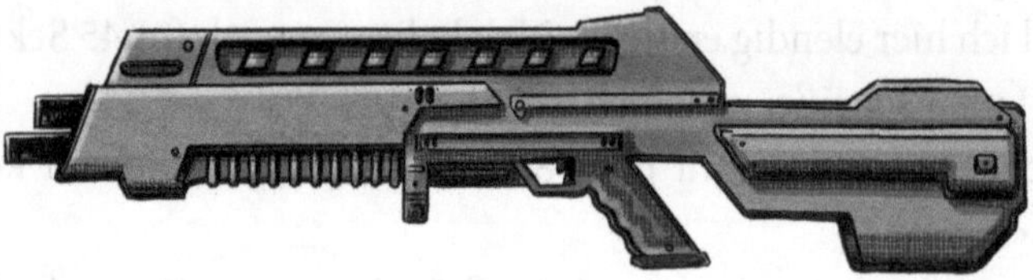

442

Du hebst den Kommunikator vor dein Gesicht.
»Habt ihr die Feldman erwischt?«, fragt der Lieutenant.
»Nein, Sir«, erwiderst du wahrheitsgemäß. »Sie hat Huyashi niedergeschlagen. Der ist daraufhin durchgedreht und hat Sanders von der Brücke geworfen. Ich musste ihn erschießen. Doktor Feldman ist währenddessen entkommen.«
Grubers Miene hat sich während deiner Worte zunehmend verfinstert. »Scheiße«, knurrt er. »Und das alles, weil Sie sie haben entkommen lassen.« Er schüttelt den Kopf. »Irgendwelche Aktivitäten auf Deck 6?«

»Nein, alles ruhig«, erwiderst du nach einem Blick nach unten.
»Dann halten Sie die Stellung. Ich schicke eine Ablösung, sobald ich jemanden entbehren kann.«
*Willst du bleiben und auf die Ablösung warten, lies weiter bei **633**.*
*Wenn du die Treppe hinabeilen willst, lies weiter bei **451**.*

443

Die Frau, die mit dem Menschenfresser ringt, braucht deine Hilfe dringend. Also wendest du deinem Verfolger den Rücken zu, auch wenn es dir schwer fällt, und legst auf den anderen Irren an. Du kannst nicht einfach abdrücken, denn im Ringen um die Waffe der Frau stolpern die beiden im Flur hin und her. Mal dreht dir der Irre, mal die Frau den Rücken zu. Schließlich drückst du ab und fährst sofort herum, um den Verfolger noch zu erwischen, bevor er dich anspringt.
Er ist bis auf wenige Meter herangekommen und du feuerst instinktiv eine ganze Salve ab. Auf die kurze Distanz kannst du ihn nicht verfehlen und die Blasterstrahlen schleudern ihn zurück in den Korridor. Du atmest tief durch.
*Lies weiter bei **439**.*

444

Ein Schuss aus deiner Salve trifft die Frau in den Rücken. Mit einem Aufschrei fällt sie auf die Stufen und rutscht bis zum Fuß der Treppe hinab, wo sie leblos liegen bleibt.
Hinter dir nähern sich Schritte auf der Brücke und du wendest dich alarmiert um. Ein einzelner Trooper kommt auf dich zugestürmt. »Wo ist die Gefangene hin?«, ruft er.
Du deutest wortlos die Treppe hinab.
Der Trooper kommt neben dir zum Stehen und blickt nach unten. Eine Weile starrt er die Tote an. »Scheiße«, murmelt er dann.

»Wer war sie?«, fragst du mit schwankender Stimme.
»Doktor Feldman, die Anführerin der Saboteure. Sie hat die Entwicklung des Verax geleitet, bis wir hier ankamen. Wegen ihr sitzen wir in diesem Schlamassel.« Der Trooper spuckt aus. »Der Colonel wollte sie nach der Evakuierung befragen, deswegen stand sie unter Arrest. Aber das Kraftfeld der Gefängniszelle ist nach der Explosion kurz ausgefallen. So konnte sie entkommen.«
»Sanders?« Grubers Stimme dringt aus dem Kommunikator des Troopers und er hebt ihn vor sein Gesicht.
»Ja, Sir?«
»Haben Sie die Feldman erwischt?«
»Der Chief hat sie auf der Flucht erschossen, Sir.«
»Scheiße.« Gruber macht eine kurze Pause. »Irgendwelche Aktivitäten auf Deck 6?«
Sanders sieht kurz über die Brüstung. »Nein, Sir. Lässt sich keiner blicken.«
»Gut. Kommen Sie zurück zur Kommandozentrale. Wir brauchen Sie hier, Sanders.«
Dein Kommunikator vibriert und du siehst Grubers Gesicht darin. »Chief, Sie halten auf der Brücke die Stellung, klar? Ich schicke Ihnen eine Ablösung, sobald wir jemanden entbehren können.«
»Verstanden, Sir«, bestätigst du.
Gruber beendet die Verbindung. Sanders nickt dir kurz zu und eilt davon.
Du nimmst deinen Posten am Treppenabsatz wieder ein, vermeidest es aber, nach unten zu der Toten zu blicken. Warum nur war sie so verzweifelt, dass sie ihr Leben für die Flucht riskiert hat? Hatte sie Angst vor Folter? Hast du dich vielleicht für die falsche Seite entschieden?
Ein unterdrücktes Stöhnen reißt dich aus deinen Gedanken. Du blickst über die Brüstung und erstarrst. Irgendwie hat Feldman

sich fast bis zu einem der Ausgänge geschleppt, kurz davor ist sie aber erneut zusammengebrochen. Jetzt quält sie sich kriechend vorwärts und hinterlässt dabei einen verschmierten Streifen Blut auf dem Boden. Verbissen versucht sie, die Tür noch zu erreichen.

Notiere dir auf dem Datenblatt das Ereignis 430.

Willst du zu Feldman laufen und ihr helfen, lies weiter bei ***456****.*

Willst du ihr lieber aus sicherer Entfernung den Rest geben, lies weiter bei ***447****.*

445

Du läufst auf die Ecke zu, von der du vorhin gekommen bist, und erlaubst dir nur einen kurzen Seitenblick in den anderen Flur, der menschenleer ist. Du zwängst dich durch die Lücke in der Barrikade ins Treppenhaus und zielst wachsam mit dem Blaster zuerst nach unten und dann nach oben. Im Treppenhaus ist aber ebenfalls niemand zu sehen. Mit schussbereiter Waffe steigst du die Stufen bis zum nächsten Absatz empor und zielst in Richtung Durchgang zu Deck 6, doch auch dort ist niemand.

Während du langsam wieder zu Atem kommst, lauschst du auf Geräusche. Aus der Ferne hörst du Blasterfeuer und auch Rufe. Aber müsstest du nicht auch Leas Schritte längst hören? Wo bleibt sie nur?

Lies weiter bei ***390****.*

446

Du streckst den Arm mit dem Universalwerkzeug so weit du kannst, nimmst Maß und zerschneidest den Kabelbaum.

Es gelingt dir im ersten Versuch und ein großer Strang Kabel fällt zu dir herunter. Rasch löst du den Kabelbinder, der die Schlaufen eines dicken Kabels zusammenhält, und bugsierst das lose Ende mit dem Werkzeug in Richtung Tür. Der Sog erledigt den Rest.

Laconte packt das Kabel. Es gibt ein Stück nach, hält ihn jedoch. Kurz danach hört der Sog auf, alle Luft ist aus dem Deck entwichen. Ein paar Trümmerteile segeln schwerelos durch den Gang. Ohne den Sog gegen sich, kann Laconte sich einfach mit den Füßen abstoßen und segelt aus dem Maschinenraum. »Schließ das Schott«, kommandiert er, kaum dass er die Tür passiert hat.

Du benutzt das Kabel, um dich in Richtung des Schalters zu hangeln und betätigst ihn. Ein kurzer Warnton ertönt, dann rattert ein Notschott herab. Nicht nur vor der Tür, auch vor der Glasscheibe, an der du dich eben noch festgeklammert hast. Obwohl keine unmittelbare Gefahr mehr besteht, atmest du auf, als das Schott den Maschinenraum und damit das Leck luftdicht verschließt.

Auf dem Display neben dem Schalter leuchtet es grün auf. Es wird eine Meldung angezeigt, dass ein Druckausgleich eingeleitet wurde. Ganz allmählich wird wieder Luft in das Deck gelassen, die Anzeige in deinem Anzug zeigt sie aber noch als nicht atembar an.

Urplötzlich setzt die künstliche Schwerkraft wieder ein und du krachst schwer auf den Boden. Ein Teil des Anzugs knackt erschreckend laut. Einen Augenblick bist du benommen, dann blickst du rasch auf die Anzeige für die Restluft – sie bleibt unverändert. Der Anzug ist noch dicht.

»Aufstehen!«, befiehlt eine dir unbekannte Männerstimme. Sie kommt nicht aus dem Lautsprecher im Helm, sondern von außen.

Stöhnend wälzt du dich auf die Seite. Ein Mann in einem Schutzanzug, der genauso aussieht wie deiner, steht wenige Schritte entfernt im Flur. Er hat eine Wunde am linken Arm, aus der Blut auf den Boden tropft. In der rechten Hand hält er ein Blastergewehr, das auf dich gerichtet ist. »Hände hoch«, befiehlt er.

Du gehorchst.

»Was ist da los?«, hörst du Lacontes leise Stimme aus dem Kopfhörer. Nur mit Mühe widerstehst du dem Drang, dich nach ihm umzusehen. Er muss in den Korridor gedriftet sein, aus dem ihr kamt. Der Unbekannte kann ihn nicht sehen.

Eine zweite Gestalt kommt aus einem angrenzenden Büro getaumelt. Auch sie trägt einen Schutzanzug, dieser ist aber an einem Bein aufgerissen und blutverschmiert. »Wer ist das, Pavel?« Eine Frauenstimme.

»Keine Ahnung«, erwidert der verletzte Mann. »Nimm den Helm ab«, fordert er dich auf. »Sofort!«

Erst willst du widersprechen, doch ein Blick auf die Anzeigen beruhigt dich. Die Umgebungsluft soll schon wieder atembar sein, also wurde die künstliche Atmosphäre bereits wiederhergestellt.

»Das sind die Saboteure, die die Bombe gelegt haben«, flüstert Laconte über Funk. »Lenke sie ab, ich erledige sie dann.«

Du löst die Verriegelung am Helm und ziehst ihn dir vom Kopf. Die Luft um dich herum erscheint dir kühl und frisch, gierig saugst du sie in deine Lungen.

»Kennst du den?«, fragt der Mann.

»Nie gesehen«, erwidert die Frau. »Aber ich kenne nicht alle von Lundbergs Leuten.«

Im Augenwinkel bemerkst du Laconte, der sich an die Wand des Korridors gepresst hat. Er hält eine Blasterpistole in der Hand.

*Willst du die Saboteure ablenken, sodass Laconte sie ausschalten kann, lies weiter bei **455**.*

*Willst du ihn davon abhalten, die beiden zu erschießen, lies weiter bei **462**.*

447

Du bewunderst Feldmans Kampfgeist, aber sie quält sich nur. Bei der Menge an Blut, die sie schon verloren hat, ist ihr ohnehin nicht mehr zu helfen. Also legst du dein Gewehr an, zielst sorgfältig auf ihren Kopf und drückst ab, um ihrem Leiden ein Ende zu setzen. Der Schuss trifft, Blut spritzt auf die Tür und Feldman wird auf den Rücken geschleudert. Durch das Visier des Gewehrs siehst du ihr zerstörtes Gesicht, dessen verbliebenes Auge dich anklagend anzustarren scheint.

Gern würdest du dich abwenden, aber du musst den Platz im Auge behalten. Nach einer Weile gelingt es dir, den Anblick der Leiche zu ignorieren. Feldman hat von Seiten gesprochen. Du hast dich für die richtige entschieden – hoffst du.

*Lies weiter bei **633**.*

448

Du steckst deine Keycard in den Schlitz des Lesegeräts. Eine Diode schaltet auf Grün und die Duroglastür fährt langsam beiseite. Du blickst zu dem Trooper, der mittlerweile an der Ecke angekommen ist, aber er hat nichts gehört. Sobald die Tür weit genug beiseitegeglitten ist, zwängst du dich ins Innere der Schleuse und drückst auf den Schalter, der die Tür schließt. Es dauert eine gefühlte Ewigkeit, bis die Außentür geschlossen ist und du die Innentür öffnen kannst.

Du betrittst ein rechteckiges Zimmer, das wohl eine Art Kontrollraum für die Labore darstellt. Er hat nur einen anderen Ausgang, eine weitere Schleuse, durch die man in den eigentlichen Laborbereich gelangt. Der Kartenleser dieser Schleuse ist offenbar durch einen gezielten Blasterschuss zerstört worden. Sieht so aus, als säßest du hier erst mal fest.

Bevor du dich weiter umsiehst, trittst du aus dem Sichtbereich der Schleuse an die Wand und wartest gespannt ab. Hat dich

vielleicht doch einer der Trooper bemerkt? Oder gibt es irgendwo Kameras, die aufgezeichnet haben, wie du in die Schleuse getreten bist?
Doch es kommt niemand. Trotzdem hast du nicht vor, den Raum schnell wieder zu verlassen. Weit würdest du wohl nicht kommen, bevor du wieder einem Trooper in die Arme läufst.
Also nimmst du den Kontrollraum genauer in Augenschein.
*Lies weiter bei **248**.*

449

»Alles okay?«, fragst du besorgt.
Feldman nickt. »Ein Glück, dass Sie bei mir waren.«
Aus dem abzweigenden Gang dringt ein fernes Brüllen, das dir einen Schauder über den Rücken jagt.
»Schnell, weiter«, drängt Feldman. »Wir müssen Julia holen.«
Sie läuft voraus.
*Lies weiter bei **472**.*

450

Du hetzt auf das Ende des Korridors zu, wo er um 90° nach links abknickt. Der sich hier fortsetzende Korridor sieht weitgehend genauso aus wie der, aus dem du kommst, und er ist menschenleer. Rechts von dir ist aber ein breiter Durchgang, der zu einem Treppenhaus führt, das dieses Deck mit Deck 4 und Deck 6 verbindet. Das muss die Treppe sein, von der Lea gesprochen hat.
Der Durchgang ist durch eine behelfsmäßige Barrikade aus Stühlen und anderem Mobiliar halb versperrt, in der es nur einen schmalen Durchlass gibt. Du zwängst dich hindurch und zielst wachsam mit dem Blaster zuerst nach unten und dann nach oben. Im Treppenhaus ist aber ebenfalls niemand zu sehen.
Mit schussbereiter Waffe steigst du die Stufen bis zum nächsten Absatz empor und zielst von dort in Richtung Durchgang nach Deck 6, doch auch dort ist niemand.
Während du langsam wieder zu Atem kommst, lauschst du auf Geräusche. Aus der Ferne hörst du Blasterfeuer und auch Rufe. Aber müsstest du nicht auch Leas Schritte längst hören? Wo bleibt sie nur?
*Lies weiter bei **390**.*

451

Nach allem, was passiert ist, kommst du zu dem Schluss, dass du auf der falschen Seite stehst. Du löst den Kommunikator von deinem Handgelenk und wirfst ihn von der Brücke, damit die Trooper dich nicht orten können.

Streiche den Kommunikator aus deinem Inventar.

Dann eilst du die geschwungene Treppe hinunter. Unten angekommen siehst du dich wachsam um. Es gibt an jeder Seite des quadratischen Platzes eine Tür. Laut Beschilderung führt die Tür,

durch die du Feldman hast flüchten sehen, zum Hotel und zum Quartierbereich D, die anderen zu weiteren Quartierbereichen. Es ist niemand zu sehen, auch hinter den zum Teil verglasten Türen kannst du keine Bewegung ausmachen. Auf dem Platz herrscht eine Stille, die unter normalen Umständen wohl beruhigend wäre, jetzt aber gespenstisch auf dich wirkt.
Unschlüssig blickst du von einem Ausgang zum nächsten, aber die Tür, durch die Feldman gegangen ist, ist wohl die naheliegendste Entscheidung. Also nimmst du sie.
Lies weiter bei ***470****.*

452

Feldman stöhnt etwas Unverständliches und du beugst dich über ihren Mund, um sie besser zu verstehen. »M… eine T… Tochter«, haucht sie. »D fünf sechs.«
»Was meinen Sie?«, fragst du. »Was ist D fünf sechs?«
»Julia … Qua… Quart…« Feldman stöhnt noch einmal schmerzerfüllt, dann sackt ihr Kopf leblos zur Seite.
Du siehst dich um. Nicht weit entfernt ist eine Tür mit der Aufschrift »D12«. D56 muss ein Quartier sein. Julia ist wohl der Name ihrer Tochter. Hat Feldman sie dort zurückgelassen?
Notiere dir auf dem Datenblatt das Ereignis 430.
Willst du nach dem Quartier und Julia suchen, lies weiter bei ***501****.*
Wenn du lieber allein nach einem Fluchtweg suchen willst, lies weiter bei ***464****.*

453

Du hast den Code geknackt und damit Zugriff zur Steuerung des Außentores erhalten. Rasch gibst du das Kommando zum Öffnen ein. Ein Warnton ertönt in der Halle und das Tor fährt langsam zur Seite. Du aktivierst die Steuerungsdüsen und lässt die *Dreamscape* schweben, sodass du die Landestützen einfahren kannst. Als das Tor sich weit genug geöffnet hat, gibst du Vollschub und das Schiff schießt aus dem Dock ins All.

*Wenn du dir auf dem Datenblatt das Ereignis 581 notiert hast, geht es weiter bei **645**.*

*Andernfalls lies weiter bei **619**.*

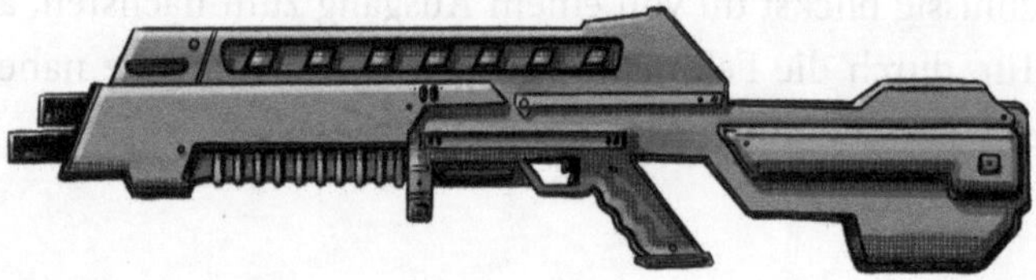

454

Nachdem ihr in den Korridor getreten seid und die Tür sich hinter euch geschlossen hat, atmest du etwas auf.

Doch schon nach wenigen Schritten wird dir klar, dass ihr noch immer in Gefahr schwebt. Die erste Tür auf der rechten Seite des Korridors steht offen, und als du näher trittst, siehst du die Leiche eines Troopers hinter dem Eingang liegen. Sein entstellter, blutiger Körper lässt keinen Zweifel daran, wer ihn umgebracht hat. Sein Blastergewehr liegt noch neben ihm und du hebst es auf.

Setze den Haken beim Blastergewehr in deinem Inventar.

»Wir müssen wachsam sein«, mahnt Feldman. »Hier ist es nicht sicher.«

»Wohin wollen wir überhaupt? Haben Sie einen Fluchtplan?«

Feldman sieht dich ernst an. »Ich muss meine kleine Tochter holen«, sagt sie.

»Ihre Tochter?«, wiederholst du überrascht.

»Ich habe sie in einem Gemeinschaftsquartier versteckt, als wir aufbrachen, um den Computerkern zu sabotieren. Sie mitzuneh-

men war viel zu gefährlich.« Ihr Gesicht umwölkt sich vor Sorge. »Ich hoffe, es geht ihr gut. Wir holen sie und dann verschwinden wir von hier.«
»Gibt es denn einen Weg?«, fragst du hoffnungsvoll.
Feldman nickt. »Ja, ein Rettungsshuttle.« Sie deutet den Flur hinunter. »Wir müssen dort entlang. Beeilen wir uns.«
*Lies weiter bei **460**.*

455

»Ich gehöre nicht zu Lundberg«, sagst du laut. »Ich bin mit meinem Schiff vor ein paar Stunden hier notgelandet und …«
Mehr musst du nicht sagen. Der Sergeant lehnt sich vor und drückt ab. Sein Blasterstrahl faucht dicht an dir vorbei und trifft Pavel in Schulterhöhe. Mit einem Aufschrei stolpert dieser zurück, versucht aber trotzdem, sein Blastergewehr hochzureißen. Bevor ihm das gelingt, schleudert ihn ein weiterer Treffer von Laconte zu Boden.
Die Frau stößt einen spitzen Schrei aus und taumelt gegen die Wand des Korridors. Sie hebt ihre zitternden Hände über den Kopf. Die Pistole die ganze Zeit auf die Frau gerichtet, geht Laconte an dir vorbei zu dem Getroffenen. Ungerührt zielt er auf dessen Helm und drückt nochmals ab. Der Körper zuckt einmal kurz auf und liegt dann still.
»Jetzt zu dir«, knurrt Laconte und richtet seine Waffe auf die Frau. »Nimm den Helm ab!«
Die Frau gehorcht zögernd. Sie ist jung, keine dreißig, die Haare militärisch kurzgeschnitten. Aus schreckgeweiteten Augen sieht sie Laconte an.
»Vaskova, dachte ich es mir doch«, zischt der. »Elende Verräterin.« Er winkt dich näher. »Schneide ein Stück Kabel ab und fessle ihr damit die Hände. Der Colonel wird sich freuen, seine ehemalige Ingenieurin wiederzusehen.«

Du kommst seinem Befehl nach und bindest Vaskova die Hände hinter dem Rücken.

»Was ist mit Ferreira?«, fragt Laconte. »Was habt ihr mit ihm gemacht?«

Die Frau nickt in Richtung des Büros, aus dem sie gekommen ist. Laconte sieht hinein, ohne seine Waffe zu senken, und zieht scharf die Luft ein. Auch du riskierst einen Blick. Ferreira liegt auf dem Boden. Das Visier seines Helms ist geborsten und die Splitter stecken ihm im zerstörten Gesicht, das kaum noch zu erkennen ist. Jemand muss ihn mit einem schweren Werkzeug erschlagen haben.

Laconte hält Vaskova seine Blasterpistole an den Kopf. »Hinterhältige Mörderin«, zischt er. »Ich sollte dir das Hirn aus dem Schädel blasen.«

Unvermittelt blitzt Zorn in den Augen der Frau auf. »Ach, und was ist dein feiner Colonel? Im Gegensatz zu ihm habe ich mich nur verteidigt.«

Du hörst Laconte durch seinen Helm leise murmeln. Da er längere Zeit nicht auf Vaskovas Aussage reagiert, nimmst du an, dass der Sergeant im Funkkontakt mit der Kommandozentrale steht.

»Was immer du dem Colonel vorzuwerfen hast, kannst du ihm gleich selbst sagen, ich soll dich nämlich zu ihm bringen«, erwidert Laconte schließlich laut und senkt seine Waffe. »Nimm deinen Helm und dann los, zur Treppe.«

Er wendet sich dir zu. »Du kommst auch mit. Wir sollen zuerst die Gefangene zur Kommandozentrale bringen, danach kannst du dich um den Computerkern kümmern.« Laconte deutet auf das Blastergewehr des toten Saboteurs. »Schnapp dir das Gewehr. Wir sollten vorsichtig sein. Oben hat es auch Ärger mit Angreifern gegeben.«

*Setze in deinem Inventar beim Blastergewehr einen Haken. Lies weiter bei **466**.*

456

Feldman scheint einfach nicht aufgeben zu wollen, das nötigt dir Respekt ab. Aber du kannst nicht mit ansehen, wie sie sich weiter quält. Vielleicht kannst du ja noch irgendetwas für sie tun.

Auch wenn es deinen Befehlen widerspricht, läufst du die geschwungene Treppe hinunter. Unten angekommen siehst du dich wachsam um. Es gib an jeder Seite des quadratischen Platzes eine Tür. Laut Beschilderung führt die, auf die Feldman zukriecht, zum Hotel und zum Quartierbereich D, die anderen zu weiteren Quartierbereichen.

Es ist niemand zu sehen. Wenn Saboteure in der Nähe wären, hätten sie sicher schon versucht, Feldman zu bergen. Also wagst du dich bis zu ihr vor, gehst neben ihr in die Knie und riskierst einen kurzen Blick auf ihre Verletzungen. Das reicht, um zu erkennen, dass der Frau niemand mehr helfen kann. Der eine Treffer hat ihren Bauch durchschlagen und ihr die Gedärme verschmort. Ihr rasselnder Atem und der blutige Schaum vor ihren Lippen deuten darauf hin, dass auch ihre Lunge verletzt ist. Sie muss höllische Schmerzen haben und trotzdem stemmt sie einen Arm auf und versucht sich ein Stück zur Tür hin zu ziehen.

Du kniest dich etwas unschlüssig neben sie. Vermutlich hat sie nur noch Minuten zu leben und jede Bewegung verstärkt die Tortur nur. Du kannst nichts mehr für sie tun, sie allenfalls daran hindern, sich weiter zu quälen. Sanft legst du ihr eine Hand auf die Schulter.

Mit erstaunlicher Kraft stößt sie deinen Arm beiseite, sackt aber sogleich erschöpft wieder zusammen. Sie hustet heftig, feine Blutstropfen spruhen über den Boden.

»Bleiben Sie liegen«, mahnst du. »Sie quälen sich nur unnötig.«

»Ich … muss … zu … Julia«, stößt sie hervor und versucht, sich wieder ein paar Zentimeter weiter zu ziehen, doch ihre Kräfte erlahmen.

»Wer ist Julia?«
»D«, ächzt sie. Wieder hustet sie heftig, ringt keuchend nach Atem. »Fünf sechs.« Ihre Augen richten sich auf dich. »Retten Sie sie«, haucht sie und hält deinen Blick für ein paar Sekunden, dann werden ihre Augen stumpf und leer und ihr rasselnder Atem verstummt.
Du starrst die Tote an. Julia. D56. Vielleicht die Nummer eines Quartiers irgendwo auf diesem Deck? Wer mag diese Julia sein, dass Feldman so verzweifelt ihr Leben aufs Spiel setzte, bis zuletzt alles versuchte, um zu ihr zu gelangen, und dir mit ihren letzten Worten auftrug, sie zu retten? Vielleicht ihre Tochter?
Du blickst erst zur Tür, dann nach oben zur Brücke. Du musst dich entscheiden, ob du den letzten Wunsch der Frau respektieren und dabei dein Leben in Gefahr bringen willst oder auf die Brücke zurückkehrst und den sicheren Weg wählst.
Wenn du die Tür öffnen und nach dieser Julia suchen willst, lies weiter bei ***505.***
Willst du stattdessen deine Wache auf der Brücke wieder aufnehmen, lies weiter bei ***633.***

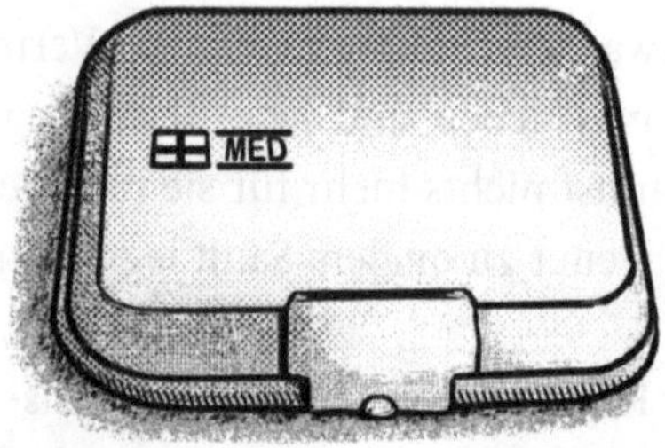

457

Du musst eingenickt sein, denn irgendwann schreckst du auf, als du leise Stimmen vor der Zelle hörst. Zwei weitere Trooper haben sich zu dem Wachhabenden gesellt und reden auf ihn ein. Du bemühst dich, zu verstehen, was sie sagen.

»... hat gehört, dass nur Lundberg und fünf weitere Trooper abgeholt werden sollen. Wir sollen hier auf der Station bleiben«, sagt einer der Neuankömmlinge.

»Wieso das?«, fragt dein Wächter nach. »In ein Kreuzershuttle passt doch eine ganze Abteilung. Wir alle könnten gleichzeitig zum Kreuzer gebracht werden.«

»Genau das hat Okoye auch stutzig gemacht. Er glaubt, Lundberg will das ganze Chaos vertuschen, das er hier angerichtet hat.«

»Vielleicht lässt er die Station sogar zerstören, sobald er an Bord des Kreuzers ist«, fügt der andere Neuankömmling mit grimmiger Miene hinzu.

»Und was sollen wir jetzt machen?«, fragt der Wachhabende. »Etwa gegen den Colonel kämpfen? Dann landen wir vorm Kriegsgericht.«

»Besser als hier zurückgelassen oder mit der Station in die Luft gejagt zu werden, oder nicht?«

»Wir brauchen jeden Mann. Gib dir einen Ruck. Sergeant Okoye sammelt gerade die anderen weiter hinten, dann fahren wir zum Hangar runter.«

Der Wächter zögert noch kurz, nickt dann aber. Die drei machen Anstalten, abzurücken.

*Willst du die Trooper auffordern, dich mitzunehmen, lies weiter bei **467**.*

*Bleibst du lieber, wo du bist, lies weiter bei **350**.*

458

Feldman schwenkt die Waffe in deine Richtung. »Was wollen Sie?«, zischt sie. »Warum folgen Sie mir?«

Du schluckst. »Ich ... ich will die Seiten wechseln«, stößt du dann hervor.

»Ach. Kommen Ihnen jetzt doch noch Zweifel? Wieso sollte ich Ihnen vertrauen?«

»Wenn ich gewollt hätte, hätte ich Sie und den Irren gleichzeitig erschießen können«, gibst du zu bedenken.
Feldman mustert dich noch immer argwöhnisch, als in der Ferne ein Brüllen ertönt. »Scheiße«, murmelt sie und lässt die Waffe sinken. »Ich kann wirklich jede Hilfe gebrauchen.«
»Wobei? Haben Sie einen Fluchtplan?«, fragst du hoffnungsvoll.
Feldman sieht dich ernst an. »Ich muss meine Tochter holen«, sagt sie.
»Ihre Tochter?«, wiederholst du überrascht.
»Ich habe sie in einem Gemeinschaftsquartier versteckt, als wir aufbrachen, um den Computerkern zu sabotieren. Sie mitzunehmen war viel zu gefährlich.« Ihr Gesicht umwölkt sich vor Sorge. »Ich hoffe, es geht ihr gut. Wir holen sie und dann verschwinden wir von hier.«
»Gibt es denn einen Weg?«, fragst du hoffnungsvoll.
Feldman nickt. »Ja, ein Rettungsshuttle.« Sie deutet weiter den Flur hinunter. Laut Wegweiser führt er zum Hotel. »Wir müssen dort entlang. Beeilen wir uns.«
*Lies weiter bei **472**.*

459

Unvermittelt setzt die künstliche Schwerkraft wieder ein und du krachst hart auf den Boden. Ein Teil des Anzugs knackt. Einen Augenblick bist du benommen, dann blickst du rasch auf die Anzeige für die Restluft – sie bleibt unverändert. Der Anzug ist noch dicht.

»Aufstehen!«, befiehlt eine dir unbekannte Stimme. Sie kommt nicht aus dem Lautsprecher im Helm, sondern von außen.

Stöhnend wälzt du dich auf die Seite. Ein Mann in einem Schutzanzug, der genauso aussieht wie deiner, steht wenige Schritte entfernt im Flur. Er hat eine Wunde am linken Arm, aus der Blut auf den Boden tropft. In der rechten Hand hält er eine Blasterpistole, die auf dich gerichtet ist. »Hände hoch«, befiehlt er.

Du gehorchst.

Ein zweite Gestalt kommt aus einem angrenzenden Büro getaumelt. Auch sie trägt einen Schutzanzug, dieser ist aber an einem Bein aufgerissen und blutverschmiert.

»Alles in Ordnung, Vaskova?«, fragt der Mann besorgt.

Vaskova? Hat Laconte nicht vorhin nach einer Person dieses Namens gefragt? »Es geht schon. Wer ist das?« Eine Frauenstimme.

»Keine Ahnung«, erwidert der verletzte Mann. »Nimm den Helm ab«, fordert er dich auf. »Sofort!«

Erst willst du widersprechen, doch ein Blick auf die Anzeigen beruhigt dich. Die Umgebungsluft wird als atembar angezeigt, also wurde die künstliche Atmosphäre schon wiederhergestellt.

Du löst die Verriegelung am Helm und ziehst ihn dir vom Kopf. Die Luft um dich herum erscheint dir kühl und frisch, gierig saugst du sie in deine Lungen.

»Kennst du den, Pavel?«, fragt die Frau. »Zu Lundbergs Leuten gehört er jedenfalls nicht.«

»Nie gesehen«, erwidert Pavel und tritt näher. »Soll ich ihn erschießen?«, fragt er, als sei das die naheliegendste Idee.

»Hören Sie, ich bin mit meinem Schiff erst vor ein paar Stunden hier notgelandet«, erklärst du mit zitternder Stimme. »Ich habe keine Ahnung, wer hier warum gegen wen kämpft und auf welcher Seite sie stehen.« Ob deine Worte den Mann davon abhalten, dich zu töten?

*Lies weiter bei **485**.*

460

Der Korridor ist freundlicher gestaltet als die eher zweckmäßigen Gänge, die du von den anderen Decks kennst. Zwar sind auch hier Wände und Boden aus Metall, aber die Wände wurden in einem freundlichen Grün lackiert. Die Decke ist verkleidet und kleine Strahler geben warmes Licht ab – zumindest die wenigen, die noch funktionieren, denn die Deckenverkleidung wurde an vielen Stellen abgerissen und liegt in Fetzen auf dem Boden. Drähte und Kabel hängen von der Decke herab. In die Wände sind Bildschirme eingelassen. Die meisten sind zerstört, auf einem flackern aber noch Bilder. Es sieht nach einem Werbespot des Frius-Konzerns aus.

Feldman dringt entschlossen vor. Der Flur ist in regelmäßigen Abständen von Türen gesäumt, die wohl zu Quartieren führen. Die meisten Türen sind verschlossen und auf den kleinen Displays über den Tastern, mit denen sie sich öffnen lassen, leuchtet ein Hinweis, dass sie blockiert sind. Auf den Türen ist jeweils ein Aufdruck: »D15«, »D16« … Feldman eilt auch an den wenigen offenen Türen vorbei, ohne hineinzusehen. Offenbar ist das gesuchte Quartier nicht in der Nähe.

Als ihr eine Kreuzung erreicht, an der ein Korridor nach links abgeht, stellt Feldman sich an die Ecke und späht in den abzweigenden Gang. Gerade gibt sie dir ein Zeichen, dass ihr weitergehen könnt, als du ein wildes Brüllen hörst. Feldman stolpert zurück und reißt ihre Waffe hoch, sie ist aber nicht schnell genug. Der

Irre, der irgendwo in dem Korridor gelauert haben muss, packt ihr Gewehr und die beiden ringen miteinander.

Du bringst deinen Blaster in Anschlag, aber im Ringen um die Waffe stolpern die beiden im Flur hin und her. Mal dreht dir der Irre, mal Feldman den Rücken zu.

Notiere dir das Ereignis 460.

*Willst du es riskieren, zu schießen, lies weiter bei **475**.*

*Wenn du lieber abwarten willst, bis du ein klares Ziel hast, lies weiter bei **504**.*

461

Du wirst von Gemurmel geweckt. Überall rappeln sich Trooper auf und greifen nach ihren Waffen. Ein Alarm? Auch du quälst dich auf die Beine, wenngleich du das Gefühl hast, nur ein paar Minuten geschlafen zu haben.

Einer der anderen Trooper kommt auf dich zu, als du gerade nach deinem Blaster greifst. »Bist du auch dabei?«, fragt er mit verschwörerisch gesenkter Stimme.

»Was ist denn überhaupt los?«, erwiderst du.

»Der Kreuzer ist fast da, aber der Colonel will sich mit ein paar Getreuen aus dem Staub machen und uns hier versauern lassen«, erwidert der Soldat und deutet auf einen dunkelhäutigen Trooper mit dem Rangabzeichen eines Sergeants, der am Eingang zu der Bar steht, in der du geschlafen hast. »Okoye hat es gehört.«

Ihr geht zusammen zu dem Sergeant hinüber.

»... Kreuzer ist im Anflug. Ich habe gehört, wie der Colonel angeordnet hat, dass ein Shuttle kommen und ihn und fünf andere mitnehmen soll.«

»Wieso nur fünf?«, fragt ein junger Trooper. »In ein Kreuzershuttle passt eine ganze Abteilung. Wir könnten alle gleichzeitig ...«

»Eben«, unterbricht ihn Sergeant Okoye. »Ich glaube, Lundberg will das Chaos hier vertuschen. Wir wissen zu viel, also lässt er uns hier zurück, oder …« Er macht eine unbestimmte Geste und lässt das Ende des Satzes offen.

»Oder was?«, hakt der Trooper nach, der dich angesprochen hat.

Okoye zuckt die Schultern. »Wenn ich Lundberg wäre, würde ich auf Nummer sicher gehen und die Station zerstören lassen. Dann kann er dem Oberkommando erzählen, was immer er will.«

Aufgeregtes Gemurmel erhebt sich unter den zwölf Troopern, die mittlerweile zusammengekommen sind.

»Wir müssen zum Hangar und den Colonel aufhalten«, drängt Okoye. »Wer kommt mit?«

Einige zögern, doch nachdem mehr und mehr Trooper sich Okoye anschließen, willigen schließlich alle ein. Sie eilen zum Aufzug, um damit nach Deck 3 zu fahren.

*Schließt du dich dem Aufstand an, lies weiter bei **495**.*

*Bleibst du lieber wo du bist, lies weiter bei **350**.*

462

»Nicht schießen, Laconte«, rufst du und wendest den Kopf in seine Richtung. Deiner Meinung nach hat es genug Tote gegeben.

»Idiot!«, zischt der Sergeant zur Antwort und eröffnet trotz deines Rufes das Feuer.

Der Saboteur hat sich aber bereits geduckt und seinerseits das Gewehr in Richtung der Kreuzung geschwenkt. Blasterstrahlen zischen durch den Flur hin und her. Wie die Frau kauerst du dich an die Wand hinter dir und hoffst, nicht von einem Querschläger getroffen zu werden.

Das Feuergefecht endet unvermittelt. Erst nach einigen Augenblicken wagst du es, den Kopf zu heben. Der Saboteur steht noch, Laconte ist hingegen in sich zusammengesunken. Zwei Brandlöcher in seinem Anzug zeigen, dass er in Brusthöhe getroffen wurde.

»Alles in Ordnung, Vaskova?«, fragt Pavel.
»Ja. Hat er dich erwischt?«
»Nur ein Streifschuss«, wiegelt Pavel ächzend ab und richtet sein Gewehr wieder auf dich. »Auf welcher Seite stehst du?« Er klingt noch immer argwöhnisch.
»Eigentlich auf gar keiner«, gibst du zu. »Ich bin erst vor ein paar Stunden mit meinem Schiff hier notgelandet.« Du hoffst, dass deine Ehrlichkeit den Mann besänftigt.
*Lies weiter bei **485**.*

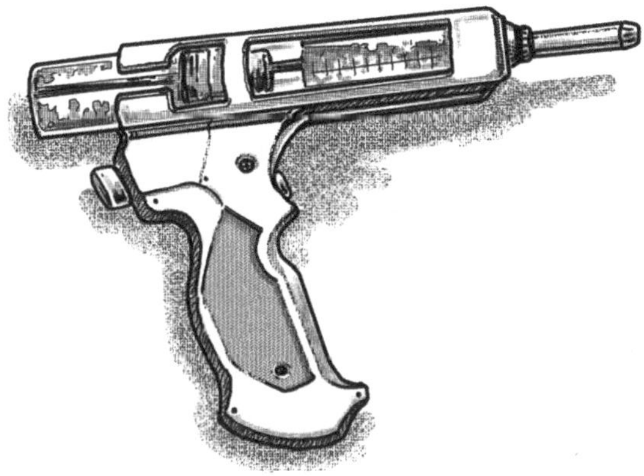

463

Nach allem, was passiert ist, kommst du zu dem Schluss, dass du auf der falschen Seite stehst. Also eilst du die geschwungene Treppe hinunter. Unten angekommen siehst du dich wachsam um. Es gibt an jeder Seite des quadratischen Platzes eine Tür. Laut Beschilderung führt die, durch die du Feldman hast flüchten sehen, zum Hotel und zum Quartierblock D, die anderen zu weiteren Quartierbereichen.
Es ist niemand zu sehen. Auch hinter den zum Teil verglasten Türen kannst du keine Bewegung ausmachen. Auf dem Platz herrscht eine Stille, die unter normalen Umständen wohl beruhigend wäre, jetzt aber gespenstisch auf dich wirkt.

Unschlüssig blickst du von einem Ausgang zum nächsten, aber die Tür, die Feldman genommen hat, ist wohl die naheliegendste Entscheidung.

Wenn du dir das Ereignis 417 notiert hast, lies weiter bei ***484***.
Falls nicht, lies weiter bei ***470***.

464

Julia ist nicht dein Problem, entscheidest du. Du musst einen Weg finden, von dieser verdammten Station runterzukommen, allein das zählt.

Du läufst den Gang weiter entlang und kommst an einem Quartier vorbei, dessen Tür offen steht. Dort gibt es eine Sanitärzelle, und da du durstig bist, trinkst du an dem Waschbecken etwas Wasser. Du wäschst dir das Gesicht und betrachtest es danach in dem zersplitterten Spiegel. Es ist durch viele Wunden zerschunden und deine Augen sind von Schatten umgeben. Du siehst müde und erschöpft aus.

Als du einen Schritt zurücktrittst, siehst du auch deinen Oberkörper. Dein Overall ist mit Blut besudelt. Wenn dich ein Trooper so sieht, wird er vermutlich sofort das Feuer eröffnen, weil er dich für einen der Irren hält.

Du siehst dich weiter in dem Quartier um. Auch hier ist das gesamte Mobiliar zerschlagen worden. Der Schrank steht offen und Kleidung liegt auf dem Boden verstreut. Du ziehst einen Stationsoverall aus dem Stapel und hältst ihn dir vor den Körper. Die Ärmel sind wohl ein bisschen kurz, davon abgesehen scheint er aber zu passen. Er hat ein Namensschild an der Brust, auf dem »Sven Andreassen« steht.

Du schälst dich aus den schmutzigen Kleidern und ziehst den frischen Overall an. Am liebsten würdest du dich auf die zerfetzte Matratze legen und ausruhen, aber hier einzuschlafen, wäre vermutlich tödlich. Müde trittst du auf den Flur hinaus.

»Hände hoch!«, bellt eine Stimme unvermittelt. »Waffe runter!«, eine andere.

Du drehst dich um und gehorchst, als du ein halbes Dutzend Trooper weiter hinten im Korridor stehen siehst.

»Runter auf die Knie«, befiehlt ein dritter Soldat. »Hände hinter den Kopf.«

Der Anführer des Trupps, der das Rangabzeichen eines Sergeants trägt, tritt auf dich zu. Er mustert dich kurz und hebt dann seinen Kommunikator vor das Gesicht. »Robson noch mal, Sir. Wir haben auf dem Rückweg ein Besatzungsmitglied aufgegriffen. Laut Namensschild ein gewisser Andreassen.«

»Bringt ihn in die Arrestzelle. Wir verhören ihn später«, hörst du jemanden antworten.

»Aye, Sir.« Robson senkt den Arm und gibt seinen Soldaten ein Zeichen. »Ihr habt es gehört, wir nehmen ihn mit.«

Du wirst grob auf die Füße gezerrt und durch die Korridore zurück zu dem Platz und hoch zur Brücke gebracht. Die Trooper stoßen dich die Stufen empor und durch einen weiteren Korridor, der auf das Promenadendeck führt, wo du zum nahegelegenen Sicherheitsbüro geführt wirst, das völlig verwüstet ist.

*Lies weiter bei **474**.*

465

Einer der Trooper deaktiviert das Kraftfeld, der andere stößt dich in die Zelle. »Mach es dir gemütlich«, knurrt er sarkastisch, nachdem das Kraftfeld wieder aktiviert wurde. Einer der Trooper bleibt vor der Zelle als Wache zurück, Robson und die anderen ziehen ab.

Du legst dich auf eine der beiden Pritschen in der Zelle und wartest ab.

*Lies weiter bei **457**.*

466 *(Speicherpunkt – Blastergewehr, Keycard)*

Du läufst hinter Laconte und seiner Gefangenen in Richtung Treppenhaus. Als ihr dort ankommt, bedeutet der Sergeant dir, die Tür zu öffnen, während er selbst – die Frau als Schutzschild vor sich haltend – seine Waffe vorstreckt.

Die Tür lässt sich schwer öffnen. Offenbar herrscht im Treppenhaus ein anderer Luftdruck, denn erst als du deine ganze Kraft aufwendest, kannst du den Unterdruck überwinden und die Tür aufreißen. Das Treppenhaus ist noch immer verraucht, aber nicht mehr ganz so schlimm wie zuvor. Vor dir auf dem Treppenabsatz liegt ein glühendes Stück Metall.

»Du zuerst«, befiehlt der Sergeant.

Das Blastergewehr fester umfassend trittst du ins Treppenhaus und beginnst den Aufstieg. Laconte stößt Vaskova vor sich her die Stufen hinauf. Die beiden bleiben dicht hinter dir.

Ihr erreicht Deck 3 und du hältst erschrocken inne, als du zur Tür blickst, die halb offen steht. Der Qualm hat sich auf dem Frachtdeck ausgebreitet, deshalb war er im Treppenhaus nicht mehr so dicht. In der Tür ist der Oberkörper einer Leiche eingeklemmt. Der Tote trägt die Uniform der Stationsbesatzung und sein Anblick ist grauenerregend. Der Kopf steht in bizarrem Winkel vom Rumpf ab, die Hälfte des Halses wurde weggerissen. Es sieht aus, als habe ein Raubtier zugeschlagen, aber du weißt es besser.

»Bei allen Sternen«, stöhnt Vaskova schockiert.

Der Tote scheint dich mit schreckgeweiteten Augen anzustarren und du wendest den Blick ab.

»Behalte die Frau im Auge«, befiehlt dir Laconte und drückt sich neben der Tür an die Wand. Er späht in den Flur, dann öffnet er die Tür ein wenig weiter und schiebt den Toten nach draußen, sodass er sie schließen kann. »Langsam weiter nach oben«, flüstert er.

Dein Herz schlägt schneller. Der Tote war sicher das Opfer eines Irren, aber wo steckt der? Hinter euch auf Deck 3? Oder über

euch im Treppenhaus? Dein Blick zuckt ständig hin und her, während du langsam die nächsten Stufen erklimmst.
»Wollt ihr auch wie der Tote enden? Angefallen von einem Irren?«, fragt Vaskova leise auf halbem Weg nach Deck 4. Ihre Stimme klingt eindringlich.
»Halt's Maul!«, knurrt Laconte.
»Oder vielleicht schnappen uns auch Figos Leute und er probiert seine Wunderdroge als Nächstes an einem von euch aus«, fährt sie unbeirrt fort. »Dann seid ihr es, die anderen die Kehle herausreißen und …«
»Du sollst die Fresse halten«, zischt Laconte sie an und stößt ihr den Lauf seines Blasters in den Rücken. »Das ist alles die Schuld dieser verdammten Saboteure. Du hast dir von ihnen den Kopf verdrehen lassen.«
»Das glaubst du wirklich? Lundberg hat Figo von der Leine gelassen und jetzt will er nur noch seinen Arsch retten, so sieht …«
Laconte versetzt ihr mit der freien Hand einen Hieb in die Rippen und sie stößt einen Schmerzenslaut aus. Der Sergeant hält ihr den Lauf seiner Pistole an den Helm. »Ich sollte dich gleich hier erschießen, du Miststück.«
Du stehst zwei Stufen über ihm und er wendet dir den Rücken zu.
Willst du Laconte beruhigen und ihn an den Befehl des Colonels erinnern, lies weiter bei ***502****.*
Wenn du Laconte mit deiner Waffe bedrohen willst, lies weiter bei ***494****.*

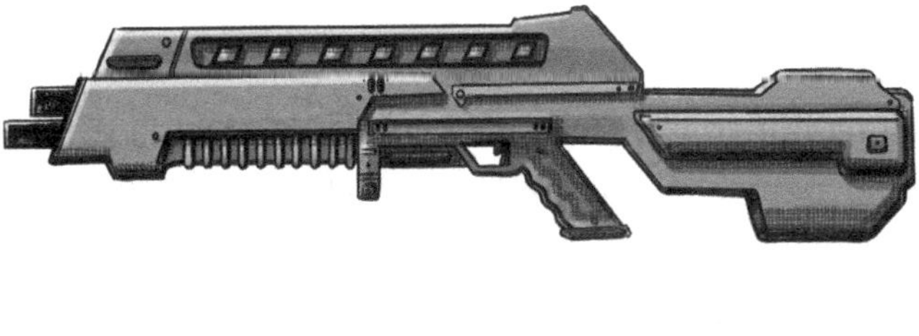

467

»Was ist mit mir?«, fragst du.

Die Trooper drehen sich zu dir um. »Was soll mit dir sein?«, fragt der, der dich bewacht hat.

»Ihr sagtet doch, ihr braucht jeden Mann, und wenn Lundberg wirklich die Station sprengen will, könnt ihr mich doch nicht hier zurücklassen.«

Die drei sehen sich an, flüstern miteinander, zwei zucken die Schultern. »In Ordnung, du kannst mitkommen«, sagt der Wächter. »Der Sergeant soll entscheiden, ob du eine Waffe bekommst.«

Er deaktiviert das Kraftfeld und gemeinsam eilt ihr das Promenadendeck entlang. Weiter hinten, in einem Raum, der wohl mal eine Bar war, haben sich weitere Trooper versammelt.

Ein Dunkelhäutiger, der das Rangabzeichen eines Sergeants trägt, redet gerade auf sie ein. »Wir müssen zum Hangar und den Colonel aufhalten«, drängt er. »Wer kommt mit?«

Einige blicken zögernd auf die Verletzten, die auf Bänken in der ehemaligen Bar liegen. Erst nachdem deine Begleiter sich Okoye anschließen, willigen alle ein.

Dein Gefängniswächter spricht den Sergeant an. »Der Mann hier will auch mitkommen. Lundberg hatte ihn weggesperrt.«

Okoye mustert dich kritisch. »Warum?«

In knappen Worten erklärst du, wer du bist und warum du in die Arrestzelle gesteckt wurdest.

*Wenn du Chief Volkov spielst, lies weiter bei **473**.*

*Wenn du den Ingenieur Velazquez spielst, lies weiter bei **477**.*

468

Du fährst mit erhobener Waffe herum. Lea steht in der Tür zu dem anderen Schlafraum. Sie hat die Waffe gesenkt und redet mit jemandem, der auf einem der Betten und damit außerhalb deines Sichtbereiches sitzt.

»Beruhige dich Julia, ich tue dir nichts. Du kennst mich doch. Ich bin Lea.« Ohne zu dir zu sehen, bedeutet sie dir mit der freien Hand, nicht näher zu kommen. Vermutlich befürchtet sie, dass das verängstigte Kind beim Anblick eines unbekannten Mannes vollends in Panik gerät.

»Wo ist meine Mama?«, fragt Julia. Ihrer hellen Stimme nach zu urteilen muss sie noch recht jung sein. »Sie hat gesagt, dass sie mich selbst abholen kommt.«

Lea sucht sichtlich nach Worten.

»Ist sie tot?«, fragt Julia. Ihre Stimme wird schrill. »Sie ist tot, oder?«

Lea nickt bedächtig und streckt die Arme nach dem Kind aus. »Es tut mir leid, Julia«, sagt sie mit brüchiger Stimme.

Das Mädchen bricht in Tränen aus und wirft sich schluchzend in Leas Arme. Lea hebt es vorsichtig vom Bett, sodass du es sehen kannst. Julia ist höchstens sechs oder sieben Jahre alt.

Du bleibst auf Abstand und lässt dem Mädchen einen Augenblick, dann räusperst du dich leise. »Wir sollten hier verschwinden«, mahnst du.

Julia erschrickt und blickt voller Angst zu dir auf. »Wer ist das? Ist er ein böser Mann?«

»Nein, Julia, er gehört zu mir. Er hat mir geholfen, dich zu finden.« Sie wendet sich dir zu. »Ich weiß nicht, wohin wir gehen sollen«, gesteht sie ratlos. »Ich hatte gehofft, noch auf überlebende Saboteure zu treffen, aber ich fürchte …« Sie lässt das Satzende in der Luft hängen.

Du weißt nicht, was du darauf sagen sollst. Gibt es wirklich keine Fluchtmöglichkeit?

»Mama hat gesagt, es gibt ein kleines Schiff im Hotel«, sagt Julia schniefend. »In der Suite.«

»Vielleicht ein Shuttle«, mutmaßt Lea. »Stimmt, solche Gerüchte habe ich auch mal gehört, sie aber für Unsinn gehalten.«

»Ein Shuttle in einer Hotelsuite?«, fragst du ungläubig.
»Ja, extra für die Geschäftsführer des Konzerns«, sagt Lea. »Das klang für mich damals auch nicht sonderlich glaubwürdig, aber vielleicht ist ja doch was dran.«
Da du keine bessere Idee hast, nickst du nur. »Dann los.«
Lea wendet sich wieder dem Mädchen zu. »Wir müssen zu diesem kleinen Schiff. Draußen können aber noch böse Männer sein, deswegen ist es wichtig, dass wir ganz still sind, ja?«
Julia nickt tapfer.
Lea steht auf und wendet sich der Tür zu. »Wir gehen nach links bis zur Hotellobby. Ich gehe voran, du bildest die Nachhut. Julia, du bleibst immer schön zwischen uns, alles klar?« Ihr nickt.
Lea holt noch einmal tief Luft, dann öffnet sie die Tür.
*Lies weiter bei **482**.*

469

Hinter dir hörst du jemanden die Leiter hinabsteigen. »Der Hangar ist leer. Keine Spur von einem Shuttle«, meldet er, als er kurz darauf zurückkommt.

Der Anführer des Trupps tritt auf dich zu. Er trägt das Rangabzeichen eines Sergeants. »Ich kenne dich. Du warst doch noch vor ein paar Stunden beim Colonel. Was hast du hier zu suchen?«

Du senkst den Blick und schweigst.

Der Sergeant knurrt etwas Unverständliches und hebt dann seinen Kommunikator vor das Gesicht. »Robson hier. Das Shuttle ist weg, aber wir haben einen Gefangenen. Es ist der Mann, der vor ein paar Stunden zum Colonel gebracht wurde.«

»Zeig ihn mir«, hörst du die bekannte Stimme von Lieutenant Gruber antworten.

Robson dreht den Kommunikator so, dass du Grubers Gesicht auf dem Display sehen kannst und er dich.

Der Lieutenant mustert dich mit finsterer Miene. »Bringt ihn in die Arrestzelle. Wir kümmern uns später um ihn«, befiehlt er.

»Aye, Sir.« Robson senkt den Arm und gibt seinen Soldaten ein Zeichen. »Ihr habt es gehört. Hoch mit ihm und zurück zum Promenadendeck.«

Du wirst grob auf die Füße gezerrt und durch die Korridore und über den großen Platz zurück nach Deck 7 und zum Sicherheitsbüro gebracht.

*Wenn du dir auf dem Datenblatt das Ereignis 345 notiert hast, lies weiter bei **465**.*

*Falls nicht, lies weiter bei **474**.*

470

Der Korridor ist freundlicher gestaltet als die eher zweckmäßigen Gänge, die du von den anderen Decks kennst. Zwar sind auch hier Wände und Boden aus Metall, aber die Wände wur-

den in einem freundlichen Grün lackiert. Die Decke ist verkleidet und kleine Strahler geben warmes Licht ab – zumindest die wenigen, die noch funktionieren, denn die Deckenverkleidung wurde an vielen Stellen abgerissen und liegt in Fetzen auf dem Boden. Drähte und Kabel hängen von der Decke herab. In die Wände sind Bildschirme eingelassen. Die meisten sind zerstört, auf einem flackern aber noch Bilder. Es sieht nach einem Werbespot des Frius-Konzerns aus.
Im flackernden Licht siehst du hinter einer Tür auf der rechten Seite die Leiche eines Troopers liegen. Sein entstellter, blutiger Körper lässt keinen Zweifel daran, wer ihn umgebracht hat.
Während du die Leiche noch inspizierst, lässt dich ein Aufschrei zusammenzucken. Er kam aus dem Halbdunkel vor dir und es klang nach einer Frau. Wird Feldman vielleicht auch gerade von einem Irren angegriffen?
Du rennst den Korridor entlang und kannst nach wenigen Metern die Schemen zweier Gestalten ausmachen, die an einer Kreuzung miteinander ringen. Als du noch näher kommst, kannst du Feldman erkennen. Die andere Gestalt ist ein Irrer der mit ihr um einen Blaster kämpft, den beide verbissen umklammern.
Du eilst bis auf wenige Schritte an die Kämpfenden heran, kniest dich dann hin und bringst deinen Blaster in Anschlag. Aber im Ringen um die Waffe stolpern die beiden im Flur hin und her. Mal dreht dir der Irre, mal Feldman den Rücken zu.
Notiere dir das Ereignis 470.
*Willst du es riskieren, zu schießen, lies weiter bei **475**.*
*Wenn du lieber abwarten willst, bis du ein klares Ziel hast, lies weiter bei **504**.*

471

Du betrachtest dein Werk. Ein paar Dioden oberhalb der Schaltung sollten eigentlich irgendwie reagieren, aber es geschieht

nichts. »Mist«, fluchst du und willst dich noch einmal an die Arbeit machen, aber Vaskova schiebt dich beiseite.
»Dafür haben wir keine Zeit«, brummt sie, legt mit ihrer Waffe an und feuert in die Schaltung. Funken stieben in alle Richtungen, als der Blasterstrahl die Platine verschmort.
Senke den Vorsprung um 1 und lies dann weiter bei ***503***.

472

Ihr eilt den Flur hinunter, der an einer halb verglasten Schiebetür endet, durch die du einen breiten Flur erkennen kannst. Ihr kommt an einer Reihe von Quartieren vorbei, aber Feldman hält zielstrebig auf die Glastür zu.
Dort angekommen, späht Feldman durch das Glas nach links und rechts. »Niemand zu sehen«, flüstert sie. »Wir müssen trotzdem vorsichtig sein.« Sie legt die Hand auf den Schalter für die Tür und blickt dich an.
Du hebst deinen Blaster und nickst ihr zu, zum Zeichen, dass du bereit bist. Sie öffnet die Tür und ihr stürmt gleichzeitig hindurch. Ihr steht auf einem breiten Korridor, der ein Duroglasdach hat und in dessen Mitte einige Hydrokulturpflanzen stehen. Auf der einen Seite des Flurs gibt es Türen zu weiteren Quartieren. Die andere Wand wird von einem großen Gemälde dominiert und weiter hinten kannst du eine Glasfront erkennen. Das muss der Eingang zur Hotellobby sein.
Nichts regt sich. Es scheinen keine Berserker auf euch zu lauern. »Hier entlang«, flüstert Feldman und läuft von der Glastür aus gesehen nach rechts. Vor der Tür mit der Aufschrift »D56« bleibt Feldman stehen. Die Tür ist verschlossen, doch Feldman durchwühlt das Granulat einer in der Nähe stehenden Pflanze und zieht eine Master-Keycard hervor. Damit lässt die Tür sich öffnen.
Feldman ist die Anspannung deutlich anzumerken, als ihr durch die Tür tretet. Dahinter liegt der Aufenthaltsraum eines Gemein-

schaftsquartiers mit einigen Sitzmöbeln, einem Bildschirm und einem Wasserspender. Alles ist in einwandfreiem Zustand. Drei weitere Türen führen in die eigentlichen Schlafzimmer.

»Julia?«, flüstert sie. »Julia, ich bin es.«

Keine Antwort. Du lässt deinen Blick wachsam zwischen den Türen hin- und herwandern.

»Julia, komm heraus«, sagt Feldman lauter. »Es ist alles in Ordnung.«

Hinter der linken Tür regt sich etwas. Kurz darauf öffnet sie sich. Zunächst kannst du niemanden sehen. Erst auf den zweiten Blick erkennst du das bleiche, schmale Gesicht eines Mädchens in der oberen Ecke des Türausschnitts. Es kauert dort auf einer der Kojen.

»Mama?«, fragt sie schüchtern. »Wer ist der Mann bei dir?«

»Er gehört zu mir, Julia. Er hat mir geholfen. Es ist alles in Ordnung.« Feldmans Augen schwimmen in Tränen. Sie geht auf die Knie und breitet die Arme aus. »Komm zu mir.«

Julia zögert nicht länger, springt von der Koje und rennt in die Arme ihrer Mutter. Sie schlingt die dünnen Arme um Feldmans Hals und birgt das Gesicht an ihrer Schulter. Das Mädchen ist höchstens sechs oder sieben Jahre alt. Schwer vorzustellen, welche Ängste es in den vergangenen Stunden hier ganz allein ausgestanden haben muss.

Du lässt den beiden einige Augenblicke, dann räusperst du dich leise. »Wir sollten hier verschwinden«, mahnst du.

Feldman löst sich sanft aus der Umarmung ihrer Tochter und betrachtet sie von oben bis unten. »War jemand hier? Bist du verletzt?«

Schniefend schüttelt Julia den Kopf. »Ich hatte nur Angst, dass du nicht wiederkommst.«

Feldman streicht ihr einige Haare aus dem Gesicht. »Ich bin ja da«, sagt sie mit brüchiger Stimme. »Und jetzt müssen wir fort von hier, bevor doch noch böse Männer kommen. Aber dazu müssen wir ganz leise sein. Schaffst du das?«

Julia nickt tapfer.

Feldman dreht sich zu dir um und wischt sich mit einer hastigen Bewegung die Tränen aus den Augen. »Wir müssen zum Hotel. Das Shuttle ist über die Suite erreichbar, die für die Geschäftsführer des Frius-Konzerns reserviert ist. Wir gehen durch die Tür, links, bis zur Lobby. Alles klar?« Du nickst. »Julia, du bleibst zwischen uns.«

Entschlossen steht sie auf und tritt an die Tür. Auch du hältst deinen Blaster bereit.

Feldman holt noch einmal tief Luft, dann öffnet sie die Tür.

*Lies weiter bei **524.***

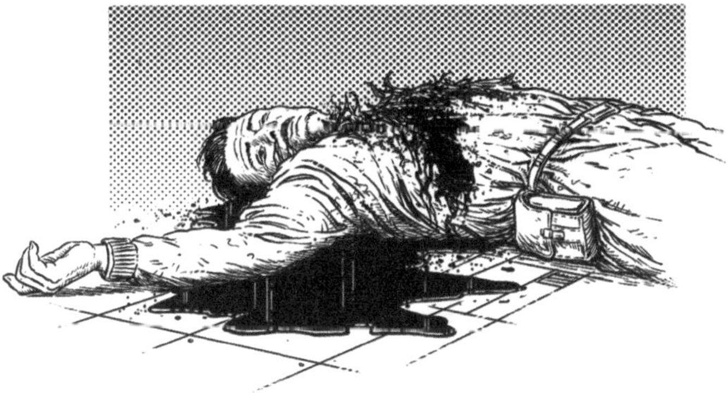

473

»Du willst also einer von uns sein?« Okoye sieht dich skeptisch an. »Ich habe keine Zeit, das zu überprüfen. Du siehst jedenfalls aus, als ob du kämpfen kannst, und da du im Knast gesessen hast, stehst du wohl nicht auf Lundbergs Seite.« Er greift sich ein Blastergewehr und reicht es dir. »Aber ich behalte dich im Auge. Wenn du auf dumme Gedanken kommst, blase ich dir den Schädel weg, klar?«

Du nickst.
Okoye wendet sich den anderen zu. »Jetzt los. Wir haben keine Zeit mehr zu verlieren.«
Du zählst insgesamt 12 Trooper, die mit dir zum Lift eilen, um damit nach Deck 3 zu fahren.
Markiere das Blastergewehr in deinem Inventar und lies weiter bei ***495****.*

474

An einer Seite des Büros ist ein Teil des Raumes als Arrestzelle abgeteilt. Bei genauem Hinsehen erkennst du das Wabern eines Kraftfelds, das den Raum verschließt.
Einer der Trooper deaktiviert das Kraftfeld, der andere stößt dich in die Zelle. »Mach es dir gemütlich«, knurrt er sarkastisch, nachdem das Kraftfeld wieder aktiviert wurde. Ein Soldat bleibt vor der Zelle als Wache zurück, Robson und die anderen ziehen ab.
In der Zelle gibt es zwei Pritschen. Du legst dich seufzend auf eine und wartest ab.
Lies weiter bei ***457****.*

475

Obwohl du kein eindeutiges Ziel hast, drückst du ab.
Würfele mit einem Würfel und zähle den Fernkampfwert deines Charakters hinzu.
Ist das Ergebnis 9 oder größer, lies weiter bei ***431****.*
Wenn das Ergebnis kleiner als 9 ist, lies weiter bei ***499****.*

476

Lea sieht dir in die Augen und nickt dann. »Vielleicht hast du recht.« Unvermittelt beugt sie sich vor und haucht dir einen Kuss auf die Wange. »Danke für alles. Jetzt geh – und lass dich nicht umbringen.« Sie lächelt schwach.

»Beeilt euch. Wer weiß, wie lange ich sie aufhalten kann.« Damit erklimmst du die Leiter.

Am oberen Ende hältst du kurz inne und spähst durch einen Spalt zwischen den Holzpaneelen ins Innere der Suite. Noch ist niemand dort, aber du kannst dumpf Stimmen von der Tür her vernehmen. Es klingt, als würden Befehle gegeben, außerdem schlägt immer wieder etwas schwer gegen die Tür. Sich hier zu verstecken, macht keinen Sinn, denn die Trooper haben dich ja in die Suite fliehen sehen. Sie werden dich finden und die Holzpaneele bieten dir keine Deckung vor Blasterbeschuss. Du musst dir in der Suite eine Deckung suchen.

*Lies weiter bei **488**.*

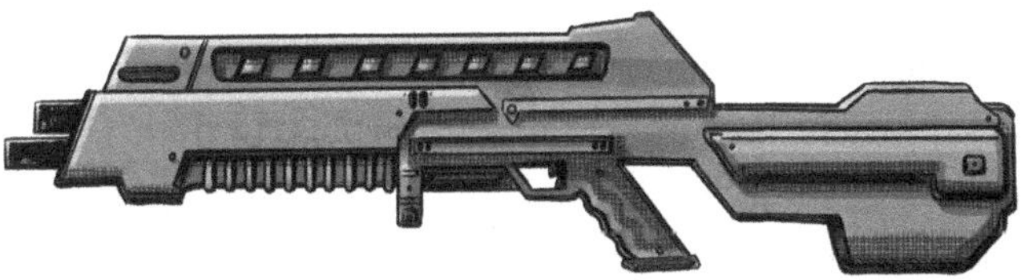

477

»Ein Ingenieur?« Der Sergeant runzelt die Stirn und wiegt den Kopf. »Wer weiß, vielleicht können wir deine Fähigkeiten brauchen.« Er greift sich ein Blastergewehr und wirft es dir zu. »Aber wenn es hart auf hart kommt, wirst du auch kämpfen, verstanden?«

Ohne deine Antwort abzuwarten, dreht er sich zu den anderen um. »Jetzt los. Wir haben keine Zeit mehr zu verlieren.« Du zählst insgesamt 11 Trooper, die mit ihm zum Lift eilen, um damit nach Deck 3 zu fahren.

*Nimmst du das Blastergewehr und folgst ihnen, lies weiter bei **495**.*
*Willst du lieber hier bei den Verletzten bleiben und dich ausruhen, lies weiter bei **350**.*

478

Fieberhaft durchforstest du die Regalreihe nach einer Kiste mit der Aufschrift FusionStorm Inc., aber du wirst nicht fündig.

*Senke den Vorsprung um 1. Ist der Vorsprung jetzt bei 0, lies weiter bei **523**.*

*Willst du als Nächstes die Regalreihe E durchsuchen, lies weiter bei **489**.*

*Wenn du dir die Regalreihe F vornehmen willst, lies weiter bei **496**.*

479

Als du dich gerade unter einem weiteren Hieb deines Gegners wegducken willst, zuckt dieser plötzlich heftig und bricht dann zusammen. Hinter ihm steht Lea, die ihr Blastergewehr wohl wieder in Gang gebracht hat.

Du murmelst ein Dankeschön.

»Jessica«, haucht Lea und eilt an dir vorbei. Du drehst dich um und siehst die Frau, mit der der Berserker vorher gekämpft hat, blutüberströmt auf dem Boden liegen. Lea kniet sich neben sie und versucht die Wunden abzudrücken, doch das Blut quillt weiter zwischen ihren Fingern hervor. Hilflos sieht Lea zu dir herüber, aber es gibt nichts mehr, was ihr für die Frau tun könnt.

Jessica stöhnt etwas Unverständliches und du trittst näher. »Ju… li…a«, haucht die Frau. »D fünf sechs.«

Du hast keine Ahnung, was sie meint, aber Lea scheint sie zu verstehen.

»Wir holen sie, Jessica, das verspreche ich«, sagt Lea mit schwankender Stimme.

Jessica versucht zu lächeln, doch es gerät zu einer Grimasse, dann sackt ihr Kopf leblos zur Seite.

Lea braucht ein paar Augenblicke, um sich wieder zu fangen, dann steht sie auf und starrt auf ihre blutige Hand.

»Was meinte sie?«, fragst du. »Wer ist Julia?«

»Ihre Tochter«, erwidert sie tonlos. »Sie hat sie im Quartier D56 versteckt.« Sie atmet tief durch und wischt sich die Hand am Overall ab. »Lass uns gehen und sie holen.«

Notiere dir auf dem Datenblatt das Ereignis 430.

*Lies weiter bei **487**.*

480

Der Durchgang zu Deck 5 ist mit einer behelfsmäßigen Barrikade bis auf eine schmale Lücke versperrt, wo aber niemand Wache steht. Auf der anderen Seite der Barrikade verläuft ein Flur nach links und rechts. Du lauschst angestrengt. Die beiden Wahnsinnigen, die dich vorhin durch den Flur gehetzt haben, sind dir noch in lebhafter Erinnerung. Du willst ihnen nicht schon wieder über den Weg laufen.

Auf die Entfernung kannst du nichts hören und schleichst vorsichtig weiter. Als du die Barrikade erreichst, meinst du Stimmen vom Flur her zu hören. Vielleicht Trooper, die das Deck mittlerweile gesichert haben?

Du könntest das ganze Deck aber auch meiden, denn die Treppe geht noch weiter nach oben bis zu Deck 6, wo sich die Quartiere befinden.

*Willst du dich auf Deck 5 umsehen, lies weiter bei **551**.*

*Falls du lieber direkt weiter nach Deck 6 steigen willst, lies weiter bei **540**.*

481

Dein Gegner taumelt unter deinem letzten Hieb gegen die Wand. Bevor er dich noch einmal attackieren kann, schnappst du dir deinen Blaster und gibst ihm den Rest.

Schwer atmend drehst du dich nach der Frau um, mit der der Berserker vorher gekämpft hat. Sie liegt blutüberströmt auf dem Boden und du stolperst zu ihr hinüber. Ihre Uniform ist in Bauchhöhe zerrissen und blutdurchtränkt. Ein Namensschild weist die Frau als »Dr. Jessica Feldman« aus. Du kniest dich neben sie und versuchst, die Wunden abzudrücken, doch das Blut quillt weiter zwischen deinen Fingern hervor. Es gibt nichts mehr, was du tun kannst.

*Lies weiter bei **452**.*

482

Ihr tretet gemeinsam auf den Flur und sichert ihn nach beiden Seiten. Noch immer ist kein Berserker zu sehen. Lea geht voran in Richtung Hotellobby. Sie schleicht von Hydrokultur zu Hydrokultur und nimmt immer wieder Deckung. Julia bleibt dicht hinter ihr. Sie sieht verängstigt aus, hält sich aber tapfer und gibt keinen Laut von sich.

Du sicherst euch nach hinten ab.

Unbehelligt erreicht ihr die Glasfront der Hotellobby. Die breite Tür steht offen. Verglichen mit der ansonsten eher spartanischen Ausstattung der Station herrscht hier Luxus vor. Der Boden ist mit Teppich ausgelegt, der Tresen der Rezeption besteht aus Holzimitat und es gibt Polstermöbel. Diese laden allerdings nicht mehr zum Sitzen ein, sondern wurden neben der Rezeption zu einer Barrikade aufgetürmt. Ein bestialischer Gestank weht euch von dort entgegen. Lea umrundet die Barrikade, bleibt dann aber wie angewurzelt stehen. Sie versucht noch, Julia aufzuhalten, aber es ist bereits zu spät. Das Mädchen tritt zu ihr und beginnt, wie am Spieß zu schreien. Lea legt ihr rasch die Hand auf den Mund, doch der Schrei hallt noch einen Moment in den Korridoren wider.

Als du die beiden erreichst, trifft der Anblick auch dich wie ein Schlag. Du zählst ein halbes Dutzend Leichen – Frauen und Männer, allesamt ausgeweidet und mit von Qual entstellten Gesichtern. Der Teppich ist mit getrocknetem Blut verklebt. Rasch wen-

dest du den Blick ab und konzentrierst dich auf den Flur, der zu den Zimmern des Hotels führt.
Lea deutet auf die Tür ganz am Ende des Korridors und ihr geht darauf zu. Die wenigen anderen Zimmer wurden aufgebrochen und verwüstet. Die breite Tür zur Suite weist zwar einige Kratzer auf, hat aber standgehalten. Der Türöffner hat ein Zahlenfeld für die Eingabe eines Codes.
»Hast du den Code?«, fragst du Lea.
Die schüttelt den Kopf. »Aber wenn Julia zu dem Shuttle gehen sollte, hat Jessica ihr sicher auch den Code genannt.« Sie kniet sich neben das Mädchen.
Julia steht offensichtlich unter Schock. Ihre Augen sind unnatürlich geweitet, ihr Blick geht ins Leere.
»Julia, hat deine Mutter dir den Code genannt?«, fragt Lea. Das Mädchen zeigt keinerlei Reaktion. Lea fasst sie sanft bei den Schultern. »Ein paar Zahlen, Julia, wahrscheinlich vier. Hat deine Mama dir so etwas genannt, als sie von dem kleinen Raumschiff sprach?«
Das Mädchen antwortet nicht. Dafür dringen leise Stimmen und hastige Schritte an eure Ohren. Es klingt, als ob jemand Befehle bellt. Julias Schrei muss die Trooper hergelockt haben.
»Versuch du, den Code aus ihr rauszubekommen, ich halte die Trooper auf.« Entschlossen packst du deinen Blaster und eilst zurück zu der Barrikade.
*Lies weiter bei **K51**.*

483

Hinter dir hörst du jemanden die Leiter hinabsteigen. »Der Hangar ist leer. Keine Spur von einem Shuttle«, meldet er, als er kurz darauf zurückkommt.
Der Anführer des Trupps tritt auf dich zu. Er trägt das Rangabzeichen eines Sergeants. »Wer ist mit dem Shuttle geflohen?«, fragt er. »War es Feldman?«

Du senkst den Blick und schweigst.
Der Sergeant knurrt etwas Unverständliches und hebt dann seinen Kommunikator vor das Gesicht. »Robson hier. Das Shuttle ist weg, aber wir haben einen Gefangenen. Er will nicht reden.«
»Bringt ihn in die Arrestzelle. Wir verhören ihn später«, hörst du jemanden antworten.
»Aye, Sir.« Robson senkt den Arm und gibt seinen Soldaten ein Zeichen. »Ihr habt es gehört. Hoch mit ihm und zurück zum Promenadendeck.«
Du wirst grob auf die Füße gezerrt und durch die Korridore geschleift. Ihr kommt auf einen großen Platz, der zwei Decks hoch ist und eine Duroglasdecke hat, durch die du den Planeten sehen kannst. Auf dem Platz sind ein halbes Dutzend Bäume in rechteckigen, mit Granulat gefüllten Bassins gepflanzt. Sie reichen fast bis zu einer Brücke hinauf, die von Deck 7 in den Platz ragt und über eine Treppe erreichbar ist.
Die Trooper stoßen dich die Stufen empor und durch einen weiteren Korridor, der auf das Promenadendeck führt. Auch hier besteht die Decke aus Duroglas. Du erhaschst aber nur einen kurzen Blick auf das Deck, denn du wirst zum nahegelegenen Sicherheitsbüro geführt, das völlig verwüstet ist.
*Lies weiter bei **474**.*

484

Plötzlich öffnet sich die Tür, durch die Feldman geflohen ist. Sie steht mit einem Gewehr im Anschlag am Türrahmen und zielt auf dich.

»Tut es Ihnen leid, dass Sie mich haben entkommen lassen, oder wollen Sie sich mir anschließen?«, fragt sie argwöhnisch.

Du hebst die Hände. »Ich will mich Ihnen anschließen«, erwiderst du.

Feldman nickt. »Da Sie nicht auf mich geschossen haben, als Sie die Gelegenheit dazu hatten, glaube ich Ihnen.« Sie winkt dir, näher zu treten. »Jetzt kommen Sie schon«, fordert sie mit gesenkter Stimme. »Jeden Moment können da oben neue Trooper auftauchen.« Sie deutet zur Brücke hinauf. »Und werfen Sie den Kommunikator weg, sonst können uns die Trooper orten.«

Du nimmst den Kommunikator vom Arm und wirfst ihn achtlos beiseite.

Streiche den Kommunikator aus dem Inventar.

Sie nickt wohlwollend. »Freut mich, dass Sie sich doch noch für die richtige Seite entscheiden wollen. Ich kann jede Hilfe gebrauchen.«

»Wobei?«, fragst du mit einem Anflug von Misstrauen.

Feldman sieht sich verschwörerisch um, zieht dich in den Korridor und wartet, bis die Tür sich hinter euch geschlossen hat. »Ich muss meine kleine Tochter holen«, sagt sie. Mit einem Mal klingt ihre Stimme sorgenvoll.

»Ihre Tochter?«, wiederholst du überrascht. Aber das erklärt natürlich, warum sie so verzweifelt versuchte, zu entkommen.

»Ich habe sie in einem Gemeinschaftsquartier versteckt, als wir aufbrachen, um den Computerkern zu sabotieren.« Ihr Gesicht umwölkt sich.

»Ich hoffe, es geht ihr gut. Wir holen sie und dann verschwinden wir von hier.«
»Gibt es denn einen Weg?«, fragst du hoffnungsvoll.
Feldman nickt. »Ja, ein Rettungsshuttle.« Sie deutet den Flur hinunter.
Das klingt verlockend. »Woher haben Sie die Waffe?«, fragst du.
Feldman deutet auf die nächste Tür auf der rechten Seite des Flures. Sie steht offen. Du trittst näher und siehst die Leiche eines Troopers hinter dem Eingang liegen. Seine entstellte, blutige Leiche lässt keinen Zweifel daran, wer ihn umgebracht hat.
»Besser wir beeilen uns«, mahnt Feldman. »Hier ist es nicht sicher.«
*Lies weiter bei **460**.*

485 *(Speicherpunkt – Universalw. (KK+3, Schaden +3), Keycard)*
»Warum warst du dann mit den drei Troopern hier?«, fragt Vaskova misstrauisch, während sie ihren Helm abnimmt. Zum Vorschein kommt ein junges, aber angespanntes Gesicht, die Haare sind militärisch kurz geschnitten. Im Moment sieht die Frau sehr blass aus.
»Ich … Ich wurde gefangen genommen und Lundberg hat mir gesagt, dass er hier unten einen Ingenieur braucht, um den Computerkern zu reparieren, weil er den Kontakt zu seinen eigenen Ingenieuren verloren hat. Ich hatte keine Wahl.«
»Wir haben keine Zeit für Diskussionen«, mahnt Pavel, der noch immer die Waffe auf dich gerichtet hält. »Wir müssen hier weg, bevor Lundberg einen weiteren Trupp Soldaten schickt. Er wird uns nur aufhalten.«
»Wir nehmen ihn trotzdem mit«, entscheidet Vaskova, die sich gerade bückt und Lacontes Blasterpistole an sich nimmt. »Ich weiß nicht, ob ich die *Dreamscape* allein wieder flottbekomme. Wenn er Ingenieur ist, kann uns das noch von Nutzen sein.«

Pavel scheint nicht überzeugt, nickt aber trotzdem. »Dann los, auf die Beine mit dir«, befiehlt er barsch.

Du musst mit erhobenen Händen vor den beiden in Richtung Treppe gehen. Pavel bleibt zwei Schritte hinter dir und hält nach wie vor sein Gewehr auf dich gerichtet. Am Treppenhaus angekommen, befiehlt er dir, die Tür zu öffnen. Es gelingt dir nur mit einiger Anstrengung. Offenbar herrscht im Treppenhaus ein anderer Luftdruck vor und du musst erst den Unterdruck überwinden. Das Treppenhaus ist noch immer verraucht, zwar nicht mehr ganz so schlimm wie vorher, doch ihr müsst trotzdem eure Helme wieder aufsetzen. Der Mann gibt dir die Frequenz für den Funk ihrer Anzüge, sodass du nun ihre Stimmen über die Lautsprecher hören kannst.

»Du zuerst und beeil dich«, befiehlt Pavel und du beginnst den Aufstieg. Deine beiden Begleiter bleiben dicht hinter dir. Vaskova humpelt ein wenig.

Ihr erreicht Deck 3 und du bleibst erschrocken stehen, als du zur Tür blickst. Sie steht halb offen. Der Qualm hat sich auf dem Frachtdeck ausgebreitet, deshalb war er im Treppenhaus nicht mehr so dicht. In der Tür ist eine Leiche eingeklemmt. Der Tote trägt die Uniform der Stationsbesatzung und sein Anblick ist grauenerregend. Der Kopf steht in bizarrem Winkel vom Rumpf ab, die Hälfte des Halses wurde weggerissen. Es sieht aus, als habe ein Raubtier zugeschlagen, aber du weißt es besser.

Der Tote scheint dich mit schreckgeweiteten Augen anzustarren und du wendest den Blick ab.

»Bei allen Sternen«, stößt Vaskova hervor.

»Wir müssen weiter«, drängt Pavel und deutet auf die Tür.

»Aber was, wenn der Irre auf dem Deck noch auf uns lauert?«, hält sie dagegen.

»Er kann genauso gut über uns im Treppenhaus sein. Auf jeden Fall sind da oben Trooper. Also los, mach die Tür auf.«

Der letzte Befehl galt dir. Zögernd trittst du vor und öffnest die Tür weiter. Vaskova hält sie auf und Pavel versetzt dir einen Stoß, der dich über die Leiche auf den Flur stolpern lässt.
*Lies weiter bei **507**.*

486

Dein Gegner taumelt unter deinem letzten Hieb gegen die Wand, macht aber Anstalten, dich noch einmal zu attackieren. Du kannst rechtzeitig deinen Blaster aufheben und ihm den Rest geben. Schwer atmend siehst du dich um, kannst aber nirgends eine weitere Bedrohung ausmachen.
In dem abzweigenden Gang haben die Türen Aufschriften, die mit »C« beginnen. Wenn du Julia finden willst, musst du also dem ursprünglichen Korridor weiter folgen.
*Lies weiter bei **501**.*

487

Du eilst hinter Lea den Flur hinunter, der an einer halb verglasten Schiebetür endet, durch die du einen breiten Flur erkennen kannst. Die Zahlen an den Türen, die ihr passiert, werden immer größer, doch als ihr die Glastür erreicht, seid ihr erst an »D50« vorbeigekommen.

Lea späht durch das Glas nach links und rechts. »Niemand zu sehen«, flüstert sie. »Wir müssen aber trotzdem vorsichtig sein.« Sie legt die Hand auf den Schalter für die Tür und blickt dich an.

Du hebst deinen Blaster und nickst ihr zu, zum Zeichen, dass du bereit bist. Sie öffnet die Tür und ihr stürmt gleichzeitig hindurch.

Ihr steht auf einem breiten Korridor, der ein Duroglasdach hat und in dessen Mitte einige Hydrokulturpflanzen stehen. Auf der einen Seite des Flurs gibt es Türen zu weiteren Quartieren. Die andere Wand wird von einem großen Gemälde dominiert und weiter hinten kannst du eine Glasfront erkennen. Das muss der Eingang zur Hotellobby sein.

Nichts regt sich. Es scheinen keine Berserker auf euch zu lauern.

»Hier entlang«, flüstert Lea und läuft von der Glastür aus gesehen nach rechts. Rasch habt ihr die Tür mit der Aufschrift »D56« gefunden. Sie ist verschlossen, aber Lea holt eine Master-Keycard aus ihrer Tasche und zieht sie durch das Gerät. Zischend öffnet sich die Tür und ihr tretet mit vorgestreckten Waffen ein. Hinter der Tür liegt der Aufenthaltsraum eines Gemeinschaftsquartiers mit einigen Sitzmöbeln, einem Bildschirm und einem Wasserspender. Alles ist in einwandfreiem Zustand. Drei weitere Türen führen in die eigentlichen Schlafzimmer.

»Julia?«, flüstert Lea. »Julia, bist du hier?«

Keine Antwort. Du lässt deinen Blick wachsam zwischen den Türen hin- und herwandern.

»Wahrscheinlich hat Jessica ihr eingeschärft, sich nur ihr zu erkennen zu geben«, mutmaßt Lea. Sie seufzt. »Julia, ich bin es, Lea«, sagt sie lauter. »Deine Mutter schickt mich.«
Weiterhin keine Reaktion.
»Ich nehme die linke Tür, du die rechte«, entscheidet Lea. »Sei vorsichtig. Mach ihr keine Angst.«
Du näherst dich der zugewiesenen Tür, die sich über einen Taster öffnen lässt. Als du ihn betätigst, gleitet sie zischend beiseite und in dem Raum dahinter geht das Licht an. Es enthüllt zwei Doppelstockbetten und zwei breite Schränke. Du willst dich gerade bücken, um unter die Betten zu sehen, als du einen spitzen Schrei hörst.
*Lies weiter bei **468**.*

488

Du öffnest die Tür der Kammer, eilst in die Suite und kippst den Konferenztisch um, sodass du dahinter Deckung nehmen kannst. Schwach hörst du die Antriebsdüsen des Rettungsshuttles zischen. Die Startvorbereitungen scheinen abgeschlossen zu sein. Kurz vibriert der Boden unter deinen Füßen, als die Triebwerke hochfahren, dann verstummen die Geräusche. Das Shuttle ist fort, die beiden sind gerettet.
Die Tür zur Suite gibt nach und Trooper stürmen herein. Du eröffnest sofort das Feuer und zwingst die Soldaten in Deckung. Vielleicht hast du auch jemanden getroffen, aber da sie das Feuer erwidern, wagst du es nicht, über die Tischkante zu spähen, und schießt blind in Richtung Tür.
Du hast jedoch keine Chance. Nachdem du deine Gegner eine Weile beschäftigt hast, fliegt eine kleine Metallkugel über den Tisch. Gleich darauf gibt es einen hellen Blitz, der dich sekundenlang blendet. Noch bevor du wieder klar sehen kannst, spürst du den Lauf eines Blasters im Nacken und lässt deine eigene Waffe fallen.

Du wirst in die Mitte der Suite gezerrt und auf die Knie gezwungen. »Hände hinter den Kopf«, bellt ein Soldat hinter dir und du gehorchst.

Streiche all deine Waffen aus dem Inventar.

*Wenn du dir auf dem Datenblatt das Ereignis 600 notiert hast, lies weiter bei **469**.*

*Falls nicht, lies weiter bei **483**.*

489

Du suchst die Kisten im Regal ab und tatsächlich wirst du fündig. Du ziehst die Kiste halb aus dem Regal und öffnest sie. Den armlangen Injektor erkennst du sofort.

»Ich hab ihn!«, rufst du mit gedämpfter Stimme.

Vaskova eilt herbei und gemeinsam hebt ihr die Kiste vom Regal. Sie ist nicht besonders schwer, aber sperrig. »Besser wir nehmen den Injektor raus und tragen ihn so«, meint Vaskova und du stimmst ihr zu.

Du schwingst dir den Injektor auf die Schulter und ihr eilt aus dem Frachtraum zurück in den Flur.

»Hier entlang.« Vaskova deutet nach rechts. »Mit dem Ding kannst du nicht über die Kisten klettern.«

Ihr eilt den Korridor bis zu seinem Ende hinunter und wendet euch dann nach links. Der Flur knickt nach wenigen Metern wieder nach links zum Hangar ab. Bevor ihr die Ecke erreicht, bedeutet Vaskova dir, zurückzubleiben. Sie schleicht mit gezücktem Blaster voraus und späht um die Ecke.

*Falls dein Vorsprung 2 oder größer ist, lies weiter bei **527**.*

*Falls nicht, geht es weiter bei **508**.*

490

Ihr lauft um die Ecke auf den langen Korridor, der bis zum Hangar führt und den du von deiner Ankunft auf der Station her noch kennst. Von der Blutspur am Boden abgesehen, hat sich hier nichts verändert. Rechts liegen die Zugänge zu den beiden Lift-Kabinen.

»Wir müssen die Steuerung blockieren, damit Lundbergs Leute nicht damit runterkommen können«, erklärt Vaskova und schlägt mit dem Kolben ihrer Waffe die Verblendung von der Schaltfläche, mit der man die Liftkabine rufen kann. Sie zielt mit der Waffe auf die Schaltung.

»Halt, warte«, zischst du. »Das wird wahrscheinlich nicht viel bringen.«

»Hast du eine bessere Idee?«

Du wirfst einen Blick auf die Schaltung. Du könntest eine Rückkopplung einbauen, die das Steuermodul des Lifts abstürzen ließe. Du ziehst Helm und Handschuhe aus, um besser arbeiten zu können.

In diesem Rechenrätsel startest du links oben mit dem Wert 0. Auf dem Weg zum Ziel rechts unten kannst du dich horizontal oder vertikal, aber NICHT diagonal von einem Feld zum benachbarten bewegen. Du musst nicht alle Felder betreten, sondern nur einen ununterbrochenen Pfad zu deinem Zielpunkt finden. Allerdings darfst du dabei jedes Feld nicht mehr als einmal betreten.

Bei jedem Schritt verändert sich dein Wert so, wie es das Feld beschreibt, das du betrittst. Beispiel: Wenn du im ersten Schritt nach rechts gehst (+4) ist dein Wert 0+4=4. Gehst du im nächsten Schritt wieder nach rechts (x7) ist dein Wert 4x7 = 28 usw.

Welche der unten vorgegebenen Rechenoperationen musst du bei ?? einsetzen, um beim richtigen Weg durch das Labyrinth bei der Ankunft auf dem Feld rechts unten den Wert 18 zu haben?

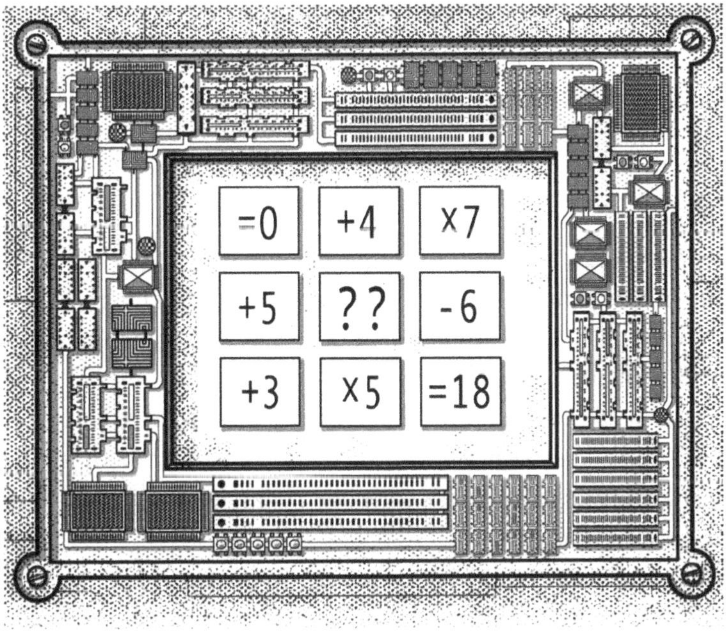

Welche Rechenoperation willst du bei ?? einsetzen?
*»x6«, dann lies weiter bei **376**.*
*»+5«, dann lies weiter bei **389**.*
*»x4«, dann lies weiter bei **471**.*

491

Feldman stöhnt etwas Unverständliches und du beugst dich über ihren Mund, um sie besser zu verstehen. »J…Julia«, haucht sie. »D fünf sechs.«
»Was meinen Sie?«, fragst du. »Was ist D fünf sechs?«
»Qua… Quart…« Feldman stöhnt noch einmal schmerzerfüllt, dann sackt ihr Kopf leblos zur Seite.
Du siehst dich um. Nicht weit entfernt ist eine Tür mit der Aufschrift »D12«. D56 muss ein Quartier sein. Dort hat sie Julia wohl zurückgelassen.

Notiere dir auf dem Datenblatt das Ereignis 430.
*Willst du nach dem Quartier und Julia suchen, lies weiter bei **501**.*
*Wenn du lieber allein nach einem Fluchtweg suchen willst, lies weiter bei **464**.*

492

Die Barrikade, an der dir die Frau vorhin gegen die Verfolger geholfen hat, ist nun unbesetzt. Wo die Soldatin wohl hingegangen ist? Lauert sie dir vielleicht weiter oben auf der Treppe auf, wo es zu den Quartieren auf Deck 6 geht?
Wachsam nimmst du die letzten Stufen bis zu Deck 5. Als du die Barrikade erreichst, kannst du schwach Stimmen vom Flur her vernehmen. Du spähst nach oben, von der Soldatin ist aber nichts zu sehen.
*Willst du dich auf Deck 5 umsehen, lies weiter bei **551**.*
*Falls du lieber direkt weiter nach Deck 6 steigen willst, lies weiter bei **610**.*

493

Du gibst den Code ein, den du auf dem Datenpad der toten Frau gefunden hast. Eine grüne LED leuchtet auf und die Tür öffnet sich. Hinter der Tür befindet sich ein recht schmaler Raum. Der Eindruck täuscht jedoch, denn er ist mit Technik vollgestopft. An der Decke laufen unzählige Röhren entlang, an den Wänden verlaufen Kabelstränge und überall blinken Dioden von Computern. Dazwischen sind Bildschirme mit Kontrollanzeigen. Die Luft riecht abgestanden. Du siehst dich rasch um, aber es scheint niemand hier zu sein.
Auf den vielen Bildschirmen und Kontrollpulten flackern diverse Anzeigen. Von hier aus könntest du alles Mögliche auf dem Hangardeck steuern, aber alle Konsolen sind gesperrt worden und reagieren nicht auf deine Eingabeversuche. So kannst du den An-

zeigen lediglich entnehmen, dass die Klimaanlagen gut arbeiten, dass sich alle Wartungsroboter bis auf einen im Ruhemodus befinden und ähnliche Statusmeldungen, die dich im Moment nicht weiterbringen.
Interessant ist lediglich die grell leuchtende Warnanzeige, dass sowohl im Treppenhaus als auch im Liftschacht ein Feuer wütet und die Löschfunktionen ausgefallen sind. Der Reaktor scheint allerdings bislang nicht gefährdet.
Während du den Raum durchstreifst, findest du einen Werkzeugkasten der offenbar überstürzt zurückgelassen wurde. Neben diversem Kleinkram, der dir momentan nichts nutzt, findest du auch ein großes Universalwerkzeug.

Wenn du das Universalwerkzeug (großer Gegenstand) mitnehmen willst, trage es im Inventar ein. Das Werkzeug kann auch als Waffe benutzt werden (KK+3, Schaden+3).

Als du dich schon wieder dem Ausgang zuwenden willst, fällt dir an der Decke eine Luke zwischen zwei Röhren auf. Du ziehst dir einen Stuhl heran und kletterst hinauf, um die Luke zu öffnen. Dahinter befindet sich ein senkrechter Wartungsschacht mit einer Leiter, der einige Meter weiter oben an einer weiteren Luke endet. Wahrscheinlich ein Zugang zum nächsthöheren Deck.

Da du beide Hände zum Klettern brauchst, musst du alle großen Gegenstände aus deinem Inventar streichen, wenn du die Leiter benutzen willst, es sei denn, du hast schon eine Tasche gefunden, in der du sie transportieren kannst.
Willst du nach oben klettern, lies weiter bei ***160.***
Wenn du den Technikraum wieder verlassen willst …
… und vorher das Ereignis 119 notiert hast, lies weiter bei ***170.***
… und vorher das Ereignis 134 notiert hast, lies weiter bei ***150.***

494

Auf Laconte zu schießen, ist auf die kurze Distanz zu gefährlich. Die Blasterstrahlen könnten seinen Körper durchschlagen und Vaskova treffen. Dennoch richtest du dein Gewehr auf ihn. »Hören Sie auf, Sergeant«, forderst du mit bemüht fester Stimme.

Laconte dreht sich nach dir um, ohne die Waffe von Vaskovas Helm zu nehmen. Er starrt erst die Mündung deines Gewehrs und dann dich an. »Was soll das werden?«, zischt er. Hinter seinem Visier verzerren sich seine Gesichtszüge zu einer Grimasse. »Stehst du etwa auf ihrer Seite?« Unvermittelt wird er laut. »Bist du etwa auch so ein Scheiß-Verräter?«

»Nehmen Sie die Waffe runter und beruhigen Sie sich, Sergeant«, forderst du unbeirrt.

Laconte starrt dich aus zusammengekniffenen Augen an. Diesen Moment nutzt Vaskova, schlägt ihm die Waffe aus der Hand und duckt sich unter seinem Arm weg, als Laconte versucht, sie gegen die Wand zu drücken. Er brüllt wutentbrannt und versetzt Vaskova einen Tritt, der sie zur Seite taumeln lässt.

»Schießen Sie«, ruft sie atemlos. »Er wird uns umbringen. Los, schießen Sie!«

Laconte fährt zu dir herum. Speichel rinnt an der Innenseite seines Visiers herab. Dahinter kannst du seine vor Wut verzerrten Gesichtszüge und gefletschten Zähne sehen.

Instinktiv drückst du ab. Die Salve durchlöchert Lacontes Anzug und schleudert ihn gegen die Wand des Treppenhauses, an der er leblos zusammensackt. Atemlos starrst du ihn an.

Vaskova kommt wieder auf die Beine und hebt Lacontes Waffe auf. »Danke«, sagt sie leise. Unsicher blickt sie dich an, so als fürchte sie, dass du sie trotz allem noch zu Lundberg eskortieren willst. Du senkst demonstrativ deinen Blaster. »Und was jetzt?«, fragst du etwas ratlos.

Vaskova deutet die Treppe hinab. »Im Reparaturdock des Hangars steht ein Schiff, mit dem wir vielleicht fliehen können. Komm!«
Nach kurzem Zögern folgst du ihr die Treppe hinab und schließt an der Tür zu Vaskova auf.
»Mach du sie auf«, fordert sie und stellt sich mit der Pistole im Anschlag neben die Tür, sodass sie jeden Angreifer sofort erledigen könnte.
Du öffnest die Tür schwungvoll, lehnst dich mit der Schulter dagegen und reißt deinen eigenen Blaster hoch. Während Vaskova nach links zielt, starrst du nach rechts. Dort ist der Flur durch umgestürzte Frachtbehälter zum Teil blockiert, über die man aber hinwegklettern könnte. Halb begraben unter den Behältern liegt ein umgekippter Transportdroide. Ein potentieller Angreifer ist nicht auszumachen.

Also wendest du dich nach links. Hier führt der Flur nur wenige Schritte weit, ehe er um 90° nach rechts abknickt. Eine blutige Spur führt von der Leiche vor deinen Füßen bis zu der Ecke, so als hätte jemand den Toten hierhergeschleift und in der Tür abgelegt.
Plötzlich stürmt ein Mann in zerfetzter, blutbesudelter Kleidung mit einem animalischen Brüllen um die Ecke. Seine Zähne sind gefletscht und seine Augen weit aufgerissen. Du erkennst ihn als einen der Angreifer aus dem Hangar wieder.
Fast zeitgleich mit Vaskova feuerst du deinen Blaster ab. Die Blasterstrahlen reißen den Angreifer von den Füßen und er knallt auf den Rücken, wo er noch einige Male zuckt und dann still liegt. Dünner Rauch steigt von seiner völlig verbrannten Brust auf und du bist froh, den Helm zu tragen und den Geruch von verbrannter Haut nicht wahrnehmen zu müssen.
Ihr braucht einen Moment, um den Schreck abzuschütteln. Dann winkt Vaskova dir, ihr zu folgen. »Schnell, wir müssen den Lift blockieren, sonst haben wir gleich die Trooper am Hals.«
*Setze den Vorsprung auf 4 und lies weiter bei **490**.*

495 *(Speicherpunkt – Blastergewehr)*

Du folgst den Troopern zum Lift. In die Kabinen passen nur jeweils vier Trooper in voller Montur, sodass du warten musst, während die Ersten zum Hangardeck fahren. Eine gefühlte Ewigkeit vergeht, bis die Kabinen endlich wieder oben sind. Während du mit den verbliebenen Troopern hinabfährst, hörst du über Funk Rufe und Blasterfeuer. Die Spannung ist beinahe greifbar. Was wird euch dort unten erwarten?
Als die Lifttüren sich endlich öffnen, siehst du Blasterstrahlen durch den Korridor zucken und duckst dich unwillkürlich.
»Wir brauchen hier Verstärkung«, brüllt jemand von der linken Seite des Flures her. Die beiden Trooper, die vorn an der Lifttür

standen, eröffnen das Feuer nach rechts. Ein Blasterstrahl der Gegner zuckt in die Liftkabine, verschmort aber nur die Wand.
»Das dauert zu lange«, ruft einer der Trooper und packt seinen Blaster. »Los, alle mir nach!« Entschlossen stürmt er in den Korridor und eröffnet sofort das Feuer.
*Folgst du ihm, lies weiter bei **506**.*
*Wartest du lieber in der Liftkabine ab, lies weiter bei **533**.*

496

Hastig durchsuchst du die Regalreihe nach einer Kiste mit der Aufschrift FusionStorm Inc., aber auch wenn die Reihe F heißt und es daher naheliegend erscheint, dass die Kisten der Firma hier liegen könnten, wirst du nicht fündig.
*Senke den Vorsprung um 1. Ist der Vorsprung jetzt bei 0, lies weiter bei **523**.*
*Willst du als nächstes die Regalreihe D durchsuchen, lies weiter bei **478**.*
*Wenn du dir die Regalreihe E vornehmen willst, lies weiter bei **489**.*

497

»Julia?«, rufst du mit gedämpfter Stimme. Keine Antwort. »Julia, bist du hier? Deine Mutter schickt mich.«
Du lauschst auf irgendein Geräusch aus einem der angrenzenden Räume.
Plötzlich erlischt das Licht im Zimmer und bis auf ein paar glimmende LEDs an den technischen Geräten herrscht Dunkelheit. Links von dir hörst du die Tür zischen und erahnst den Schatten einer Gestalt, die sich geduckt in den Aufenthaltsraum bewegt.
*Willst du auf die Gestalt schießen, lies weiter bei **514**.*
*Wenn du beruhigend auf sie einreden möchtest, lies weiter bei **520**.*
*Falls du dich auf die Gestalt werfen willst, um sie zu überwältigen, lies weiter bei **531**.*

498

Du eilst geduckt hinter dem Corporal her und holst ihn ein, als ihr das Raumschiffwrack erreicht. Zwischen dem Unterboden des auf der Seite liegenden Frachters und der Hangarwand ist nur ungefähr ein Meter Platz. Nach wenigen Schritten kommt ihr an ein breites, zweiflügeliges Tor. Der eine Torflügel ist herausgerissen worden, sodass ihr in die dahinterliegende, schmale Halle sehen könnt. Darin steht ein klobiger, heruntergekommener Frachter, der aussieht, als habe er dringend einige Reparaturen nötig. Tatsächlich lehnt an der euch zugewandten Seite ein fahrbares Gerüst.

Der groß gewachsene Corporal späht misstrauisch in die Halle. Er sieht noch recht jung aus und wirkt nervös. »Scheint sauber zu sein«, flüstert er dir zu. Er deutet in den Spalt zwischen Raumschiffboden und Wand. »Wir müssen weiter. Die anderen verlassen sich auf uns.«

Mit dem Blaster im Anschlag geht er voran und du folgst ihm. Die Enge und die Tatsache, dass du nicht sehen kannst, was vor euch liegt, macht auch dich nervös.

Als ihr das Ende des Frachters erreicht, geht der Corporal in die Knie und späht in den von hier aus einsehbaren Bereich des Hangars. Nach kurzem Zögern nickt er und springt auf. »Da rüber«, flüstert er und deutet in Richtung eines abgerissenen Triebwerks.

Als er losrennt, zischen plötzlich Blasterstrahlen in eure Richtung und der Corporal geht mit einem Aufschrei zu Boden. Du packst ihn am Bein und ziehst ihn zurück in Deckung.

»Sind Sie verl…?« Der Rest deiner Frage geht in einem erstickten Schmerzenslaut unter, als der Corporal dir das freie Bein in den Bauch rammt. Dir bleibt die Luft weg, du taumelst gehen die Hangarwand und verlierst deine Schusswaffe.

*Lies weiter bei **K35**.*

499

Statt den Irren triffst du Feldman und sie sackt stöhnend in sich zusammen. Sofort reißt der Wahnsinnige sie zu Boden und verbeißt sich in ihrem Hals. Du springst auf ihn zu und jagst ihm aus nächster Nähe eine Blastersalve in den Leib, die ihn von Feldman herunterschleudert. Kurz zuckt er noch auf dem Flur, dann liegt er still.

Du kniest dich neben Feldman. Ihre Uniform ist in Bauchhöhe von deinem Schuss verschmort und aus ihrer aufgerissenen Kehle pulsiert Blut.

»Es … es tut mir so leid«, stotterst du und versuchst, die Wunde an ihrem Hals abzudrücken, doch das Blut quillt weiter zwischen deinen Fingern hervor. Es gibt nichts mehr, was du tun kannst.

Hast du dir zuvor das Ereignis 470 notiert, lies weiter bei ***452****.*

Wenn du dir das Ereignis 460 notiert hast, lies weiter bei ***491****.*

500

Du schleichst bis zu der Ecke und spähst in den anderen Gang. Er hat auf der Außenseite einige Türen, die zu Umkleiden führen, und in der Mitte ebenfalls eine Schleuse zum Laborbereich im Inneren des Decks. Es ist niemand zu sehen.

Du wirfst noch einen Blick über die Schulter, doch der Trooper dreht dir nach wie vor den Rücken zu und hat dich nicht bemerkt.

Leise gehst du den Flur entlang. Als du gerade auf Höhe der Schleuse bist, die sich mit einer Keycard öffnen lässt, tritt weiter hinten ein Trooper aus einer der Umkleidekabinen auf den Flur. Er wendet dir ebenfalls den Rücken zu und geht auf das andere Ende des Korridors zu. Dabei hebt er seinen Kommunikator vor das Gesicht. »Kannst die Umkleidekabinen wieder verriegeln, sind alle sauber.«

*Falls du umdrehen und zur vorherigen Ecke zurückkehren willst, lies weiter bei **529**.*

*Wenn du eine Keycard hast und schnell die Schleuse öffnen willst, lies weiter bei **448**.*

*Willst du den Trooper ansprechen, lies weiter bei **596**.*

501

Du eilst den Flur hinunter. Die Zahlen an den Türen, die du passierst, werden immer größer, doch als du die halb verglaste Schiebetür erreichst, an der der Flur endet, bist du gerade erst an »D50« vorbeigekommen.

Du spähst durch das Glas nach links und rechts. Hinter der Tür liegt ein breiter Korridor. Es ist niemand zu sehen, aber dein Blickwinkel ist begrenzt. Du atmest noch einmal tief durch, hebst den Blaster und drückst mit der freien Hand auf den Türschalter.

Der Korridor hat ein Duroglasdach und in seiner Mitte stehen einige Hydrokulturpflanzen. Auf der einen Seite des Flurs gibt es

Türen zu weiteren Quartieren, die andere Wand wird von einem großen Gemälde dominiert und weiter hinten kannst du eine Glasfront erkennen. Das muss der Eingang zur Hotellobby sein. Rasch sicherst du den Korridor in beide Richtungen. Nichts regt sich, es scheinen keine Berserker zu lauern. Du wirfst einen Blick auf die Türen. Rechts von dir fängt deren Beschriftung mit D an, links von dir mit C, also wendest du dich nach rechts. Schnell findest du die Tür mit der Aufschrift »D56«. Sie ist verschlossen, aber laut Kartenlesegerät nicht blockiert. Doch als du es mit deiner Keycard versuchst, schaltet die Diode über dem Lesegerät nicht auf Grün.

*Hast du eine Master-Keycard bei dir und willst es damit probieren, lies weiter bei **538**.*

*Wenn nicht, lies weiter bei **406**.*

502

»Denk an den Befehl des Colonels«, mahnst du, um weiteres Blutvergießen zu verhindern. »Du sollst sie zu ihm bringen.«

Nach einem kurzen Augenblick beruhigt sich Laconte, senkt seine Waffe, packt Vaskova an der Schulter und stößt sie grob die Treppe hinauf. »Los, weiter.«

Wortlos erklimmt ihr die weiteren Stockwerke. Als ihr endlich auf Deck 7 ankommt, bist du schweißgebadet und willst nur noch aus diesem Anzug raus. Immerhin könnt ihr jetzt die Helme abnehmen und wieder freier atmen.

Schweigend eskortiert ihr eure Gefangene über das Promenadendeck bis zur Kommandozentrale. Im Grunde ist es wie bei dir vor ein paar Stunden, nur dass du diesmal eine andere Rolle einnimmst.

Kaum, dass ihr in die Kommandozentrale tretet, kommt der Colonel auf euch zumarschiert. Sein Gesicht ist rot angelaufen, seine Augen blitzen vor Zorn. Drohend baut er sich vor Vaskova auf

und starrt sie durchdringend an. »Bericht, Sergeant!«, befiehlt er dann mit mühsam beherrschter Stimme.
Laconte fasst die Geschehnisse kurz zusammen. »Velazquez hat mir das Leben gerettet und das Leck verschlossen«, endet er.
Der Colonel nickt dir anerkennend zu, seine Miene bleibt jedoch finster. »Wir haben aber noch immer keinen vollen Zugriff auf den Computerkern.« Er wendet sich an Vaskova und seine Stimme wird lauter: »Mit Bertram und Ferreira haben wir insgesamt zwanzig Leute verloren, und wenn wir die Forschungsdaten wegen deiner Sabotage nicht sichern können, sind sie alle völlig umsonst gestorben.« Bei den letzten Worten sticht er mit dem Zeigefinger in Richtung Vaskova. »Was ist mit McPherson? Hast du den auch noch auf dem Gewissen?«
Statt zu antworten, presst Vaskova trotzig die Lippen zu einem schmalen Strich zusammen.
Lundberg schüttelt den Kopf. »Du hast deine eigenen Kameraden in eine Falle gelockt, zwei sogar selber erschossen, einen dritten vermutlich ermordet«, resümiert Lundberg anklagend. »Ich brauche kein Kriegsgericht, um die gerechte Strafe dafür zu kennen.«
In einer fließenden Bewegung zieht er eine Blasterpistole aus seinem Holster, richtet sie auf Vaskovas Kopf und drückt ab, ohne zu zögern. Sie bricht tot zusammen. Das Ganze hat nicht einmal zwei Sekunden gedauert.
»Schafft sie weg«, befiehlt der Colonel zwei in der Nähe stehenden Troopern.
Während die Vaskovas Leiche aus der Kommandozentrale ziehen, wendet sich der Colonel dir zu. »Sie müssen sich um den Computerkern kümmern.« Er winkt zwei weitere Trooper herbei. »Sanders, Rinelli, ihr beide geht mit dem Ingenieur und haltet ihm den Rücken frei. Ich schicke euch noch ein paar Trooper hinterher. Los, los!« Er wartet deine Antwort nicht ab, sondern

nimmt stattdessen Laconte zur Seite und geht mit ihm außer Hörweite.

Gemeinsam mit den beiden Soldaten eilst du aus der Kommandozentrale und zurück zum Treppenhaus.

*Wenn du dir das Ereignis 391 notiert hast, lies weiter bei **539**.*

*Falls nicht, lies weiter bei bei **550**.*

503

»Und was jetzt?«, fragst du.

»Unsere einzige Chance ist die *Dreamscape* im Reparaturdock«, erwidert Vaskova, die aus ihrem Anzug gestiegen ist, während du an der Schaltung gearbeitet hast. »Soweit ich weiß, hat sie die Explosion unbeschadet überstanden, aber ihr Terov-Injektor war defekt. Als wir den Computerkern gehackt haben, habe ich auf der Frachtliste gesehen, dass das Ersatzteil bereits geliefert wurde. Wir müssen den Injektor aus Frachtraum C1 holen und einbauen.«

»Ist das wirklich die einzige Chance?«, fragst du und siehst dich unbehaglich um. »Hier könnten überall noch mehr von den Berserkern herumlungern.«

Vaskova zuckt die Schultern. »Nach der Explosion im Hangar sind die Injektoren in allen anderen Schiffen wohl hinüber. Oder ist der Injektor in deinem Schiff noch intakt?«

*Hast du dir das Ereignis 7 notiert, lies weiter bei **530**.*

*Falls nicht, lies weiter bei **511**.*

504

Zu feuern erscheint dir zu unsicher, du wartest lieber auf eine gute Schussmöglichkeit. Plötzlich reißt der Irre Feldman zu sich heran und verbeißt sich in ihrer Kehle. Gemeinsam gehen die beiden zu Boden.
Du springst auf sie zu und jagst dem Irren aus nächster Nähe eine Blastersalve in den Leib, die ihn von Feldman herunterschleudert. Kurz zuckt er noch auf dem Flur, dann liegt er still.
Du kniest dich neben Feldman. Aus ihrer aufgerissenen Kehle pulsiert Blut. Mit zitternden Händen versuchst du, die Wunde abzudrücken, doch das Blut quillt weiter zwischen deinen Fingern hervor. Es gibt nichts mehr, was du noch für sie tun kannst.
Hast du dir zuvor das Ereignis 470 notiert, lies weiter bei ***452****.*
Wenn du dir das Ereignis 460 notiert hast, lies weiter bei ***491****.*

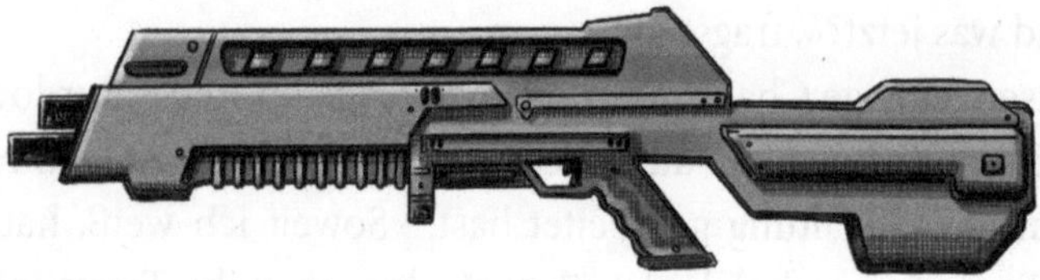

505

Du löst den Kommunikator von deinem Unterarm und wirfst ihn weg, damit dich die Trooper nicht orten können.

Streiche den Kommunikator aus dem Inventar.

Dann betätigst du den Türschalter.
Der dahinterliegende Korridor ist freundlicher gestaltet, als die eher zweckmäßigen Gänge, die du von den anderen Decks kennst. Zwar sind auch hier Wände und Boden aus Metall, aber die Wände wurden in einem freundlichen Grün lackiert. Die Decke ist verkleidet und kleine Strahler geben warmes Licht ab – zu-

mindest die wenigen, die noch funktionieren, denn die Deckenverkleidung wurde an vielen Stellen abgerissen und liegt in Fetzen auf dem Boden. Drähte und Kabel hängen von der Decke herab. In die Wände sind Bildschirme eingelassen. Die meisten sind zerstört, auf einem flackern aber noch Bilder. Es sieht nach einem Werbespot des Frius-Konzerns aus.
Vorsichtig dringst du in den Flur vor. Er ist in regelmäßigen Abständen von Türen gesäumt, die wohl zu Quartieren führen. Die meisten Türen sind verschlossen und auf den kleinen Displays über den Tastern, mit denen sie sich öffnen lassen, leuchtet ein Hinweis, dass sie blockiert sind. Sie tragen Aufschriften wie »D1«, »D2«. Du bist also auf dem richtigen Weg.
Direkt die erste Tür auf der rechten Seite steht offen und du siehst hinter dem Eingang die Leiche eines Troopers. Sein entstellter, blutiger Körper lässt keinen Zweifel daran, wer ihn umgebracht hat.
Wachsam gehst du weiter den Flur entlang, bis du eine Kreuzung erreichst. Vorsichtig näherst du dich der Ecke und blickst in den Flur. Er sieht ähnlich aus wie der, in dem du stehst. Auf den ersten Blick kannst du niemanden erkennen und willst gerade weiter vorrücken, als plötzlich eine Gestalt aus dem Halbdunkel springt.
*Lies weiter bei **K22**.*

506

Auch du willst nicht länger feige in der Aufzugkabine ausharren. Du rennst dem mutigen Trooper hinterher, läufst versetzt zu ihm und feuerst ebenfalls.
Ein Gewitter von Blasterstrahlen empfängt euch. Hinter euch brüllt jemand »Feuer einstellen!« und vor euch siehst du zwei Soldaten in der offenen Tür zum Hangarkontrollraum kauern, von wo aus sie auf euch feuern.

Der Trooper, dem du gefolgt bist, hat nicht den Hauch einer Chance. Mitten im Lauf wird er von einer ganzen Garbe von Blasterstrahlen getroffen und bricht zuckend auf dem Flur zusammen.
Geistesgegenwärtig wirfst du dich zu Boden, trotzdem wirst du getroffen.

*Würfele mit zwei Würfeln und ziehe das Ergebnis von deiner Gesundheit ab. Ist deine Gesundheit danach kleiner als 10 und hast du vorher mindestens eines der Verax-Kästchen angekreuzt, lies sofort weiter bei **602**.*

Du feuerst zurück. Auch die anderen Aufständischen schießen wieder und kurz darauf hörst du einen Schrei. Du riskierst einen Blick und siehst, dass der Eingang zum Hangarkontrollraum zwar aufgebrochen wurde, aber durch einen Schrank versperrt ist, den man vor die entstandene Lücke geschoben hat. Einer der Trooper, die auf dich geschossen haben, liegt reglos am Boden, der zweite muss sich zurückgezogen haben. Die Wände des Flurs sind von den Blastersalven geschwärzt.
Schritte nähern sich hinter dir, die anderen Aufständischen eilen an dir vorbei, um die Tür zu sichern. Du kommst auf die Füße. Neben dem Trooper, dem du gefolgt bist, hat es noch zwei andere der Aufständischen erwischt.
Noch einmal erklingen hinter dir Schritte. Sergeant Okoye kommt mit einem anderen Trooper herbei. Sie tragen Sprengladungen bei sich. Der Sergeant blickt kurz auf die Toten und schüttelt betroffen den Kopf. »Drei weniger«, murmelt er.
Notiere dir beim Zähler eine 9. Dies repräsentiert die Zahl der noch lebenden Aufständischen.
*Lies dann weiter bei **516**.*

507

Rechts von dir ist der Flur durch umgestürzte Frachtbehälter zum Teil blockiert, aber man könnte darüber hinwegklettern. Halb begraben unter den Behältern liegt ein umgekippter Transportdroide.

Links von dir führt der Flur nur wenige Schritte weit, ehe er um 90° nach rechts abknickt. An der Ecke liegt eine Tür mit der Aufschrift »Quarantänestation«. Eine blutige Spur führt von der Leiche vor deinen Füßen bis zu der Ecke, so als hätte man den Toten hierhergeschleift und absichtlich in der Tür abgelegt. Es ist aber niemand zu sehen.

Vaskova und Pavel folgen dir und er zieht den Toten auf den Flur, um die Tür zu schließen. Plötzlich stürmt ein Mann in zerfetzter, blutbesudelter Kleidung mit einem animalischen Brüllen um die Ecke. Seine Zähne sind gefletscht und seine Augen weit aufgerissen. Du erkennst ihn als einen der Angreifer aus dem Hangar wieder.

Erschrocken stolperst du beiseite und prallst gegen Vaskova. Pavel reißt sein Gewehr hoch und versucht noch zu schießen, doch der Angreifer schlägt die Waffe beiseite, sodass die Blastersalve in der Wand einschlägt.
Der Irre wirft sich gegen Pavel und schleudert ihn ins Treppenhaus zurück. Mit einem hallenden Geräusch knallt Pavels Helm gegen das Treppengeländer, dann schlägt die Tür zu. Du bleibst mit Vaskova im Flur zurück und hörst Pavel über Funk stöhnen und grunzen, dann beginnt er laut und schmerzerfüllt zu schreien. Vaskova drängt sich an dir vorbei auf die Tür zu.
*Willst du sie davon abhalten, Pavel zu Hilfe zu kommen, lies weiter bei **517**.*
*Wartest du ab, was passiert, dann lies weiter bei **513**.*

508

Sie zuckt sofort zurück und nur einen Bruchteil später zischen Blasterstrahlen an ihr vorbei und schlagen in der Korridorwand ein. Vaskova hält zwei Finger hoch, zum Zeichen, dass ihr es mit zwei Gegnern zu tun habt. Dann beugt sie sich vor und feuert in den Flur.
*Lies weiter bei **571**.*

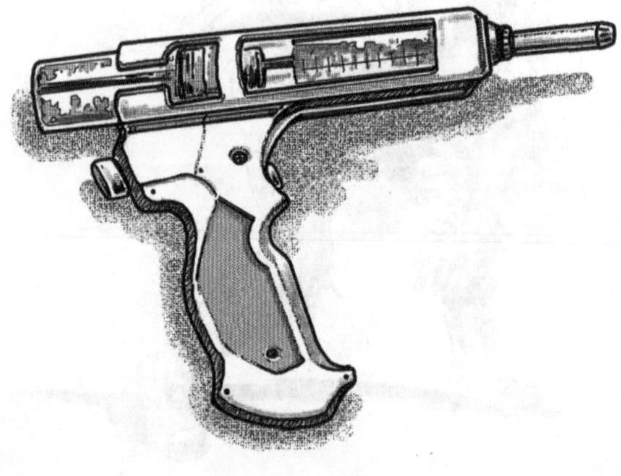

509

Du hältst Lea am Arm zurück. »Ich werde gehen«, erwiderst du. »Julia kennt dich. Mit dir wird sie besser zurechtkommen.«
Lea sieht dich skeptisch an.
*Wenn du nur noch 15 Gesundheit oder weniger hast, lies weiter bei **541**.*
*Andernfalls geht es weiter bei **476**.*

510

Du gehst leise auf die mittlere Tür zu und öffnest sie mit dem Taster. Automatisch geht das Licht in dem dahinterliegenden, schlichten Raum an, der mit Doppelstockbetten und zwei breiten Schränken möbliert ist.
Du bückst dich gerade, um unter die Betten zu sehen, als unvermittelt das Licht in allen Räumen erlischt. Bis auf ein paar glimmende LEDs an technischen Geräten herrscht Dunkelheit. Links von dir hörst du eine Tür zischen und fährst herum. Zuerst kannst du nichts erkennen, dann aber öffnet sich die Ausgangstür. Das Licht von draußen ist grell und du musst die Augen zusammenkneifen. Nur vage erkennst du eine geduckte Gestalt, die gerade das Quartier verlässt.
*Willst du auf die Gestalt schießen, lies weiter bei **514**.*
*Willst du die Verfolgung aufnehmen, lies weiter bei **542**.*
*Wenn du die Gestalt entkommen lassen willst, lies weiter bei **537**.*

511

Du schüttelst den Kopf. »Der Reaktor drohte uns nach der Bruchlandung um die Ohren zu fliegen. Ich musste ihn versiegeln, dann ist er hochgegangen.«
»Dann haben wir keine andere Wahl.« Vaskova läuft den Weg zurück, den ihr gekommen seid, und ihr steigt über die umgestürzten Frachtkisten hinweg. An der nächsten Kreuzung zögert Vas-

kova kurz. Als du über ihre Schulter blickst, erkennst du einen Mann in der Rüstung der Space Trooper, der ein paar Meter entfernt an der Wand zusammengesackt ist. Sein Kopf ist zur Seite gedreht, sodass ihr sein Gesicht nicht sehen könnt. Auf den ersten Blick ist nicht zu erkennen, ob er tot ist.
Vaskova hebt ihre Waffe und geht vorsichtig auf ihn zu. Selbst als sie direkt vor ihm steht, rührt er sich nicht. Vaskova kniet sich vor ihn hin und winkt dich dann herbei. Auf die kurze Distanz siehst du den dünnen, geronnenen Blutfaden, der dem Mann aus dem Mundwinkel hängt. Im Schulterholster des Troopers steckt noch ein Blaster.

Falls du noch keinen Blaster bei dir hast, nimmst du die Waffe mit. Kreuze die Blasterpistole im Inventar an.

»Weiter jetzt«, mahnt Vaskova. Wenige Meter entfernt liegt auf der rechten Seite eine breite Frachtraumtür mit der Aufschrift »C3«. Ihr stellt euch mit gezückten Waffen zu beiden Seiten der Tür auf. Auf ein Nicken von dir betätigt Vaskova den Öffnungsschalter und die Türflügel fahren zischend beiseite.
Die Lichter in dem großen Frachtraum gehen automatisch an und enthüllen sechs lange Reihen von Regalen mit darin eingelagerten Frachtkisten. Wie es aussieht, sind die Regale fast voll.
»Mist«, knurrt Vaskova und sieht ratlos zwischen den Regalen hin und her.
»Hast du keine Ahnung, wo die Kiste ist?«
Sie schüttelt den Kopf. »Alles was ich weiß, ist, dass die Kiste von FusionStorm Inc. kommt.«
Du siehst dich um. »Am besten nimmst du die Regale links von der Tür und ich rechts. Beeilen wir uns.«
Die Tür schließt sich hinter euch. Du hast drei Regalreihen vor dir, die mit den Buchstaben D, E und F markiert sind.

Senke den Vorsprung um 1.
*Willst du die Regalreihe D durchsuchen, lies weiter bei **478**.*
*Willst du die Regalreihe E durchsuchen, lies weiter bei **489**.*
*Willst du die Regalreihe F durchsuchen, lies weiter bei **496**.*

512

Der Durchgang zu Deck 5 ist mit dem Text »Laborbereich – Zutritt nur für autorisiertes Personal« überschrieben. Eine behelfsmäßige Barrikade versperrt ihn bis auf eine schmale Lücke, wo aber niemand Wache steht. Auf der anderen Seite der Barrikade verläuft ein Flur nach links und rechts. Die Treppe führt noch weiter nach oben zu Deck 6, wo sich die Quartiere befinden.
Vorsichtig nimmst du die letzten Stufen bis zu Deck 5. Als du die Barrikade erreichst, vernimmst du vom Flur her leise Stimmen. Du spähst nach oben, kannst aber im weiteren Verlauf des Treppenhauses niemanden entdecken.
Du trittst vor bis zur Barrikade und siehst dich um. Der Flur verläuft nach links nur wenige Meter und knickt dann um 90° ab. Nach rechts durchmisst der Korridor das gesamte Deck. Auf der Innenseite gibt es auf halber Strecke eine Art Schleuse, die ein Stück aus der Wand hervorragt. Auf halber Höhe ist die Innenwand durchgehend verglast und gibt den Blick auf kleine Laborbereiche frei. Wahrscheinlich gelangt man nur durch die Schleuse ins Innere.
Vor der Schleuse steht ein einzelner Trooper. Er hat dir den Rücken zugewandt und spricht in seinen Kommunikator. Wahrscheinlich ist er also noch bei Sinnen.
*Willst du den Trooper ansprechen, lies weiter bei **596**.*
*Wenn du lieber leise in die andere Richtung schleichen möchtest, lies weiter bei **500**.*
*Falls du doch lieber direkt nach Deck 6 steigen willst, lies weiter bei **540**.*

513

Vaskova reißt die Tür auf und stürmt mit einem Schrei, der dir über Funk in den Ohren gellt, ins Treppenhaus. Du hörst auch Pavel schreien, Blasterstrahlen zucken und erhellen das Halbdunkel schlaglichtartig. Der Irre brüllt wie von Sinnen.

Du weichst ein Stück von der Tür zurück und blickst dich nach einer Waffe um. Was, wenn der Irre auch Vaskova überwältigt und aus dem Treppenhaus gestürzt kommt?

Als dir dieser beunruhigende Gedanke gerade durch den Kopf geht und du schon überlegst, in welche Richtung du flüchten könntest, tritt tatsächlich eine Gestalt aus dem verqualmten Treppenhaus. Erst auf den zweiten Blick erkennst du, dass es Vaskova ist, und atmest erleichtert auf.

»Ich konnte nichts mehr für ihn tun«, sagt sie mit belegter Stimme und wirft dir das Blastergewehr von Pavel zu. Nach kurzem Zögern wendet sie sich nach links. »Schnell, wir müssen den Lift blockieren, sonst haben wir gleich die Trooper am Hals.«

Kreuze das Blastergewehr im Inventar an.

Setze den Vorsprung auf 3 und lies dann weiter bei ***490****.*

514

Du reißt deinen Blaster hoch und feuerst eine Salve auf die Gestalt, doch du verfehlst sie denkbar knapp. Die Gestalt rennt auf die Ausgangstür zu und entkommt auf den Flur.

Willst du die Verfolgung aufnehmen, lies weiter bei ***542****.*

Wenn du zulassen willst, dass die Gestalt das Quartier verlässt, lies weiter bei ***537****.*

515

Du kannst auf den Displays an deinem Kontrollpult verfolgen, wie Lea den Berserker von Raum zu Raum lotst, indem sie mit dem Mikrofon Geräusche verursacht, die den Irren anlocken. Sie braucht nicht einmal zwei Minuten, um ihn bis vor eine Schleuse zu locken, die sie von ihrem Kontrollpult aus öffnet.

»Ich lasse ihn gleich in den Kontrollraum und öffne ihm die Außenschleuse. Wenn er rausstürmt, müssen wir abwarten, was auf dem Flur passiert. Wahrscheinlich musst du von deiner Schleuse aus nach links bis zur Ecke laufen. Wir treffen uns auf der Treppe nach Deck 6, okay?«

Angespannt stimmst du zu. Zu gern würdest du selbst sehen, was auf den Fluren genau vor sich geht. So bist du auf Leas Informationen angewiesen.

Du gehst zur Außenschleuse und machst dich bereit.

»Er ist frei«, hörst du Lea über den Lautsprecher. »Jetzt ist er auf dem Flur.«

Bang wartest du, was weiter passiert.

»Er geht in die richtige Richtung. Halte dich bereit.«

Wieder eine Pause.

»Die Trooper haben ihn bemerkt, sie stürmen zu ihm. Jetzt. LOS!«

Als du die Innentür der Schleuse öffnest, kannst du Blasterfeuer und Rufe vom Flur her vernehmen. Kurz vergewisserst du dich, dass der Korridor wirklich leer ist, dann öffnest du die Außentür und rennst den Flur nach links hinunter.

*Hast du dir das Ereignis 374 notiert? Dann geht es weiter bei **445**. Falls nicht, lies weiter bei **150**.*

516

»Brechen wir durch das Hindernis in den Kontrollraum?«, fragt einer der Soldaten.

Okoye schüttelt den Kopf. »Zu gefährlich. Sicher lauern sie dort hinter Tischen und Pulten auf uns.« Er deutet den Flur hinunter auf das verbogene Hangartor. »Wir sprengen uns besser dort durch. Ihr geht im Empfangsraum in Deckung.«

Niemand stellt seinen Befehl in Frage und du ziehst dich mit den anderen in den Empfangsraum schräg gegenüber des Hangartores zurück.

Der Sergeant bringt die Sprengladungen selbst an, stellt den Timer ein, eilt zu euch und duckt sich hinter dem Eingang. »Haltet euch die Ohren zu«, zischt er.

Wenige Augenblicke später gibt es eine Detonation, die dich beinahe von den Füßen reißt. Trümmerteile zischen wie Schrapnelle durch den Flur.

Der Knall ist noch nicht verhallt, da gibt Okoye schon das Zeichen zum Angriff. »Alle mir nach!« brüllt er.

Du folgst den Troopern auf den Flur. Das Hangartor hängt halb zerfetzt in seiner Führung und ein breiter Spalt klafft in seiner Mitte. Die Trümmer, die sich hinter dem Tor befanden, sind von der Explosion in den Hangar geschleudert worden, sodass sich euch auf den ersten Metern hinter dem Tor keine Deckung bietet. Doch eure Gegner sind offenbar von der Detonation noch überrascht, denn sie eröffnen nur zögerlich das Feuer, sodass ihr es ohne Verluste bis zu ersten Deckungen schafft.

Der Gegner, der euch am nächsten ist, hat hinter dem abgerissenen Flügel eines Raumjägers Deckung genommen. Weiter hinten befinden sich noch mehr gegnerische Trooper, die sich gerade neue Deckungen suchen.

»Zwei Mann gehen da durch und fallen dem Gegner in die Flanke«, kommandiert Okoye, der sich hinter eine Frachtkiste geduckt hat. Er deutet dabei auf ein Raumschiffwrack, das nahe der Hangarwand auf der Seite liegt. »Der Rest nimmt den Trooper hinter dem Flügel unter Feuer. Wir müssen ihn ausschalten,

bevor wir weiter vorrücken können.« Er wartet nicht ab, wer seinem Befehl Folge leistet, sondern beginnt, auf den Feind zu schießen.
Einer der Aufständischen, der das niedrige Rangabzeichen eines Corporals trägt, rennt zu dem Raumschiffwrack. Für den Moment macht keiner der anderen Anstalten, ihm zu folgen.
*Willst du dem Corporal folgen und den Gegner flankieren, lies weiter bei **498**.*
*Wenn du dich stattdessen in den Kampf stürzen willst, lies weiter bei **K41**.*

517

Du packst Vaskova an der Schulter und hältst sie zurück, als sie gerade nach der Türklinke greift. In euren Ohren gellt ein letzter, markerschütternder Schrei, der in ein blubberndes Gurgeln übergeht. »Es ist zu spät, du kannst ihm nicht mehr helfen«, rufst du. »Lass uns lieber die Tür blockieren.«
Vaskova starrt dich mit wild aufgerissenen Augen an, ihre Hand ist noch immer zur Türklinke ausgestreckt. Gleichzeitig verebben die Geräusche von Pavels Todeskampf im Funk.
Sie lässt die Hand sinken, hebt stattdessen den Blaster und feuert neben der Klinke auf den Türrahmen. Das Metall des Schließmechanismus schmilzt. »Das wird den Irren vielleicht eine Weile

aufhalten«, murmelt sie. Ihre Augen glitzern feucht. »Aber wenn Soldaten kommen, werden sie die Tür einfach aus den Angeln sprengen.« Erschrocken dreht sie sich zu der Korridorecke um. »Schnell, wir müssen den Lift blockieren, sonst haben wir gleich die Trooper am Hals.«

*Setze den Vorsprung auf 4 und lies weiter bei **490**.*

518

Du gehst leise auf die linke Tür zu und öffnest sie mit dem Taster. Dahinter liegt ein schlichter Raum mit Doppelstockbetten und zwei breiten Schränken. Aus dem Augenwinkel nimmst du oben auf dem Bett neben dir eine Bewegung war und blickst auf. Dort hockt ein Mädchen, vielleicht sechs oder sieben Jahre alt. Das muss Feldmans Tochter sein.

Das Mädchen hat den Arm nach einem Kontrollregler an der Wand ausgestreckt, weicht jetzt aber mit vor Angst geweiteten Augen an die Wand zurück.

Du lässt deinen Blaster sinken und hebst beschwichtigend die freie Hand. »Hab keine Angst, Julia. Deine Mutter schickt mich.«

»Wo ist meine Mama?«, fragt Julia. »Sie hat gesagt, dass sie mich selbst abholen kommt.«

Du ringst nach Worten. Wie sollst du dem Mädchen beibringen, dass seine Mutter umgekommen ist?

»Ist sie gestorben?«, fragt Julia, ehe du ihr antwortest. Ihre Stimme wird schrill. »Sag, ist sie tot?«

Du bringst es nicht über dich, das Mädchen zu belügen, und nickst bedächtig. »Es … es tut mir leid.«

Julia bricht schreiend in Tränen aus und vergräbt das Gesicht in einem Kissen. Vorsichtig streckst du die Hand aus und legst sie dem Mädchen tröstend auf die Schulter. So steht du eine Weile bei ihr.

*Lies weiter bei **548**.*

519

Du gibst Vaskova mit Gesten zu verstehen, dass du abwarten willst. Ihrer Miene nach zu urteilen, scheint sie nicht ganz deiner Meinung zu sein, unternimmt jedoch nichts.

Schließlich ist vom Flur her nichts mehr zu hören.

»Los, beeilen wir uns«, flüstert Vaskova. »Wir müssen den Injektor finden.« Ihr wendet euch wieder eurer Suche zu und werdet bald fündig. Du schwingst dir den armlangen Injektor auf die Schulter und ihr eilt aus dem Frachtraum zurück in den Flur.

»Hier entlang.« Vaskova deutet nach rechts. »Mit dem Ding kannst du nicht über die Kisten klettern.«

Ihr eilt den Korridor bis zu seinem Ende hinunter und wendet euch dann nach links. Der Flur knickt nach wenigen Metern wieder nach links zum Hangar ab. Bevor ihr die Ecke erreicht, bedeutet Vaskova dir, zurückzubleiben. Sie schleicht mit gezücktem Blaster voraus und späht um die Ecke.

Sie zuckt sofort zurück und nur einen Bruchteil später zischen Blasterstrahlen an ihr vorbei und schlagen in der Korridorwand ein. Vaskova hält zwei Finger hoch, zum Zeichen, dass ihr es mit zwei Gegnern zu tun habt. Dann beugt sie sich vor und feuert in den Flur.

*Lies weiter bei **571**.*

520

»Hab keine Angst«, versuchst du die Gestalt zu beschwichtigen, die sich weiter durch den Raum bewegt.
Plötzlich öffnet sich die Ausgangstür. Das Licht von draußen ist grell und du musst die Augen zusammenkneifen. »Du bist Julia, oder? Deine Mutter hat mich geschickt.«
Die Gestalt zögert einen Augenblick in der Tür, dann rennt sie auf den Flur hinaus.
*Willst du die Verfolgung aufnehmen, lies weiter bei **542**.*
*Willst du sie laufen lassen und dich weiter umsehen, lies weiter bei **537**.*

521

»Komm her!«, hörst du Lea rufen. »Julia ist der Code eingefallen!«
Du feuerst noch eine letzte Salve auf die Trooper, bevor du den Flur entlangsprintest. Lea erwartet dich in der Tür, den Blaster im Anschlag. Du stürmst an ihr vorbei und die Tür schließt sich zischend hinter euch. Wenn sie schweres Gerät dabeihaben, wird sie die nicht lange aufhalten.
Die Suite ist luxuriös. Der große Aufenthaltsraum hat ein Duroglasfenster, durch das man in die Weiten des Alls blicken kann. Die Wände sind mit Holzimitat vertäfelt, der Boden mit einem flauschigen Teppich ausgelegt. Es gibt Sitzmöbel und einen riesigen Bildschirm, eine altmodische Bar und einen kleinen Konferenztisch aus Holzimitat mit Stühlen.
Julia tastet mit der Hand hinter einem Regal herum. »Mama hat gesagt, hier soll irgendwo ein Knopf ...« Plötzlich gleiten ein paar der Holzpaneele beiseite. Dahinter befindet sich eine schmale Kammer mit einer abwärts führenden Leiter. Über sie gelangt ihr in einen winzigen Hangar, der von einem kleinen Einpersonen-Shuttle fast komplett ausgefüllt wird. Das winzige Schiff besteht

nur aus Pilotenkanzel, Reaktor und Triebwerken, es gibt weder einen Frachtraum noch eine Schlafkabine.

Lea drückt auf den Schalter, mit dem sich die Kanzel öffnen lässt, und blickt ins Innere. »Verdammt, das wird eng.«

»Da passen wir nicht alle rein«, sagst du atemlos und deutest auf den einzigen Pilotensitz.

»Wir könnten uns doch zusammen hineinquetschen und …«

»Siehst du die Gurte? Das Shuttle hat keine Trägheitsdämpfer, deshalb muss man sich anschnallen, damit man nicht in der Kanzel hin und her geschleudert wird. Vielleicht können wir die Gurte so weit einstellen, dass einer von uns Julia auf den Schoß nehmen kann.« Du beugst dich in die Kanzel und verstellst die Gurte so weit es geht. »Ja, das müsste klappen.«

Von oben hört ihr Geräusche. Die Trooper machen sich an der Tür zu schaffen.

»Wir müssen uns beeilen. Die Startvorbereitungen brauchen sicher eine Minute«, drängst du.

Lea hebt Julia in die Kanzel und sieht dich dann auffordernd an. »Ohne dich wäre ich in den Laboren von einem Irren zerfetzt worden. Flieg du mit ihr, ich halte die Trooper lange genug auf.« Sie wendet sich der Leiter zu.

*Akzeptierst du und steigst zu Julia ins Cockpit, lies weiter bei **552**.*
*Wenn du Lea zurückhalten und dich an ihrer Stelle den Troopern stellen willst, lies weiter bei **509**.*

522

Der Schreck über die plötzliche Schwerelosigkeit und der Schmerz des Bisses aktivieren die Droge in dir von Neuem. Eine Welle von Hass spült jeden klaren Gedanken davon. Statt zu versuchen, deinen Gegner von dir zu stoßen, fletschst du die Zähne und ziehst ihn zu dir heran. Wie tollwütige Hunde bekämpft ihr euch mit Zähnen und Klauen, reißt Wunden. Als mit einem Mal die

Schwerkraft wieder einsetzt und du krachend auf deinem Gegner landest, setzt dein Verstand endgültig aus.

Kreuze auf dem Datenblatt in der »Verax«-Zeile ein weiteres Kästchen an. Wenn es das dritte Kästchen ist, lies sofort weiter bei ***626****.*

Irgendwann kommst du wieder zu dir. Du kniest über deinem Gegner, dessen Gesicht komplett zerfleischt ist. Du spürst etwas zwischen deinen Zähnen und spuckst Haut und Blut aus. Würgend springst du auf und taumelst zurück. Eine Welle von Selbstekel überfällt dich und du erbrichst dich heftig neben der Leiche. Es dauert eine Weile, bis die Übelkeit endlich nachlässt. Du hebst deinen Blaster auf und siehst dich um. Wohin sollst du gehen? Benommen vom Kampf und schockiert von deiner eigenen Brutalität, kannst du keinen klaren Gedanken fassen und läufst in die erstbeste Richtung.
Lies weiter bei ***528****.*

523

»Leise«, zischt Vaskova unvermittelt und du unterbrichst deine Suche und lauschst. Vom Flur her sind Männerstimmen zu hören, vermutlich sind es zwei. Vaskova schleicht zur Tür, ihren Blaster im Anschlag. Auf Zehenspitzen gehst du zu ihr und presst dich neben der Tür an die Wand. Du hörst immer noch die Stimmen, aber sie entfernen sich langsam und sind daher nicht zu verstehen.
Vaskova gestikuliert in deine Richtung und sieht dich fragend an. Sie will wohl wissen, was ihr deiner Meinung nach tun sollt.
Wollt ihr aus dem Frachtraum stürmen und die Männer im Flur überraschen, lies weiter bei ***K20****.*
Wollt ihr lieber abwarten, bis die Männer verschwunden sind, dann lies weiter bei ***519****.*

524

Ihr tretet gemeinsam auf den Flur und sichert ihn nach beiden Seiten. Noch immer ist kein Berserker zu sehen. Feldman geht voran in Richtung Hotellobby. Sie schleicht von Hydrokultur zu Hydrokultur und nimmt immer wieder Deckung. Julia bleibt dicht hinter ihr. Sie sieht verängstigt aus, hält sich aber tapfer und gibt keinen Laut von sich.

Du sicherst euch nach hinten ab.

Unbehelligt erreicht ihr die Glasfront der Hotellobby. Verglichen mit der ansonsten eher spartanischen Ausstattung der Station herrscht hier Luxus vor. Der Boden ist mit Teppich ausgelegt, der Tresen der Rezeption besteht aus Holzimitat und es gibt Polstermöbel. Diese laden allerdings nicht mehr zum Sitzen ein, sondern wurden neben der Rezeption zu einer Barrikade aufgetürmt. Ein bestialischer Gestank weht euch von dort entgegen.

»Unmittelbar nach dem Ausbruch haben einige von uns versucht, sich hier zu verschanzen«, erklärt Feldman mit tonloser Stimme. Sie winkt ihre Tochter zu sich und geht vor ihr in die Hocke. »Hier waren böse Menschen«, erklärt sie ihr leise, nimmt Julia in die Arme und hebt sie hoch. »Besser du schließt die Augen.«

Julia wird noch ein wenig blasser und gehorcht.

Feldman gibt dir mit einer Kopfbewegung zu verstehen, dass du nun vorangehen sollst. Als du die Barrikade umrundest, siehst du, warum Julia die Augen geschlossen halten soll. Du zählst ein halbes Dutzend Leichen – Frauen und Männer, allesamt ausgeweidet und mit von Qual entstellten Gesichtern. Der Teppich ist mit getrocknetem Blut verklebt. Auch du wendest rasch den Blick ab und konzentrierst dich auf den Flur, der zu den Zimmern des Hotels führt.

Feldman deutet auf die Tür ganz am Ende des Korridors und ihr geht darauf zu. Die wenigen anderen Zimmer wurden aufgebrochen und verwüstet. Die breite Tür zur Suite weist zwar einige Kratzer auf, hat aber standgehalten. Der Türöffner hat ein Zahlenfeld für die Eingabe eines Codes.

»Du kannst die Augen jetzt wieder aufmachen, Julia«, sagt Feldman und setzt das Mädchen ab. Dann gibt sie den Code ein und die Tür öffnet sich.

Die Suite ist luxuriös. Der große Aufenthaltsraum hat ein Duroglasfenster, durch das man in die Weiten des Alls blicken kann, die Wände sind mit Holzimitat vertäfelt, der Boden mit einem flauschigen Teppich ausgelegt. Es gibt Sitzmöbel und einen riesigen Bildschirm, eine altmodische Bar und einen kleinen Konferenztisch aus Holzimitat mit Stühlen.

»Hier entlang.« Feldman hält auf eine der vertäfelten Wände zu und drückt einen halb hinter einem Schrank verborgenen Knopf. Ein paar der Holzpaneele gleiten zur Seite, dahinter befindet sich eine schmale Kammer mit einer abwärts führenden Leiter. Über sie gelangt ihr in einen winzigen Hangar, der von einem kleinen Einpersonen-Shuttle fast komplett ausgefüllt wird. Das winzige Schiff besteht nur aus Pilotenkanzel, Reaktor und Triebwerken, es gibt weder einen Frachtraum noch eine Schlafkabine.

Feldman drückt auf den Schalter, mit dem sich die Kanzel öffnen lässt, und blickt ins Innere. Sie ist blass geworden. »Ich wusste nicht, dass das Shuttle *so* klein ist.« Unbehaglich sieht sie zu dir herüber.

»Da passen wir nicht alle rein«, sagst du mit mühsam beherrschter Stimme und deutest auf den einzigen Pilotensitz.

»Vielleicht könnten wir uns zusammen hineinquetschen und …«

»Sehen Sie die Gurte? Das Shuttle hat keine Trägheitsdämpfer, deshalb muss man sich anschnallen, damit man nicht in der Kanzel hin und her geschleudert wird. Vielleicht können wir die Gurte so weit einstellen, dass Sie Julia auf den Schoß nehmen kön-

nen.« Du beugst dich in die Kanzel und verstellst die Gurte so weit es geht. »Ja, das müsste klappen.«
Feldman hebt Julia in die Kanzel, zögert jedoch, ihr zu folgen.
»Ich … ich kann nicht von Ihnen verlangen, dass Sie hierbleiben«, stößt sie hervor. »Ohne Sie hätte ich es gar nicht bis hierher geschafft.«
»Lass mich nicht wieder allein, Mama«, bettelt Julia und greift aus der Kanzel nach dem Arm ihrer Mutter.
Plötzlich hört ihr Geräusche von oben. Es klingt, als ob sich jemand an der Tür der Suite zu schaffen macht.
Feldman langt nach ihrem Blaster und wendet sich der Leiter zu.
Du hältst sie am Arm zurück. »Sie steigen in das Shuttle und starten«, befiehlst du barsch. »Ich gehe nach oben und verschaffe Ihnen genug Zeit für die Startvorbereitungen.«
»Aber …«, setzt Feldman an, doch du lässt sie einfach stehen und erklimmst die Leiter. Du hörst noch, wie Julia ihre Mutter anfleht, zu ihr in die Kanzel zu steigen, und hoffst, dass Feldman klug genug ist, genau das zu tun.
Am oberen Ende der Leiter hältst du kurz inne und spähst durch einen Spalt zwischen den Holzpaneelen ins Innere der Suite. Noch ist niemand dort, aber du kannst dumpf Stimmen von der Tür her vernehmen. Es klingt, als würden Befehle gegeben. Außerdem schlägt immer wieder etwas schwer gegen die Tür. Wahrscheinlich sind Trooper im Flur. Ob sie von dem Rettungsshuttle wissen? Falls ja, bieten dir die dünnen Holzpaneele keinerlei Deckung. Aber falls nicht, ziehen sie vielleicht wieder ab, nachdem sie die Suite durchsucht haben.
Notiere dir auf dem Datenblatt das Ereignis 524.
Willst du in deinem Versteck abwarten was passiert, lies weiter bei ***534****.*
Wenn du stattdessen in die Suite gehen und dir eine bessere Deckung für ein Feuergefecht mit den Troopern suchen willst, lies weiter bei ***488****.*

525

Leas Plan erscheint dir zwar riskant, aber vermutlich werden die Trooper auch dir nicht freundlich gesonnen sein, wenn sie dich hier im Kontrollraum aufgreifen. Also stimmst du zu.
Lea tippt auf dem Kontrollpult herum und spricht in das Mikrofon. Was genau hat sie vor?
*Lies weiter bei **515**.*

526

Du gehst leise auf die rechte Tür zu und öffnest sie mit dem Taster. In dem dahinterliegenden Raum flammt das Licht automatisch auf und enthüllt schlichtes Mobiliar, Doppelstockbetten und zwei breite Schränke.
Du bückst dich gerade, um unter die Betten zu sehen, als unvermittelt das Licht in allen Räumen erlischt. Bis auf ein paar glimmende LEDs an technischen Geräten herrscht Dunkelheit. Links von dir hörst du eine Tür zischen und fährst herum. Zuerst kannst du nichts erkennen, dann aber öffnet sich die Ausgangstür. Das Licht von draußen ist grell und du musst die Augen zusammenkneifen. Nur vage erkennst du eine geduckte Gestalt, die gerade das Quartier verlässt.
*Willst du auf die Gestalt schießen, lies weiter bei **514**.*
*Willst du die Verfolgung aufnehmen, lies weiter bei **542**.*
*Wenn du die Gestalt entkommen lassen willst, lies weiter bei **537**.*

527

Nach kurzem Zögern winkt sie dir und geht um die Ecke. Von hier aus ist es nicht mehr weit bis zu dem verzogenen Hangartor und dem daneben liegenden Zugang zum Kontrollraum. Die Tür zum Kontrollraum wurde mit brachialer Gewalt aufgebrochen und hängt verbogen aus ihrer Verankerung. Vaskova zielt mit ihrer Waffe durch den Spalt in den verwüsteten Kontrollraum, aber

von einem Angreifer keine Spur. Der Spalt ist gerade breit genug, dass du dich mit dem Injektor hindurchzwängen kannst.
Wenn du dir das Ereignis 58 notiert hast, lies weiter bei ***536****.*
Hast du dir das Ereignis 80 notiert, lies weiter bei ***613****.*
Falls du dir keines der beiden Ereignisse notiert hast, geht es weiter bei ***543****.*

528

Du irrst ziellos durch die Gänge. Immer wieder spuckst du aus, um endlich den metallischen Blutgeschmack in deinem Mund loszuwerden, der dir Übelkeit bereitet. Du kommst an einem Quartier vorbei, dessen Tür offen steht. Dort gibt es eine Sanitärzelle, wo du dir am Waschbecken den Mund ausspülen kannst. Du wäschst dir das Gesicht und betrachtest es danach in dem zersplitterten Spiegel. Es ist durch viele Wunden zerschunden und deine Augen sind von Schatten umgeben. Du siehst müde und erschöpft aus. Hier und da kannst du dunkle Adern erkennen, die sich unter deiner blassen Haut abzeichnen.
Als du einen Schritt zurücktrittst, siehst du, dass dein Overall über und über mit Blut verschmiert ist. Wenn dich ein Trooper so sieht, wird er vermutlich sofort das Feuer eröffnen, weil er dich für einen der Irren hält – womit er ja gar nicht so falsch liegt.
Du siehst dich weiter in dem Quartier um. Auch hier ist das gesamte Mobiliar zerschlagen worden. Der Schrank steht offen, Kleidung liegt auf dem Boden verstreut. Du ziehst einen Stationsoverall aus dem Stapel und hältst ihn dir vor den Körper. Die Ärmel sind vielleicht ein bisschen kurz, davon abgesehen scheint er aber zu passen. Er hat ein Namensschild an der Brust, auf dem »Sven Andreassen« steht.
Du schälst dich aus den blutigen Kleidern und ziehst den frischen Overall an. Danach fühlst du dich immerhin wieder ein wenig mehr wie ein Mensch, weißt aber noch immer nicht, was

du tun sollst. Am liebsten würdest du dich auf die zerfetzte Matratze legen und ausruhen, aber hier einzuschlafen, wäre vermutlich tödlich.

Müde trittst du auf den Flur hinaus.

»Hände hoch!«, bellt eine Stimme unvermittelt.

Du drehst dich um und gehorchst, als du ein halbes Dutzend Trooper weiter hinten im Korridor stehen siehst.

»Runter auf die Knie!«, befiehlt ein anderer Soldat. »Hände hinter den Kopf.«

Der Anführer des Trupps, der das Rangabzeichen eines Sergeants trägt, tritt auf dich zu. Er mustert dich kurz und hebt dann seinen Kommunikator vor das Gesicht. »Robson noch mal, Sir. Wir haben auf dem Rückweg ein Besatzungsmitglied aufgegriffen. Laut Namensschild ein gewisser Andreassen.«

»Bringt ihn in die Arrestzelle. Wir verhören ihn später«, hörst du jemanden antworten.

»Aye, Sir.« Robson senkt den Arm und gibt seinen Soldaten ein Zeichen. »Ihr habt es gehört, wir nehmen ihn mit.«

Du wirst grob auf die Füße gezerrt und durch die Korridore geschleift. Ihr kommt auf einen großen Platz, der zwei Decks hoch ist und eine Duroglasdecke hat, durch die du den Planeten sehen kannst. Auf dem Platz sind ein halbes Dutzend Bäume in rechteckigen, mit Granulat gefüllten Bassins gepflanzt. Sie reichen fast bis zu einer Brücke hinauf, die von Deck 7 in den Platz ragt und über eine Treppe erreichbar ist.

Die Trooper stoßen dich die Stufen empor und durch einen weiteren Korridor, der auf das Promenadendeck führt. Auch hier besteht die Decke aus Duroglas. Du erhaschst aber nur einen kurzen Blick auf das Deck, denn du wirst zum nahegelegenen Sicherheitsbüro geführt, das völlig verwüstet ist.

*Streiche alle Waffen aus deinem Inventar und lies weiter bei **474**.*

529

So leise wie nur möglich schleichst du zu der Ecke zurück, doch dort kommt dir der Trooper entgegen, den du vorhin gesehen hast. Er ist einen Augenblick lang genauso überrascht wie du, dann reißt er sein Gewehr hoch.

»Waffe weg, an die Wand, Hände über den Kopf, los!«, bellt er.

Das alarmiert auch den Trooper am anderen Ende des Korridors und er kommt herbeigeeilt. Gegen die beiden hast du keine Chance, also gehorchst du. Gemeinsam tasten die Trooper dich nach Waffen ab.

Streiche alle Waffen aus deinem Inventar.

»Wer bist du?«, fragt der Ranghöhere der beiden.

In knappen Worten gibst du wieder, wie du auf die Station gekommen bist. Was dir auf Deck 4 passiert ist, behältst du lieber erst mal für dich.

Der Trooper hebt seinen Kommunikator vor das Gesicht.

»Lieutenant Gruber? Wir haben auf Deck 5 einen Mann aufgegriffen.«

»Einen von Figos Leuten?«, hörst du den Lieutenant fragen.

»Keine Ahnung. Er behauptet, vor wenigen Stunden mit einem Schiff hier notgelandet zu sein. Schlich jedenfalls hier herum und wollte uns wohl ausweichen.«

»Nehmt ihn fest und bringt ihn her. Der Colonel wird ihn sicherlich verhören wollen.«

»Aye, Sir!« Der Soldat senkt den Kommunikator. »Du hast den Lieutenant gehört. Wir bringen dich nach oben zum Colonel.« Er dirigiert dich den Flur hinunter in Richtung Lift.

*Lies weiter bei **600**.*

530

»Ja, ich konnte den Reaktor noch herunterfahren. Der Injektor in der *Verocity* müsste also intakt sein. So sparen wir uns den Umweg zum Frachtraum, allerdings wird die Strahlung im Maschinenraum ziemlich hoch sein.«

»Dein Anzug sollte ausreichend Schutz bieten, wenigstens für einige Minuten«, beruhigt dich Vaskova.

»Dann los.«

Gemeinsam rennt ihr den Korridor hinunter und auf den Zugang zum Hangar zu. Die Tür zum Kontrollraum wurde mit brachialer Gewalt aufgebrochen und hängt verbogen aus ihrer Verankerung. Ihr zielt mit euren Waffen durch den Spalt in den verwüsteten Kontrollraum, aber von einem Angreifer keine Spur.

Mit deinem Universalwerkzeug vergrößert ihr den Spalt so weit, dass ihr hindurchpasst.

Wenn du dir das Ereignis 58 notiert hast, lies weiter bei ***536****.*

Hast du dir das Ereignis 80 notiert, lies weiter bei ***613****.*

Falls du dir keines der beiden Ereignisse notiert hast, lies weiter bei ***543****.*

531

Du wirfst dich auf die Gestalt und ringst sie zu Boden. Dabei stößt sie einen spitzen Schrei aus. Dir wird klar, dass die Gestalt gar nicht geduckt lief. Es handelt sich um ein Kind – das muss Julia sein. Sie schreit wieder und du ertastest im Dunkeln ihren Mund und hältst ihn zu. Du spürst den wilden Herzschlag des Mädchens und versuchst, es zu besänftigen: »Ich werde dir nichts tun, Julia. Deine Mutter schickt mich, dich zu holen. Bitte glaub mir, ich will dir helfen.« Der hektische Atem des Mädchens wird etwas ruhiger. »Ich nehme jetzt die Hand von deinem Mund. Du darfst aber nicht schreien, sonst lockst du noch einen der Irren an. Verstanden?«

Julia nickt und du nimmst die Hand weg. Eine Weile sagt sie nichts, dann fragt sie: »Sie sind kein böser Mann?«

»Nein, sonst hätte ich dich längst gebissen. Deine Mutter hat mich zu dir geschickt. Ich soll dir helfen. Kannst du bitte das Licht wieder einschalten?«

Du spürst wie Julia nickt und entlässt sie aus deinem Griff. Sie findet sich im Dunkeln sehr gut zurecht und kurz darauf flammt das Licht wieder auf. Julia ist höchstens sechs oder sieben Jahre alt und steht nun mit vor Angst geweiteten Augen vor dir. »Wo ist meine Mama? Sie hat gesagt, dass sie mich selbst abholen kommt.«

Du ringst nach Worten. Wie sollst du dem Mädchen beibringen, dass seine Mutter umgekommen ist?

»Ist sie gestorben?«, fragt Julia, ehe du ihr antwortest. Ihre Stimme wird schrill. »Sag, ist sie tot?«

Du bringst es nicht über dich, das Mädchen zu belügen, und nickst bedächtig. »Es … es tut mir leid.«

Julia bricht in Tränen aus. Du kniest dich vor sie hin und nimmst sie in den Arm. So hockt ihr eine Weile in dem Raum.

*Lies weiter bei **548**.*

532

Du hast den Zugriff zu den Ersatzprotokollen hergestellt. »Ich bin drin!«, rufst du und klatschst in die Hände. Doch deine Begeisterung legt sich schnell. Obwohl du nun Zugriff hast, lassen sich die Kontrollprogramme noch immer nicht starten. Wenn du es versuchst, erscheint eine Kette von Fehlermeldungen, die auf Fehlfunktionen der Hardware hindeuten.

»Wie sieht es aus?«, will Lundberg wissen, als er zu dir und Gruber ans Terminal tritt.

Du schüttelst den Kopf. »Es ist kein reines Software-Problem. Entweder ist der Computerkern selbst beschädigt oder die Verbindungsmatrix von hier nach unten ist unterbrochen.«

»Heißt das, Sie könnten die Sache vielleicht vor Ort in Ordnung bringen? Ich will sowieso gerade eine Truppe runterschicken, um herauszufinden, was mit unseren Ingenieuren passiert ist.«

Je nachdem, wie schwer die Beschädigungen des Kerns sind, könntest du es hinkriegen. Aber willst du wirklich da runter?

*Wenn du dem Colonel deine Hilfe zusagen willst, lies weiter bei **316**.*

*Wenn du dich herausreden willst, lies weiter bei **320**.*

533

Du folgst dem Trooper nicht und auch keiner der anderen tut das. Du hörst jemanden von links »Feuer einstellen!« brüllen, dann ein unterdrücktes Stöhnen. Kurz darauf setzt auch das Feuer von links wieder ein.

Das Gefecht dauert eine gefühlte Ewigkeit. Der Trooper an der Lifttür schreit plötzlich auf, taumelt nach vorn und gerät ins Kreuzfeuer. Zuckend bricht er zusammen. Ein anderer Trooper nimmt seinen Platz ein und endlich gelingt jemandem der entscheidende Treffer.

Das Blasterfeuer endet. Trooper eilen an der Liftkabine vorbei und du schließt dich ihnen zusammen mit deinen Mitstreitern an.

Die Wände des Flurs sind von den Blastergarben geschwärzt. Neben dem Aufständischen, der den Sturmangriff gewagt hat, liegen zwei weitere Tote zwischen dem Lift und dem Eingang zum Hangarkontrollraum. Dort ist ein Trooper zusammengesackt, der offenbar auf euch geschossen hat. Ihr bleibt vor der Tür zum Kontrollraum stehen. Sie wurde brutal aufgebrochen, aber der Durchgang ist durch einen Schrank versperrt, der innen vor die entstandene Lücke geschoben wurde. Was nun?
Schritte nähern sich hinter euch. Sergeant Okoye kommt mit einem anderen Trooper herbei. Sie tragen Sprengladungen bei sich. Der Sergeant blickt kurz auf die Toten und schüttelt betroffen den Kopf. »Vier weniger«, murmelt er.
Notiere dir beim Zähler eine 8. Dies repräsentiert die Zahl der noch lebenden Aufständischen.
*Lies dann weiter bei **516**.*

534

Du wartest in deinem Versteck ab. Unter dir hörst du die Antriebsdüsen des Rettungsshuttles zischen. Die Startvorbereitungen scheinen abgeschlossen zu sein. Kurz vibriert der Boden unter deinen Füßen, als die Triebwerke hochfahren. Es gibt einen kurzen Luftzug, dann ist das Shuttle fort – das Mädchen und die Frau sind gerettet.
Kurz darauf gibt die Tür zur Suite nach und ein halbes Dutzend Trooper stürmt herein. »Der Zugang zum Shuttle muss hier irgendwo sein«, bellt einer. »Alles absuchen!«
Die Trooper schwärmen aus. Offenbar haben sie den Start des Shuttles im Flur nicht mitbekommen.
»Hier ist niemand!«, ruft eine Stimme von links. »Hier auch nicht!«, ruft ein anderer.
»Der Eingang muss verborgen sein. Kompletter Scan der Suite.«
»Aye, Sir.«

Verdammt! Mit einem Scan werden sie die Geheimtür sicher sofort entdecken – und dich auch.

*Willst du dich ergeben, lies weiter bei **545**.*

*Willst du die Tür öffnen und einen Überraschungsangriff wagen, lies weiter bei **568**.*

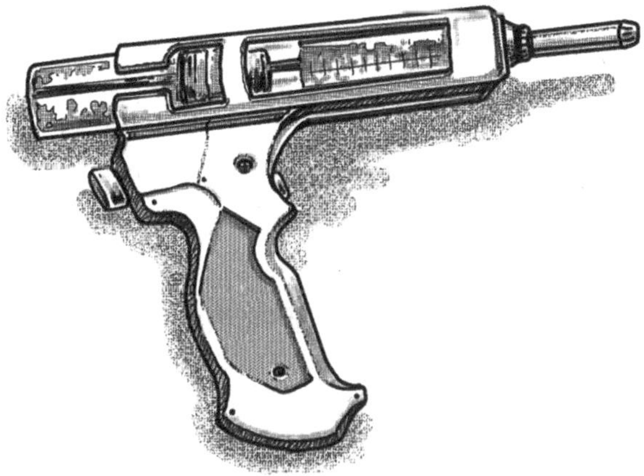

535

»Das kannst du nicht machen«, widersprichst du Lea. »Es könnte weitere Tote geben.«

Lea blickt zur Kamera hoch, sodass du ihre entschlossene Miene sehen kannst. »Das Risiko gehe ich ein. Wenn ich mich stelle, werde ich entweder sofort erschossen oder weggesperrt und mit den Berserkern auf der Station zurückgelassen, wenn die Trooper abziehen. Was glaubst du, was sie mit dir machen, wenn sie dich kriegen? Colonel Lundberg kann keine Mitwisser gebrauchen.«

Sie wartet deine Antwort nicht ab, sondern tippt auf ihr Kontrollpult und spricht in das Mikrofon. Offensichtlich setzt sie ihren Plan in die Tat um. Du kannst sie nur noch aufhalten, indem du die Trooper auf dem Flur warnst.

*Willst du Lea machen lassen, lies weiter bei **515**.*

*Wenn du die Trooper warnen willst, lies weiter bei **579**.*

536

Ihr zwängt euch durch den Spalt und steigt über die Trümmer im Inneren des Kontrollraums hinweg auf die Scheiben zu, die die Angreifer vorhin bei deiner Ankunft eingeschlagen haben. Ein widerwärtiger Geruch hängt im Raum.

Als ihr an der Leiche von Captain Stevens vorbeikommt, erkennst du mit Grauen, woher der Gestank kommt. Der Tote wurde furchtbar zugerichtet, sein Bauchraum aufgerissen und seine Innereien auf dem Boden verteilt.

»Bei allen Sternen«, murmelt Vaskova und schlägt sich die Hand vor den Mund.

Du wendest rasch den Blick von der Leiche und ihr steigt so schnell wie möglich durch das Loch in der Glaswand in den Hangar. Auch hier seht ihr euch mit gezückten Waffen zunächst wachsam um, aber nirgends rührt sich etwas.

*Hast du dir das Ereignis 7 notiert, dann lies weiter bei **549**.*
*Falls nicht, geht es weiter bei **565**.*

537

Du lässt die Gestalt entkommen und atmest tief durch, als sich die Tür hinter ihr schließt. Im Dunkeln tastet du dich durch den Aufenthaltsraum, bis du einen Kontrollregler findest, mit dem du das Licht wieder einschalten kannst. Anschließend durchsuchst du jeden Raum. Sie sehen alle gleich aus und du findest niemanden. Aber in dem Zimmer hinter der linken Tür erkennst du Anzeichen, dass sich hier jemand aufgehalten hat. Eines der oberen Betten ist zerwühlt und zu deiner Überraschung findest du Kinderspielzeug darin.
Du schluckst, als dir klar wird, dass die Gestalt an der Tür nicht geduckt war – sie war einfach klein. Das muss Feldmans Tochter gewesen sein und du hast sie weglaufen lassen.
Du trittst hinaus auf den Flur und hältst nach dem Mädchen Ausschau, aber es ist nirgends eine Spur von ihm. Mittlerweile kann es sonst wo sein. Aber vielleicht kannst du es ja doch noch finden.
*Notiere dir das Ereignis 537 und lies weiter bei **428**.*

538

Mit der Master-Keycard lässt sich die Tür öffnen, zischend gleitet sie beiseite. Dahinter liegt der Aufenthaltsraum eines Gemeinschaftsquartiers mit einigen Sitzmöbeln, einem Bildschirm und einem Wasserspender. Alles ist in einwandfreiem Zustand. Drei weitere Türen führen in die eigentlichen Schlafzimmer. Mit vorgestreckter Waffe trittst du in den Raum und die Eingangstür schließt sich hinter dir.
*Willst du nach Julia rufen, lies weiter bei **497**.*
Willst du den Raum hinter …
*… der linken Tür untersuchen, lies weiter bei **518**.*
*… der mittleren Tür untersuchen, lies weiter bei **510**.*
*… der rechten Tür untersuchen, lies weiter bei **526**.*

539

Mittlerweile ist das Treppenhaus rauchfrei, aber die Sorge vor Angriffen von Saboteuren oder Berserkern bleibt. Ihr erreicht Deck 2 jedoch ohne Zwischenfälle. Während Sanders an der Tür zum Treppenhaus zurückbleibt, begleitet dich Rinelli bis zu der Tür zum Computerkern, was dir eine gewisse Sicherheit gibt.
Die Glastür ist noch schwerer beschädigt als vorhin. Offenbar hat der Sog einige Trümmerteile aus dem Inneren des Computerkerns dagegengesogen. Auch das Kontrollpult hat noch mehr abbekommen. Der Kubus des Quantencomputers war in seinem Magnetfeld hoffentlich geschützt.
Du schiebst die verzogene Glastür beiseite, aber sie geht nur noch halb auf. Mit Mühe zwängst du dich ins Innere.
Rinelli sieht sich respektvoll in dem Raum um. »Brauchen Sie mich da drin?«
»Ich glaube nicht, aber bleiben Sie an der Tür.«
Der Trooper nickt und bezieht mit dem Rücken zu dir Posten.
*Lies weiter bei **570**.*

540

Du steigst die Stufen zum nächsten Absatz hinauf. Vorsichtig spähst du nach oben und siehst eine Soldatin oben vor dem Durchgang nach Deck 6 stehen. Sie entdeckt dich im gleichen Moment und eröffnet das Feuer.
*Willst du das Feuer erwidern, lies weiter bei **K23**.*
*Wenn du dem Kampf ausweichen und auf Deck 5 laufen willst, lies weiter bei **554**.*

541

Lea schüttelt den Kopf. »Sieh dich doch an, du hast schon genug mitgemacht.« Spielerisch berührt sie eine deiner zahlreichen Wunden und du zuckst zurück. »Ein Treffer von den Troopern und du klappst zusammen. Ich gehe. Die Trooper werden mich schon nicht umbringen.« Damit wendet sie sich ab und erklimmt die Leiter.

Lies weiter bei ***552***.

542

Du rennst der geduckten Gestalt hinterher. Erst als du hinter ihr auf den Flur trittst und sie deutlich erkennen kannst, wird dir dein Irrtum klar. Die Gestalt läuft nicht geduckt, sie ist klein. Es ist ein Mädchen, vielleicht sechs oder sieben Jahre alt.

»Bleib stehen, Julia«, rufst du.

Julia rennt weiter und du beschleunigst deine Schritte. Nach wenigen Metern holst du das Mädchen ein und packst es an der Schulter.

Julia schreit wie am Spieß und versucht, sich loszureißen. Du musst ihr die Hand auf den Mund legen und sie festhalten, während du sie hinter eines der Pflanzenbassins ziehst, um wenigstens ein bisschen Deckung zu haben.

Du spürst den wilden Herzschlag des Mädchens und versuchst, es zu beruhigen. »Ich werde dir nichts tun, Julia. Deine Mutter schickt mich, dich zu holen. Bitte glaub mir, ich will dir helfen.« Das Mädchen beruhigt sich ein wenig, doch seine Augen sind noch immer vor Angst geweitet. »Ich nehme jetzt die Hand von deinem Mund. Du darfst aber nicht schreien, sonst lockst du noch einen der Irren an. Verstanden?«

Julia nickt und du nimmst die Hand weg. Sie starrt dich einige Augenblicke an. »Sie sind kein böser Mann?«, fragt sie schließlich.

Du schüttelst den Kopf.

»Wo ist meine Mama? Sie hat gesagt, dass sie mich selbst abholen kommt.« Julia klingt beinahe vorwurfsvoll.

Du ringst nach Worten. Wie sollst du dem Mädchen beibringen, dass seine Mutter umgekommen ist?

»Ist sie gestorben?«, fragt Julia, ehe du ihr antwortest. Ihre Stimme wird schrill. »Sag, ist sie tot?«
Du bringst es nicht über dich, das Mädchen zu belügen, und nickst bedächtig. »Es … es tut mir leid.«
Julia bricht in Tränen aus und vergräbt das Gesicht an deiner Schulter. Du nimmst sie behutsam in den Arm und murmelst tröstende Worte. So hockt ihr eine Weile hinter dem Pflanzenkübel.
*Lies weiter bei **548**.*

543

Ihr zwängt euch durch den Spalt und steigt über die Trümmer im Inneren des Kontrollraums hinweg auf die Scheiben zu, die die Angreifer vorhin, bei deiner Ankunft, eingeschlagen haben. Das Chaos scheint noch schlimmer als damals, aber immerhin gibt es keine Spur von Angreifern. Ihr steigt so schnell wie möglich durch das Loch in der Glaswand in den Hangar. Auch hier seht ihr euch mit gezückten Waffen zunächst wachsam um, aber nirgends rührt sich etwas.
*Hast du dir das Ereignis 7 notiert, lies weiter bei **549**.*
*Falls nicht, lies weiter bei **565**.*

544

Die Frau braucht einen Moment, um sich von der Jagd zu erholen. Erst dann tritt sie an das Kontrollpult und beugt sich zum Mikrofon vor. »Vielen Dank, wer auch immer du bist«, hörst du ihre Stimme über einen Lautsprecher. »Ohne dich hätte er mich auch noch erwischt.« Sie schüttelt den Kopf und du hörst sie gedämpft schluchzen.
»Tut mir leid, um deine Kollegen«, antwortest du in Ermangelung passenderer Worte. Du gibst ihr einige Augenblicke, um sich zu fassen, dann stellst du dich ihr vor.

»Ich bin Lea Douglas«, antwortet sie. »Du bist nicht von der Station, oder?«

»Nein, ich bin mit meinem Schiff vor wenigen Stunden hier notgelandet und auch schon von solchen Wahnsinnigen angegriffen worden. Was ist mit denen los?«

»Es liegt an einer Droge namens Veraxicellunol, kurz Verax genannt«, erklärt Lea. »Sie basiert auf dem Veraxium, das auf dem Planeten gefördert wird. Ursprünglich wurde sie hier für medizinische Zwecke entwickelt, um Muskelkrankheiten zu behandeln, hatte aber schwere psychische Nebenwirkungen. Das Trooper-Kommando glaubte, das Medikament für seine Zwecke nutzbar machen zu können, übernahm die Station und seitdem wurde in eine ganz andere Richtung geforscht. Als die Versuchsreihe wegen diverser Fehlschläge eigentlich schon eingestellt war, hat jemand das Verax in die Trinkwasseraufbereitung gegeben. Abgesehen von ein paar Troopern, die gerade schliefen, haben wir alle mehr oder weniger davon abbekommen und es kam zu Gewaltausbrüchen. Bei einigen ließ die Wirkung recht schnell nach, andere verloren komplett den Verstand oder entwickelten zumindest eine Sucht nach der Droge. Weil sich im Blut und in den Organen von jedem noch Spuren von Verax befinden, zerfleischen die Irren ihre Opfer wie Tiere. Deshalb nennen wir sie Berserker.«

»Wer kontrolliert die Station?«

»Niemand. Auf den meisten Decks herrscht Chaos. Colonel Lundberg und die Trooper, die noch bei Verstand sind, haben sich oben auf Deck 7 und der Kommandoebene verschanzt. Auf Deck 4 versuchen ein paar Abhängige, sich mehr Verax herzustellen. Deshalb wollten Marcus und ich hier im Labor weiteres Ausgangsmaterial für die Herstellung vernichten, aber dann wurden wir von dem Berserker überrascht und …« Ihre Stimme bricht und sie birgt das Gesicht in den Händen.

Du gibst Lea eine Weile, um sich wieder zu beruhigen. »Scheiße«, flucht sie unvermittelt. Du siehst sie auf ein anderes Display starren.

»Was ist denn?«, fragst du alarmiert.

»Da sind Trooper im Flur, kannst du sie nicht sehen? Auf den großen Displays links von dir?«

»Die sind auf meinem Pult zerstört worden.«

»Mehrere von ihnen patrouillieren auf den Fluren. Es scheint auch Kämpfe gegeben zu haben. Wenn die mich entdecken, bin ich dran.«

»Warum? Du bist doch auf ihrer Seite.«

Sie schüttelt den Kopf. »Wenn es nach dem Colonel geht, wird die Forschung anderswo weitergeführt. Meine Freunde und ich wollten das verhindern und haben einen Anschlag auf den Hauptcomputer verübt, deshalb sind wir für die Trooper Saboteure.«

Du weißt nicht, was du dazu sagen sollst, und schweigst.

»Ich habe eine Idee«, sagt Lea plötzlich. »Ich könnte den Irren doch zu einem der anderen Kontrollräume locken und ihn rauslassen. Dann sorgt er im Flur für Ablenkung und wir können nach Deck 6 fliehen. Dort finden wir vielleicht noch ein paar meiner Freunde.«

*Stimmst du ihrer Idee zu, lies weiter bei **525**.*

*Widersprichst du ihr, lies weiter bei **535**.*

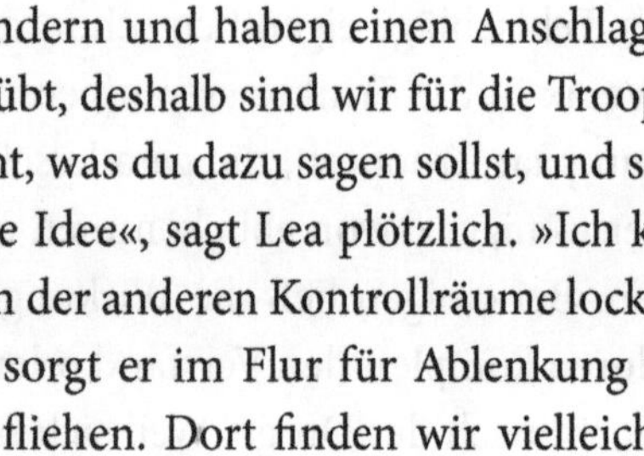

545

Bevor die Soldaten dich mit dem Scanner entdecken und unter Feuer nehmen, öffnest du die Tür und hebst die Hände. Sofort stürmen drei Trooper mit Blastern im Anschlag auf dich zu und umstellen dich. Ein vierter zerrt dich durch die Geheimtür und zwingt dich auf die Knie. »Hände hinter den Kopf!«, bellt er und du gehorchst.

Streiche alle Waffen aus deinem Inventar.

Wenn du dir auf dem Datenblatt das Ereignis 600 notiert hast, lies weiter bei ***469****.*

Falls nicht, lies weiter bei ***483****.*

546

Es gelingt dir, den Corporal mit einigen schnellen Schlägen zurückzutreiben. Ein weiterer Blasterschuss aus dem Hinterhalt streckt ihn dann nieder.

Du hechtest zu deinem Gewehr, nimmst es an dich und robbst in Deckung.

Willst du abwarten, bis der Heckenschütze ausgeschaltet wurde, lies weiter bei ***556****.*

Willst du versuchen, den Heckenschützen selbst auszuschalten, lies weiter bei ***563****.*

547

Auch der zweite Trooper bricht zusammen und Vaskova atmet tief durch. »Das werden nicht die Letzten sein. Los, beeilen wir uns.« Ihr wendet euch wieder der Suche nach dem Injektor zu und werdet endlich fündig. Du schwingst dir den armlangen Injektor auf die Schulter und ihr eilt aus dem Frachtraum zurück in den Flur.

»Hier entlang.« Vaskova deutet nach rechts. »Mit dem Ding kannst du nicht über die Kisten klettern.« Ihr eilt den Korridor

bis zu seinem Ende hinunter und wendet euch dann nach links. Der Flur knickt nach wenigen Metern noch einmal nach links zum Hangar ab. Bevor ihr die Ecke erreicht, bedeutet Vaskova dir, zurückzubleiben. Sie schleicht mit gezücktem Blaster voraus und späht um die Ecke.
*Setzte den Vorsprung auf 2 und lies weiter bei **527**.*

548

Nachdem sich Julia ein wenig beruhigt hat und ihr Schluchzen verebbt ist, löst du dich von ihr. So gern du ihr noch mehr Zeit zum Trauern geben möchtest, ihr seid hier nicht sicher. Die Frage ist nur, ob Feldman einen Fluchtplan hatte, um mit ihrer Tochter zu entkommen – und ob Julia davon weiß.
Du räusperst dich. »Kann ich dich etwas fragen?«, beginnst du vorsichtig.
Julia wischt sich über die Augen und nickt.
»Hat deine Mutter dir gesagt, was … was du tun sollst, wenn sie nicht wiederkommt?«
Julia holt zitternd Luft. »Mama hat gesagt, es gibt ein kleines Schiff im Hotel. In der Suite. Dorthin sollte ich gehen.«
Ein Raumschiff in einer Hotelsuite? Das klingt zunächst einmal absurd, aber als du dich daran erinnerst, dass die Station dem mächtigen Frius-Konzern gehört und dessen Geschäftsführer wohl manchmal hier vorbeisehen – wer weiß? Vielleicht haben die sich einen Hangar für ein Shuttle einbauen lassen, um im Fall der Fälle nicht mit dem Pöbel um einen Platz in Evakuierungsshuttlen streiten zu müssen. Davon abgesehen hast du sowieso keine bessere Idee, wohin ihr euch wenden könntet.
»Gut, dann gehen wir jetzt dahin«, sagst du leise. »Aber auf dem Weg könnten böse Männer sein, deswegen ist es wichtig, dass wir ganz still sind, ja?«
Julia nickt tapfer.

Ihr macht euch gemeinsam auf den Weg, den Korridor hinunter, hin zu der Glasfront. Du siehst dich immer wieder wachsam um, aber es gibt keine Spur von Berserkern – zum Glück. Julia sieht verängstigt aus, hält sich aber tapfer und gibt keinen Laut von sich.

Unbehelligt erreicht ihr die Glasfront der Hotellobby. Die breite Tür steht offen. Verglichen mit der ansonsten eher spartanischen Ausstattung der Station herrscht hier Luxus vor. Der Boden ist mit Teppich ausgelegt, der Tresen der Rezeption besteht aus Holzimitat und es gibt Polstermöbel. Diese laden allerdings nicht mehr zum Sitzen ein, sondern wurden neben der Rezeption zu einer Barrikade aufgetürmt. Ein bestialischer Gestank weht euch von dort entgegen.

Du blickst noch einmal den Korridor hinunter und gibst Julia dann ein Zeichen, dass sie kurz warten soll. Sie bleibt gehorsam stehen, während du mit schussbereitem Blaster auf die Barrikade zugehst. Als du sie umrundest, trifft dich der Anblick, der sich dir dahinter bietet, wie ein Schlag. Du zählst ein halbes Dutzend Leichen – Frauen und Männer, allesamt ausgeweidet und mit von Qual entstellten Gesichtern. Der Teppich ist mit getrocknetem Blut verklebt. Rasch wendest du den Blick ab und inspizierst den Flur, der zu den Zimmern des Hotels führt. Dort ist niemand zu sehen.

Du gehst zu Julia zurück und kniest dich vor sie. »Hier waren böse Menschen«, erklärst du ihr leise. »Besser, du machst die Augen zu und siehst nicht hin. Ich nehme dich an der Hand, in Ordnung?«

Julia wird noch ein wenig blasser, nickt aber und streckt dir mit geschlossenen Augen die Hand entgegen. Du ergreifst sie und führst Julia an den Leichen vorbei und den Korridor hinunter. Die wenigen Zimmer wurden aufgebrochen und verwüstet. Die breite Tür zur Suite am Ende des Korridors weist zwar einige

Kratzer auf, hat aber standgehalten. Der Türöffner hat ein Zahlenfeld für die Eingabe eines Codes.
»Hast du den Code?«, fragst du Julia.
Sie sieht dich ratlos an. »Was ist ein Code?«
»Ein paar Zahlen, wahrscheinlich vier. Hat deine Mama dir so etwas genannt, als sie von dem kleinen Raumschiff gesprochen hat?«
Das Mädchen legt kurz die Stirn in Falten, dann lächelt es schwach und tippt auf vier Ziffern. Tatsächlich öffnet sich die Tür.
Du willst schon aufatmen, als du hinter euch Stimmen vernimmst. Jemand scheint Befehle zu geben und du hörst nun auch schwere Schritte. Die Trooper sind auf dem Weg hierher.
Rasch schiebst du Julia in die Suite. Die Tür schließt sich hinter euch.
*Lies weiter bei **559**.*

549

»Wo ist das Reparaturdock?«, fragst du.
Vaskova deutet auf die rechte Seite der Halle. »Hinter dem Frachter. Und dein Schiff?«
Du zeigst auf die *Verocity*.
»Ein Wunder, dass ihr da heil rausgekommen seid«, murmelt sie. »Bist du sicher, dass der Injektor die Bruchlandung überstanden hat?«
Du zuckst die Schultern. »Ziemlich sicher. Mein Baby hat schon Schlimmeres mitgemacht.«
Vaskova mustert dich mit hochgezogener Augenbraue, so als könne sie sich das nicht vorstellen. »Okay. Du gehst rein, ich bleibe draußen und behalte den Hangar im Auge.«
Ihr eilt über das Trümmerfeld auf die *Verocity* zu.
*Falls du dir das Ereignis 8 notiert hast, lies weiter bei **566**.*
*Wenn nicht, geht es weiter bei **575**.*

550

Mittlerweile ist das Treppenhaus rauchfrei, aber die Sorge vor Angriffen von Saboteuren oder Berserkern bleibt. Ihr erreicht Deck 2 jedoch ohne Zwischenfälle. Während Sanders an der Tür zum Treppenhaus zurückbleibt, begleitet dich Rinelli bis zu der Tür zum Computerkern, was dir eine gewisse Sicherheit gibt.
Der Kern ist ein Quantencomputer mittlerer Größe, ein riesiger Kubus voller blinkender Dioden, der in einem Magnetfeld inmitten eines über zwei Etagen reichenden, runden Raums schwebt. Auf Deck 2 führt ein Gang am Rand des Raumes entlang, an dem es in regelmäßigen Abständen Kontrollpulte gibt, eines davon direkt gegenüber der Glastür, vor der der Korridor endet.
Offensichtlich wurde hier gekämpft, denn die Tür ist schwer beschädigt, wahrscheinlich durch eine Sprengladung. Sie ist gesplittert und hängt lose in ihrer Verankerung, sodass du sie einfach beiseiteschieben könntest. Auch das dahinterliegende Kontrollpult weist massive Schäden auf. Aus den Löchern, die die Explosion in das Gehäuse des Pultes gerissen hat, schlagen ab und zu Funken. Du kneifst die Augen zusammen und versuchst zu erkennen, ob der Kubus selbst beschädigt ist, aber auf die Entfernung ist das kaum möglich.
Du schiebst die verzogene Glastür beiseite, aber sie geht nur noch halb auf. Mit Mühe zwängst du dich ins Innere.
Rinelli sieht sich respektvoll in dem Raum um. »Brauchen Sie mich da drin?«
»Ich glaube nicht, aber bleiben Sie an der Tür.«
Der Trooper nickt und bezieht mit dem Rücken zu dir Posten.
*Lies weiter bei **570**.*

551

Der Korridor sieht genauso aus wie die, die du vorhin schon auf diesem Deck begangen hast. Er durchmisst das gesamte Deck

und hat in der Mitte eine Art Schleuse, die zu den Laboren im Innenbereich führt. Vor der Schleuse steht ein einzelner Trooper. Er hat dir den Rücken zugewandt und spricht in seinen Kommunikator. Wahrscheinlich ist er also noch bei Sinnen.
Links von dir knickt der Gang nach wenigen Metern um 90° ab.
*Willst du den Trooper ansprechen, lies weiter bei **596**.*
*Wenn du lieber leise in die andere Richtung schleichen möchtest, lies weiter bei **500**.*
Oder möchtest du doch lieber direkt nach Deck 6 steigen? Dann überprüfe, ob du dir das Ereignis 361 notiert hast.
*Falls ja, lies weiter bei **610**.*
*Falls nicht, lies weiter bei **540**.*

552

Kurz siehst du Lea noch nach, dann steigst du zu Julia ins Cockpit und setzt dich in den Pilotensitz. Schnell verschaffst du dir einen Überblick, startest den Schiffscomputer und fährst die Triebwerke hoch. Julia steht halb gebückt in einer Ecke des Cockpits und beobachtet dich skeptisch.
»Komm her, Julia. Wir müssen uns anschnallen«, sagst du behutsam.
Widerstrebend setzt sich das Mädchen auf deinen Schoß und du schlingst die Gurte um euer beider Oberkörper. Zum Glück ist Julia so klein, dass du noch über ihren Kopf hinwegsehen kannst. Du betätigst den Schalter zum Verschließen der Cockpitkanzel. Das Display vor dir zeigt an, dass die Triebwerke bereit sind und einem Start nichts mehr im Wege steht.
Ein heller Blitz lässt dich zur Leiter blicken. Du siehst Lea kopfüber herunterstürzen und reglos mit verdrehten Gliedern zu Füßen der Sprossen liegenbleiben. In der Hoffnung, dass Julia gerade nicht hingesehen hat, drückst du den Startknopf und das Shuttle schießt in den Weltraum hinaus.

Hastig wischt du dir über die Augen, damit Julia deine Tränen nicht bemerkt. Nach allem, was du mit Lea durchgemacht hast, geht dir ihr Tod nahe. Hättest du sie retten können?
Lies weiter bei ***635***.

553

Als sich die Luke öffnet, siehst du, das Vaskova schon ungeduldig auf dich wartet. »Und, ist das Teil in Ordnung?«, fragt sie.
Du nickst und reichst ihr den Injektor an. Dann kletterst du hinab. »Hier alles ruhig?«, fragst du und wirfst einen bangen Blick in Richtung Kontrollraum.
»Noch«, erwidert Vaskova. »Aber Lundbergs Leute werden sicher bald hier sein. Komm!«
Lies weiter bei ***565***.

554

Du duckst dich unter dem Schuss der Soldatin weg und eilst die Stufen wieder hinab, um dem Kampf auszuweichen. Als du dich durch die Barrikade zwängst und auf den Flur trittst, bemerkst du

einen Trooper, der mit schussbereiter Waffe von rechts auf dich zukommt. Er ist nur wenige Meter entfernt.
»Die Waffe runter, sofort!«, kommandiert er. Er klingt angespannt. Von links nähern sich Schritte, also bleibt dir keine Wahl. Du wirfst deine Waffe weg, hebst die Hände über den Kopf und gehst auf den Trooper zu, um aus dem Schussfeld der Soldatin zu gelangen. Sie ist dir aber offenbar nicht die Treppe hinunter gefolgt. Ein zweiter Trooper kommt um die Ecke und nimmt dich ebenfalls ins Visier. Gemeinsam tasten sie dich nach Waffen ab.

Streiche alle Waffen aus deinem Inventar.

»Wer sind Sie?«, fragt der Ranghöhere der beiden.
In knappen Worten gibst du wieder, wie du auf die Station gekommen bist. Was dir auf Deck 4 passiert ist, behältst du lieber erst mal für dich.
»Wir haben Blasterfeuer gehört. Auf wen haben Sie geschossen?«
Du berichtest ihnen von der Soldatin am oberen Treppenabsatz.
»Das muss Ramirez gewesen sein«, mutmaßt einer der Soldaten.
Lies weiter bei ***594****.*

555

Als du in der Schleuse stehst, hörst du von draußen Rufe und das Prasseln von aufprallenden Blasterstrahlen. Die Trooper sind schon da und beschießen das Schiff. Angesichts seines Zustandes werden sie selbst mit ihren Blastergewehren über kurz oder lang erheblichen Schaden anrichten.
Der Angriff der Trooper auf die Dreamscape *hat begonnen. Setze den Zähler auf 25. Er repräsentiert nun den Schaden, den das Schiff noch vertragen kann, ehe es fluguntauglich wird. Du musst mit dem Schiff entkommen, bevor der Zähler auf 0 sinkt.*
Lies weiter bei ***572****.*

556

Noch einige Male zischen Blasterstrahlen in deine Richtung. Dann hörst du Sergeant Okoye brüllen, dass ihr weiter vorrücken sollt. Du wagst dich aus der Deckung und siehst deine Mitstreiter auf ein Trümmerfeld zurennen. Sie werden von weiter hinten beschossen, aber die verbliebenen Gegner sind zu weit von dir entfernt, als dass du von der Flanke her noch helfen könntest.
Also rennst du Okoye und den anderen hinterher. Unterwegs kommst du an drei weiteren Leichen vorbei, die es neben dem Corporal erwischt hat.
*Senke den Zähler um 4 und lies weiter bei **K48**.*

557

Für Sentimentalitäten ist jetzt aber keine Zeit. Du eilst auf dem schnellsten Weg zum Maschinenraum und zwängst dich durch die halb offen stehende Tür ins Innere.
Der Rauch hat sich mittlerweile verzogen, sodass du das volle Ausmaß der Zerstörung überblicken kannst. Plötzlich bist du dir nicht mehr so sicher, ob der Injektor den Crash und das darauffolgende Feuer wirklich unbeschadet überstanden hat.
Dein Blick huscht zur Kontrollstation. Die Strahlungswerte sind immer noch hoch, trotz Anzug solltest du dich hier lieber nicht zu lange aufhalten. Also schnappst du dir eines der herumliegenden Werkzeuge und kletterst in den Reaktorschacht.
In dem engen Wartungsraum neben der Reaktorkammer ist die Restwärme des Feuers noch immer zu spüren, aber es lässt sich aushalten. Die Flammen haben hier schwere Schäden angerichtet. Die Wandverkleidungen sind geschmolzen, dahinter siehst du verschmorte Leitungen. Du zwängst dich an einem geplatzten Rohr vorbei, hin zu der Stelle, wo der Terov-Injektor sitzt.
Erleichtert erkennst du, dass die Zerstörung hier weniger stark ist. Die Verkleidung vor dem Injektor ist intakt und lässt sich mit

zwei schnellen Handgriffen lösen, und nach einem prüfenden Blick bist du dir sicher, dass der Injektor noch in Ordnung ist. Rasch löst du die Befestigungen, doch als du das armlange Bauteil herausziehen willst, sitzt es fest. Eine der Halterungen muss sich verzogen haben. Du überprüfst sie noch einmal und bekommst das Teil schließlich frei.

Mit dem Injektor die Leiter wieder hochzuklettern, erweist sich als Herausforderung, aber du schaffst es und beeilst dich, wieder zur Luftschleuse zu kommen.

Senke deinen Vorsprung um 1.

Ist er jetzt bei 0, lies weiter bei ***K14****.*

Beträgt er eins oder mehr, geht es weiter bei ***553****.*

558

Die *Dreamscape* kracht durch das Tor. Für einen Augenblick glaubst du, du hättest es geschafft, doch dann schrillt ein Alarmton los. Auf allen Konsolen beginnen Warnmeldungen zu blinken und das Schott der Pilotenkanzel fährt automatisch herunter, weil es im hinteren Teil des Schiffes ein Leck gibt. Hastig versuchst du noch, die Notprogramme in Kraft zu setzen, doch da zerreißt es das Schiff schon. Die abgeschottete Pilotenkanzel bleibt intakt, gerät aber wild ins Trudeln. In rasendem Tempo wird der vor der Duroglasscheibe rotierende Planet größer und größer und du hast keinerlei Steuermöglichkeit mehr. Hilflos musst du abwarten, bis die Kanzel in die Atmosphäre des Planeten eintaucht.

Rasch wird es in der Kanzel unerträglich heiß. Kleine Teile von der Außenhülle werden abgerissen und das Duroglas beginnt Blasen zu werfen. Einen Augenblick später verglüht das Schiff in der Atmosphäre.

Dein Abenteuer endet hier.

559

Die Suite ist luxuriös eingerichtet. Der große Aufenthaltsraum hat ein Duroglasfenster, durch das man in die Weiten des Alls blicken kann. Die Wände sind mit Holzimitat vertäfelt, der Boden mit einem flauschigen Teppich ausgelegt. Es gibt Sitzmöbel und einen riesigen Bildschirm, eine altmodische Bar und einen kleinen Konferenztisch aus Holzimitat mit Stühlen. Du siehst zwei Türen und stürmst in die angrenzenden Räume. Der eine ist ein richtiges Bad, der andere das eigentliche Schlafzimmer mit einem riesigen Bett, in dem fünf oder sechs Menschen schlafen können. Doch nirgends etwas, das nach einem Zugang zu einem Hangar aussieht. Hat Julia womöglich etwas falsch verstanden?

Als du zurück in den Hauptraum kommst, siehst du Julia an einem Regal stehen. Eine Hand hat sie hinter das Regal gesteckt. »Mama hat gesagt, hier soll irgendwo ein Knopf …« Plötzlich gleiten ein paar der Holzpaneele beiseite. Dahinter befindet sich eine schmale Kammer mit einer abwärts führenden Leiter. Über sie gelangt ihr tatsächlich in einen winzigen Hangar, der von einem kleinen Einpersonen-Shuttle fast komplett ausgefüllt wird. Das winzige Schiff besteht bloß aus Pilotenkanzel, Reaktor und Triebwerken, es gibt weder einen Frachtraum noch eine Schlafkabine.

Du öffnest die Kanzel. Sie enthält nur einen Pilotensitz, aber wenn du die Gurte weit genug einstellst, kannst du dich und Julia gleichzeitig anschnallen.

Von oben hörst du Geräusche. Die Trooper machen sich an der Tür der Suite zu schaffen. Euch bleibt nicht mehr viel Zeit. Rasch hebst du Julia in die Kanzel und steigst ihr hinterher. Du zwängst dich in den Pilotensitz und verschaffst dir schnell einen Überblick, startest den Schiffscomputer und fährst die Triebwerke hoch. Julia steht halb gebückt in einer Ecke des Cockpits und beobachtet dich.

⚁ ⚄

»Komm her, Julia. Wir müssen uns anschnallen«, sagst du behutsam.
Widerstrebend setzt sich das Mädchen auf deinen Schoß und du schlingst die Gurte um euer beider Oberkörper. Zum Glück ist Julia so klein, dass du noch über ihren Kopf hinwegsehen kannst. Du betätigst den Schalter zum Verschließen der Cockpitkanzel. Das Display vor dir zeigt an, dass die Triebwerke bereit sind und einem Start nichts mehr im Wege steht. Du drückst den Startknopf und das Shuttle schießt in den Weltraum hinaus.
Falls du auf dem Datenblatt wenigstens ein Verax-Kästchen angekreuzt hast, lies weiter bei ***646****.*
Hast du kein Verax-Kästchen angekreuzt, dir aber das Ereignis 600 notiert? Dann lies weiter bei ***642****.*
Falls weder das eine noch das andere zutrifft, lies weiter bei ***635****.*

560 *(Speicherpunkt – Blastergewehr)*
Erst, als man dich energisch an der Schulter rüttelt, erwachst du aus deinem tiefen, traumlosen Schlaf, der dir aber psychisch kaum Erholung gebracht hat. Müde setzt du dich auf.
»Los, los«, drängt ein Trooper flüsternd. »Wir müssen zum Hangar. Der Kreuzer wird bald ein Shuttle rüberschicken.«
Dir fallen Lundbergs Worte wieder ein und du machst dich schnell abmarschbereit.
Der Colonel und Lieutenant Gruber führen den kleinen Trupp, der neben dir nur noch vier weitere Trooper umfasst, persönlich an. Auf dem Weg über das Promenadendeck kommt ihr an einer Bar vorbei, wo einige andere Trooper schlafen, aber Lundberg macht keine Anstalten, sie wecken zu lassen, sondern führt euch direkt weiter bis zum Lift. Ihr verteilt euch auf beide Kabinen und fahrt nach Deck 3.
Dort erwartet euch ein weiterer Trooper. »Die Luft ist rein, Sir«, informiert er den Colonel flüsternd.

Der nickt nur und marschiert zielstrebig zu der Tür, die in den Kontrollraum führt. Sie wurde bereits brutal aufgebrochen und hängt schief in den Angeln. Einer der Trooper verbreitert den offenen Spalt mit einem Werkzeug, während du wie die anderen nervös den Flur absicherst.

Als die Lücke breit genug ist, kommandiert Lundberg zwei Trooper als Erste hinein.

»Alles klar!«, ruft einer der Trooper gedämpft aus dem Kontrollraum und du rückst mit den anderen nach.

*Wenn du dir das Ereignis 58 notiert hast, lies weiter bei **578**.*

*Falls nicht, lies weiter bei **586**.*

561

Irgendwann hat dein Verstand ausgesetzt. Als du wieder klar denken kannst, kniest du über deinem Gegner, sein Gesicht ist komplett zerfleischt. Du spürst etwas zwischen deinen Zähnen und spuckst Haut und Blut aus. Würgend springst du auf und taumelst zurück. Dabei stolperst du beinahe über die Beine der Frau, die zuvor mit dem Irren gekämpft hat. Ihre Uniform ist in Bauchhöhe zerrissen und blutdurchtränkt. Ein Namensschild weist die Frau als »Dr. Jessica Feldman« aus. Zuerst hältst du sie für tot, aber dann stöhnt die Frau etwas Unverständliches und du beugst dich über ihren Mund, um sie besser zu verstehen. »M… eine kleine T… Tochter«, haucht sie. »D fünf sechs.«

»Was meinen Sie?«, fragst du. »Was ist D fünf sechs?«

»Julia… Qua… Quart…« Feldman stöhnt noch einmal schmerzerfüllt, dann sackt ihr Kopf leblos zur Seite.

Du siehst dich um. Nicht weit entfernt ist eine Tür mit der Aufschrift »D12«. D56 muss ein Quartier sein. Julia ist wohl der Name ihrer Tochter. Hat Feldman sie dort zurückgelassen?

Du könntest es herausfinden, wenn du das Quartier aufsuchst, aber der Anblick der übel zugerichteten Toten lässt dich zögern.

Bist du eine Gefahr für diese Julia? Zerfleischst du sie auch, wenn du sie findest? Eine Welle von Selbstekel überfällt dich und du erbrichst dich heftig neben Feldmans Leiche.
Es dauert eine Weile, bis die Übelkeit endlich nachlässt. Jetzt musst du eine Entscheidung treffen.
Notiere dir auf dem Datenblatt das Ereignis 430.
*Wenn du Julia suchen willst, lies weiter bei **501**.*
*Falls du stattdessen auf der Suche nach Hilfe durch die Gänge streifen möchtest, lies weiter bei **528**.*

562

Du stürzt in die Pilotenkanzel und an die taktische Konsole. Rasch hast du die Waffen aktiviert, aber den großen Bordblaster aufzuladen, dauert eine gefühlte Ewigkeit.

*Würfele mit einem Würfel und ziehe das Ergebnis vom Zähler ab. Ist der Zähler danach bei 0, lies weiter bei **637**, ansonsten geht es hier weiter.*

Als der Blaster endlich geladen ist, richtest du ihn auf das Zwischentor zum Hangar und feuerst. Der Aufprall der gewaltigen Ladung lässt das Schiff erzittern, erzielt aber auch den erwünschten Effekt. Die Trooper ziehen sich zumindest vorerst zurück.
*Willst du die Gelegenheit nutzen und allein mit dem Schiff fliehen, lies weiter bei **581**.*
*Wenn du die kurze Feuerpause nutzen willst, um Vaskova an Bord zu holen, lies weiter bei **574**.*

563

Du wagst dich ein Stück weit aus der Deckung und suchst nach dem Heckenschützen, der den Corporal erwischt hat. Es scheint, dass es einer der beiden Trooper war, die sich gerade ein Gefecht mit Sergeant Okoye und dessen verbliebenen Mitstreitern liefern, denn der Linke der beiden zielt immer wieder in deine Richtung und feuert einige schlecht gezielte Feuerstöße ab. Das Trümmerteil eines Frachters liefert ihm eine gute Deckung, sodass es schwer wird, ihn zu erwischen. Dennoch nimmst du ihn ins Visier.

Würfele mit einem Würfel und zähle den Fernkampfwert deiner Spielfigur hinzu. Ist das Ergebnis größer oder gleich 9, lies weiter bei ***569****.*

Ist es kleiner als 9, lies weiter bei ***576****.*

564

Du lässt dir einen Moment Zeit mit deiner Entscheidung, dann räusperst du dich und wählst deine Worte mit Bedacht. »Danke für das Angebot, Colonel, aber meine Zeiten als Trooper sind vorbei.«

Lundbergs eben noch so freundliche Miene versteinert von einem Moment zum anderen. Er fixiert dich aus halb zusammengekniffenen Augen, bis er schließlich mit einem Seufzer den angehaltenen Atem ausstößt. »Enttäuschend«, sagt er. »Wirklich, Chief. Einen wie Sie hätte ich gut gebrauchen können. Ich hätte nicht gedacht, dass Sie Ihre alten Kameraden im Stich lassen. Ich kann Sie nicht zur Mitarbeit zwingen, aber ich kann auch nicht zulassen, dass Sie hier frei herumlaufen und unsere Operationen gefährden oder sich am Ende gar auf die Seite der Saboteure schlagen.« Er winkt den Lieutenant herbei. »Gruber, bringen Sie den Mann in die Arrestzelle.«

»Aber …«, willst du widersprechen, doch der Colonel beachtet dich nicht weiter und der Lieutenant und ein weiterer Soldat packen dich unter den Armen und ziehen dich auf die Füße. Sie zerren dich aus der Kommandozentrale und über das Promenadendeck.

Lies weiter bei ***345****.*

565

Vaskova läuft voran und hält auf das Wrack eines total zerstörten Frachters zu, das sie am Heck umrundet. Hinter dem Wrack ist tatsächlich ein breites, zweiflügeliges Tor verborgen. Der eine Torflügel ist durch die Explosion herausgerissen worden, sodass ihr problemlos in das dahinterliegende Reparaturdock gelangt. In der schmalen Halle steht ein klobiger, heruntergekommener Frachter, der aussieht, als sei ein defekter Injektor noch sein geringstes Problem. An der euch zugewandten Seite lehnt ein fahrbares Gerüst an der Bordwand.

»Das ist die *Dreamscape*?«, fragst du. »*Nightmare* wäre wohl der passendere Name.«

Vaskova zuckt nur die Schultern. »Haben wir eine Wahl?« Sie deutet zur Einstiegsluke und eilt darauf zu. Sie betätigt den Schalter an der Schiffswand und zu deiner Erleichterung öffnet sich die Luke zur Luftschleuse. »Kennst du dich mit dem Schiffstyp aus?«, fragt Vaskova.

»Das ist ein uralter Frachter belianischer Bauart«, erwiderst du. »Damit kennt sich höchstens mein Großvater noch aus, aber ich werde schon klarkommen.«

»Gut. Dann geh du in den Maschinenraum, bau den Injektor ein und bring die Kiste ans Laufen. Ich sehe zu, dass wir das Gerüst loswerden.«

»Einverstanden.« Du betrittst die Luftschleuse und schließt die Luke hinter dir. Die Innentür lässt sich kurz darauf öffnen und du trittst ein.

Das Schiff ist klein und besteht im Grunde nur aus der Pilotenkanzel, in der Platz für zwei Personen ist, zwei engen Schlafkabinen sowie dem Fracht- und dem Maschinenraum. All das ist über den schmalen Flur verbunden, in dem du nun stehst, daher findest du den Maschinenraum auf Anhieb. Als du dich durch das Schott zwängst, bleibst du entgeistert stehen. Der Maschinenraum ist eine einzige Baustelle. Fast keine Verkleidung ist an ihrem Platz. Kabel und Leitungen hängen überall heraus und Werkzeug liegt herum. Dir kommen erhebliche Zweifel, ob die alte Mühle tatsächlich noch flugtauglich ist, aber wie Vaskova schon sagte, ihr habt keine Wahl. Glücklicherweise ist der Terov-Injektor ein Standardbauteil, das seit Jahrzehnten für alle Fusionsreaktoren gleich aussieht und auch immer ähnlich eingebaut wird. Daher hast du ihn binnen weniger Minuten angeschlossen, obwohl der Reaktorkern hier viel kleiner ist als in der *Verocity*.

Schnell verschaffst du dir einen Überblick über die übrigen Systeme. Es scheint, als seien die ganzen Kabel nur zur Wartungsvorbereitung freigelegt worden. Alle Stecker sind jedenfalls an ihrem Platz und alle Verbindungen so, wie sie sein sollten. Also trittst du an die Steuerungskonsole, um den Reaktor hochzufahren.

Als du sie berührst, erscheinen vier kryptische Symbole, die du nicht lesen kannst.

»Scheiße«, fluchst du. Das System ist nach dem Neustart auf die belianische Symbolschrift eingestellt.

*Senke den Vorsprung um 1. Ist er damit bei 0, lies weiter bei **629**. Sonst bleibt dir noch etwas Zeit, bis die Trooper euch angreifen. Lies weiter bei **585**.*

566

Unter der Luftschleuse ist noch immer die große, jetzt getrocknete Blutlache zu sehen, in der Captain Stevens lag, nachdem die Wunde an seinem Bein beim Herausklettern aufriss. Die Leiche ist jedoch verschwunden. Blutige Spuren deuten darauf hin, dass jemand den Körper des Captains weggeschleift hat. Nach allem, was du mittlerweile auf der Station gesehen und gehört hast, willst du dir lieber gar nicht ausmalen, was man mit seiner Leiche gemacht hat.

»Ist hier einer von deinen Leuten gestorben?«, fragt Vaskova.

Du nickst. »Der Captain.«
»Tut mir leid für ihn. Aber wir haben keine Zeit zu verlieren.« Sie kniet sich neben die Blutlache und faltet die Hände zu einer Räuberleiter. »Mach schon!«
Mit ihrer Hilfe gelingt es dir, den Öffnungsschalter für die Luftschleuse zu erreichen. Zischend fährt die Luke herab und Vaskova hilft dir dabei, diese zu erreichen. Ächzend ziehst du dich in dem klobigen Anzug an der Luke hoch und kletterst in die Luftschleuse. Hinter dir schließt sich die Luke. Es ist ein bisschen, als würdest du nach Hause kommen.
Senke den Vorsprung um 1 und lies weiter bei ***557***.

567

In der Schleuse aktivierst du den Außenbildschirm und siehst Vaskova mit dem Blaster im Anschlag in der Nähe des Durchgangs zum Hangar stehen. Von Troopern noch immer keine Spur. Also öffnest du die Luke.
Vaskova dreht sich zu dir um und eilt herbei. »Läuft die Kiste?«, fragt sie.

Du nickst und sie kommt zu dir in die Schleuse. Von dort behält sie wachsam das Tor zum Hangar im Auge, bis die Luke sich wieder geschlossen hat. Dann folgt sie dir in die Pilotenkanzel.

»Als Pilot tauge ich nichts. Fahr du die Triebwerke hoch und öffne das Außentor des Docks«, befiehlt sie und wendet sich der taktischen Konsole zu. »Ich lade die Waffen, für den Fall, dass wir Gesellschaft bekommen.«

Du schwingst dich auf den Pilotensitz und startest die Triebwerke. Auf einem zweiten Bildschirm stellst du eine Verbindung mit dem Stationscomputer her, damit der euch das Außentor des Docks öffnet. Doch der antwortet nicht.

»Verdammt, der Stationscomputer reagiert nicht«, knurrst du.

»Dann hacke dich rein und öffne das Tor selbst«, ruft Vaskova zu dir herüber. »Beeil dich lieber. Die Trooper greifen an.«

Setze den Zähler auf 25. Er repräsentiert nun den Schaden, den das Schiff noch vertragen kann, ehe es fluguntauglich wird. Ihr müsst mit dem Schiff entkommen, bevor der Zähler auf 0 sinkt.

Vaskova feuert die Bordkanone ab und das ganze Schiff erzittert, als die hochenergetischen Blasterstrahlen in das Tor zum Hangar einschlagen.

Du versuchst, dich davon nicht ablenken zu lassen, und konzentrierst dich auf den Hack des Stationscomputers.

*Lies weiter bei **599**.*

568

Du nutzt das Überraschungsmoment, öffnest die Tür und schießt sofort. Zwei Trooper mähst du nieder, ehe sie überhaupt reagieren können, aber dann feuern die übrigen zurück. Die Kammer bietet dir keinerlei Deckung und so hast du nicht den Hauch einer Chance. Dutzende Blasterstrahlen brennen sich durch dei-

nen Körper, du fällst die Leiter hinunter und krachst schwer auf den Metallboden.
Die Frau und das Mädchen sind immerhin entkommen. Das ist der tröstliche letzte Gedanke, der dir durch den Kopf geht.
Dein Abenteuer endet hier.

569

Du passt den richtigen Augenblick ab, als der Trooper sich gerade wieder vorbeugt, um auf dich zu schießen, und erwischst ihn mit einem gezielten Schuss am Hals. Durch das Visier siehst du ihn nach hinten taumeln.
Kurz darauf hörst du Sergeant Okoye brüllen, dass ihr weiter vorrücken sollt. Du wagst dich aus der Deckung und siehst deine Mitstreiter auf ein Trümmerfeld zurennen. Sie werden von weiter hinten beschossen, aber die verbliebenen Gegner sind zu weit von dir entfernt, als dass du von der Flanke her noch helfen könntest.
Also rennst du Okoye und den anderen hinterher. Unterwegs kommst du an zwei weiteren Leichen vorbei, die es neben dem Corporal erwischt hat.
Senke den Zähler um 3 und lies weiter bei ***K48****.*

570

Tatsächlich ist mit dem Kontrollpult direkt vor dir nichts mehr anzufangen, die Beschädigungen sind zu groß. Du gehst zum nächsten und von hier aus gelingt dir der Zugriff auf dem Computerkern. Du stellst schnell fest, dass einige Teilsysteme abgestürzt sind, aber der Kern selbst scheint in Ordnung zu sein und der Reaktor hat offenbar nichts abbekommen, was dich ungemein beruhigt.
Normalerweise wird der Computer über Sprachbefehle gesteuert, aber die Spracherkennung gehört zu den Systemen, die abgestürzt sind. Also lässt du dir auf dem Kontrollpult eine Tasta-

tur einblenden und beginnst ganz altmodisch, die Systeme mit Textbefehlen zu starten. Ein Vorgang, der einige Zeit in Anspruch nimmt. Immer wieder blickst du nervös zu Rinelli hinüber, aber der junge Soldat steht unverändert mit dem Rücken zu dir vor der Glastür, also droht wohl keine Gefahr.

»Computer, Ebene 1 Diagnose«, befiehlst du laut, als die Spracherkennung endlich wieder online ist und auch die anderen Teile des Systems wieder laufen sollten.

Ein Bestätigungston ertönt, kurz darauf eine etwas gelangweilt klingende, automatische Frauenstimme. »Alle Systeme funktionieren innerhalb normaler Parameter.«

Eigentlich könntest du dich nun aus dem Kontrollpult ausloggen, aber der Aufbau des Kerns interessiert dich und bis der Kreuzer kommt, dauert es noch einige Stunden. Also stöberst du eine Weile herum, um dein Wissen zu erweitern, schließlich hattest du es in den letzten Jahren nur mit dem altmodischen Schiffscomputer der *Verocity* zu tun.

Du vertiefst dich in die Systeme und schreckst erst auf, als du eine dumpfe Explosion hörst. »Was war das?«, fragst du und blickst zur Tür. Rinelli ist nicht mehr da. Du versuchst es über den Funk. Keine Antwort. Wo steckt er?

»Computer, gab es eben eine Explosion?«, fragst du.

»Das Hangartor auf Deck 3 wurde gesprengt«, antwortet die monotone Frauenstimme.

Du erinnerst dich an das völlig verzogene Tor, anders war es vermutlich nicht mehr zu öffnen. Vielleicht gehört das zu den Vorbereitungen für die Evakuierung? Du lässt dir auf deinem Display das Ergebnis eines Scans des Sonnensystems zeigen und tatsächlich, ein Raumschiff nähert sich der Station, wird aber noch eine Weile brauchen. Trotzdem kommt es dir seltsam vor, dass Rinelli verschwunden ist. Schließlich treiben immer noch Berserker und vielleicht auch noch Saboteure auf der Station ihr Unwesen.

»Rinelli, Sanders, hier Velazquez«, versuchst du es nochmal über Funk. »Wo seid ihr?«

Wieder keine Antwort.

Du eilst zum Ausgang und blickst in den Flur. Keine Spur von den beiden Troopern. Du zögerst einen Augenblick, trittst dann aber doch auf den Flur hinaus und schleichst bis zur nächsten Kreuzung. Dort blickst du dich wachsam um, bemerkst jedoch nichts Verdächtiges. Es ist auch vollkommen still auf dem Deck. Du gehst weiter bis zum Treppenhaus und öffnest die Tür. Auch hier steht niemand Wache. Seltsam.

Du versuchst, über verschiedene Funkfrequenzen jemanden zu erreichen, aber weder die Trooper noch Lieutenant Gruber melden sich. Ob alle schon für die Evakuierung im Hangar versammelt sind?

Zögernd steigst du die Treppe empor und gelangst auf Deck 3. Mit einem mulmigen Gefühl trittst du auf den Flur hinaus und stolperst sofort über eine entstellte Leiche. Aus einiger Entfernung vernimmst du das Geräusch von Blasterfeuer.

Vorsichtig näherst du dich den Geräuschen und kommst auf den Korridor vor dem Hangar, auf dem du ganz zu Anfang schon einmal warst. Mittlerweile sind die Wände von Blasterstrahlen geschwärzt und die Leichen mehrerer Trooper liegen auf dem Flur. Es macht den Eindruck, als hätten sie sich gegenseitig erschossen.

Schließlich kommst du an das Hangartor, das halb zerfetzt von einer Explosion nur noch zum Teil in seiner Führung hängt. Im Hangar selbst liefern sich Trooper ein erbittertes Feuergefecht miteinander. Wer kämpft hier gegen wen und warum?

Du schleichst dich ein Stück in den Hangar und versuchst, Genaueres zu erkennen. In der Nähe der Hangaröffnung scheinen sich Lundberg und ein paar Getreue hinter einigen Trümmerteilen verbarrikadiert zu haben und sich gegen die anstürmenden anderen Trooper zu verteidigen, die aber nicht den Eindruck machen, als hätten sie den Verstand verloren. Sie haben bereits massive Verluste erlitten, du siehst einige Tote im Hangar liegen. Gerade noch fünf Aufständische stürmen gegen Lundberg und dessen Mitstreiter an.

Eine Weile beobachtest du das Gefecht aus sicherer Distanz. Dann bemerkst du ein Shuttle, das sich der Hangaröffnung nähert. Sicher wird Lundberg versuchen, damit zu entkommen. Du musst dich entscheiden.

*Willst du Lundbergs Angreifern in den Rücken fallen und dich bis zum Shuttle durchkämpfen, lies weiter bei **608**.*

*Willst du an der Seite der Angreifer gegen Lundberg kämpfen, lies weiter bei **621**.*

571

»Scheiße, einer von denen hat sich zurückgezogen. Die werden uns gleich in den Rücken fallen«, flucht Vaskova und deutet auf den Gang hinter euch. »Wir müssen hier weg.« Sie legt an ihrem Blaster den Schalter auf Dauerfeuer um. »Halte dich bereit.«

Vaskova späht noch einmal um die Ecke, dann springt sie vor und feuert. Ein wahres Gewitter aus Blasterstrahlen faucht den Korridor hinunter und zwingt den verbliebenen Soldaten in Deckung. Du läufst ihr bis zur Tür zum Hangarkontrollraum nach. Sie wurde mit brachialer Gewalt aufgebrochen und hängt verbogen aus ihrer Verankerung.

Du zielst mit deiner Waffe durch den Spalt ins Innere, aber es rührt sich niemand.

Vaskova feuert weiter, während du dich bemühst, den Spalt zu vergrößern.

»Los, rein da«, faucht Vaskova.

Der Spalt ist gerade breit genug, dass du dich mit dem Injektor hindurchzwängen kannst. Ohne auf das Chaos in dem Raum zu

achten, steigst du so schnell wie möglich über die Trümmer im Inneren des Kontrollraums hinweg und durch das Loch in der Glaswand, die die Angreifer vorhin bei deiner Ankunft eingeschlagen haben. Der Hangar ist menschenleer.
Hinter dir kommt Vaskova durch den Kontrollraum und steigt durch das Loch in der Scheibe. »Beeilung, die Trooper werden uns bald folgen.«
*Setze den Vorsprung auf 2 und lies weiter bei **565**.*

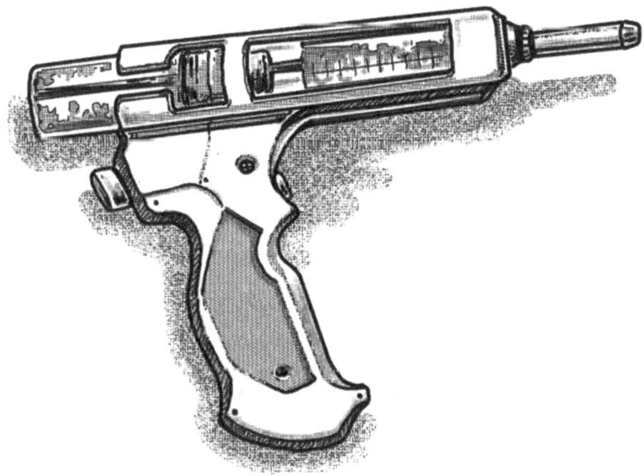

572

Du aktivierst den Außenbildschirm in der Schleuse. Drei Trooper beschießen das Schiff von dem nahen Tor zwischen Reparaturdock und Hangar aus. Vaskova erwidert das Feuer aus einer entfernten Ecke. Das Gerüst hat sie immerhin bereits beiseitegeschafft.
*Willst du die Luke öffnen und in den Kampf eingreifen, lies weiter bei **K49**.*
*Willst du in der Pilotenkanzel die Bordwaffen laden und die Trooper damit beschießen, lies weiter bei **562**.*
*Wenn du das Schiff starten und Vaskova im Stich lassen willst, lies weiter bei **581**.*

573

Obwohl dein Gegner durch den Blastertreffer schwer angeschlagen ist, gelingt es dir nicht, ihn auszuschalten. Stattdessen zieht der Corporal dir mit einem Tritt die Beine unter dem Körper weg und du gehst zu Boden. Schon macht er Anstalten, sich auf dich zu stürzen, und du hebst schützend die Arme. Doch ein weiterer Blastertreffer aus dem Hinterhalt streckt den Corporal nieder, bevor er dich attackieren kann.

Du brauchst einen Augenblick, um dich von dem Kampf zu erholen. Nachdem du wieder zu Atem gekommen bist, siehst du dich nach deinem Gewehr um und robbst darauf zu. Als du die Waffe gerade erreicht hast, hörst du Sergeant Okoye brüllen, dass ihr weiter vorrücken sollt. Du richtest dich vorsichtig auf und siehst deine Mitstreiter auf ein Trümmerfeld zurennen. Sie werden von weiter hinten beschossen, aber die verbliebenen Gegner sind zu weit von dir entfernt, als dass du von der Flanke her noch helfen könntest. Also rennst du Okoye und den anderen hinterher. Unterwegs kommst du an vier weiteren Leichen vorbei, die es neben dem Corporal erwischt hat.

*Senke den Zähler um 5 und lies weiter bei **K48**.*

574

Als du die Luke öffnest, kommt Vaskova sofort atemlos hereingestürmt. »Scheiße, ich dachte schon, du haust ohne mich ab.« Sie feuert noch eine Salve in Richtung des Tores, dann schließt sich die Luke wieder. »Lass uns hier verschwinden.«

Gemeinsam eilt ihr in die Pilotenkanzel. »Als Pilot tauge ich nichts. Fahr du die Triebwerke hoch und öffne das Außentor des Docks«, befiehlt sie und wendet sich der taktischen Konsole zu. »Ich halte die Trooper in Schach.«

Du schwingst dich auf den Pilotensitz und startest die Triebwerke. Auf einem zweiten Bildschirm stellst du eine Verbindung mit

dem Stationscomputer her, damit der euch das Außentor des Docks öffnet. Doch der antwortet nicht.
»Verdammt, der Stationscomputer reagiert nicht«, knurrst du.
»Dann hacke dich rein und öffne das Tor selbst«, ruft Vaskova zu dir herüber. »Beeil dich lieber, die Trooper greifen wieder an.«

*Würfele mit einem Würfel und ziehe das Ergebnis vom Zähler ab. Ist der Zähler danach bei 0, lies sofort weiter bei **637**.*

Vaskova feuert die Bordkanone ab und das ganze Schiff erzittert, als die hochenergetischen Blasterstrahlen in das Tor zum Hangar einschlagen.
Du versuchst, dich davon nicht ablenken zu lassen, und konzentrierst dich auf den Hack des Stationscomputers.
*Lies weiter bei **599**.*

575

Als ihr unter der Luftschleuse steht, die wegen der Schieflage des Schiffes außer Reichweite ist, kniet Vaskova sich hin und faltet ihre Hände zu einer Räuberleiter. Du blickst zweifelnd auf sie hinab.
»Nun mach schon«, zischt sie. »Ich habe fünf Jahre Trooper-Ausbildung hinter mir, da werde ich schon einen Hänfling wie dich da hochwuchten können.«
Du stellst den Fuß in ihre Hände und tatsächlich gelingt es ihr, dich hoch genug zu heben, um den Öffnungsschalter für die Luftschleuse zu erreichen. Zischend fährt die Luke herab und Vaskova hilft dir noch einmal dabei, diese zu erreichen. Ächzend ziehst du dich in dem klobigen Anzug an der Luke hoch und kletterst in die Luftschleuse. Hinter dir schließt sich die Luke. Es ist ein bisschen, als würdest du nach Hause kommen.
*Senke den Vorsprung um 1 und lies weiter bei **557**.*

576

Du versuchst einen guten Schuss anzubringen, aber du erwischt den Trooper nicht. Stattdessen hörst du einen deiner Mitstreiter aufstöhnen. Bevor du einen zweiten Schuss anbringen kannst, wird der Trooper von einem der anderen Aufständischen erschossen und du hörst Sergeant Okoye brüllen, dass ihr weiter vorrücken sollt.

Du wagst dich aus der Deckung und siehst deine Mitstreiter auf ein Trümmerfeld zuhalten. Sie werden von weiter hinten beschossen, aber die verbliebenen Gegner sind zu weit von dir entfernt, als dass du von der Flanke her noch helfen könntest.

Also rennst du Okoye und den anderen hinterher. Unterwegs kommst du an drei weiteren Leichen vorbei, die es neben dem Corporal erwischt hat.

*Senke den Zähler um 4 und lies weiter bei **K48**.*

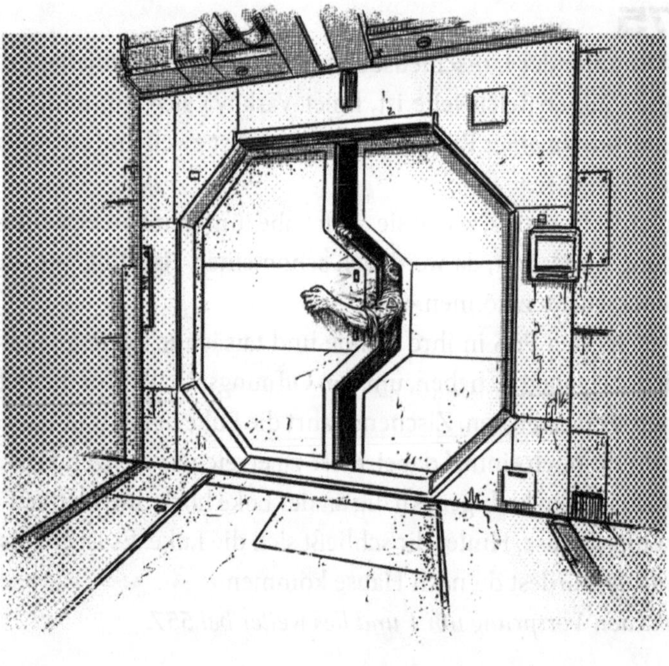

577

Nachdem du deinen Gegner ausgeschaltet hast, nimmst du den anderen mit Vaskova ins Kreuzfeuer. Gegen euren gemeinsamen Beschuss hat er keine Chance.

Als der Kampf vorbei ist, wagt sich Vaskova aus ihrer Deckung und blickt zur Luke hinauf. »Bist du okay?«

Du bejahst und reichst ihr den Injektor an.

»Und das Teil ist in Ordnung?«, fragt sie, als du zu ihr hinuntergeklettert bist.

Du nickst und wirfst einen bangen Blick in Richtung Kontrollraum. »Meinst du, es kommen noch mehr Trooper?«

»Lundberg wird alles tun, um uns aufzuhalten. Beeilen wir uns.«

Setze deinen Vorsprung auf 2 und lies weiter bei ***565****.*

578

Du steigst über die Trümmer im Inneren des Kontrollraums hinweg. Du erwartest, auf die Irren zu treffen, die dich und den Captain bei eurer Ankunft hier angegriffen haben, doch es gibt keine Spur von ihnen. Ein widerwärtiger Geruch hängt im Raum. Als ihr an der Leiche von Captain Stevens vorbeikommt, erkennst du mit Grauen, woher der Gestank kommt. Die Leiche des Captains wurde furchtbar zugerichtet, der Bauchraum aufgerissen und seine Innereien auf dem Boden verteilt. Rasch wendest du den Blick ab.

»Verdammte Sauerei«, knurrt Lundberg und rümpft die Nase. »Rinelli, du sicherst mit Robson den Flur«, befiehlt er dann. »Chief, Sie bleiben als Rückendeckung hier. Wenn es einen Angriff gibt, blockieren Sie die Tür und kommen nach. Der Rest folgt mir.«

Während Rinelli und Robson auf dem Flur bleiben, schiebst du schon einen Schrank in die Nähe der Tür, um sie gegebenenfalls blockieren zu können. Dahinter lehnst du dich an die Wand und wartest ab.

Lies weiter bei ***598****.*

579

Du bist fest entschlossen, Lea von ihrem Plan abzubringen. Also gehst du zur Schleuse und öffnest sie. Rechts von dir siehst du einen Trooper und er entdeckt dich im gleichen Moment. Er hebt sein Gewehr und kommt auf dich zu. »Waffe weg und rauskommen, sofort!«

Du gehorchst, lässt deine Waffe fallen und öffnest die Außentür. »Hören Sie, ich …«

»Schnauze«, bellt der Trooper. »Nimm die Hände über den Kopf und stell dich an die Wand.« Ein weiterer Soldat nähert sich von der anderen Seite.

»Sie müssen Lea aufhalten«, stößt du hervor. »Sie will einen Berserker freilassen.«

Der Trooper ignoriert deine Worte, zerrt dich aus der Schleuse und stößt dich grob gegen die Wand. Er durchsucht dich nach weiteren Waffen.

Atemlos erklärst du ihm, in welchem Kontrollraum sich Lea befindet und dass sie den Berserker in einen der beiden anderen lotsen und dann freilassen will.

»Glaubst du, es stimmt, was er sagt?«, fragt der jüngere der beiden Trooper.

Der andere zuckt die Schultern. »Das wird sich gleich zeigen.« Er hebt den Kommunikator vor das Gesicht. Mit knappen Kommandos befehligt er weitere Trooper zu den übrigen Schleusen. Wenig später hörst du Blasterfeuer auf dem Flur. Erst aus der einen Richtung, dann aus der anderen.

»Meldung!«, bellt der Trooper in seinen Kommunikator.

»Ich habe den Irren erwischt«, meldet eine Stimme.

»Und ich eine Saboteurin«, eine andere, die ein wenig zittert. »Hat mich mit einem Universalwerkzeug angegriffen, ich musste … sie erschießen.«

Du schluckst schwer.

»Danke. Damit hast du uns eine Menge Ärger erspart. Wer bist du überhaupt?«, fragt der ältere der beiden Trooper an dich gewandt.

In knappen Worten gibst du wieder, wie du auf die Station gekommen bist.

»Ich hab zwar keine Ahnung, was du im Labor zu suchen hattest, aber offenbar bist du ja auf unserer Seite.« Er hebt seinen Kommunikator wieder vor das Gesicht. »Lieutenant Gruber? Wir haben auf Deck 5 einen Mann aufgegriffen. Er hat uns vor einer Saboteurin gewarnt, die einen Berserker auf uns hetzen wollte. Was sollen wir mit ihm machen?«

»Bringt ihn her. Der Colonel wird sicherlich mit ihm reden wollen.«

»Aye, Sir!« Der Soldat senkt den Kommunikator. »Du hast den Lieutenant gehört. Wir bringen dich nach oben zum Colonel.« Er dirigiert dich in Richtung Lift.

Streiche alle Waffen aus deinem Inventar und notiere dir das Ereignis 420.

*Lies weiter bei **600**.*

580

Aus dem Augenwinkel siehst du, wie Vaskova davonläuft. Lässt sie dich etwa im Stich? Für einen Moment bist du abgelenkt und duckst dich zu spät in die Schleuse, als dein Gegner wieder auf dich feuert.

Ziehe 3 Punkte von deiner Gesundheit ab.

Du erwiderst das Feuer verbissen, musst nun aber blind schießen, weil dich beide Trooper unter Beschuss nehmen. Als du schon überlegst, ob es nicht besser wäre, aufzugeben, gibt es plötzlich eine gewaltige Detonation. Trümmerteile regnen auf die *Verocity* herab. Du ziehst den Kopf ein.
»Alles klar bei dir?«, hörst du kurz darauf Vaskovas Stimme und wagst es, durch die Luke nach draußen zu blicken.
In der Nähe der Stelle, wo eben noch die Trooper kauerten, ist der Boden rußgeschwärzt. Die Trümmerteile, die vorhin noch überall herumlagen, sind in alle Richtungen davongeschleudert worden. »Was war das?«, fragst du.
»Ein Betankungsdroide«, erwidert Vaskova. »War halb unter Trümmern begraben. Ich habe ihn mit einem gezielten Schuss in die Luft gejagt. Was ist mit dem Injektor?«
Erschrocken drehst du dich nach dem Ersatzteil um. Hat es bei der Explosion was abbekommen? Erleichtert stellst du fest, dass es nicht beschädigt wurde. »Alles okay.«
»Dann komm runter, schnell. Wegen des Knalls werden sicher bald die nächsten Trooper hier sein.«
Du reichst ihr den Injektor nach unten und kletterst schnell hinab.
Setze deinen Vorsprung auf 1 und lies weiter bei ***565****.*

581

Du musst hier weg, bevor dir das Schiff um die Ohren fliegt. Also wechselst du von der taktischen Konsole in den Pilotensitz und startest die Triebwerke. Auf einem zweiten Bildschirm stellst du eine Verbindung mit dem Stationscomputer her, damit der das Außentor des Docks öffnet. Doch der antwortet nicht. Du musst dich ins System hacken, um das Tor öffnen zu können.
Die Trooper feuern wieder auf die *Dreamscape.*

Würfele mit einem Würfel und ziehe das Ergebnis vom Zähler ab. Ist der Zähler danach bei 0, lies sofort weiter bei ***637****.*

Dir läuft die Zeit davon. Trotzdem muss du dich auf den Hack konzentrieren, sonst bist du verloren.
Notiere dir das Ereignis 581 auf dem Datenblatt und lies dann weiter bei ***599****.*

582

Der Trooper berichtet in knappen Worten, wo und wie du aufgegriffen wurdest.
»So, so«, brummt Lundberg mit finsterer Miene. »Nun, wer immer Sie sind, unter diesen Umständen kann ich Ihnen nicht vertrauen.«
Er drückt eine Taste auf seinem Tisch. Hinter dir öffnet sich die Tür und der Lieutenant tritt ein.
»Gruber, bringen Sie den Mann in die Arrestzelle. Wir werden uns später mit ihm befassen.«
»Aber …«, willst du widersprechen, doch der Colonel schneidet dir mit einer herrischen Geste das Wort ab.
»Sparen Sie sich die Worte. Sie können froh sein, dass ich Sie nicht einfach exekutieren lasse, denn auf der Station herrscht das Kriegsrecht.« Er wedelt ungeduldig mit der Hand in Rich-

tung Tür und wendet seine Aufmerksamkeit wieder dem Datenpad zu.

Als du keine Anstalten machst, den Raum freiwillig zu verlassen, packen dich der Lieutenant und der Soldat, der dich hergebracht hat, bei den Armen und zerren dich aus der Kommandozentrale und über das Promenadendeck.

*Lies weiter bei **345**.*

583

Der Kontrollraum hat nur einen anderen Ausgang, eine weitere Schleuse, durch die man in den eigentlichen Laborbereich gelangt. Der ist wie ein Großraumbüro angelegt, ein riesiger Raum, der durch milchige Glaswände in kleine, quadratische Abteilungen separiert ist. Von deinem Standort aus ist schwer zu überblicken, wie viele Labore es wohl sind. Du kannst jedenfalls niemanden sehen.

Die linke Wand des Kontrollraumes wird von einem großen Kontrollpult eingenommen, über dem es einen großen Bildschirm gibt, der noch zu funktionieren scheint. Das Pult hat eine Reihe kleinerer Bildschirme. Auf einen davon starrt der Sergeant. »Bei allen Sternen«, haucht er.

»Was ist?«, fragst du alarmiert.

Andrews tippt auf den kleinen Bildschirm und damit wechselt das Bild auf dem großen Display. Du siehst eine junge Frau in einem weißen Kittel, die sich in einem der Labore verzweifelt gegen einen weiteren Menschenfresser wehrt. Plötzlich spritzt Blut auf die Kameralinse, sodass nur noch ein Teil des Raums zu sehen ist. Die Frau scheint zu Boden gegangen zu sein. Du kannst nur noch ihre Beine erkennen, die wild zucken und dann still liegen. Ob du ihr vielleicht hättest helfen können, wenn du früher hier gewesen wärst?

»Ich rufe Verstärkung«, sagt der Sergeant mit belegter Stimme. »Behalte du die Schleusen im Auge.«

Während er Kontakt mit der Kommandozentrale aufnimmt, blickst du immer wieder wachsam zwischen den Schleusen hin und her, doch es lässt sich keiner der Irren blicken.

»Sobald der Lift wieder funktioniert, schicken sie ein paar Trooper runter«, informiert dich Andrews und lässt sich auf den Boden sacken.

Bis dahin bleibt euch nichts anderes übrig, als zu warten.

Nach einer gefühlten Ewigkeit tauchen endlich mehrere Trooper vor der Schleusentür auf. Wild gestikulierend fordern sie dich auf, die Waffe fallen zu lassen, und du gehorchst.

Drei von ihnen stürmen den Raum und du wirst gegen eine Wand gepresst und durchsucht. »Ich bin auf eurer Seite«, verteidigst du dich. »Ich habe den Sergeant vor den Irren gerettet.«

Der Trooper, der dich entwaffnet hat, dreht sich zu Andrews um. Der scheint bewusstlos zu sein, vielleicht wegen des Blutverlusts. »Behalte den Mann im Auge«, weist der Trooper einen der anderen an und geht zu dem Verletzten. Dann spricht er leise in seinen Kommunikator.

Wenig später bringen zwei weitere Trooper eine Trage herein und der Sergeant wird darauf gebettet. Dabei schlägt er kurz die Augen auf und murmelt etwas. Sein Zeigefinger deutet in deine Richtung.

Gemeinsam rückt ihr ab. Insgesamt sechs Trooper sind bei dir, dennoch scheinen sie angespannt zu sein. Ihre Blicke zucken nervös hin und her, bis ihr den Aufzug erreicht. Zuerst bringen zwei Soldaten Andrews nach oben. Als die Lift-Kabine zurückkehrt, steigst du mit zwei weiteren Troopern ein, die anderen bleiben zurück.

»Wo bringt ihr mich hin?«, fragst du einen deiner Begleiter, der das Rangabzeichen eines Corporals trägt.

»Zu Colonel Lundberg, der hat hier das Kommando. Keine Sorge, der Sergeant hat deine Geschichte bestätigt. Ich werde ihm sagen, dass du auf unserer Seite stehst.«

*Streiche alle Waffen aus deinem Inventar und notiere dir das Ereignis 420 und das Ereignis 583. Lies dann weiter bei **600**.*

584

Du wägst deine Worte mit Bedacht ab. »Nun, Sir, ich weiß nicht recht. Eigentlich habe ich mich an ein Leben als Zivilist gewöhnt.«

Für einen Moment werden Lundbergs Augen schmal, dann zuckt er jedoch nur die Schultern. »Kann ich verstehen, Chief.« Er stellt sein Glas ab und streckt dir die Hand hin. »Jedenfalls noch mal vielen Dank, dass Sie uns in dieser schwierigen Lage geholfen haben. Lieutenant Gruber wird Ihnen zeigen, wo Sie sich ausruhen können.«

Du schüttelst ihm die Hand, stellst dein Glas ab und verlässt das Büro. Unten auf dem Promenadendeck findest du Gruber beim Lazarett, wo er neben einem toten Trooper steht, der mit blicklosen Augen an die Duroglasdecke starrt.

*Lies weiter bei **593**.*

585

Du konzentrierst dich auf die Symbole. Die Software wird dem stellaren Standard entsprechen, sonst wäre das Schiff sicher nicht auf einer terranischen Station in der Wartung. Dem Standard entsprechend sollten drei der Symbole zu den verschiedenen technischen Subsystemen führen, eines hingegen zur Einstellung der Benutzeroberfläche. Dieses Symbol musst du drücken, aber welches ist es? Die belianische Symbolschrift ist so verdammt fremd und du bist nicht mal sicher, ob die Belianer von links nach rechts, von oben nach unten oder von rechts nach links lesen. Deine einzige Hoffnung ist, dass es sich von den Subsystem-Symbolen irgendwie unterscheidet. Welches Symbol passt nicht in diese Reihe?

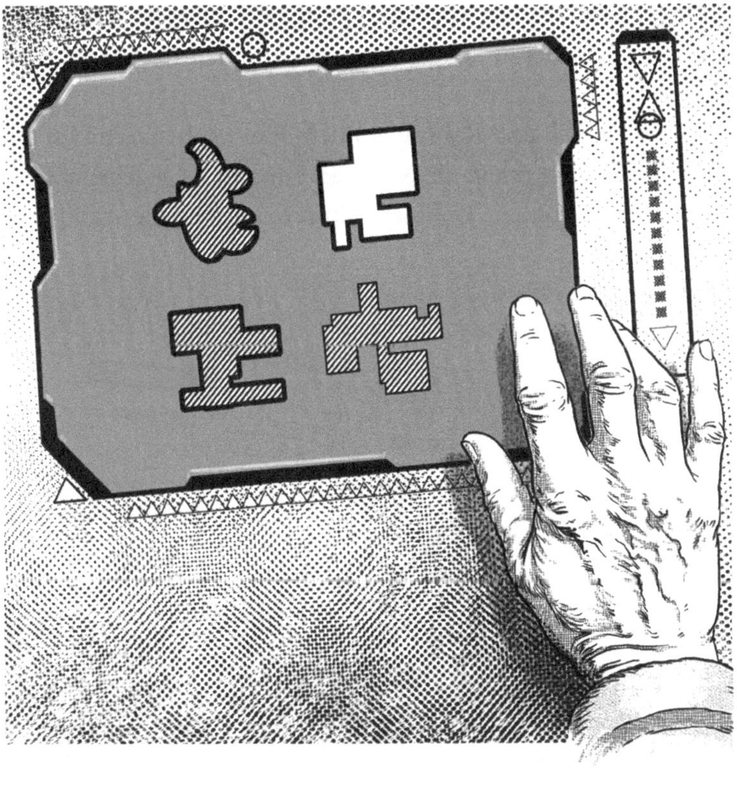

Willst du das Symbol links oben probieren, lies weiter bei ***591****.*
Wenn du das Symbol rechts oben versuchen willst, lies weiter bei ***603****.*
Drückst du auf das Symbol links unten, dann lies weiter bei ***612****.*
Falls du dich für das Symbol rechts unten entscheidest, geht es weiter bei ***620****.*

586

Du steigst über die Trümmer im Inneren des Kontrollraums hinweg. Du erwartest, auf die Irren zu treffen, mit denen du noch vor einigen Stunden hier gekämpft hast, doch abgesehen von dem Chaos, das sie hinterlassen haben, gibt es keine Spur von ihnen.
»Rinelli, du sicherst mit Robson den Flur«, befiehlt Lundberg. »Chief, Sie bleiben als Rückendeckung hier. Wenn es einen Angriff gibt, blockieren Sie die Tür und kommen nach. Der Rest folgt mir.«
Während Rinelli und Robson auf dem Flur bleiben, schiebst du schon einen Schrank in die Nähe der Tür, um sie gegebenenfalls blockieren zu können. Dahinter lehnst du dich an die Wand und wartest ab.
Lies weiter bei ***598****.*

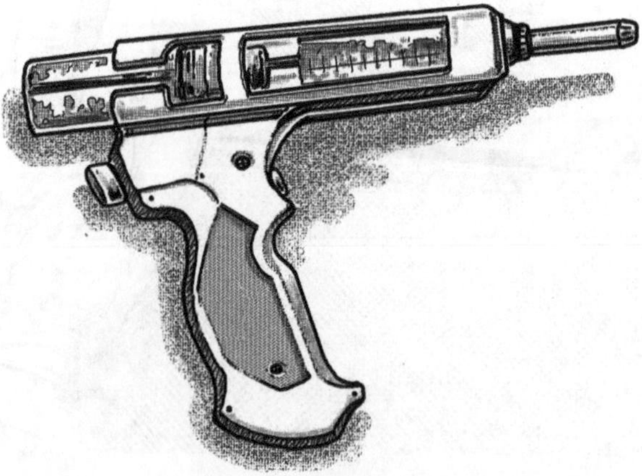

587

»Sofort Feuer einstellen und Waffe wegwerfen!«, ruft jemand von unten in deine Richtung.
Du fährst überrascht herum und ziehst gerade noch rechtzeitig den Kopf ein, als die Soldatin von oben ein weiteres Mal auf dich feuert.
Hinter der Barrikade stehen noch zwei Trooper, die beide ihre Gewehre auf dich gerichtet haben. Im Kreuzfeuer zwischen ihnen und der Frau oben würdest du keine Sekunde überleben.
Also wirfst du die Waffe weg, hebst die Hände und steigst drei Stufen nach unten, um aus dem Schussfeld der Soldatin zu gelangen.
»Auf wen hast du geschossen?«, blafft dich einer der Trooper an. Einen Augenblick bist du verwirrt. »Eine Frau, eine von euch«, stößt du hervor. Gehören die drei etwa nicht zusammen? Besorgt schielst du nach oben. Was wenn die Soldatin ihre Position verändert und dir in den Rücken schießt? Doch von ihr ist nichts zu sehen.
»Das muss Ramirez gewesen sein«, meint einer der Soldaten.
Der andere nickt grimmig. »Komm runter«, fordert er dich auf. »Schön langsam.«
Du gehorchst. Die beiden lotsen dich durch die Lücke in der Barrikade, dann wirst du gegen eine der Wände gestoßen und nach Waffen durchsucht.
»Wer sind Sie?«, fragt der Ranghöhere der beiden Trooper.
In knappen Worten gibst du wieder, wie du auf die Station gekommen bist. Was dir auf Deck 4 passiert ist, behältst du lieber erst mal für dich.
*Streiche alle Waffen aus deinem Inventar. Lies weiter bei **594**.*

588

Du überlegst nur kurz, dann ergreifst du die Gelegenheit beim Schopf, schließlich bietet Lundberg dir ein Ticket aus diesem Chaos. »Klingt nach einem verlockenden Angebot. Ich bin ihr Mann, Colonel.«

Lundberg grinst. »Freut mich, zu hören, Chief, wirklich.« Er winkt den Lieutenant herbei. »Gruber, sorgen Sie dafür, dass Chief Volkov seine Ausrüstung bekommt.«

»Aye, Sir!«

Lundberg wendet sich wieder dir zu. »Wir müssen mit einem Angriff der Saboteure rechnen, denn wir haben ihre Anführerin, diese Feldman, in Gewahrsam. Es gibt nur drei Zugänge zum Promenadendeck: den Lift, das Nottreppenhaus und die Freitreppe, die von Deck 6 heraufführt. Dort sind momentan nur zwei Jungspunde postiert, ich konnte einfach niemand mehr entbehren. Sie werden den Posten verstärken, Chief. Wegtreten.«

»Aye, Sir!«

Lundberg salutiert nachlässig und wendet sich wieder dem Datenpad zu. Du folgst Lieutenant Gruber in eine Ecke der Kommandozentrale, wo er einen Schrank öffnet, in dem mehrere Blastergewehre lagern. Eines davon reicht er dir, dazu noch einen Kommunikator, den du an deinem Handgelenk befestigst.

Dann geht er mit dir auf das Promenadendeck hinaus und in einen zerstörten Laden, den die Trooper offenbar in eine behelfsmäßige Rüstkammer umgewandelt haben. Gruber mustert dich kurz abschätzend und wirft dir dann eine Trooper-Rüstung in der passenden Größe und einen Helm zu. Wenn du noch Verletzungen hast, verarztet Gruber diese mit Medipacks, sodass du wieder deine volle Gesundheit hast.

Setze im Inventar den Haken beim Blastergewehr und trage den Kommunikator (kleiner Gegenstand) ein. Da du die Rüstung und den Helm anziehst, belegen sie keinen Platz in deinem Inventar. Durch die Rüstung wird deine maximale und auch deine aktuelle Gesundheit um 10 erhöht.

Nachdem du die Rüstung angelegt hast, zeigt Gruber auf einen Durchgang, der der Rüstkammer schräg gegenüber liegt. »Gehen Sie durch den Flur und auf die Brücke hinaus. Dort warten die Privates Huyashi und Mijatovic auf Sie.«
»Aye, Sir.«
Gruber marschiert zurück auf das Kommandodeck und du gehst den gewiesenen Weg.
*Lies weiter bei **355**.*

589

Die *Dreamscape* kracht durch das Tor. Der Aufprall ist so heftig, dass du jeden Augenblick eine Explosion oder zumindest einen Alarm erwartest, doch das Schiff hält stand und ist auf Kurs – direkt auf den Planeten zu.
Hastig leitest du eine Wende ein und atmest erleichtert auf, als Planet und Station langsam kleiner werden. Du hast es geschafft!
*Lies weiter bei **645**.*

590

Zwei der Gegner, auf die du geschossen hast, sind durchgedreht und haben sich gegen ihre Kameraden gewandt. Einen dritten hast du erschossen. Auch deine Mitstreiter haben den einen oder anderen Gegner erledigt, und soweit du das sehen kannst, habt ihr nur Robson verloren.
Du zählst nur noch drei Angreifer, womit ihr in der Überzahl seid, und das Shuttle ist mittlerweile schon ganz nah.
Du gibst deine Deckung auf und sprintest in Richtung Hangaröffnung, um sicherzugehen, dass Lundberg dich nicht zurücklässt.

Als du in seine Nähe kommst, erkennst du, dass er und Gruber von einem portablen Schild geschützt sind.
Wenige Meter von ihnen entfernt beziehst du Stellung und hältst die Gegner in Schach. Ein weiterer wird von einem der Berserker angefallen und seine Schmerzensschreie hallen durch den Hangar. Die beiden verbliebenen Angreifer ziehen sich zurück, während die Berserker auf euch zustürmen. Auf den letzten Metern haben sie jedoch keine Deckung und es ist ein Leichtes, sie niederzuschießen.
Das Heulen der Shuttle-Triebwerke sticht schmerzhaft in deine Ohren, als das klobige Transportschiff das Hangarportal passiert und auf einer halbwegs freien Fläche unweit der *Verocity* landet. Die Laderampe fährt herunter und eine ganze Abteilung schwer bewaffnete Trooper in voller Rüstung und mit Atemschutzhelmen stürmt auf das Landedeck und schwärmt aus.
Colonel Lundberg geht ihnen entgegen und redet mit dem Anführer der Neuankömmlinge. Du trittst vorsichtig näher, bis du das Gespräch verfolgen kannst.
»... außer Kontrolle, wir müssen so schnell wie möglich von hier weg«, sagt Lundberg gerade. »Unsere eigenen Leute haben sich gegen uns gewandt.« Er deutet auf die Toten.
Der Anführer der Trooper nickt. »Aye, Sir. Dann alle an Bord!«
Du wirst gemeinsam mit Lundberg, Gruber und den zwei anderen überlebenden Mitstreitern zur Laderampe des Shuttles eskortiert.
*Lies weiter bei **639**.*

591

Du drückst auf das erste Symbol und die Anzeige wechselt. Noch viel mehr rätselhafte belianische Symbole, dazu ein paar Diagramme, die auf das Subsystem für den Reaktor hinweisen. Wenn du die Symbole lesen könntest, könntest du ihn damit hochfah-

ren, aber du wirst nicht schlau daraus. Immerhin erkennst du das Zeichen, mit dem du zum vorherigen Bildschirm zurückkehren kannst. Pfeile sehen im Belianischen genauso aus wie bei den Terranern.
Wenn der Angriff der Trooper bereits begonnen hat, würfele mit einem Würfel und ziehe das Ergebnis vom Zähler ab. Ist der Zähler danach bei 0, lies weiter bei ***637****.*
Hat der Angriff noch nicht begonnen, dann senke deinen Vorsprung um 1. Ist er damit bei 0, lies weiter bei ***629****.*
Liegt der Vorsprung/Zähler noch über 0, kehre zurück zu ***585*** *und versuche ein anderes Symbol.*

592

Fluchend hämmerst du auf die Konsole ein. Sollst du allen Ernstes jetzt noch scheitern, so kurz vor der erfolgreichen Flucht? Das Feuer der Trooper konzentriert sich nun voll auf die *Dreamscape,* Vaskova scheint es nicht mehr zu erwidern. Ob sie getötet wurde?

Würfele mit einem Würfel und ziehe das Ergebnis vom Zähler ab. Ist der Zähler danach bei 0, lies sofort weiter bei ***637****.*

Dir bleibt nur noch eine Möglichkeit. Du musst das Außentor des Docks mit der Bordkanone zerstören und dann durchbrechen. Ob die alte Mühle das noch aushält?
Für Zweifel bleibt dir keine Zeit. Du wechselst zur taktischen Konsole, feuerst eine Breitseite auf die Trooper und zwingst sie so in Deckung. Danach richtest du die Bordkanone auf das Außentor. Du stellst sie auf maximale Feuerkraft und nach einem kurzen Stoßgebet feuerst du die Kanone ab.
Die Blasterstrahlen prasseln gegen das Tor und reißen es in Stücke. Ein schriller Warnton hallt durch das Dock und du siehst

Teile in Richtung des entstandenen Lecks fliegen. Auch Vaskovas lebloser Körper wird ins All gesogen. Metall kreischt, als die Landestützen der *Dreamscape* über den Boden schleifen, weil auch das Schiff dem immer stärker werdenden Sog nicht widerstehen kann.

Hektisch aktivierst du die Triebwerke und die Steuerdüsen, sodass das Schiff zu schweben beginnt, dadurch aber nur noch schneller auf das Leck zugezogen wird. Das Loch im Tor ist noch zu klein für das Schiff, für eine weitere Blastersalve ist jedoch keine Zeit mehr. Du drückst den Schubhebel bis zum Anschlag nach vorn.

Die Beschleunigung drückt dich in den Sitz, dann bricht die *Dreamscape* durch das Tor.

*Würfele mit zwei Würfeln und ziehe die Summe vom Zähler ab. Ist der Zähler danach immer noch größer als 0, lies weiter bei **589**. Falls nicht, lies weiter bei **558**.*

593

»Sie sehen so beschissen aus, wie ich mich fühle«, grummelt der Lieutenant, als du vor ihm stehst. »Ein verdammtes Chaos war das. Ein paar Abhängige, die wir im Verhör hatten, sind durch den Systemausfall freigekommen und haben uns attackiert. Sie sind natürlich durchgedreht, es gab einige Verletzte und Tote.« Er deutet auf das Lazarett. »War auf Deck 6 wenigstens Ruhe, abgesehen von den Problemen, die sie mit der Flucht von Dr. Feldman hatten?«

»Ja, alles ruhig.«

»Scheint, dass wir alles wieder unter Kontrolle haben. Sie können sich ausruhen, bis der Kreuzer eintrifft.« Er deutet auf eine der verwüsteten Bars, ein Stück weit das Promenadendeck hinunter. »Nicht gerade ein gemütliches Quartier, aber was Besseres haben wir im Moment nicht zu bieten. Hoffentlich komme

ich demnächst auch mal zum Schlafen.« Bei den letzten Worten wendet er sich schon von dir ab und geht auf einen anderen Trooper zu.
Du bist in der Tat erschöpft und schlurfst müde zu der Bar, die Gruber dir gezeigt hat. Hier stehen einige gepolsterte Bänke, auf denen bereits Trooper in voller Montur schlafen. Dir bleibt nur ein Platz auf einer dünnen Decke, die auf dem Boden ausgebreitet wurde, doch die Müdigkeit übermannt dich rasch.
*Lies weiter bei **461**.*

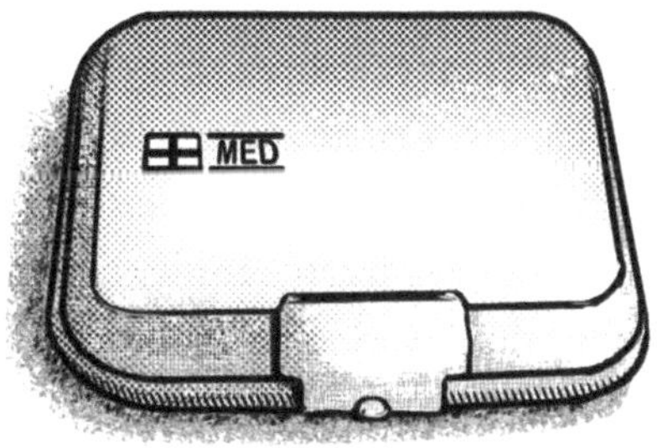

594

Der Trooper hebt den Kommunikator an seinem Unterarm vor das Gesicht. »Lieutenant Gruber? Wir haben auf Deck 5 einen Mann aufgegriffen.«
»Einen von Figos Leuten?«, hörst du den Lieutenant fragen.
»Sieht nicht so aus. Er behauptet, vor wenigen Stunden mit einem Schiff hier notgelandet zu sein. Außerdem hat er im Treppenhaus auf Ramirez geschossen. Sie scheint sich oben auf Deck 6 verschanzt zu haben.«
»Verstehe. Schafft den Mann her. Der Colonel will mit ihm sprechen. Danach sichert ihr das Deck. Um Ramirez kümmern wir uns später.«
»Aye, Sir!« Der Soldat senkt den Kommunikator. »Du hast den Lieutenant gehört. Wir bringen dich nach oben zum Colonel.«
*Notiere dir das Ereignis 420 und lies weiter bei **600**.*

595

Nach einigen vergeblichen Versuchen gibst du schließlich auf und stehst auf. »Tut mir leid, ich komme nicht rein. Die Schäden sind zu groß und ich kenne das System nicht gut genug.«

Gruber zuckt die Achseln. »Nicht zu ändern.«

Lundberg kommt zu euch. »Und?« Der Lieutenant schüttelt nur wortlos den Kopf und der Colonel verzieht den Mund. »Enttäuschend, aber danke, dass Sie es versucht haben.« Er reibt sich das Kinn. »Wie sieht es bei Ihnen mit Kampferfahrung aus? Können Sie mit einem Blaster umgehen?«

»Ich kann mich meiner Haut erwehren.«

Lundberg nickt. »Es ist uns gelungen, Dr. Feldman, die Anführerin der Saboteure, gefangen zu nehmen. Sie sitzt in unserer Arrestzelle. Ich habe nicht genug Leute, um sie dauerhaft zu bewachen und gleichzeitig den Hangar zurückzuerobern, aber wir müssen damit rechnen, dass die Saboteure versuchen werden, sie zu befreien. Wären Sie bereit, ihre Bewachung zu übernehmen?«

Wenn du zusagen willst, lies weiter bei ***617****.*

Wenn du ablehnen willst, lies weiter bei ***609****.*

596

»Hallo?«, sprichst du den Trooper an und hebst vorsorglich die Hände, damit er dich nicht für eine Bedrohung hält.

Der Soldat wirbelt herum und richtet sein Blastergewehr auf dich. »An die Wand!«, bellt er. »Hände über den Kopf!«

Du gehorchst. Während der Trooper näher kommt, hörst du ihn in seinen Kommunikator sprechen. Kurz darauf kommt noch ein zweiter Soldat aus der anderen Richtung. Gemeinsam tasten sie dich nach Waffen ab.

Streiche alle Waffen aus deinem Inventar.

»Wer sind Sie?«, fragt der Ranghöhere der beiden.

In knappen Worten gibst du wieder, wie du auf die Station gekommen bist. Was dir auf Deck 4 passiert ist, behältst du lieber erst mal für dich.

Der Trooper hebt seinen Kommunikator vor das Gesicht. »Lieutenant Gruber? Wir haben auf Deck 5 einen Mann aufgegriffen.«

»Einen von Figos Leuten?«, hörst du den Lieutenant fragen.

»Sieht nicht so aus. Er hat sich uns freiwillig gestellt und behauptet, vor wenigen Stunden mit einem Schiff hier notgelandet zu sein.«

»Ah, ja, das haben wir mitbekommen. Schafft ihn her. Der Colonel will mit ihm sprechen.«

»Aye, Sir!« Der Soldat senkt den Kommunikator. »Du hast den Lieutenant gehört. Wir bringen dich nach oben zum Colonel.« Er dirigiert dich den Korridor entlang in Richtung Lift.

Notiere dir das Ereignis 420 und lies dann weiter bei ***600****.*

597

Nach kurzem Zögern nickst du. »Das ist ein verlockendes Angebot, Sir, vielen Dank.«

Lundberg grinst breit und klopft dir auf die Schulter. »Nichts zu danken, Chief. Ehrlich, ich bin froh, jemanden wie Sie an meiner Seite zu wissen.« Unvermittelt wird er wieder ernst. »Aber wir sollten nicht einen Schritt vor dem nächsten machen. Ich fürchte, die Evakuierung wird schwieriger als gedacht.«

»Was meinen Sie, Sir?«

Der Colonel wiegt den Kopf. »Ich habe eine Menge Männer verloren und es laufen noch viele Berserker frei herum. Vor allem mache ich mir aber um diejenigen Sorgen, die Doktor Figo auf Deck 4 um sich geschart hat. Die könnten uns im Hangar überrennen und dann mit dem Landungs-Shuttle entkommen, das der Kreuzer uns schickt. Das darf auf keinen Fall passieren. Stellen Sie sich nur vor, was geschieht, wenn Figo seine Forschungsergebnisse Terroristen anbietet?« Lundberg schüttelt düster den Kopf. »Deshalb werden wir die Evakuierung nicht groß ankündigen, sondern in aller Heimlichkeit von hier verschwinden und uns danach um die auf der Station verbliebenen Leute kümmern.«

»Verstehe.«

»Es sind nur noch zwei oder drei Stunden, bis der Kreuzer da ist. Am besten Sie bleiben gleich im Kommandoraum. Es gibt in einer Ecke ein paar Pritschen, wo Sie sich ausruhen können. Wir wecken Sie dann, wenn es losgeht.«

»Verstanden, Sir.«

Lundberg lächelt aufmunternd. »Bald lassen wir diesen Schlamassel hinter uns«, sagt er abschließend und geleitet dich zur Tür seines Raumes. Von dort zeigt er dir die Nische mit den Pritschen und du gehst hinüber. Hier findest du auch Verbandsmaterial, um deine Verletzungen zu versorgen, falls du verwundet bist.

Die Strapazen der vergangenen Stunden fordern bald ihren Tribut. Kaum dass du dich auf einer der Pritschen ausgestreckt hast, bist du auch schon eingeschlafen.

Setze deine Gesundheit auf das Maximum und lies weiter bei ***560****.*

598

Du beobachtest, wie Lundberg, Gruber und die drei anderen Trooper durch die Trennscheibe in den Hangar steigen, wo der Colonel weitere Befehle gibt. Die Soldaten verteilen sich hinter Trümmern und herumliegenden Frachtcontainern.

Du blickst in Richtung der Hangaröffnung, aber noch ist von einem Shuttle nichts zu sehen. Du hoffst, dass es bald kommt und dir weitere Kampfhandlungen erspart bleiben.

Nur wenige Augenblicke später hörst du Robson fluchen, dann wird auf dem Flur das Feuer eröffnet. Blasterstrahlen zischen durch die Tür, aber du bist auf deiner Position vor Querschlägern sicher. Du presst die Schulter gegen den Schrank, um ihn nötigenfalls so schnell wie möglich vor die Tür schieben zu können.

»Wie viele sind es?«, fragt Lundberg über Funk.

»Mindestens sechs«, antwortet Rinelli atemlos. »Vielleicht kommen mit dem Lift noch mehr.«

»Stellung halten«, kommandiert der Colonel. »Es sind nur noch ein paar Minuten, bis das Shuttle kommt.«

Du hörst Rufe auf dem Flur und das Blasterfeuer intensiviert sich.

»Es sind zu viele, wir …« Rinellis Funkspruch endet mit einem Schmerzenslaut.

Robson kommt in den Raum. »Schnell, den Schrank!«, ruft er. Gemeinsam schiebt ihr ihn vor die Tür. Wie lange wird er die Angreifer wohl aufhalten?

»Was ist mit Rinelli?«, fragt Lundberg.

»Den hat's erwischt«, gibt Robson zurück.

»Scheiße«, flucht der Colonel. »Sucht euch eine gute Stellung und haltet den Kontrollraum.«

Robson versteckt sich hinter einem Kontrollpult. Du rückst ein Stück von dem Schrank ab, hältst dich aber an der Wand, bereit, jeden niederzuschießen, der durchbricht.

Dumpf kannst du draußen Stimmen hören, doch sie entfernen sich von der Tür. Die Ruhe ist trügerisch und macht dich nervös.

Was haben die Angreifer bloß vor? Und wer sind sie überhaupt? Mit Blastern zu schießen und sich abzusprechen, passt jedenfalls nicht zu dem Bild, das du dir von den Berserkern gemacht hast.

Plötzlich erschüttert eine gewaltige Explosion die Station und dröhnt in deinen Ohren. Für einen Augenblick bist du orientierungslos und taumelst durch den Kontrollraum. Aber der Schrank steht noch immer vor dem Zugang. Was ist passiert?

»Sie sind durch das Hangartor gebrochen«, brüllt jemand über Funk.

»Neu formieren. Haltet sie auf!«, befiehlt der Colonel.

Du blickst durch das zerbrochene Fenster und siehst mehrere Trooper in den Hangar stürmen und sich Deckung suchen. Einige von Lundbergs Leuten nehmen sie unter Feuer. Robson springt durch das Fenster und sucht sich ebenfalls eine neue Stellung.

Du zögerst, als du einen der Angreifer wiedererkennst. Du hast ihn oben auf dem Promenadendeck auf einer provisorischen Liege schlafen sehen. Das hier sind Lundbergs eigene Männer. Warum greifen sie ihn an? Wollte er sie etwa hier zurücklassen? Sie scheinen jedenfalls nicht verrückt geworden zu sein, sondern folgen offensichtlich den Befehlen eines Mannes und gehen geplant vor.

Du schaust zu Lundberg hinüber. Zusammen mit Gruber hat er sich ganz in der Nähe der Hangaröffnung verschanzt, sodass er als Erster an Bord gehen kann, wenn das Shuttle kommt.

Nur wenige Meter vor dir ist Robson hinter einem abgerissenen Triebwerk in Deckung gegangen und nimmt gerade den Anführer der Angreifer ins Visier, der Robson noch nicht bemerkt hat.

Willst du das Feuer auf die Angreifer eröffnen und dich zu Lundberg durchkämpfen, lies weiter bei ***K26****.*

Wenn du stattdessen die Seite wechseln und Robson erschießen willst, lies weiter bei ***632****.*

599

Um Kontrolle über das Außentor des Docks zu bekommen, musst du dich in das entsprechende Subsystem des Hauptcomputers einklinken, für das du natürlich keine Freigabe hast. Du musst den Code knacken, der dich am Zugang hindern soll.

Du musst die freien Felder des Code-Tableaus füllen, um den Code zu knacken. Dies funktioniert nach dem Sudoku-Prinzip: Die Ziffern 1-5 dürfen in jeder Spalte, in jeder Zeile und in jedem der fünf umrahmten Bereiche nur genau 1x vorkommen.
Wenn du fertig bist, steht in der Mitte auf den grau hinterlegten Feldern eine dreistellige Zahl. Das ist der Abschnitt bei dem du weiterlesen musst, wenn du das Rätsel richtig gelöst hast. Blättere dorthin und prüfe, ob er mit den Worten »Du hast den Code geknackt« beginnt. Falls ja, hast du den richtigen Code ermittelt und kannst dort weiterlesen.
Falls der Abschnitt nicht mit diesem Satz beginnt, hast du das Rätsel leider falsch gelöst. Prüfe dann, ob du dir auf dem Datenblatt das Ereignis 581 notiert hast.
*Falls ja, lies weiter bei **592**.*
*Falls nicht, liest du weiter bei **607**.*

600

Der Lift hält auf Deck 7. Einer der beiden Trooper bleibt dort zurück, der andere eskortiert dich über das Promenadendeck. Dessen Decke besteht aus Duroglas, sodass du über dir die Sterne sehen kannst. Ihr kommt an der Kantine, einer Bar, einem Virtual-Reality-Raum und anderen Einrichtungen vorbei, wo sich die Besatzung der Station ihre freie Zeit vertreiben konnte. Doch offensichtlich haben auch hier Kämpfe stattgefunden. In der Kantine und der Bar wurde ein Großteil des Mobiliars zertrümmert, die Tür zum VR-Raum steht offen, die Displays an den Wänden sind alle zersplittert.

In der Mitte des Promenadendecks führt eine Treppe nach oben zum Kommandoraum. Erst dort trefft ihr auf zwei Trooper, die den Aufgang bewachen, euch aber anstandslos passieren lassen. Der Kommandoraum scheint immerhin unversehrt geblieben zu sein. Du zählst fünf Soldaten, die die unterschiedlichen Stationen besetzen und auf ihre Displays starren. Alle tragen volle Rüstung und haben ein Blastergewehr bei sich, scheinen also stets kampfbereit zu sein.

Einige der Displays zeigen Bilder von Sicherheitskameras überall auf der Station, viele sind jedoch schwarz. Von Deck 1 und 2 gibt es gar keine Bilder, von Deck 3 siehst du einige vertraute Ansichten des Hangars und der Flure – sowie von Räumen in denen ein blutiges Gemetzel stattgefunden haben muss. Von Deck 4, 5 und 6 gibt es nur wenige Bilder einzelner Korridore, die allesamt verlassen zu sein scheinen, während du auf den Bildern von Deck 7 einige weitere Trooper siehst.

Ein Soldat, dessen Abzeichen ihn als Lieutenant ausweist, kommt auf euch zu und mustert dich kritisch. Dann nickt er in Richtung einer Glastür, die vom Kommandoraum in das Büro des Stationskommandanten führt. Dein Begleiter bringt dich dorthin.

In dem Sessel hinter dem breiten Kommandantenschreibtisch sitzt ein untersetzter Terraner in mittleren Jahren und studiert ein Datenpad. Sein Kopf ist beinahe kahl, aber er trägt einen ergrauten Vollbart. Auf der rechten Wange hat er eine hässliche Brandwunde, vermutlich von einem Blasterstreifschuss. Die Abzeichen auf der Schulter seiner Rüstung weisen ihn als Colonel aus und auf der Brust trägt er ein Namensschild mit der Aufschrift »J. Lundberg«.

Erst als ihr schon eine halbe Minute im Raum steht und die Tür sich längst hinter euch geschlossen hat, blickt er auf und mustert dich und deine Eskorte mit gerunzelter Stirn. »Ja?«, schnarrt er unfreundlich.

Der Trooper, der dich herbegleitet hat, nimmt Haltung an. »Ich habe diesen Mann aufgegriffen. Er behauptet, erst vor Kurzem auf der Station notgelandet zu sein, Sir! Lieutenant Gruber meinte, dass Sie ihn sicher verhören wollen.«

»Ist er auf unserer Seite?«, fragt der Colonel.

Notiere dir auf dem Datenblatt das Ereignis 600 und sieh nach, ob du dir zuvor das Ereignis 420 notiert hast.

*Falls ja, lies weiter bei **618**.*

*Falls nicht, lies weiter bei **582**.*

601

Es ist euch nicht gelungen, den Schild mit euren Treffern zu überlasten. Noch immer schützt er Lundberg und Gruber, und das Shuttle ist schon ganz nah. Es wird in der nächsten Minute landen.
»Wir müssen Lundberg erwischen!«, ruft Okoye und deutet in dessen Richtung. »Wir …«
Ein Blasterstrahl trifft ihn am Hals. Er stolpert zurück, umklammert die Wunde mit beiden Händen und bricht gurgelnd in die Knie. Was jetzt? Du und deine verbliebenen Mitstreiter werft euch ratlose Blicke zu.
Das Heulen der Shuttle-Triebwerke sticht schmerzhaft in deinen Ohren und lässt dich aufblicken. Das klobige Transportschiff hat die Hangaröffnung passiert und landet kaum zehn Meter entfernt auf einer halbwegs freien Fläche. Die Laderampe fährt herunter und eine ganze Abteilung schwer bewaffneter Trooper in voller Rüstung und mit Atemschutzhelmen stürmt auf das Landedeck.
Lundberg gestikuliert in ihre Richtung und die Truppe eilt geschlossen zu ihm und eskortiert ihn und Gruber zur Laderampe des Shuttles.
Einer deiner Mitstreiter wirft seine Waffe weg, doch obwohl er mit erhobenen Händen auf das Shuttle zugeht, eröffnen die gelandeten Trooper sofort das Feuer und er geht in dem Blastergewitter zu Boden.
Du duckst dich hinter ein Trümmerteil. Schon heulen die Triebwerke des Shuttles wieder auf, kurz darauf ist es still. Du spähst über den Rand deiner Deckung und siehst das Schiff im All verschwinden.
Ein leises Geräusch hinter dir lässt dich herumfahren, aber du bist zu langsam. Noch bevor du deine Waffe hochreißen kannst, hat sich ein Berserker schon in deinem Hals verbissen. Schreiend schlägst und trittst du um dich, doch es nützt nichts.
Dein Abenteuer endet hier.

602

Ein Blastertreffer lässt dich vor Schmerz aufschreien und deine Waffe entgleitet deiner Hand. Plötzlich flammt der unstillbare Hass wieder in dir auf, den du schon einige Male gespürt hast. Du versuchst noch, dich zu beruhigen, doch der Hass spült jeden klaren Gedanken davon. Jemand muss für deine Schmerzen büßen!

Wild brüllend stürzt du dich auf deinen nächsten Mitstreiter. Der Trooper ist zu überrascht, um dich abzuwehren, und so gelingt es dir, ihn zu Boden zu reißen. Der Soldat hebt schützend die Arme vor das Gesicht, doch du schlägst diese beiseite und fletschst die Zähne, um sie in sein ungeschütztes Fleisch zu schlagen. Doch bevor du dazu kommst, nimmst du am Rande deines Sichtfeldes eine Bewegung war. Du zuckst herum, erahnst noch den Lauf eines Blasters, dann flammt ein grelles Licht vor dir auf, das sofort von immerwährender Dunkelheit verschluckt wird, als eine Salve Blasterstrahlen deinen Schädel explodieren lässt.

Dein Abenteuer endet hier.

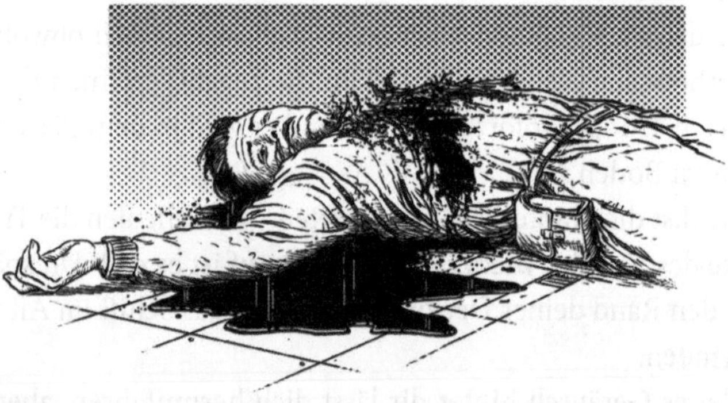

603

Du drückst auf das zweite Symbol und die Anzeige wechselt. Einige weitere belianische Symbole, aus denen du nicht schlau wirst, dazu ein Schaubild, dass dich vermuten lässt, dass du im Subsystem für die Navigation gelandet bist. Wenn du die Symbole lesen könntest, könntest du diese Systeme damit starten, aber du wirst nicht schlau daraus. Immerhin erkennst du das Zeichen, mit dem du zum vorherigen Bildschirm zurückkehren kannst. Pfeile sehen im Belianischen genauso aus wie bei den Terranern.

Wenn der Angriff der Trooper bereits begonnen hat, würfele mit einem Würfel und ziehe das Ergebnis vom Zähler ab. Ist der Zähler danach bei 0, lies weiter bei ***637****.*

Hat der Angriff noch nicht begonnen, dann senke deinen Vorsprung um 1. Ist er damit bei 0, lies weiter bei ***629****.*

Liegt der Vorsprung/Zähler noch über 0, kehre zurück zu ***585*** *und versuche ein anderes Symbol.*

604

»Wie konnten Sie die Feldman bloß entkommen lassen?«, fährt der Lieutenant dich an, als du vor ihm stehst. »Lundberg ist stinksauer. Wenn sie auf der Flucht erschossen worden wäre, wäre das schon schlimm genug gewesen. Aber wenn sie von hier entkommt, dann ist die Kacke wirklich am Dampfen.«

»Entkommen? Wie sollte sie …«

»Kurz bevor hier das Chaos ausbrach, hat einer der Gefangenen was von einem Rettungsshuttle erzählt, das man über das Hotel erreichen kann. Ist wohl für den Vorstand der Firma gedacht, falls die mal hier zu Besuch sind. Ich habe einen Trupp ausgesandt, um das zu überprüfen.« Er hebt drohend den Zeigefinger. »Wenn das Shuttle weg ist, wird Lundberg ihnen den Kopf abreißen und …«

Sein Kommunikator vibriert und er hebt ihn vor das Gesicht.

»Robson hier«, meldet sich ein Trooper. »Wir haben das Shuttle gefunden.«

»Gut. Sprengen Sie es, Sergeant.«

»Sprengen, Sir?«, fragt Robson nach.

»Ja, Robson. Wir werden bald evakuiert und müssen unter allen Umständen verhindern, dass Figo oder einer der Saboteure entkommt.«
»Aye, Sir«, erwidert Robson.
Gruber lässt den Arm sinken. »Da haben Sie ja noch mal Glück gehabt. Scheint, das wir nun alles wieder unter Kontrolle haben, also können Sie sich ausruhen, bis der Kreuzer eintrifft.« Er deutet auf eine der verwüsteten Bars, ein Stück weit das Promenadendeck hinunter. »Nicht gerade ein gemütliches Quartier, aber was Besseres haben wir im Moment nicht zu bieten. Hoffentlich komme ich demnächst auch mal zum Schlafen.« Bei den letzten Worten wendet er sich schon von dir ab und geht auf einen anderen Trooper zu.
Du bist in der Tat erschöpft und schlurfst müde zu der Bar, die Gruber dir gezeigt hat. Hier stehen einige gepolsterte Bänke, auf denen bereits Trooper in voller Montur schlafen. Dir bleibt nur ein Platz auf einer dünnen Decke, die auf dem Boden ausgebreitet wurde, doch die Müdigkeit übermannt dich rasch.
*Lies weiter bei **461**.*

605

Dir gelingt ein schwerer Hieb, der deinen Gegner gegen die Wand taumeln lässt, an der er leblos zusammensackt.
Hastig bückst du dich nach deinem Blastergewehr und reißt es hoch. Um ein Haar schießt du den Sergeant nieder, der sich schwer an der Wand abstützt. Seine Rüstung ist zerfetzt, sein Gesicht zerschlagen und an seinem rechten Arm tropft Blut herab, aber er scheint nicht lebensgefährlich verletzt zu sein. Vor allem ist er noch bei Sinnen.
Dem Gefangenen ist hingegen nicht mehr zu helfen. Seine Uniform ist in Bauchhöhe aufgeschlitzt und von Unmengen Blut durchtränkt. Eine Darmschlinge hängt aus der klaffenden Wunde.

Du zielst kurz auf die beiden Irren, aber keiner von ihnen regt sich noch.
»Danke«, stößt Andrews hervor.
Als du gerade etwas erwidern willst, hörst du das Brüllen eines weiteren Irren durch den Korridor hallen und siehst dich gehetzt um. Noch ist er nicht zu sehen. »Was jetzt?«, fragst du.
Der Sergeant deutet auf die Laborschleuse. »Da rein. Dort können wir uns verschanzen und Verstärkung rufen.«
Neben der Schleuse ist ein Schlitz für eine Keycard und du öffnest die Schleuse mit deiner. Du hilfst Andrews in den hinter der Schleuse liegenden Kontrollraum. Neben der Schleuse liegt ein toter Trooper in einer Pfütze von Blut. Eine lange Scherbe steckt noch in seiner aufgerissenen Kehle.
*Lies weiter bei **583**.*

606

»Dem Trooper-Kommando wurde erzählt, sie hätten hier eine Wunderdroge erfunden, mit der wir Supersoldaten erschaffen könnten. Veraxi-irgendwas, wir sagen nur Verax dazu. Damit könnten es meine Trooper im Mann-gegen-Mann mit einem Ghulianer aufnehmen, hieß es.« Er schnaubt. »Nun, das stimmt sogar, ich hab's gesehen. Dumm nur, dass diese Supersoldaten zwischen Freund und Feind keinen Unterschied machen und alles und jeden umbringen.«

Er zieht geräuschvoll die Nase hoch und kratzt sich den kahlen Schädel. »Meine Truppe und ich wurden hergeschickt, um das Mittel zu testen. Anfangs lief es gut und wir machten ordentliche Fortschritte. Aber dann begannen die Versuchspersonen Probleme zu machen. Sie waren reizbar und aggressiv, denn das Zeug macht offensichtlich süchtig. Sie zeigten Anzeichen schwerer Psychosen und mussten ruhiggestellt werden. Deshalb befahl ich, die Versuche einzustellen und das Projekt als Fehlschlag einzustufen.

Aber Doktor Figo, der leitende Wissenschaftler unserer Mission, wollte nicht aufgeben. Er war sich sicher, eine Lösung für die Psychosen gefunden zu haben, und bat um eine weitere Versuchsreihe. Ich lehnte ab – und er kippte die Droge in die Trinkwasseraufbereitung. Plötzlich drehten fast alle durch, vor allem die Männer. Nur ich und ein paar Trooper, die zu dem Zeitpunkt gerade schliefen, bekamen nichts von der Droge ab. Es gab totales Chaos und viele Tote, einige unter den Zivilisten, aber auch einige meiner Leute.«

»Haben die Irren die ganze Zerstörung angerichtet? Im Hangar scheint es eine große Explosion gegeben zu haben.«

Lundberg wiegt den Kopf. »Zum Teil. Wir hatten die Lage schon halbwegs im Griff und wollten die Evakuierung einleiten. Aber Figo hatte einige Schwerstabhängige um sich geschart, darunter einen Sprengstoffexperten aus meiner Truppe. Sie wollten verhindern, dass wir die Station aufgeben, damit weitere Dosen der Droge hergestellt werden, also haben sie im Hangar einen Sprengsatz gezündet. Die Folgen haben Sie ja wohl von draußen gesehen.

Außerdem wandte sich auch noch die verbliebene Stationsbesatzung gegen uns. Die verdammten Saboteure zündeten selbst gebastelte Bomben beim Computerkern, um die Aufzeichnungen über die Versuchsreihen zu vernichten. In der Folge mussten wir die Decks 1-6 komplett räumen, haben uns hierher zurückgezogen und versuchen seither, die Daten zu rekonstruieren. Ich habe nicht achtzehn meiner Leute geopfert, um am Ende mit leeren Händen vor das Trooper-Kommando zu treten. Fehlschlag hin oder her, vielleicht kann man aus der Droge noch etwas machen. Wenigstens will ich dokumentieren können, was genau das Problem war.

Unsere Hauptsorge ist aber nun erst mal, von hier wegzukommen. Bald wird ein Kreuzer der Space Trooper hier eintreffen.« Er sieht auf den Kommunikator an seinem Handgelenk. »In knapp achtzehn Stunden. Bis dahin müssen wir den Hangar zurückerobern, damit wir evakuiert werden können. Sie haben ja selbst erlebt, dass dort noch immer einige Irre frei herumlaufen.«

Kehre nun zum vorherigen Abschnitt zurück.

607

»Verdammt, ich krieg's nicht hin«, fluchst du.
»Lass es mich mal versuchen.« Vaskova kommt zu dir herüber, blickt auf den Bildschirm und lässt ihre Finger über die virtuelle Tastatur des Bildschirms fliegen.

*Würfele mit einem Würfel und ziehe das Ergebnis vom Zähler ab. Ist der Zähler danach bei 0, lies sofort weiter bei **637**.*

»Halte uns die Trooper vom Hals«, knurrt sie und du wechselst zur taktischen Konsole und feuerst eine Breitseite ab, die die Trooper in Deckung zwingt.
»Ich hab's!«, ruft Vaskova kurz darauf und springt auf. Tatsächlich schrillt ein Warnton durch das Dock und das Außentor fährt langsam zur Seite. »Übernimm du das Steuer!«
Du aktivierst die Steuerungsdüsen und lässt die *Dreamscape* schweben, sodass du die Landestützen einfahren kannst. Als das Tor sich weit genug geöffnet hat, gibst du Vollschub und das Schiff schießt aus dem Dock ins All.
*Lies weiter bei **619**.*

608

Du schleichst dich vorsichtig näher an die Aufständischen heran, bis du freies Schussfeld hast, erst dann eröffnest du das Feuer. Die Aufständischen haben im Kreuzfeuer keine Chance. Der Zweite, den du triffst, dreht durch und wirft sich auf seinen Nebenmann, der Letzte will sich ergeben, wird aber von Lundberg aus der Distanz erschossen. Lieutenant Gruber kommt vorsichtig aus seiner Deckung und erschießt den Berserker, als der von dem zerfleischten Trooper ablässt. Er nickt dir wohlwollend zu.
Das Heulen der Shuttle-Triebwerke sticht schmerzhaft in deine Ohren, als das klobige Transportschiff die Hangaröffnung pas-

siert und auf einer halbwegs freien Fläche unweit der *Verocity* landet. Die Laderampe fährt herunter. Eine ganze Abteilung schwer bewaffneter Trooper in voller Rüstung und mit Atemschutzhelmen stürmt auf das Deck und schwärmt aus.

Colonel Lundberg tritt ihnen entgegen und redet mit dem Anführer der Neuankömmlinge. Du näherst dich vorsichtig, bis du das Gespräch verfolgen kannst.

»... außer Kontrolle. Wir müssen so schnell wie möglich von hier weg«, sagt Lundberg gerade. »Unsere eigenen Leute haben sich gegen uns gewandt.« Er deutet auf die Toten.

Der Anführer der Trooper nickt. »Aye, Sir. Dann alle an Bord!«

Du wirst gemeinsam mit Lundberg und Gruber zur Laderampe des Shuttles eskortiert. Mehr Getreue des Colonels scheinen das Gefecht nicht überlebt zu haben.

*Lies weiter bei **647**.*

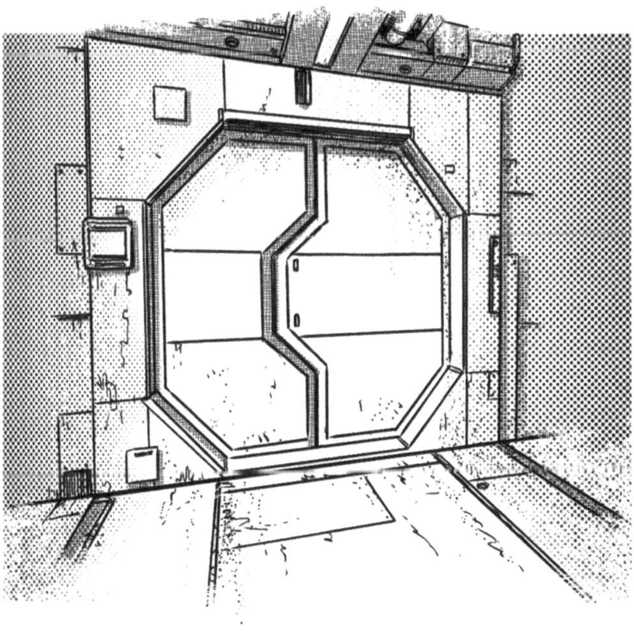

609

Du zögerst kurz, dann schüttelst du den Kopf. »Tut mir leid, Sir, aber ich eigne mich nicht als Gefängniswächter.«

»So, so«, brummt Lundberg. »Sie können den Computerkern nicht reparieren, eine Gefangene bewachen wollen Sie auch nicht, was soll ich dann mit Ihnen anfangen?« Er zuckt die Schultern. »Da ich nicht zulassen kann, dass sie hier frei herumlaufen und unsere Operationen gefährden oder sich am Ende gar auf die Seite der Saboteure schlagen, werden Sie die Arrestzelle dann wohl von innen kennenlernen.« Er winkt den Lieutenant herbei. »Gruber, bringen Sie den Mann in die Arrestzelle.«

»Aber …«, willst du widersprechen, doch der Colonel lässt dich einfach stehen und geht in sein Büro zurück. Der Lieutenant und ein weiterer Soldat nehmen neben dir Aufstellung.

»Folgen Sie mir«, brummt der Lieutenant. Er hält einen Blaster in der Hand.

Sie bringen dich aus der Kommandozentrale und über das Promenadendeck.

*Lies weiter bei **345**.*

610

Du steigst die Stufen zum nächsten Absatz hinauf. Vorsichtig spähst du nach oben und siehst die Soldatin von vorhin vor dem Durchgang nach Deck 6 stehen. Sie entdeckt dich im gleichen Moment und eröffnet sofort das Feuer.

*Willst du das Feuer erwidern, lies weiter bei **K23**.*

*Wenn du dem Kampf ausweichen und auf Deck 5 laufen willst, lies weiter bei **554**.*

611

»Colonel Lundberg will Sie sehen, Chief«, informiert dich der Lieutenant. »Keine Sorge. Es ist zwar bedauerlich, dass Sie die

Feldman erschossen haben, aber dass sie aus der Zelle entkommen konnte, war ja nicht Ihre Schuld. Der Colonel war jedenfalls sehr zufrieden mit Ihnen, als ich ihm davon erzählt habe.« Gruber deutet auf die Treppe, die hinauf zum Kommandoraum führt. »Gehen Sie.«

Du nimmst den Aufgang zum Kommandoraum, wo du Lundberg vor einem der Displays stehen siehst.

»Ah, Chief«, begrüßt er dich, klopft dir jovial auf die Schulter und dirigiert dich zu seinem Raum. »Setzen Sie sich. Einen Drink?« Der Colonel wirkt überraschend gut gelaunt.

»Nein Danke, Sir«, lehnst du höflich ab.

»Kein Alkohol im Dienst, was Chief?« Lundberg grinst breit und winkt ab. »Vergessen Sie das jetzt mal, Sie haben für heute genug getan. Zum Glück haben Sie die Feldman erwischt, sonst hätte sie uns womöglich noch jede Menge Ärger eingebrockt.« Er holt eine altmodische Whiskeyflasche und zwei Gläser aus einem Schrank. »Original von der Erde«, erklärt er, während er einschüttet. »So was haben Sie sicher schon lange nicht mehr gehabt, was Chief? Trinken Sie.«

Du nimmst ein Glas und ihr stoßt an.

»Ah, dieses Aroma«, schwärmt Lundberg. »Tausendmal besser als das replizierte Gesöff, das man aus dem Automaten bekommt.« Er setzt sich auf die Kante seines Schreibtisches und mustert dich einen Moment. »Nun Chief, Sie sind sicher müde und wollen sich ausruhen. Keine Sorge, ich werde Sie nicht lange aufhalten.

Bald kommt der Kreuzer und wenn wir erst mal an Bord sind, werden wir vielleicht keine Gelegenheit mehr haben, miteinander zu sprechen. Deshalb frage ich Sie jetzt: Was haben Sie vor, wenn das alles hier hinter Ihnen liegt?«

Du zuckst die Schultern. »Keine Ahnung, Sir.«

Der Colonel nickt. »Das dachte ich mir. Nachdem Sie heute so eindrücklich bewiesen haben, dass Ihre Loyalität gegenüber den

Troopern ungebrochen ist, möchte ich Ihnen die Chance geben, wieder in den Dienst zu treten.«

Du öffnest den Mund, um etwas zu sagen, aber Lundberg bremst dich mit erhobener Hand. »Keine Frage, Sie haben genug Schlachtfelder gesehen, Chief. Dass Sie nicht scharf drauf sind, doch noch auf irgendeinem gottverlassenen Planeten zu krepieren, ist mir klar. Aber jemanden wie Sie könnte ich mir gut in meinem Stab vorstellen. Sie haben Erfahrung, die nicht ungenutzt bleiben sollte. Eine Beförderung wäre sicher auch drin, nach allem, was wir hier durchgestanden haben. Na, was sagen Sie?«

*Willst du das Angebot annehmen, lies weiter bei **597**.*

*Lehnst du es höflich ab, lies weiter bei **584**.*

612

Du drückst auf das dritte Symbol und die Anzeige wechselt. Es tauchen verschiedene Schriften und Symbole auf, darunter auch ein Icon mit der terranischen Aufschrift »Zu Terranisch wechseln.« Schnell drückst du auf dieses Icon und alle belianischen Symbole verschwinden und werden durch Icons mit terranischer Schrift ersetzt.

Du atmest erleichtert auf und fährst mit fliegenden Fingern die Systeme des Schiffes hoch. Tatsächlich beginnen einige Lüfter zu laufen und kurz darauf hörst du das Wummern des Reaktors. Die Anzeige meldet, dass alle Systeme innerhalb normaler Parameter arbeiten und die *Dreamscape* startbereit ist.

Also stürmst du aus dem Maschinenraum und zurück zur Schleuse, um Vaskova zu holen.

Wenn der Angriff der Trooper bereits begonnen hat, würfele mit einem Würfel und ziehe das Ergebnis vom Zähler ab. Ist der Zähler danach bei 0, lies weiter bei ***637****.*
Ist der Zähler noch größer als 0, geht es weiter bei ***572****.*
Hat der Angriff noch nicht begonnen, dann senke den Vorsprung um 1. Ist er damit bei 0, lies weiter bei ***555****. Liegt er immer noch über 0, geht es weiter bei* ***567****.*

613

Mit einem mulmigen Gefühl zwängst du dich durch den Spalt in den Kontrollraum. Was ist wohl aus Captain Stevens geworden, nachdem du ihn hier mit den Angreifern zurückgelassen hast? Ein widerwärtiger Geruch hängt im Raum und lässt dich Schlimmes ahnen.
Ihr findet die Leiche des Captains in der Nähe eines Kontrollpults. Er wurde furchtbar zugerichtet, sein Bauch aufgerissen und seine Innereien auf dem Boden verteilt. Übelkeit steigt in dir hoch.
»Bei allen Sternen«, murmelt Vaskova und schlägt sich die Hand vor den Mund.
Du wendest rasch den Blick von der Leiche und ihr steigt so schnell wie möglich durch das Loch in der Glaswand in den Hangar. Auch hier seht ihr euch mit gezückten Waffen zunächst wachsam um, aber nirgends rührt sich etwas.
Hast du dir das Ereignis 7 notiert, dann lies weiter bei ***549****.*
Falls nicht, geht es weiter bei ***565****.*

614

Ein Hieb des Corporals lässt dich vor Schmerz aufschreien, und mit einem Mal flammt der unstillbare Hass wieder in dir auf, den du schon einige Male gespürt hast. Du versuchst noch, dich zu beruhigen, doch der Hass spült jeden klaren Gedanken davon. Das Verlangen, den Corporal in Stücke zu reißen, ist übermächtig.

Wild fauchend stürzt du dich auf ihn, bringst ihn aus dem Gleichgewicht und wirfst ihn zu Boden. Einige Augenblicke ringt ihr wild miteinander, dann gelingt es dir, ihn mit einem Fausthieb am Kinn zu treffen. Für den Moment ist dein Gegner benommen und du nutzt die Gelegenheit, um ihm mit weit aufgerissenen Kiefern die Kehle aufzureißen. Als sein Blut dir ins Gesicht spritzt, stimmst du ein triumphales Geheul an und richtest dich auf.

Unvermittelt trifft dich ein Blasterstrahl an der Schulter. Wild blickst du dich nach dem Schützen um, doch bevor du ihn entdeckst, trifft der nächste Schuss deinen Kopf und setzt deinem Leben ein Ende.

Dein Abenteuer endet hier.

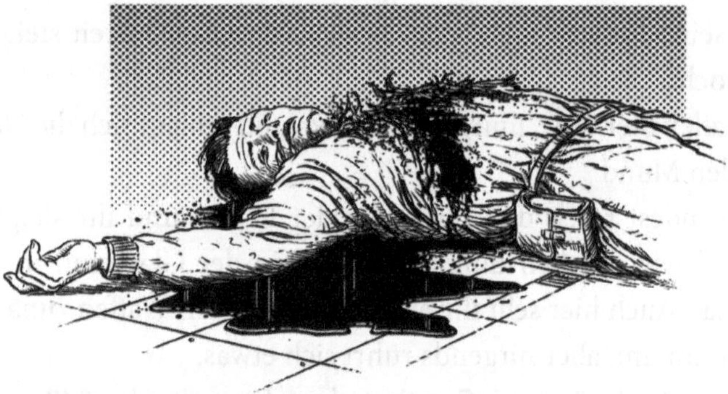

615

Als du wieder zu dir kommst, findest du dich auf einer Liege in einem Standardquartier wieder, wie du es von vielen Raumschiffen kennst. Du hörst das vertraute Wummern von Triebwerken, die irgendwo weit entfernt im Maschinenraum arbeiten. Das Licht ist gedimmt, aber auch so kannst du genug sehen, um zu erkennen, dass du allein bist.

Du blickst an dir hinab. Du trägst nur deine Unterwäsche, deine Wunden wurden behandelt und scheinen schon weitgehend verheilt.

»Computer, wo befinde ich mich?«, fragst du.

»Sie befinden sich auf dem Kreuzer *Tulik*«, antwortet dir die emotionslose Stimme des Bordcomputers.

»Datum und Uhrzeit?«

Der Computer nennt sie dir. Seit dem Kampf im Hangar sind fast sechzehn Stunden vergangen. Wahrscheinlich hat man dir ein Beruhigungsmittel gegeben.

»Captain Takata wünscht Sie um 9 Uhr Bordzeit zu sprechen«, fügt der Bordcomputer hinzu.

Bis dahin sind es nur zwanzig Minuten. Du nutzt die Zeit, um dich in der Sanitärzelle des Quartiers frisch zu machen. Danach ziehst du eine bereitliegende Standarduniform an. Als du gerade fertig bist, ertönt ein schwaches Signal – jemand steht vor der Tür deiner Kabine.

»Herein«, sagst du und die Tür gleitet automatisch beiseite.

Ein junger Mann in Trooper-Uniform steht davor. Mit vorgestreckter Hand tritt er lächelnd auf dich zu. »Ich bin Lieutenant Manninen«, stellt er sich vor, als ihr euch die Hände schüttelt. »Wie ich sehe, geht es Ihnen besser.«

Du nickst.

»Captain Takata würde sich gern mit Ihnen in Tagungsraum 3 treffen. Wenn Sie mir bitte folgen wollen.« Er macht eine einladende Geste und du gehst mit ihm über die Flure des Kreuzers.

Der Tagungsraum hat ein großes Fenster, und als du eintrittst, stellst du überrascht fest, dass ihr euch noch immer in der Nähe der Station befindet, die durch das Fenster in der Ferne zu sehen ist.

Captain Takata ist eine Frau in mittleren Jahren mit mandelförmigen Augen und strengen Gesichtszügen. Sie begrüßt dich

freundlich, aber distanziert und kommt gleich zur Sache. Sie lässt dich deine Version der Ereignisse erzählen und lauscht konzentriert deinen Ausführungen. Dabei stellt sie nur wenige, prägnante Zwischenfragen. Als du zum Ende gekommen bist, nickt sie. »Das deckt sich im Wesentlichen mit dem, was Sergeant Okoye berichtet hat. Colonel Lundberg und sein Stab waren offensichtlich nicht mehr bei Sinnen. Es war richtig, dass er aufgehalten wurde. Haben Sie irgendwelche Fragen?«

»Haben Sie alle noch Lebenden von der Station evakuieren können?«, willst du als Erstes wissen.

Takata nickt. »Wir haben einige Überlebende geborgen. Zwei waren allerdings derart aggressiv, dass sie meine Leute angriffen und erschossen wurden.«

Du kannst einige Fragen stellen, je nachdem, welche Ereignisse eingetreten sind. Lies den jeweiligen Abschnitt und kehre danach hierher zurück.

*Wenn du dir WEDER das Ereignis 430 NOCH das Ereignis 524 notiert hast und nach Feldman fragen willst, lies weiter bei **644**.*
*Wenn du dir NICHT das Ereignis 239 notiert hast und nach Doktor Figo, dem Wissenschaftler, fragen willst, lies weiter bei **636**.*
*Falls du das Ereignis 537 notiert hast und nach Julia fragen möchtest, lies weiter bei **641**.*
*Hast du dir das Ereignis 583 notiert und willst nach Sergeant Andrews fragen, lies weiter bei **628**.*
*Nachdem du alle Fragen gestellt hast, die du stellen kannst/willst, geht es weiter bei **648**.*

616

Dir gelingt ein schwerer Hieb, der deinen Gegner zurücktaumeln lässt. Er stolpert über die Leiche des irren Troopers und landet auf dem Rücken, versucht aber sofort, wieder auf die Beine zu kommen.
Hastig bückst du dich nach deinem Blastergewehr, reißt es hoch und drückst sofort ab. Gerade noch rechtzeitig. Aus nächster Nähe triffst du den Irren im Gesicht, sein Hinterkopf explodiert und der Mann bricht tot zusammen.
Schwer atmend siehst du dich um. Gibt es noch mehr Angreifer? An die Wand gestützt ist der Sergeant auf dich zugekommen. Seine Rüstung ist zerfetzt, sein Gesicht zerschlagen und an seinem rechten Arm tropft Blut herab, aber er scheint nicht lebensgefährlich verletzt zu sein. Vor allem ist er noch bei Sinnen.
Dem Gefangenen ist hingegen nicht mehr zu helfen. Seine Uniform ist in Bauchhöhe aufgeschlitzt und von Unmengen Blut durchtränkt. Eine Darmschlinge hängt aus der klaffenden Wunde.
»Danke«, stößt Andrews hervor.
Als du gerade etwas erwidern willst, hörst du das Brüllen eines weiteren Irren durch den Korridor hallen und siehst dich gehetzt um. Noch ist er nicht zu sehen. »Was jetzt?«, fragst du.

Der Sergeant deutet auf die Laborschleuse. »Da rein. Dort können wir uns verschanzen und Verstärkung rufen.«
Neben der Schleuse ist ein Schlitz für eine Keycard und du öffnest die Schleuse mit deiner. Du hilfst Andrews in den hinter der Schleuse liegenden Kontrollraum. Neben der Schleuse liegt ein toter Trooper in einer Pfütze von Blut. Eine lange Scherbe steckt noch in seiner aufgerissenen Kehle.
Lies weiter bei ***583****.*

617

Nach kurzem Überlegen nickst du. Die Aufgabe klingt nicht besonders gefährlich und sichert dir vermutlich einen Platz auf dem Kreuzer. »Klar.«
Der Colonel lächelt. »Sehr schön. Gruber, geben Sie dem Mann ein Blastergewehr und führen Sie ihn zur Arrestzelle. Sanders kann dann andere Aufgaben übernehmen.«

»Aye, Sir.« Der Lieutenant salutiert und fordert dich auf, mitzukommen. Er führt dich in eine Ecke der Kommandozentrale, wo er einen Schrank öffnet, in dem mehrere Blastergewehre lagern. Eines davon reicht er dir, dazu noch einen Kommunikator, den du an deinem Handgelenk befestigst.

Setze im Inventar den Haken beim Blastergewehr und trage den Kommunikator (kleiner Gegenstand) in deinem Inventar ein.

»Was ist mit den anderen Dingen, die man mir abgenommen hat?«, traust du dich zu fragen.
»Mehr als das Gewehr brauchen Sie nicht, um die Gefangene zu bewachen«, gibt der Lieutenant knapp zurück. »Und jetzt folgen Sie mir.«
Gruber führt dich zum Sicherheitsbüro, das vom Lift aus gesehen am gegenüberliegenden Ende des Promenadendecks liegt. Es ist genauso verwüstet wie die anderen Räume. An einer Seite des Büros ist ein Teil als Arrestzelle abgeteilt. Bei genauem Hinsehen erkennst du das Wabern eines Kraftfelds, das die Zelle verschließt. Außen an der Zellenwand ist eine breite Taste, mit der man das Kraftfeld an- und abschalten kann. In der Zelle gibt es zwei Pritschen. Auf einer davon liegt eine Frau in mittleren Jahren, die sich bei eurem Eintreffen aufsetzt und dich neugierig mustert.
Der Lieutenant nimmt dich beiseite. »Das ist Dr. Feldman, die Anführerin der Saboteure«, sagt er leise, sodass die Frau ihn nicht hören kann. »Sie hat die Forschung an Veraxicellunol begonnen und noch dazu haben sie und ihre Sympathisanten eine geordnete Evakuierung der Station durch einen Bombenanschlag verhindert. Sie wird sich vor einem Gericht zu verantworten haben. Sicher erzählt sie Ihnen eine rührende Geschichte, in der sie die Opferrolle spielt, also lassen Sie sich von ihr nicht um den Finger wickeln, verstanden?«

Du nickst.
»Sie brauchen nichts weiter zu tun, als hier Wache zu halten, bis der Kreuzer eintrifft«, sagt Gruber laut und deutet auf deinen Kommunikator. »Sollten die Saboteure tatsächlich einen Angriff wagen oder Berserker von Deck 6 her durchbrechen, können Sie damit Verstärkung rufen.« Er zeigt auf einen schmalen Durchgang schräg gegenüber des Sicherheitsbüros. »Dahinter liegt die Treppe nach Deck 6. Zwei Trooper halten dort Wache. Ein Angriff käme vermutlich von dort. Noch Fragen?«
Du schüttelst den Kopf. Gruber macht mit einem knappen Nicken kehrt und lässt dich mit der Gefangenen allein.
Notiere dir das Ereignis 345 auf dem Datenblatt und lies weiter bei ***362.***

618

Der Trooper berichtet knapp, was er über dich weiß.
Der Colonel nickt. »Dann wollen wir mal sehen, mit wem wir es zu tun haben. Gruber!«, ruft er in Richtung Tür. Der Lieutenant kommt herein. »Machen Sie einen Retina-Scan von unserem Gast.«

Der Lieutenant winkt dir, ihm zu folgen, und holt einen mobilen Netzhaut-Scanner. Sich gegen den Scan zu wehren, hat angesichts der Übermacht im Kommandoraum wohl wenig Sinn. Also starrst du für eine Sekunde in das Gerät, bis der Lieutenant sich abwendet und auf das Display an seinem Handgelenk schaut.
»Und?«, fragt der Colonel, der mittlerweile zu euch getreten ist.
Wenn du Chief Volkov spielst, lies weiter bei ***623****.*
Hast du dich für den Ingenieur Velazquez entschieden, lies weiter bei ***630****.*

619

»Kurs ändern«, ruft Vaskova herüber. »180°-Wende und dann voller Stopp.«
Zwar führt euch euer Kurs gefährlich dicht an dem Planeten vorbei, sodass eine Kurskorrektur angeraten ist, aber … »Wieso voller Stopp? Ich …«
»Wir müssen den Reaktor hochjagen und die Station vernichten«, erwidert sie entschlossen.
Für einen Augenblick bist du sprachlos. »Aber … Aber das können wir nicht machen. All die Menschen …«
»Was passiert wohl, wenn der Kreuzer hier eintrifft, den Lundberg gerufen hat? Glaubst du, der wird alle Irren evakuieren, in Quarantäne stecken und kurieren, damit sie später jedem erzählen können, welche Nebenwirkungen das Verax hat und wie viele Tote Lundberg auf dem Gewissen hat?« Sie schüttelt den Kopf. »Der Colonel wird nur seine engsten Vertrauten mitnehmen und alle anderen zurücklassen, damit er irgendwo anders die Forschung fortsetzen kann.«
»Aber der Computerkern ist doch sabotiert und die Ergebnisse vernichtet.«
»Solange der Speicherkern nicht zerstört ist, kann man die Daten vielleicht wiederherstellen. Außerdem hat Lundberg eventuell noch

einen Wissenschaftler von der Station in seiner Gewalt, der die wesentlichen Dinge im Kopf hat. Auf keinen Fall werde ich zulassen, dass noch mehr meiner Kameraden zu Versuchsobjekten gemacht werden, die sich dann wie Tiere zerfleischen.« Vaskova richtet ihren Blaster auf dich. »Also tu, was ich sage: 180°-Wende, näher zur Station und dann voller Stopp.«

Für weitere Diskussionen ist keine Zeit mehr, denn ihr seid der Atmosphäre des Planeten schon gefährlich nahe gekommen. Während du das Manöver einleitest, spürst du die Mündung von Vaskovas Blaster im Nacken. Der Lauf ist noch warm vom Gefecht mit den Troopern.

Du führst Vaskovas Befehle aus und bringst die *Dreamscape* auf Kurs zurück zur Station, bis ihr wieder bis auf wenige Kilometer heran seid. Dann stoppst du das Schiff.

Vaskova tritt an die Waffenkontrolle. Während sie mit der Waffe in der Linken weiter auf dich zielt, richtet sie mit der Rechten die Schiffskanone auf den Reaktor aus und ist für den Moment abgelenkt. Dein eigener Blaster liegt neben dir auf dem Boden.

Willst du Vaskova ihren Plan ausführen lassen, lies weiter bei ***643****.*
Wenn du sie trotz der auf dich gerichteten Waffen daran hindern willst, lies weiter bei ***631****.*

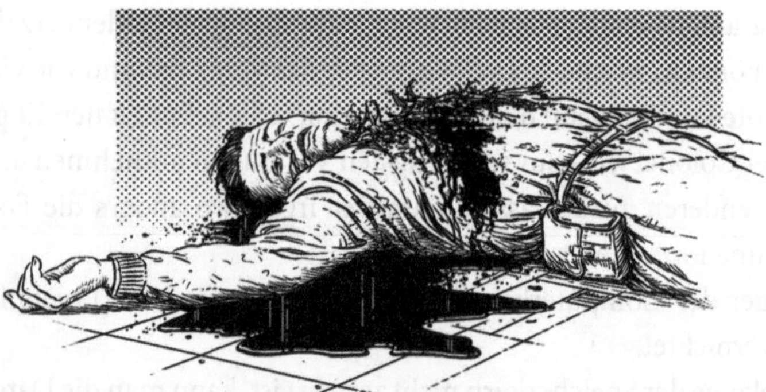

620

Du drückst auf das vierte Symbol und die Anzeige wechselt. Weitere belianische Symbole, aus denen du nicht schlau wirst. Auch keinerlei Schaubilder oder Diagramme, aus denen du schließen könntest, worum es hier geht. Immerhin erkennst du das Zeichen, mit dem du zum vorherigen Bildschirm zurückkehren kannst. Pfeile sehen im Belianischen genauso aus wie bei den Terranern.

*Wenn der Angriff der Trooper bereits begonnen hat, würfele mit einem Würfel und ziehe das Ergebnis vom Zähler ab. Ist der Zähler danach bei 0, lies weiter bei **637**.*

*Hat der Angriff noch nicht begonnen, dann senke deinen Vorsprung um 1. Ist er damit bei 0, lies weiter bei **629**.*

*Liegt der Vorsprung/Zähler noch über 0, kehre zurück zu **585** und versuche ein anderes Symbol.*

621

Du näherst dich den Aufständischen langsam, immer von Deckung zu Deckung rennend und zwischenzeitlich auf einen von Lundbergs Soldaten feuernd, damit deine neuen Mitstreiter dich nicht für einen ihrer Gegner halten.

Endlich erreichst du einen umgestürzten Transportcontainer, hinter dem bereits einer der Aufständischen hockt. Er dreht sich zu dir um. Die Abzeichen an seiner Schulter und das Namensschild an der Brust weisen den dunkelhäutigen Mann als Sergeant Okoye aus. Er mustert dich kurz mit zusammengekniffenen Augen. »Du willst auch gegen Lundberg kämpfen?«, fragt er.

»Der Drecksack wollte mich zurücklassen«, gibst du zurück.

»So wie uns alle«, knurrt Okoye. Er wendet sich wieder den Gegnern zu. Ein Soldat, der auf Lundbergs Seite steht, hat sich hinter einigen Trümmerteilen versteckt. Auch du eröffnest das Feuer wieder und triffst ihn an der Schulter. Der Trooper stolpert zu-

rück und wird sofort von einer weiteren Salve getroffen, die ihn niederstreckt.
»Mir nach!«, ruft Okoye und sprintet zur nächsten Deckung. Du folgst ihm.
*Trage beim Zähler eine 5 ein. Sie steht für die Anzahl deiner Mitstreiter bei diesem finalen Kampf. Lies weiter bei **K48**.*

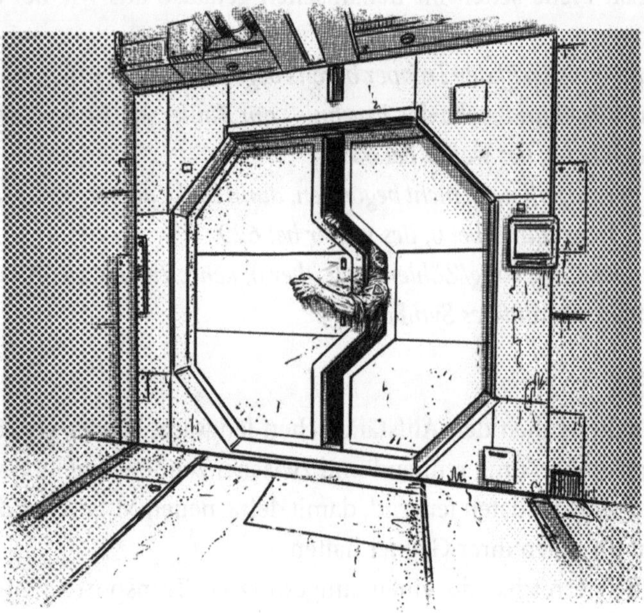

622

Es ist dir und deinen Mitstreitern nicht gelungen, die Angreifer entscheidend zu schwächen. Im Gegenteil. Robson und ein weiterer Trooper sind gefallen. Die Angreifer sind weiter vorgerückt und haben dir den Weg zur Hangaröffnung abgeschnitten.
Dort siehst du bereits das Shuttle ganz nah, doch die Angreifer rücken weiter vor. Sie scheinen Lundberg und Gruber erwischen zu wollen, die von einem mobilen Schild geschützt sind, der dem Blastergewitter bislang noch standhält.

Plötzlich fliegt eine metallene Kugel in deine Richtung. Du versuchst noch, in Deckung zu springen, bist aber nicht schnell genug. Als der Detonator zündet, wird dein Körper von Hunderten Trümmerschrapnellen in Fetzen gerissen.
Dein Abenteuer endet hier.

623

»Er ist Chief Alexej Volkov, Sir«, meldet der Lieutenant. »War zwölf Jahre bei unserer Truppe. Drei Ehrenauszeichnungen, unter anderem für die Schlacht von Hairos Fünf.« Er sieht dich staunend an. Auch die Miene des Colonels verändert sich schlagartig. »Einer von uns«, sagt er und grinst breit. Er tritt auf dich zu und schlägt dir krachend auf die Schultern. »Hairos Fünf, alle Achtung. Freut mich Sie kennenzulernen, Chief.«
Du denkst nur ungern an die Schlacht zurück. Zu viele deiner Kameraden haben es damals nicht geschafft. Deshalb nickst du nur knapp und ringst dir ein »Mich ebenso, Sir« ab.
Lundberg deutet auf den Bildschirm, der den Hangar und die havarierte *Verocity* zeigt. »War ja 'ne ziemliche Bruchlandung. Wir haben das von hier oben verfolgt. Was hat Sie auf diesen alten Frachter verschlagen, Chief?«, fragt er.
Du zuckst nur die Schultern. »Der Dienst wurde gut bezahlt«, antwortest du vage. Es erscheint dir nicht ratsam, deine Tätigkeit als Schmuggler offenzulegen.
»Ja, ganz im Gegensatz zum Sold bei unserer Truppe, ich weiß.« Der Colonel rollt mit den Augen. »Für diese Sauerei hier wäre auch 'ne dicke Sonderprämie fällig, wenn Sie mich fragen. Aber mehr als einen Tritt in den Arsch werden wir wieder nicht bekommen – wenn wir es überhaupt von hier wegschaffen.«
Dies scheint dir der richtige Augenblick, um die Frage zu stellen, die dich seit deiner Ankunft umtreibt. »Darf ich fragen, was hier vorgefallen ist, Sir?«

»Klar dürfen Sie.« In einer vertraulichen Geste legt er dir die Hand auf die Schulter und schiebt dich in Richtung seines Büros zurück. »Eine Riesensauerei, sag ich Ihnen. Ich habe schon achtzehn meiner Leute verloren. Eine verdammte Schande.« Er schüttelt den Kopf. Mittlerweile seid ihr im Büro angekommen und er weist dir einen der Sessel zu. »Und das alles, weil hier irgendein Experiment mit einer Droge total danebengegangen ist. Glauben Sie an den Teufel, die Hölle und so was, Chief?«

Du zuckst nur die Schultern. Auf den Schlachtfeldern hast du des Öfteren das Gefühl gehabt, in der Hölle zu sein. Es erscheint dir schwer vorstellbar, dass nach dem Tod irgendwo ein noch schlimmerer Ort auf dich warten könnte.

»Ich eigentlich auch nicht, aber ich sage Ihnen: Das Mittel, das die hier erforscht haben, ist wirklich ein Teufelszeug. Macht aus anständigen Männern blutrünstige Berserker, die jeden zerfleischen, der ihnen über den Weg läuft.« Er blickt einen Moment ins Leere.

*Merke dir diesen Abschnitt und blättere zu **606**. Kehre danach hierher zurück.*

Er schüttelt den Kopf. »Wie Sie sehen, stecken wir hier bis zum Hals in der Scheiße und ich kann jeden Mann brauchen. Wie wäre es, wenn Sie der Truppe für die paar Stunden noch mal beitreten, Chief?«

*Willst du Lundbergs Angebot annehmen und dich den Troopern anschließen, lies weiter bei **588**.*

*Lehnst du ab und siehst dich auf eigene Faust weiter um, lies weiter bei **564**.*

624

Zuerst hörst du Geräusche. Ein regelmäßiger Piepton – und Stimmen. Sie kommen wie aus weiter Ferne und zunächst verstehst du die Worte nicht. Dann beginnt die Lautstärke zu variieren. Mal erscheinen dir die Stimmen nah und deutlich.

»… als ein Dutzend Verletzte geborgen …«

Dann wieder unverständlich leise, sodass du nur Fragmente verstehst.

»… schwere psychische Traumata … in den Griff … ruhiggestellt … längerfristige Therapie … Er kommt zu sich.«

Die letzten Worte sind besonders deutlich, und obwohl deine Gedanken noch träge sind, begreifst du, dass man über dich spricht. Es kostet dich eine gewaltige Willensanstrengung, doch schließlich gelingt es dir, die Augen zu öffnen. Zuerst ist dein Blick verschwommen, dann erkennst du einen Mann und eine Frau, die sich über dich beugen, aber sie sind nur undeutliche Gestalten.

Du versuchst dich zu bewegen, doch deine Arme und Beine sind fixiert. Adrenalin schießt dir ins Blut, als du an Figos Behandlungsstuhl denkst. Werden gerade wieder Versuche mit dir durchgeführt? Im Hintergrund hörst du, wie sich das Piepen im Gleichklang mit deinem wummernden Herzen beschleunigt.

Du blinzelst und dein Blick wird klarer. Die Frau hat lange blonde Haare und trägt einen Arztkittel. Der Mann trägt die graue Uniform eines Troopers und hat auf dem Revers das Abzeichen eines Commanders.

»Beruhigen Sie sich«, sagt die Frau sanft und legt dir beschwichtigend eine Hand auf den Unterarm. »Sie befinden sich auf der Krankenstation des Kreuzers *Tulik*. Sie haben ein schweres psychisches Trauma erlitten und wir können einen Rückfall noch nicht ausschließen, deshalb haben wir Sie fixiert. Aber wir kümmern uns um Sie. Wir haben die letzten Spuren der Droge aus Ihrem Blut beseitigt, es wird Ihnen bald besser gehen.«

Du versuchst etwas zu sagen, aber dein Mund ist wie ausgedörrt und deine Lippen rissig. Die Ärztin holt ein Glas Wasser und stützt deinen Kopf, während du gierig trinkst. Kaum, dass du den letzten Schluck genommen hast, fühlst du wieder Benommenheit und bleierne Müdigkeit. Bald darauf dämmerst du weg.
*Lies weiter bei **615**.*

625

»Hierher!«, ruft plötzlich jemand hinter dir. Du weichst einem Angriff deines Gegners aus und wagst einen kurzen Blick über die Schulter.
Der schwer verletzte Sergeant hat sich von dir unbemerkt bis zu der Schleuse geschleppt, die ins Innere des Laborkomplexes führt – und diese auch geöffnet. Er steht nun im Inneren der Schleuse und winkt dir. Es sind nur wenige Schritte bis dorthin.
Das Brüllen eines weiteren Irren hallt durch den Korridor und nimmt dir die Entscheidung ab, ob du weiterkämpfen sollst. Du versetzt deinem Gegner einen Stoß und läufst zu der Schleuse. Andrews betätigt den Knopf zum Schließen der Tür schon, bevor du da bist. Du zwängst dich durch den verbliebenen Spalt und blickst hinter dich.
Der Irre stürmt heran und wirft sich gegen die Duroglastür, doch diese schließt sich und gibt seinen wütenden Hieben und Tritten nicht nach. Eine Keycard hat er entweder nicht – oder ist in seinem Zustand nicht mehr in der Lage, zu erkennen, was er tun muss, um die Schleuse zu öffnen.
Du hilfst dem Sergeant in den hinter der Schleuse liegenden Kontrollraum. Seine Rüstung ist zerfetzt, sein Gesicht zerschlagen und an seinem rechten Arm tropft Blut herab, aber er scheint nicht lebensgefährlich verletzt zu sein.
Neben der Schleuse liegt ein toter Trooper in einer Pfütze von Blut. Eine lange Scherbe steckt noch in seiner aufgerissenen Keh-

le. Neben ihm liegt sein Blastergewehr. Da du dein Gewehr auf dem Flur verloren hast, hebst du die blutige Waffe auf und drehst dich zur Eingangsschleuse um, doch der Irre ist verschwunden.
*Lies weiter bei **583**.*

626

Dein Verstand setzt aus und du nimmst nur noch einzelne Eindrücke wahr.
Das völlig zerfleischte Gesicht deines Gegners, endlose Gänge, durch die du ziellos rennst. Eine Frau, die schreiend vor dir wegläuft. Dieselbe Frau mit zerfetzter Uniform und aufgerissenem Bauch vor dir auf dem Boden.
Irgendwann findest du dich auf einem großen Platz mit einer Duroglaskuppel wieder. Über dir ist leuchtend rot der Planet zu sehen, den du völlig fasziniert anstarrst.
»Schön«, denkst du. Es ist das letzte Aufflackern deines Verstandes.
Dann hörst du ein Geräusch, siehst einen Menschen. *Beute!* Du setzt ihm nach und bist nur noch ein Tier, beherrscht von Instinkten und unstillbarem Blutdurst.
Dein Abenteuer endet hier.

627

Zuerst hörst du Geräusche. Ein regelmäßiger Piepton - und Stimmen. Sie kommen wie aus weiter Ferne und zunächst verstehst du die Worte nicht. Dann beginnt die Lautstärke zu variieren. Mal erscheinen dir die Stimmen nah und deutlich.
»… als ein Dutzend Verletzte geborgen …«
Dann wieder unverständlich leise, sodass du nur Fragmente verstehst.
»… schwere psychische Traumata … in den Griff … ruhiggestellt … längerfristige Therapie … Er kommt zu sich.«

Die letzten Worte sind besonders deutlich, und obwohl deine Gedanken noch träge sind, begreifst du, dass man über dich spricht.
Es kostet dich eine gewaltige Willensanstrengung, doch schließlich gelingt es dir, die Augen zu öffnen. Zuerst ist dein Blick verschwommen, dann erkennst du einen Mann und eine Frau, die sich über dich beugen, aber sie sind nur undeutliche Gestalten.
Du versuchst dich zu bewegen, doch deine Arme und Beine sind fixiert. Adrenalin schießt dir ins Blut, als du an Figos Behandlungsstuhl denkst. Bist du etwa wieder bei ihm? Wird er weitere Versuche mit dir durchführen? Im Hintergrund hörst du, wie sich das Piepen im Gleichklang mit deinem wummernden Herzen beschleunigt.
Du blinzelst und dein Blick wird klarer. Die Frau hat lange blonde Haare und trägt einen Arztkittel. Der Mann hat die graue Uniform eines Troopers an und hat auf dem Revers das Abzeichen eines Commanders.
»Beruhigen Sie sich«, sagt die Frau sanft und legt dir beschwichtigend eine Hand auf den Unterarm. »Sie befinden sich auf der Krankenstation des Kreuzers *Tulik.* Sie haben ein schweres psychisches Trauma erlitten und wir können einen Rückfall noch nicht ausschließen, deshalb haben wir Sie fixiert. Aber wir kümmern uns um Sie. Wir haben die letzten Spuren der Droge aus ihrem Blut beseitigt. Es wird Ihnen bald besser gehen.«
Du versuchst etwas zu sagen, aber dein Mund ist wie ausgedörrt und deine Lippen rissig. Die Ärztin holt ein Glas Wasser und stützt deinen Kopf, während du gierig trinkst.
»Was ist mit Lundberg?«, stößt du hervor, als sie das Glas wegnimmt. Die Angst, dass der Colonel noch am Leben ist, ja womöglich sogar das Kommando über den Kreuzer hat, lässt deinen Puls noch einmal rasen. Was wird er mit Aufständischen wie dir machen?
»Der Colonel ist im Hangar gefallen«, antwortet der Commander. »Wir haben bereits die überlebenden Trooper zu den Ereig-

nissen befragt, aber den Captain würde auch Ihre Version der Geschichte interessieren.« Als du zu einer Antwort ansetzt, hebt er die Hand. »Das hat Zeit. Erholen Sie sich erst mal, wir reden dann später.«

Nun, da deine dringendsten Fragen beantwortet sind, fühlst du wieder Benommenheit und bleierne Müdigkeit. Du nickst nur schwach und dämmerst bald darauf weg.

*Lies weiter bei **615**.*

628

»Ich habe an der Seite eines gewissen Sergeant Andrews gekämpft. Er wurde dabei verletzt. Wissen Sie, ob er unter den überlebenden Troopern ist?«

Takata blickt kurz auf ein Datenpad und nickt dann. »Sergeant Andrews liegt auf der Krankenstation, es geht ihm den Umständen entsprechend gut.«

*Kehre zurück zu **615**.*

629

Du hörst von draußen ganz leise, dumpfe Rufe und kurz darauf das Prasseln von aufprallenden Blasterstrahlen. Die Trooper sind schon da und beschießen den Frachter. Angesichts seines Zustandes werden sie selbst mit ihren Blastergewehren über kurz oder lang erheblichen Schaden anrichten. Du musst dich beeilen.

Der Angriff der Trooper auf die Dreamscape *hat begonnen. Setze den Zähler auf 25. Er repräsentiert nun den Schaden, den das Schiff noch vertragen kann, ehe es fluguntauglich wird. Du musst mit dem Schiff entkommen, bevor der Zähler auf 0 sinkt.*

Lies weiter bei ***585***.

630

»Sein Name ist Luis Velazquez. Er hat auf Garmus IV vor sechzehn terranischen Jahren eine Ausbildung zum interstellaren Ingenieur abgeschlossen, seither keine Eintragungen mehr.«

»Ein Ingenieur?« Lundberg hebt die Augenbrauen. »Da kommen Sie uns wie gerufen. Sie haben sicher schon bemerkt, dass wir hier einige … sagen wir … Probleme technischer Art haben.«

»Nicht nur technische, würde ich sagen. Alles deutet darauf hin, dass hier das Chaos herrscht«, erwiderst du trocken.

»So kann man es wohl ausdrücken«, brummt der Colonel und verzieht den Mund. »Man hat meine Leute und mich hergeschickt, um etwas zu testen, das in den Labors der Station entwickelt wurde.«

Merke dir diesen Abschnitt und blättere zu ***606****. Kehre danach hierher zurück.*

»Aber wir haben auch immer wieder mit Systemfehlern zu kämpfen«, fährt Lundberg fort. »Es scheint, dass die Saboteure mit ihrer Bombe erheblichen Schaden am Computerkern verursacht haben. Wir haben auf viele Subsysteme von hieraus keinen Zugriff mehr. Ein Totalausfall des Bordcomputers ist so ziemlich das Letzte, was wir jetzt gebrauchen können. Die Lebenserhaltung wäre dann nicht mehr gewährleistet, von der Sicherheit ganz zu schweigen. Die beiden Ingenieure meines Teams sind auf Deck 2, um die Schäden zu reparieren, aber wir haben vor Kurzem die Verbindung verloren. Keine Ahnung, was da unten los ist. Wären Sie bereit, sich an einem der Terminals einzuloggen und von hier aus zu versuchen, die Subsysteme neu zu starten?« Lundberg sieht dich erwartungsvoll an.
Da ein Ausfall der Lebenserhaltung auch nicht in deinem Sinne ist, willigst du ein.
Lundberg nickt zufrieden und winkt Lieutenant Gruber wieder herbei. »Setzen Sie den Mann an ein Terminal. Vielleicht kann er uns die Systeme von hier aus wieder hochfahren.«
Gruber nickt knapp und führt dich durch den Kommandoraum bis zu einem freien Terminal. Rasch loggt er sich ein, dann überlässt er dir den Platz. »Viel Erfolg.«
Du verschaffst dir schnell einen Überblick. Tatsächlich scheint es einige Probleme zu geben. Selbst rudimentäre Subsysteme wie die Lebenserhaltung könnten im Moment von hieraus nicht kontrolliert werden, obwohl sie ja offensichtlich noch laufen, sonst wären alle an Bord der Station längst erstickt. Es scheint, als ob einige der Kontrollprogramme neu gestartet werden müssen, aber auch dafür fehlt dir der Zugriff. Du musst einige Umwege über Ersatzprotokolle gehen. Das wird nicht einfach.

Ermittle, für welche Zahlen in folgendem Rätsel die Buchstaben A, B und C stehen.

$$A \times A \times A = 27$$

$$B \times B \times A = 12$$

$$A \times B \times C = 30$$

Wenn du die Lösung für jeden der Buchstaben gefunden zu haben glaubst, dann schreibe die Lösungen in der Reihenfolge CAB hintereinander. Das ergibt die Ziffer des Lösungsabschnitts. Blättere dorthin. Beginnt er mit den Worten »Du hast den Zugriff zu den Ersatzprotokollen hergestellt«, ist es der richtige und du kannst dort weiterlesen. Beginnt der Abschnitt mit einem anderen Satz, hast du das Rätsel nicht korrekt gelöst und musst es noch einmal versuchen.

*Wenn es dir nicht gelingt, das Rätsel zu lösen, lies weiter bei **595**.*

631

Du tippst rasch auf die Kontrollen und lässt die *Dreamscape* scharf nach rechts ausweichen. Wie erwartet sind die Dämpfer des Schiffes mit dem plötzlichen Manöver überfordert und du musst dich an deinem Sitz festhalten, während du dich gleichzeitig nach deinem Blaster streckst. Vaskova gerät ins Stolpern und taumelt gegen die Bordwand, drückt aber dennoch zweimal ab, bevor du deinen Blaster in Anschlag bringen kannst.

Würfele mit zwei Würfeln und ziehe das Ergebnis von deiner Gesundheit ab. Ist sie danach kleiner oder gleich 0, hat Vaskova dich erschossen und dein Abenteuer endet hier.

Liegt sie zwischen 1 und 5, lies weiter bei ***640****.*

Wenn deine Gesundheit größer als 5 ist, geht es weiter bei ***649****.*

632

Du bringst dich schnell in eine gute Schussposition, legst an und schießt Robson in den Rücken. Stöhnend sackt er hinter dem Triebwerk zusammen.

Der Anführer der Angreifer sieht zu dir herüber und reckt den Daumen hoch. Geduckt eilst du zu ihm hinüber. Die Abzeichen an seiner Schulter und das Namensschild an der Brust weisen ihn als Sergeant Okoye aus. »Danke«, murmelt er und gibt dir Zeichen, ihm zu folgen.

Gemeinsam mit deinen neuen Mitstreitern – es sind insgesamt sechs – rückst du zu einer neuen Deckung vor. Ihr müsst Lundberg erwischen, ehe das Shuttle landet.

Trage auf dem Datenblatt beim Zähler eine 6 ein. Sie steht für die Anzahl deiner Mitstreiter in diesem finalen Kampf. Lies weiter bei ***K45****.*

633

In der nächsten Stunde behältst du den Posten am Ende der Brücke und beobachtest den Platz unter dir, aber es tut sich nichts. Dann kommt endlich ein Funkspruch von Gruber, demzufolge die Situation wieder unter Kontrolle ist. Er verspricht, dich in Kürze ablösen zu lassen.

Es vergeht aber noch eine gefühlte Ewigkeit, bis endlich zwei Trooper auftauchen, die du noch nicht kennst.
»Sie sollen sich beim Lieutenant in der Kommandozentrale melden«, sagt der eine.
Du nickst und schlurfst müde über die Brücke und das Promenadendeck bis zur Kommandozentrale. Auf dem Weg dorthin kommst du an einem behelfsmäßigen Lazarett vorbei, in dem zwei Med-Droiden einige verletzte Trooper versorgen.
Der Lieutenant hat dich bereits erwartet und winkt dich zu sich. Er hat dunkle Ringe unter den Augen und gähnt, als du näher kommst.
Wenn du dir das Ereignis 430 notiert hast, lies weiter bei ***611****.*
Sonst lies weiter bei ***604****.*

634

Der Treffer lässt dich vor Schmerz aufschreien und du fällst auf die Knie. Wieder flackert der wahnsinnige Hass in dir auf, den du schon zuvor verspürt hast. Verzweifelt versuchst du noch, die Kontrolle zu behalten, doch schon setzt dein klares Denken aus und du bist einmal mehr nur Zuschauer deines eigenen Tuns und nimmst nur noch einzelne Bilder war.
Du springst über das Trümmerteil hinweg, das dir bislang Deckung geboten hat, und rennst geduckt auf die Kisten zu, hinter denen der Lieutenant und der Colonel sich verschanzt haben. Du springst auf die Kisten und kletterst daran empor, stürzt dich von oben auf die beiden und begräbst Gruber unter dir. Du bohrst deine Finger in seine weit aufgerissenen Augen, schlägst deine Zähne in den Hals des Lieutenants, spürst wie Blut in deinen Mund sprudelt.
Dann flammt ein jäher Schmerz auf und alles um dich herum wird dunkel.
Lies weiter bei ***627****.*

635

Schnell bringst du einige Distanz zwischen euch und die Station. Du versuchst dich zu erinnern, ob sie mit Kanonen ausgestattet war, aber zumindest feuert niemand auf euer Shuttle. Auch von anderen Schiffen ist nichts zu sehen.

Allmählich fällt die Anspannung der letzten Stunden von dir ab, doch neue Sorgen belasten dich. Wohin sollst du fliegen und vor allem, was soll aus dem Mädchen werden?

»Julia, wo ist dein Vater?«, fragst du vorsichtig und hoffst, dass er nicht auch auf der Station umgekommen ist.

»Er hat uns verlassen, als ich klein war«, antwortet sie mit ausdrucksloser Stimme. »Ich kenne ihn gar nicht.«

»Und hast du Onkel, Tanten oder Großeltern, zu denen ich dich bringen kann?«

Sie überlegt einen Moment und nickt dann zu deiner Erleichterung. »Onkel Owen. Er lebt auf Tajus Drei.«

Tajus Drei? Eine einsame Wüstenwelt am Rande der Galaxis, soweit du weißt. Ob das der richtige Ort für ein kleines Mädchen ist? Doch es ist nicht deine Sache, über ihr Schicksal zu entscheiden. Also suchst du Tajus Drei im Navigationscomputer und bereitest den Hypersprung vor.

Während der Computer den Kurs berechnet, blickst du noch einmal zur Station zurück. Was wird aus denen werden, die dort zurückgeblieben sind? Wird man irgendjemanden zur Verantwortung ziehen?

Die Antworten darauf wirst du vielleicht irgendwann in den interstellaren Nachrichten hören. Jetzt musst du an Julia und an deine eigene Zukunft denken – wie auch immer die aussehen wird.

*Lies weiter bei **650**.*

636

»Was ist mit Doktor Figo?«, fragst du nach. »Gehört auch er zu den Überlebenden?«

Takata nickt. »Ja, wir konnten ihn festnehmen. So, wie sich die Sache darstellt, trägt er die Hauptverantwortung für die vielen Toten, weil er die Droge in die Trinkwasseraufbereitung gab und deshalb alles außer Kontrolle geriet. Ich kann Ihnen versichern, dass er vor einem Militärgericht landen und sicher lange in ein Arbeitslager geschickt wird.«

*Kehre zurück zu **615**.*

637

Wieder prasseln Blasterstrahlen auf den Rumpf der *Dreamscape*. Plötzlich schrillt ein Alarm los und aus einer Konsole an der Wand sprühen Funken. Du blickst dich hektisch um, versuchst zu erkennen, was los ist, aber bevor du irgendetwas tun kannst, explodiert der Treibstofftank des Schiffes.

Dein Abenteuer endet hier.

638

Der Schild flackert und erlischt, gerade als Gruber sich vorbeugt, um wieder auf euch zu schießen. Er wird getroffen und geht zu Boden. Dein Blick zuckt zu dem Shuttle, das schon ganz nah ist und sicher in der nächsten Minute landen wird.

»Wir müssen Lundberg erwischen!«, ruft Okoye, doch der Colonel zwingt euch mit einem Sperrfeuer, in Deckung zu bleiben.

Plötzlich steht Gruber wieder auf. Sein Gesicht ist zu einer Fratze verzerrt und er stürzt sich brüllend auf Lundberg. Du hörst den Colonel aufschreien und mit dem Blaster auf den durchgedrehten Lieutenant feuern.

»Das ist unsere Chance!« Okoye sprintet los.

Du schließt dich ihm an. Ihr erreicht die Frachtkisten und stürmt mit vorgestreckten Blastern um die Ecke. Lundberg liegt auf dem Rücken, die Augen starr aufgerissen. Gruber liegt bäuchlings auf ihm, das Gesicht an der Halsbeuge des Colonels vergraben, die er mit seinen Zähnen aufgerissen hat. Der Rücken des Lieutenants ist von Blasterschüssen durchsiebt, die Lundberg in seinem eigenen Todeskampf noch abgefeuert haben muss.

Atemlos steht ihr über den beiden Toten und starrt auf sie hinab. Ist damit alles vorbei?

Das Heulen der Shuttle-Triebwerke sticht schmerzhaft in deinen Ohren und lässt dich aufblicken. Das klobige Transportschiff landet kaum zehn Meter entfernt auf einer halbwegs freien Fläche, unweit der *Verocity*. Die Laderampe fährt herunter und eine ganze Abteilung schwer bewaffneter Trooper in voller Rüstung und mit Atemschutzhelmen stürmt auf das Landedeck. Ein Dutzend kommt auf euch zu, der Rest besetzt andere Teile des Hangars. Aus einer Ecke hörst du Rufe, dann Blasterschüsse und einen Aufschrei.

»Die Waffen runter«, tönt die blecherne Stimme eines Troopers vor euch. Zwölf Blastergewehre sind auf Okoye, dich und die übrigen überlebenden Aufständischen gerichtet. »Sofort!«

Euch bleibt keine Wahl. Eure Waffen landen klappernd auf dem Boden.
»Alle abführen«, kommandiert der Anführer. Ihr werdet grob gepackt und in Richtung Laderampe dirigiert. Dort hat ein Team aus Ärzten Aufstellung genommen, die ebenfalls mit Atemgerät und Schutzkleidung ausgerüstet sind. Zwei Trooper packen dich bei den Armen und zwingen dich auf die Knie.
»He, was soll das?«, rufst du noch, dann spürst du den kurzen Schmerz einer Injektion an der Schulter. Kaum eine Sekunde später umfängt dich Dunkelheit.
*Hast du mindestens ein Verax-Kästchen auf dem Datenblatt angekreuzt? Dann lies weiter bei **624**.*
*Wenn du kein Verax-Kästchen angekreuzt hast, lies weiter bei **615**.*

639

Du wirst in den Transportraum des Shuttles geleitet, während der Colonel an der Laderampe zurückbleibt und weiter mit dem Anführer der Landungstruppe spricht.
Du setzt dich auf eine der Bänke und lehnst dich gegen die Bordwand. Neben dir ist ein schmales Fenster, durch das du in den Hangar sehen kannst. Einige der Trooper laufen noch umher, vermutlich sichern sie den Bereich für die Evakuierung.
Dein Blick fällt auf die *Verocity*. Der Captain, Wilson, Velazquez, all die anderen – tot. Erst jetzt wird dir der Verlust so richtig bewusst und du seufzt schwer.

Als du das Vibrieren der hochfahrenden Triebwerke im Rücken spürst, stürmt zu deiner Überraschung der gesamte Landungstrupps die Landerampe herauf.
»Sollten wir den Hangar nicht sichern?«, fragst du an Lieutenant Gruber gewandt, der sich neben dich gesetzt hat.
Der schüttelt nur den Kopf.
Das Shuttle hebt ab und verlässt die Station. In der Ferne kannst du den Kreuzer der Trooper erkennen. Ganz langsam fällt die Anspannung der letzten Stunden von dir ab. Du hast es geschafft, du hast überlebt!
Du bist schon beinahe eingedöst, als es plötzlich einen hellen Lichtblitz gibt. Ein Raunen geht durch die um dich versammeltem Trooper. Du drückst dein Gesicht an das Fenster, um zurückblicken zu können, und tatsächlich: Dort, wo sich eben noch die Station befand, schweben jetzt nur noch Trümmer im Orbit des Planeten. Hat der Kreuzer etwa …?
»Es war der Reaktor«, sagt ein Trooper laut. »Ich hab's gesehen.«
»Da haben wir ja Glück gehabt, dass wir rechtzeitig abgehauen sind«, meint eine Soldatin.
Die Tür zum Transportraum öffnet sich und Colonel Lundberg tritt ein. Alle Gespräche verstummen augenblicklich und die Trooper nehmen Haltung an. »Rührt euch«, sagt der Colonel. Er wirkt gut gelaunt, geht herum und schüttelt Hände. »Ich danke euch für euren Einsatz, Leute. Ohne euch wäre ich mit der Station in die Luft geflogen.« Schließlich kommt er auch bei dir an. »Ah, Chief. Auch Ihnen gebührt mein Dank. Ohne Ihre Unterstützung gegen die Aufständischen hätten wir vielleicht nicht bis zur Ankunft des Shuttles durchgehalten. Ich freue mich, dass ich Sie für meinen Stab gewinnen konnte. Und keine Sorge, die versprochene Beförderung habe ich nicht vergessen.« Damit lässt er dich stehen und spricht mit einem anderen Trooper.

Du siehst ihm nach. Er lächelt selbstzufrieden, so als sei alles nach seinen Wünschen verlaufen.
*Lies weiter bei **650**.*

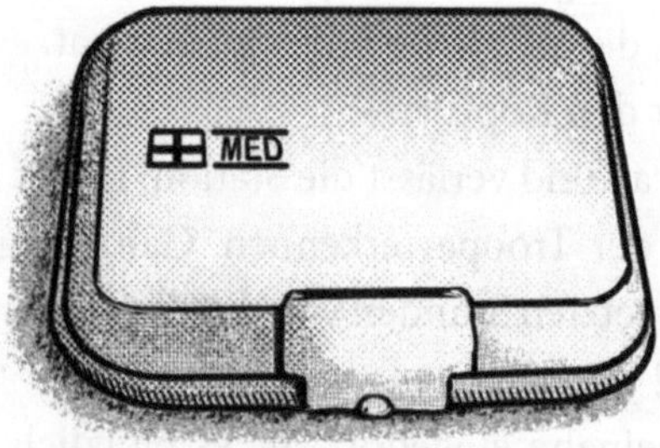

640

Schwer verletzt sackst du auf deinem Stuhl zusammen und dein Blaster entgleitet deiner Hand. Vaskova tritt neben dich, stößt dich grob vom Pilotenstuhl und stabilisiert das Schiff. Zurück an der Waffenkontrolle feuert sie die Kanone der *Dreamscape* ab. Nach mehreren Salven explodiert der Reaktor und es zerreißt die gesamte Station in einem stummen Feuerwerk. Vaskova beobachtet das Spektakel mit scheinbar ungerührter Miene und tippt dann auf die Steuerkonsole. Nachdem sie euch mit einem etwas unbeholfenen Manöver aus der Gefahrenzone gebracht hat, wendet sie sich wieder dir zu. Ihre Augen schwimmen in Tränen.
»Glaub nicht, dass mir das leicht gefallen ist. Da waren Kameraden von mir auf der Station. Freunde, mit denen ich schon Schlachten geschlagen habe und die mir das Leben gerettet haben.« Sie wischt sich über die Augen. »Aber die meisten von ihnen waren nicht mehr sie selbst und Lundberg hätte noch Hunderte oder gar Tausende weitere Trooper in solche Monster verwandelt, wenn ich ihn nicht aufgehalten hätte. Es gab keinen anderen Weg.« Sie lässt sich auf den Pilotensitz fallen und legt sich den Blaster auf den Schoß. Ihr verschleierter Blick fleht um Zustimmung.

»Was wirst du mit mir machen?«, stößt du hervor. Jeder Atemzug bereitet dir Schmerzen.
Sie blickt dich eine Weile an, hebt dann deinen Blaster auf und geht aus der Kanzel. Kurz darauf kommt sie mit zwei Medipacks zurück und verarztet dich.
Als es dir wieder etwas besser geht, deutet sie auf das Steuerpult. »Bring uns zu irgendeiner entlegenen Station. Dort geht jeder von uns seiner Wege.«
Ächzend richtest du dich auf und ziehst dich unter Schmerzen wieder in den Pilotensessel. Dort blätterst du am Navigationscomputer die möglichen Ziele durch und wählst einen entlegenen Handelsposten ohne Militärpräsenz. Während der Computer den Sprung berechnet, blickst du auf das Trümmerfeld, das von der Station geblieben ist. Du denkst an die Durchgedrehten, die dir begegnet sind, an all die furchtbar zugerichteten Leichen, die du gesehen hast. War es richtig von Vaskova, die Station zu zerstören, um anderen dasselbe Schicksal zu ersparen?
Nun, immerhin hat sie *dich* am Leben gelassen.
*Lies weiter bei **650**.*

641

»Wurde ein junges Mädchen namens Julia gerettet?«, fragst du hoffnungsvoll.
Zum ersten Mal zeigt Takata so etwas wie eine Regung, als sie lächelt. »Ja. Sie hatte sich gut versteckt. Wenn unsere Scanner uns nicht noch Lebenszeichen angezeigt hätten, hätten wir die Suche vermutlich eingestellt, ohne sie zu finden.« Sie wird unvermittelt wieder ernst. »Leider ist sie nun eine Waise, da Doktor Feldman leider auf der Station umgekommen ist. Julia hat uns aber von einem Onkel erzählt. Ich werde veranlassen, dass sie zu ihm gebracht wird.«
*Kehre zurück zu **615**.*

642

Schnell bringst du einige Distanz zwischen euch und die Station. Du versuchst dich zu erinnern, ob sie mit Kanonen ausgestattet war, aber zumindest feuert niemand auf euer Shuttle. Nervös blickst du auf den Scanner, der das Sonnensystem nach anderen Schiffen absucht. Zum Glück ist auch von dem Kreuzer, auf den Lundberg wartet, noch nichts zu sehen. Doch er könnte jeden Moment aus dem Hyperraum kommen. Ihr müsst schnell von hier verschwinden.

Du suchst im Computer nach dem nächstbesten Sprungziel, wählst es aus und lässt den Sprung durchführen, sobald der Kurs berechnet ist. Der Sprung dauert nur wenige Sekunden, ihr werdet in dem unbequemen Jäger aber ganz schön durchgeschüttelt.

Auch in diesem Sonnensystem ist kein Schiff auszumachen, ihr befindet euch wirklich am Ende der Galaxis. Allmählich fällt die Anspannung der letzten Stunden von dir ab.

»Wo sind wir hier?«, fragt Julia.

»Keine Ahnung«, erwiderst du wahrheitsgemäß. Du hast dir die Informationen auf dem Computerbildschirm gar nicht genau angesehen, wolltest nur weg aus dem Veraxia-System. Aber du musst dir wirklich Gedanken darüber machen, wohin du das Mädchen bringst.

»Julia, wo ist dein Vater?«, fragst du vorsichtig und hoffst, dass er nicht auch auf der Station umgekommen ist.

»Er hat uns verlassen, als ich klein war«, antwortet sie mit ausdrucksloser Stimme. »Ich kenne ihn gar nicht.«

»Und hast du Onkel, Tanten oder Großeltern, zu denen ich dich bringen kann?«

Sie überlegt einen Moment und nickt dann zu deiner Erleichterung. »Onkel Owen. Er lebt auf Tajus Drei.«

Tajus Drei? Eine einsame Wüstenwelt am Rande der Galaxis, soweit du weißt. Ob das der richtige Ort für ein kleines Mädchen

ist? Doch es ist nicht deine Sache, über ihr Schicksal zu entscheiden. Also suchst du Tajus Drei im Navigationscomputer und bereitest den Hypersprung vor.
Während der Computer den Kurs berechnet, kehren deine Gedanken noch einmal zur Station zurück. Werden die Trooper durchhalten, bis der Kreuzer kommt? Und falls ja, was dann? Wird Lundberg die ganze Station evakuieren lassen oder nur an seine eigene Haut denken? Wird er für die vielen Opfer zur Verantwortung gezogen werden oder alles vertuschen?
Die Antworten darauf wirst du vielleicht irgendwann in den interstellaren Nachrichten hören. Jetzt musst du an Julia und an deine eigene Zukunft denken – wie auch immer die aussehen wird.
*Lies weiter bei **650.***

643

Du lässt die Gelegenheit verstreichen und Vaskova feuert die Schiffskanone ab.
Nach mehreren Salven explodiert der Reaktor und es zerreißt die gesamte Station in einem stummen Feuerwerk. Vaskova be-

obachtet das Spektakel mit scheinbar ungerührter Miene. »Bring uns aus der Gefahrenzone«, murmelt sie mit belegter Stimme, als einige Trümmerteile sich euch gefährlich nähern.
Du gibst einen Kurs ein, der euch auf Abstand bringt.
»Glaub nicht, dass mir das leicht gefallen ist«, sagt Vaskova unvermittelt. Sie ist auf dem zweiten Stuhl zusammengesackt und wischt sich über die feuchten Augen. »Da waren Kameraden von mir auf der Station. Freunde, mit denen ich schon Schlachten geschlagen habe und die mir das Leben gerettet haben. Aber die meisten von ihnen waren nicht mehr sie selbst und Lundberg hätte noch Hunderte oder gar Tausende weitere Trooper in solche Monster verwandelt, wenn wir ihn nicht aufgehalten hätten. Es gab keinen anderen Weg, oder?« Ihr verschleierter Blick fleht um Zustimmung.
Du zuckst nur die Schultern.
Vaskova seufzt schwer. »Wir müssen hier weg. Bring uns zu irgendeiner abgelegenen Station. Dort geht jeder von uns seiner Wege.«
Du blätterst am Navigationscomputer die möglichen Ziele durch und wählst einen entlegenen Handelsposten ohne Militärpräsenz. Während der Computer den Sprung berechnet, blickst du auf das Trümmerfeld, das von der Station geblieben ist. Du denkst an die Durchgedrehten, die dir begegnet sind, an all die furchtbar zugerichteten Leichen, die du gesehen hast. War es richtig, die Station zu zerstören, um anderen dasselbe Schicksal zu ersparen?
Nun, es lässt sich ohnehin nicht mehr ändern. Immerhin hast *du* überlebt.
*Lies weiter bei **650**.*

644

»Wissen Sie, was aus Dr. Feldman, der Leiterin der Station, geworden ist?«, fragst du.

Takata nickt. »Wir fanden ihre Leiche in einem Korridor. Sie wurde offensichtlich ein Opfer dieser sogenannten Berserker.« Du nickst stumm und fragst dich im Stillen, ob du ihr Leben vielleicht hättest retten können.
*Kehre zurück zu **615**.*

645

Allmählich fällt die Anspannung der letzten Stunden von dir ab, doch die Erleichterung hält nicht lange vor. Du musst aus diesem System verschwinden, bevor der Kreuzer der Trooper hier auftaucht. Hastig gehst du am Navigationscomputer mögliche Ziele durch und entscheidest dich für eine entlegene Raumstation ohne Militärpräsenz. Dort kannst du die *Dreamscape* loswerden und auf einem anderen Schiff anheuern oder sonst wie untertauchen.
Als du den Kurs eingibst und den Hypersprung vorbereitest, blickst du noch einmal auf die Station, die auf dem Navigationsbildschirm angezeigt wird. Was wird dort wohl noch passieren, bis der Kreuzer der Trooper eintrifft? Wird Lundberg die Verax-Experimente irgendwo anders fortführen können oder haben die Saboteure den Computerkern ausreichend beschädigt, um die Forschungsergebnisse zu vernichten?
Die Antworten darauf wirst du vielleicht irgendwann in den interstellaren Nachrichten hören. Jetzt musst du an deine eigene Zukunft denken – wie auch immer die aussehen wird.
*Lies weiter bei **650**.*

646

Schnell bringst du einige Distanz zwischen euch und die Station. Du versuchst dich zu erinnern, ob sie mit Kanonen ausgestattet war, aber zumindest feuert niemand auf euer Shuttle. Auch von anderen Schiffen ist nichts zu sehen. Allmählich fällt die Anspannung der letzten Stunden von dir ab. Nun gilt es, zu entscheiden, wohin du Julia bringst. Ob sie noch Verwandte hat?

»Julia, wo ist dein Vater?«, fragst du vorsichtig und hoffst, dass er nicht auch auf der Station umgekommen ist.

»Er hat uns verlassen, als ich klein war«, antwortet sie mit ausdrucksloser Stimme. »Ich kenne ihn gar nicht.«

»Und hast du Onkel, Tanten oder Großeltern, zu denen ich dich bringen kann?«

Sie überlegt einen Moment und nickt dann zu deiner Erleichterung. »Onkel Owen. Er lebt auf Tajus Drei.«

Tajus Drei? Eine einsame Wüstenwelt am Rande der Galaxis, soweit du weißt. Ob das der richtige Ort für ein kleines Mädchen ist? Doch es obliegt nicht dir, über ihr Schicksal zu entscheiden. Also suchst du Tajus Drei im Navigationscomputer. Als du den Planeten auswählen willst, tippst du beim ersten Versuch daneben. Deine Hand zittert heftig und du musst sie erst zur Faust ballen, bis du den Planeten auf dem Touchscreen triffst.

Die Erinnerung an Figos Experiment kehrt zurück, daran, wie du den Verstand und die Kontrolle verloren hast und … Du versuchst, nicht daran zu denken, dennoch meinst du Blut im Mund zu schmecken und registrierst voller Ekel, wie dir das Wasser im Mund zusammenläuft. Dein Blick haftet auf Julias Hals direkt vor dir, wo du glaubst, die Halsschlagader pochen zu sehen. Du müsstest dich nur vorbeugen, dann könntest du die Zähne in ihre Haut schlagen und …

»Was steht da?«, fragt Julia und zeigt auf den Navigationscomputer, wo der Hinweis blinkt, dass die Berechnungen abgeschlossen sind.

Mühsam gelingt es dir, deine Blutgier zu zügeln. Du räusperst dich. »Da steht nur, dass wir jetzt springen können«, antwortest du und veranlasst den Hypersprung. Laut Computer soll er sechs Stunden dauern. Hoffentlich schaffst du es, Julia nichts anzutun,

bis ihr auf Tajus Drei angekommen seid. Aber was, wenn nicht? Um dich von dieser bangen Frage abzulenken, denkst du an die Station zurück. Was wird aus denen werden, die dort zurückgeblieben sind? Wird man irgendjemanden für all die Opfer zur Verantwortung ziehen?
Die Antworten darauf wirst du vielleicht irgendwann in den interstellaren Nachrichten hören. Jetzt musst du an Julia und an deine eigene Zukunft denken – wie auch immer die aussehen wird.
Lies weiter bei ***650****.*

647

Du wirst in den Transportraum des Shuttles geleitet, während der Colonel an der Laderampe zurückbleibt und weiter mit dem Anführer der Landungstruppe spricht.
Du setzt dich auf eine der Bänke und lehnst dich gegen die Bordwand. Neben dir ist ein schmales Fenster, durch das du in den Hangar sehen kannst. Einige der Trooper laufen noch umher, vermutlich sichern sie den Bereich für die Evakuierung.
Dein Blick fällt auf die *Verocity* und du seufzt schwer. Jahrelange Arbeit hast du in das Schiff investiert und nun wird es hier zurückbleiben. Der Anblick der schweren Schäden versetzt dir einen Stich. Irgendwie erscheint dir der erbarmungswürdige Zustand des Schiffes sinnbildlich für die Crew. Der Captain, Volkov, all die anderen – tot. Erst jetzt wird dir der Verlust so richtig bewusst und du musst dir eine Träne aus dem Auge wischen. Für Gedanken an deine Zukunft bleibt da erst mal kein Platz.
Als du das Vibrieren der hochfahrenden Triebwerke im Rücken spürst, stürmt zu deiner Überraschung der gesamte Landungstrupps die Landerampe herauf.
»Sollten wir den Hangar nicht sichern?«, fragst du an Lieutenant Gruber gewandt, der sich neben dich gesetzt hat.

Der schüttelt nur den Kopf.

Das Shuttle hebt ab und verlässt die Station. In der Ferne kannst du den Kreuzer der Trooper erkennen. Ganz langsam fällt die Anspannung der letzten Stunden von dir ab. Du hast es geschafft, du hast überlebt!

Du bist schon beinahe eingedöst, als es plötzlich einen hellen Lichtblitz gibt. Ein Raunen geht durch die um dich versammeltem Trooper. Du drückst dein Gesicht an das Fenster, um zurückblicken zu können, und tatsächlich: Dort, wo sich eben noch die Station befand, schweben jetzt nur noch Trümmer im Orbit des Planeten. Hat der Kreuzer etwa …?

»Es war der Reaktor«, sagt ein Trooper laut. »Ich hab's gesehen.«

»Da haben wir ja Glück gehabt, dass wir rechtzeitig abgehauen sind«, meint eine Soldatin.

Und du hast Glück gehabt, dass du nicht unten beim Computerkern geblieben bist. Aber ob es wirklich der Reaktor war? Als du am Terminal warst, deutete nichts auf eine bevorstehende Explosion hin.

Die Tür zum Transportraum öffnet sich und Colonel Lundberg tritt ein. Alle Gespräche verstummen augenblicklich und die Trooper nehmen Haltung an. »Rührt euch«, sagt der Colonel. Er wirkt gut gelaunt, geht herum und schüttelt Hände. »Ich danke euch für euren Einsatz, Leute. Ohne euch wäre ich mit der Station in die Luft geflogen.« Schließlich kommt er auch bei dir an. »Ah.« Er runzelt kurz die Stirn, vielleicht versucht er sich an deinen Namen zu erinnern, dann lächelt er. »Gute Arbeit am Computerkern«, lobt er dich. »Wir konnten die Daten sichern und zum Kreuzer übertragen, bevor …« Er vollführt eine unbestimmte Handbewegung in Richtung der Station. »Und Ihre Hilfe im Kampf gegen die Aufständischen war unschätzbar. Jemanden wie Sie kann ich brauchen. Vielleicht wollen Sie ja bei uns bleiben?«

Bevor du antworten kannst, winkt er ab. »Denken Sie in Ruhe darüber nach. Erst mal wollen wir dieses elende System hier hinter uns lassen.« Damit lässt er dich stehen und spricht mit einem anderen Trooper.
Du siehst ihm nach. Er lächelt selbstzufrieden, so als sei alles nach seinen Wünschen verlaufen. Ob er bei der Explosion des Reaktors vielleicht die Finger im Spiel hatte? Du wirst es wohl nie erfahren.
Jetzt musst du erst mal an deine eigene Zukunft denken – wie auch immer die aussehen wird.
*Lies weiter bei **650**.*

648

»Was wird nun aus dieser Droge werden?«, fragst du zum Schluss. »Die Forschung daran wird doch hoffentlich eingestellt.«
Captain Takata wiegt den Kopf. »Das obliegt nicht meiner Entscheidungsgewalt. Wir müssen abwarten, was von den Forschungsergebnissen noch aus dem beschädigten Computerkern gerettet werden kann. Danach wird das Trooper-Kommando da-

rüber befinden, was damit geschehen soll. Ich kann Ihnen aber versichern, dass ich nachdrücklich dafür plädieren werde, die Forschung nicht fortzusetzen.« Sie räuspert sich und steht auf.
»Ich denke, damit sind wir hier fertig. Sie dürfen sich auf dem Schiff nahezu frei bewegen, abgesehen vom Maschinenraum und der Waffenkammer steht Ihnen alles offen. Ich hoffe, Sie erholen sich gut von den Strapazen.«
»Danke. Wann werden wir abfliegen und wohin?«
»Meine Ingenieure reparieren gerade die letzten gravierenden Schäden auf der Station. Wenn sie fertig sind, werden wir eine Notcrew dort zurücklassen, die sich um den Betrieb der Station kümmert, während wir die nächstgelegene Trooper-Basis anfliegen. Dort können Sie von Bord gehen und sind ein freier Mann.«
»Danke Captain.«
Du blickst aus dem Fenster auf die Station und lässt die Ereignisse noch einmal Revue passieren. Dank deiner Fähigkeiten und deiner Entscheidungen hast du überlebt. Doch deine Kameraden von der *Verocity* sind alle tot. Erst jetzt, da der Kampf ums Überleben vorbei ist, hast du Zeit, um sie zu trauern – und dir Gedanken darüber zu machen, was du in Zukunft tun willst.
*Lies weiter bei **650**.*

649

Zwar trifft dich Vaskova, aber du kannst dennoch deinen Blaster in Anschlag bringen und das Feuer erwidern. Sie schreit auf, als deine Blastergarbe sie in Brust und Bauch trifft, versucht noch einmal, ihre Waffe auf dich zu richten, sackt dann aber an der Bordwand zu Boden.

Du hältst deine Waffe auf Vaskova gerichtet, während du das Manöver der *Dreamscape* beendest. Doch von der Frau geht keine Gefahr mehr aus. Ein dicker Blutfaden quillt aus ihrem Mundwinkel. Die Waffe ist ihr aus der Hand geglitten.
Du atmest auf und blickst zur Station. Du bist entkommen, und wer auch immer noch dort ist, hat mit dem Kreuzer der Trooper vielleicht auch die Gelegenheit dazu. Mehr kannst du nicht für die Überlebenden tun. Sollte Vaskova den Colonel doch richtig eingeschätzt haben, wäre es besser, nicht mehr in diesem System zu sein, wenn der Kreuzer hier eintrifft.
Du gibst einen Kurs ein, der dich von der Station wegbringt, und gehst dann am Navigationscomputer mögliche Ziele durch. Du entscheidest dich für eine entlegene Raumstation ohne Militärpräsenz. Dort kannst du die *Dreamscape* loswerden und auf einem anderen Schiff anheuern oder sonst wie untertauchen.
Während der Computer den Hypersprung vorbereitet, blickst du noch einmal auf die Station, die auf dem Navigationsbildschirm angezeigt wird. Was wird dort wohl noch passieren, bis der Kreuzer der Trooper eintrifft? Wird Lundberg wirklich die Verax-Experimente irgendwo anders fortführen?
Die Antworten darauf wirst du vielleicht irgendwann in den interstellaren Nachrichten hören. Jetzt musst du an deine eigene Zukunft denken – wie auch immer die aussehen wird.
Lies weiter bei ***650****.*

650

Mit dem vorherigen Abschnitt hast du EIN Ende dieses Abenteuers erreicht. Die Geschichte endet aufgrund deiner Entscheidungen so, es hätte aber auch andere Wege gegeben, die Station lebend zu verlassen. Deine Entscheidungen haben auch dafür gesorgt, dass du manche Bereiche der Station gar nicht besucht hast, Personen, denen du hättest helfen können, nicht begegnet bist.

Du kannst auf der folgenden Checkliste abhaken, was du schon erlebt hast und was nicht. Hast du schon …

☐ für Colonel Lundberg gearbeitet?

☐ in der Arrestzelle gesessen?

☐ einen Gefangenenausbruch miterlebt?

☐ Deck 2 (das Technikdeck) besucht?

☐ die Forscherin Lea aus dem Labor befreit?

☐ einem kleinen Mädchen mit seiner Mutter zur Flucht verholfen?

☐ mit einer abtrünnigen Trooperin zusammengearbeitet?

☐ Doktor Figo getroffen?

☐ die Droge selbst verabreicht bekommen?

☐ mit anderen Troopern gegen Lundberg gekämpft?

☐ als Ingenieur die Flucht von der Station geschafft, ohne einen einzigen Kampfabschnitt zu lesen?

☐ den Bluterraum entdeckt?

Du kannst nicht alle Punkte in einem Durchlauf abhaken. Manche Wege stehen nur dem Ingenieur, andere nur dem Ex-Soldaten offen. Und selbst wenn du alle 12 Punkte auf der Checkliste abgehakt hast, gibt es noch neue Wege zu entdecken. Also wage dich bald noch einmal auf die Station und erlebe ein neues Abenteuer.

KAMPFREGELN

Für den Kampf brauchst du zwei sechsseitige Würfel oder benutzt die Würfel hier auf den Seiten, wie es in den Regeln erklärt wurde. Im Verlauf deines Abenteuers wirst du sowohl Gefechte mit Schusswaffen (Fernkampf) als auch Nahkämpfe mit Hieb- und Stichwaffen oder auch bloßen Fäusten erleben. Diese unterscheiden sich im Ablauf, der im Folgenden erläutert wird.
Je nachdem benutzt du ein Nahkampf- oder ein Fernkampfprotokoll, um den Verlauf des Kampfes zu notieren. Diese findest du am Ende des Buches (ab S. 660).

Grundsätzlich dauert ein Kampf immer so lange, bis die Gesundheit von einem der Kontrahenten auf 0 sinkt. In manchen Kampfabschnitten gibt es aber auch Unterbrechungen wie z. B. »*Wenn der Kampf nach drei Runden noch nicht beendet ist, lies weiter bei …*«
In diesem Fall wird der Kampf unterbrochen und du musst bei dem entsprechenden Abschnitt weiterlesen. Es kann sein, dass der Kampf dort fortgesetzt wird, die Gesundheit der beiden Kontrahenten ist dann aber weiter auf dem Stand, den sie vor der Unterbrechung hatte.

Sollte die Gesundheit deiner Spielfigur im Kampf auf 0 sinken, stirbt sie und dein Abenteuer ist beendet.
Manchmal ist es möglich, einen Kampf nach einigen Runden vorzeitig zu beenden. Das wird gegebenenfalls im Textabschnitt erwähnt.

DER NAHKAMPF

Vor dem Kampf musst du deine Kampfkraft (KK) bestimmen. Diese ergibt sich aus dem Nahkampf-Grundwert des von dir ge-

wählten Charakters und der Waffe, die du benutzen willst, falls du eine hast. Kämpfst du mit bloßen Fäusten, ist die Kampfkraft gleich deinem Nahkampfwert. Eventuell bekommst du durch die Kampfsituation noch einen Bonus oder Malus auf deine Kampfkraft. Dies steht dann im jeweiligen Textabschnitt. Wundere dich nicht, dass deine Kampfkraft viel niedriger ist als die deiner Gegner. Zu deiner wird noch dein Würfelergebnis hinzugezählt.

Im Nahkampf attackieren beide gleichzeitig. Um zu bestimmen, wer Erfolg hat, würfelst du mit beiden Würfeln und zählst das Ergebnis zu deiner Kampfkraft hinzu. Ist dieses Ergebnis größer als die Kampfkraft deines Gegners, hast du getroffen und der Gegner bekommt Gesundheit abgezogen. Ist es andersherum, bekommst *du* Gesundheit abgezogen. Ist das Ergebnis genauso groß wie die Kampfkraft deines Gegners, treffen beide.

Die Anzahl der abzuziehenden Gesundheit ergibt sich aus der Differenz der Kampfkräfte (deine KK einschließlich des Würfelwurfs) plus dem Schadensbonus, den die Waffe desjenigen bietet, der getroffen hat. Bei Gleichstand bekommen beide nur den Schadensbonus der jeweils gegnerischen Waffe abgezogen. In diesem Fall richtet man mit bloßen Fäusten keinen Schaden an.

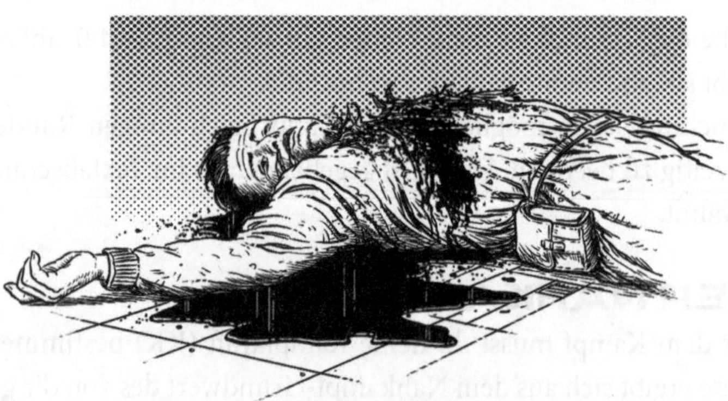

Beispiel:

Velazquez hat den Nahkampf-Grundwert 4. Er benutzt eine zerbrochene Flasche (KK +2, Schaden +2). Daraus ergibt sich für diesen Kampf eine Kampfkraft von 6. Er hat 40 Gesundheit.

Sein Gegner ist ein unbewaffneter Soldat mit einer Kampfkraft von 12 und 30 Gesundheit.

In der ersten Runde würfelst du beide Würfel und wirfst eine 6 und eine 4, also in Summe 10. Du addierst das Ergebnis zu deiner Kampfkraft: KK 6 + 10 = 16.

Da die KK des Gegners nur 12 beträgt, also kleiner ist, und deine Waffe einen Schadensbonus von 2 hat, ziehst du von der Gesundheit des Gegners 16 - 12 + 2 = 6 Punkte ab. Damit hat er jetzt nur noch 30 - 6 = 24 Gesundheit. Im Nahkampfprotokoll trägst du in Feld 1 auf deiner Seite die 40 und auf der Seite des Gegners eine 24 ein.

In der zweiten Runde würfelst du mit beiden Würfeln in Summe eine 6. KK 6 + 6 = 12.

Das Ergebnis ist genauso hoch wie die Kampfkraft des Gegners. Also bekommt jeder nur den Schadensbonus der benutzten Waffe abgezogen. Der Gegner verliert 2 Gesundheit (Schadensbonus der zerbrochenen Flasche), Velazquez hingegen nichts, weil der Soldat mit bloßen Fäusten kämpft, also keinen Schadensbonus hat.

Im Nahkampfprotokoll trägst du im Feld 2 auf deiner Seite wieder die 40 und auf der Seite des Gegners eine 22 ein.

In der dritten Runde würfelst du mit beiden Würfeln in Summe ein 4. KK 6 + 4 = 10.

Das Ergebnis ist um 2 kleiner als die KK des Gegners, deshalb bekommst du 2 Schadenspunkte von deiner Gesundheit abgezogen (kein Schadensbonus, da der Gegner keine Waffe hat).

Im Nahkampfprotokoll trägst du im Feld 3 auf deiner Seite eine 38 und auf der Seite des Gegners wieder eine 22 ein. Und so weiter …

Das Prozedere wiederholt sich so lange, bis einer der Kontrahenten keine Gesundheit mehr übrig hat. Ist deine Spielfigur bei 0 Gesundheit angelangt, bist du tot und musst dein Abenteuer von vorn oder an einem Speicherpunkt beginnen. Es ist während des Nahkampfes nicht möglich, Medipacks einzusetzen, um Gesundheit zurückzuerhalten. Erst nach dem Kampf kannst du sie benutzen.

Ist der Gegner bezwungen, springst du zu dem Textabschnitt, den du im Falle eines erfolgreichen Kampfes lesen sollst. Übertrage zuvor deine restliche Gesundheit vom Kampfprotokoll in dein Datenblatt. Nutze gegebenenfalls Medipacks, um sie zu erhöhen, und setze dein Abenteuer dann fort.

DER FERNKAMPF

Im Laufe des Spiels kann es zu Kämpfen mit Blastern kommen. Bevor ein solcher Kampf beginnt, musst du die Zielgenauigkeit (ZG) für deine Spielfigur ermitteln. Diese ergibt sich aus der Summe des Fernkampf-Grundwerts deiner Spielfigur und der Genauigkeit der von dir eingesetzten Waffe. Außerdem hat der Gegner manchmal eine Deckung, die es dir schwerer macht, ihn zu treffen, und deshalb von deiner Zielgenauigkeit abgezogen wird. Wie gut diese Deckung ist, steht im Text. Also: ZG = Grundwert + Genauigkeit der Waffe - Deckung des Gegners. Bei deinem Gegner sind die Genauigkeit der Waffe und deine Deckung bereits bei seiner Zielgenauigkeit berücksichtigt.

Anders als beim Nahkampf wird im Fernkampf stets abwechselnd angegriffen. Wenn beide angegriffen haben, ist eine Kampfrunde beendet. Wer beginnen darf, steht beim jeweiligen Kampf-Abschnitt. Ist dort nichts erwähnt, fängst du an.

Du würfelst für den jeweiligen Angreifer mit zwei Würfeln. Ist das Ergebnis größer als oder genauso groß wie seine Zielgenauigkeit, geht der Schuss daneben. Ist das Ergebnis kleiner als seine Zielgenauigkeit, trifft der Schuss und verursacht Schaden, der von der Gesundheit des Angegriffenen abgezogen wird.
Die Höhe des Schadens ergibt sich allein aus der verdoppelten(!) Differenz zwischen Würfelwurf und Zielgenauigkeit.

Auch wenn der Schuss danebengeht, solltest du die unveränderte Gesundheit in das nächste Feld des Kampfprotokolls eintragen, um die Anzahl der Kampfrunden nachverfolgen zu können.
Anschließend wechseln die Rollen und der Verteidiger greift nun an – es sei denn, seine Gesundheit ist soeben auf 0 gefallen, dann endet der Kampf sofort.

Hinweis: Während eines Fernkampfes kann man auf einen Schuss verzichten und stattdessen ein(!) Medipack anwenden. Aufgrund der Hektik, die während eines Kampfes herrscht, bringt ein Medipack dann aber nur 5 Gesundheitspunkte zurück.

Beispiel:

Velazquez hat den Fernkampf-Grundwert 4 und benutzt ein Blastergewehr (Genauigkeit +5). Er hat nur noch 15 Gesundheit. Er kämpft gegen einen Soldaten mit einem einfachen Blaster, der ohne Deckung in einem Raum steht (Zielgenauigkeit 5, Deckung 0) und noch 30 Gesundheit hat.

Die Zielgenauigkeit von Velazquez ist also: Grundwert (4) + Waffe (5) - Deckung des Gegners (0) = 9.

Runde 1:

Velazquez beginnt. Du würfelst für ihn mit beiden Würfeln eine 4 und eine 3, in Summe also 7. Das ist um 2 geringer als seine Zielgenauigkeit von 9, also trifft er. Der Schaden (ZG - Würfelwurf) x 2 ist (9 - 7) x 2 = 4. Du ziehst 4 von der Gesundheit des Soldaten ab und trägst im Kampfprotokoll in Feld 1 des Gegners 26 ein.

Nun würfelst du für den Soldaten mit beiden Würfeln in Summe eine 4. Das ist um 1 kleiner als seine Zielgenauigkeit von 5, also trifft er und verursacht (5 - 4) x 2 = 2 Schaden. Du trägst bei dir im 1. Feld bei Gesundheit eine 13 ein.

Runde 2:

13 Lebenspunkte sind dir zu knapp, also verzichtest du lieber auf einen Angriff und setzt ein Medipack ein. Du streichst ein Medipack aus deinem Inventar und trägst in Feld 2 auf deiner Sei-

te vorerst eine 18 ein und auf der Seite des Gegners eine 26 (da du ja auf einen Angriff verzichtet hast).
Nun würfelst du für den Angriff des Soldaten in Summe eine 5. Das ist genauso groß wie seine Zielgenauigkeit von 5, also geht der Schuss daneben und es bleibt auf deiner Seite bei der Gesundheit von 18.

Runde 3:
Du würfelst für Velazquez in Summe eine 5. Damit erzielst du (9 - 5) x 2 = 8 Schaden und trägst beim Gegner in Feld 3 eine 18 ein. Für den Soldaten würfelst du in Summe eine 9, auch dieser Schuss geht also daneben und du trägst auf deiner Seite in Feld 3 wieder die 18 ein.
Und so weiter …

Das Prozedere wiederholt sich so lange, bis einer der Kontrahenten keine Gesundheit mehr übrig hat. Ist deine Spielfigur bei 0 Gesundheit angelangt, bist du tot und musst dein Abenteuer von vorn oder an einem passierten Speicherpunkt wieder beginnen. Es ist nicht möglich, jetzt noch ein Medipack einzusetzen.

Ist der Gegner bezwungen, springst du zu dem Textabschnitt, den du im Falle eines erfolgreichen Kampfes lesen sollst. Übertrage zuvor deine restliche Gesundheit vom Kampfprotokoll in dein Datenblatt, nutze gegebenenfalls Medipacks, um sie zu erhöhen, und setze dein Abenteuer dann fort.

K1

Ohne zu zielen, feuerst du, triffst den Mann aber nur am Arm. Dann schlägt er dir den Blaster mit seiner Stange aus der Hand. Es gelingt dir, seinem nächsten Hieb auszuweichen und eine Nahkampfwaffe zu ziehen – sofern du eine bei dir hast. Dann stehst du ihm im Nahkampf gegenüber.

ANGESCHOSSENER ANGREIFER

Kampfkraft: 13 Schaden: +3 Gesundheit: 15

Dies ist dein erster Nahkampf. Die Regeln, wie so ein Nahkampf abläuft, findest du direkt vor diesem Abschnitt.
*Wenn der Kampf nach drei Runden noch nicht beendet ist, lies weiter bei **K5**.*
*Wenn du den Angreifer vorher besiegst, lies weiter bei **58**.*

K2

Der rasende Schmerz entfacht einen unbezähmbaren Zorn in dir und dein bewusstes Denken setzt aus. Wie ein Zuschauer im eigenen Kopf siehst du zu, wie du deinem Angreifer die Finger in die Augenhöhlen bohrst, bis einer der Augapfel zerplatzt. Als dein Angreifer schreiend von dir ablässt, springst du auf und packst seinen Schädel mit beiden Händen. Mit einem heftigen Ruck brichst du ihm das Genick und der Körper deines Gegners erschlafft.
Du willst ihm schon die Kiefer in den Hals graben, als du von hinten angesprungen wirst.
Kreuze auf dem Datenblatt in der »Verax«-Zeile das nächste freie Kästchen an. Wenn es das dritte Kästchen ist, lies sofort weiter bei ***626****.*

BERSERKER

Kampfkraft: 15 Schaden: +2 Gesundheit: 25

Durch die Aufregung wurde die psychotische Wirkung der Droge aktiviert. Deshalb denkst du nicht daran, eine deiner Nahkampfwaffen zu benutzen, aber es fallen alle Hemmungen von dir ab und du kämpfst nicht nur mit Fäusten und Tritten, sondern auch mit Zähnen und Klauen.
Deine Kampfkraft ist deshalb für diesen Kampf dein Nahkampfwert +2 und jeder deiner Treffer verursacht +2 Schaden.

Wenn du den Kampf gewinnst, lies weiter bei ***561****.*

K3

Mit gebleckten Zähnen und zu Klauen verkrampften Händen wirft sich Huyashi auf dich. Du hast keine Zeit, dich nach deinem Blaster zu bücken, deshalb musst du dich dem Trooper im Nahkampf stellen.

HUYASHI
Kampfkraft: 14 Schaden: +1 Gesundheit: 35

Sobald Huyashis Lebenspunkte unter 10 sinken, lies weiter bei ***435****.*

K4

Dein Schuss geht daneben und schon hat der Trooper dich erreicht. Mit der Schulter voran stürmt er in dich hinein und rammt dich gegen die Wand. Dir bleibt die Luft weg und der Blaster entgleitet deinem Griff.
Ziehe 10 von deiner Gesundheit ab. Wenn du dann noch lebst, lies weiter bei ***K11****.*

K5

Du tauchst unter einem Schlag deines Gegners weg. Der taumelt an dir vorbei und es gelingt dir, einen Tisch zwischen dich und ihn zu bringen und kurz Luft zu holen. Dabei stößt du mit dem Fuß gegen ein weiteres loses Stuhlbein aus Metall.

Wenn du das Stuhlbein (großer Gegenstand, KK +2, Schaden +2) als Waffe einsetzen willst, trage es in dein Inventar ein und passe für den weiteren Verlauf dieses Kampfes deine Kampfkraft und deinen Schadensbonus an.

Dein Gegner fegt den Tisch beiseite und kommt grunzend wieder auf dich zu.
Setze den Nahkampf fort. Wenn du deinen Gegner besiegst und …
… dir das Ereignis 79 notiert hast, lies weiter bei ***88****.*
… dir das Ereignis nicht notiert hast, lies weiter bei ***58****.*

K6

Der Blasterstrahl trifft den Soldaten im rechten Oberschenkel. Das Bein knickt unter ihm weg und der Trooper sackt in die Knie. Er versucht wieder hochzukommen und scheint dich immer noch attackieren zu wollen.

*Willst du dem Soldaten den Blaster an den Schädel halten und abdrücken, lies weiter bei **K17**.*

*Willst du die Gelegenheit zur Flucht nutzen, lies weiter bei **74**.*

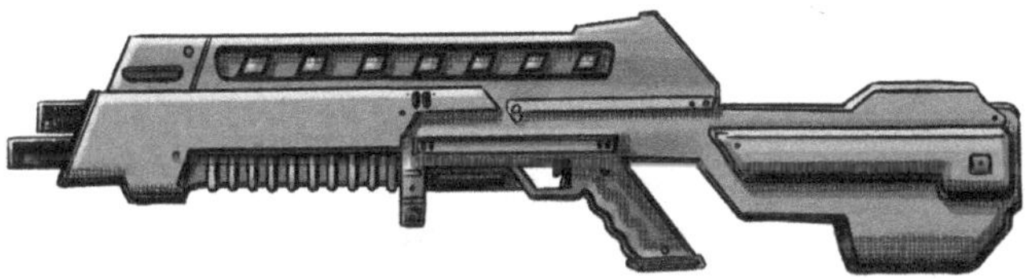

K7

Der irre Trooper erreicht dich und packt deine Waffe, bevor du ein weiteres Mal schießen kannst. Ihr ringt einen Augenblick um das Gewehr, dann versetzt der Irre dir einen Tritt in den Unterleib und entreißt es dir.

Statt es auf dich zu richten und abzudrücken, benutzt er es wie eine Keule und prügelt damit auf dich ein. Du musst dich ihm im Nahkampf stellen. Vor der ersten Runde kannst du den Schaden, den du im vorherigen Abschnitt mit den Blasterschüssen verursacht hast, von der Gesundheit des Gegners abziehen.

IRRER TROOPER

Kampfkraft: 13 Schaden: +2 Gesundheit: 20

*Wenn du den Kampf innerhalb von drei Runden gewinnst, lies weiter bei **K16**.*

*Wenn nicht, lies weiter bei **312**.*

K8

Als du gerade zu einem weiteren Hieb ansetzt, verlierst du plötzlich den Boden unter den Füßen. Auch dein Gegner beginnt zu schweben, die künstliche Schwerkraft muss ausgefallen sein. Hilflos mit den Armen rudernd, treibst du auf deinen Gegner zu. Du versuchst ihn von dir zu stoßen, aber er bekommt deinen Arm zu fassen und gräbt seine Zähne durch deinen Overall.

*Wenn du schon mindestens ein Verax-Kästchen angekreuzt hast, lies weiter bei **522**.*

*Falls nicht, ziehe 5 Punkte von deiner Gesundheit ab. Wenn du dann noch lebst, geht es weiter bei **K31**.*

K9

Du reißt die Blasterpistole hoch, zielst auf den vorderen der beiden Männer und drückst sofort ab. Der Blasterstrahl faucht knapp an ihm vorbei, aber der Mann duckt sich nicht einmal, sondern setzt mit einem Sprung über ein zerstörtes Kontrollpult hinweg.

Obwohl er dir schon gefährlich nahe ist, behältst du die Ruhe, visierst ihn genauer an, atmest aus und drückst abermals ab. Diesmal triffst du ihn in die Brust, doch der Mann taumelt trotzdem weiter vorwärts und prallt gegen dich.

Gemeinsam geht ihr zu Boden und der Blaster entgleitet deiner Hand. Zum Glück hast du deinen Gegner so schwer getroffen, dass er dich nicht mehr ernsthaft attackieren kann. Dennoch brauchst du einige Augenblicke, um dich von ihm zu lösen und wieder auf die Beine zu kommen. Bevor du deinen Blaster aufheben kannst, ist der zweite Mann heran und greift dich mit seiner

Eisenstange an. Unter seinem ersten Hieb kannst du dich noch wegducken, dann musst du dich ihm im Nahkampf stellen.

ANGREIFER

Kampfkraft: 13   Schaden: +3   Gesundheit: 25

Dies ist dein erster Nahkampf. Die Regeln, wie so ein Nahkampf abläuft, findest du direkt vor den Kampfabschnitten.
*Wenn der Kampf nach drei Runden noch nicht beendet ist, lies weiter bei **K5**.*
*Wenn du den Angreifer besiegst, lies weiter bei **88**.*

K10

Zuerst erwiderst du blind das Feuer, ohne zu treffen, dann riskierst du einen kurzen Blick um die Ecke und siehst einen einzelnen Trooper mit einem Blastergewehr, der sich wie du hinter einer Ecke verbirgt.
Der Trooper feuert zuerst.

TROOPER

Zielgenauigkeit: 8   Deckung: 3   Gesundheit: 45

*Wenn du nach drei Runden noch lebst, lies weiter bei **151**.*

K11

Du stellst dich dem durchgedrehten Trooper im Nahkampf.

IRRER TROOPER

Kampfkraft: 16   Schaden: +2   Gesundheit: 30

*Wenn du den Trooper besiegst, lies weiter bei **137**.*

K12

Du gehst bewusst langsam, und als Alonso dir abermals die Waffe in die Rippen stößt, weichst du zur Seite aus, packst zu und versuchst ihm die Waffe zu entreißen. Doch so leicht lässt sich der Trooper nicht überrumpeln und ihr ringt einen Augenblick um das Gewehr. Eine Salve Blasterstrahlen löst sich und schlägt in der Wand ein. Endlich gelingt es dir, ihm die Waffe aus der Wand zu schlagen. Sie fällt klappernd zu Boden, und als Alonso sich nach ihr streckt, kickst du sie aus eurer Reichweite.
Alonso schnaubt wütend und hebt die Fäuste. Du musst dich ihm im Nahkampf stellen.

TROOPER

Kampfkraft: 12 Schaden: +0 Gesundheit: 35

Noch bevor du deinen ersten Schlag ansetzen kannst, ruft der Trooper laut nach Verstärkung. Ob jemand in der Nähe ist?

Wenn du bei einer Attacke eine 11 oder eine 12 würfelst oder den Kampf innerhalb von fünf Runden gewinnst, lies weiter bei ***207****.*
Wenn der Kampf nach der fünften Runde noch andauert, lies weiter bei ***231****.*

K13

Das Zischen wird immer lauter. Als eine weitere Salve der Soldaten in den Container einschlägt, gibt es eine heftige Explosion, die dich in Stücke reißt.
Dein Abenteuer endet hier.

K14

Als sich die Luke öffnet, hörst du von draußen Blasterfeuer und spähst durch den sich weiter öffnenden Spalt. Zwei Trooper sind hinter einem gut zehn Meter entfernten Trümmerteil in Deckung gegangen und schießen in Richtung der *Verocity*. Vaskova erwidert das Feuer von irgendwo unter dem Schiff, doch ihre Blasterstrahlen sind schlecht gezielt.

Du eröffnest deinerseits das Feuer. Einer der Trooper konzentriert sich auf dich.

TROOPER

Zielgenauigkeit: 8 Deckung: 1 Gesundheit: 30

Ist der Kampf nach fünf Runden noch nicht beendet, lies weiter bei ***580****.*

Wenn du den Kampf vorher gewinnst, lies weiter bei ***577****.*

K15

Der Trooper taumelt stöhnend nach vorn und seine Waffe entgleitet seinen Händen, als er sich an der Wand abstützt. Doch noch ist er nicht besiegt. Wankend dreht er sich zu dir um und hebt die Fäuste zum Kampf.

Vor der ersten Runde kannst du den beim vorigen Abschnitt ausgewürfelten Schaden von seiner Gesundheit abziehen.

ANGESCHLAGENER TROOPER

Kampfkraft: 14 Schaden: +0 Gesundheit: 30 (abzgl. Schaden)

Wenn du den Kampf innerhalb von drei Runden gewinnst, lies weiter bei ***313****.*

Ist der Kampf nach drei Runden noch nicht beendet, lies weiter bei ***204****.*

K16

Du schlägst den irren Trooper nieder. Das Blastergewehr entgleitet seinen erschlaffenden Händen und fällt zu Boden. Du willst es gerade aufheben, als der zweite Menschenfresser sich knurrend auf dich wirft. Du musst dich ihm sofort in einem weiteren Nahkampf stellen (starte wieder mit Runde 1) und hast keine Zeit, davor noch ein Medipack anzuwenden.

DURCHGEDREHTER

Kampfkraft: 14 Schaden: +1 Gesundheit: 30

*Wenn du während des Kampfes eine 11 oder 12 würfelst, lies weiter bei **616**.*
*Wenn du den Kampf innerhalb von fünf Runden gewinnst, lies weiter bei **605**.*
*Falls nicht, lies weiter bei **625**.*

K17

Dein Schuss trifft den Trooper mitten im Gesicht und sein Schädel explodiert in einer Wolke aus Blut, Hirnmasse und Knochensplittern. Sein Körper kippt zur Seite. Schwer atmend starrst du auf den Leichnam, wischst dir das fremde Blut aus dem Gesicht und senkst den Blaster.
Lies weiter bei ***126****.*

K18

Die Finger zu Klauen verkrampft, stellt sich dir der Irre im Nahkampf.

DURCHGEDREHTES STATIONSMITGLIED
Kampfkraft: 15 Schaden: +1 Gesundheit: 25

Nach den ersten zwei Kampfrunden geht es weiter bei ***K36****.*

K19

Auf die kurze Distanz sollte es eigentlich ein Kinderspiel sein, die Beine des Troopers zu treffen, aber deine Hände zittern leicht und dir bleibt kaum Zeit zum Zielen.
Würfele mit einem Würfel und addiere den Fernkampfwert deiner Spielfigur hinzu. Ist das Ergebnis 8 oder größer, lies weiter bei ***K6****. Andernfalls lies weiter bei* ***K4****.*

K20

Du nickst Vaskova zu und sie öffnet die Frachtraumtür. Du erkennst zwei Trooper, die zwei Meter von der Tür entfernt stehen, und eröffnest das Feuer, bevor sie ihrerseits ihre Waffen hochreißen können. Einer von ihnen hechtet zur Seite und ist für dich nun im toten Winkel. Um den muss sich Vaskova kümmern. Du konzentrierst dich auf den anderen Trooper, der ohne Deckung im Flur kauert.

TROOPER

Zielgenauigkeit: 9 Deckung: 0 Gesundheit: 30

Wenn du den Kampf gewinnst, lies weiter bei ***547****.*

K21

»Schnell, aktiviere die Bordkanonen«, hörst du Vaskova rufen. »Mach die Typen damit fertig, bevor die uns das Schiff zu Klump schießen.«

Sie hat recht. Selbst wenn du den einen Trooper besiegst, könnten die anderen beiden das Schiff in kürzester Zeit zerstören, wenn sie ihr Feuer auf die *Dreamscape* konzentrieren würden.

Also schließt du die Luke und eilst zum Cockpit.

Lies weiter bei ***562****.*

K22

Ein Irrer springt mit der Schulter voran in dich hinein und du krachst gegen die Korridorwand. Der Blaster entgleitet deinem Griff und fällt klappernd zu Boden. Du musst dich dem Berserker im Nahkampf stellen.

BERSERKER

Kampfkraft: 13 Schaden: +1 Gesundheit: 20

Wenn du den Kampf überlebst, lies weiter bei ***486****.*

K23

Du duckst dich hinter das Treppengeländer, das dir nur wenig Deckung bietet, und erwiderst das Feuer.

SOLDATIN

Zielgenauigkeit: 9 Deckung: 0 Gesundheit: 35

Du kannst den Kampf jederzeit abbrechen und nach Deck 5 zurücklaufen. Lies dann weiter bei ***554****.*
Wenn du den Kampf nach sechs Runden noch nicht gewonnen hast, lies weiter bei ***587****.*
Solltest du den Kampf vor Ablauf von sechs Runden gewonnen haben, lies weiter bei ***338****.*

K24

Du versuchst noch, deine Waffe herumzureißen, doch der Irre ist zu schnell und schlägt dir den Blaster aus der Hand. Du musst dich ihm im Nahkampf stellen.

BERSERKER

Kampfkraft: 14 Schaden: +1 Gesundheit: 30

Wenn du nach drei Runden noch lebst, lies weiter bei ***K8****.*

K25

Auf die kurze Distanz ist es selbst mit deinen zitternden Händen kein Problem, den Rumpf des Troopers zu treffen. Dein Schuss brennt ihm ein fingergroßes Loch in die Brust – aber der Soldat lässt sich davon nur kurz aufhalten. Du musst dich ihm im Nahkampf stellen.
Lies weiter bei ***K11****, ziehe dem Gegner aber noch vor der ersten Kampfrunde 15 von seiner Gesundheit ab.*

K26

Aus dem Kontrollraum heraus eröffnest du das Feuer auf die Angreifer und erwischst einen von ihnen an der Schulter. Er schreit auf und geht in Deckung.
Einige der anderen erwidern dein Feuer und deine Position wird zu unsicher. Geduckt springst du durch das zerbrochene Fens-

ter und suchst dir eine bessere Stellung hinter einem Frachtcontainer weiter hinten im Hangar. Bei einem flüchtigen Blick zum Hangarportal kannst du mittlerweile das Shuttle ausmachen. Es kann nicht mehr lange dauern, bis es landet.

ACHT ANGREIFENDE TROOPER

Zielgenauigkeit: 8 Deckung: 2 Gesundheit: 230

*Du kämpfst zwar gegen mehrere Trooper, kannst aber immer nur den unter Beschuss nehmen, der sich gerade aus seiner Deckung wagt. Genauso schießt auch pro Runde nur einer der Gegner auf dich. Wenn du nach drei Runden noch lebst, lies weiter bei **K34**.*

K27

Der Mann packt dich am Kragen, fletscht die Zähne wie ein Raubtier und versucht dir ins Gesicht zu beißen. Im letzten Moment gelingt es dir, ihm dein Knie in den Bauch zu rammen. Sein Griff lockert sich und du kannst dich kurz von ihm lösen. Fauchend und mit zu Klauen verkrümmten Fingern greift er dich sofort wieder an. Du musst dich ihm im Nahkampf stellen.

DURCHGEDREHTER

Kampfkraft: 18 Schaden: +1 Gesundheit: 35

*Wenn du nach drei Runden noch lebst, lies weiter bei **187**.*

K28

Auch dank deiner Treffer gelingt es euch, den Gegner schnell auszuschalten. Er sackt mit einem Stöhnen zusammen und Okoye befiehlt, vorzurücken. Du eilst los, um den Raumjägerflügel deinerseits von der anderen Seite als Deckung zu nehmen, aber einige deiner Mitstreiter sind vorher dort. Für euch alle ist hinter

dem Flügel kein Platz. Also sprintest du weiter nach links und findest hinter einem breiten Container Schutz.
Nachdem du einen Augenblick Luft geschöpft hast, siehst du dich nach deinen Mitstreitern um. Ihr habt beim Kampf mit dem Trooper nur einen Mann verloren. Du wagst einen raschen Blick um die Ecke des Containers.
*Senke den Zähler um 1 und lies weiter bei **K45**.*

K29

Du passt den richtigen Augenblick ab und sprintest dann zu dem Raumschiffflügel hinüber. Nur knapp entgehst du einem Blasterstrahl und wirfst dich dann mitten ins Getümmel. Prompt erhältst du einen Hieb mit dem Ellenbogen und stolperst zurück. Dein Blaster entgleitet deinem Griff. Mit gefletschten Zähnen und weit aufgerissenen Augen stürzt sich einer deiner bisherigen Mitstreiter auf dich.
Er schleudert dich zu Boden, aber es gelingt dir, die Beine anzuwinkeln und ihn von dir zu stoßen. Dein Gegner taumelt rückwärts und gerät in die Schusslinie. Eine ganze Salve von Blasterstrahlen wirft ihn zu Boden, wo er reglos liegen bleibt.
Du brauchst einen Augenblick, um den Angriff zu verdauen. Doch da brüllt Sergeant Okoye schon, dass ihr weiter vorrücken sollt. Die anderen Aufständischen haben den zweiten Irren mittlerweile überwältigt. Nur die beiden habt ihr verloren.
Du folgst deinen Mitstreitern mit einem mulmigen Gefühl. Nach einem schmerzhaften Treffer könnte jeder von ihnen durchdrehen und sich gegen dich wenden.
*Senke den Zähler um 2 und lies weiter bei **K48**.*

K30

Der irre Trooper wird von deiner Blastersalve schwer getroffen, taumelt aber trotzdem weiter und klammert sich an deinem Waffenarm fest. Zugleich siehst du, wie der zweite Irre weiter hinten im Flur von dem Gefangenen ablässt und ebenfalls auf dich zukommt. Verzweifelt versuchst du, deinen Arm freizubekommen und trittst auf den irren Trooper ein, bis er deinen Arm endlich loslässt und auf dem Boden zusammensackt.

Bevor du dein Gewehr wieder in Anschlag bringen kannst, ist der zweite Irre bereits heran. Knurrend wirft er sich mit der Schulter voran gegen dich. Du wirst gegen die Wand geschleudert, das Blastergewehr entgleitet deinem Griff und schlittert über den Boden. Du musst dich dem geifernden Mann im Nahkampf stellen.

DURCHGEDREHTER

Kampfkraft: 14 Schaden: +1 Gesundheit: 30

Wenn du während des Kampfes eine 11 oder 12 würfelst, lies weiter bei ***616****.*

Wenn du den Kampf innerhalb von fünf Runden gewinnst, lies weiter bei ***605****.*

Falls nicht, lies weiter bei ***625****.*

K31

Du versetzt deinem Gegner einen Tritt in den Bauch. Er schnappt nach Luft und gibt deinen Arm frei. Dann setzt mit einem Mal die Schwerkraft wieder ein und ihr kracht beide zu Boden.

Es dauert einen Moment, bis du dich wieder aufgerappelt hast, und der Irre ist schon wieder über dir und greift dich erneut an.

Setze den Kampf fort. Falls du gewinnst, lies weiter bei ***349****.*

K32

Ein animalisches Brüllen lässt dich zusammenzucken. Kurz darauf folgt ein gequälter Schrei. Das kam von der Seite des Hangars, wo du die beiden flankierenden Aufständischen vermutest. Von dort habt ihr wohl keine Hilfe mehr zu erwarten.
Du konzentrierst dich wieder auf deinen Gegner, als ein weiterer Schmerzensschrei dich herumfahren lässt. Hinter dem Raumschiffflügel ringen deine Mitstreiter miteinander. Mindestens einer von ihnen scheint durch Verax den Verstand verloren zu haben. Du schwenkst deinen Blaster in die Richtung, aber es ist nicht sicher auszumachen, wer von den Kämpfenden durchgedreht ist und wer nicht. Um einzugreifen, musst du zu den Kämpfenden hinüberrennen.
*Willst du in den Nahkampf unter deinen Mitstreitern eingreifen, lies weiter bei **K29**.*
*Wenn du stattdessen weiter auf die gegnerischen Trooper schießen willst, lies weiter bei **K43**.*

K33

Du duckst dich hinter den Tisch und eröffnest das Feuer. Der Trooper schießt zurück und duckt sich in den Türrahmen, der ihm ein wenig Deckung gibt. Das Tischbein, hinter dem du dich verbirgst, ist hingegen zu schmal, um deinen ganzen Körper zu decken. Der Trooper eröffnet den Blasterkampf.

TROOPER

Zielgenauigkeit: 9 Deckung: 1 Gesundheit: 30

*Wenn du den Kampf innerhalb von fünf Runden gewinnst, lies weiter bei **211**.*
*Dauert der Kampf länger an, lies weiter bei **260**.*

K34

Schon mehrfach wurde der Container, hinter dem du in Deckung gegangen bist, von Blasterstrahlen getroffen. Jetzt fällt dir ein merkwürdiges Geräusch aus dem Inneren des Behälters auf. Es klingt wie ein leises Zischen.

*Willst du deine Deckung aufgeben und zum nächsten Container sprinten, lies weiter bei **K50**.*

*Willst du bleiben, wo du bist, und den Kampf fortsetzen, lies weiter bei **K13**.*

K35

Der Corporal stürzt sich mit einem Brüllen auf dich. Es scheint, als hätten die schweren Blastertreffer ihn in den Wahnsinn getrieben. Du musst dich ihm im Nahkampf stellen. Er führt den ersten Angriff, wirkt aber bereits schwer angeschlagen.

ANGESCHOSSENER TROOPER

Kampfkraft: 15 Schaden: +1 Gesundheit: 12

*Sinkt deine Gesundheit während des Kampfes unter 10 und hast du mindestens eines der Verax-Kästchen angekreuzt, lies sofort weiter bei **614**.*

*Wenn du den Kampf innerhalb von drei Runden gewinnst, lies weiter bei **546**.*

*Falls der Kampf nach drei Runden noch nicht beendet ist, lies weiter bei **573**.*

K36

Adrenalin rauscht durch deine Adern, dein Puls rast, dein Blickfeld verengt sich. Statt der Furcht, die dich bislang beherrscht hat, drängt nun Hass in den Vordergrund. Ein Grollen bildet sich in deiner Kehle und du fletschst unwillkürlich die Zähne.

Durch die Aufregung wurde die psychotische Wirkung der Droge aktiviert, sodass alle Hemmungen von dir abfallen und du nicht länger nur mit Fäusten und Tritten, sondern auch mit Zähnen und Klauen kämpfst.
Erhöhe deine Kampfkraft für den Rest des Kampfes um 2 Punkte, jeder deiner Treffer verursacht nun +2 Schaden.
Kreuze auf dem Datenblatt in der Zeile »Verax« das nächste freie Kästchen an. Wenn alle drei Kästchen angekreuzt sind, verlierst du den Verstand!

Setze den Kampf jetzt fort.
*Wenn du innerhalb von acht Runden gewinnst, lies weiter bei **317**.*
*Ist der Kampf auch nach insgesamt acht Runden noch nicht beendet, lies weiter bei **324**.*

K37

Auch weil du selbst keinen kritischen Treffer landest, dauert es eine gefühlte Ewigkeit, bis endlich einer deiner Mitstreiter den Trooper hinter dem Flügel erwischt.
Okoye erteilt sofort den Befehl, weiter vorzurücken. Du rennst los, um den Raumjägerflügel deinerseits von der anderen Seite als Deckung zu nehmen, aber einige deiner Mitstreiter sind vorher dort. Für euch alle ist hinter dem Flügel kein Platz. Also sprintest du weiter nach links und findest hinter einem breiten Frachtcontainer Schutz.
Nachdem du einen Augenblick Luft geschöpft hast, siehst du dich nach deinen Mitstreitern um. Ihr habt beim Kampf mit dem Trooper zwei Männer verloren. Du wagst einen raschen Blick um die Ecke des Containers.
*Senke den Zähler um 2 und lies weiter bei **K45**.*

K38

Endlich gelingt es dir, den Trooper tödlich zu treffen. Sein Nebenmann bricht nur einen Augenblick später zusammen und Sergeant Okoye brüllt, dass ihr weiter vorrücken sollt.

Du riskierst einen kurzen Blick zu deinen Nebenleuten. Drei von ihnen liegen reglos am Boden, die anderen stürmen hinter Okoye her zur nächsten Deckung.

Du folgst ihnen mit einem mulmigen Gefühl. Nach einem schmerzhaften Treffer könnte jeder von ihnen durchdrehen und sich gegen dich wenden.

*Senke den Zähler um 3 und lies weiter bei **K48**.*

K39

Adrenalin rauscht durch deine Adern, dein Puls rast, dein Blickfeld verengt sich. Statt der Furcht, die dich bislang beherrscht hat, drängt nun Hass in den Vordergrund. Ein Grollen bildet sich in deiner Kehle und du fletschst unwillkürlich die Zähne.

Durch die Aufregung wurde die psychotische Wirkung des Verax aktiviert, sodass alle Hemmungen von dir abfallen und du ohne jede Rücksicht auf deine eigene Sicherheit angreifst und auch vor Bissen nicht zurückschreckst.

Kreuze auf dem Datenblatt in der »Verax«-Zeile das nächste freie Kästchen an. Wenn es das dritte Kästchen ist, lies sofort weiter bei **626**. *Ansonsten kannst du für den Rest dieses Kampfes deinen Nahkampfwert um 2 Punkte erhöhen. Jeder deiner Treffer verursacht in diesem Kampf außerdem 1 Schadenspunkt mehr.*
Wenn du den Kampf gewinnst, lies weiter bei **561**.

K40

Der Irre, der mit der anderen Frau gekämpft hat, springt dich an. Du drückst noch ab, doch er fegt den Lauf deiner Waffe mit einem so heftigen Hieb beiseite, dass sie deinem Griff entgleitet und dein Schuss nur in die Wand einschlägt.
Du musst dich dem Berserker im Nahkampf stellen.

BERSERKER
Kampfkraft: 14 Schaden: +1 Gesundheit: 35

Wenn du nach drei Kampfrunden noch lebst, lies weiter bei **479**.

K41

Du nimmst den einzelnen Trooper hinter dem Raumjägerflügel aufs Korn. Das Trümmerstück bietet ihm eine verdammt gute Deckung und auf dem Weg zu ihm gibt es keinen Schutz mehr. Wie Okoye schon sagte: Ihr müsst ihn ausschalten, bevor ihr verlustfrei weiter vorrücken könnt.
Die Frachtkiste, hinter der du Schutz gesucht hast, bietet dir eine gute Deckung. Du gibst den ersten Schuss ab.

TROOPER HINTER RAUMJÄGERFLÜGEL
Zielgenauigkeit: 9 Deckung: 3 Gesundheit: 35

*Sinkt deine Gesundheit während des Kampfes unter 10 und hast du mindestens eines der Verax-Kästchen angekreuzt, lies sofort weiter bei **602**.*
*Falls du nach drei Runden noch lebst und der Trooper nur noch 25 oder weniger Gesundheit hat, lies weiter bei **K28**.*
*Hat er nach drei Runden noch mehr als 25 Gesundheit, geht es weiter bei **K37**.*

K42

Auf die kurze Distanz sollte es eigentlich nicht schwer sein, den Kopf des Troopers zu treffen, aber deine Hände zittern leicht und dir bleibt kaum Zeit zum Zielen.
*Würfele mit einem Würfel und addiere den Fernkampfwert deiner Spielfigur hinzu. Ist das Ergebnis 9 oder größer, lies weiter bei **K17**.*
*Andernfalls lies weiter bei **K4**.*

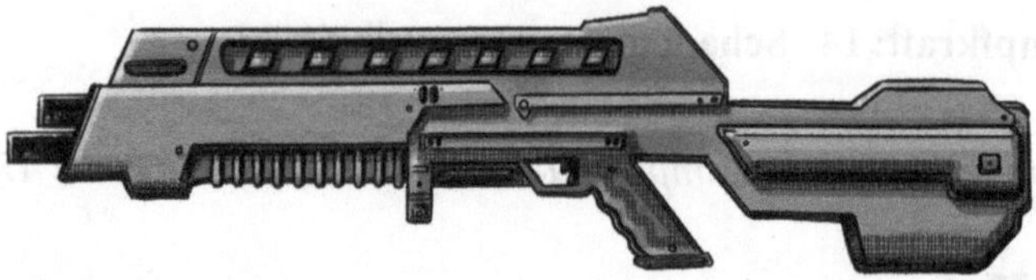

K43

Du ignorierst das Gerangel unter deinen Mitstreitern und setzt den Kampf gegen die Trooper hinter den Trümmerteilen fort.
*Sinkt deine Gesundheit während des Kampfes unter 10 und hast du bereits mindestens eines der Verax-Kästchen angekreuzt, lies sofort weiter bei **602**.*
*Wenn du den Kampf gewinnst, lies weiter bei **K38**.*

K44

Der Verfolger hat dich beinahe erreicht, als du ihn endlich entscheidend triffst und er zusammenbricht. Sofort fährst du zu dem Kampf hinter dir herum, doch da dringt schon ein gefährlich nahes Knurren an dein Ohr. Der Irre, der hinter dir mit der Frau gekämpft hat, springt dich an. Geistesgegenwärtig drückst du noch ab, doch er fegt den Lauf deiner Waffe mit einem so heftigen Hieb beiseite, dass sie deinem Griff entgleitet und dein Schuss in die Wand einschlägt.
Du musst dich dem Berserker im Nahkampf stellen.

BERSERKER

Kampfkraft: 14 Schaden: +1 Gesundheit: 35

*Falls du mindestens ein Verax-Kästchen angekreuzt hast, lies nach zwei Runden weiter bei **K39**.*
*Wenn du den Kampf gewinnst, lies weiter bei **481**.*

K45

Ein Stück weit entfernt haben sich zwei weitere von Lundbergs Getreuen hinter einer Reihe von Trümmerteilen verschanzt und nehmen dich und deine Mitstreiter unter Feuer. Du bemühst dich, einen von ihnen auszuschalten, damit ihr weiter vorrücken könnt. Du beginnst den Kampf.

TROOPER HINTER TRÜMMERTEILEN

Zielgenauigkeit: 8 Deckung: 2 Gesundheit: 30

*Sinkt deine Gesundheit während des Kampfes unter 10 und hast du mindestens eines der Verax-Kästchen angekreuzt, lies sofort weiter bei **602**.*
*Falls du nach zwei Runden noch lebst, lies weiter bei **K32**.*

K46

Mit wild klopfendem Herzen reißt du den Blaster hoch und drückst sofort ab, ohne groß zu zielen. Der Schuss geht knapp daneben, dein Gegner kommt völlig unbeeindruckt weiter auf dich zu. Er schleudert den Schädel der Ärztin und du musst dich ducken, um dem blutigen Wurfgeschoss zu entgehen. Als du dich wieder aufrichtest, bleibt dir nur noch Zeit für einen Schuss, bevor der Soldat dich erreicht hat.

*Willst du auf seine Beine zielen, lies weiter bei **K19**.*
*Willst du auf seinen Kopf zielen, lies weiter bei **K42**.*
*Willst du auf seinen Rumpf zielen, lies weiter bei **K25**.*

K47

Der Soldat ist mitten im Korridor und hat keinerlei Deckung, während du dich hinter der Ecke verbergen kannst. Du eröffnest das Feuer.

TROOPER

Zielgenauigkeit: 8 Deckung: 0 Gesundheit: 35

*Wenn du den Kampf gewinnst, lies weiter bei **175**.*

K48

Geduckt erreichst du einige Trümmerteile, die dir genug Deckung geben. Fast alle Gegner sind erledigt, nur Colonel Lundberg und Lieutenant Gruber sind noch übrig. Sie haben sich kurz vor dem Hangarportal hinter einigen Kisten verschanzt.

»Verdammt, das Landeshuttle des Kreuzers ist schon im Anflug!«, hörst du Okoye rufen und blickst in den Weltraum hinaus. Tatsächlich kannst du vage ein Raumshuttle im Anflug auf den Hangar ausmachen. Noch ist es weit entfernt, aber es kommt rasch näher.

Okoye eröffnet das Feuer auf Lundberg, als der sich vorbeugt, um seinerseits zu schießen. Du hoffst schon auf einen Glückstreffer, doch Okoyes Blasterstrahlen prallen an einem mobilen Schild ab, den Lundberg vor seiner Deckung errichtet hat.
»Konzentriert den Beschuss auf den Schild«, befiehlt Okoye. »Wenn wir ihn nicht überlasten, bevor das Shuttle gelandet ist, entkommt der Colonel.«
Gemeinsam feuert ihr, was das Zeug hält, doch die Schüsse von Gruber und Lundberg zwingen euch immer wieder in Deckung.

Schildenergie: 100

Würfele mit einem Würfel, multipliziere die Augenzahl mit der Anzahl deiner Mitstreiter (Wert des Zählers) und ziehe das Ergebnis von der Schildenergie ab. Wiederhole dies so lange, bis die Schildenergie bei 0 ist.

> ***Beispiel:** Der Zähler steht bei 5 und du würfelst eine 3. 5 x 3 = 15, du darfst also 15 Punkte von der Schildenergie abziehen.*

*Wenn ihr die Schildenergie spätestens mit dem fünften Wurf auf 0 bringt, lies weiter bei **638**.*
*Falls nicht, dann merke dir die verbleibende Schildenergie und lies vor dem sechsten Wurf weiter bei **K52**.*

K49

Als sich die Luke öffnet, zischen sofort Blasterstrahlen in deine Richtung und du musst dich in eine Ecke der Schleuse kauern. Einer der Trooper feuert auf dich, die beiden anderen nehmen weiterhin Vaskova oder die *Dreamscape* unter Beschuss. Von deiner Warte aus kannst du auch nur den einen Trooper treffen, der hinter dem zerstörten Tor zum Hangar kauert. Dir selbst gibt die Luke etwas Deckung. Der Trooper eröffnet den Kampf.

TROOPER

Zielgenauigkeit: 9 Deckung: 2 Gesundheit: 30

Würfele nach jeder Kampfrunde einmal mit einem Würfel und ziehe das Ergebnis vom Zähler ab. Das ist der Schaden, der während des Kampfes an der Dreamscape verursacht wird. Fällt der Zähler auf 0, lies weiter bei ***637****.*
Wenn du nach drei Runden noch lebst und der Zähler noch größer als 0 ist, lies weiter bei ***K21****.*

K50

Du verlässt deine Deckung vorsichtshalber und sprintest zum nächsten Container. Auf dem Weg dorthin streift dich ein Blasterschuss.
Würfele mit einem Würfel und ziehe das Ergebnis von deiner Gesundheit ab.
Setze den Kampf gegen die Trooper fort. Wenn du nach insgesamt sieben Runden noch lebst, aber die Gesundheit der Gegner noch bei 200 oder darüber liegt, lies weiter bei ***622****.*
Liegt die Gesundheit der Gegner unter 200, lies weiter bei ***590****.*

K51

Du ignorierst den atemberaubenden Gestank und den grauenerregenden Anblick der Leichen und kniest dich hinter die Barrikade. Es gelingt dir gerade noch, deinen Blaster in Anschlag zu bringen, bevor die ersten Trooper vor der Glaswand auftauchen.
Du eröffnest sofort das Feuer. Die Trooper, es sind sechs, gehen hinter dem Glas in Deckung und schießen zurück.

SECHS ANGREIFENDE TROOPER

Zielgenauigkeit: 8 Deckung: 2 Gesundheit: 180

Du kämpfst zwar gegen mehrere Trooper, kannst aber immer nur den unter Beschuss nehmen, der sich gerade aus seiner Deckung wagt. Hingegen schießen pro Runde zwei der Gegner auf dich, deshalb musst du pro Runde zwei Angriffe der Gegner auswürfeln.
Wenn du nach drei Runden noch lebst, lies weiter bei ***521****.*

K52

Der Schild flackert zwar unter eurem Beschuss, hält aber immer noch. Das Shuttle ist nun schon deutlich zu erkennen. Als du gerade wieder feuern willst, stöhnt neben dir einer deiner Mitstreiter auf und bricht tot zusammen. Du bist für einen kurzen Moment abgelenkt und duckst dich zu spät, als Gruber auf dich schießt.

Senke den Zähler um 1 und ziehe 10 von deiner Gesundheit ab.
Liegt deine Gesundheit jetzt im Bereich von 1 und 10 und hast du bereits mindestens eines der Verax-Kästchen angekreuzt, lies sofort weiter bei ***634****.*

Setze den Beschuss des Schildes mit dem sechsten Würfelwurf fort (beachte dabei, dass der Zähler um 1 gesunken ist).
Wenn ihr die Schildenergie mit insgesamt zehn oder weniger Würfelwürfen auf 0 bringt, lies weiter bei ***638****.*
Andernfalls geht es weiter bei ***601****.*

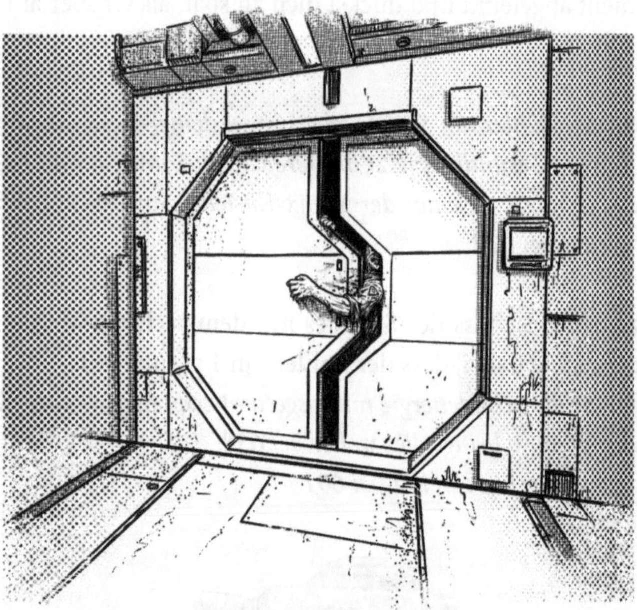

NACHWORT UND DANKSAGUNG

»Alles Fantasy? Habt ihr keine SF-Spielbücher?« Ohne es zu ahnen, pflanzte mir ein Kunde im Oktober 2015 auf der Messe SPIEL in Essen mit dieser Nachfrage eine Idee in den Kopf.

In der Tat gab es damals beim Mantikore-Verlag keine SF-Spielbücher und so dachte ich, naiv wie ich war, ich könne es doch mal versuchen. Schon kurz nach der Spielemesse legte ich los. Meine Grundidee: Ich wollte ein Spielbuch mit einem Fokus auf Spannung und verschiedenen Enden schreiben, bei dem der Leser den Verlauf der Geschichte wirklich beeinflussen kann. Frohen Mutes machte ich mich ans Werk, legte dem Verlag Anfang 2016 einen Prototyp vor und unterschrieb kurz darauf einen Vertrag. Ende 2016 sollte ich das fertige Werk abgeben, im Frühjahr/Sommer 2017 sollte es erscheinen. Sollte doch zu schaffen sein, dachte ich – ha, ha.

Mittlerweile weiß ich: Ein Spielbuch zu schreiben ist etwas ganz anderes, als einen Roman zu verfassen, und ich zahlte eine Menge Lehrgeld. So hatte ich z. B. anfangs die Idee, dass der Soldat schon in seinem Quartier auf der *Verocity* einen Blaster bekommt, während die anderen spielbaren Charaktere (die Pilotin Wilson sollte auch mal spielbar sein) erst viel später eine Schusswaffe fanden. Folge: Ich musste ständig abfragen: »Wenn du einen Blaster hast, lies bei x weiter, wenn nicht, bei y.« Hinzu kam noch die »grandiose« Idee, schon auf dem Frachtdeck eine Figur zu verstecken, die der Spieler vielleicht treffen konnte. Im Folgenden musste ich dann auch noch abfragen: »Hast du Person A getroffen, lies weiter bei X, sonst weiter bei y.« Das Buch zerfaserte völlig. Als nicht einmal Deck 3 und 4 fertig waren, hatte ich schon 776 Abschnitte, es wären wohl doppelt so viele geworden. Beim Versuch, die Abfolge der bis dahin fertiggestellten Abschnitte grafisch darzustellen, entstand ein Spaghettiknoten, der nur auf Din A1 noch halbwegs lesbar gewesen wäre. Also zog ich die Reißleine.

Die Pilotin flog raus. So gern ich den Leserinnen ein weibliches Alter Ego gegönnt hätte, es ging einfach nicht. Zum Beispiel, weil man von Troopern festgenommen wird und die über den Spieler reden. »Was sollen wir mit ihm machen?« Bei Wilson hätte es »Was sollen wir mit *ihr* machen?« heißen müssen. Solche Stellen zogen wieder zig Abfragen oder umständliche Versuche nach sich, Pronomen zu vermeiden.

Den Blaster gab es nun früh für alle, die versteckte Figur wurde kurz vor ein Ende versetzt, aus mehr als zwanzig verschiedenen Enden wurden acht – und der Termin wurde um ein Jahr verschoben. Im Grunde war fast alles, was ich bis dahin verfasst hatte, für die Tonne. Einzig die Abschnitte auf der *Verocity* und die Vorgeschichte blieben weitgehend unangetastet. Selbst das Regelwerk wurde noch einmal grundlegend überarbeitet, weil das ursprüngliche Nahkampfsystem in wahre Würfelorgien ausarten konnte. Erst jetzt kam mir die Idee, den Ingenieur über Rätsel technische Geräte reparieren oder Computer hacken zu lassen.

Also noch mal fast von vorn. Ein Jahr später stellte ich die erste komplette Fassung fertig und gab sie zuerst an wenige Testleser. Bei denen kam das Buch gut an, aber irgendwie wurden einige gute Szenen von keinem der drei erreicht.

Also nochmal umplanen. Das Labor, früher auf demselben Deck wie die Krankenstation, bekam ein eigenes Deck, auf dem man sehr wahrscheinlich vorbeikommt. Die Idee, beim letzten Abschnitt die Liste mit den erreichbaren Ereignissen zur Wiederspiel-Motivation einzubauen, kam übrigens auch erst zu diesem Zeitpunkt auf. Bei all den Änderungen war ein weiteres halbes Jahr Verschiebung unabdingbar.

Nun ist VERAX endlich fertig. Daran, dass das Buch so geworden ist, wie es ist, hatten viele Leute eine Menge Anteil und sollen hier nicht unerwähnt bleiben. Neben jenem namenlosen Kunden auf der SPIEL gilt mein Dank zuallererst Nic Bonczyk von Mantikore, der mir als Spielbuch-Anfänger das Vertrauen für dieses Projekt schenkte und die Geduld behielt, als alles »etwas« länger dauerte als geplant.

Ganz herzlich danke ich meinen Testlesern für ihr wertvolles Feedback, namentlich Arkadiusz, Christina, Dominik, Georg, Henrik, Katharina, Peter und Sara. Hervorheben möchte ich hier David Staege. Meinte er anfangs noch, er hätte vielleicht gar nicht die Zeit zum Testlesen, biss er sich dann richtig rein und spielte das Buch mehr als 10x durch, um möglichst viele Pfade zu testen. Dabei kam er mit einigen tollen Ideen um die Ecke, unter anderem verdankt ihr ihm das »Gedankenspiel« bei Abschnitt 280 (ursprünglich wurde da einfach nur gewürfelt). Noch dazu skizzierte er einige Illustrations-Ideen. Am Ende meinte er: »Jetzt bin ich so oft in deinem Buch gestorben, da könntest du eigentlich eine Leiche nach mir benennen.« So ist es dann auch gekommen. :)

Weiterhin gilt mein Dank meiner Familie, die mir bei den Rätseln als Tester half (die Story war meiner Frau dann doch zu heftig, um sie zu lesen), Spielbuch-Guru Swen Harder für Zuspruch und Rat, Hauke Kock für die Illustrationen, Karl-Heinz Zapf für das Layout und Alexander Kühnert für das Lektorat und einige gute Ideen.

Und nicht zuletzt danke ich dir, lieber Leser, für dein Interesse. Ich hoffe, du hattest beim Spielen deinen Spaß und hast auch Lust, dich mehr als nur einmal auf die Station zu wagen, die verschiedenen Enden zu finden und die schweren Entscheidungen zu treffen, die dich auf dem Weg dorthin erwarten.

Jörg Benne (im Mai 2018)

NAHKAMPFPROTOKOLL

Kampfkraft = Nahkampfwert + Waffenbonus

DU	Gesundheit:	**Gegner**	Gesundheit:
Kampfkraft:	Bonusschaden:	Kampfkraft:	Bonusschaden:

Runden

1	2	3	4	5	6	7	8	1	2	3	4	5	6	7	8
9	10	11	12	13	14	15	16	9	10	11	12	13	14	15	16
17	18	19	20	21	22	23	24	17	18	19	20	21	22	23	24

DU	Gesundheit:	**Gegner**	Gesundheit:
Kampfkraft:	Bonusschaden:	Kampfkraft:	Bonusschaden:

Runden

1	2	3	4	5	6	7	8	1	2	3	4	5	6	7	8
9	10	11	12	13	14	15	16	9	10	11	12	13	14	15	16
17	18	19	20	21	22	23	24	17	18	19	20	21	22	23	24

DU	Gesundheit:	**Gegner**	Gesundheit:
Kampfkraft:	Bonusschaden:	Kampfkraft:	Bonusschaden:

Runden

1	2	3	4	5	6	7	8	1	2	3	4	5	6	7	8
9	10	11	12	13	14	15	16	9	10	11	12	13	14	15	16
17	18	19	20	21	22	23	24	17	18	19	20	21	22	23	24

FERNKAMPFPROTOKOLL

Zielgenauigkeit = Fernkampfwert + Waffenbonus - Deckung des Gegners

DU Gesundheit:
Fernkampfwert: Zielgenauigkeit:

Runden

1	2	3	4	5	6	7	8
9	10	11	12	13	14	15	16
17	18	19	20	21	22	23	24

Gegner Gesundheit:
Zielgenauigkeit: Deckung:

Runden

1	2	3	4	5	6	7	8
9	10	11	12	13	14	15	16
17	18	19	20	21	22	23	24

DU Gesundheit:
Fernkampfwert: Zielgenauigkeit:

Runden

1	2	3	4	5	6	7	8
9	10	11	12	13	14	15	16
17	18	19	20	21	22	23	24

Gegner Gesundheit:
Zielgenauigkeit: Deckung:

Runden

1	2	3	4	5	6	7	8
9	10	11	12	13	14	15	16
17	18	19	20	21	22	23	24

DU Gesundheit:
Fernkampfwert: Zielgenauigkeit:

Runden

1	2	3	4	5	6	7	8
9	10	11	12	13	14	15	16
17	18	19	20	21	22	23	24

Gegner Gesundheit:
Zielgenauigkeit: Deckung:

Runden

1	2	3	4	5	6	7	8
9	10	11	12	13	14	15	16
17	18	19	20	21	22	23	24

NAHKAMPFPROTOKOLL

Kampfkraft = Nahkampfwert + Waffenbonus

DU Gesundheit:
Kampfkraft: Bonusschaden:
Runden

1	2	3	4	5	6	7	8
9	10	11	12	13	14	15	16
17	18	19	20	21	22	23	24

Gegner Gesundheit:
Kampfkraft: Bonusschaden:
Runden

1	2	3	4	5	6	7	8
9	10	11	12	13	14	15	16
17	18	19	20	21	22	23	24

DU Gesundheit:
Kampfkraft: Bonusschaden:
Runden

1	2	3	4	5	6	7	8
9	10	11	12	13	14	15	16
17	18	19	20	21	22	23	24

Gegner Gesundheit:
Kampfkraft: Bonusschaden:
Runden

1	2	3	4	5	6	7	8
9	10	11	12	13	14	15	16
17	18	19	20	21	22	23	24

DU Gesundheit:
Kampfkraft: Bonusschaden:
Runden

1	2	3	4	5	6	7	8
9	10	11	12	13	14	15	16
17	18	19	20	21	22	23	24

Gegner Gesundheit:
Kampfkraft: Bonusschaden:
Runden

1	2	3	4	5	6	7	8
9	10	11	12	13	14	15	16
17	18	19	20	21	22	23	24

FERNKAMPFPROTOKOLL

Zielgenauigkeit = Fernkampfwert + Waffenbonus - Deckung des Gegners

DU Gesundheit:
Fernkampfwert: Zielgenauigkeit:
Runden

1	2	3	4	5	6	7	8
9	10	11	12	13	14	15	16
17	18	19	20	21	22	23	24

Gegner Gesundheit:
Zielgenauigkeit: Deckung:
Runden

1	2	3	4	5	6	7	8
9	10	11	12	13	14	15	16
17	18	19	20	21	22	23	24

DU Gesundheit:
Fernkampfwert: Zielgenauigkeit:
Runden

1	2	3	4	5	6	7	8
9	10	11	12	13	14	15	16
17	18	19	20	21	22	23	24

Gegner Gesundheit:
Zielgenauigkeit: Deckung:
Runden

1	2	3	4	5	6	7	8
9	10	11	12	13	14	15	16
17	18	19	20	21	22	23	24

DU Gesundheit:
Fernkampfwert: Zielgenauigkeit:
Runden

1	2	3	4	5	6	7	8
9	10	11	12	13	14	15	16
17	18	19	20	21	22	23	24

Gegner Gesundheit:
Zielgenauigkeit: Deckung:
Runden

1	2	3	4	5	6	7	8
9	10	11	12	13	14	15	16
17	18	19	20	21	22	23	24

NAHKAMPFPROTOKOLL

Kampfkraft = Nahkampfwert + Waffenbonus

DU Gesundheit:
Kampfkraft: Bonusschaden:

Runden

1	2	3	4	5	6	7	8
9	10	11	12	13	14	15	16
17	18	19	20	21	22	23	24

Gegner Gesundheit:
Kampfkraft: Bonusschaden:

Runden

1	2	3	4	5	6	7	8
9	10	11	12	13	14	15	16
17	18	19	20	21	22	23	24

DU Gesundheit:
Kampfkraft: Bonusschaden:

Runden

1	2	3	4	5	6	7	8
9	10	11	12	13	14	15	16
17	18	19	20	21	22	23	24

Gegner Gesundheit:
Kampfkraft: Bonusschaden:

Runden

1	2	3	4	5	6	7	8
9	10	11	12	13	14	15	16
17	18	19	20	21	22	23	24

DU Gesundheit:
Kampfkraft: Bonusschaden:

Runden

1	2	3	4	5	6	7	8
9	10	11	12	13	14	15	16
17	18	19	20	21	22	23	24

Gegner Gesundheit:
Kampfkraft: Bonusschaden:

Runden

1	2	3	4	5	6	7	8
9	10	11	12	13	14	15	16
17	18	19	20	21	22	23	24

FERNKAMPFPROTOKOLL

Zielgenauigkeit = Fernkampfwert + Waffenbonus - Deckung des Gegners

DU Gesundheit:
Fernkampfwert: Zielgenauigkeit:
Runden

1	2	3	4	5	6	7	8
9	10	11	12	13	14	15	16
17	18	19	20	21	22	23	24

Gegner Gesundheit:
Zielgenauigkeit: Deckung:
Runden

1	2	3	4	5	6	7	8
9	10	11	12	13	14	15	16
17	18	19	20	21	22	23	24

DU Gesundheit:
Fernkampfwert: Zielgenauigkeit:
Runden

1	2	3	4	5	6	7	8
9	10	11	12	13	14	15	16
17	18	19	20	21	22	23	24

Gegner Gesundheit:
Zielgenauigkeit: Deckung:
Runden

1	2	3	4	5	6	7	8
9	10	11	12	13	14	15	16
17	18	19	20	21	22	23	24

DU Gesundheit:
Fernkampfwert: Zielgenauigkeit:
Runden

1	2	3	4	5	6	7	8
9	10	11	12	13	14	15	16
17	18	19	20	21	22	23	24

Gegner Gesundheit:
Zielgenauigkeit: Deckung:
Runden

1	2	3	4	5	6	7	8
9	10	11	12	13	14	15	16
17	18	19	20	21	22	23	24

NAHKAMPFPROTOKOLL

Kampfkraft = Nahkampfwert + Waffenbonus

DU Gesundheit:
Kampfkraft: Bonusschaden:
Runden

1	2	3	4	5	6	7	8
9	10	11	12	13	14	15	16
17	18	19	20	21	22	23	24

Gegner Gesundheit:
Kampfkraft: Bonusschaden:
Runden

1	2	3	4	5	6	7	8
9	10	11	12	13	14	15	16
17	18	19	20	21	22	23	24

DU Gesundheit:
Kampfkraft: Bonusschaden:
Runden

1	2	3	4	5	6	7	8
9	10	11	12	13	14	15	16
17	18	19	20	21	22	23	24

Gegner Gesundheit:
Kampfkraft: Bonusschaden:
Runden

1	2	3	4	5	6	7	8
9	10	11	12	13	14	15	16
17	18	19	20	21	22	23	24

DU Gesundheit:
Kampfkraft: Bonusschaden:
Runden

1	2	3	4	5	6	7	8
9	10	11	12	13	14	15	16
17	18	19	20	21	22	23	24

Gegner Gesundheit:
Kampfkraft: Bonusschaden:
Runden

1	2	3	4	5	6	7	8
9	10	11	12	13	14	15	16
17	18	19	20	21	22	23	24

FERNKAMPFPROTOKOLL

Zielgenauigkeit = Fernkampfwert + Waffenbonus - Deckung des Gegners

DU Gesundheit:
Fernkampfwert: Zielgenauigkeit:

Runden

1	2	3	4	5	6	7	8
9	10	11	12	13	14	15	16
17	18	19	20	21	22	23	24

Gegner Gesundheit:
Zielgenauigkeit: Deckung:

Runden

1	2	3	4	5	6	7	8
9	10	11	12	13	14	15	16
17	18	19	20	21	22	23	24

DU Gesundheit:
Fernkampfwert: Zielgenauigkeit:

Runden

1	2	3	4	5	6	7	8
9	10	11	12	13	14	15	16
17	18	19	20	21	22	23	24

Gegner Gesundheit:
Zielgenauigkeit: Deckung:

Runden

1	2	3	4	5	6	7	8
9	10	11	12	13	14	15	16
17	18	19	20	21	22	23	24

DU Gesundheit:
Fernkampfwert: Zielgenauigkeit:

Runden

1	2	3	4	5	6	7	8
9	10	11	12	13	14	15	16
17	18	19	20	21	22	23	24

Gegner Gesundheit:
Zielgenauigkeit: Deckung:

Runden

1	2	3	4	5	6	7	8
9	10	11	12	13	14	15	16
17	18	19	20	21	22	23	24

NAHKAMPFPROTOKOLL

Kampfkraft = Nahkampfwert + Waffenbonus

DU Gesundheit:
Kampfkraft: Bonusschaden:

Runden

1	2	3	4	5	6	7	8
9	10	11	12	13	14	15	16
17	18	19	20	21	22	23	24

Gegner Gesundheit:
Kampfkraft: Bonusschaden:

Runden

1	2	3	4	5	6	7	8
9	10	11	12	13	14	15	16
17	18	19	20	21	22	23	24

DU Gesundheit:
Kampfkraft: Bonusschaden:

Runden

1	2	3	4	5	6	7	8
9	10	11	12	13	14	15	16
17	18	19	20	21	22	23	24

Gegner Gesundheit:
Kampfkraft: Bonusschaden:

Runden

1	2	3	4	5	6	7	8
9	10	11	12	13	14	15	16
17	18	19	20	21	22	23	24

DU Gesundheit:
Kampfkraft: Bonusschaden:

Runden

1	2	3	4	5	6	7	8
9	10	11	12	13	14	15	16
17	18	19	20	21	22	23	24

Gegner Gesundheit:
Kampfkraft: Bonusschaden:

Runden

1	2	3	4	5	6	7	8
9	10	11	12	13	14	15	16
17	18	19	20	21	22	23	24

FERNKAMPFPROTOKOLL

Zielgenauigkeit = Fernkampfwert + Waffenbonus - Deckung des Gegners

DU Gesundheit:
Fernkampfwert: Zielgenauigkeit:
Runden

1	2	3	4	5	6	7	8
9	10	11	12	13	14	15	16
17	18	19	20	21	22	23	24

Gegner Gesundheit:
Zielgenauigkeit: Deckung:
Runden

1	2	3	4	5	6	7	8
9	10	11	12	13	14	15	16
17	18	19	20	21	22	23	24

DU Gesundheit:
Fernkampfwert: Zielgenauigkeit:
Runden

1	2	3	4	5	6	7	8
9	10	11	12	13	14	15	16
17	18	19	20	21	22	23	24

Gegner Gesundheit:
Zielgenauigkeit: Deckung:
Runden

1	2	3	4	5	6	7	8
9	10	11	12	13	14	15	16
17	18	19	20	21	22	23	24

DU Gesundheit:
Fernkampfwert: Zielgenauigkeit:
Runden

1	2	3	4	5	6	7	8
9	10	11	12	13	14	15	16
17	18	19	20	21	22	23	24

Gegner Gesundheit:
Zielgenauigkeit: Deckung:
Runden

1	2	3	4	5	6	7	8
9	10	11	12	13	14	15	16
17	18	19	20	21	22	23	24

NAHKAMPFPROTOKOLL

Kampfkraft = Nahkampfwert + Waffenbonus

DU Gesundheit:
Kampfkraft: Bonusschaden:

Runden

1	2	3	4	5	6	7	8
9	10	11	12	13	14	15	16
17	18	19	20	21	22	23	24

Gegner Gesundheit:
Kampfkraft: Bonusschaden:

Runden

1	2	3	4	5	6	7	8
9	10	11	12	13	14	15	16
17	18	19	20	21	22	23	24

DU Gesundheit:
Kampfkraft: Bonusschaden:

Runden

1	2	3	4	5	6	7	8
9	10	11	12	13	14	15	16
17	18	19	20	21	22	23	24

Gegner Gesundheit:
Kampfkraft: Bonusschaden:

Runden

1	2	3	4	5	6	7	8
9	10	11	12	13	14	15	16
17	18	19	20	21	22	23	24

DU Gesundheit:
Kampfkraft: Bonusschaden:

Runden

1	2	3	4	5	6	7	8
9	10	11	12	13	14	15	16
17	18	19	20	21	22	23	24

Gegner Gesundheit:
Kampfkraft: Bonusschaden:

Runden

1	2	3	4	5	6	7	8
9	10	11	12	13	14	15	16
17	18	19	20	21	22	23	24

FERNKAMPFPROTOKOLL

Zielgenauigkeit = Fernkampfwert + Waffenbonus - Deckung des Gegners

DU Gesundheit:
Fernkampfwert: Zielgenauigkeit:

Runden

1	2	3	4	5	6	7	8
9	10	11	12	13	14	15	16
17	18	19	20	21	22	23	24

Gegner Gesundheit:
Zielgenauigkeit: Deckung:

Runden

1	2	3	4	5	6	7	8
9	10	11	12	13	14	15	16
17	18	19	20	21	22	23	24

DU Gesundheit:
Fernkampfwert: Zielgenauigkeit:

Runden

1	2	3	4	5	6	7	8
9	10	11	12	13	14	15	16
17	18	19	20	21	22	23	24

Gegner Gesundheit:
Zielgenauigkeit: Deckung:

Runden

1	2	3	4	5	6	7	8
9	10	11	12	13	14	15	16
17	18	19	20	21	22	23	24

DU Gesundheit:
Fernkampfwert: Zielgenauigkeit:

Runden

1	2	3	4	5	6	7	8
9	10	11	12	13	14	15	16
17	18	19	20	21	22	23	24

Gegner Gesundheit:
Zielgenauigkeit: Deckung:

Runden

1	2	3	4	5	6	7	8
9	10	11	12	13	14	15	16
17	18	19	20	21	22	23	24